感谢北京市京师（武汉）律师事务所对本书出版的资助

“聚焦破产”丛书

民法典时代破产制度的革新

主　编　张善斌
副主编　陈晓星

图书在版编目(CIP)数据

民法典时代破产制度的革新/张善斌主编.—武汉：武汉大学出版社,2021.11

“聚焦破产”丛书

ISBN 978-7-307-22517-6

Ⅰ.民… Ⅱ.张… Ⅲ.破产法—研究—中国 Ⅳ.D922.291.924

中国版本图书馆 CIP 数据核字(2021)第 161428 号

责任编辑:陈 帆　　责任校对:汪欣怡　　版式设计:马 佳

出版发行：**武汉大学出版社**　(430072 武昌 珞珈山)

(电子邮箱：cbs22@ whu.edu.cn 网址：www.wdp. com.cn)

印刷:武汉市宏达盛印务有限公司

开本:720×1000 1/16　印张:34　字数:555 千字　插页:2

版次:2021 年 11 月第 1 版　2021 年 11 月第 1 次印刷

ISBN 978-7-307-22517-6　定价:136.00 元

作者简介

张善斌

1965年生，湖北天门人，法学博士，武汉大学法学院教授，博士生导师。现任武汉大学法学院民商法教研室主任，中国法学会民法学研究会理事，湖北省法学会常务理事，湖北省法学会民法学研究会副会长，湖北省法学会婚姻家庭法学研究会副会长，湖北省法学会商法学研究会常务理事。主要研究方向为民法基础理论、人格权法、侵权法、破产法等。出版著作7部，发表论文30多篇。主持国家社科基金项目1项、中国法学会部级法学研究课题1项、司法部项目1项以及横向研究课题多项。成功举办了2017年至2020年四届“破产法珞珈论坛”，主编出版了《破产法文献分类索引》《破产法研究综述》《破产法的“破”与“立”》《改革开放四十周年破产法热点透视》《营商环境背景下破产制度的完善》《破产法实务操作105问》等“聚焦破产”系列著作。

作者简介

陈晓星

1966年生，湖北仙桃人，中南财经政法大学法学院副教授，经济法系副主任，商法研究所副所长，经济法专业硕士研究生导师。兼任民建湖北省法制委员会副主任，湖北省商法研究会理事，武汉市中级人民法院咨询专家，武汉市洪山区委区政府法律顾问。长期从事商法基础理论、企业法、公司法、破产法等方向的教学与研究，主编、参编教材多部，在《法商研究》《中南大学学报》等刊物公开发表论文20余篇。

前　言

2020年突如其来的新冠肺炎疫情席卷全球，不仅直接影响了我们的日常生活，催生了口罩、健康码、核酸检测、疫苗、隔离、封控、网课等热词，而且严重冲击了我国的经济发展与产业升级，导致大量中小微企业面临生存危机。在强化疫情防控工作的同时，中央强调加大“六稳”“六保”工作力度，各级政府纷纷出台措施，帮助企业纾解压力。最高人民法院及时出台相关司法政策文件，地方法院也陆续发布涉及破产工作的地方性文件，强调破产制度的拯救功能，简化破产案件的审理程序，延长重整计划的制定期限等。破产法的司法实践让更多人明白了破产法不仅可以实现对债权人的公平偿债，更彰显了对困境企业的拯救功能。

疫情虽然影响了我们的正常生活，但无法阻挡我国民法典的编纂，也不会消减我们破产法同仁学习民法典、研究破产法的热情。

2020年5月28日，第十三届全国人民代表大会第三次会议通过了《中华人民共和国民法典》(以下简称《民法典》)。这是中华人民共和国成立以来第一部以“法典”命名的法律，是一部固根本、稳预期、利长远的基础性法律，是新时代我国社会主义法治建设的重大成果。《民法典》的颁布有力地推动了我国民商事法律制度的体系化、现代化，促进了中国特色社会主义法律体系的完善，也必将对破产法的发展产生深远影响。

一方面，《民法典》将为破产制度适用范围的进一步扩大提供制度支撑。

从1986年的《企业破产法(试行)》确立破产制度以来，我国破产制度的适用范围呈逐渐扩大的趋势，并大致经历了四个阶段。第一阶段，破产制度适用于全民所有制企业。根据《企业破产法(试行)》的规定，只有全民所有制企业可以适用破产程序，其他类别的企业包括集体所有制企业、中外合资企业、私营企业等都不具备破产主体资格。第二阶段，破产清算、和解制度适用于所有类型的企业法人，独立的整顿制度只适用于全民所有制企业。根据 1991 年《民事诉讼法》“企业法人破产还债程序”的规定，所有企业法人都可以适用破产还债程序。另外，该法改变了《企业破产法（试行）》关于“和解与整顿”作为一个程序的规定，将和解程序与整顿程序各自独立，和解程序适用于所有类型的企业法人，整顿程序仍然只适用于全民所有制企业。2002 年的《最高人民法院关于审理企业破产案件若干问题的规定》再次规定企业法人可以破产，不具备法人资格的企业、个体工商户、合伙组织、农村承包经营户不具备破产主体资格；全民所有制企业可以整顿，非全民所有制企业继续被排除在整顿门外。第三阶段，企业法人可以适用所有破产程序，农民专业合作社、合伙企业可以适用破产清算程序。根据 2006 年《企业破产法》的规定，企业法人具备完整的破产能力，可以适用破产清算、重整、和解等所有的破产程序。根据 2006 年的《农民专业合作社法》《合伙企业法》，农民专业合作社、合伙企业具备破产清算资格。第四阶段，破产制度的适用范围扩大至民办学校、个人独资企业。根据 2010 年《最高人民法院关于对因资不抵债无法继续办学被终止的民办学校如何组织清算问题的批复》、2012 年《最高人民法院关于个人独资企业清算是否可以参照适用企业破产法规定的破产清算程序的批复》的规定，民办学校、个人独资企业可以参照适用《企业破产法》规定的破产清算程序进行清算。

经过上述几个阶段的发展变化，我国破产制度的适用范围已经涵盖企业法人、农民专业合作社、民办学校、合伙企业、个人独资企业。《民法典》将民事主体分为自然人、法人、非法人组织三类，法人进一步分为营利法人、非营利法人、特殊法人。对照法典关于民事主体的分类，非营利法人、特殊法人，非法人组织，自然人等民事主体还没有破产资格。虽然民办学校、合伙企业、个人独资企业、深圳经济特区的自然人可以适用破产程序，但不并意味着这些主体所属的非营利法人、非法人组织、自然人都具备了破产资格。破产制度的适用范围还有进一步扩展的空间。《民法典》第 68 条明确规定“法人被宣告破产”是法人终止的原因之一。从该条所处第三章“法人”第一节“一般规定”的位置来看，这一规定适用于所有类别的法人。但如果由此得出所有法人都可能因破产而终止的结论，未免过于武断。因为，破产不是法人终止的唯一原因，法人还可能因解散、法律规定的其他原因而终止。目前破产制度的适用范围已经涵盖营利法人、农民专业合作社、民办学校，今后能否涵盖更多的非营利法人甚至部分特殊法人，有赖于破产法的修订和完善。《民法典》第 68 条的规定为扩大破产制度在法人领域的适用范围提供了制度接口和解释空间。这正是该规定的重要意义所在。此外，《民法典》完善了婚姻家庭制度、继承制度等，为今后个人破产制度的构建提供了制度基础。

另一方面，《民法典》关于物权规则、合同规则、担保规则的规定及相关司法解释，对我国《企业破产法》的实施及破产实务操作将产生直接影响。

以担保制度为例，《民法典》和《最高人民法院关于适用〈中华人民共和国民法典〉担保制度的解释》修改了原担保制度的部分规定，增加了很多新规定，甚至有些规定跟原来的完全相反。例如，《民法典》第 401 条、第 428 条改变了原《物权法》第 186 条和第 211 条关于流押(流质)禁令的规定。根据新规则，流押(流质)合同并不当然无效，但在债务人不履行到期债务时，抵押权人(质权人)只能依法就抵押(质押)财产优先受偿。《民法典》第 686 条规定，当事人在保证合同中对保证方式没有约定或者约定不明确的，按照一般保证承担保证责任；原《担保法》第 19 条规定按照连带责任保证承担保证责任。再如，《企业破产法》第 46 条规定，附利息的债权自破产申请受理时起停止计息。关于停止计息规则是否适用于保证人，该条规定并不明确，多数观点倾向于不及于保证人，但《最高人民法院关于适用〈中华人民共和国民法典〉有关担保制度的解释》第 22 条则规定停止计息规则及于担保人。

《民法典》及配套司法解释条文多、变化大，对于我们“破人”而言，学习这些新规则将是未来很长时期内的新常态。学习，永无止境。不学习，就可能被淘汰出局。

除了《民法典》，破产领域还有两件必须关注的重大事件。一是，2020 年 8 月 26 日，深圳市第六届人民代表大会常务委员会审议通过了《深圳经济特区个人破产条例》，自 2021 年 3 月 1 日起施行。虽然该条例只是在深圳经济特区适用，但毕竟标志着我国终于有了一部地方性的个人破产法，也意味着在个人破产制度构建方面迈出了第一步。这是我国破产法立法史上的重大事件。在立法层面，该条例为我们今后解决破产事务管理机构的设立、个人破产登记系统的建立、破产免责规则的设计等重大问题先行先试；在研究层面，该条例为我们观察和研究个人破产制度提供了研究样本；在实践层面，该条例施行后必将产生大量个人破产案例，为今后个人破产制度的司法实践积累经验；在观念层面，通过深圳个人破产的试点和宣传，可以逐渐消退社会各界对个人破产制度的一些偏见和误解。

二是，2021 年 4 月 16 日，全国人大常委会将修订《企业破产法》纳入 2021 年度立法工作计划。最高人民法院、中国人民大学法学院、中国政法大学等单位纷纷成立破产法修订研究团队，起草破产法修改建议稿。备受关注的《企业破产法》修订工作终于进入了快车道。当然，关于《企业破产法》修订的一些重大问题还没有达成共识，需要进一步研究。比如，我国有必要构建个人破产制度，改变“半部破产法”的局面，对此几乎没有争议。但是，个人破产制度是单独立法，还是在《企业破产法》中增加个人破产制度的相关规定以形成完整的破产法，则存在分歧。许多学者建议趁着这次修订《企业破产法》的机会，赶紧把个人破产制度制定出来，否则，错过这次机会以后就难了。我本人完全赞成尽快立法，也不反对在现有破产法中增加个人破产制度，但前提是个人破产制度的立法条件已经成就，包括理论研究、司法实践经验积累、民众接受程度、破产人才储备、配套制度建设等。法律是治国之重器，良法是善治之前提。制定一部良善的法律，需要方方面面的条件。如果条件尚未成就，则暂缓立法。与其急于求成，先制定出来等以后再修修补补，还不如等待时机成熟了、各方面准备更加充分了，再单独制定《个人破产法》，或者再次修订《企业破产法》时纳入个人破产制度。

在全国掀起学习《民法典》热潮的背景下，2020 年 11 月 28 日，第四届破产法珞珈论坛在武汉大学法学院如期举行。本次论坛以“对接民法典　完善破产制度　进一步优化营商环境”为主题，探讨民法典背景下破产制度的完善、新冠肺炎疫情下困境企业的重整、预重整制度的适用与完善、破产案件司法与行政协调配合机制研究、破产程序中的涉税处理、个人破产制度的构建、破产管理人的职责与监督等问题。本次论坛收到论文 130 多篇，会务组根据论文是否符合论坛主题、写作规范、字数限制等会议通知的要求，确定 99 篇文章录入论文集。会后经过反复挑选并征得作者同意，决定结集出版这 36 篇文章。

本书分为四个专题：“民法典背景下破产制度的完善”专题讨论了重整中定金罚则的实现路径、融资租赁的破产处理、破产撤销权的行使规则、破产程序中让与担保权人的权利实现、债权人代位保存权的适用规则、投资方涉对赌协议的权利实现等问题。“府院联动与破产程序优化”

专题研究了破产法强制性规范的谦抑性、破产程序与刑事程序交叉的司法解决路径、法院对破产管理人的监督、关联企业实质合并破产规则的适用、破产审判“科技树”信息体系的构建、破产清算中清算所得税、破产程序中税收优先权不及于滞纳金、府院管联动在房企破产中的实务与经验等问题。“重整与预重整制度研究”专题探讨了非营利性民办学校破产重整实务、破产管理人在重整计划执行期间的角色定位、信托公司参与困境企业破产重整的问题及破解进路、破产重整中担保债权延期清偿损失的公平补偿、预重整制度中政府的角色定位、预重整制度地方政策的前沿发展与争议、预重整程序中的引导人制度、预重整方案在重整程序中的效力延伸等问题。“个人破产制度的构建”专题涉及个人破产制度中自由财产制度的价值、个人破产制度下债务人财产的认定、个人破产失权制度的规范路径、我国个人破产立法中公职管理人制度的构建、保单现金价值能否归入债务人财产的两岸比较研究等内容。此外，本书还讨论了存款债权在商业银行破产债权清偿中的顺序、房企破产中购房消费者的权利保护、执破衔接中以物抵债的法律适用、债权人对管理人的监督、普通债权的异议规则、共益债务异议诉讼的规范路径、公司破产时股东对债权人的法律责任、出租人破产时待履行租赁合同的处理规则等问题。

本书具有以下特色：第一，紧扣时代主题。本书中收录的论文皆为作者在民法典背景下，着眼于企业破产实践与个人破产立法中的疑难问题，就如何进一步完善破产制度、优化营商环境等问题，结合自身的实务经验和理论思考取得的成果。所录论文皆紧扣时代主题，着力于解决现实问题。第二，理论与实践相结合。本书中收录的论文既有法官和管理人等破产实务工作者对破产实务经验的总结和出现问题的反思，又有高校研究人员从理论上对破产法相关问题的探讨。这些论文从不同角度总结破产法的经验，探讨破产法的问题，提出破产法完善的建议，对于破产法的司法实践和理论研究具有参考价值。第三，既立足于当下又着眼于未来。本书中收录的论文既立足于当下破产实践，对实践中的相关经验进行总结并对相关问题提出处理意见，又着眼于破产法的未来，对企业破产法修订和个人破产法制定提出建议。

2020 年带着疫情伤痛的记忆逝去，2021 年伴着《民法典》的实施而来。第四届破产法珞珈论坛似乎还没有远离，第五届论坛即将召开。日拱一卒，功不唐捐。希望本书能为我国破产制度的进一步完善和营商环境的进一步优化尽微薄之力。由于时间仓促，本书编辑中难免存在疏漏，敬请读者批评指正！

张善斌

2021 年 10 月

目　　录

第一部分：民法典背景下破产制度的完善

第二部分：府院联动与破产程序优化

第三部分：重整与预重整制度研究

第四部分：个人破产制度的构建

第五部分：其他

第一部分：民法典背景下破产制度的完善

《民法典》背景下重整中定金罚则的实现路径探究

王璐瑶*

内容提要：定金由于其独特的优势在经济生活中被广泛使用，但定金在破产程序中的性质以及定金罚则的适用一直在学术界未成定论。随着《民法典》的颁布，定金规则从《担保法》及其司法解释中淡出，昭示着定金性质和功能的转变。在重整程序中，考虑到债务人正常营业的必要性和《民法典》颁布后定金性质与功能的重新定位，重整过程中订立的定金合同在重整失败后不应排除适用定金罚则，且双倍返还部分和已交付的本金部分均应当作为共益债务随时清偿。

一、问题的提出

司法实践应当引领法律界学术研究的方向。笔者遇到一个现实案例：一购房者欲购买某房地产公司开发的房产，已经签订了购房合同，缴纳了定金，该房地产公司当时正处于重整期间。后来该房地产公司重整失败，进入破产清算程序，房地产公司无力履行此项房产买卖合同。此时购房者缴纳的定金能否适用定金罚则获得双倍返还？依据为何？

为回答这一问题，笔者查阅了相关法律法规。发现对于破产程序中定金问题的专门规定非常少，只有最高人民法院2002年发布的《关于审理企业破产案件若干问题的规定》(以下简称《破产规定》)第55条最后一款有“定金不再适用定金罚则”的规定，此外，不论是在整个破产程序还是具

* 王璐瑶，中南财经政法大学法学院经济法学2019级硕士研究生。

体到重整程序，其他有关破产的法律和相关司法解释并没有关于定金罚则的具体规定。

而学者的研究大多放眼于整个破产程序，已有观点对定金的处理规则、定金的性质、定金罚则的适用等问题也众说纷纭。① 例如，有的学者主张定金债权属于别除权，尽管所持理由各异，这种观点建立在认为定金债权是一种担保债权的基础上；② 有的学者主张将定金债权作为普通破产债权处理，不享有优先受偿的权利；③ 还有学者区分不同情况认定定金债权的性质，从而采取不同的处理方式，例如主张对债权人已交付的定金部分给予别除权，而对应双倍返还的处罚部分则按破产债权处理；④ 还有观点主张不再实行定金罚则，仅以交付的定金额作为破产债权。⑤

值得注意的是，学术界对定金相关问题的研究集中在 20 世纪末 21 世纪初，反而在破产案件如雨后春笋般大量出现的近几年鲜有此方面的研究，故以上学者的观点均在《中华人民共和国民法典》(以下简称《民法典》)颁布以前提出。而随着《民法典》的颁布，定金相关规则在立法上已发生变化：《民法典》颁布以前，定金规则同时出现在《中华人民共和国合

① 参见杨光：《破产定金债权刍议》，载《东方法学》2015 年第 6 期。

② 参见汤维建：《试论破产程序中的别除权》，载《政法论坛》1994 年第 5 期；胡克敏：《浅析破产中的优先权》，载《法商研究》1995 年第 5 期；许洪臣、郭诗英：《论企业破产中有担保的债权》，载《政法论丛》1997 年第 4 期；陶钟灵：《在〈企业破产法〉中应建立定金债权优先清偿制度》，载《金筑大学学报(综合版)》2001 年第 2 期。

③ 参见杨迪：《论别除权的基础权利》，载《河南省政法管理干部学院学报》2006 年第 2 期；陈杰、陈昊、李军：《论定金担保债权能否成立别除权》，载《九江职业技术学院学报》2007 年第 1 期；王岩、李青：《论别除权》，载《当代法学》2001 年第 4 期。

需要说明的是，王欣新教授的观点有所转变，王欣新教授曾主张“对债权人已预先交付的定金部分由其行使取回权取回，对应加倍处罚的部分，因其产生于债务人的不履行行为，与破产债权性质相同，故按破产债权解决”(参见王欣新：《别除权论》，载《法学家》1996 年第 2 期)，将观点修改为“对应双倍返还的定金债权，均应当按照其法律性质，作为破产债权处理”(参见王欣新：《破产别除权理论与实务研究》，载《政法论坛》2007 年第 1 期)。

④ 参见许洪臣、郭诗英：《论企业破产中有担保的债权》，载《政法论丛》1997 年第 4 期。

⑤ 转引自王欣新：《破产别除权理论与实务研究》，载《政法论坛》2007 年第 1 期。

同法》(以下简称《合同法》)和《中华人民共和国担保法》(以下简称《担保法》)中，定位为违约定金，此外，《担保法》的相关司法解释还就立约定金①、成约定金②和解约定金③作出补充规定，丰富了定金的功能和类型。学界在讨论定金的性质时，常以定金规则出现在《担保法》及其司法解释中为由，说明定金具有担保的性质。④《民法典》实施后，定金规则被安排在《民法典》合同编第八章"违约责任"中，《担保法》及其司法解释关于定金规则的规定已被废止。同时，自 2021 年 1 月 1 日起实施的《最高人民法院关于适用〈中华人民共和国民法典〉担保制度的解释》(以下简称《民法典担保制度司法解释》)并未提及定金问题。据此，定金的性质被局限在违约定金。另外，《民法典》合同编关于定金的规定提高了定金罚则的适用门槛：要求违约行为达到"致使合同目的不能实现"的程度。毫无疑问，在《民法典》背景下，这些立法变动将影响到对破产程序中定金罚则适用问题的探讨。

此外，以上学者的观点虽然大相径庭，但大部分学者的研究是意图对现有法律法规、司法解释进行完善或修改，从立法论的角度展开讨论。本文试图在尊重现有法律规定的基础上，结合《民法典》和《民法典担保制度司法解释》的精神，以思考本文开篇提到的案例为契机，从解释论的角度分析在以拯救危困企业为宗旨的重整程序中，《破产规定》提出的"定金罚则不再适用"应如何理解？若定金罚则在重整程序中不应被排除，又应以怎样的路径实现？

---

① 《最高人民法院关于适用〈中华人民共和国担保法〉若干问题的解释》第 115 条："当事人约定以交付定金作为订立主合同担保的，给付定金的一方拒绝订立主合同的，无权要求返还定金；收受定金的一方拒绝订立合同的，应当双倍返还定金。"

② 《最高人民法院关于适用〈中华人民共和国担保法〉若干问题的解释》第 116 条："当事人约定以交付定金作为主合同成立或者生效要件的，给付定金的一方未支付定金，但主合同已经履行或者已经履行主要部分的，不影响主合同的成立或者生效。"

③ 《最高人民法院关于适用〈中华人民共和国担保法〉若干问题的解释》第 117 条："交付定金后，交付定金的一方可以按照合同的约定以丧失定金为代价而解除主合同，收受定金的一方可以双倍返还定金为代价而解除主合同。对解除主合同后责任的处理，适用《中华人民共和国合同法》的规定。"

④ 参见李贝：《定金功能多样性与定金制度的立法选择》，载《法商研究》2019 年第 4 期。

二、定金罚则适用的可行性

笔者认为，在本文案例描述的情形下，定金罚则可以适用，该可行性可以从重整程序的特殊性、定金罚则在《民法典》颁布后的性质与适用条件、对排除定金罚则适用的司法解释的理解三方面展开论述。

（一）重整程序的特殊性

破产程序包括重整程序、和解程序以及破产清算程序，三种程序各具特色，宗旨和目的均有差异，因此各种程序的具体规则设置应与其特点相适应。而本文提出的问题以重整程序为背景，所以在展开讨论时应首先明确重整程序区别于其他两类程序的特点，并以此作为问题解决的导向。

1. 重整程序鼓励企业正常经营

重整程序以最大程度挽救危困企业，使企业重新展开正常经营活动而避免进入破产清算为宗旨。在重整程序中，各项具体规则的实施均应以此为指向标。正如学者所言，“实际上，重整程序开始后，若没有债务人的继续营业以及鼓励债务人继续营业的措施，重整程序便没有优势可言，利用重整程序克服债务人的经营或财务困难的目的也难以达成”。① 重整程序是致力于企业再生的程序，这是与破产清算程序最大的不同。因此，在重整过程中企业并非处于停止营业的状态，相反，重整程序的制度设定给予债务人继续营业特殊保护，例如《中华人民共和国企业破产法》（以下简称《企业破产法》）第五章有关共益债务的规定就有利于保护债务人在重整程序中继续营业。对于潜在交易相对人来说，处于重整期间的企业与正常经营的企业相比，交易的风险和不确定性大，为实现东山再起的目标，重整期间的相关配套制度应更注重增强潜在交易相对人对债务人的信任感，以提升债务人顺利达成交易的概率。

① 李永军、王欣新、邹海林、徐阳光：《破产法》（第二版），中国政法大学出版社 2017 年版，第 195 页。

2. 重整程序中债权人面临更大风险

在重整程序中，债权人要付出等待重整计划执行的时间，还要承担如果重整失败，再次清算所获得的清偿比例会更低的风险；另外，重整中企业为继续经营还要和潜在交易人达成交易，建立新的债权债务关系，潜在交易人在与重整企业进行交易时将更关注达成交易的风险，因为一旦重整失败，其不仅要承担债务人合同违约的后果，还将承担以上现有债权人面临的风险。因此，相对于正常经营的企业，重整中的企业只有给潜在交易人足够的保护和尽量多的承诺，才能尽可能获得竞争优势，得到交易机会，从而推动重整程序的进行。

结合重整程序以恢复债务人正常营业能力的宗旨以及潜在交易人考虑的风险，在重整程序中订立定金合同时，不排除定金罚则的适用是对债权人和债务人双方最好的选择。在企业重整期间与企业发生交易本就面临极强的风险，交易相对人必须考虑重整失败后可能面临的债务人违约、相关债权难以实现的问题。在这种情形下，还排除定金罚则的适用，是将交易相对人置于一旦重整失败，债权便无法得到保障的境地，理性的潜在交易人更趋向于选择与能正常经营的企业订立合同，产生的定金关系也能给予交易相对人在发生违约行为时的保障。只有将重整中的企业置于与正常经营中的企业相同甚至更优的交易地位，才能使企业通过重整实现东山再起不沦为一纸空谈。若重整成功，合同顺利履行，则交付的定金抵扣合同价款，双方无任何损失反而因定金罚则的预设促进了交易的达成和合同的履行。

(二)定金的性质与定金罚则的适用条件

《民法典》以及《民法典担保制度司法解释》对担保的规范作了变动。具体到定金问题，在体系上，定金的相关规定从担保部分领域淡出，而继续规定在合同编的违约责任章节；在内容上，设立了更为严格的定金罚则适用条件，即合同目的落空。这些变化对本文讨论的问题具有以下三个方面的影响：

第一，违约定金的功能凸显。随着《民法典》的生效，原《担保法》及其司法解释失效，原《担保法》的司法解释对于补充定金类型和功能的规定也随之废止。在《民法总则》适用时期，违约定金以及担保法司法解释补充规定的立约定金、成约定金、解约定金，赋予定金四个方面的功能。而在《民法典》以及《民法典担保制度司法解释》中，除违约定金有明确规定外，并没有关于其他三类定金功能的规定。违约定金一直是定金最常见的形式，这一立法变化更凸显了定金在避免违约、给予非违约方保障方面的价值。而在本文所讨论的背景下，重整期间订立的定金合同正是为了通过定金罚则的适用，增强潜在交易人对债务人违约风险的承受意愿，若排除定金罚则的适用，将架空违约定金的功能。

第二，定金罚则的严格适用。《民法典》合同编将定金罚则适用条件规定为"不履行债务或履行债务不符合约定，致使不能实现合同目的的……"强调合同目的落空。在重整期间订立的合同，均是重整企业为实现正常经营作出的努力，处于重整期间的企业与正常企业相比面临更大的经营风险，促成交易达成已困难重重。一旦合同订立，若无重整失败，重整企业绝对不会发生根本违约行为。而若重整失败进入破产清算程序，昭示着企业再生目的完全落空，未完成的合同不可避免地无法实现合同目的，符合《民法典》就定金罚则适用条件作出的新规定。

第三，定金仍具有担保性质。《民法典》颁布以前，定金同时出现在《合同法》和《担保法》中，在《担保法》中与保证、抵押、质权、留置并列作为担保的五大类型，足以证明定金的担保功能。长期以来，定金具有担保性质已经成为学界通说。《民法典》将定金规定在合同编的违约责任一章，并未在担保部分作出规定，是出于整部法律的系统性、协调性考量，但并不能否认定金的担保性质。《民法典》第 586 条规定"当事人可以约定一方向对方给付定金作为债权的担保"，定金的担保功能因此得以体现。在重整过程中订立的定金合同，担保功能的发挥在于若重整失败，债权人有权依据定金罚则产生对债务人的债权请求权——这不同于典型的物权担保。如果在债务人重整失败进入破产清算程序时反而取消定金罚则的适用，则担保的基本原则将被破坏。①

（三）《破产规定》"不再适用定金罚则"的解释

我国现有法律法规和司法解释对破产程序中定金罚则的相关问题规定非常少。先于现行《企业破产法》实施的《破产规定》在关于破产债权一章

---

① 参见王欣新：《破产别除权理论与实务研究》，载《政法论坛》2007 年第 1 期。

中，第 55 条第 1 款以列举的形式规定了属于破产债权的几种情形，其中第 5 项为“(五)清算组解除合同，对方当事人依法或者依照合同约定产生的对债务人可以用货币计算的债权”。同时该条第 2 款补充规定：“以上第(五)项债权以实际损失为计算原则。违约金不作为破产债权，定金不再适用定金罚则。”此即为我国破产相关的法律和司法解释唯一明确提到“定金不再适用定金罚则”的条文。[①] 结合该条文出现的章节，根据系统解释，本文认为“定金不再适用定金罚则”的规定应被限制在清算组[②]解除在破产程序启动前成立的合同，对于解除在重整期间成立的合同不适用。一方面，这一条款出现在该司法解释“破产债权”一部分，对解除合同后因有实际损失而产生的债权进行规定，说明该项债权符合破产债权的认定条件。而根据《企业破产法》，破产债权是指人民法院受理破产申请时对债务人享有债权，说明破产债权的形成基础须在破产程序启动前具备。在《破产规定》的该项规定中，这种情形属于在破产程序启动前成立合同，在程序启动后被管理人解除，因此产生合同解除引发的一系列债权，例如返还原物请求权、不当得利之债等，这种情况下因为构成债权的基础条件在破产程序启动前具备，所以符合认定破产债权的原则。另一方面，在本文所要讨论的定金债权中，涉及定金的主合同在重整期间也即在破产程序开始之后[③]成立，解除合同的行为也发生在破产程序开始之后，完全不符合破产债权须在破产程序启动前的认定条件，与该司法解释所规定的合同情形并不一致，所以应该排除适用“定金不再适用定金罚则”的规定。

---

① 该司法解释在关于破产债权一章节中，第 55 条第 1 款以列举的形式规定了属于破产债权的几种情形，其中第五项为“(五)清算组解除合同，对方当事人依法或者依照合同约定产生的对债务人可以用货币计算的债权”。同时该条第 2 款补充规定：“以上第(五)项债权以实际损失为计算原则。违约金不作为破产债权，定金不再适用定金罚则。”

② 该司法解释实施时，《企业破产法》尚未修改，通过对职责进行分析，当时司法解释中的“清算组”相当于《企业破产法》中的管理人。

③ 关于重整期间属于破产程序开始之后的理解：我国《企业破产法》采取“大破产”的概念，这里的“破产”实际上将破产清算程序、和解程序与重整程序集于一身。因此受理重整申请也是破产程序开始的标志之一，而重整期间是从人民法院受理并裁定重整起算，故重整期间必然在破产程序开始之后。

学界普遍认为该司法解释将定金罚则排除适用的规定不合理，并从定金的担保性质入手作出详尽论证，① 由于本文是站在解释论的角度展开讨论，因此对规定是否合适暂且不谈。另外，也有学者从解释论的角度分析，意图限制该条款的适用范围，论证依据是“本条只规定在‘清算组解除合同’时不适用‘定金罚则’，却并未限制在债务人违约时适用‘定金罚则’。因此，即使按照该条的规定，违约定金仍有适用的余地”②。本文认为，该解释有一定说服力，尤其在重整失败后主合同不能继续履行，大多是因为重整企业难以继续维系，是出现债务人迫不得已的违约产生定金债权而非管理人主动解除合同——毕竟重整时为了挽救危困企业，管理人没有主动解除合同的动机。不过该解释难以回答当“合同的解除”与“合同违约”同时发生时该怎么处理的问题，而且实践中也很难将二者明确区分开来。

三、定金罚则的实现路径

在肯定重整失败后定金罚则应正常适用的前提下，对其实现路径的探讨实际为分析已交付的本金和双倍返还部分应当认定为何种性质返还。在破产程序中，可优先受偿的别除权、受特殊保护的取回权、依比例公平清偿的普通债权以及随时清偿的共益债务确实是财产权最主要的表现形式。对本金和双倍返还部分的不同性质认定将直接影响这一债权的受偿顺位，进而决定债权得到何种程度地实现。通过以上分析，结合学界相关观点，本文认为，本金和双倍返还部分均应当作为共益债务由破产财产随时清偿，只是将其划分为共益债务的理由稍有不同：已交付的定金在债务人重整失败转入清算程序后，属于不当得利；而双倍返还部分属于为继续营业

---

① 参见杨光：《破产定金债权刍议》，载《东方法学》2015 年第 6 期。此外，王欣新教授虽然没有正面对此条司法解释提出修改或废止建议，但在《破产别除权理论与实务研究》一文中指出“债务人的破产并不能产生解除定金担保的效力，否则定金担保形式便形同虚设，且与立法设置该权利的本意相违”，从这一点可以看出王欣新是不支持这一规定的。

② 杨光：《破产定金债权刍议》，载《东方法学》2015 年第 6 期。

产生的债务，两者分别符合《企业破产法》第 42 条①规定的第 3、4 项共益债务的特点。

(一) 对学界观点的审视

1. 现有观点概述

前文已经提到，在支持定金罚则正常适用的基础上，学界就定金如何实现的问题虽有广泛讨论，但分歧较大。有的学者并未明确指出破产程序中定金罚则能否适用，但是基于定金的担保性质，提出定金应当作为别除权实现；② 有的学者明确定金罚则应当正常适用，且提出收受定金的一方进入破产程序时，债权人有权就双倍返还部分优先受偿，该观点的基础是公平原则，即假设给付定金一方破产，出现合同违约情形，则收受定金一方能保有定金不再返还，因此相当于自动获得优先受偿权，并且为保证该优先受偿权的实现，该学者还提出建立定金专户制度；③ 有的学者认为，破产程序中定金罚则应当适用，进而在收受定金的债务人破产时，定金本金和双倍返还部分均应当作为破产债权，该观点建立在别除权成立的基础是特定物的基础上，因以金钱作为定金客体时不符合特定化的特征从而排除别除权的适用，但是该观点并未论证因定金产生的债权在实现路径中只

① 《企业破产法》第 42 条："人民法院受理破产申请后发生的下列债务，为共益债务：(一) 因管理人或者债务人请求对方当事人履行双方均未履行完毕的合同所产生的债务；(二) 债务人财产受无因管理所产生的债务；(三) 因债务人不当得利所产生的债务；(四) 为债务人继续营业而应支付的劳动报酬和社会保险费用以及由此产生的其他债务；(五) 管理人或者相关人员执行职务致人损害所产生的债务；(六) 债务人财产致人损害所产生的债务。"

② 参见许洪臣、郭诗英：《论企业破产中有担保的债权》，载《政法论丛》1997 年第 4 期。该论文对定金问题的探讨只有一小部分，且该观点的提出只列举了债务人支付定金后，在尚未履行合同前受到破产宣告的情形，未讨论收受定金的一方破产的情形。结合学者的论文进行体系性理解，后一种情形下也应认定别除权。但是由于该论文的发表时间过早，当时还处于《企业破产法》的试行阶段，2002 年的《破产规定》也尚未出台，该观点的时代局限性应值得注意。

③ 参见陶忠灵：《在〈企业破产法〉中应建立定金债权优先清偿制度》，载《金筑大学学报(综合版)》2001 年第 2 期。

能从破产债权和别除权中择其一的理由。① 有的学者将此问题限定在房地产买卖的范围内进行讨论，对于购房者缴纳的定金，认为本金部分应当赋予优先受偿权的地位，而对于双倍返还部分应当区分是否为惩罚性质进行不同处理，即定金罚则部分属于惩罚性质作为劣后债权，属于补偿性质则作为普通债权，至于如何判断惩罚性质或者补偿性质，应当结合个案具体分析。②

总之，在重整程序中定金罚则的实现方式上，学术界的观点大概分为四类：第一类是主张别除权优先受偿，这类观点多提出于 20 世纪末，自 2007 年《企业破产法》实施以来，该观点或许有不合时宜之嫌；第二类是以王欣新教授为代表的主张对全部债权按破产债权处理，这类观点建立在反对前一类观点的基础上；第三类采取区分对待原则，主张对债权人已交付的定金部分给予别除权，而对应双倍返还的处罚部分则按破产债权处理，这类观点在理论界受到同种性质债权的不同部分处理方式不同、难以自圆其说的质疑；第四类突破了上述观点关于破产债权和别除权非此即彼的讨论，创造性地提出定金优先受偿权的概念。

2. 对现有观点的评析

对于赋予定金别除权地位的观点，集中出现在破产法的试行阶段，当时《企业破产法(试行)》对别除权的规定为“破产宣告前成立的有财产担保的债权，债权人享有就该担保物优先受偿的权利”，而 2007 年《企业破产法》对此的规定修改为“对破产人的特定财产享有担保权的权利人，对该特定财产享有优先受偿的权利”，即有增加“特定”这一条件的变化。而定金通常以金钱为客体，使得这一制度在实现定金担保作用的同时不影响金钱的流通，充分发挥金钱的使用价值，这也是定金制度广泛应用的重要原

① 参见杨光：《破产定金债权刍议》，载《东方法学》2015 年第 6 期；王欣新：《破产别除权理论与实务研究》，载《政法论坛》2007 年第 1 期。

② 参见夏正芳、李荐：《房地产开发企业破产债权的清偿顺序》，载《人民司法》2016 年第 7 期。该学者提出直接赋予购房者定金本金的优先权，即类似于建设工程价款的法定优先权，并在破产清算时债权实现顺序上将定金本金的返还请求权列于建设工程价款的返还请求权之前，具有创造性。但是该观点对于定金罚则部分的处理过于笼统。

因之一。[①] 实践中虽然存在将定金特定化的"封金"形式，但比较少见，因此结合立法变化，本文认为该观点确有不妥之处。

而将定金作为破产债权的观点是否妥当，应当先弄清破产债权的特点再下定论。本文认为，基于破产程序启动前的原因成立是破产债权最主要的特点，这也是破产债权和共益债务的区分点。《企业破产法》在第107条第2款明确了破产债权的产生时间，"人民法院受理破产申请时对债务人享有的债权称为破产债权"。由于我国采取破产程序的是受理开始主义[②]，这一规定的内涵即破产债权基于破产程序启动前的原因成立。对破产债权的构成要件及产生的时间有两种学说：一种为全部完备说，即主张构成债权发生的一切要件必须在破产程序启动前全部具备；另一种为一部完备说，即认为构成债权发生的基础条件在破产程序启动前具备即可，无须具备全部条件。后者为日本的通说，也为我国破产法所采纳。[③] 这也是未到期的债权、附条件的债权、附期限的债权、保证担保的债权等各类债权虽条件未成就但也能申报债权的原因。

我国学界普遍认为破产债权应在破产程序启动前成立仅是一项一般性原则，法律为维护社会公平有时也将某些在破产程序启动后发生的债权纳入破产债权的范畴，并列举《企业破产法》第53~55条等规定说明。[④] 本文认为，《企业破产法》第53~55条的规定并没有突破这项原则，在破产程序开始后发生的因为解除合同、依照委托合同继续进行委托事务以及票据的继续付款或承兑而产生的债权，从本质上和未到期、附条件或附期限的债权是一致的，属于构成债权发生的基础条件在破产程序启动前具备，只是未具备所有条件而不能在程序启动前生效而已。因为不论是合同的解除、委托合同或者票据，都是在破产程序启动前建立起基础的合同关系、委托关系、票据关系，只是破产程序开始后才因为合同解除、继续履行或

① 参见杨光：《破产定金债权刍议》，载《东方法学》2015年第6期。

② 关于这一点，明显可以从我国《企业破产法》第15~20条等的规定中看出来。

③ 参见李永军、王欣新、邹海林、徐阳光：《破产法》(第二版)，中国政法大学出版社2017年版，第128页。

④ 具体而言，因解除破产企业未履行完毕的合同而使对方当事人遭受损害时，其损害赔偿虽发生在破产程序启动之后，仍可作为破产债权清偿；委托人进入破产程序，受托人不知该事实，继续进行委托事务的，其债权属于破产债权；票据出票人进入破产程序，该票据的付款人继续付款或者承兑的，其债权也属于破产债权等。

者承兑等行为，使债权人具备了得以主张债权的条件。这和未到期的、附条件或附期限的债权在破产程序启动前建立债权债务关系，在程序启动后由于法定原因而视为条件达成如出一辙。如前文所述，由于我国实行一部完备说，这并不妨碍将债权认定为破产债权。试想若相关合同的订立或出票的票据行为是在破产程序启动后建立，后来又发生了解除合同、进行委托事务、承兑汇票的行为，由此产生的债权将与此有极大差别，不能轻易将其归入破产债权，因为这种债权的所有条件都在破产程序开始后具备。

因此本文认为，将破产债权规定为基于破产程序启动前原因成立的债权，是我国破产法认定破产债权的基本原则之一，没有例外规定。如果将《企业破产法》第 53~55 条的列举作为这一原则的例外性规定，反而有将共益债务和破产债权混淆的可能。

而将定金作为破产债权的观点，均建立在企业未进入破产程序时订立定金合同的基础上，符合构成债权发生的基础条件在破产程序启动前具备的条件，本文认为并无不妥之处。

值得注意的是，以上观点均将讨论的范围扩大至整个破产程序，本文所讨论的重整过程中订立定金合同，收受定金的债务人重整失败后定金罚则的适用问题与此有所不同，但以上学者的观点对思考本问题具有启发意义。

（二）本文观点：本金和双倍返还部分均作为共益债务

结合重整程序中保障债务人企业正常营业的宗旨以及认定破产债权、共益债务的原则，本文认为，在本文开篇案例情形下，已交付的定金本金和因适用定金罚则而双倍返还的部分均应当作为共益债务优先受偿，给予定金债权人最大的保障。具体来看，已交付的本金部分符合《企业破产法》第 42 条列举的第 3 项共益债务，双倍返还部分属于列举的第 4 项共益债务。

1. 已交付的本金属于因不当得利产生的债务

《企业破产法》第 42 条第 3 项规定，人民法院受理破产申请后因债务人不当得利所产生的债务属于共益债务。重整期间，企业作为收受定金的一方，负有履行合同的义务，若合同顺利履行，收受的定金即抵充合同价款，作为合同相对方履行合同的对价，而如果因重整失败未能继续履行合同，将产生返还原物之债，定金无法抵充合同价款，此时企业保有这部分定金不具有法律上的原因，还会造成交付定金一方的损失，因此属于不当得利，应返还给对方。同时，由于合同在破产程序开始之后订立，因无法履行合同的事实也在程序开始之后发生，属于在破产程序开始后发生的违约行为，也即在人民法院受理破产申请后发生的不当得利，完全符合《企业破产法》第 42 条第 3 项规定的共益债务的构成条件，应以破产财产随时清偿。

2. 双倍返还部分属于债务人继续营业产生的债务

重整企业订立定金合同、收受定金的行为是为促成交易、实现继续营业的目的而向交易相对人作出的承诺——重整企业保证如约履行合同义务，若以后出现违约行为，将会双倍返还定金。交易相对人也基于定金担保作用的考量放心与重整企业进行交易。因此，设立定金合同，存在执行定金罚则的可能都是为鼓励债务人继续营业所作的行为或承诺，若企业重整失败进入清算程序，双倍返还的定金部分符合《破产法》第 42 条第 4 项的规定“为债务人继续营业而……产生的其他债务”。尽管由于企业重整失败已无继续营业的可能，此时支付双倍定金对重整企业以后继续营业已无任何价值，但是在重整期间，重整企业与潜在交易人订立定金合同促成交易，运用定金罚则给予潜在交易人保障时，确实是为继续营业作出的承诺。同时这些行为都出现在破产程序开始后，也即在人民法院受理破产申请后为债务人继续营业发生的债务，完全符合共益债务的构成条件，应以破产财产随时清偿。

另外，出于定金担保功能的考量，若企业重整失败，合同目的落空，交付定金一方将获得双倍定金返还，是定金罚则对潜在交易人与重整中企业达成交易的有力保障。重整失败后，债权人不可避免地面临债权清偿率降低的风险，此时双倍返还部分若不能作为共益债务优先受偿，定金担保的功能便无法实现。而潜在交易相对人在选择交易方时，也会出于这方面的考虑转而选择与能完全履行定金罚则的正常经营企业达成交易，因此便不利于重整中企业继续经营。

对于学界将这一部分定金归为破产债权的观点，通过上文对破产债权成立时间在破产程序启动之前的分析，笔者认为在本文所讨论的范围下，这一定金合同在重整期间订立，定金罚则在重整失败转入清算程序后产生，在我国“大破产”①和“受理开始主义”②的立法主义下，可以概括为债权的所有条件都在破产程序启动后具备，因此不符合破产债权的认定条件；另外，定金合同的订立是为了增强重整企业与潜在交易对象的信任感，为重整企业恢复正常营业而产生，属于对全体债权人有利的债务，与破产债权注重单个债权人的公平受偿不同，反而更符合共益债务的精神。

结　语

破产程序中的定金问题在学术界争议很大，实践也存在这一问题。本文从身边真实案例入手，以重整程序为切入点，以重点把握重整程序的特殊性和破产债权与共益债务的区别为基础，通过对学界观点的分析，从解释论的角度提出自己的观点。对于在重整程序中订立定金合同、重整失败转入清算的情形，为了保持法律的一致性、实现重整程序、鼓励债务人正常营业，定金罚则不应被排除适用，且定金本金和双倍返还部分均应作为共益债务随时清偿，其中本金部分属于不当得利，双倍返还部分属于为债务人继续营业产生的债务，以此给予交易相对人充分的保障，最大限度地使重整中的企业具有和正常企业相同的法律地位，吸引潜在债权人与重整企业达成交易，从而实现重整的目的。

---

① “大破产”即广义的破产法概念，是指破产法集破产清算程序、和解程序和重整程序于一身，三个程序统称为“破产程序”，在此立法主义下，三个程序中任何一个程序的启动都可称为破产程序启动。参见李永军、王欣新、邹海林、徐阳光：《破产法》(第二版)，中国政法大学出版社 2017 年版，第 2、10 页。

② 受理开始主义是与宣告开始主义相对应的概念，指破产程序以法院受理破产案件为标志，而不论是否对债务人宣告破产，结合我国采用的广义破产法概念，在此立法主义下，法院受理重整申请，即意味着破产程序的开始。参见李永军、王欣新、邹海林、徐阳光：《破产法》(第二版)，中国政法大学出版社 2017 年版，第 7 页。

《民法典》视角下融资租赁的破产处理

金林涛*

内容提要：《民法典》第745条改变了《合同法》之前租赁物不属于破产财产的规定，引入登记对抗主义适应不断变化的现实情况。在《民法典》制定过程中我国遭遇了新冠肺炎疫情的袭击，经济下行，企业破产增加，在此情形下对出租人与承租人利益保护的调整也是必需的。《民法典担保制度司法解释》第65条也肯定了融资租赁具有担保功能，出租人可以参照适用担保物权的实现程序也就是别除权行使权利。承租人享有租赁物的实质所有权，而出租人只享有租赁物的形式所有权，融资租赁合同的本质是一个用租赁物作为担保以确保租金支付的合同。在这个基础上，本文对出租人的取回权与别除权进行了分析，并具体剖析了出租人与承租人破产情形下融资租赁的处理，希望能对破产中融资租赁问题的解决有所帮助。

一、融资租赁的法律性质

（一）形式主义与实质主义

融资租赁法律关系的判断主要有形式主义与实质主义两个标准。形式主义从交易形式的角度出发，只要一项交易的外观满足规定的形式要求即“一个标的物、两类合同和三方当事人”，则该项交易即为融资租赁。① 实

---

* 金林涛，武汉大学法学院2019级民商法硕士研究生。

① 参见冉克平、曾佳：《实质融资租赁当事人破产法律关系之构造——以一种利益平衡的方法》，载《山东法官培训学院学报》2020年第2期。

质主义更多的是关注交易的实质而非形式，融资租赁虽以租赁为名，但不同于法律意义上的传统租赁，标准在于与所有权有关的风险和报酬是否转移，综合考虑经济实质上的公平、租金和租期如何计算等问题。①

形式主义与实质主义最大的不同就是是否关注融资租赁合同的本质属性——融资。形式主义界定模式显然只关注了融资租赁的租赁面而忽视其融资本质。运作于破产情形中，会产生缺陷与问题。首先，形式主义任由管理人在解除合同与继续履行合同中自由选择。倘若管理人选择解除合同，承租人作为弱势的一方只能被动地接受难以估量的损失，其对融资租赁标的物所有权的期待被摧毁，作为所有权之对价支付的租金沦为泡影，即便申报债权也仅为普通债权，无法得到充分清偿。② 而出租人取回的也只是一个对其没有使用价值的租赁物。其次，管理人的选择权与出租人的选择权也会产生冲突，即使管理人选择继续履行合同，但是出租人为了维护自身利益必定会依据《中华人民共和国企业破产法》(以下简称《企业破产法》)的规定要求管理人提供担保，以法律赋予的权利最大化谋求其债权的优先清偿。③ 但是，由于承租人已经陷入破产，其很难提供出租人要求的担保，最终融资租赁合同仍将解除。而如果采用实质主义，其界定标准在于对交易实质的考察，考察对象更符合融资租赁合同当事人缔结交易的核心争议点，因而量体裁衣般的“实质主义”处置规则更能以简明、高效、合理的方式被当事人和市场所接受，从而取得良好的适用效果。④ 例如，在承租人破产时，承认融资租赁标的物属于破产财产，出租人得行使别除权以实现租金债权。虽然这种解决方法仍有讨论的空间，但也是结合融资租赁的实际情况所作的调整，试图通过新的制度解决存在的问题。

(二)我国融资租赁相关立法的变动与不足

我国对于融资租赁的相关立法主要分布于《中华人民共和国合同法》(以下简称《合同法》)、《最高人民法院关于审理融资租赁合同纠纷案件适

① 参见金海：《判定融资租赁法律性质的经济实质分析法——以承租人破产时租赁物归属为例》，载《华东政法大学学报》2013 年第 2 期。

② 参见张钦昱：《论融资租赁中的破产》，载《政法论坛》2013 年第 5 期。

③ 参见李永军：《论破产管理人合同解除权的限制》，《中国政法大学学报》2012 年第 6 期。

④ 参见张钦昱：《论融资租赁中的破产》，载《政法论坛》2013 年第 5 期。

用法律问题的解释》(以下简称《融资租赁合同司法解释》)以及《中华人民共和国民法典》(以下简称《民法典》)中。首先,我国《合同法》第237条、《民法典》第735条使用形式主义的立法模式定义了融资租赁合同的性质。形式主义的立法模式会导致对于融资租赁合同范围的限缩,不利于实际问题的解决。其次,《合同法》第242条直接规定了出租人享有租赁物所有权从而享有租赁物取回权,并没有区别对待,而上文我们就讨论了出租人其实对于租赁物是否归属自己并无太大的兴趣,其目的只是为了收取租金,而承租人对于租赁物的占有、使用都是毋庸置疑的,其支付租金的目的也是取得租赁物所有权,笼统地规定租赁物所有权归属出租人对于承租人来说是不公平的。

《融资租赁司法解释》涉及第三人善意取得问题,由于租赁物由承租人占有和使用,第三人很难知道融资租赁关系的存在,由此发生的善意取得问题将会对出租人的利益造成巨大损失。因此该解释第9条引入了四种情形来限制善意取得在融资租赁中的适用。

《民法典》合同编注意到了笼统地将租赁物所有权归属出租人是存在问题的,因此其在《融资租赁合同司法解释》的基础上于第745条规定中引入了登记对抗主义,即出租人对租赁物享有的所有权,未经登记不得对抗善意第三人。该规定首先是对出租人的所有权进行了限制,其目的在于倒逼融资租赁合同当事人积极登记,确保融资租赁关系的安全和稳定,同时以小于司法解释的范围来确保第三人的利益。

《最高人民法院关于适用〈中华人民共和国民法典〉担保部分的解释(征求意见稿)》第62条①在《民法典》的基础上进一步确认了融资租赁合

---

① 《最高人民法院关于适用〈中华人民共和国民法典〉担保部分的解释(征求意见稿)》第62条:“融资租赁的当事人约定租赁期限届满后租赁物归承租人所有,承租人支付部分租金后未支付剩余租金,出租人请求承租人支付剩余租金,并就租赁物优先受偿的,人民法院可以参照适用担保物权的实现程序处理。

融资租赁的当事人约定租赁期限届满后租赁物归承租人所有,承租人支付部分租金后未支付剩余租金,出租人请求解除合同并收回租赁物的,人民法院可以参照适用担保物权的实现程序处理。承租人主张收回的租赁物价值超过欠付租金及其他费用的,人民法院应当按照融资租赁合同的约定确定租赁物价值;融资租赁合同未约定或者约定不明的,可以参照融资租赁合同约定的租赁物折旧以及合同到期后租赁物的残值确定租赁物价值。”

同适用担保物权的合理性，也是适应当今非典型担保频出的务实调整，而在1月出台《最高人民法院关于适用〈中华人民共和国民法典〉有关担保制度的司法解释》(以下简称《民法典担保制度司法解释》)第65条①中，最高人民法院在之前征求意见稿的基础上对该条款作出了变动，首先删除了当事人约定期限届满，租赁物归承租人所有的前提，其意义在于最高人民法院认可了融资租赁合同在一般情况下当事人的合意都是默认融资租赁物的所有权在期限届满后归属承租人，其次增加了一条关于租赁物价值确定保底方法，即委托有资质机构评估。

融资租赁关系在破产中最大的问题就是破产时租赁物的所有权问题以及其处理问题，我国《合同法》第242条直接规定了租赁物的所有权属于出租人，承租人破产时，租赁物不属于破产财产。根据该规定再结合我国《企业破产法》第38条关于破产取回权以及第18条关于待履行合同的规定，在融资租赁关系中，承租人破产时，出租人可以行使破产取回权取回租赁物，或者要求管理人提供担保然后选择继续履行合同，然而就像上文分析的那样，这两种做法都会存在问题，行使破产取回权将会对承租人的利益造成损失，选择继续履行合同则由于承租人破产，缺乏足够的财产，往往也会最终变为出租人而行使破产取回权，最终还是承租人遭受损失。对于这个问题，学界提出了广泛的批评，《民法典》在制定的过程中注意到了这个问题，一方面其删除了承租人破产的，租赁物不属于破产财产的条款，给法院裁判租赁物归属留下了空间；另一方面引入登记对抗主义，为保护第三人的利益提供了可靠的路径。而在《民法典担保制度司法解

① 《最高人民法院关于适用〈中华人民共和国民法典〉有关担保制度的解释》第65条："在融资租赁合同中，承租人未按照约定支付租金，经催告后在合理期限内仍不支付，出租人请求承租人支付全部剩余租金，并以拍卖、变卖租赁物所得的价款受偿的，人民法院应予支持；当事人请求参照民事诉讼法'实现担保物权案件'的有关规定，以拍卖、变卖租赁物所得价款支付租金的，人民法院应予准许。

出租人请求解除融资租赁合同并收回租赁物，承租人以抗辩或者反诉的方式主张返还租赁物价值超过欠付租金以及其他费用的，人民法院应当一并处理。当事人对租赁物的价值有争议的，应当按照下列规则确定租赁物的价值：(一)融资租赁合同有约定的，按照其约定；(二)融资租赁合同未约定或者约定不明的，根据约定的租赁物折旧以及合同到期后租赁物的残值来确定；(三)根据前两项规定的方法仍然难以确定，或者当事人认为根据前两项规定的方法确定的价值严重偏离租赁物实际价值的，根据当事人的申请委托有资质的机构评估。"

释》有关融资租赁合同部分中，最高人民法院承认融资租赁合同为具有担保功能的非典型担保，并在具体条文中规定了出租人可以行使别除权。笔者结合《民法典》制定时我国处于新冠肺炎疫情中经济下行、企业破产严重的背景，认为我国《民法典》之所以作出这样的调整，一方面是因为承租人大多是进行实体经济生产的企业，工厂、机器设备等融资租赁物对其来说是主要财产，不将租赁物直接排除出破产财产有利于承租人进行再生产，保护实体经济。另一方面，如果将租赁物纳入承租人破产财产，将会加大对债权人的债务清偿，维护社会稳定(融资租赁公司大多为金融机构，资金实力较为充足，其他小额债权人的利益更需要保护)。接下来将对承租人破产时，出租人能够行使破产取回权还是破产别除权以及承租人与出租人分别破产时融资租赁关系的具体处理进行分析。

二、融资租赁破产处理的当事人利益平衡之我见

本文在前述部分已经论述过我国目前在融资租赁关系中强调保护出租人的利益，而不注重保护承租人的利益。体现在破产中，就是将租赁物的所有权归属出租人，并且允许出租人行使破产取回权取回租赁物，而承租人则没有抗辩拒绝的权利。学界对此提出了三种利益平衡的方法：第一种是出租人享有租赁物的所有权，其可以行使破产取回权，但是要受到一定的限制；另一种方法是出租人不享有破产取回权，只享有破产别除权，只能对租赁物优先受偿而不能取回租赁物；还有一种是将融资租赁进行类型化分类处理。

(一)享有但需要限制破产取回权

有学者认为，尽管《合同法》第242条规定了租赁物所有权归出租人，承租人破产的，租赁物不属于破产财产，但出租人的取回权仍然应当受到限制。若租赁合同约定租赁期届满，租赁物归承租人所有，或者规定承租人可以通过支付名义对价购买租赁物的，应当区分为：①合同尚未届满而管理人要求履行合同的，出租人不得取回。但若管理人要求解除合同，出租人可以取回。②合同届满，承租人或者管理人履行了相关合同义务，若约定承租人获得租赁物所有权的，租赁物属于破产财产，但若承租人欠付租金且无力支付的，租赁合同可解除，租赁物归出租人所有，出租人可行

使取回权。① 但是，也有学者认为，这种方法没有根据法律规定的行使条件进行确定，不符合我国现行法的规定。②

(二)行使别除权替代取回权

有学者认为出租人应当行使别除权而不是取回权。融资租赁中出租人的所有权发生了弱化并具有了担保性，其所有权不是传统的所有权而是名义上的所有权。融资租赁中出租人和承租人之间对于融资租赁物是一种动态的按份共有关系。承租人随着不断支付价金而对融资租赁物享有的份额不断增加。承租人以自己不断增多的份额为自己提供担保。③ 出租人处分租赁物时，不是对租赁物本身的处分而是对租金债权的处分。④ 承租人支付的租金是租赁物所有权的对价，对租赁物本身的价值享有一定的权利。出租人行使破产别除权，能够使其租金债权得到更充分甚至完全地清偿，也有利于承租人破产财产的增加。⑤

(三)对融资租赁进行类型化处理

另有学者将融资租赁类型化，分为典型的融资租赁和非典型的融资租赁。典型的融资租赁中，当事人约定租赁期满，承租人取得标的物所有权。非典型的融资租赁是指当事人约定租赁期满，所有权归出租人，具体包括约定租赁期届满后标的物归属出租人与约定租赁期届满时承租人可以行使选择权，包括放弃标的物权属，支付一定改造费用。对于非典型的融资租赁，出租人为所有权人，在承租人破产时，其享有对标的物的取回权。对于典型的融资租赁，学者认为所有权根据合同履行进程而逐渐转

---

① 参见许德风：《破产法论：解释与功能比较的视角》，北京大学出版社 2015 年版，第 221 页。

② 参见王英州：《论破产一般取回权的行使条件》，载《黑龙江工业学院学报(综合版)》2018 年第 6 期。

③ 参见黄晓林、杨瑞俊：《融资租赁中破产取回权的基础与限制》，载《山东科技大学学报(社会科学版)》2017 年第 1 期。

④ 参见金海：《判定融资租赁法律性质的经济实质分析法——以承租人破产时租赁物归属为例》，载《华东政法大学学报》2013 年第 2 期。

⑤ 参见宋丽丽：《中国融资租赁法律问题研究》，载《大连海事大学学报(社会科学版)》2008 年第 2 期。

移。融资租赁期届满，则由承租人取得完整的所有权。出租人在融资租赁期限内拥有的仅仅为形式上的所有权，实际上承担的是一种担保功能。所有权一直在承租人手中，出租人不享有取回权。①

（四）融资租赁当事人利益平衡之我见

笔者认为，如何平衡融资租赁关系中出租人与承租人之间的利益保护，首先需要分析出租人与承租人在融资租赁中对租赁物所享有的法律权益，其次要结合现实生活的变化进行适当的调整，由此得出的平衡才是公平而具有可行性的。

1. 破产中承租人对租赁物享有实质所有权

不管是我国之前的《合同法》还是新制定的《民法典》，都规定了租赁物的所有权归属出租人，这一明确的法律规定却经不起推敲，稍加分析便可发现其存在的问题。首先，从所有权本身来说，所有权是指所有人依法对自己财产享有的占有、使用、收益和处分权利，其具体内容包括占有、使用、收益、处置四项权能。而在融资租赁关系中，我们首先便可以注意到的是，租赁物由承租人占有并使用其进行生产从而获得收益，承租人实际占有和控制了租赁物，第三人根本无法从外观中得出租赁物属于出租人的结论，承租人只有处分的权利受到了一定的限制。对第三人来说，承租人比出租人对租赁物的支配力更强，承租人更像是所有权人。其次，对于承租人来说，其进行融资租赁的最终目的是为了获得租赁物的所有权。具体来说，在整个融资租赁合同关系中，承租人经历了从无所有权到拥有占有、使用、收益部分所有权（合同履行过程中）到完整所有权的过程（合同履行完毕），这个过程与保留所有权买卖合同极为相似，可以借此来理解破产中承租人对于租赁物的权利。目前，虽然我国法律采取严格的物权法定主义，法律已经明确规定租赁物所有权归属出租人，那么就没有将租赁物所有权归属承租人的空间，但是这并不意味着无法用其他概念来达到类似的效果，例如，目前已经被学界和实务界普遍承认的物权性债权与债权性物权（物权债权化、债权物权化）理论，套用到承租人身上。笔者认为，

---

① 参见唐郢：《论融资租赁合同中出租人的破产取回权》，载《西安建筑科技大学学报（社会科学版）》2016 年第 5 期。

承租人对租赁物享有的是一种实质上的所有权，在我国法律体系中可以将其看作一种物权性债权，其虽不享有完整的物权，但是出租人得保证其占有、使用、收益等物权性权利。在具体的操作过程中需要考虑到这一点。

2. 破产中出租人享有对租赁物的形式所有权

上文已经提到所有权的四项权能中，承租人一人便已独揽三项内容，出租人只享有处分这一残缺的所有权内容。即使法律明确规定其享有对租赁物的所有权，倘若真赋予其完整的所有权权能，那么融资租赁便失去了存在的意义，其将劣化为普通的租赁合同。首先，与承租人不同，出租人并不具有取得租赁物所有权的意愿，租赁物的挑选以及交付，出租人没有意愿也没有必要参与，其将这一部分的权利都转交给承租人行使，只负责支付费用。而出租人真正的愿望是取得承租人交付的租金，对于出租人来说，租赁物唯一的意义便是起到担保功能，即保证承租人足额按时交付租金，而承租人在订立合同时也清楚这一点，二者对于租赁物担保融资租赁合同顺利进行达成了合意。

在合同履行中，出租人之所有权是担保成立的关键。出租人将其占有、使用、收益的所有权权能向承租人转移，仅保留处分权能。但通常这一处分权能被承租人之租赁权所压制，仅为一种消极的宣誓状态，只有在承租人违约欠付租金已经严重侵害出租人权益时，才得以积极地行使其效力——实现担保。① 在融资租赁中，担保权益的客体是使用价值。其通常仅对承租人有意义，并且随着合同履行中融资租赁标的物的折旧而贬值，甚至单位时间内流失的担保价值会因融资租赁标的物消耗品的性质而越来越大。② 然而在这一最基础的担保结构之上，融资租赁呈现出一个极为特殊的样态，即不仅担保价值很难超过主债权金额，且担保价值随债权金额同时减小，最终在合同履行完毕、承租人足额清偿租金债权时消灭。然而，担保价值的减损并不对出租人产生不利，因为随着租金债权的逐步实现，剩余债权的金额和担保价值(至少在账面上)始终是平衡的。③

① 参见王叶刚：《融资租赁承租人擅自处分租赁物时出租人法定解除权反思》，载《法学》2016 年第 8 期。

② 参见蒋建湘、李依伦：《融资租赁出租人的风险承担》，载《法学》2012年第7期。

③ 参见巴莫拉博索夫：《破产中的融资租赁问题研究》，中央民族大学 2020 年硕士学位论文。

可以这样说，在融资租赁关系中，承租人与出租人在合同订立之初就已经达成了将租赁物作为融资租赁合同担保的合意，可以将其看做一种非典型的担保。当然，由于我国实行严格的物权法定，此种“非典型担保”在法律上并不被承认，但是国家对于现实中不断出现的非典型担保也作出了妥协和让步。例如，2019 年最高人民法院印发的《全国法院民商事审判工作会议纪要》(以下简称《九民纪要》)关于非典型担保的规定，认为需要肯定非典型担保的担保功能;①《民法典担保制度司法解释》第 65 条更进一步承认融资租赁合同为其他具有担保功能的担保，最高人民法院的最新调整也印证了融资租赁合同中出租人与承租人订立合同之初以租赁物来进行担保的合意。

因此，笔者认为，出租人对租赁物享有一种形式上的所有权，在所有权的背后，其享有的其实是一种实质上的非典型物保。当然，我国目前仍然采取的是严格的物权法定主义，在权利性质的认定上，仍然要认可出租人的所有权，但是在破产的融资租赁实际处理中，要充分考虑其背后担保的实质目的，不能简单地套用所有权的有关规则。

3. 出租人与承租人利益平衡的具体路径

笔者已经论述了出租人对租赁物享有的是形式上的所有权，而承租人享有的是实质上的所有权，二者都有用租赁物来作为融资租赁合同担保的合意。在尊重当事人意思自治并且符合我国法律规定的前提下，笔者提出这样一个解决思路。首先，由于我国《合同法》以及《民法典》都规定了出租人享有租赁物的所有权，结合《企业破产法》关于破产取回权的规定，当承租人破产时，出租人可以行使破产取回权。但是该破产取回权需要受到限制，即需要承租人或者其管理人同意。这是因为对于承租人来说，租赁物对于其不但具有合同上的价格，还具有使用价值；而对于出租人来说，租赁物只具有账面上的价值，因此对出租人来说只要能够得到剩余租金清偿，而是否取回该物在结果上并无不同。因此，需要经过承租人的同意，同时这种做法也符合国家在新冠肺炎疫情下保护实体经济的政策

① 《全国法院民商事审判工作会议纪要》第 66 条：“当事人订立的具有担保功能的合同，不存在法定无效情形的，应当认定有效。虽然合同约定的权利义务关系不属于物权法规定的典型担保类型，但是其担保功能应予肯定。”

指引。

其次，若承租人拒绝出租人取回租赁物，则出租人可以行使破产别除权实现自己的债权。这是因为就如上文所述那样，出租人与承租人在签订融资租赁合同之时就有达成以租赁物担保融资租赁合同履行的合意，此种做法符合双方的意思自治，并且也符合《民法典担保制度司法解释》第65条的规定。当然此处需要考虑到第三人即其他破产债权人的利益。结合《民法典》第735条引入的登记对抗主义，笔者认为也可以将登记作为对抗要件引入该处，若出租人与承租人已经将融资租赁登记，那么该登记就可以产生对抗效力，即第三人需要承认出租人享有的别除权，出租人的债权可以优先受偿。若没有进行登记，那么第三人可以以此作为抗辩理由，出租人的债权将不能通过别除权实现，而是只能通过申报普通债权的形式与其他普通债权人共处同一清偿顺位。这是因为，出租人作为专业的从事融资租赁业务的金融公司，其专业性强，理应知道不进行登记可能产生的不利后果，如果没有进行登记而承租人破产导致其债权难以得到优先受偿的不利后果应由其自负。而对其他债权人来说，融资租赁关系若没有进行登记而对外进行公示，债权人没能力也没理由会知道融资租赁关系的存在，债权人的利益更值得保护，况且国家目前出台的各类政策都是坚持金融服务于实体，融资租赁的最终目的还是为了促进实体经济的发展，增加承租人的破产财产也有利于其东山再起以及增大对广大普通债权人的债务清偿比例，从而有利于维护社会稳定。

三、具体情形下融资租赁的破产处理

融资租赁当事人破产，包括承租人破产和出租人破产，不同主体破产对应的处置规则不同，本文将分别讨论承租人破产与出租人破产情形下融资租赁合同的处理，并提出具体的操作方法。

(一)承租人破产时的处理方法

1. 破产管理人的选择权行使效果

(1)继续履行前租金债务性质

根据我国《企业破产法》第42条的规定，因履行未履行完毕的合同所产生的债务将作为共益债务随时清偿。因此如果管理人选择继续履行融资租赁合同，那么这之后为履行融资租赁合同所产生的债务都将为共益债务。但是承租人破产往往是因为资不抵债，缺乏现金流，因此其往往也会拖欠一部分融资租赁合同的租金。如果选择继续履行合同，那么之前所拖欠的租金性质是什么？是作为普通债务还是作为共益债务？学界对此尚有分歧。

《美国破产法》持肯定说，认为对于管理人选择继续履行的合同，其必须先补救之前的违约行为。具体到融资租赁合同，若进入破产程序之前承租人欠付租金，管理人需先将该部分租金与继续履行的租金一同作为共益债务清偿。①

持否定说的观点认为，该部分对待给付请求权产生在破产程序启动之前，若将其作为共益债务，将会授予相对人比其他普通破产债权人更优先的清偿顺位，从而导致个别清偿，这对其他债权人是不公平的。② 例如，《德国破产法》于第 55 条第 1 款第 2 项明确了因履行双务合同而产生的共益债权，限于破产程序开始之后；第 105 条可以分割给付的规定对其进行了补充，认为无论管理人是否选择履行合同，对于破产程序开始前相对人已给付而债务人尚未履行的部分，债权人只能以普通破产债权申报。

是否将所欠租金纳入共益债务体现了对出租人权益保护的程度，《美国破产法》更加注重于保护出租人的利益，而《德国破产法》则更加注重于保护其他债权人的利益。对于我国破产法是否要将继续履行决定作出前所负的债务纳入共益债务，本文持肯定观点。首先，从合同本身进行分析，承租人陷入破产困境时，其所有待履行的合同都暂时中止，由管理人行使决定权来决定是否继续履行合同，该合同是原有的融资租赁合同而非合同的剩余部分或新合同，应当维持合同的不可分性。③ 因此，租金仍然是整个完整的融资租赁合同中所约定的租金，强行将其剥离显然没有道理，因此要将其与之后所需要支付的租金看成一个整体，都为共益债务。其次，

① 参见张博：《论融资租赁在破产程序中的处理规则》，上海交通大学 2019 年硕士学位论文。

② 参见张博：《论融资租赁在破产程序中的处理规则》，上海交通大学 2019 年硕士学位论文。

③ 参见王新欣：《破产法前沿问题思辨》，法律出版社 2017 年版，第 125 页。

管理人行使选择权决定继续履行合同就是因为其进行权衡后认为继续履行合同能为承租人带来利益，增加破产财产，其在衡量之时便已经将偿还所拖欠的租金所需费用纳入成本考虑，没有必要为承租人减轻负担。因此，继续履行前所欠租金应与之后所需支付的租金共同构成共益债务。

(2)继续履行所需担保

根据我国《企业破产法》第 18 条规定，管理人决定继续履行合同，出租人可以要求管理人提供相应的担保。该规定表面上以提供担保的形式保护了出租人的利益，但是在实际操作中却是很难实现的，反而会使得待履行合同难以继续履行。首先，对于进入破产程序的承租人来说，其"绝大多数财产上都附有担保权"①，此时要求其提供担保，无异于强人所难，阻碍了破产企业重整的可能性。其次，需要注意的是，既然管理人选择继续履行合同，那么融资租赁合同之后所需要支付的租金都将会作为共益债务得到优先受偿，出租人的租金请求权已经得到过一次优先补偿，此时再用担保去强化保护出租人的权益，显然是保护过度的体现。最后，即使承租人在继续履行合同之后又因为其他原因无法支付租金，出租人仍然可以以出租人取回权或者别除权来保护自己的权益，没有必要在决定是否继续履行阶段加设障碍。因此，这一规定过于倾向于保护出租人权益，建议删除要求管理人提供担保的规定。

(3)决定解除合同及之后的处理

若管理人选择解除合同，根据我国《合同法》第 97 条、《民法典》第 566 条关于合同解除的有关规定，合同解除具有溯及力，解除使双方恢复到缔约前的状态，出租人据此享有物权返还请求权。② 那么承租人是否需要向出租人返还租赁物，出租人是否需要向承租人返还所付租金呢？本文在探讨融资租赁性质时便已经论证租金是对租赁物所有权和使用权的对价，租赁物对于出租人来说并没有使用价值，管理人选择解除合同如果套用合同解除的规定，将导致不公平的现象，承租人返还的租赁物对出租人来说并没有价值，并且由于其选择时的特定性，出租人也很难再次出售该物品，况且该租赁物的所有权价值已经有一部分被支付，即使返还了租金

① 参见许德风：《论破产中尚未履行完毕的合同》，载《法学家》2009 年第 6 期。

② 参见崔建远、吴光荣：《我国合同法上解除权的行使规则》，载《法律适用》2009 年第 11 期。

也很难将租赁物的所有权价值恢复原状，因此笔者认为，若管理人选择解除合同，出租人与承租人只需要对租赁物的剩余价值和之前所欠租金进行互相返还，承租人按照融资租赁合同所约定的价款计算租赁物的剩余价值，也就是剩余履行期间内的租金总和，承租人继续保留租赁物，出租人将剩余履行期间内的租金总和按照《企业破产法》第 53 条以普通债权进行申报。

2. 出租人破产取回权以及别除权的行使

(1)适用破产取回权的情形与效果

本文在论述出租人与承租人利益权衡时就已经论证到，出租人行使破产取回权需要首先得到承租人同意，承租人不同意不得适用破产取回权。根据我国《企业破产法》关于破产取回权的规定，租赁物由于《合同法》与《民法典》的规定，其所有权归属于出租人，因此出租人有权取回租赁物，但是该权利要受到严格限制。首先，出租人与承租人签订融资租赁合同到履行完毕该合同，出租人自始至终也未产生过占有租赁物的意思，其更多的是将租赁物作为交付租金的担保，而承租人则在形式和外观上拥有着租赁物的所有权，第三人难以识别融资租赁关系的存在。出于尊重当事人意思自治与保护善意第三人的需要，出租人行使取回权需要承租人同意，并且该融资租赁关系需要在登记机关进行登记和公示，若没有进行公示，那么则无法对抗善意第三人即其他债权人，出租人的债权只能以普通债权的形式申报，若取得了承租人的同意以及融资租赁关系已登记，那么承租人需要将租赁物返还给出租人，出租人与承租人之间的债权债务关系消灭，承租人以其剩余破产财产偿还其他债务人的债务。

(2)适用破产别除权的情形与限制

承租人破产，出租人放弃主张标的物所有权而要求就租赁物优先受偿或者承租人拒绝出租人行使取回权时，第一种情况下，出租人放弃了取回权而选择了合同订立之初双方达成的担保合意而享有的担保物权，出租人应适用别除权获得优先受偿；第二种情况下，出租人虽然违反了订立合同之初的双方合意，但是行使取回权是法律的明确规定，其当然可以行使，只是由于上文分析到的各种因素，在这种情况下不适宜行使取回权，此种情况类似于《民法典担保制度司法解释》第 62 条第 2 款的规定，即使出租人要求解除合同并收回租赁物的，仍然按照担保物权的实现程序处理，也就是对租赁物进行优先受偿，因此在第二种情况下也应该适用别除权不依破产程序从标的物中优先受偿。①

破产别除权仍然要受到一些限制。首先根据《民法典》引入的登记对抗主义来看，立法机关试图通过登记制度来保护第三人权益，在破产法中适用别除权将代表着优先受偿以及其他债权人债权清偿比例的降低，因此有必要规定融资租赁合同必须先进行登记，如果没有登记，出租人与承租人的担保合意将难以得到其他债权人的认可，也就是说出租人的债权将只能通过申报普通债权进行清偿。

其次，在重整程序中，应当禁止破产别除权的行使，这是因为承租人在进行重整的过程中，租赁物作为其重要的生产设备以及生产资料必须给予保护，若失去了生产资料则承租人也将失去起死回生的希望。并且重整计划的制定意味着债务的合理清偿，出租人可以通过重整计划逐渐获得租金的足额支付，没有必要通过行使别除权提前完成融资租赁合同。

（二）出租人破产的处理方法

1. 否认管理人的解除权

租赁物对于出租人与承租人来说意义并不相同。对于出租人来说，租赁物只是其取得租金收入的工具，其不占用也不使用租赁物，没有取得租赁物所有权的意图。而承租人则是将租赁物当做其重要的生产资料，其最终目的就是为了取得租赁物的所有权，并且其实际占有和使用租赁物，其权利外观从第三人角度来看就是所有权。倘若允许管理人解除融资租赁合同，那么将会产生一系列问题。首先，便是违背了双方当事人的合意，出租人与承租人在签订融资租赁合同之时便已经约定租赁物是融资租赁合同的担保，只有承租人不履行义务不支付租金，出租人才能通过担保获得受偿，出租人破产时，承租人仍然在正常履行合同，出租人相当于是违约方，允许违约方解除合同既违背了公序良俗又违反双方合意。其次，管理人解除合同带来的后果严重，租赁物对于出租人来说并没有价值，但是对于承租人来说却有巨大的使用价值，是其重要的生产工具。一旦解除合

① 参见巴莫拉博索夫：《破产中的融资租赁问题研究》，中央民族大学 2020 年硕士学位论文。

同，承租人只能以申报普通债权的形式获得不可预期的少量补偿，同时其正常的生产将受到严重影响，甚至会导致其陷入困境从而也破产，此时发生的连环破产也将违背破产法的价值和国家的政策导向。

《中华人民共和国融资租赁法草案》(2006 年第三次征求意见稿)中曾经也采取了同样态度，明文规定“出租人破产时，不得影响承租人在融资租赁合同项下的权利……破产管理人不得解除融资租赁合同”①。其他国家和地区的破产法大多也禁止出租人管理人解除合同，例如《英国破产法》第 178 条规定管理人享有对负义务财产的放弃权，但随后在第 179 条中对租赁权的放弃进行额外说明，规定“因第 178 条享有的‘放弃权利’在租赁合同中不生效”，即租赁合同一方破产时，相对人享有租赁保有权，除非该放弃声明已经发出或经法院指示。由此可见，禁止出租人管理人的解除权更为合理。在确认出租人管理人禁止解除融资租赁后还需要配合其他制度来保护出租人的利益。

2. 允许融资租赁合同转让

为了保护承租人的利益而否定了出租人管理人的合同解除权之后，仍然需要给出路径来解决融资租赁合同的存续问题。可以看到出租人在融资租赁合同中所享有的其实就是一种有租赁物作为担保的租金债权。在出租人破产时，承租人仍然在正常履行合同义务，支付租金，融资租赁合同仍然是正常的并有希望继续履行下去的，此时应该允许出租人管理人转让该融资租赁合同，将所得价款充实破产财产。根据《企业破产法》第 46 条，未到期的债权将提前到期，有学者认为承租人可以在出租人破产时一次性将剩余租金交付出租人，从而使融资租赁合同终结。但是笔者认为这种观点是不切实际的。首先，融资租赁合同的款项数额一般较大，承租人难以一次性承担才通过融资租赁的方式来取得租赁物，此时要求承租人一次性提前缴清剩余租金显然是不可能的。其次，若要求承租人本可以分期支付的租金一次性缴清，会剥夺承租人资金的时间价值，让无过失的承租人承担损失显然是不公平、不合理的。

---

① 《中华人民共和国融资租赁法草案》(2006 年第三次征求意见稿)第 36 条：“出租人破产时，不得影响承租人在融资租赁合同项下的权利。除本法另有规定外，破产管理人不得解除融资租赁合同。”

笔者认为，此时应该鼓励出租人转让未履行完毕的融资租赁合同。转让对象的优先级有两个层级，首先承租人可以选择提前偿还所有剩余租金来获得完整的租赁物所有权。若承租人不想提前履行，出租人可以以公开拍卖的形式拍卖该租金债权，由于该债权有租赁物进行担保，为良性资产，因此可以快速并且保值地将债权现金化充实破产财产，有利于提高清偿比例。关于转让该债权是否需要承租人同意，笔者认为并不需要承租人同意。首先，租赁物由承租人占有和控制，无论出租人转让给谁，受让人都必须要保证承租人对租赁物的占有和使用。其次，承租人的义务只有交付租金，其并不在乎向谁履行义务。因此出租人管理人转让融资租赁合同的债权时，只需要通知承租人，然后将所得价款充实破产财产用以分配即可。

小　结

融资租赁合同作为一种高度商业化的有名合同，需要将其与租赁合同等传统合同进行区分，而融资租赁合同在破产下的处理则是实践的难点与痛点。笔者认为应该按以下规则处理：

第一，当承租人破产时，若承租人管理人选择继续履行合同，此时所产生的债务和之前所欠的租金将作为共益债务进行偿还，同时否认出租人要求提供担保的不合理要求。若承租人管理人选择解除合同，此时承租人需要将租赁合同剩余款项返还给出租人，但可取得租赁物所有权。出租人行使取回权时需要得到承租人同意并且融资租赁合同已经登记，否则出租人将无法行使取回权。当承租人拒绝出租人取回权时，出租人可以行使别除权实现自己的债权，但是需要注意的是别除权需要以融资租赁关系登记为前提并且在破产重整中不允许适用别除权。

第二，当出租人破产时，首先要否认出租人管理人的解除权，除非承租人同意，否则不能解除融资租赁合同。之后要鼓励出租人管理人转让融资租赁合同中的租金债权，将所得价款充实破产财产。

《民法典》视域下破产撤销权行使规则解释论

——以《企业破产法》第31条第3项为中心

李宝军*

内容提要： 在《民法典》视域下，通过扩张性解释，《企业破产法》第31条第3项理应涵摄债务人为自己或他人提供保证，以实现对债权人的全面保护。同时应确立债务人偿债能力减弱，作为破产撤销权的形式性客观要件。债务人提供担保时，以相对人的"知道或应当知道"为实质性主观要件，确定担保合同生效为善意的判断时点，以及相应注意义务和举证责任规则，对善意相对人提供有限保护。

一、问题的提出

《中华人民共和国企业破产法》(以下简称《企业破产法》)第31条第3项引发的诸多问题仍没有得到合理解决，虽然《最高人民法院关于适用〈中华人民共和国企业破产法〉若干问题的规定(二)》(以下简称《破产法解释二》)进一步作出了规定，但仅就债权人能够行使破产撤销权予以明文规定，对其他问题的理解与适用尚未明晰。尤其是在《中华人民共和国民法典》(以下简称《民法典》)对债权人撤销权制度修改的背景下，从解释论角度再次深入探讨以下问题，具有一定的理论和实践意义：第一，"提供财产担保"是否包括提供保证？第二，《民法典》视域下行使破产撤销权是否需要概括性客观条件？如果需要，其为何？第三，是否需要区分相对

* 李宝军，武汉大学法学院2019级民商法硕士研究生。

人的善意与恶意？如何区分？对以上问题，学理尚未进行民法典体系下的深入讨论，笔者拟结合比较法、学理争议、现有规范的解释以及破产撤销中的利益衡量等角度予以讨论，以期寻求对既存债务追加担保的破产撤销相关规则的妥当解释。

二、破产撤销适用范围的扩张性：涵摄保证

在破产撤销中，就《企业破产法》第 31 条第 3 项是否涵摄保证，学理上尚无过多讨论，但依照通常理解，其意指债务人以自有财产为本无财产担保的债务追加物权担保。① 对该问题，大多数学者持否定说，认为保证是以保证人的信用为介质，被保证人不享有优先受偿权，故保证不在本项适用范围。② 司法实务亦有相应案例，在“袁某某与十堰市金某公司管理人破产撤销权纠纷”案中，法院认为破产债务人作出的担保行为系为相对人提供连带责任保证，不属于该项适用范围。③ 而在“汪某某、浙江新某公司破产撤销权纠纷”案中，法院认为破产债务人为他人提供连带责任保证，属于该项应有之义。④ 对此，笔者支持肯定说，认为该项涵摄保证。理由如下：

（一）形式性扩张路径下肯定说更具理论自洽性

从制度内涵来看，“财产担保”有别于担保物权制度。依照理论通说，“财产担保”并未明示财产的特定化，而保证包括保证人的一般财产，为该条适用范围的扩张，也即为保证涵摄其中提供理论基础。持否定说的学者强调区分“物的担保”和“人的担保”，将保证局限于信用作保，从而使

---

① 参见李永军：《破产法：理论与规范研究》，中国政法大学出版社 2013 年版，第 277 页。

② 参见王利民、汪军、王惠玲：《论破产撤销权制度中的担保行为》，载《人民司法》2012 年第 19 期；王欣新：《破产撤销权研究》，载《中国法学》2007 年第 5 期；王洪平、房绍坤：《破产撤销权行使的实体条件释论——以〈破产法〉第 31、32 条的规定为分析对象》，载《中国商法年刊》2007 年；任一民：《既存债务追加物保的破产撤销问题》，载《法学》2015 年第 10 期。

③ 参见湖北省高级人民法院（2019）鄂民终 926 号民事判决书。

④ 参见浙江省嘉兴市中级人民法院（2019）浙 04 民终 2053 号民事判决书。

该项的适用范围受到限制。并且其将信用与“人”等同视之，存在概念理解偏差。而从法学层面来分析，“信用”意指对相对人偿还能力和意思的信赖，在以偿还能力为中心构建的信用制度下，保证与担保物权均作为信用保障制度的一部分。①

(二)目的性扩张路径下肯定说更有利于保护债权人

其一，从制度目的来看，保证具有担保债权实现的功能。虽然关于债权担保存在诸多争议，但笔者并无意进行探讨。② 毋庸置疑的是，真正的担保须具有两个特征：一是增加债权实现的安全性；二是使获得该担保的债权人处于较为有利的地位。③ 以此来分析，保证亦能达到相应的效果。

其二，从制度差异来看，保证亦在其范围之内。保证与担保物权制度存在诸多差异，就主体而言，保证人只能是第三人，而担保物权人为第三人或债务人。根据“举重明轻规则”，担保物权的适用范围更广，被认为包括在内，保证亦然。就法律效力而言，债权人对保证人享有债权，不具有优先受偿性。该点也被某些学者用来反驳肯定说。④ 但破产债务人设立保证亦能降低破产债权人的清偿可能性。简而言之，被保证人如参与破产财产的分配，会使破产债务整体上增加。连带保证责任更会增加债务人的风险，从而使普通债权人处于不利地位。如果认为保证不能被撤销，将会产生很多问题，比如房地产开发企业为了寻求融资，进行企业之间的信用担保，担保额甚至超过了全部债权的50%。⑤ 并且破产法并未将信用担保债权与普通债权进行区分，两者享受同样的清偿待遇，将会使普通债权人的利益受到损害。

---

① 参见[日]近江幸治：《担保物权法》，祝娅等译，法律出版社2001年版，第58~59页。

② 参见程啸：《保证合同研究》，法律出版社2006年版，第10~12页。主要有三种学说，最广义说、广义说和狭义说。

③ 参见程啸：《保证合同研究》，法律出版社2006年版，第13页。

④ 参见王利民、汪军、王惠玲：《论破产撤销权制度中的担保行为》，载《人民司法》2012年第19期。

⑤ 参见赵粹李：《破产程序中债权人申报债权后又另行起诉保证人案件的处理路径》，载微信公众号“审判研究”，2018年7月18日。

（三）体系性扩张路径下肯定说更具法体系兼容性

其一，能够实现与破产撤销制度的其他规则相衔接。在破产撤销期间，债务人对第三人提供的反担保能否被撤销，学理和实务上存在争议。肯定说的主要理由有：保证人的承诺构成强制执行的基础；[①] 破产程序为概括追偿程序；减少其他普通债权人的清偿比例等。否定说的理由有：缺乏“既存债务”的存在空间等。[②] 实务中，亦有法院认为《企业破产法》第31条第3项仅限于债务人为既存债务提供担保。[③] 对此，笔者支持前者，除上述理由之外，还认为反担保并非一定存在相应对价，且此时并非严格意义上的对价，不能改善债权人地位。在司法实务中有相应案例认定，如果反担保并未损害其他债权人的利益，可不认定为破产撤销的情形。比如在“重庆耀恒齿轮公司与重庆市诚信融资担保公司破产撤销权纠纷”案中，法院认为债务人提供反担保，对方提供相应贷款为合同对价利益，不属于《企业破产法》第31条第3项适用范围。[④] 而认定反担保属于该项适用范围，就会出现规则衔接问题。担保对象并未给反担保人提供任何增加债权实现的措施，可能会触发“无偿转让财产”的规则适用，但在现行法下，“转让”并不能涵摄此种情况。比如在“长虹塑料公司与江苏拙正律师事务所破产撤销权纠纷”案中，法院便采用该规则进行分析。[⑤]

其二，能够实现与《民法典》撤销权规则相衔接。依据通说，两种撤销权竞合时，应行使特别法上的撤销权，但这并不意味着忽略二者共同点。尤其是《民法典》颁布并施行后，在民事一般法和商事特别法内部产生的体系效应值得重视。相较于之前的《中华人民共和国合同法》（以下简称《合同法》），《民法典》增加债权人撤销权行使情形，该条的“担保”并

① 参见曹士兵：《中国担保制度与担保方法》，中国法制出版社2015年版，第37页。

② 参见任一民：《既存债务追加物保的破产撤销问题》，载《法学》2015年第10期。肯定说认为反担保在破产撤销权行使范畴内，否定说则持相反观点。

③ 参见江苏省苏州市中级人民法院（2019）苏05民终10826号民事判决书。

④ 参见重庆市江津区人民法院（2020）渝0116民初5824号民事判决书。

⑤ 参见江苏省苏州市中级人民法院（2019）苏05民终10826号民事判决书。

未区分保证或担保物权。① 而是从制度目的出发，保障债权人的利益。这也为破产撤销权适用范围的扩张提供了上位法基础。

其三，能够实现与《民法典》实质担保体系相衔接。部分学者主张建立统一的担保体系，设置“担保权编”以解决《民法典》担保体系的分割。②反观担保立法过程，《中华人民共和国担保法》(以下简称《担保法》)及其司法解释系统地规定了多种担保制度，形成了统一体系。从《中华人民共和国物权法》(以下简称《物权法》)再到《民法典》，担保体系的构建始终以担保物权为核心，并且在物权法定原则下，无法将保证纳入其中，只能置于《民法典》合同编，但这并不意味着统一的担保体系并未形成。对现有体系有两种解释路径：一是人保—物保的严格二分体系；二是担保功能的实质担保体系。相较而言，后者更符合立法变化过程，符合立法原意。路径依赖下无法推翻物权法定原则，在最小的体系违反思路下，作出妥当的人保—物保的形式二分立法论，从解释论上可认为我国采用实质担保体系。依照相关规则③，从其规范内涵和制度目的来看，有回归功能主义的实质担保体系的趋向。因而《企业破产法》第 31 条第 3 项的担保亦不能局限地认定为担保物权，应进行体系性扩张。

三、破产撤销形式性客观要件：减弱偿债能力

本文所涉情形中，管理人行使破产撤销权，学界更关注的是债务人提供担保的对象是自身债务还是第三人的债务，以及提供担保的性质是有偿

---

① 参见黄薇主编：《中华人民共和国合同编解读》(上册)，中国法制出版社 2020 年版，第 269 页。

② 参见孟勤国：《东施效颦——评〈物权法〉的担保物权》，载《法学评论》2007 年第 3 期；高圣平：《民法典担保物权法编纂：问题与展望》，载《清华法学》2018 年第 2 期；马俊驹、邵和平：《民法典担保权编的立法模式研究》，载《法制与社会发展》2019 年第 1 期；刘斌：《论担保法独立成编的立法技术与决断要素》，载《江海学刊》2019 年第 3 期；张素华：《论民法典分则中担保制度的独立成编》，载《法学家》2019 年第 6 期。

③ 参见《最高人民法院关于适用〈中华人民共和国民法典〉担保制度的解释》第 1 条。

的还是无偿的。[①] 对此，有学者认为需要采用实质审查标准，也即通常考察是否因提供物保使债权人的受偿地位得到提升。[②] 笔者认为，不仅需要把握多种情形下的实质审查，还需要思考背后的法理与逻辑，以及将其抽象为何规范要件。有鉴于此，笔者拟从比较法、学理争议以及现行法解释等角度予以分析。

(一)破产撤销概括条件欠缺

世界范围内破产撤销权主要是概括性+列举式的立法模式，比如《美国破产法》第547(b)规定了多种可撤销情形，并且使用"转让"来进行描述。《德国破产法》亦对破产撤销进行抽象规定。我国《企业破产法》第31、32条选择列举的方式，从比较法借鉴和立法技术来看，均欠缺合理性。对此，笔者认为宜设兜底条款或者一般性构成要件以弥补规则适用漏洞。但基于情形的不同，一般性构成要件的设立会存在差异。

(二)《企业破产法》未提供妥当解释路径

《企业破产法》第31、32条规定了多种行使破产撤销权的情形，但在我国法下，债务人提供担保不属于二者范畴。具体理由如下：

首先，债务人提供担保是否构成"无偿转让财产"，学理上存在争议。[③] 笔者认为，需要从类型化与体系解释等角度分析。其一，类型化视角下，对既存债务和第三人债务提供担保。在前述分析框架下，前者设立时，如果是担保物权，担保物并未发生转移，仅存在一定负担，保证更是如此。后者设立时，担保权也并未实现。并且实践中存在的"商业保证"，提供担保往往存在一定反担保，有学者称之为"有偿"。[④] 可见要区分担保

---

① 参见王欣新、尹正友主编：《破产法论坛(第五辑)》，法律出版社2010年版，第71~78页。

② 参见任一民：《既存债务追加物保的破产撤销问题》，载《法学》2015年第10期。

③ 肯定说参见王欣新：《破产撤销权研究》，载《中国法学》2007年第5期。否定说参见许德风：《破产法论——解释与功能比较的视角》，北京大学出版社2015年版，第381页。

④ 参见陈自强：《民法讲义I：契约之成立于生效》，法律出版社2002年版，第111页。

权设立和实现，其属于不同阶段，并且不一定对债权人产生危害。并且在对第三人无偿提供担保时，学界对性质亦存在争议。① 其二，体系化视角下，无偿+转让是否具有“提供担保”的概念射程。无偿性注重的是不可回复将特定利益移转于他人，而无偿转让意指相对人未支付对价导致债务人财产实际减少，最为典型的行为如赠与。提供担保不符合无偿性的基本要求，德国法上有扩张性解释无偿的做法,② 但是在《民法典》视域下，第538条和第539条将提供担保行为区分为无偿与有偿，“提供担保”明显在第539条的适用范围内。即使暂且不论无偿性问题，现行法下，破产撤销中的“无偿转让”的涵摄范围亦有限，很难将提供担保归入其中。

其次，债务人提供担保亦不属于偏颇性清偿。在我国学界，大部分学者认为债务人提供担保属于偏颇性清偿。③ 对此，笔者认为提供担保不属于偏颇性清偿，主要原因如下：第一，不符合偏颇性清偿制度目的。美国破产法对偏颇性清偿的判断标准是，特定债权人的受偿地位是否因某项行为而得到改善。④ 而依照我国学界通说，偏颇性清偿是指债务人个别清偿，破坏了对全体债权人的公平清偿。⑤ 学界通说建立在债务人追加物保的基础上，因担保物权人享有优先受偿权，所以将其归为偏颇性清偿。但此种论证逻辑存在疏漏：债务人提供担保，并不一定达到所谓的“破坏公平清偿”效果，提供保证时债权人也只能依照破产程序申报债权公平受偿。债务人设立担保物权是否会导致债务人偿债能力的减弱，亦需要实质性判断。因实践中存在多种情况，比如在“借新还旧”情形下，不宜被认定为对既存债务提供担保，从而否定破产撤销权。⑥ 形式化判断难以解决

① 此种属于无偿行为或者有偿行为，持有偿行为观点的学者主要是基于债务人可以在将来行使追偿权。参见王欣新、尹正友主编：《破产法论坛(第五辑)》，法律出版社2010年版，第71~78页。

② 参见许德风：《破产法论——解释与功能比较的视角》，北京大学出版社2015年版，第378页。

③ 参见王欣新：《破产撤销权研究》，载《中国法学》2007年第5期；董璐、杨遂全：《我国〈破产法〉偏颇性清偿制度的疏漏与完善——基于比较分析的视角》，载《河南师范大学学报(哲学社会科学版)》2018年第3期。

④ 参见潘琪：《美国破产法》，法律出版社1999年版，第185页。

⑤ 参见王欣新：《破产撤销权研究》，载《中国法学》2007年第5期。

⑥ 参见浙江省绍兴市越城区人民法院(2014)绍越商初字第3029号民事判决书。

实践中出现的各种问题。当债务人提供担保但实质带来一定增益时，只能依据实质性判断。实务中存在相应案例，比如在“杭州琵琶湾生态农庄公司管理人与杭州农信担保公司破产撤销权纠纷”案中，法院认为债务人提供担保并不一定导致债权人利益受损。第二，不符合偏颇性清偿的类型化要求。在我国破产法框架下，提供担保不能被归于偏颇性清偿类型，其将“担保”与“清偿”混同。依据通说，债务人提供何种担保均不能直接使债权消灭，与“清偿”的基本含义相异。从担保权的成立到真正实现，存在或长或短的间隔，其仅仅增加担保权利人实现债权的可能性，而使破产债务人的偿债能力减弱。即使认为破产法下“清偿”有其独特含义，提供担保也需再次进行类型化区分，从而认定是否构成偏颇性清偿。学界按照债务人提供时间和对象，将其分为多种类型，① 并且存在诸多例外情形，在我国现行法框架下，多类型化的上位法基础亦难以从现有破产撤销权规则中挖掘。

（三）《民法典》提供有效制度供给

《民法典》相关规则给破产撤销权的行使提供更多制度供给，但能否发现合适的法规范构成要件，② 为破产撤销权的修改提供一定的参考，仍有讨论的必要。我国学界通说认为《企业破产法》第 31、32 条采取严格客观主义，其认为一般性构成要件为存在损害债权人利益的法律上的行为，该行为发生在可撤销期间。关于是否需要给债权人造成损害，存在争议。③ 笔者认为该要件不能置于其中，并且采用损害行为意味着已经进行价值判断，但判断标准并未明确，即何种情况构成损害。在此困境下，笔者试图从《民法典》找寻可利用之规则要件。

《民法典》视域下债权人撤销权分为两种：无偿行为+影响债权人债权实现，有偿行为+影响债权人债权实现+主观要件。由上可知，债务人提

---

① 参见孙兆辉：《破产撤销权制度研究——制度功能视角下的一种比较法进路》，中国政法大学出版社 2019 年版，第 101 页。

② 参见王欣新：《民法典债权人无偿行为撤销权对破产撤销权的影响》，载《人民法院报》2020 年 9 月 24 日第 7 版。

③ 肯定说参见许德风：《破产法论——解释与功能比较的视角》，北京大学出版社 2015 年版，第 377 页。否定说参见王欣新：《破产撤销权研究》，载《中国法学》2007 年第 5 期。

供担保难以用“无偿性”去界定其是否符合“有偿性”要求。笔者认为需要从实质性、整体性进行判断，就担保物权或保证本身而言，应为无偿合同，但是第三人可能赋予债务人一定的财产增加的可能性，或提供相应的担保，此种程度上可称之为“有偿性”。单纯判断有偿性无法确定统一标准，并且易陷入逻辑困境。因此不论担保权设置能否给债务人带来利益，采用实质性判断标准均可予以解决。

由上，笔者认为《民法典》所规定的“影响债权人债权实现”无法契合破产撤销权的制度目的，但其提供了一定的分析思路，只要对债权人实现的风险性有所增加，也即减弱债务人的偿债能力，便可予以撤销。

四、破产撤销实质性主观要件：有限保护善意相对人

（一）确定主观要件的必要性

债务人提供担保时，债权人行使破产撤销权是否需要确定主观要件，以及主观要件的判断标准为何，笔者拟从比较法发展趋势、学界争议、我国现行法框架以及制度目的出发予以探讨。

就该问题，我国学界存在较大争议，主要是客观主义说以及区分说，并且区分说已经成为主流观点。① 对此，笔者持赞同态度，但是区分说内部亦存在争议，需要进一步厘清，无偿行为情形下只要存在减弱债务人偿债能力的行为，债权人便享有撤销权。与之相对，是否需要将主观要件分为成立要件与行使要件，则需进一步探讨。笔者认为，首先，债务人的主观状态无须考虑，此时进行主观标准判断的制度目的是要保护善意相对人一方，而对于破产债务人利益不做过多考量。比如德国和日本破产法采取主观标准，其并未限定债务人的主观状态，仅需判断相对人的主观状态。② 其次，需要考虑相对人的主观状态，以“知道或应当知道”为行使要

① 客观主义说参见李玉泉、何绍军：《中国商事法》，武汉大学出版社 1995 年版，第 217 页。区分说包括有偿行为和无偿行为区分说，参见常鹏翱：《论破产撤销权》，载《民商法论丛》第 19 卷，金桥文化出版社 2001 年版，第 162 页。要件区分说参见汪世虎：《试论破产法上的撤销权》，载《现代法学》1998 年第 3 期。

② 参见《德国破产法》第 130 条、第 131 条，《日本破产法》第 162 条。

件。主要原因如下：

1. 契合比较法发展趋势

判断行为人能否行使破产撤销权，在各国破产法上存在不同的标准。古罗马法曾将可撤销行为区分为有偿和无偿行为，有偿行为中撤销权成立要件为债务人的主观恶意和相对人明知。但14世纪之后，许多立法便放弃了主观要件的判断标准。目前主要分为客观标准、主观标准以及主客观结合标准。依据《破产法立法指南草案》有关规定，客观标准是指依照一般的客观要件来确定交易是否可撤销，比如是否在可撤销期间内转让财产等。① 《美国破产法》采取的撤销权制度即采客观标准，不要求以恶意的动机作为撤销权行使的要件。但其也设置了一些偏颇性清偿的例外，比如"惯常交易条款"等。② 主观标准是指强调某些案件以当事人的主观态度作为判断标准，比如破产债务人提供担保时，相对人是否知道债务人已经处于破产阶段。③ 最为典型的是《德国支付不能法》，以转得人的主观恶意为行使撤销权的必要条件，更加注重保护交易相对人。④ 而主客观标准更具灵活性，比如对有害债权人的交易按照主观标准加以界定，对特别优惠的交易行为则参照客观标准。⑤ 有学者认为，破产撤销权的行使要件从主观主义转变为客观主义。⑥ 从目前各国的立法来看，其经历了主观主义—缓和的主观主义—客观主义—主客观混合的发展历程。⑦ 针对不同类型的可撤销行为，主观要件的判断标准是比较法上的发展趋势。

---

① 参见2004年联合国国际贸易法委员会第五工作组《破产法立法指南草案》第304段。

② 参见石静遐：《跨国破产的法律问题研究》，武汉大学出版社1999年版，第272~273页。

③ 参见2004年联合国国际贸易法委员会第五工作组《破产法立法指南草案》第305段。

④ 参见《德国支付不能法》第145条。

⑤ 参见2004年联合国国际贸易法委员会第五工作组《破产法立法指南草案》第307段。

⑥ 参见黄右昌：《破产法上撤销权之研究》，载杨建华主编《破产法论文选集》，台湾五南图书出版公司1984年版，第531页。

⑦ 参见张艳丽：《破产可撤销行为构成要件分析——针对我国新〈企业破产法〉第31条、32条规定》，载《法学杂志》2007年第3期。

2. 符合法教义学解释规则

其一，从文义解释以及形式上来看，《企业破产法》未承认主观要件的规范性内容。学界大多数认定其为严格的客观主义，虽有学者将其解读为一种“主观要件的客观化”①，但实际上有些过于牵强。其论证逻辑为：偏颇性清偿临界期内，特定债权人及债务人认识到破产状态而仍然为一定行为，会使全体债权人利益受损。对此，笔者持反对态度，此种解释论已经超过法条能够涵摄的范围，有结果主义导向，虽有案例也作此种认定，但不免有违反现行法之嫌。② 从形式上看，我国破产法规定的情形，与“新价值例外规则”具有相似性，均涉及个别清偿导致的债务人财产并未减少，并且产生一定的新价值。③ 但实际上在债务人提供担保的情形下无法适用该条，主要原因如下：一是清偿不同于提供担保，前文已有具体阐述。二是该条具有局限性，无法涵盖所有情况，比如为“常规营业”而产生债务提供的担保，虽可能不会增加债务人财产价值，但却是经营之必要。

其二，从体系解释来看，《民法典》作为民商事规则的一般法，债权人撤销权制度原作为破产撤销权的上位规则。从《合同法》到《民法典》，有偿行为撤销情形的增加为破产撤销的适用提供了扩张基础。根据《民法典》第 539 条之规定，债权人行使撤销权无须考虑债务人的善恶意，仅判断相对人的主观状态，此种规范路径也为破产撤销的规范要件提供了基础。债务人的善恶意判断过于复杂，而且基于其特殊的身份背景，也无须为其设置特殊的利益保护机制。而对交易安全的考量，则体现为对善意相对人的保护。④ 综上，体系化解释视角下，债权人行使破产撤销权考虑相对人的主观恶意，相较于前面的解释路径，更为合理。

3. 实现相关规则有效衔接

其一，有助于实现与待履行合同相关规则的衔接。对于未履行完毕的

① 参见许德风：《论偏颇清偿撤销的例外》，载《政治与法律》2013 年第 2 期。

② 参见江苏省南通市港闸区人民法院(2009)港民二初字第 0168 号民事判决书。

③ 参见许德风：《论偏颇清偿撤销的例外》，载《政治与法律》2013 年第 2 期。

④ 参见黄薇主编：《中华人民共和国民法典合同编解读(上册)》，中国法制出版社 2020 年版，第 269 页。

合同，管理人选择继续履行合同，相对人有权要求管理人提供担保，否则其有权解除合同。此时，需要考虑管理人提供担保是否会导致债务人偿债能力减弱，以及判断相对人的善恶意状态，从而决定该担保是否合理。现行法框架下，管理人选择继续履行合同，由此产生的债务为共益债务，清偿时优先于一般债权人。管理人选择通过提供担保的方式继续履行合同，是基于对履行合同将获得预期利益为依据，但是否必然会得到履行利益则属于市场风险，无法完全控制。一方面，假定管理人认真负责，也可能会导致债务人偿债能力减弱。债权人是否可据此行使撤销权，有两条选择路径：一是根据《民法典》第 539 条进行判断；二是参照《企业破产法》第 31 条、第 32 条进行判断。对此，《企业破产法》并未作出明确规定，只能进行实质性判断。在债权人撤销权路径下，从法规范的构成要件来分析，管理人并非债务人，某种程度上管理人与债权人属于同一侧。但依据制度目的，均是为了避免债务人的财产减少。且破产撤销权存在较短的期间限制，无法涵盖多种情形。此时便可参考债务人为相对人提供担保的要件，考察相对人是否存在恶意。另一方面，如果管理人存在主观恶意，导致债务人财产的不当减少，此时虽然债权人可以向其追责，但仍需提起另外诉讼。但不一定会得到完整清偿，所以需要利用撤销权规则，在保护善意相对人的基础下，由债权人行使破产撤销权追回财产，以实现双重保护。

其二，有助于实现与破产债权清偿规则的衔接。破产机制虽然是公平清偿，但并不是所有的利益均低于普通债权人。在我国现行法框架下，共益债务的优先清偿、担保物权的破产别除制度、职工债权的清偿等均优先考虑。相对人的利益是否在特定情形下也做特殊制度设计值得思考。债务人为他人提供担保，如果是对既存债务提供的，需要根据形式性客观要件予以判断债务人偿债能力的减弱。如果是对新产生的债务提供的，可能给债务人带来积极利益或者消极利益，如果一律撤销反而不利于各方当事人。与此相对，管理人对于待履行合同，或者对因继续营业而新产生的债务均视为共益债务，是基于鼓励相对人与债务人进行交易而设计的。① 因此，笔者认为，基于债务人的特殊身份而假定的损害债权人利益的规则值得反思，债务人如果正常经营，和善意相对人签订的合同也应被保护。

---

① 参见安建主编：《中华人民共和国企业破产法释义》，法律出版社 2006 年版，第 69 页。

(二)善意相对人的有限保护

《美国破产法》规定偏颇行为例外条款，对相对人进行保护，明确列举各种例外情形以及各自构成要件，典型的是“常规营业给付”和“新价值例外规则”。[①] 鼓励人们在正常条件下与存在困难的债务人进行交易。我国《企业破产法》第 32 条规定了个别清偿的例外情形，但是均未直接涉及债务人提供担保情形下善意相对人一般性判断标准。对此，笔者拟从我国现行法框架、司法实务并结合比较法予以探讨。

1. 善意相对人的确定时点

债务人提供担保情况下，其可分为成立和生效两个阶段，为了维护债权人的利益，似应采取成立阶段认定善意相对人。但是存在如下问题：担保物权中债权合意与公示要件的完成时点具有较高概率的不一致性，因此《物权法》规定了预告登记制度。[②] 如果担保合同的成立和生效时点发生在可撤销期间外，则担保物权的登记、交付在可撤销期间内完成。而保证合同亦会产生上述问题，保证合同附生效条件或期限，其可能成立于可撤销期间外，生效于期间内，是否一律认定不可撤销呢?

依据通说，原则上应以担保合同的生效为判断时点。设立保证时，如果保证合同不生效或者不确定生效，严格意义上保证人无须承担保证责任。而设立担保物权时，如果属于登记生效主义的担保物权，比如不动产抵押权，迟延登记抵押权时，以何时点判断是否能撤销？对此，《美国破产法》规定，公示登记发生于债权合同生效之日起 30 日内可视为实质性同时交易，不应被撤销。[③]《德国破产法》规定登记申请时点为担保权生效时点。[④] 我国也有学者对该问题进行研究，从不同原因入手，最后得出应参考美国法的规定，以限制司法裁量权。[⑤] 笔者认为，一刀切的方式有助

① 参见韩长印：《破产撤销权行使问题研究》，载《法商研究》2013 年第 1 期。

② 参见胡康生主编：《中华人民共和国物权法释义》，法律出版社 2007 年版，第 61~63 页。

③ 参见《美国破产法》第 547(e)(2)条。

④ 参见《德国破产法》第 140 条。

⑤ 参见任一民：《既存债务追加物保的破产撤销问题》，载《法学》2015 年第 10 期。

于司法裁判，却不利于实质性判断，应具体情况具体分析：当该迟延登记属于正常行为，也即参考市场交易习惯等予以确定时，应认定该担保不能被撤销；当该迟延登记属于非正常行为，可归责于一方时，应由其承担不利后果。

综上所述，笔者认为，原则上应以担保合同的生效为判断时点。但担保物权设立时，应分情况予以确定，若迟延登记可归责于相对人的，债权人也可行使撤销权。

2. 善意相对人的注意义务

关于行为人主观状态的判断，存在观念主义和意思主义之分。①观念主义以注意义务为界分标准，未尽到一般注意义务，将被认定为具有重大过失。而意思主义更侧重于对相对人外部行为的推定，以此来综合考察行为目的。有学者认为债权人撤销权制度中债务人的恶意采取的是观念主义，在论证相对人恶意时也采取相同论据，②宜认为其采取的亦属观念主义。在我国现行法框架下，《民法典》第 539 条规定的“知道或应当知道”与《合同法》第 74 条一脉相承，因第 74 条的“知道”可通过与第 75 条关联解释判断相对人的标准为“知道或应当知道”。司法实务中也有案例作相应认定，比如“投资 2234 海外第七号基金公司与南京长恒实业有限公司债权人撤销权纠纷”案。

比较法上，区分关系人和非关系人履行，主要通过界定关系人、规定较长的可撤销期间等特殊制度来实现破产撤销权的目的。③学理上认为，上述标准的原因有：两者之间的特殊关系、关系人具有信息优势以及关系人的偏颇行为更具隐蔽性等。④司法实践中也有类似案例，比如在“广东粤财资产管理有限公司与衡山中控国际纸业有限公司破产管理人破产撤销权纠纷”案中，法院认为债务人与相对人之间存在实际控制的关联关系，

---

① 参见李颖：《民商事审判中的善意和恶意》，载《云南大学学报（法学版）》2003 年第 2 期。

② 参见崔建远：《论债权人撤销权的构成》，载《清华法学》2020 年第 3 期。

③ 参见蔡毅：《论破产撤销权制度对于关联交易的特别调整及实务处理》，载《法律适用》2009 年第 3 期。

④ 参见孙兆辉：《破产撤销权制度研究——制度功能视角下的一种比较法进路》，中国政法大学出版社 2019 年版，第 107~108 页。

对债权人利益造成危害可予以撤销。[①] 笔者对该种界分标准持赞同态度。但如果相对人不属于关系人，也不应一律认定为善意，此时仍需要判断相对人的主观状态，也即上述的“知道或应当知道”。

综上所述，破产债务人提供担保能否被撤销，需要考察相对人的主观状态，而该状态由注意义务所决定，原则上应以“一般理性人”的标准判断，但若相对人和债务人具有特殊关系，应作恶意之推定。

3. 善意相对人的举证责任

依据通说，除有特别规定外，民事诉讼举证规则为“谁主张，谁举证”。在债权人撤销权制度中，相对人主观上存在恶意这一要件应由行使撤销权的债权人承担举证责任。[②] 而《企业破产法》第 31 条、第 32 条并未规定特殊的举证责任，当债务人提供担保时，应由行使破产撤销权的管理人或债权人承担举证责任，本无疑义。

但笔者认为，从利益衡量角度应作适当调整。有学者认为，“谁主张，谁举证”规则的法律适用亦应遵循民法解释学的方法，若权利阻碍规范不存在，可借助目的解释进行解决。[③] 在此理论基础下，破产撤销权主观要件的判断即为权利阻碍规范，需要依据制度目的合理分配举证责任。此时可作一制度类比，依据学理通说，善意取得制度的立法目的为保护交易安全。[④] 且根据《物权法司法解释(一)》第 15 条第 2 款，被告的所有权人证明该要件。而破产撤销权制度目的是保障债权人公平受偿，且前文已构建相关规则有限保护善意相对人，因此应作有利于债权人的制度考量，由相对人负举证责任，证明其“不知道或不应当知道”，无法证明时则应承担败诉后果。

结　语

综上，《企业破产法》第 31 条第 3 项的适用范围和行使要件均应立足

---

① 参见湖南省衡阳市中级人民法院(2019)湘 04 民终 2722 号民事判决书。

② 参见黄薇主编：《中华人民共和国民法典合同编解读(上册)》，中国法制出版社 2020 年版，第 270 页。

③ 参见胡东海：《“谁主张谁举证”规则的法律适用》，载《法学》2019 年第 3 期。

④ 参见王泽鉴：《民法物权》，北京大学出版社 2010 年版，第 475~476 页。

于《企业破产法》体系，并且在《民法典》视域下进行妥当解释，同时亦应参酌域外法经验和实务案例。经过上述分析，笔者初步得出以下结论：①该项的适用范围涵摄保证合同，主要从形式性、目的性和体系性扩张入手，实现对债权人更为有利的保护。②该情形下，管理人或债权人行使撤销权，以债务人的行为导致偿债能力减弱为充分条件。③该情形亦须考虑相对人的善意，并以担保合同的生效时点为原则确定，且以一般人的注意义务为标准进行实质性判断，并由主张善意的相对人承担举证责任。

论破产程序中让与担保权人的权利实现

李　真*

内容提要：《民法典》的出台使非典型担保有了法律依据，虽然法律并未明确规定让与担保有效，但通过解释法条并结合相关司法解释可以得出我国立法机关及司法机关均承认了让与担保的效力及其担保实质。所以应依据让与担保的担保权构成理论，认为让与担保权人在破产清算程序中行使别除权而非取回权。为了保障债务人及其他债权人的利益，让与担保权人在行使别除权时应当受到一定的限制，包括执行中止、标的物由管理人保管使用、依程序申报债权等。而为保障让与担保权人的权利，应允许让与担保权人抵御撤销权的行使并选择清算归属型作为权利的实现方式。

一、《民法典》中让与担保的法律构造

让与担保制度起源于罗马法上的信托行为(Fiducia)及日耳曼法上的信托行为(Treuhand)，① 是一种经由判例、学说发展起来的非典型的物的担保制度，其特征是转移物的所有权以担保债权。虽然各国民法一般不对让与担保制度作出具体规定，但也未能阻止其在担保实务中被广泛利用。② 在其发展的历史过程中，关于让与担保的有效性问题曾存在争议，

---

* 李真，武汉大学法学院 2019 级民商法学硕士研究生。

① 参见王闯：《让与担保法律制度研究》，法律出版社 2000 年版，第 59~64 页。

② 参见费安玲主编：《比较担保法：以德国、法国、瑞士、意大利、英国和中国担保法为研究对象》，中国政法大学出版社 2004 年版，第 241 页。

如今各国均以判例确认了让与担保的有效性，学说亦以肯定说为通说。[①]我国理论界与实务界一直对是否应当肯定让与担保制度有较大争议，《中华人民共和国民法典》(以下简称《民法典》)第388条对这一争议作出了回应，该条文是对《中华人民共和国物权法》(以下简称《物权法》)第172条的沿袭，[②]并在172条的基础上增加了一款规定，虽然增加的内容不多，但意义重大。第一，它增加了担保合同的类型，使融资租赁、保理、所有权保留这些以往颇有争议的非典型担保合同有法可依。第二，其中"其他具有担保功能的合同"这一表述具有重大意义，虽然法条与立法解释中均未明确提到让与担保，但保理、所有权保留买卖、融资租赁的合同关系中实际上均已经含有让与担保的内容，[③]所以"其他具有担保功能的合同"中必然包含了让与担保合同。随后颁布的《最高人民法院关于适用〈中华人民共和国民法典〉有关担保制度的解释》(以下简称《民法典担保制度司法解释》)第68条虽然没有明确提到让与担保，但结合其具体内容及让与担保的概念可知，此条就是针对让与担保作出的规定。[④] 2019年最高人民法院印

---

① 参见冉克平：《破产程序中让与担保权人的权利实现路径》，载《东方法学》2018年第2期。

② 增加的规定为："担保合同包括抵押合同、质押合同和其他具有担保功能的合同。"

③ 参见刘保玉：《民法典担保物权制度新规释评》，载《法商研究》2020年第5期。

④ 《民法典担保制度司法解释》第68条："债务人或者第三人与债权人约定将财产形式上转移至债权人名下，债务人不履行到期债务，债权人有权对财产折价或者以拍卖、变卖该财产所得价款偿还债务的，人民法院应当认定该约定有效。当事人已经完成财产权利变动的公示，债务人不履行到期债务，债权人请求参照民法典关于担保物权的有关规定就该财产优先受偿的，人民法院应予支持。债务人或者第三人与债权人约定将财产形式上转移至债权人名下，债务人不履行到期债务，财产归债权人所有的，人民法院应当认定该约定无效，但是不影响当事人有关提供担保的意思表示的效力。当事人已经完成财产权利变动的公示，债务人不履行到期债务，债权人请求对该财产享有所有权的，人民法院不予支持；债权人请求参照民法典关于担保物权的规定对财产折价或者以拍卖、变卖该财产所得的价款优先受偿的，人民法院应予支持；债务人履行债务后请求返还财产，或者请求对财产折价或者以拍卖、变卖所得的价款清偿债务的，人民法院应予支持。债务人与债权人约定将财产转移至债权人名下，在一定期间后再由债务人或者其指定的第三人以交易本金加上溢价款回购，债务人到期不履行回购义务，财产归债权人所有的，人民法院应当参照第二款规定处理。回购对象自始不存在的，人民法院应当依照民法典第一百四十六条第二款的规定，按照其实际构成的法律关系处理。"

发的《全国法院民商事审判工作会议纪要》(以下简称《九民纪要》)第71条则明确提到了让与担保,① 同样肯定了让与担保合同的效力及债权人的优先受偿权，规定了权利的实现方式。② 结合《民法典》与《民法典担保制度司法解释》《九民纪要》的内容，可以明确我国法律上已经承认了让与担保制度。

即使在我国法律未明确承认让与担保制度的情况下，理论界也已经对其进行了大量研究，实践中亦存在大量关于让与担保的适用与纠纷。其中关于让与担保的法律构造，理论上始终众说纷纭。而让与担保的法律构成具体为何直接决定了让与担保的具体效力。③ 即直接决定了让与担保权人在破产清算程序中可以以何种模式实现自身的权利。④ 又因为《民法典》已经生效，《物权法》对《中华人民共和国企业破产法》(以下简称《企业破产法》)的影响已由《民法典》代替，所以欲探讨如何在破产程序中保护让与担保权人的权利，必须先厘清《民法典》中让与担保的性质。现有理论对让与担保的法律构成主要有两种观点：所有权构成说和担保权构成说。⑤ 还有学者提出由日本的担保权构成说发展而来的担保物权构成说，认为不

---

① 《九民纪要》第71条："债务人或者第三人与债权人订立合同，约定将财产形式上转让至债权人名下，债务人到期清偿债务，债权人将该财产返还给债务人或第三人，债务人到期没有清偿债务，债权人可以对财产拍卖、变卖、折价偿还债权的，人民法院应当认定合同有效。合同如果约定债务人到期没有清偿债务，财产归债权人所有的，人民法院应当认定该部分约定无效，但不影响合同其他部分的效力。当事人根据上述合同约定，已经完成财产权利变动的公示方式转让至债权人名下，债务人到期没有清偿债务，债权人请求确认财产归其所有的，人民法院不予支持，但债权人请求参照法律关于担保物权的规定对财产拍卖、变卖、折价优先偿还其债权的，人民法院依法予以支持。债务人因到期没有清偿债务，请求对该财产拍卖、变卖、折价偿还所欠债权人合同项下债务的，人民法院亦应依法予以支持。"

② 虽然《九民纪要》不是司法解释，不能作为裁判依据进行援引，但《最高人民法院关于印发〈全国法院民商事审判工作会议纪要〉的通知》规定人民法院可以根据《会议纪要》的相关规定在具体分析法律适用时进行说理，此处的"可以"实际上就是对裁判的具体指引，所以可以说我国司法机关亦认可了让与担保制度。

③ 参见刘保玉：《民法典担保物权制度新规释评》，载《法商研究》2020年第5期。

④ 本文中的"破产程序"均指破产清算程序，不包括重整与和解程序。

⑤ 参见冉克平：《破产程序中让与担保权人的权利实现路径》，载《东方法学》2018年第2期。

应拘泥在传统思维中让与担保只能作为非典型担保存在，而应当赋予让与担保独立的担保物权地位。① 但因为《民法典》已经生效，创设独立担保物权在我国暂时没有实现的可能性，所以本文对此说不作过多探讨。上述学说各有利弊，我国学者亦对其进行了较多的探讨，并持有不同的观点。其中所有权构成说作为通说在我国存在了较长时间，② 但随着我国学者对相关理论的研究逐渐深入，学界采此说的越来越少。在我国法律未明确承认让与担保时，学者们对相关学说进行讨论并持有不同的观点，既然现在我国已经承认了让与担保，那么应当探讨的就是在我国的法律环境下让与担保的法律构成为何，以此确定让与担保权人应如何在破产程序中实现权利。

（一）所有权构成说

所有权构成说又分为相对的所有权转移说和绝对的所有权转移说。前者认为，让与担保中仅仅发生相对的所有权转移，即当事人仅在对外关系上转让了所有权，而在对内关系上并未转让所有权，债权人仅是名义上的所有权人。该说试图浅显直接地说明让与担保的法律关系，也似乎与《民法典担保制度司法解释》与《九民纪要》均提到的“财产形式上转让”契合，但因其违背了所有权绝对原则而遭到批评，③ 故无法依据此说确定我国让与担保的法律构成。后者则认为所有权已经完全转移给债权人，只是债权人要受到与债务人间约定的约束，不得超越约定利用或处分标的物。该说作为德国的通说虽然符合所有权绝对原则，但无法体现当事人间仅设定担保的意思，④ 且与我国规定相悖——无论《民法典担保制度司法解释》还是

① 参见梁慧星主编：《中国物权法草案建议稿》，社会科学出版社 2000 年版，第 783 页；王闯：《让与担保法律制度研究》，法律出版社 2000 年版，第 189 页；冉克平：《破产程序中让与担保权人的权利实现路径》，载《东方法学》2018 年第 2 期。

② 参见陈华彬：《物权法原理》，国家行政学院出版社 1998 年版，第 770 页；邹海林、常敏：《债权担保的方式和应用》，法律出版社 1998 年版，第 408~410 页；陈本寒主编：《担保法通论》，武汉大学出版社 1998 年版，第 336 页。

③ 参见王闯：《让与担保法律制度研究》，法律出版社 2000 年版，第 152~158 页。

④ 参见王闯：《让与担保法律制度研究》，法律出版社 2000 年版，第 158~162 页。

《九民纪要》，均否认了让与担保债权人享有标的物的所有权。

（二）担保权构成说

担保权构成说注重让与担保的担保实质，由此发展出授权说、二段物权变动说、期待权说、质权说、抵押权说、担保权说等不同的学说。① 结合《民法典》第388条的规定可以推断出，我国法律强调让与担保的担保实质，即让与担保的法律构成应当为担保权构成说，由此使上述学说均有适用的可能性，但结合《民法典担保制度司法解释》和《九民纪要》的规定，比较具有探讨空间的仅有授权说及担保权说。

授权说认为让与担保设定人仅将担保标的物的处分权授予了让与担保权人，所有权归属并未发生改变。担保权说则赋予让与担保完全的担保权基础，认为应当依据标的物的种类来分析让与担保的法律构成，将标的物分为动产、不动产、权利三种类型，此时让与担保的法律构成依次为：动产抵押、不动产抵押、权利质押的法律构成，同时各有相应的公示方法。②

一般认为，授权说最大的问题是使让与担保具有虚伪表示之虞，但事实是只要否定所有权发生了转移，认可仅设定了担保，就存在虚伪表示。毕竟实践中的当事人一般只会表示转移标的物所有权的意思，而不会明确表示不转移所有权仅设定担保的意思。为了使让与担保有效，《民法典》第146条并未直接否定隐藏的法律行为的效力，③《民法典担保制度司法解释》第68条更是明确流质或流押条款无效“不影响当事人有关提供担保的意思表示的效力”，也即我国法律认可当事人未明确表示的担保意思，使其不必担心虚伪表示会导致让与担保无效，由此使授权说等不认为发生了所有权转移的学说有了适用空间。但依据《民法典担保制度司法解释》及《九民纪要》，担保权人并不能随意处分标的物，也即处分权并未转移给担保权人。且依照现有规定，让与担保的担保权人实现权利的情形和方

---

① 对于各学说的详细介绍参见王闯：《让与担保法律制度研究》，法律出版社2000年版，第163~189页。

② 参见王闯：《让与担保法律制度研究》，法律出版社2000年版，第164~184页。

③ 《民法典》第146条：“行为人与相对人以虚假的意思表示实施的民事法律行为无效。以虚假的意思表示隐藏的民事法律行为的效力，依照有关法律规定处理。”

式与典型担保的担保权人相同，既然不能认为典型担保中担保权人拥有标的物的处分权，那么让与担保的担保权人也自然不能拥有处分权，所以授权说不能完美地解释让与担保的法律构成。担保权说则更符合我国法律中让与担保的法律构成。《民法典担保制度司法解释》第 68 条与《九民纪要》第 71 条指出让与担保仍采用“财产权利变动的公示”。结合我国相关规定，动产变动的公示方式和不动产变动的公示方式不同，可以看出其思路与担保权说非常接近，即较为全面地考虑因标的物类型不同而造成的差别，而非简单地一概而论。因此我们可以依照担保权说，根据标的物不同的类型来分析让与担保的法律构成。《民法典担保制度司法解释》与《九民纪要》只不过是在担保权说的基础上依据我国的实际情况作出了一些具体的改变——未创设新的公示方式。

综上所述，我国对让与担保采担保权构成说，依据相关规定分析得出的法律构造与担保权说非常接近。由此引出本文需要着重探讨的问题：让与担保作为非典型担保，在破产程序中是否可以认为其与典型担保具有相同的地位，即让与担保是否能够作为别除权产生的基础权利。

二、让与担保权人在破产程序中的权利实现模式

由于让与担保的特殊性，即虽不改变担保权人对标的物的占有状态，但当事人却完成了权利变更的公示，标的物在外观上已经属于让与担保权人，所以在设定人破产时，让与担保权人可以行使何种权利颇有争议。在未厘清我国法律承认的让与担保的法律构造时，理论界因对让与担保法律构造所持的观点不同，对让与担保权人在破产程序中应享有取回权还是别除权观点亦不同。支持让与担保权人行使取回权的观点大多注重权利外观，认为应以权利的归属状况为主要依据。又考虑到当事人设定让与担保的本意，应允许管理人要求清偿债务以阻止债权人的取回权。① 即使最近

① 参见王欣新：《论新破产法上的取回权》，载《光华法学》2008 年第 1 期。相同观点参见邹海林、常敏：《债权担保的方式和应用》，法律出版社 1998 年版，第 409 页。

越来越多的判例和理论均开始重视让与担保的担保实质，[①] 但让与担保采取了转移所有权的手段，这种手段与实现担保目的密不可分，所以让与担保权人享有取回权较为恰当。[②] 支持让与担保权人享有别除权的观点则注重让与担保的担保实质，认为既然让与担保的设定人为标的物的实际所有权人，那么标的物应属于破产财产，但为保证让与担保权人的利益，让与担保权人可以在担保债权的范围内行使别除权。[③]

上文已经通过分析得出我国认可的是让与担保的担保实质这一结论，依据我国《企业破产法》的规定，所有权是取回权的权利基础。[④] 既然我国法律不承认让与担保标的物的所有权归属发生了改变，那么所有权人就仍为让与担保设定人，让与担保权人也就不能享有取回权。但又因为让与担保与典型担保仍有不同之处，所以让与担保是否可以作为产生别除权的基础权利需进一步探讨。

从理论上看，让与担保权人行使别除权是合理合法的。破产法理论通说认为，别除权是指债权人因约定的物权担保或法定的特别优先权而在破产程序中可以就特定财产享有优先受偿的权利。[⑤] 即当事人间的约定或者法定的特别优先权是别除权产生的基础，其特点为就特定财产受偿时，别除权人的债权优先于普通债权。[⑥] 虽然我国法律尚未在法条中具体规定让与担保，但我国法律已经承认的让与担保满足别除权的特点：首先，让与担保标的物是特定的。其次，即使标的物所有权已经在形式上发生了转移，让与担保权人仍不能直接获得标的物的所有权，而是获得了依相关规定就标的物变价后所得的财产优先受偿的权利。基于此，为保护让与担保

---

① 参见[日]石川明：《日本破产法》，何勤华、周桂秋译，中国法制出版社2000年版，第74页。

② 参见王欣新：《破产别除权理论与实务研究》，载《政法论坛》2007年第1期。

③ 参见李永军：《破产法律制度　清算与再建》，中国法制出版社2000年版，第242页。相同观点参见王延川：《破产法理论与实务》，中国政法大学出版社2009年版，第236页。

④ 参见李永军：《破产法律制度　清算与再建》，中国法制出版社2000年版，第236页。

⑤ 参见王欣新：《破产法》(第三版)，中国人民大学出版社2011年版，第291页。

⑥ 参见王欣新：《破产法》(第三版)，中国人民大学出版社2011年版，第292~293页。

权人的权利，在不能赋予其取回权的情况下，应当赋予其别除权。

从司法实践上看，我国司法界普遍认可让与担保的效力以及让与担保权人的优先受偿权。虽然仍有部分法院以非典型担保没有法律规定以及不能违反物权法定原则为论据来否认让与担保的适用，① 或是以让与担保合同当事人存在虚假意思表示为论据来否认让与担保的适用，② 但从检索到的裁判文书来看，大多数法官认为让与担保合同并不违反法律禁止性规定，又是当事人合意后自愿签订，应当合法有效。即使存在流质或流押条款，也仅仅是认定流质、流押条款无效，并不因此否认合同其余部分的效力。③ 而且实践中大多数法院在认可让与担保效力的同时，还认可了让与担保的担保实质，即认为让与担保权人仅可以就特定财产优先受偿，而不享有所有权。④ 基于此可以认为，让与担保权作为产生别除权的基础权利在我国司法实践中早已有迹可循。

从比较法上看，让与担保权人享有别除权亦为各国采取的一般做法。虽然德国通说对让与担保法律构造采所有权构成理论，⑤ 但依据“换位原则”，在破产程序中，让与担保权人会丧失所有权，取得别除权。日本《国税征收法》及关于公司更生的判例均否定了让与担保权人的取回权，而采别除权。⑥ 英美法系中，让与担保属于契约型担保物权，亦属于别除

① 参见陕西省高级人民法院（2008）陕民一终字第7号民事判决书。

② 参见江苏省射阳县人民法院（2019）苏0924民初6927号民事判决书；杭州市中级人民法院（2017）浙01民终5834号民事判决书；常德市武陵区人民法院（2020）湘0702民初909号民事判决书等。

③ 参见中华人民共和国最高人民法院（2019）最高法民申2073号民事判决书；湖南省湘潭市岳塘区人民法院（2020）湘0304民初2714号民事判决书；山西省新绛县人民法院（2020）晋0825民初1311号民事判决书；苏州市中级人民法院（2018）苏05民终7022号民事判决书等。

④ 参见杭州市西湖区人民法院（2019）浙0106民初9952号民事判决书；衡阳市中级人民法院（2019）湘04民初1号民事判决书；新疆维吾尔自治区高级人民法院（2019）新民终73号民事判决书等。

⑤ 参见王闯：《让与担保法律制度研究》，法律出版社2000年版，第162页。

⑥ 日本《国税征收法》第24条规定纳税义务人设定的让渡担保之标的物可以再次查封、换价以否定取回权。参见［日］石川明：《日本破产法》，何勤华、周桂秋译，中国法制出版社2000年版，第75页。

权的权利基础。①

无论是理论还是实践，均证明让与担保权人在破产程序中应当享有别除权而非取回权。这一做法亦与大多数国家的立法相同。在确定让与担保权人应享有别除权后，还应当考虑的是，在权利的具体行使中，是否应当给予让与担保权人较典型担保别除权人不同的限制或保护？

三、让与担保权人别除权的实现

(一)实现权利所应受的限制

在探讨让与担保权人在破产程序中应受到的限制之前，先探讨典型担保别除权人在破产程序中要受到何种限制，以比较二者受到的限制有何不同。理论上对于别除权是否应受破产程序的约束观点不一。有的观点认为不应受限，因为别除权应依照民法的规定而非破产程序行使，破产法对普通债权人的限制(如执行中止)不能加诸别除权人。② 既然别除权由担保权转化而来，那么依据当事人间设定担保以保证担保权人实现经济利益的目的，担保权人可以不受破产程序的限制就债务人的特定财产受偿。③ 有的观点则认为应当受限，因为破产程序对债务人影响重大，为防止破产财产不当减少，别除权人也应当如普通债务人一般申报债权并接受债权调查，在整个破产程序中，别除权只能经人民法院同意后才能行使。④ 还有观点认为，别除权不受限不是指别除权可以游离于破产程序之外，而是指其不受破产法中限制权利行使的条款约束，普通的管理性规定依旧可以对其产生限制。⑤ 另外，别除权不受约束指的是指别除权人的优先受偿权不因破产程序而受到实质损害，但其作为破产程序上的权利必然要体现破产程序

---

① 参见冉克平：《破产程序中让与担保权人的权利实现路径》，载《东方法学》2018 年第 2 期。

② 参见罗培新、伍坚：《破产法》，格致出版社 2009 年版，第 175 页。

③ 参见郑远民：《破产法律制度比较研究》，湖南大学出版社 2002 年版，第 106 页。

④ 参见韩长印：《我国别除权制度改革初论》，载《南京大学法律评论》2004 年第 1 期。

⑤ 参见王欣新：《破产别除权理论与实务研究》，载《政法论坛》2007 年第 1 期。

的特点，受到破产法的影响，不能超然于破产程序。[①]

别除权作为破产程序中的一项权利，应当受到破产程序的限制，但其受到的限制与普通债权不同。首先，别除权之所以在破产程序中不再被称为担保物权就意味着其已经受到了破产程序的影响，需要在破产法的框架下行使。其次，该影响并不仅限于名称的改变，别除权的目的是保护担保权人的优先受偿权，而公允地保障债权人的利益是破产法的制度价值，[②]因此在赋予担保权人别除权的同时，还需考虑普通债权人的利益，尽可能地减小普通债权人可以受偿的破产财产减少的风险。若就特定标的物的优先受偿不中止，则可能使债务人财产减少，所以别除权人就标的物优先受偿时也应当受到《企业破产法》第 19 条的约束，即在人民法院受理破产申请后及时中止执行程序。此外，在破产程序中，担保标的物通常由管理人占有使用，别除权人需要同普通债权人一样申报债权后才能行使权利。[③]但当确认其基础权利合法有效时，因为优先受偿权的实质不能受到破产程序的损害，也应当允许别除权人不再受到与普通债权人相同的限制，可以从一般的债权实现程序中脱离，就标的物优先受偿。通常来说，担保权人仅追求自身债权的实现，并不关心如何达到标的物价格的最大值，所以为了防止担保权人以不符合常理的低价出卖标的物，或者迟延变现，应当将变现权赋予管理人。根据《企业破产法》第 111 条和第 112 条，在债权人会议未作出特别决议时，管理人采取拍卖的方式对破产财产进行变现。因担保标的物也属于破产财产，[④] 所以其应经由破产管理人处分，别除权人不能自行处分。

让与担保在破产程序中因其担保实质在权利的实现时间与标的物的保管利用上没有区别于典型担保物权的理由，也应受到上述限制，即执行需自动中止，并由管理人保管利用标的物，向管理人申报债权。但在权利实现方式上，因为设定让与担保时，当事人往往会约定标的物的处分方式，即“债务未按时清偿时标的物归某某方所有”，所以申报债权后除了可以

---

① 参见邹海林、周泽新：《破产法学的新发展》，中国社会科学出版社 2013 年版，第 172 页。

② 参见李永军：《破产法律制度：清算与再建》，中国法制出版社 2000 年版，第 11~13 页。

③ 参见范建、王建文：《破产法》，法律出版社 2009 年版，第 145 页。

④ 参见徐晓：《论别除权的行使》，载《当代法学》2008 年第 4 期。

由管理人完成变现外，是否还可以允许让与担保权人依据约定支付市场价获得标的物的所有权值得探讨。

(二)权利的实现方式

因为让与担保的特殊性，所以其权利的具体实现方式是否可与普通的担保不同存在讨论空间。其中需要讨论的问题是：让与担保权人别除权的实现方式是否可以为清算归属型，即承认当事人约定的自行对担保财产作出处分的条款。

一般认为担保权人优先受偿权的行使方式因让与担保属于清算型还是流质型而有区别。清算型、流质型的区别在于担保权人是否可以直接取得标的物，以及标的额价格超过本利时，差额部分是否需要让与担保权人返还。① 除此之外，当然归属型与请求归属型也为让与担保的一种分类方式，且上述四种类型可以两两组合。当债务不履行时，当然归属型让与担保表现为标的物自动归让与担保权人所有。请求归属型让与担保则还需要担保权人发出以标的物充抵清偿的请求，从而使标的物归属于自己。二者的区别决定了债务人到何时为止可以提供本利从而请求标的物返还。② 如果归属型与清算型结合，那么清算型的实现方式又可以分为清算处分型及清算归属型。③ 清算归属型允许当事人不经过法院自行处置标的物，在评估折价后由担保权人取得标的物所有权，并返还差额或请求补偿。若采请求归属型，即必须由担保权人发出意思表示并以此时的市场价格确定标的物的价值，则可以避免让与担保权人因此获取不当利益。

在反对流质条款的基础上，我国法律有必要承认清算处分型及清算归属型让与担保均有效。我国法律目前坚决否定流质型让与担保，仅认可清算处分型为我国担保物权的实现方式，使得让与担保的实质与抵押及权利质押非常相似。应当看到，认可清算归属型并不是认可流质条款，因为其实质是担保权人按提出归属请求时的市场价格购买了标的物，而非标的物

---

① 参见[日]我妻荣：《新订担保物权法》，申政武等译，中国法制出版社 2008 年版，第 572 页。

② 参见[日]我妻荣：《新订担保物权法》，申政武等译，中国法制出版社 2008 年版，第 581 页。

③ 参见刘晓纯、孙文琪：《基于生效判决视角的股权让与担保核心问题研究》，载《天津大学学报(社会科学版)》2017 年第 4 期。

当然归担保权人所有。且此时破产财产在管理人的管理下，管理人自然会对该变现行为进行监督，防止担保权人偏离市场价格出价，由此不但在无损其他债权人利益的前提下快速实现了担保权人的优先受偿权，而且节省了因管理人拍卖需支出的费用。且承认清算归属型即允许了当事人采取更方便的实现担保物权的方式，从而使让与担保与抵押及权利质押在实质上有区别，更符合当事人舍弃后者而选择前者的目的。美国法亦允许当事人约定了“债权人出售权”条款时可以不通过司法程序强制执行，而是直接将标的物出卖。①

（三）排除撤销权的行使

因为破产财产不足以清偿所有债务，在破产程序中普通债权人会为了自己利益的最大化尽力推翻担保权人优先受偿的法律地位。由于以往我国法律从未明确过让与担保的效力，且标的物的价值超过所担保债权属于常态，所以普通债权人很可能会通过管理人主张让与担保无效或是依据撤销权等方式以使让与担保权人丧失优先受偿权。如前文所述，让与担保的效力已经被我国法律肯定，所以普通债权人更倾向于选择行使撤销权，其中“以明显不合理的价格进行交易”是最常用的事由。

“以明显不合理的价格进行交易”之所以可撤销，是因为该行为有害全体债权人的利益，② 损害对全体债权人的公平清偿，而让与担保并不会导致这种结果。虽然让与担保合同的法律关系表面上与低价交易非常相像，但其实质上是让与担保权人提供资金使债务人获得融资，债务人以转移所有权的形式提供担保。相对于典型担保，债权人之所以选择让与担保，往往是因为此种担保形式上发生的所有权转移可以使债权人更安心，主要是不必担心因债务人擅自处分标的物而损害自己的优先受偿权。依据我国法律，债权人并不享有获得标的物所有权的期待权，就算承认担保权人可以选择清算归属型来实现担保物权，其也需要支付市场价，没有获得不当利益的可能。即让与担保权人虽然形式上取得了所有权，但最终结果

① 参见许德风：《论担保物权在破产程序中的实现》，载《环球法律评论》2011年第3期。

② 参见邹海林、周泽新：《破产法学的新发展》，中国社会科学出版社2013年版，第157页。

还是只能在担保债权范围内受到清偿，不可能获得超过债权的利益。从结果上看，设定让与担保未使让与担保权人获得实质上优于典型担保权人的权利，实质上与设定典型担保并无区别，全体债权人的利益也未受到损害，具有合理性。日本最高法院亦认为，不能以明显不合理低价转让财产为由认为让与担保存在欺诈性转让而予以撤销。① 所以当债权人通过管理人以此事由质疑让与担保人的权利时，法院只需要判断合同是否为让与担保，一旦认定合同为让与担保，则无行使撤销权的可能。

结　　语

让与担保因其所独有的增信功能成为企业融资的常用手段，在破产清算程序中，应当依据让与担保的担保实质赋予让与担保权人别除权，并使其在行使权利时受到与典型担保权人同样的限制。但由于让与担保中通常含有典型担保中没有的关于标的物所有权最终归属的约定，所以也应允许让与担保权人选择清算归属型作为权利的实现方式。让与担保往往因其约定内容表面上符合“以明显不合理的价格进行交易”而受到撤销权的质疑，但只要确认当事人的目的是设定让与担保，则可轻易排除此质疑，保护让与担保权人的优先受偿权。关于破产程序中让与担保权人权利的实现规则仍有许多问题尚无明确的答案，有赖于学界和实务界的共同探讨。

---

① 参见冉克平：《破产程序中让与担保权人的权利实现路径》，载《东方法学》2018 年第 2 期。

破产程序中债权人代位保存权的适用规则研究

李　璐*

内容提要：《中华人民共和国民法典》第536条新增代位保存权，明确规定在债权人的债权到期前，若相对人进入破产程序但债务人未及时申报债权，其有权代位申报。然法律并未对"未及时申报债权的认定标准、代位申报债权的名义、申报数额以及申报的后果"等问题予以细化，存在争议。结合代位保存权的立法价值取向，本文认为应当允许债权人在债务人构成相对迟延申报时，即以自己的名义介入破产程序、以债务人对相对人的债权数额为限代位申报债权，参加债权人会议，行使表决权等从权利，借此来充分发挥代位保存权的制度功能，实现民法与破产法的制度衔接与互通。

一、问题的提出

《中华人民共和国民法典》（以下简称《民法典》）第536条①增设代位保存权意图契合传统民法理论，在构建完善的代位权制度的同时，实现与破产程序的衔接，明确规定在债务人未及时申报破产债权时，债权人有权

* 李璐，武汉大学法学院2020级法律（法学）硕士研究生。

① 《民法典》第536条："债权人的债权到期前，债务人的债权或者与该债权有关的从权利存在诉讼时效期间即将届满或者未及时申报破产债权等情形，影响债权人的债权实现的，债权人可以代位向债务人的相对人请求其向债务人履行、向破产管理人申报或者作出其他必要的行为。"

为保存行为之代位，向“破产管理人申报破产债权”。但是在具体行使程序上，第 536 条又未回答“如何界定债务人未及时申报破产债权、债权人应当以谁的名义申报以及申报数额、申报后果”等问题。上述问题若不明确即有可能成为债权人代位保存权在破产程序中行使的现实阻碍，在实践层面削弱立法者所期待的代位保存权的制度价值。据此，本文拟以《民法典》第 536 条为切入点，以制度互通为导向，从代位保存权构成要件出发，深入探讨、明晰新增制度“代位保存权”在破产程序中的具体适用规则。

二、代位保存权制度分析

(一)代位保存权之正当性基础概述

传统民法理论中的债权人代位权制度由代位请求权和代位保存权共同构成，为债权的保全提供了双重救济路径。其中，代位保存权的行使不以债权人对债务人的债权已到期为限，通过维持权利现状之行为来预防权利消灭或变更。然而我国合同法抛弃了传统的保存行为之代位，这不仅导致债权人代位权行使客体单一、判断债务人“怠于行使到期债权”的标准过于严苛等问题的出现，更使得我国的代位权制度与传统民法相脱节——在债权人债权未到期时，法律正面临着对债务人责任财产的代位保全缺乏救济的窘境。上述立法层面的规则缺失使得实践层面的债权人代位权行使效果并不理想。更有学者认为我国代位保存行为的立法缺失使得负债过高的债务人对自己需要保存的权利漠不关心：“保存也是替别人(注：指债权人)做嫁衣裳，保存不保存一个样，反正还不起。”①进而使得代位权制度的功能发挥在实践中大打折扣。基于此，《民法典》回应实践需要，专条增设代位保存权。立法机关认为，债权人在一般情况下不能提前主张债权，但有时要求债权人所享有的债权必须按照合同约定的时间绝对到期也不尽合理。在某些特殊情况下，如果仍要求债权人的债权必须到期，将有可能使债务人的责任财产因其消极行为而减少，危及债权人债权的实现，

---

① 赵许明：《论我国代位权制度及其发展走向》，载《福建政法管理干部学院学报》2004 年第 1 期。

削弱代位权的制度功效。①

除此之外，在《中华人民共和国合同法》(以下简称《合同法》)实行伊始，即有学者认为我国的代位权制度未来完善与发展的走向应当是将代位权制度与保存行为相结合，有关破产债权申报之代位亟待规定。诚然，我国《合同法》所构建的代位权制度忽视了相对人一方进入破产程序时的债权人债权保全的救济路径，其是否有权代位向破产管理人申报债权一直成为困扰实务界的难题，以致此类纠纷屡见不鲜。司法实践中人民法院对该问题持支持态度，认为在破产程序中，当债权人怠于申报债权，损害债权人的债权人利益时，债权人的债权人有权代位申报破产债权。② 然审判机关毕竟是适用法律的机关，立法空白的填补才是当务之急。这也是《民法典》第536条明确规定"在债务人未及时申报债权时，债权人有权代位申报"的原因。

从法理上讲，若相对人进入破产程序而债务人本人怠于申报债权时，应当赋予债权人代位申报债权的权利。这是代位权保全功能的发挥与破产程序特殊清偿规则相结合的必然要求。破产程序作为特别程序，禁止程序外的单独清偿，债权人实现债权的路径为申报债权。在破产程序终结后，未申报的债权应当一并免责，而逾期未申报的债权实际上已经不可能得到清偿。③ 而合同的保全内在地包含债权人保存行为之代位，因为对于保存行为来说，如果债务人怠于行使，可能会使其权利效力减损，甚至使该权利无从实现。④ 在第三人破产的情形下，如果债务人因迟延申报债权而丧失清偿机会导致自身债权无法实现，必然会减损责任财产的共同担保功能，使得债权人对债务人的债权存在不能满足的危险。有鉴于此，债权人便获得行使债务人权利的资格，肯定债权人代位保存权顺理成章。体现在破产程序中，即为代位申报破产债权。这既是代位权制度在破产程序中适用规则的逻辑推演，更是将债权人代位权制度的触角深入特殊程序，为债权人利益提供更为周密保护的体现。

---

① 参见江必新主编：《民法典重点修改及新条文解读》，中国法制出版社2020年版，第193页。

② 参见湖南省衡阳市中级人民法院(2018)湘04民终205号民事判决书。

③ 参见李国光主编：《新企业破产法教程》，人民法院出版社2006年版，第217~218页。

④ 参见娄正涛：《债权人代位权制度之检讨》，载《比较法研究》2003年第1期。

(二)代位保存权之行使要件

《民法典》第 536 条规定的代位保存权具有法定代理权和法定管理权之双重性质。其“代理”的特性表现在，代位保存权行使的法律后果是“相对人向债务人履行债务”而非直接向债权人清偿，既判力后果显然归属于债务人；同时，由于第 536 条规定债权人行使代位保存权所获利益归属于债务人，代位保存权又符合“管理权”的特征。[①] 据此，代位保存权在破产程序中的行使要件应当为：

1. 债权人对债务人存在未到期的债权

这是债权人行使代位保存权的前提基础，也是代位保存权与《合同法》第 73 条规定的代位权的重要区别。通常情况下，债权人行使代位权需要以其享有对债务人的到期债权为前提，否则就可能存在干涉债务人财务管理活动自由之嫌，但对于保存行为来说，其不以债权人对债务人享有到期债权为要件。《日本民法典》第 423 条第 2 款规定：“其债权期限未到来期间，债权人不得行使被代位权利。但保存行为不在此限。”[②]我国台湾地区的“民法典”第 243 条也规定：“虽然债权人的债权未到期，但债权人专为保存债务人权利之行为，亦可行使代位权。”我国《民法典》所构建的代位保存权吸纳相关立法经验，在权利的行使上不以债权到期为限。

2. 债务人对相对人存在合法有效的权利

传统民法中代位权的客体极为广泛，除了金钱债权之外，还包括物权及物上请求权；除了请求权之外，还包括形成权(如合同的解除权、撤销权)，甚至债权人代位权、撤销权本身又可以成为代位权的标的。[③]《法国

---

① 参见最高人民法院民法典贯彻实施工作领导小组主编：《中华人民共和国民法典合同编理解与适用(一)》，人民法院出版社 2020 年版，第 510 页。

② 《日本民法典》第 423 条：“债权人有为保全自己债权之必要时，得行使属于债务人之权利(以下称‘被代位权利’)。但专属于债务人一身之权利及被禁止抵押之权利，不在此限。其债权期限未到来期间，债权人不得行使被代位权利。但保存行为不在此限。其债权不能依强制执行而实现时，债权人不得行使被代位权利。”

③ 参见崔建远：《合同法中的债权人代位权制度》，载《中国法学》1999 年第 3 期。

民法典》第1166条也规定，债权人得行使债务人的一切权利和诉权，专与人身相关联的权利除外。其中“债务人的一切权利和诉权”当然包含保存行为。而我国《合同法》所确立的代位权制度将客体仅限于金钱债权，客体的单一性显然背离了传统民法理论，使得代位权制度的债权保全功能的发挥在实践中大打折扣。《民法典》第536条将债权人所代位之客体拓宽至“债务人的债权或者与该债权有关的从权利”，更加契合传统民法理论，有助于充分发挥代位权的债权保全功能。

至于该权利是否到期，依照《中华人民共和国企业破产法》（以下简称《企业破产法》）第46条，在相对人一方进入破产程序时，在所不论。因此，债务人的债权是否已届清偿期不应当成为阻却债权人行使代位保存权的正当事由。

3. 债务人的消极行为影响债权人的债权实现

《民法典》第536条列举了两项实践中经常发生的影响债权人债权实现的情形：债务人对相对人享有的权利可能存在诉讼时效期间即将届满或者未及时申报破产债权。而启动代位保存权的标准则在于“影响债权人的债权实现”。

通常情况下，法律尊重债务人管理债务活动的自由，除非存在使债权人债权不能依其内容获得满足之危险的情形，影响债权的实现。这种影响可能要具备两重因果关系：一是消极行为导致权利丧失的可能；二是这种权利丧失的可能对债权人未到期债权的实现有影响的可能。①

在相对人一方进入破产程序时，债务人的债权将被冻结，不得对破产财团或债务人采取任何追偿行动。2019年最高人民法院印发的《全国法院民商事审判工作会议纪要》（以下简称《九民会议纪要》）第110条第3款也明确规定：“人民法院受理破产申请后，债权人新提起的要求债务人清偿的民事诉讼，人民法院不予受理，同时告知债权人应当向管理人申报债权。”故而，债务人假如在破产程序中存在消极行为，也只可能体现为“怠于申报破产债权”。同时，在禁止债权人个别追偿的临时机制以及永久性禁绝追偿的免责制度的双重作用下，处在破产程序中债权人的受偿程度只

① 参见最高人民法院民法典贯彻实施工作领导小组主编：《中华人民共和国民法典合同编理解与适用（一）》，人民法院出版社2020年版，第511页。

取决于破产财产的分配结果。[①] 如此看来，债务人怠于申报债权的消极行为显然可能导致破产债权无法得到确认，进而依照《企业破产法》第 56 条的规定："债权人未依照本法规定申报债权的，不得依照本法规定的程序行使权利"。此即意味着债务人可能因怠于申报债权而丧失获得清偿的唯一机会——参与破产财产的分配，因为债务人在破产程序终结后（此处指破产清算程序）将不复存在。债务人对相对人破产财产分配请求权的丧失无疑会导致其责任财产的不当减少。对于债权人的债权实现，即便是未到期的债权，也构成了巨大的威胁。基于此，债权人具备充分且正当的理由介入，代位向破产管理人申报债权，以保全责任财产。

三、代位保存权在破产清算程序中的适用

（一）债务人未及时申报破产债权的认定

依照《企业破产法》第 45 条[②]的规定，在相对人进入破产程序时，债务人应在法院确定的债权申报期内向管理人申报债权。未及时申报破产债权的，依照第 56 条[③]的规定，法律后果在于"不得依照本法规定的程序行使权利"。由此可知，是否在规定期限内申报债权获得债权确认，直接决定了债务人是否有权参与破产财产的分配。故若债务人已经申报了债权，债权人代位权（包含代位保存权）的前提基础当然不存在。反之，当债务人未及时申报破产债权时，债权人便取得了行使代位保存权的充分理由。

而究竟应当以何种标准来理解第 536 条规定的"未及时"，《民法典》未予以明确，现行立法仍属空白。基于《企业破产法》第 56 条的规定，债

---

① 参见［美］查尔斯·J. 泰步：《美国破产法新论》（第三版），韩长印、何欢、王之洲译，中国政法大学出版社 2017 年版，第 702 页。

② 《企业破产法》第 45 条："人民法院受理破产申请后，应当确定债权人申报债权的期限。债权申报期限自人民法院发布受理破产申请公告之日起计算，最短不得少于三十日，最长不得超过三个月。"

③ 《企业破产法》第 56 条："在人民法院确定的债权申报期限内，债权人未申报债权的，可以在破产财产最后分配前补充申报；但是，此前已进行的分配，不再对其补充分配。为审查和确认补充申报债权的费用，由补充申报人承担。债权人未依照本法规定申报债权的，不得依照本法规定的程序行使权利。"

权人在破产程序中申报债权有两次机会。错过人民法院确定的债权申报期限的，仍然可以在破产财产最后分配前补充申报。但是应当以哪个期间为标准认定“未及时”？是以法院确定的债权申报期为准，还是以错过破产债权申报期之后的补充申报期间（破产财产最后分配前）为准？标准的不同直接决定破产债权清偿的程度。本文主张将时间节点界定在法院确定的债权申报期内，当债务人未在债权申报期内申报债权，构成“相对迟延申报时”即可认定为“未及时”。

首先，从性质上来看，债权人为债务人申报债权是为保存行为之代位，其目的在于防止债务人的权利变更或消灭，而非代位请求第三人向债务人履行义务，① 故只要当债务人相对迟延申报债权时，债权人即可为破产债权申报之代位，不必也无须等到债权申报期届满进入补充申报期然债务人仍未申报债权，也即债务人构成“绝对迟延申报时”再为之保存行为。

其次，从保全效果上来看，若在债权申报期内认定“未及时”，债权人及时介入，代位申报破产债权，则债务人与相对人的其他债权人仍然处在同一位阶与起点的清偿地位，按照各自的债权比例平等受偿；然若以债权申报期届满债务人尚未申报债权为准判断“未及时”，则依照第 56 条的规定“此前已进行的分配，不再对其补充分配”，破产财产已经被瓜分一轮，所剩无几，此时债权人只能在补充申报债权期间介入，其再进行代位申报债权所可以期待的债务人的破产财产分配率显然与前述情形下差距甚多。在美国破产法中，具有优先顺位的债权若经及时申报，就会在第一轮破产分配中获得清偿，及时申报的无优先顺位的债权则一并参与第二轮分配。而迟延申报的债权一般只能留待第三轮分配。②

最后，从法律地位上来看，债权人毕竟未与相对人同处一法律关系，其往往难以判断相对人的经济状况，信息渠道也未必畅通，法律更不应当期望债权人能够在得知相对人进入破产程序且债务人又怠于申报债权之时即做好充分的准备时刻去代位申报债权。依照《企业破产法》第 49 条③的

---

① 参见最高人民法院经济审判庭：《合同法解释与适用（上册）》，新华出版社 1999 年版，第 314 页。

② 参见［美］查尔斯·J. 泰步：《美国破产法新论》（第三版），韩长印、何欢、王之洲译，中国政法大学出版社 2017 年版，第 720 页。

③ 《企业破产法》第 49 条：“债权人申报债权时，应当书面说明债权的数额和有无财产担保，并提交有关证据。申报的债权是连带债权的，应当说明。”

规定，若债权人花费时间、金钱去搜集、提交债务人对相对人的债权证明，代位向相对人的破产管理人申报债权后，所带来的收益——保全的债务人责任财产甚少时，其必然不得不考虑成本与收益之间的比例，进而降低自身行使代位保存权的积极性，这又与《民法典》第536条设定的代位保存权初衷相背离。

不得不承认的是，即便将债务人的"相对迟延申报债权"作为"未及时申报债权"的考察标准，实践中似乎依然无法确定债务人是否会在债权申报期内前来申报债权。但是，该标准的明晰至少避免了保存行为因落在补充申报期内而导致债权清偿比例的显著减少、债权审查确认费用的额外增加所加重的债权人代位申报债权的实施成本，更加符合经济效益原则。也有学者主张，在相对人一方进入破产程序时，对于"债务人怠于行使债权"的认定应当作扩张解释，除了"债权申报期限届满债务人未申报债权"这一种情形外，还应当包括债务人明确表示其不愿意申报债权或有证据证明债务人明知相对人破产但无申报债权的准备。① 本文也予以赞同。

综上所述，债权人在不同申报期间代位申报债权所产生的法律后果迥异，从最有利于债权人代位保存权目的的实现以及债务人责任财产的保全最大化的目的出发，同时避免债权人全凭主观厘定"债务人未及时申报债权"，过早代位申报债权而干涉债务人财产管理自由的情形出现，本文认为，在实践中，债权人可以在人民法院所确定的债权申报期内向破产管理人申报债务人对相对人的债权，而不必等到"债务人未及时申报债权"情形的出现。一方面，此举给予债权人充分的时间去搜集、提供债务人对相对人存在合法、有效的债权债务关系证明；另一方面，对整个破产案件的审理来说，又可以避免因补充申报债权、等待债权的审查与确认以及可能发生的其他利害关系人对该债权提出的异议之诉而影响破产程序的进程以及破产财产的顺利分配。当然，更重要的是，此举可以保证债务人能够顺利参与破产财产的第一轮分配而实现在破产债权平等清偿规则框架下的受偿比例最大化。但是，需要注意的是，债权人在债权申报期间内直接代位申报债权应当是附条件的，在此，本文将其代位申报行为界定为"附生效条件的民事法律行为"，债务人未及时申报债权的情形出现是该代位申报

① 参见张善斌主编：《破产法实务操作105问》，武汉大学出版社2020年版，第167页。

行为的生效条件，条件成就，则代位申报行为发生效力，债权人顺利行使代位保存权，成功发挥保全债务人责任财产的功能；条件不成就，则代位申报行为未生效，相应的，债权人行使代位保存权的前提基础当然不存在，也即没有保全债务人责任财产之必要。

（二）以债权人的名义申报债权

正如上文所述，在破产程序中，债权人行使代位保存权的方式为“向管理人申报债权”。而应当以谁的名义申报债权，现行立法并未予以明确，《九民会议纪要》亦未作出回答。有学者回归代位权的性质，认为应当以债权人自己的名义行使，但在管理人制作债权登记表时，该债权应当记载为债务人的债权。① 本文对此观点表示认同。在日本破产法中，申告名义与债权人身份资格直接挂钩，破产债权申告名义的变更直接决定了申告债权人的地位发生更换。从“申告后因债权转让、法定代位或任意代位等原因发生债权的移转，依此应当进行申告名义的变更”②的规定即可窥见一二。因而，以谁的名义申报债权，直接关系代位保存权人是否有参与债权人会议，取代债务人的地位行使后续的表决权、异议权的资格。③ 本文认为，虽然《民法典》仅规定在破产程序中，债权人可代位申报债权，但是结合代位保存行为的功能以及债权人代位权的性质，其本质是债权人以自己的名义行使债务人权利的权利。④ 其中的权利，当然包含与债务人主债权有关的从权利，例如参与债权人会议、行使表决权、异议权等。故在适用上应当对该保存行为的内容进行目的解释和扩张解释，也即债权人有权在破产程序中行使包含除代位申报债权以外的所有与实现破产债权有关的、有利于责任财产保全的一切保存行为，直至最终实现破产债权的清偿。

在破产程序中，破产债权人只能通过债权人会议来表达自己的意思。

---

① 参见张善斌主编：《破产法实务操作105问》，武汉大学出版社2020年版，第167页。

② 参见［日］伊藤真：《破产法》，刘荣军、鲍荣振译，中国社会科学出版社1995年版，第253页。

③ 参见徐根才：《破产法实践指南》，法律出版社2016年版，第126页。

④ 参见王利明主编：《民法》（第六版），中国人民大学出版社2015年版，第326页。

原则上成为债权人会议成员的条件有两个：一是对债务人享有债权；二是向管理人申报了债权。若以债务人的名义申报债权，寄希望于本就处在“怠于行使权利”状态的债务人积极参与会议，行使表决权等权利来敦促破产债权的实现、保存责任财产，本身就是一种不合理期待。因为债权人会议需要本人出席或者至少委派代理人出席，否则意味着他自愿放弃就该次债权人会议决定的事项行使自己的权利，① 其中也就包含对实现破产债权所密切相关的核查债权、确认债权等事项行使关键的表决权、异议权的自愿放弃。事实上，懒惰的债务人本就对自己的债权漠不关心，更不可能花费时间、金钱来参加债权人会议。代位保存行为目的的真正实现不能依赖于权利的懒惰者的“积极配合”。更进一步讲，这将会导致这样一种怪象：先由代位保存权的积极行使者——债权人代位申报债权，后由债务人本人获得行使真正意义上的、在破产程序中具有关键作用的权利的资格，例如通过债权人会议来核查债权、确认债权等，反而完全不去考虑债务人本身即为权利的懒惰者的身份。这显然与代位保存权的设立初衷完全背离。

有鉴于此，债权人在代位申报债权时，应当以自己的名义申报，取得债权人会议成员身份，行使表决权、异议权等从权利直至破产债权得到清偿，保全债务人责任财产的目的得到实现。

（三）以债务人的债权数额为限申报债权

基于代位保存权“法定代理权”以及“法定管理权”的双重性质，所代位申报的债权应当是债务人对相对人所享有的债权，而不能认为是债权人对债务人享有的未到期债权。

首先，代位保存权的既判力后果归属于债务人，债务人在破产程序中所获得的清偿应当严格采用入库规则，纳入责任财产，作为全体债权人债权实现的担保。其次，债权人对债务人的债权尚未到期，债权数额尚不确定，且非相对人的直接债权人，无法适用《企业破产法》第 46 条的加速到期规则。再次，假如说债权人对债务人的债权数额小于债务人对相对人的债权数额，那么基于破产程序在实践中通常是一个极低的清偿比例这一特点，债权人最终可能保全的责任财产远远低于自己对债务人的实际债权金

① 参见徐根才：《破产法实践指南》，法律出版社 2016 年版，第 127 页。

额。换言之，本应当由债务人承担的因次债务人破产而造成的债权缩水损失反而转嫁给了债权人，[①] 这显然是极不公平的。在“深圳市现代计算机有限公司诉深圳市国基房地产开发有限公司代位权纠纷案”中，债权人现代公司对债务人汇胜达公司享有的债权数额为2200万元，债务人汇胜达公司对相对人国基公司享有的债权金额为86576977.83元，广东省高级人民法院经审理，维持了原审“国基公司应将汇胜达公司的相应债权在国基公司破产程序中所获得的清偿款支付给现代公司”之判决。[②] 显然，法院判决现代公司以汇胜达公司对国基公司的全部债权在破产程序中可获得的债权清偿款主张代位权，其结果优于以自己对汇胜达公司的2200万债权向国基公司申报债权。最后，在债务人的债务履行期届满时，根据《最高人民法院关于适用〈中华人民共和国合同法〉若干问题的解释(二)》(以下简称《合同法司法解释(一)》)第21条的规定[③]，债权人最终仍需要以其对债务人的债权金额为限受领清偿，所以债权人并不会因行使代位保存权而获得超出其债权额的利益，仍然符合代位权的双重限制原则。

(四)贯彻入库规则

有别于代位权，代位保存权行使的结果直接归属于债务人，即采纳入库规则，由相对人向债务人履行，而非相对人向债权人履行。结合《民法典》第536条的内容，本文认为，保存行为之代位作为债的保全的一项固有功能，在行使效果上贯彻“入库规则”有其正当性，债权人在破产程序中因代位申报债权所获清偿额应当归入债权人的责任财产，而不得自行受领给付。

采取不入库做法最大的功能效益是提高债权人行使代位权的积极性。因为在权利保护问题上，应该受到保护的向来是积极行使权利的人，而不是懒惰者，代位债权人最先“火中取栗”，纵使没有与他人分享，亦不悖

① 参见许胜锋主编：《人民法院审理企业破产案件裁判规则解析》，法律出版社2016年版，第74页。

② 参见广东省高级人民法院(2013)粤高法民终字第2号民事判决书。

③ 《合同法司法解释(一)》第21条：“在代位权诉讼中，债权人行使代位权的请求数额超过债务人所负债务额或者超过次债务人对债务人所负债务额的，对超出部分人民法院不予支持。”

于公道。[①] 又从法社会学的角度来看，法律作为协调利益冲突的手段，"有用即是真理"。特定规则的出台植根于社会土壤，我国代位权制度在大量"三角债"亟待解决的背景下孕育而生，不入库是最有助于解决短期的、眼前的现实问题的规则设计。但随着"三角债"的逐步解决，不入库的做法逐步暴露出了其制度本身从一开始即具有的局限性。譬如在利益的驱使下、在于法有据的情况下，势必造成债权人争相瓜分债务人财产的局面(包括债务人对相对人的债权)。这将不可避免地导致债权人贯彻"时间在先，权利在先"的理念。换言之，每位债权人都不得不花费相应的时间和财力，在其他债权人把债务人本不充裕的"资产池"攫取完之前抢夺债务人的财产,[②] 抑或时刻做好抢夺的准备，而无论是其债权刚设立或是尚未到期。显然，在此处的规则设计中，法律不可避免地偏向了经济实力强、信息渠道畅通的强势债权人，利益的天平似乎在制度出台的一开始即存在明显的倾向性和指向性。

然而严格贯彻入库规则是破产程序中债权清偿的一项基本准则，在债务人破产的情况下，其对外所有债权均应由债务人的管理人进行统一的追收，追收所得纳入破产财产，用于向全体债权人公平清偿而不允许债权人以主张代位权为由就债务人财产实现个别清偿。体现在立法层面上，依照《最高人民法院关于适用〈中华人民共和国企业破产法〉若干问题的规定(二)》(以下简称《破产法司法解释(二)》)第 21 条第 1 款、第 22 条、第 23 条之规定，债务人进入破产程序是阻碍债权人代位权实现的法定正当化事由。此时，代位权个别清偿的效率性规则让位于破产程序的债权平等受偿原则，从而避免出现在"勤勉竞赛"规则下，率先"抢夺"债务人财产的债权人可以获得全额清偿，而迟到的债权人将一无所有的局面。[③]

同样的，若相对人一方进入破产程序而债务人又未及时申报债权，在入库规则的框架下，享有未到期债权的债权人虽有权代位申报，但无权对债务人最终所分得的破产财产优先受偿。

---

① 参见崔建远：《合同法中的债权人代位权制度》，载《中国法学》1999 年第 3 期。

② 参见[美]查尔斯 · J. 泰步：《美国破产法新论》(第三版)，韩长印、何欢、王之洲译，中国政法大学出版社 2017 年版，第 5 页。

③ 参见[美]查尔斯 · J. 泰步：《美国破产法新论》(第三版)，韩长印、何欢、王之洲译，中国政法大学出版社 2017 年版，第 5 页。

上文即探讨过，代位保存权兼有法定代理权和法定管理权的双重性质。一方面，代位保存行为具有代理的属性，权利的内容符合法定代理权的特征，权利行使后的直接结果归属于债务人，符合代位保存权之责任财产保全的根本特性；另一方面，代位申报债权的债权人充当的是财产管理者的角色，管理债务人的责任财产不受任何形式的损害(包括避免因未及时申报债权而使责任财产应当增加却未增加的情形出现)，所保存的财产自然归属于债务人本人，而不能对该财产主张优先受偿的权利。除此之外，学界一般认为，债权人代位保存债务人财产权益，债权人付出较少，对保存的财产权益贡献不大，若赋予该债权人享有优先性权利，则易引发代位保存权的滥用。① 况且，回归代位权制度的本质，债权人代位保全责任财产并非借此获得优先、直接清偿。基于此，代位申报债权的法律后果应当严格贯彻入库规则，在加强对享有未到期债权的债权人利益的保护、避免债务人责任财产的担保功能减损的同时，又不至于过分干涉债务人的经济管理活动自由。至于债权人的债权实现，由于其债权尚未到期，债务人仍享有期限利益，其需等待债务履行期届满后主张债权。若债务人不履行债务，则债权人可通过执行程序使其债权获得清偿。

四、代位保存权与重整制度的衔接

破产清算作为分配债务人现有财产的公平高效之道，其并不总是实现债权人与债务人利益最大化的最佳途径。在特定情况下，当财产用于生产经营时的价值高于被废弃出售的价值时，重整或许是更好的选择。② 与破产清算相似的是，债权人(除部分职工债权)也只有通过申报债权才能够参与到重整程序中来。一般认为，债权人在重整程序中行使权利的途径主要是债权人会议和债权人委员会，且只有依法申报债权并经法院确认的债权人才能享有表决权，表决是否通过体现了债权人、债务人以及其他利害关系人之间利益的博弈或妥协的重整计划(包含债权的清偿方案)。那么，

---

① 参见最高人民法院民法典贯彻实施工作领导小组主编：《中华人民共和国民法典合同编理解与适用(一)》，人民法院出版社 2020 年版，第 514 页。

② 参见[美]查尔斯 · J. 泰步：《美国破产法新论》(第三版)，韩长印、何欢、王之洲译，中国政法大学出版社 2017 年版，第 1130 页。

若相对人一方进入重整程序，债务人未及时申报债权，债权人是否有权代位申报债权？换言之，《民法典》第 536 条的规定是否同样适用在重整程序中？

本文认为，判断重整程序中债权人是否可以主张代位保存权的标准仍然在于债务人的消极行为是否已经危及责任财产或者是有危及的可能性，进而影响债权人债权的实现。

与破产清算不同的是，由于在重整中不存在“破产财产最后分配”环节，所以未在债权申报期内申报债权的债权人不仅享有补充申报的机会，并且依照《企业破产法》第 92 条第 2 款①的规定，即便债权人在补充申报期间申报债权，对于最终的债权受偿比例也不会受“申报在先，受偿在先”的不利影响，而仅仅只会影响表决权的行使。然而，基于《企业破产法》规定的债权人会议的表决方式以及表决比例的限制，我们很难认同无法行使表决权即会对责任财产造成危险进而影响债权人的债权实现的逻辑推演，至少该情形出现的可能性极低，那么也就不具备“影响债权实现”的代位权正当性基础。

但是不乏例外情况的出现，当补充申报债权影响到实际受偿比例，进而影响到债权人债权的实现时，应当赋予债权人代位申报债权的权利救济路径。这主要存在于债权清偿方案为直接向债权人分配股票的案例中。例如，在重庆钢铁股份有限公司的重整计划中，对于超过 50 万元的债权部分，每 100 元普通债权将分得约 15. 99 股重庆钢铁 A 股股票，股票的抵债价格按 3. 68 元/股计算，该部分普通债权的清偿比例约为 58. 84%。按照上述方案未获清偿的普通债权，重庆钢铁不再承担清偿责任。在实践中，鉴于未申报债权具有不确定性，重组方通常会预留一部分资金用于清偿此类债务，然若以分配股票的方式清偿债务，则股票的价格随时波动，最终处置时的价格难以预计。那么在该种情形下，一般不给未申报的债权预留股票，而是按照股票抵偿债权的价格预留相应资金，或者不预留资金而由重整后的公司承担，由于股票可能增值或贬值，所以从实际受偿的角度可

① 《企业破产法》第 92 条第 2 款：“债权人未依照本法规定申报债权的，在重整计划执行期间不得行使权利；在重整计划执行完毕后，可以按照重整计划规定的同类债权的清偿条件行使权利。”

能会出现与申报债权人的受偿比例存在差异的问题。① 在这种情况下，如果危及责任财产，影响债权人债权的实现，本文认为应当赋予债权人及时介入、代位申报破产债权的权利。

实践中还可能出现这样一种情形：在相对人的重整程序中，若债务人同意重整挽救具有再生希望的相对人，但债权人基于保存责任财产、为实现自身债权早日准备资金池的急迫期待反对重整，二者发生重大利益分歧，此时谁享有在债权人会议中举手是否通过重整方案的表决权？本文认为，应当以债务人的意见为准，债权人不得以代位保存为由行使表决权。

从法理上讲，代位保存权仅是保存行为之代位，债权人即便有代位保存责任财产的急迫期待也应当严格以债务人怠于保存责任财产为前提。通常，重整方案的通过是为了满足债权人获得相较于破产清算来说更高比例的债权清偿期待。重整制度，无论是出售型重整还是保留型重整，都能使债权人获得更高的清偿率。② 出售型重整虽然也是将企业资产变卖以清偿债权人，但企业整体出售的价值往往大大高出拆分出售的价值，能使债权人清偿率大为提高。保留型重整使企业“起死回生”，重新恢复营运能力的企业偿债能力高于清算中的企业是毋庸置疑的。③

实际清偿比例的提高对保存责任财产来说显然是重大利好，既非怠于保存也绝非是损害责任财产。再从构成要件上讲，若债权人主张代位保存，其应当举证证明债务人存在“怠于行使权利”的消极行为而影响债权实现。然而债务人同意重整恰恰是行使权利的表现，是为实现自己的债权积极创造条件。债权人若以此为由主张其债权存在不能满足之危险，显然不足。更何况，债权人在实施代位保存行为时债权尚未到期，债务人有权以期限利益的保护为之抗辩，债权人届时介入相对人的重整程序予以反对，明显存在过分干涉债务人财产管理自由之嫌，这又与代位保存权之平衡债权人债权利益与债务人经济自由的冲突的立法价值取向相背离。

故而，当代位保存权行使的前提基础不存在，代位保存行为的介入便

---

① 参见郑志斌、张婷：《公司重整：角色与规则》，北京大学出版社 2013 年版，第 253 页。

② 参见[德]莱茵哈德·波克：《德国破产法导论》，王艳柯译，北京大学出版社 2014 年版，第 186 页。

③ 参见张善斌主编：《破产法研究综述》，武汉大学出版社 2018 年版，第 254~255 页。

无正当理由，债权人也就不能行使债务人的债权以及与之相关的表决权等从权利，其不同意重整的意思表示自然也不会影响相对人重整的进程。

结论与展望

《民法典》完善了代位权制度，其继受传统民法理论，借鉴先进立法例，通过第 536 条“代位保存权”的规定，实现与破产法的联动，在更加周全地保护债权人利益的同时，亦注重协调在破产程序中多方利益主体的法律关系，充分体现了《民法典》的制度价值。然而，制度的构建绝非一蹴而就，第 536 条代位保存权的规则设计同样存在不完善的地方，有关“未及时申报债权的认定、申报名义与数额、申报后果”等问题缺乏规范上的细化。回归代位保存权的立法价值取向，应当认为，在破产程序中，当债务人构成相对迟延申报时，债权人即可以自己的名义行使债务人的权利，代位申报债权。未来，代位保存权的发展走向也可能与重整制度，甚至与我国可能出台的“个人破产法”之间实现衔接与互通。代位保存权的实践效果究竟如何，仍然有待相关司法解释的完善以及司法实践的发展。

破产程序中投资方涉对赌协议的权益实现

朱粤斌*

内容提要： 对赌协议作为一种契约创新工具，以其搁置争议、合作共赢的优势特征逐步成为社会资本募集的重要渠道。《九民会议纪要》首次以规范性文件的形式肯认了投资方与目标公司对赌的效力，改变了将与强制性规范关联的合同效力问题作为核心甚至唯一争点的合同逻辑，实现了合同效力与合同履行的区隔。在此背景下，对赌协议原则有效，对赌协议的效力判定问题转为对赌协议的履行机制问题。根据目标公司性质的不同，对赌协议的履行机制应有所差异，但皆离不开法律履行可能性和事实履行可能性的判断路径。当目标公司在履行期内因资不抵债进入破产程序时，因破产程序的特殊性，公司法视域下对赌协议的履行机制就会发生失灵。相应的，投资方在此阶段的身份定位亦会发生变化，由股东转为带有股东抽象身份的实质债权人。基于身份定位的转变，投资方的权益认定需要受到真实性及公平合理性原则的审查，其权益实现则会受到“衡平居次”原则和“合法可用资金原则”的检验。不过，大体而言，目标公司不得以公司破产为由直接拒绝投资方的权益请求。

一、问题的提出

对赌协议又称为估值调整机制（Valuation Adjustment Mechanism, VAM），其功能在于将交易双方不能达成一致的不确定事件暂时搁置，留

* 朱粤斌，武汉大学法学院2019级法律(法学)硕士研究生。

待该不确定性消失后双方再重新结算，一般包括初始投资作价补偿条款和投资者退出时的股权回购条款。[①] 对赌协议的此种功能和特殊性质造就了在同一协议中股与债“同生共斥”的复杂局面，虽丰富了既有商业模式，拓宽了市场主体的投融资渠道，但同时又冲击着传统的民商法理论，极大地增加了司法审判难度。2019 年最高人民法院发布的《全国法院民商事审判工作会议纪要》(以下简称《九民会议纪要》)虽就对赌协议的效力原则上予以认定，但对投资方在对赌协议里的权益实现问题规定不清，致使目标公司在对赌失败时的责任厘定出现障碍。特别是在目标公司发生资不抵债，进入破产程序时，这种障碍就变得尤为突出，亟需理论和实务上的探讨和解决。股债二分制下，投资方在目标公司进入破产程序后的身份地位变得模糊不清，现金补偿条款和股权回购条款在破产程序中的效力也变得模棱两可，由此衍生的投资方权益确定、现金补偿与股权回购的现实履行问题，都直接影响投资方在对赌协议中的利益能否在破产程序中正当实现。在国内法语境下，当目标公司进入破产程序时，对赌协议不仅要受到《中华人民共和国企业破产法》(以下简称《企业破产法》)等特别商法的约束，还要受到《中华人民共和国民法典》(以下简称《民法典》)中合同编等交易行为法的调整以及《中华人民共和国公司法》(以下简称《公司法》)等组织管理法的规制。不同类型的法律交叉影响着对赌协议在破产程序中的目标实现，也为上述问题的解决提供了复杂的研究背景。

法律规范并非彼此无关地平行并存，其间有各种关联。[②] 从《民法典》合同编到《公司法》再到《企业破产法》，对赌协议在破产程序中遵循着从普通法到特别法的解释路径，投资方在破产程序中的权益认定及实现也因此有着循序渐进的过程。本文拟从以下三个层面对投资方在破产程序中的权益实现进行论述。首先，在交易行为法层面，对赌协议在《民法典》合同编视域下的性质和效力认定是确认和实现投资方在破产程序中权益的前提与基础；其次，在组织管理法层面，对赌协议原则有效的前提下，对赌协议在《公司法》视域下的履行机制为何；其三，在破产法层面，基于《公司法》

---

① 参见刘燕：《对赌协议与公司法资本管制：美国实践及其启示》，载《环球法律评论》2016 年第 3 期。

② 参见[德]卡尔·拉伦茨：《法学方法论》，陈爱娥译，商务印书馆 2003 年版，第 316 页。

视角下的对赌协议履行机制能否适用于破产程序，对赌协议中的股权回购和现金补偿条款是否与破产法的价值相冲突，投资方在对赌协议的权益能否在破产程序中得到实现，是否会受到具体破产制度的限制等。

二、《民法典》合同编视域下对赌协议的性质及效力认定

对赌协议源于投融资双方的合意，系投资方根据目标公司的经营状况和发展前景而与目标公司订立的协议，属于《民法典》合同编的规制范畴。据此，需要明确两个基本问题：对赌协议的合同性质为何？对赌协议的效力为何？

（一）对赌协议的性质认定

法律性质是一事物区别于其他事物的法律方面的根本属性。理清对赌协议的法律属性才能从法学层面对对赌协议展开相关研究。① 关于对赌协议的法律性质，学界众说纷纭，基本形成了以射幸合同说为通说的附条件合同说、期权合同说和综合说的学说体系。②

笔者认为，对赌协议应当是射幸合同，二者在给付内容的不确定性和当事人双方权利义务的不对等性上是一致的。一方面，当事人所签订的对赌协议的标的是目标公司未来的经营业绩。在签订对赌协议时，当事人所约定的目标公司的上市指标和经营业绩增长指标的实现在未来有很大的不确定性。另一方面，对于签订对赌协议的当事人而言，其支出与收入存在显著的不对等性，投融资双方的权利义务在一定程度上是不对等的。对此，《九民会议纪要》也予以了肯定。最高人民法院在《九民会议纪要》给

---

① 参见赵忠奎：《对赌协议法律效力问题研究》，西南政法大学 2016 年博士学位论文。

② 主张射幸合同说的参见傅穹：《对赌协议的法律构造与定性考察》，载《政法论丛》2011 年第 6 期；主张附条件合同说的参见李有星、冯泽良：《对赌协议的中国制度环境思考》，载《浙江大学学报（人文社会科学版）》2014 年第 1 期；主张期权合同说的参见符望：《对 PE 估值调整协议效力的再思考——从甘肃世恒“愿赌不服输”案看估值调整协议的“堵”与“梳”》，载《证券法苑》2013 年第 8 卷；主张综合说的参见孙艳军：《对赌协议的价值判断与我国多层次资本市场的发展》，载《上海金融》2011 年第 9 期。

对赌协议下定义时，特别强调了对赌协议是为了解决投融资双方对目标公司未来发展的不确定性、信息不对称以及代理成本而设计的协议，这与射幸合同的特征不谋而合。

(二)对赌协议的效力认定

对赌协议是否有效，关系投资方在破产程序中的身份地位，亦关系投资方在对赌协议的权益能否在破产程序中实现。

1. 合同法基础理论下对赌协议的效力认定

如上所述，对赌协议系射幸合同，属于《民法典》合同编规制的范畴，其效力自然受合同法基础理论的"检阅"。合同法上合同的有效要件主要有三：行为人具有相应的民事行为能力；意思表示真实；不违反法律或者社会公共利益。① 因此，我们需要以这些要件来衡量对赌协议有效与否。前两个要件判断较为简单，在此不予赘述。第三个要件则涉及"法律"及"社会公共利益"的判断。对于对赌协议来说，对赌协议主要涉及公司法关于资本维持和资本变动的一系列规则，诸如公司回购股权的限制规则、股东退出机制的限制规则等。若对赌协议能够符合公司法的上述实体和程序性限制规则，并且满足以上合同有效要件，且不存在《民法典》第 146 条、第 153 条、第 154 条有关合同无效之情形，该对赌协议原则上是有效的，其效力判断不受目标公司是否处于破产状态之影响。②

2. 司法实践中投资方与目标公司对赌效力的演变

从"海富案"③到"瀚林案"④再到"华工案"⑤，投资方与目标公司对赌的效力认定发生了实质转变。"海富案"中，最高人民法院仅从合同约定的履行后果出发，认为履行与目标公司约定的业绩补偿，会导致投资人获

① 参见崔建远：《合同法》(第二版)，北京大学出版社 2013 年版，第 82~85 页。

② 参见蒋大兴、王首杰：《破产程序中的"股转债"——合同法、公司法及破产法的"一揽子竞争"》，载《当代法学》2015 年第 6 期。

③ 参见最高人民法院(2012)民提字第 11 号民事判决书。

④ 参见强静延与曹务波、山东瀚霖生物技术有限公司股权转让纠纷案，最高人民法院(2016)最高法民再 128 号民事判决书。

⑤ 参见江苏省高级人民法院(2019)苏民再 62 号民事判决书。

得脱离公司经营业绩的收益，损害公司和债权人法益，进而认定对赌协议无效。至于究竟如何损害公司和债权人的法益，在所不问。“瀚林案”中，最高人民法院放宽了投资方与目标公司对赌效力认定的界限，严格遵循合同无效判定的法定主义，肯认投资方与目标公司股东对赌，目标公司承担连带保证责任的效力。“华工案”中，法院则直接将对赌协议的效力与对赌协议的履行进行剥离，从对赌协议履行可能性的角度，判断对赌协议的效力问题。只要公司账面充足且已经履行了法定减资程序，公司回购本公司股份便具有法律和事实上的可能性，对赌协议的履行便具有充分的现实基础，对赌协议则当然有效。

由此可见，从直接判定无效，到认可目标公司担保有效，再到如今的原则有效，法院对投资方与目标公司对赌的效力认定发生了根本性转变。法院对此态度的转变也为后续相关规范性文件的出台埋下了伏笔。

3.《九民会议纪要》对投资方与目标公司对赌效力的肯认

《九民会议纪要》首次提出对赌协议的效力认定规则及对赌纠纷的审判规则，明确投资方与目标公司对赌，在不存在法定无效事由的情况下，原则上应当肯认双方签订的对赌协议的效力。至于对赌失败后，投资方能否请求目标公司实际履行股权回购和现金补偿义务以及该请求能否得到法院支持，则需要根据资本维持原则、股东不得抽逃出资原则以及《公司法》关于股权回购及盈余分配的限制性规定予以综合判断。由此，《九民会议纪要》关于对赌协议的效力认定及履行规则，实际上实现了对赌纠纷中“合同效力”与“合同履行”的区隔，将对赌协议的效力判断问题转移至对赌协议的履行机制问题。

三、《公司法》视域下对赌协议的履行机制

如上所述，对赌协议的效力认定与对赌协议的履行应当区隔，不得混为一谈。根据《民法典》第580条①之规定，合同之履行需要满足法律上履

① 《民法典》第580条：“当事人一方不履行非金钱债务或者履行非金钱债务不符合约定的，对方可以要求履行，但有下列情形之一的除外：(一)法律上或者事实上不能履行；(二)债务的标的不适于强制履行或者履行费用过高；(三)债权人在合理期限内未要求履行。”

行可能性和事实上履行可能性两个要件。由于对赌协议属于合同，应受《民法典》的规制和调整，其履行自然要满足上述两个要件。至于履行可能性的判断规则则需要从公司法的视角予以探析。

(一)法律上履行的可能性

讨论对赌协议的履行可能性，关键在于判断股权回购条款和现金补偿条款能否在现有法体系下发生履行效力。而对赌协议中的股权回购条款和现金补偿条款因目标公司性质的差异会产生不同的法效。因此，在论述股权回购条款和现金补偿条款是否具有法律上的履行可能性时，需要区分目标公司的性质进行探究。

1. 当目标公司是有限责任公司时

有限责任公司因其具有较强的人合性和封闭性，法律往往赋予其更为自由的地位。在关切股东权益的事宜上，有限责任公司往往具有较股份有限公司更自由的权利和更广泛的自治空间。在股权回购事宜上亦是如此。根据公司的性质差异，《公司法》为有限责任公司和股份有限公司配置了不同的股权回购规则。从《公司法》的条文表述来看①，有限责任公司的股权回购规则属于授权性规定，有限责任公司有权依其商业判断自由决定股权回购的时间和具体内容。至于其股权回购的效力认定，则主要从程序法的角度(即是否履行法定程序)予以判断。据此，当目标公司是有限责任公司时，由于有限责任公司有权在履行法定程序的前提下自由处理股权回购事宜，目标公司向投资方进行股权回购也因此具有法律上的履行可能性。

2. 当目标公司是股份有限公司时

因股权回购涉及公司资本的变化和股东的退出问题，股份有限公司原则上不允许股权回购，但也有四种例外情形：其一，减资回购；其二，合并回购；其三，推行股份奖励回购；其四，基于异议股东行使回购请求权而回购。② 如此，《公司法》关于股份有限公司进行股权回购的规定属于强

---

① 《公司法》第 74 条。

② 《公司法》第 142 条。

制性规定，股份有限公司进行股权回购不得超出法律所规定的限制范围。《九民会议纪要》在表述对赌协议的履行机制问题时，亦强调了对赌协议的履行不得违反《公司法》关于股份回购的强制性规定，以防止公司资本的恶意减少损害公司债权人利益。基于对赌协议的特殊性，目标公司通常以减资回购的方式履行股权回购义务。据此，当目标公司是股份有限公司时，应当以《公司法》第 142 条为依据，结合《公司法》有关减资回购的实体和程序性规则，审查目标公司股权回购是否符合有关资本变更及股东退出的实体和程序性要求。具体来说，需要审查股权回购条款的触发时间、股权回购价款的合理性等实体内容，以及目标公司是否经过董事会制定减资方案、股东大会多数决通过减资决议、进行减资公告、债权人提出异议时公司提供担保或提前清偿债务、办理工商变更登记等流程。

（二）事实上履行的可能性

《九民会议纪要》规定，目标公司在对投资方进行股权回购和现金补偿时，应当根据《公司法》第 166 条关于利润分配的强制性规定，审查目标公司是否具有相应的资金和盈余。这与美国 ThoughtWorks 案①确立的“合法可用资金”原则具有一定的相似之处。在 ThoughtWorks 案中，特拉华州法院大法官将制定法的“溢余”标准同判例法的“清偿能力”标准结合起来，明确了公司在股权回购问题上“合法可用资金”的判断标准。制定法的“溢余”（surplus）标准是美国公司法传统法定资本规则的重要概念，是指“公司净资产超过公司声明资本的金额”。对应我国公司法的语境，“溢余”大致包括所有者权益下“资本公积”“盈余公积”以及“未分配利润”三部分。② 而判例法上的“清偿能力”标准则是一种柔性标准，是在“溢余”（surplus）标准的基础上对股权回购附加的限制，以考察公司是否真正具有清偿债务及回赎股权的能力。《九民会议纪要》在判断目标公司是否有充足的资金对投资方进行现金补偿或股权回购问题时，虽然没有采用 ThoughtWorks 案中的“清偿能力”标准，但肯认了“溢余”标准中“未分配利

① See SV Inv. Partners, LLC v. ThoughtWorks, Inc., 7 A. 3d 973, 987 (Del. Ch. 2010).

② 参见刘燕：《对赌协议与公司法资本管制：美国实践及其启示》，载《环球法律评论》2016 年第 3 期。

润”这一硬性指标。据此，根据《公司法》第 166 条规定的利润分配规则，目标公司只有在缴纳税收、弥补亏损和提取法定公积金后，利用剩余的未分配利润对投资方进行现金补偿或者股权回购。换言之，目标公司即使具备上文所述的法律上履行的可能性，只要其没有充足的未分配利润，其就不具备事实上履行的可能性，目标公司也就因此暂时免除履行股权回购和现金补偿的义务。

四、《破产法》视域下投资方在对赌协议中的权益实现

债权人保护在公司制度中占据着相当重要的地位，历史上，僵化的债权人保护被看作给予股东有限责任的先决条件。① 尤其是当公司濒临破产时，法律提供债权人保护的收益是最大的。② 破产法的目标是最大化资不抵债公司的价值，以最大化债权人能够获得的价值，并在事前减少公司资不抵债的可能。③ 破产法的这一目标和价值与投资方基于对赌协议而享有的股权回购和现金补偿权益相左。破产程序的特殊性决定了对赌协议在破产程序中面临诸多问题。从投资方的角度来看，投资方在目标公司进入破产程序后，其身份地位如何？其是作为股东的身份而存在，还是作为债权人的身份而存在？投资方在对赌协议中的权益如何确定？从目标公司的角度来看，《公司法》视域下对赌协议的履行机制能否继续适用于破产程序？目标公司能否以破产为由拒绝履行对赌协议？这都是亟需解决的问题。

（一）《公司法》视域下对赌协议的履行机制能否适用于破产程序

如上所述，对赌协议的履行需要符合《公司法》关于股权回购的限制

---

① See Re Exchange Banking Company, Flitcroft's Case［1882］21 Chancery Division 518. 转引自［美］莱纳·克拉克曼、亨利·汉斯曼：《公司法的剖析：比较与功能的视角》，刘俊海、徐海燕译，北京大学出版社 2007 年版，第 86 页。

② 参见［美］莱纳·克拉克曼、亨利·汉斯曼：《公司法的剖析：比较与功能的视角》，刘俊海、徐海燕译，北京大学出版社 2007 年版，第 85 页。

③ See John Armour and Douglas J. Cumming, Bankruptcy Law and Entrepreneurship, http://surn.com/abstract=762144，2015 年 6 月 1 日访问。转引自蒋大兴、王首杰：《破产程序中的“股转债”——合同法、公司法及破产法的“一揽子竞争”》，载《当代法学》2015 年第 6 期。

性规定，还要严格履行法定的减资程序。在公司正常经营时，公司内部治理机构处于正常的运行状态，公司能够依照法律和公司章程规定的程序完成内部决议，实现减资的目的。但是在公司资不抵债、进入破产程序时，公司还能否有效地进行内部决议，实现减资的目标，这就存在疑问。在破产重整程序中，由于公司仍具有“起死回生”的可能，法律赋予公司一次“东山再起”的机会，保留公司法人主体资格，公司能够以其名义持续经营。不过，根据公司的实际情况，破产重整阶段公司的经营管理控制权在不同管理模式下归属不同的主体。在管理人管理模式下，由于公司原有的内部治理机构被管理人所取代，公司难以通过内部治理程序完成决策，其中就包括减资决议。因此，在管理人模式下，《公司法》视域下对赌协议的履行机制可能就会失灵。而在债务人自行管理模式下，公司原有的内在治理机构予以保持，公司能够在管理人的监督下自行进行经营管理，其中就包括内部治理的决策程序。由此，在债务人自行管理模式下，公司原则上能够在内部进行减资程序。不过，由于减资关系到破产财产的范围以及债权人的利益，公司即使在内部进行减资程序，管理人以及债权人会议也难以通过公司减资决议，如此，以减资的方式完成股权回购仍难以实现。据此，在破产重整程序中，无论是采取管理人管理模式，还是采取债务人管理模式，目标公司均难以依照《公司法》第 74 条的规定完成减资程序，而在减资程序难以有效进行的现实情况下，《公司法》视域下对赌协议的履行机制就会失灵，难以适用于破产重整程序。而在破产清算程序中，由于目标公司内部治理程序基本被冻结，股东进退公司的自治空间几乎不存在，目标公司的内部决策机构以及执行机构已被破产清算人所取代，要求破产清算人按照《公司法》的规定履行减资程序几乎不可能，《公司法》视域下对赌协议的履行机制也因此不能适用于破产清算程序。

（二）投资方在破产程序中的身份认定

破产法的价值取向决定了债权人的利益将优先于公司股东利益而得到实现，股东与债权人的身份差别也将在破产程序得到强化。因此，投资方在破产程序中的身份将直接影响其基于对赌协议而享有的权益。在传统的股债二分制下，股权和债权是两种不同的权利，不得混为一谈，债权人和股东也因利益需求的差异而不可相提并论。从企业所有权结构和资本结构理论的角度来看，债权人与股东各有偏好——债权人更趋于保守，关心自己本金与利息的清偿，而股东则更加激进，试图利用有限责任屏障和债权人的资金获取更多收益，因而两者难以共同作出有效率的投资选择。① 此种股债二分的法律思维背后，除去概念法学严谨的分类传统，实则还蕴含着公平观念的一般性考量。② 而投资方与目标公司达成对赌协议后，既具备了股东身份，能够参与公司治理、获得分红、享受公司经营带来的利润，又在一定程度上享有债权人的身份，能够在公司经营未达到目标时以约定价格加上固定利率退出公司或取得补偿。

从这个角度来看，投资方似乎已经兼具股东和债权人的双重身份，或已撼动股债不能并存的法理基础。然而，最高人民法院于 2018 年 12 月发布的《最高人民法院民二庭第五次法官会议纪要》指出："同一当事人在同一合同中不能同时既是债权人又是股权人，但是在不同的阶段，其可以从债权人转变为股权人，也可以从股权人转化为债权人。"这为我们判定投资方的身份又提供了一条新的思路。投资方虽然在外观上具备股东和债权人的双重身份，但由于同一当事人在同一合同中不能既是债权人又是股权人，投资方的股东或债权人身份应当具有时间上的阶段性，即投资方在向目标公司注资时，成为目标公司的股东，其具有股东身份，而在目标公司未能完成对赌目标时，投资方基于对赌协议的股权回购和现金补偿条款而又享有对目标公司的债权，其因此又具有债权人身份。如此，投资方既能兼具股东和债权人的双重身份外观，又能按照纵向的时间顺序在不同的阶段以不同的身份主张相应的权益，而不违反股债不能并存的法理。

因此，当目标公司进入破产程序时，由于目标公司未能完成对赌协议约定的对赌目标，对赌协议的股权回购和现金补偿条款触发，投资方取得请求目标公司回购股权或者现金补偿的债权，其也因此在此阶段成为目标公司的债权人。当然，因投资方仍具有目标公司股东身份的外观，其作为债权人向目标公司主张债权时，自然要受到股东债权劣后清偿制度的限制。至于如何限制，笔者将在后文予以详述。

---

① 参见[美]汉斯曼：《企业所有权论》，于静译，中国政法大学出版社 2001 年版，第 64 页。

② 参见许德风：《公司融资语境下股与债的界分》，载《法学研究》2019 年第 2 期。

(三)投资方在破产程序中的权益认定

被投资公司以现金补偿投资者或者回购投资者股权，究其实质是公司与股东之间的资本性交易。[①] 与投资者向公司出资这一公司法人财产与股东有限责任的生成逻辑相比，资金从公司逆向流入股东，公司用以维持经营与满足债权的资产减少，[②] 这在公司进入破产程序后尤为突出。因此，投资方在破产程序中的权益认定不仅影响着投资方的权益实现，也关切着目标公司责任财产的剩余。如前所述，在目标公司进入破产程序时，投资方的身份定位是目标公司的债权人，其在破产程序中的权益认定自然要受破产法中债权确认规则的调整。《企业破产法》对于普通债权的确认采取的是债权申报原则，由债权人在法院确定的债权申报期限内向破产企业的管理人申报，[③] 管理人就债权人申报的债权数额的真实性进行审查。对投资方来说，其对目标公司享有的债权主要体现在对赌协议中股权回购和现金补偿条款约定的内容上，投资方在向目标公司的管理人申报债权时，债权额的计算方式自然以对赌协议的约定为准。然而，与其他普通债权的确认方式不同的是，投资方申报的债权额不仅要受到真实性的审查，还需要受到科学合理性的审查。这是因为对赌协议约定的股权回购和现金补偿条款并非确定的内容，而是以计算公式为依托的不确定事项。如此便引申出一个问题：投资方按照对赌协议约定的计算方式计算债权额，并以此数额向目标公司的管理人主张能否获得确认和支持？换言之，对赌协议约定的股权回购款和现金补偿款的计算方式能否适用于破产中的债权确认程序？

就微观条款架构而言，判断对赌协议约定的股权回购款和现金补偿款的计算方式能否适用于破产中的债权确认程序，关键在于判断该计算方式是否具有公平合理性，即投资方的资金付出与补偿或回购回报是否构成实质等价。实践中，投融资双方约定的补偿款计算方式一般为：补偿金额=(1-实际净利润/目标净利润)×股权交易额；股权回购款的计算方式为：

---

① 参见刘燕：《重构“禁止抽逃出资”规则的公司法理基础》，载《中国法学》2015 年第 4 期。

② 参见潘林：《重新认识“合同”与“公司”——基于“对赌协议”类案的中美比较研究》，载《中外法学》2017 年第 1 期。

③ 参见《企业破产法》第 48 条。

股权回购款=初始投资额×(1+固定利率)。[①] 从两个计算方式可以看出，补偿金额和回购款额的多少分别取决于目标公司实际净利润和约定的固定利率大小。据此，判断该计算方式是否具有公平合理性，需要着重审查目标公司的实际净利润和约定的固定利率是否具有相应的公平合理性。目标公司的实际净利润取决于目标公司的实际经营状况，与目标公司自身密切相关，其公平合理性不言自明。而股权回购约定的固定利率属于投融资双方利益博弈的结果，其公平合理性需要受到金融管制的检阅。具体来说，固定利率应当在金融借贷利率限制的范围内予以考量，不得超过金融管制规定的利率上限。

因此，对赌协议约定的股权回购和现金补偿款的计算方式在经过真实性和公平合理性审查后，能够在破产债权确认中适用。如此，既能尊重投融资双方的意思自治，又能保证投资方在破产程序中的权益的真实合理性。

(四)投资方在破产程序中的权益实现

1. 目标公司不得以破产为由拒绝履行对赌协议

司法实践中，目标公司经常以公司处于资不抵债、股份价值为零为由拒绝投资方的股权回购和现金补偿请求。[②] 然而，这种理由显得极为苍白无力。首先，根据举轻以明重的法律原则，[③] 目标公司在对赌协议中承诺在公司业绩达不到约定的标准时或者该公司未能按时公开发行股票并上市时，即需对投资方进行补偿或回购投资方的股份。在公司已经进入破产程序，股权价值严重贬损的情形下，目标公司更应满足投资方基于合同约定以及其对目标公司发展趋势判断而要求目标公司回购股份的主张。其次，判断投资方对目标公司享有债权之时点不在于股权实际回购或者现金补偿时，而在于投融资双方达成对赌协议约定时。如前文所述，投资方兼具股

① 参见潘林:《“对赌协议第一案”的法律经济学分析》，载《法制与社会发展》2014 年第 4 期。

② 参见江苏省高级人民法院(2014)苏商初字第 00029 号民事判决书；四川省成都市中级人民法院(2017)川 01 民初 3132 号民事判决书。

③ 参见梁慧星:《论法律解释方法》，载《比较法研究》1993 年第 1 期。

东和债权人双重身份外观，只是在不同的时间阶段体现出不同的身份地位。因此，在投融资双方达成对赌协议时，投资方虽然因注资成为目标公司的股东，其股东身份地位更为显现，但这并不妨碍投资方享有抽象债权人之地位。这与股东的红利分配具有相似之处。在公司作出分红决议之前，股东的分红权是“抽象”的，仅限于向公司提出作出分红决议的建议权（提案权）；在公司作出分红决议之后，股东的分红权得以“具体化”，股东取得了对公司的债权，只要公司在作出有关分红决议时并未违反任何强制性规定（有盈余且已弥补亏损），该债权就不会再受到后续公司资产不足乃至破产的影响。① 同理，投资方对目标公司享有之债权，自对赌协议签订之时就已产生，只不过在股权回购和现金补偿条款触发之前，该债权并未显现，而是作为抽象性权利存在，在性质上与抽象分红权类似，而在股权回购和现金补偿条款触发之后，该债权就得以固定和具体化，自然不受目标公司资产不足乃至破产的影响。因此，当目标公司进入破产程序时，目标公司不得以破产为由拒绝履行对赌协议项下的股权回购和现金补偿条款。

2. 投资方之债权在破产程序中的清偿顺位

破产债权清偿顺序的确定，既是一个法律技术安排，又牵涉重大价值判断。② 确定破产债权清偿顺序的理论基础是对破产债权的类型化研究，常见的分类方式是以普通债权为基准，通过提高、降低或排除特定债权的清偿顺位，从而形成优先债权、劣后债权和除斥债权。③ 投资方的股东和债权人双重身份外观，决定了其对目标公司享有之破产债权具有一定的特殊性，适用的债权清偿顺序规则也自然有其独特性。

---

① See James D. Cox etal., Treatise on the Law of Corporation, Thomson West, 2017, §20: 8. 转引自许德风：《公司融资语境下股与债的界分》，载《法学研究》2019 年第 2 期。

② 参见许德风：《破产法论——解释与功能比较的视角》，北京大学出版社 2015 年版，第 189 页。

③ 参见王延川：《破产法理论与实务》，中国政法大学出版社 2009 年版，第 165~166 页。

“沙港案”①暴露出我国建立股东债权劣后受偿规则的真实需求。与美国“深石案”确立的衡平居次原则不同的是，“沙港案”并未限定股东债权劣后清偿的适用条件，扩大了股东债权劣后清偿的适用范围。② 美国法上的衡平居次原则将股东债权劣后清偿的适用条件规定为以下三项要件：①股东/债权人实施了不公平行为；③ ②该不公平行为给企业的其他债权人造成了损害；③衡平居次原则的适用不违反破产法有关条款的规定。④ 而“沙港案”的裁判并未将股东/债权人的不公平行为作为认定债权劣后清偿的前提要件，如此便与衡平居次原则相异。投资方作为目标公司的股东，在目标公司进入破产程序时对目标公司享有债权，该债权不具有破产法意义上的优先性质，自不待言。但该债权是否需要受到衡平居次原则的限制而劣后于其他普通债权得到清偿，则需要结合衡平居次原则的条件予以考量。

笔者认为，衡平居次原则虽与“沙港案”确立的裁判规则不尽相同，但衡平居次原则更注重考量股东/债权人行为的公平正当性，能较好地处理股东/债权人与其他普通债权人之间的利益关系，应当予以适用。因此，在判断投资方之债权在破产程序中的清偿顺位时，应当先否定其具有优先受偿的可能，再利用衡平居次原则审查投资方之债权是否具有正当合理性。如果该债权具有正当合理性，那么投资方之债权应当与其他普通债权平等受偿，不区分优劣顺序；反之，则将投资方之债权清偿置于其他普通债权人之后，以此实现两者的利益平衡。

---

① 参见《最高法院 3 月 31 日召开新闻通气会公布 4 个典型案例》，http://www.court.gov.cn/zixun-xiangqing-14000，html，2020 年 9 月 1 日访问。

② 参见潘林：《论出资不实股东债权的受偿顺位——对最高人民法院典型案例“沙港案”的反思》，载《法商研究》2018 年第 4 期。

③ 美国司法判例将引发股东债权劣后受偿的“不公平行为”概括为三大类：(1)欺诈、非法和违背受信责任；(2)资本不足；(3)权利主张人将债务人用作纯粹的工具或者替身。参见王欣新：《论股东贷款在破产程序中的处理——以美、德立法比较为视角》，载《法学杂志》2011 年第 5 期。

④ 参见李丽萍：《美国衡平居次原则的演变及其启示》，载《金融法苑》2017 年第 1 期。

3. 清算程序中投资方权益实现的程序性规则

如上文所述，投资方的权益实现需要受股东债权劣后清偿规则的检验。若投资方之债权具备公平合理性，则其受偿顺位与其他普通债权一致；反之，则需要区分优劣顺序。因此，投资方之债权的性质决定了其清偿顺位的优劣，也决定了其程序性规则适用的不同。当投资方之债权与其他普通债权居于同一顺位时，由于二者顺位相同，应当适用同一程序性规则，即同一的表决规则和分配规则。具体而言，在债权人会议上，投资方可以单独列组对债权清偿事项进行表决，并就自己之债权享有和其他普通债权一样的分配规则。而当投资方之债权与其他普通债权不是同一顺位时，投资方之债权具有劣后性，因普通债权在先受偿的事实已经确定，投资方无法在债权人会议上就自己的债权实现进行表决，但投资方有权在债权人会议上就普通债权的真实合理性提出异议，以保障投资方既有的受偿权利。

4. 重整程序中合法可用资金原则的继续适用

ThoughtWorks 案中，特拉华州大法官认为，合法可用资金原则可以持续适用，只要被投资公司具备“合法可用资金”的资金状态，投资方就有权请求被投资公司进行回赎。① 对此，《九民会议纪要》也予以了肯认。② 破产重整程序中，目标公司的法人主体资格并未消灭，其内部治理机构依旧存在，公司仍保持着持续运营的状态，公司仍具有较高的营运价值。如此，为确保目标公司在破产重整中营运价值的实现，目标公司的内部治理机构将以多元利益平衡为基础，采用各种低成本替代手段以及资金融通途径完成公司盈利能力的回复。③ 据此，破产重整程序下的目标公司仍具有盈利的可能，目标公司仍可能在适用公司法规定的利润分配规则后具有盈

---

① See SV Inv. Partners, LLC v. ThoughtWorks, Inc., 7 A. 3d 973, 987 (Del. Ch. 2010).

② 参见《全国法院民商事审判工作会议纪要》第 5 条第 3 款：“经审查，目标公司没有利润或者虽有利润但不足以补偿投资方的，人民法院应当驳回或者部分支持其诉讼请求。今后目标公司有利润时，投资方还可以依据该事实另行提起诉讼。”

③ 参见张艳丽：《破产重整制度有效运行的问题与出路》，载《法学杂志》2016 年第 6 期。

余。“合法可用资金”原则便具有了可适用的余地。因此，当目标公司进入破产重整程序时，因“合法可用资金”原则具有可持续适用性，投资方有权根据目标公司的资金状况持续主张权利，实现股权回购和现金补偿的目的。

5. 特殊情形下，投资方在破产程序中的权益实现受到阻却

如前所述，按照正常的破产程序，投资方能够以债权人及股东的双重身份外观要求目标公司履行对赌协议，目标公司不能以公司已破产为由直接拒绝投资方的权益请求。然而，在某些特殊情况下，投资方在破产程序中的权益实现会受到阻却。根据最高人民法院《关于适用〈中华人民共和国企业破产法〉若干问题的规定》(以下简称《破产法司法解释一》)第 1 条之规定，债务人不能清偿到期债务且资产不足以清偿全部债务的，债务人具备破产原因，人民法院可依法裁定债务人进入破产程序。如此，当目标公司具备上述破产原因时，目标公司就可能进入破产程序，投资方的权益便在目标公司被宣告破产时得到固定。然而，导致目标公司具备上述破产原因的因素众多，并不是所有情形下投资方都能够依约向已进入破产程序的目标公司主张权益。如新冠肺炎疫情以及疫情防控措施导致目标公司陷入资不抵债的情形便是如此。从一般危机类型学出发，新冠肺炎疫情具有强烈的社会外溢性、社会无差别性、社会情境性以及社会整体性危害等特征。[①] 在此背景下，市场经济的运行几近停滞，深处市场经济中心的各商事主体则更受影响，难以在短时间内摆脱疫情带来的阴霾。游弋于资本市场的目标公司似乎也难逃厄运，在新冠肺炎疫情的影响下举步维艰，难以达成对赌协议约定的对赌目标，甚至有可能因资不抵债进入破产程序。对于这些目标公司来说，若没有新冠肺炎疫情，公司的经营将能够保持以往的态势，按照既定的运营轨道完成对赌协议约定的经营目标及上市计划。然而，新冠肺炎疫情的到来改变了这一预设的结果，目标公司可能会受疫情或者疫情防控措施的影响，陷入经营、资金周转困难，直至资不抵债、无法清偿到期债务，进入破产程序。据此，此种情形下的目标公司破产，并非目标公司自身经营不善或者管理失败导致的，而是由不能归结于目标

---

① 参见王旭：《重大传染病危机应对的行政组织法调控》，载《法学》2020 年第 3 期。

公司的原因导致的，目标公司对自己进入破产程序并不存在过错，亦对自己不能依约履行对赌协议不存有过错。若强制按照对赌协议的约定，要求进入破产程序的目标公司向投资方给付利益，则会将新冠肺炎疫情制造的巨大风险全部转嫁给目标公司承担，这将有损利益衡平的法律原则，在法益衡量上无法得到合理的解释。据此，当目标公司本能够按照既定经营轨道完成对赌协议约定的目标时，若在履行期间遭遇了类似新冠肺炎疫情的重大突发事件，并因此陷入资不抵债而进入破产程序，目标公司能够以新冠肺炎疫情或者疫情防控措施作为抗辩事由暂时拒绝投资方的权益请求，阻却投资方的权益实现。

结　论

根据我国民法理论，对赌协议在给付内容上具有不确定性，在当事人主体权利义务关系上亦具有不对等性，对赌协议因此应被认定为射幸合同。《九民会议纪要》原则上肯认了对赌协议的效力，并将焦点聚焦在对赌协议的履行上，实现了对赌协议效力认定与履行机制的区隔。《公司法》视域下对赌协议的履行机制需要满足法律上履行可能性与事实履行可能性两个要素，且关键在于判断目标公司是否依法履行了减资程序。然而，无论是破产重整程序，还是破产清算程序，目标公司都难以依照《公司法》第 74 条之规定完成减资程序，公司法视域下对赌协议的履行机制也因此失灵，难以适用于破产程序。当目标公司进入破产程序时，由于目标公司未能完成对赌协议约定的对赌目标，对赌协议的股权回购和现金补偿条款便会触发，投资方因而取得请求目标公司回购股权或者现金补偿的债权，其也因此在此阶段成为目标公司的债权人。与此同时，投资方又具备目标公司股东的身份。如此，投资方在目标公司进入破产程序后兼具股东和债权人的双重身份外观，并因此能按照纵向的时间顺序在不同的阶段以不同的身份主张相应的权益，而不违反股债不能并存的法理。投资方在破产程序中的权益需要根据对赌协议约定的股权回购和现金补偿款的计算方式，在经过真实性和公平合理性审查后，于破产程序中的债权确认环节予以认定。在固定投资方的权益后，则需要根据“衡平居次”及“合法可用资金”等实体原则，并按照破产债权实现顺序的程序性规则完成对投资方权益的给付。不过，值得注意的是，并不是所有的情形，投资方都能够向目标公司主张权益。当目标公司因新冠肺炎疫情等重大突发事件陷入资不抵债而进入破产程序时，目标公司可以此为由对抗投资方的权益请求，阻却投资方的权益实现。据此，投资方在破产程序中的权益实现便有其复杂的性质。

第二部分：府院联动与破产程序优化

试论破产法强制性规范的谦抑性

宋卫华*

内容提要：破产法强制性规范具有覆盖程序深、约束主体宽、指引范围广等特点。破产法强制性规范应当具有谦抑性，公平保护债权人利益、实现多元化主体权益最大化、保障市场经济秩序良好运行。当前我国破产法强制性规范的局限性主要体现在滞后性和违背谦抑性。应当通过建立破产案件立案前听证制度、拓宽管理人选任方式、适当突破破产清算后程序的不可逆性、慎用重整计划的强制批准、合理制衡行政权的行使等途径实现破产法强制性规范的谦抑性。

一、破产法强制性规范的识别

（一）强制性规范的概念

我国法律并未明确定义强制性规范的概念，但《中华人民共和国合同法》（以下简称《合同法》）第52条第5项规定"违反法律、行政法规的强制性规定的合同无效"，明确使用了"强制性规定"的概念。《最高人民法院关于适用〈中华人民共和国合同法〉若干问题的解释（二）》将《合同法》第52条第5项规定的"强制性规定"明确为效力性强制性规定。新颁布的《中华人民共和国民法典》（以下简称《民法典》）也多次使用了"强制性规定"这一概念，比如第153条规定："违反法律、行政法规的强制性规定的民事法律行为无效。但是，该强制性规定不导致该民事法律行为无效的除

* 宋卫华，湖北省武汉市东西湖区人民法院审判员。

外。”根据全国人大法工委的理解，“强制性规定”是指“人们不得为某些行为或者必须为某些行为的规定，包括禁止性规定”。① 一般而言，对于强制性规范概念的界定主要是区别强制性规范和任意性规范，关于强制性规范和任意性规范的概念，国内有学者认为，在私法领域按照法律规范是否可以被当事人排除或者选择适用的标准，可以将法律规范分为强制性规范和任意性规范。强制性规范是指法律要求公民必须得为一定之行为或法律禁止公民为一定之行为，而任意性规范则是指法律对公民为或不为一定之行为没有明确规定，或者法院赋予公民为或不为一定之行为的选择权。

（二）破产法强制性规范的梳理

“破产法的立法理念经历了由债权人本位到债务人与债权人的利益平衡本位再到社会利益与债权人债务人利益并重的变化和发展的过程。”②正是由于破产法的立法理念经由变革，所追求的是由单纯的保护债权人向多元主体的权益保障，因而其强制性规范与其他私法相比，比重更大、覆盖面更广。结合破产法重整、和解、清算三大程序，本文对破产法强制性规范在三大程序中的应用进行梳理。

《中华人民共和国企业破产法》（以下简称《企业破产法》）第八章对破产重整进行规定，强制性规范性条文主要有：第 71 条，人民法院对重整申请符合规定的予以裁定；第 73 条第 2 款，管理人向债务人移交财产和营业事务；第 76 条，财产权利人在重整期间的取回权；第 77 条，对债务人出资人、高管在重整期间相关权利的限制；第 78 条，法院裁定中止重整程序的情形；第 79 条，提交重整计划草案的期限及未按期提交的后果；第 81 条，重整草案所包含的内容；第 83 条，对重整计划的限制性规定；第 84 条：就重整计划召开债权人会议的相关规定；第 85 条，设立出资组进行表决；第 86 条，法院裁定批准重整计划；第 87 条，重整计划强制批准制度；第 90 条，债务人在监督期内的义务；第 91 条，监督期届满时管理人的义务；第 92 条，重整期间债权人的权利；第 93 条，对不能执行或

① 参见胡康生主编：《中华人民共和国合同法释义》，法律出版社 2013 年版，第 105 页。

② 参见韩长印：《破产理念的立法演变与破产程序的驱动机制》，载《法律科学》2002 年第 4 期。

不执行重整计划的裁定终止重整。

《企业破产法》第九章对破产和解进行规定：第 95 条，债务人提交和解协议；第 96 条，法院对符合条件的裁定和解；第 98 条，管理人移交财产和营业事务；第 99 条，法院裁定终止和解程序；第 100 条，对和解债权人的限制；第 102 条，债务人按和解协议清偿债务；第 103 条，和解协议无效的认定；第 104 条，裁定终止和解协议的执行并宣告破产。

《企业破产法》第十章对破产清算进行规定：第 107 条，法院宣告债务人破产后的送达与通知；第 108 条，宣告破产前裁定终结破产程序的情形；第 111 条，管理人的职责；第 112 条，破产财产变价出售的方式；第 113 条，破产财产的清偿顺序；第 115 条，破产财产分配方案应记载的内容；第 116 条，破产财产分配方案的执行；第 117 条，分配额提存的情形；第 120 条，提请法院终结破产程序；第 121 条，办理注销登记的期限。

不难看出，首先，破产法强制性规范在程序上覆盖很深，它体现在从破产申请、受理直至终结的每一个环节，例如《企业破产法》第 8 条对债务人申请破产所需提交相关材料的规定、第 11 条对人民法院作出受理与否的裁定时间进行规定、第 90 条规定债务人在监督期内的义务；其次，破产法强制性规范所约束的主体很宽，涉及法院、债权人、债务人、出资人、管理人等主体；最后，破产法强制性规范所指引的范围很广，既涉及程序上的期间、主体的职责和权利，又涉及行为的效力性，其内容的指向既包含程序性的，又有实体性的。

二、破产法适用谦抑性的价值蕴含

（一）破产法谦抑性的含义

“谦抑性原则”是指刑法应依据一定的规则控制处罚范围与处罚程度，即凡是适用法律足以抑制某种违法行为、足以保护法益时，就不要将其规定为犯罪；凡是适用较轻的制裁方法足以抑制某种犯罪行为、足以保护法益时，就不要规定较重的制裁方法。① 其本质上是对国家强制力的约束和

① 参见张明楷：《论刑法的谦抑性》，载《法商研究》1995 年第 4 期。

限制，从而达到保护法益的效果。谦抑性原则作为一个法律原则，最初主要运用在刑法学领域，后逐渐在民商法、经济法等其他法律体系中得以衍生运用。

破产法作为民商事立法，具有其私法属性，兼具实体法与程序法的特征，调整对象既涉及公益又影响私益。破产法的私法性要求其应当体现主体平等、保护债权人利益、坚持债权人自治的原则。同时，破产法对公共利益和社会利益的保障体现了经济法价值，具有公法的属性。破产法的公法性体现在通过一系列的强制性规定以保障债权人和社会公共利益。《企业破产法》第 1 条规定："为规范企业破产程序，公平清理债权债务，保护债权人和债务人的合法权益，维护社会主义市场经济秩序，制定本法。"破产法的谦抑性正是强调公权力在破产程序中应当"谦逊并自我抑制"，维护债权人的意思自治，尤其对于法院而言，法院在破产程序中处于监督者和裁判者的角色，法院对破产程序的干预应当维持在合理的范围内，不能代替债权人自治，但也应当在债权人自治存在问题时及时补位，发挥补充性作用。

由此可知，破产法的谦抑性是指通过调整公权力干预的程度，在债权人与债务人、债权人与债权人等多重主体的复杂利益关系中寻求平衡，实现多元主体权益最大化。

(二)破产法适用谦抑性的价值分析

1. 公平保护债权人利益

从破产法的立法宗旨来看，对债权人合法权益的保障是破产法的首要目的，但在破产程序中，债权人的合法权益往往得不到有效的保护，除了债权人主观原因之外，破产法中有关规定存在缺陷是导致对债权人利益保护机制不健全的主要原因。现行破产法规范中存在大量的强制性规范，这些强制性规范明确规定法院、债务人、债权人、管理人等"应当"或"不得"为一定之行为。但破产法始终是商事法，公权力的干预应当是补充且适度的，而作为公权干预表现形式的强制性规范应当具备"谦抑性"，不能取代债权人自治的基本原则。法院作为破产程序中的裁判者和调控者，更应当尊重破产法的谦抑性，避免司法权的滥用，侵害债权人的利益。

2. 实现多元主体权益最大化

法学家乌尔比安认为，公法是以保护国家或社会公共利益为目的的法律，私法是以保护个人利益为目的的法律。① 因此，单纯的私法自治原则根本无从解决由此导致的复杂利益纠纷，这种局限性的“失灵”则需要公权力的适度干预，这也导致越来越多的声音指出，破产法的私法属性并不是绝对的，现代破产法的发展已在很大程度上改变了传统破产法的私法属性。它兼具实体法与程序法的特征，调整对象既涉及公益又影响私益。企业的产生、运转、壮大、消灭都是市场经济的体现，这也就是市场的基础性导向作用，它检验着企业的竞争力，有能力则不断发展壮大，顺应不了市场的需求与发展则会被淘汰，生动而残酷地演示着“优胜劣汰”的市场法则。但市场的运转也并不是万能的，企业在经济运行的浪潮中难免有盈亏起伏，但基于市场调节的滞后性与单一性，获取信息不对等、不全面，企业的一个小困境往往会演变成灭亡，甚至导致行业的群体性溃败，由于在破产财产清偿中利益的多元化、在破产财产的分配阶段也势必会面临“僧多粥少”的局面，极易造成实质上的不公。破产法的强制性规范不是为了保障单一债权人的权益，而是为了在保护债权人权益、拯救困境企业、维护社会稳定等之间寻找平衡。破产法强制性规范的谦抑性，就是要调整公权力干预的程度，在债权人与债务人、债权人与债权人等多重主体的复杂利益关系中寻求平衡点，实现多元主体权益最大化。

3. 有利于优化营商环境

党的十八大以来，优化营商环境得到以习近平同志为核心的党中央的高度重视。习近平总书记深刻指出，“法治是最好的营商环境”。世界银行发布的《2019 年营商环境报告》显示，我国营商环境全球排名从上期的第 78 位跃升至第 46 位，上升了 32 位。而“办理破产”指标是世界银行营商环境评估体系中的十个指标之一，也是我国提升营商环境全球排名的关键指标和现实短板。为进一步打造法治化营商环境、推动经济高质量发展，最高人民法院于 2019 年 3 月 28 日举行新闻发布会，发布了优化营商环境的两个司法解释。因此，找准破产审判的“堵点”“痛点”，为创造一

① 参见刘兆兴：《公法与私法》，载《中国人大》2015 年第 8 期。

流营商环境送上“及时雨”，是推进破产审判工作的重中之重。2020 年是《优化营商环境条例》实施的开局之年，作为营商环境的组成部分，企业进入或者退出某业务领域是维持市场主体正常新陈代谢的机制。营造良好的营商环境，则应简化企业破产退出程序，降低企业破产的制度性成本。在破产审判实践中，法院应树立谦抑、审慎、善意的司法理念，坚持“有所为有所不为”的原则，切实保障债权人的参与权、知情权和监督权等合法权益，遵循市场商业活动自身规则和价值导向，避免过度干预，剔除权力寻租空间，为优化营商环境提供有力的司法保障。

三、我国破产法强制性规范的局限性

2006 年《企业破产法》增设了管理人制度，完善了和解和重整程序，适应我国经济转型升级新常态，由过去政府主导、法院实施逐步转化为政府支持、社会参与、法院主导，正是对公权力干预的松绑，给了更多私法意思自治的空间。然而在司法实践中，也不难看到《企业破产法》在从理论走向具体破产案件中，发生了变形的现象。

一是破产法强制性规范具有滞后性。法律的生命力在于实施，法律权威的最终源泉在于法律符合社会关系的现状与发展。随着我国市场经济的高速发展，新型复杂的破产案件层出不穷，但当前适用的《企业破产法》仍是十几年前颁布的，难以满足市场经济体制建设需求。比如越来越多的企业宣告破产后程序逆转问题，在破产法中无章可循；再如破产和解制度是计划经济下的行政手段，与运用市场手段促进企业破产和解不相适宜，也难以与国际惯例接轨。

二是破产法强制性规范在无形中违背谦抑性原则。违背谦抑性原则主要体现在法院与管理人、法院与债权人的关系没有捋顺，归根结底也是公权与私权的摩擦碰撞所引发的系列问题。破产程序区别于诉讼程序最显著的特点不在于当事人实体争议的不同，而是在每个环节的分工都有明晰的定义，管理人依法履行职责、债权人依法申报债权进行表决、法院对程序各环节进行监督和审查并作出相应的裁定和决定。但在立法层面，公权力超越了“适度干预”的界限，比如管理人由法院指定产生、管理人聘请必要的工作人员须经法院同意、管理人辞去职务须经法院同意等，依然体现着法院的主导地位。

四、破产法强制性规范谦抑性之实现路径

(一)建立破产案件立案前听证制度

现行破产法并没有以破产听证方式进行破产审查的有关规定，仅仅规定在公司强制清算时应召开听证会。《最高人民法院关于审理公司强制清算案件工作座谈会纪要》中有相关规定，“审理强制清算案件的审判庭审查决定是否受理强制清算申请时，一般应当召开听证会”。

法院在审查过程中，简单地采取书面审查势必会导致当事人参与程度不够，无法对被申请破产的企业情况进行全面了解。在司法实践中，已有不少法院将听证制度引入破产审查，且大多将参与主体局限在申请人与债务人，但这种当事人相对固定的模式很难不使听证程序沦为“走形式”，其债权的真实性、合法性也很难得到验证。[①] 企业破产有别于普通的民事纠纷，涉及利益方是多元的，既有债权人、债务人的切身利益，又有职工安抚问题，更涉及国家税收、社保统筹等一系列社会公共利益。因此，将听证程序的参与主体拓宽至其他利益相关人非常有必要，比如债务人的财务人员和职工代表，可以进一步了解公司真实运营情况；邀请当地政府、有关职能部门(工商、税务、人社等)，为破产研判提供专业信息和意见；甚至通知其他已知债权人，听取他们的意见，如果债权人能够达成合意，有挽救债务人的一致意见，且债务人也能够提出切实可行的实现其债权的方案，甚至不用进入破产程序，这样可以节约诉讼成本，实现多方共赢。

(二)拓宽管理人选任方式

现行《企业破产法》，引入了在众多国家中实行的管理人制度，将管理人的范围扩充至依法设立的律师事务所、会计师事务所、破产清算事务所等社会中介机构，这一做法既体现了我国市场经济程度的提升，更顺应了其现实需求。从管理人范围扩大的角度来看，立法者有意让社会第三方中立机构参与破产清算，降低了清算过程中人为因素的干扰，保障了经济

① 参见张时春:《破产立案听证程序操作问题浅析》，载微信公众号“一语道破”，2019 年 3 月 25 日。

秩序的稳定。同时，最高人民法院针对管理人的指定和报酬出台了相关的规定，细化了管理人的各项规则，根据现行规定，管理人的选任方式以从管理人名册中随机抽取为主，以指定、竞争和推荐方式为辅，该规定设立的初衷是保证管理人选任过程的公平，保障破产案件的处理质量。但随着经济社会的不断发展，企业破产程序已经更多地被应用到拯救企业危机中来，闻“破”色变的时代已经成为过去，法院受理的破产案件逐年递增，案件新型化、复杂化特征也逐渐凸显，从司法实践反馈的结果看来，目前的管理人选任还是存在很多不可忽视的问题：一是随机抽取方式虽然考虑了管理人选任过程的程序公平，但不同破产案件的难易度相差甚远，存在经合法程序挑选出的管理人因人员配置、机构规模、从业经验等因素限制，无法胜任破产案件的处置。二是虽然管理人选任程序上已经相对规范、公正、透明，但在指定管理人及编制管理人名册时，这些隐性的权力也仍然落在法院手中，让人民法院充当了破产管理人制度实施的司法行政管理机关，造成了职能上的“越位”。因此，一方面可以进一步拓宽管理人选任方式，在现有选任的基础上，征求已知债权人意见，增加联合推荐方式，实现选任手段多元化；另一方面应尽可能地使法院“去行政化”，更好地体现法院的国家审判机关的角色，充分发挥其职能定位，设立破产管理人的职能部门，发挥其司法行政管理职能，使法院更好地行使审判职能，将司法行政职能从中剥离出来，让专门的机构来处理，二者各司其职，互不干扰，避免司法腐败的滋生蔓延。

(三)破产清算后的程序逆转

最高人民法院在《全国法院破产审判工作会议纪要》第 24 条规定：“债务人被宣告破产后，不得再转入重整程序或和解程序。”此规定体现了破产案件进入清算阶段后的不可逆性，这种程序上的约束目的是防止司法资源浪费，为各方利害关系人对债务人企业是破产清算还是重整或和解的博弈设定了更为严格的规则，要求更为认真、理性地对待，避免了无理性、无底线的利益争夺，以及执法中的无原则让步。① 但在司法实践中，这一规定无疑是给破产企业判了“死刑”，就算企业出现转机，找到重整

① 参见王欣新：《谈破产法中的民事和解》，载《人民法院报》2020 年 8 月 6 日第 7 版。

意向投资人，取得债权人的认可，也无法重新转换为重整或和解。

《民法典》第5条规定："民事主体从事民事活动，应当遵循自愿原则，按照自己的意思设立、变更、终止民事法律关系。"这种当事人之间的合意性也应该在破产法中得到体现，如果债务人在宣告破产后出现转机，找到切实可行的重整投资人，并得到债权人同意，再进入重整，实现企业的"起死回生"，这一路径并没有违反法律，也不损害他人的正当权益，应当从程序上予以认可。还有《企业破产法》第105条规定了民事和解在破产中的适用，即在和解协议不会损害其他破产利害关系人合法权益的前提下，债务人与每一个债权人自行达成和解协议。此规定虽具有可行性，但难度系数之高可以想象，就算达成民事和解，最终债务人无法按照和解协议兑现债权，法院也不能再直接宣告破产，债权人如要主张权益，只能重新申请对债务人进行破产清算，或者申请法院就协议进行强制执行，不得不说这既是对债务人的二度伤害，更导致司法资源的无形浪费。目前，有的地方出现了宣告破产后依据债权人自行达成和解协议后终止破产程序的司法实践案例。如苏州市吴江区人民法院审理的纺中纺(苏州)织造有限公司破产案件，2019年5月20日，经管理人申请，法院裁定宣告破产；2019年7月11日，债务人拟定债权债务处理协议并取得全体债权人的书面同意；2019年7月16日，法院裁定认可上述协议，撤销破产宣告裁定，并终结破产程序。因此，在破产审判实践中，在不违背破产法的宗旨前提下，应强化债权人会议对审判权的制约，充分保障债权人自由表达和自主表决的权利。

(四)慎用重整计划的强制批准

在破产程序中，法院享有指定管理人、裁定重整、批准重整计划等权力，其中最具探讨价值的应当是《企业破产法》第87条规定的"人民法院在一定条件下可以裁定强制批准债权人会议表决未予通过的重整计划草案"，该规定是对债权人自治的突破。正如李永军教授所言："重整程序是一种成本高、社会代价大、程序复杂的制度，它更多的是保护社会整体利益，而将债权人的利益放在次要位置。"①因此，当利害关系人自治而不

① 李永军：《破产重整制度研究》，中国人民公安大学出版社1996年版，第48页。

能通过重整计划时，为社会整体利益考虑，有必要借助公权力干预来达到重整的目的。①

虽然在实践中，法院对重整计划的强制批准执行起来也很严格，需要反复考量和层层审批，但从整体来看，法院仍多倾向于能批准则尽量批准。② 对法院强制批准重整计划的质疑，概括而言主要理由有二：第一，判定继续经营方案是否具有可行性属于商业上的判断，对法官的综合素质要求很高，法律知识、商业思维、市场经济等均需有一定程度的了解，法院作为司法审判机关，并不具备相应的专业能力，再加上没有可供依据的具体判断标准，导致法院在行使强制批准权时对“可行性”的审查基本流于形式；第二，破产案件中涉及的利益关系复杂，在缺乏对破产法官监督机制的情况下，容易滋生权力寻租的空间，比如债务人部分人员为了使企业能暂时逃避债务维持继续营业，或者其他利益主体为了实现其私益，可能通过非法手段干预法官裁定权的行使，积极寻求重整的实现；第三，重整耗时长、成本高，对部分小额普通债权人而言，重整成功实现的清偿率对其而言没有实质意义，相反却长期陷入重整程序中无法实现债权。若法院在没有对重整草案进行审慎的研判，为了重整而强制重整，强制批准重整计划也可能难逃破产清算的命运。

最高人民法院发布的意见和会议纪要体现了法院在行使强制批准权时应当具有谦抑性。比如2009年《最高人民法院关于正确审理企业破产案件为维护市场经济秩序提供司法保障若干问题的意见》第7条规定，人民法院要严格审查重整计划草案，综合考虑社会公共利益，积极审慎适用裁量权。对不符合强制批准条件的，不能借挽救企业之名违法审批。2012年《最高人民法院关于审理上市公司破产重整案件工作座谈会纪要》第1条明确规定，人民法院审理上市公司破产重整案件，既要保护债权人利益，又要兼顾职工利益、出资人利益和社会利益，妥善处理好各方利益的冲突。上市公司重整计划草案未获批准或重整计划执行不能的，人民法院应当及时宣告债务人破产清算。上述规定体现了法院在适用破产法强制性规

---

① 参见邹海林：《我国企业再生程序的制度分析和适用》，载《政法论坛》2007年第1期。

② 参见王建平、张达君：《破产重整计划批准制度及反思》，载《人民司法》2010年第23期。

范时应当具备谦抑性。

（五）合理制衡行政权的行使

破产审判司法实践中，除了要求法院在行使审判权保持谦抑性，行政权的行使同样应当“谦逊并自我抑制”。人具有自利的天性，对利益具有一种追逐的本能，破产案件中利益主体复杂，为了争夺债务人财产这一稀缺资源而产生各种矛盾，需要一种超越利益群体之上的公权力进行调和。审判权原本被赋予了这种职责，通过中立的解决化解利益的冲突，但是债务人企业一旦进入破产程序，职工债权、小额债权人利益保护、资产处置、税务核销等问题会导致行政权的介入。行政权行使失范不可避免会冲击审判权的行使，阻碍破产案件审理的顺利推进。① 具体而言，与破产案件审理有关的行政主体主要涉及不动产登记部门、车辆管理部门、税务部门，最主要的问题有动产、不动产的解押、解封，房屋的产权证办理，税务的减免和核销，等等。虽然《优化营商环境条例》出台后，有些地方政府为了保证营商环境各项指标的提升，专门设立了优化营商环境监督局督促政府职能的转变。但各地落实优化营商环境力度不一，在没有监督机构可以寻求支持的情况下，只能通过制度进行规避。笔者建议，行政职能部门在行使行政权过程中，在不突破公共利益边界的情况下，应该服从法院的裁判文书，做到既不缺位，也不越位，为市场主体的退出和拯救提供高效优质的服务。

---

① 参见梁伟：《破产案件检察监督新构造》，载《西南政法大学学报》2017 年第 3 期。

破产程序与涉众型经济犯罪刑事程序交叉的司法解决路径研究

张蒙蒙*

内容提要：既涉嫌涉众型经济犯罪又有正常生产经营活动的企业具备法定破产原因时，就会引发破产程序和刑事程序的交叉，而我国当前的立法体系对于破产程序与涉众型经济犯罪刑事程序交叉时的衔接和协调并无明确规定，司法实践中也缺乏统一的操作办法。“先刑后民”抑或“刑民独立”均非解决此类案件的最佳路径，“刑民协同”路径不失为解决破产案件中刑民交叉问题的颇佳选择，可在破产申请审查、债权审核、破产财产确定、财产分配等环节贯彻“刑民协同”理念，合理平衡刑事受害人和破产债权人之间的利益，充分发挥破产程序和刑事程序的不同效用，妥善解决涉众型经济犯罪企业进入破产程序后的复杂利益纠纷。

长期以来，融资难、融资贵是企业尤其是中小微企业可持续发展的极大障碍，此时企业就会转向民间资本，而该种融资方式可能会涉嫌实施非法集资类涉众型经济犯罪，当企业资金链断裂不能清偿债务时，则会引发企业破产现象，从而形成破产程序和刑事程序的交叉。

破产程序中的刑民交叉涉及程序问题和实体问题。程序问题主要体现在如何协调刑事程序和破产程序，具体包括，当破产清算程序受理之时发现有刑事犯罪嫌疑，是否一概不予受理？破产程序受理之后发现有犯罪嫌疑的，是否必须等待刑事认定结果，中止或终结破产程序？刑事案件中查封、冻结的财产在企业进入破产程序后是否应当解除？实体问题主要在于债权审查、破产财产确定和清偿顺序等方面，如刑事确定的“受害人优

* 张蒙蒙，上海市第三中级人民法院上海破产法庭法官助理。

先”原则是否适用于破产程序？本文主要探讨的是既涉嫌涉众型经济犯罪又有正常生产经营活动的企业存在法定破产原因、符合破产受理条件时，由此产生的刑民交叉问题。单纯涉嫌犯罪企业的刑事程序与破产程序不存在刑民交叉问题，不在本文探讨之列。下文笔者将从破产案件中涉众型经济犯罪刑民交叉问题的司法实践出发，探讨两程序之间如何进行有效衔接，避免刑事受害人和破产债权人发生利益冲突，协调两个程序的权利人的权益受到同等保护。

一、破产程序与涉众型经济犯罪刑事程序交叉之司法现状考察

（一）破产程序与刑事程序交叉时的实务考察

在全国企业破产重整案件信息网上，将“非法集资”“非法吸收存款”“集资诈骗”分别作为关键词进行检索（截至 2020 年 11 月 1 日），共检索到 43 篇民事裁定书。[①] 笔者针对该 43 起破产案件制作了相应图表（见表一和图一），可以看出司法实践中存在两种不同做法。一是“先刑后民”，即破产程序依附于刑事程序，待刑事判决生效后或刑事执行程序结束后，依据刑事认定结果再行开展破产清算程序；二是“刑民独立”，即破产程序和刑事程序相互独立，企业涉嫌犯罪的刑事程序启动后不影响破产清算程序的进行。

1.“先刑后民”模式数据分析

从表一的案件梳理中可知，“先刑后民”处理模式的情形可分为以下三种：一是企业在受理破产之前就已因涉嫌刑事犯罪而进入刑事程序，法院在审理破产申请时采取的做法是不予受理，该情形的案例共计 11 起，占比 25.6%；二是法院受理了破产申请后，又发现企业涉嫌犯罪，包括申请人在申请破产时存在隐瞒犯罪事实的行为以及确系受理破产后企业被

---

① 该数字系不完全统计，一是因为部分案件的文书未公开，二是涉嫌刑事犯罪，但法院仍然予以受理，只是未在文书中说明犯罪情形，该两种情形均无法通过关键词检索到。

表一　法院对破产程序与涉众型经济犯罪刑事程序存在交叉时的处理方式

序号	处理方式	理　由	数量
1	驳回申请	依照《关于办理非法集资刑事案件适用法律若干问题的意见》第7条规定，在宣告破产前因非法集资刑事案件正在公安机关侦查过程中，且与公安机关协调后仍无法解除财产的刑事查封	1
		债务人涉嫌犯罪被刑事立案侦查，无法核实真实资产及负债情况，公司不能清偿到期债务的原因不能得出系资不抵债的结论	2
		公安对债务人涉嫌非法吸收公众存款立案侦查，不属于法院受理民事案件的范围	2
		涉嫌非法吸收公众存款罪已被公安机关立案侦查，且破产案件的审理必然涉及债权认定与资产处置	1
		根据《关于办理非法集资刑事案件适用法律若干问题的意见》，相关刑事案件正在审理中，破产程序的开展需等待刑事案件处理完毕以后才能进行，目前并不具备继续开展破产清算的条件	1
		案件总计数量	7
2	不予受理	债务人实际控制人涉嫌非法集资犯罪且仍在逃，不符合破产案件受理条件	1
		刑事案件正在审理中，刑事诉讼程序对破产案件的审理将构成实质性影响，暂不具备受理条件	3
		债务人资产在刑事诉讼程序中被查封、冻结，且被查封资产与债务人财产尚不能区分，刑事诉讼程序对破产案件的审理是否构成实质性影响尚不能确定，暂不具备审理条件	2
		债务人涉及涉众型经济犯罪，不具备破产清算条件	1
		债务人资产涉及刑事案件，不属于法院受理民事案件的范围	2
		债务人财产在刑事诉讼程序中被查封、冻结，财产是否涉刑尚不确定，刑事诉讼程序对破产案件审理已构成实质性影响	1
		债务人及相关人员涉刑，且不足以证明明显缺乏清偿能力	1
		案件总计数量	11

续表

序号	处理方式	理　由	数量
3	受理	不能清偿到期债务，且资产不足以清偿全部债务或明显丧失清偿能力(受理破产前刑事判决已生效)	17
		案件总计数量	17
4	受理	不能清偿到期债务，且资产不足以清偿全部债务或明显丧失清偿能力	7
		不能清偿到期债务并且明显缺乏清偿能力，债务人涉嫌非法吸收公众存款罪正在侦查过程中及债务处置正在推进中与公司进入破产程序后进行债权债务的清理不冲突	1
		案件总计数量	8

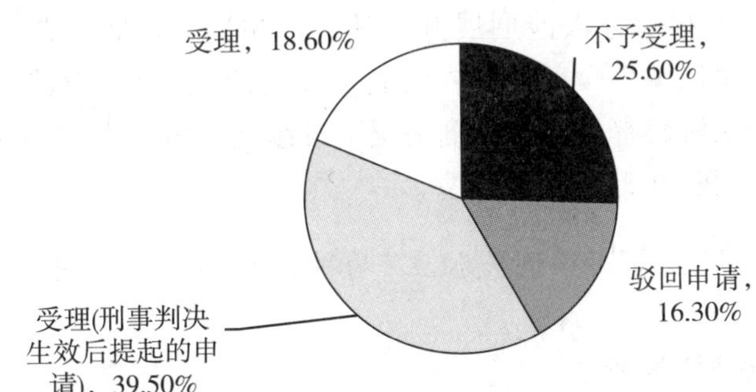

图一　法院对破产程序与涉众型经济犯罪刑事程序存在交叉时的不同处理方式占比

刑事立案侦查的，此时法院依据《企业破产法》第 12 条第 2 款规定裁定驳回申请，该情形的案例共计 7 起，占比 16. 3%；三是法院虽然受理了破产申请，但前提是企业涉刑案件的刑事判决书已生效，该情形实质上仍属于“先刑后民”，共计 17 起，占比 39. 5%。

法院裁定不予受理或驳回申请的理由各不相同，大致有以下几种：一是依据《最高人民法院、最高人民检察院、公安部关于办理非法集资刑事案件适用法律若干问题的意见》(以下简称《关于办理非法集资刑事案件适用法律若干问题的意见》)规定应当先刑后民，该规定是否适用于破产程序和刑事程序的交叉情形尚存争议；二是因资产被查封无法核实企业真实资产和负债情况而不能得出资不抵债的结论，倘若申请人的破产清算申请符合法律规定，且其并未被列入刑事受害人名单，此种情况下若坚持“先刑后民”，如何保障该类债权人的合法权益；三是刑事诉讼程序对破产案件的审理将构成实质性影响，但未论述具体有何种实质影响；四是简单说明债务人涉刑，不符合破产受理条件。此外，前述 17 起已受理的案例系已有生效刑事判决的情况下企业具备破产原因而法院予以受理的情形，因刑事程序已结束，并不会对破产程序造成任何阻碍，法院理应受理相应的破产申请。

2.“刑民独立”模式数据分析

法院审查破产申请时发现企业及其相关人员涉嫌刑事犯罪但仍然裁定受理的案例仅 8 起，占比 18.6%。① 其中绝大部分民事裁定书中，法院仅在事实查明部分概述了企业及相关人员涉嫌刑事犯罪的情况，而在本院认为说理部分并未对债务人涉刑展开论述，简单以“企业不能清偿到期债务，且资产不足以清偿全部债务或明显丧失清偿能力”为由裁定受理，只有一起案例中法院解释了企业涉刑情况下继续受理破产申请的理由，且该理由与“先刑后民”的理由完全对立。

(二)“先刑后民”和“刑民独立”两种模式的法理辨析和价值判断

1.“先刑后民”辨析

不可否认破产程序确实在一定程度上受到刑事程序的牵制和影响，“先刑后民”有一定合理性，但其弊端亦是不容忽视：

第一，缺乏法理依据。目前，我国确立了刑民交叉案件采取“先刑后民”立场的法律规范文件主要有《关于办理非法集资刑事案件适用法律若干问题的意见》和《最高人民法院关于审理民间借贷案件适用法律若干问

① “刑民独立”和“刑民协同”的表现形式均为裁定受理，但由上表可见，无论是“刑民独立”抑或是“刑民协同”，均非法院审理该类案件的首要选择。为便于下文论述，本文将该 8 例案件统一认定为采用“刑民独立”模式。

题的规定》，但前者[①]是针对民事诉讼程序或执行程序中的刑民交叉问题，后者是针对民间借贷案件的民事诉讼程序。而破产程序是独立于民事诉讼程序和执行程序之外的特别程序，是解决债务人无力偿还债务状况的一种特殊法律程序，这种特殊性不仅包含诸如破产财产管理等属于司法性的程序，还包括诸如破产管理等属于行政管理性的内容。[②] 因此，前述规范对于破产程序与刑事程序的交叉问题无适用空间。

第二，侵害了普通债权人的合法诉权。[③] 破产法规定了破产受理的条件，当事人的破产申请满足受理条件的，法院应当予以受理，而不能以涉嫌犯罪为由拒绝受理，不予受理或驳回申请系对当事人诉权的公然侵犯，尤其是在并未被纳入刑事受害人范围的债权人作为申请人来法院申请企业破产的情况下，此时坚持“先刑后民”，债权人的合法权利将无法得到有效保障。

第三，涉众型经济犯罪有着涉及地域广、犯罪金额大、参与人数众多、社会危害性严重的突出特点，使得相关事实认定和法律责任适用方面更加疑难复杂，从而致使刑事侦查和审判程序久拖不决，此时再适用“先刑后民”，会严重影响破产审判效率，破产审判周期因刑事案件未审结而无限期的延长，债权人本应可受偿的份额也得不到及时清偿，导致破产案件的清偿率偏低。

此外，还有学者认为破产程序下“先刑后民”会导致国家公权力异化，[④] 容易为地方保护主义大开方便之门。

2.“刑民独立”辨析

“刑民独立”在某种程度上确实可以提高破产审判效率，让债权人及

① 第7条第2款规定了关于涉及民事案件的处理问题：人民法院在审理民事案件或者执行过程中，发现有非法集资犯罪嫌疑的，应当裁定驳回起诉或者中止执行，并及时将有关材料移送公安机关或者检察机关。

② 参见李国光主编：《新破产法条文释义》（第二版），人民法院出版社2008年版，第155~159页。

③ 参见杜万华主编：《最高人民法院民间借贷司法解释理解与适用》，人民法院出版社2015年版，第132~133页。

④ 参见唐旭超：《论破产程序下“先刑后民”之否定》，载《中国律师》2013年第9期。

时获得分配，但是该种模式亦存在一定缺陷。

第一，人为切断刑事程序对破产程序的协助。涉众型经济犯罪刑事程序与破产程序息息相关，破产程序无法摒弃刑事程序而独立运行。比如，在归集破产财产环节，有赖于刑事案件相关人员配合解除刑事查封、扣押措施；在债权审查环节，涉众型经济犯罪的刑事案件中相关机关会扣押债务人的财务账册等公司资料，管理人需要核实账册才能确认债权是否真实存在并确认相应债权金额；刑事程序的赃款赃物追缴和退赔与破产财产的认定和分配密切相关等，不一而足。

第二，违背公平清偿原则。简单适用“刑民独立”将在实体清偿范围和清偿顺序等方面造成刑事受害人和普通债权人之间的利益保护严重失衡。一是实体清偿范围失衡，非法集资类涉众型经济犯罪刑事程序中的受害人损失范围仅限于本金，而破产程序中按照民事规则处理的损害赔偿范围是本息和，不同程序导致非法集资类债权认定数额差异较大。二是清偿顺序失衡，根据刑事法律相关规定，受害人损失优先于破产程序中的普通债权清偿，更加侧重于保护刑事受害人的利益，导致不同程序中的债权人受偿顺序不一致，有违公平清偿的宗旨。

综上，当涉众型经济犯罪企业同时满足破产条件、刑事程序与破产程序发生交叉时，二者如何衔接问题，不能简单地选择“先刑后民”或“刑民独立”。刑事和破产具有不同的价值和目标，刑事程序倾向于维护安全、国家和集体利益等社会价值，而破产程序则更倾向于公平、效率等社会主义市场经济运行所必须的价值，故刑民交叉情形下不同程序的顺位选择本质上是对相互冲突的不同价值追求的选择。① 一味将刑事程序和破产程序割裂开来，会导致刑事程序所保护的受害人与破产程序所保护的债权人之间的利益失衡，故为平衡不同利益受损方的权益，笔者认为应将刑事程序和破产程序有机结合起来，在破产程序与涉众型经济犯罪刑事程序交叉时的处理问题上探求刑民协同的发展路径，找到各自的平衡点，充分发挥两个程序的价值目标。

---

① 参见马更新：《界限与协同：破产程序与刑事程序适用顺位辨析》，载《北京联合大学学报(人文社会科学版)》2020 年第 1 期。

二、破产程序与涉众型经济犯罪刑事程序交叉之刑民协同路径可行性论证

为更好地实现“公平清理债权债务，保护债权人和债务人的合法权益”的破产法目标，笔者认为可以遵循刑民协同理念解决破产案件中的刑民交叉难题，即在处理企业破产案件中的涉众型经济犯罪刑民交叉问题时，在破产程序的不同环节协调推动两程序齐头并进，平衡刑事受害人与破产债权人财产利益的救济，以期妥善解决破产程序与刑事程序交叉案件的复杂利益纠纷。

(一)相关法律文件的合规性支持

2009 年 5 月，最高人民法院颁布了《关于依法审理和执行被风险处置证券公司相关案件的通知》，其中第 5 条规定证券公司进入破产程序后，其刑事案件执行程序应当中止，统一归入破产程序处置，即刑事受害人的损害赔偿与普通债权人一样都通过破产程序申报债权实现，将两个不同程序的权益保护和清偿顺序进行整合，充分发挥了破产程序和刑事程序的不同优势，该通知的适用范围虽仅限于证券公司破产案件，但在对受害人的财产救济方面开启了刑民协同的先河。

2013 年 2 月，浙江省高级人民法院颁布了《关于服务金融改革大局依法妥善审理民间借贷纠纷案件的若干意见》，第 4 条规定：“依法受理企业破产申请，通过破产程序平台协调民间借贷纠纷和非法集资活动交织的相关问题……受理破产申请后……可由有关职能部门对涉嫌非法集资等犯罪活动先行查处，再通过破产程序平台，集中解决民间借贷纠纷，公平清偿民间借贷债务。”由此可见，浙江摒弃了“先刑后民”或“刑民独立”的做法，而是采用刑民协调的方式，在查处犯罪活动的同时，推进破产程序，二者联动起来解决民间借贷纠纷类案件。

2013 年 4 月，浙江省高级人民法院民事审判庭讨论形成了《关于在审理企业破产案件中处理涉集资类犯罪刑民交叉若干问题的讨论纪要》，相比前述两个文件，该纪要是针对如何处理破产案件中涉集资类犯罪刑民交叉问题而出台的具体规定。其中规定了一定条件下可不以刑事案件审理结果为依据而直接受理破产申请，但受理破产法院要与侦查、审判机关就向

涉刑企业的询问调查、破产材料的送达、债权人会议的参与、解除债务人财产查封冻结措施等方面进行协调沟通，同时还规定了刑事受害人和债权人统一通过债权申报方式参与分配。该纪要虽然只是地方法院的内部会议纪要，无法推而广之，但是笔者认为该纪要对于刑民协同处理企业破产案件中涉及的涉众型经济犯罪刑民交叉问题具有十分重要的理论价值和现实意义。

（二）破产和刑事程序特有制度保障

破产程序和刑事程序追求的基本价值不同，导致两程序侧重点也不一致，但其中有一点是共同的——保护受害人/债权人合法利益，而两程序协同开展将在保障权利人合法利益方面起到"1+1>2"的作用。

财产查控方面，涉众型经济犯罪通常牵涉巨额款项、众多利害关系人，且犯罪赃款赃物转移迅速，原始犯罪收益转化形式多样。[①]"刑民独立"运作模式下，单靠破产程序进行财产查控工作难度非常大，而侦查机关具有查控债务人财产的天然优势，破产案件的审理过程中依靠侦查手段可以有效查控到债务人的资产，无论是赃款赃物还是合法财产，尤其是在赃款赃物进行投资或置业的情况下会形成一定的收益，该种情形下形成的财产及其收益合法与否亦有赖于刑事程序的认定，若此时破产程序不以刑事案件的认定结果为依据，会导致破产财产认定和财产分配错误。因此，破产程序的财产追收环节需要同刑事程序协同配合，侦查阶段能够查控的财产将直接关系到破产程序中破产财产的认定以及破产财产分配环节能够用于清偿债权人的财产多寡。

破产程序特有制度方面，破产法赋予了破产程序不同于普通审判程序、执行程序的独有制度，以确保通过破产程序能够实现所有债权人公平受偿。"先刑后民"最为人所诟病的是在财产分配环节过于倾斜保护刑事受害人利益而忽略普通债权人的利益，从而导致利益保护失衡，这就需要将刑事程序的追缴退赔工作与破产程序协调配合，利用破产程序的特有制

---

① 参见翟国军、杨亚妹：《刑事追缴和责令退赔的刑、民、执衔接研究——基于 267 份非法吸收公众存款罪刑事判决书的实证分析》，载《司法体制综合配套改革与刑事审判问题研究——全国法院第 30 届学术讨论会获奖论文集(下)》，人民法院出版社 2019 年版。

度达到公平保护受害人和债权人利益的目的。其一是债权人会议制度，债权人会议制度以会议形式、债权性质分类及决议表决来保障债权人利益，让债权人亲自参与并充分了解债务人财产追收、处置、分配等环节，弥补刑事程序中受害人对债务人情况的信息不对称现象。其二是撤销权制度和清偿顺序制度，前者能有效杜绝选择性清偿，后者能保障债权受偿的应有层次性，以使债权人公平获得清偿。而刑事程序追缴退赔受害人适用的先偿先得、剩余财产均分原则的合法性和合理性尚存疑，两程序协同运转的情形下，可利用破产程序的撤销权制度撤销刑事程序中的前期偏颇性清偿行为，保障全体债权人受偿的公正性。①

三、破产程序与涉众型经济犯罪刑事程序交叉之刑民协同解决路径探索

在破产案件办理过程中，法院要时刻贯彻“刑民协同”的理念，兼顾公平与效率，妥善处理破产程序与涉众型经济犯罪刑事程序交叉问题。下文将从破产案件办理的各个环节探索具体如何遵循刑民协同思路处理破产程序中刑民交叉问题。

（一）破产与刑事犯罪交叉的程序协同

1. 破产申请审查阶段：具备破产原因且符合受理条件的应予受理

企业涉嫌犯罪的同时存在法定破产原因、符合破产受理条件时，人民法院应当受理破产申请而不能以涉嫌经济犯罪为由裁定不予受理。如前述案例分析，法院在审查涉嫌涉众型经济犯罪企业的破产申请时，通常都以涉嫌经济犯罪无法核实企业资产和负债、不能判断债务人是否存在真实破产原因、债务人资产被侦查机关查封扣押等为由不予受理或驳回申请，笔者认为这些理由不能成立，前述所涉问题完全可以通过刑民协同思路予以解决。审查破产申请的法院如认为因涉嫌犯罪而不能判断企业是否存在真实破产原因时，可以与侦查机关进行沟通协调查阅其封存的企业财务账册

① 参见陈醇：《非法集资刑事案件涉案财产处置程序的商法之维》，载《法学研究》2015 年第 5 期。

等资料进行判断，而不是简单地不予受理。与企业开展合法生产经营活动而形成的债权并非刑事程序侦查范围，该些债权人对企业享有的债权无法通过刑事程序得到救济，只能通过民事渠道解决。在企业资不抵债时，如果一味坚持“先刑后民”，将剥夺债权人最后的救济途径，况且涉刑企业的相关人员一般会被采取刑事强制措施，这就会使得企业陷入无人管理的混乱状态，企业资产也得不到有效维护而贬值，无论是债权人还是受害人的利益都将遭到损害。因此，当涉嫌犯罪的企业具备破产原因且符合受理条件时，法院应当对破产申请予以受理，以便及时中止对债务人财产的执行程序，避免偏颇性清偿。此外，法院在审查破产案件过程中发现有犯罪嫌疑的，可以将犯罪线索移交侦查机关处理，但不应影响破产案件的继续审理。

2. 财产查控环节：刑事财产控制和保全措施应予解除

“破产程序具有全面处置或盘活企业资产，概括性、终局性处理企业利益纠纷，解决债权债务关系的作用”①，侦查机关或刑事案件受理法院对企业财产采取的查封、扣押、冻结等财产控制或刑事保全措施不予解除的话，就无法发挥破产程序的作用。根据《全国法院民商事审判工作会议纪要》(法〔2019〕254 号)的规定，破产案件受理后相关保全措施应予解除，执行措施应当中止，具体包括税务机关、公安机关、海关等采取的保全措施或者执行程序。故破产受理后，为维护债务人财产的完整性，便于破产财产的统一管理和处置，侦查机关的财产控制或刑事案件受理法院的保全措施均应当予以解除，并将控制和保全的企业财产移交给受理破产法院，由破产管理人统一管控，以便保障破产程序顺利进行。

(二)破产与刑事犯罪交叉的实体协同

1. 破产债权审查环节：同一性质债权同一审查标准

一是如何审查债权。涉嫌非法集资类涉众型经济犯罪的企业既有因与其进行合法经营行为如订立买卖合同、租赁合同而形成的一般债权人，也

① 李红芬：《涉非法集资企业破产案件中的刑事追赃问题》，载微信公众号“中国破产法论坛”，2020 年 11 月 1 日。

有因与其订立民间借贷合同而构成集资类犯罪的刑事受害人，当涉嫌经济犯罪的债务人进入破产程序后，针对一般债权人，管理人可以依据债权申报材料等现有证据进行依法审查，若因债务人财务账册被侦查机关查封而仅凭债权人提供的证据无法确定债权的，管理人可与刑事案件相关人员进行协商，要求查阅或复制债务人与债权审查工作有关的相应账册资料；若部分债权人同时属于刑事受害人的，则其申报的债权可能有待刑事程序进行核查后管理人方能确认，管理人可向侦查机关了解刑事受害人名单，通知受害人申报债权，暂时以受害人出借的本金及按照一定方式计算的利息作为债权金额(受害人的债权人金额认定具体见下文)予以确认，据此正常推进破产程序的债权审查工作。

二是如何认定债权数额。部分集资参与人因企业未及时归还借款径行向法院以民间借贷纠纷为由提起诉讼，法院遂作出按约还本付息的民事判决。判决生效后，另有集资参与人进行刑事报案，侦查机关认为构成刑事犯罪，而将部分集资参与人纳入刑事受害人范围。由于涉众型经济犯罪涉及人数众多，刑事案件可能会遗漏部分受害人，该部分受害人知晓破产情况后，就作为破产债权人申报债权。如此一来，集资参与人的同类型债权在破产程序中就存在三种情形：①经过民事生效判决确认，②刑事案件认定的退赔范围，③未经生效文书确认同时也不属于刑事退赔范围。根据相关刑事法律①规定，被纳入非法集资类涉众型经济犯罪的受害人损失范围仅限于本金，而按照民间借贷纠纷规则处理的损害赔偿范围是本息和，两种不同标准导致同类型债权认定数额差异较大。对此，笔者认为应当按照“同一性质同一标准”原则，即统一按照民间借贷规则审查所有集资参与人的债权。理由如下：采用民事和刑事双重标准分别计算债权金额，违背“同种类债权相同对待原则”。由于民事标准计算的债权金额高于刑事受害人，会导致债权人不愿作为受害人，从而妨害刑事侦查；而统一采用刑事标准计算的话，则对于未实施犯罪的集资参与人不公平。按照民间借贷

① 《最高人民法院、最高人民检察院、公安部关于办理非法集资刑事案件适用法律若干问题的意见》第 5 条规定，“集资参与人本金尚未归还的，所支付的回报可予折抵本金”。《最高人民法院关于审理非法集资刑事案件具体应用法律若干问题的解释》第 5 条规定，“集资诈骗的数额以行为人实际骗取的数额计算，案发前已归还的数额应予扣除。……行为人为实施集资诈骗活动而支付的利息，除本金未归还可予折抵本金以外，应当计入诈骗数额”。

规则统一计算债权金额能有效避免前述弊端，且实践中对涉刑民事合同效力判断是依据合同法规则，故在民间借贷合同有效的前提下适用民事裁判标准认定债权金额并无不当之处。①

2. 破产财产确定环节：区分债务人的违法所得和合法财产

债务人财产是指属于债务人的、用以在破产程序中清偿债务人所有债务的财产。破产程序中的各项实体性权利，包括抵销权、撤销权、取回权、债权人的受偿权等都紧紧围绕着债务人财产展开。债务人财产的范围与数额直接决定着破产程序能否顺利进行以及债权人能够获得清偿的数额。② 根据刑法相关规定，涉嫌犯罪的债务人企业违法所得的一切财物，应当予以追缴或责令退赔；对受害人的合法财产，应当及时返还。因此，债务人可用于清偿债权人的破产财产范围应当限于债务人的合法财产，对于违法所得的一切财物应当进行返还、追缴或退赔。如此一来，债务人的违法所得和合法财产的区分直接关系到债权人的清偿范围。

对此，笔者认为可以通过判断财物能否特定化来区分违法所得和合法财产，即"有证据证明赃款赃物的清晰流向，并且能够将其明显剥离或区别出来，或者有单一路径的对价物，有可以回转的清晰路径"③。若破产企业的违法所得能够特定化，则管理人应将其别除在债务人破产财产以外，该财产的合法所有人可依据《企业破产法》第 38 条规定的取回权制度从管理人处取回。若违法所得无法实现特定化，非法集资类犯罪主要的违法所得是集资款项，亦即货币，货币属于特殊种类物，货币满足特定化在于使特定数额金钱从债务人财产中划分出来，成为一种独立的存在，使其不与债务人其他财产混同，避免特定数额的金钱因占有即所有的特征混同于债务人的一般财产中，而集资款项并未通过特定账户封存等方式进行特定化，而是统一进入债务人账户，如此就无法将这些货币资产与债务人的

---

① 参见夏正芳：《企业破产涉刑民交叉问题研究——以涉非法吸收公众存款罪为例》，载微信公众号"中国破产法论坛"，2020 年 11 月 1 日。

② 参见最高人民法院民事审判第二庭主编：《最高人民法院关于破产法司法解释理解与适用：破产法解释（一）、破产法解释（二）》，人民法院出版社 2013 年版，第 115 页。

③ 李红芬：《涉非法集资企业破产案件中的刑事追赃问题》，载微信公众号"中国破产法论坛"，2020 年 11 月 1 日。

一般金钱进行区分，基于货币占有即所有的物权变动规则，在集资款项进入债务人相关账户之时所有权即已经转移，受害人无法基于取回权制度取回相应集资款项。综上，无法与债务人合法财产区分的违法所得应当纳入破产程序由管理人归入债务人破产财产，在全体债权人和刑事受害人之间按照下文所述的清偿顺序和比例进行统一分配。

3. 破产财产分配环节：统一纳入破产程序分配

刑事程序对受害人的权利救济途径主要有刑事追缴和责令退赔。追缴是一种程序性措施，是退赔的前提手段，具体的实体处分取决于违法所得性质，如属于受害人合法财产则应当及时返还，如属于违禁品和供犯罪所用的财物则应予没收并上缴国库；而责令退赔是一种最终的实体处置，在犯罪分子已将违法所得挥霍、使用或者毁坏时，责令其按违法所得的财物的价值向受害人进行赔偿，本质上是对受害人民事财产权利的一种民事救济措施。而如前文所述，在涉众型经济犯罪中由于金钱无法实现特定化而不能与债务人合法财产区分，返还财产已不具有适用的空间；责令退赔则取决于刑事判决生效后的有效执行，但实践中，由于现行法律对刑事判决退赔事项执行的规定含糊不清、犯罪分子普遍经济拮据、刑事判决后犯罪分子经过经济考量不愿意积极退赔、司法机关缺乏激励措施怠于实施退赔等原因，往往导致刑事判决中的责令退赔成为“空判”。① 为避免刑事受害人的合法权利得不到有效救济，笔者认为可以将刑事受害人的损害赔偿统一纳入破产程序，与其他债权人进行统一清偿和分配，刑事案件中则可不对受害人的退赔事宜再进行判决。

企业进入破产程序后，资产无法清偿所有债权人，债权清偿顺序自然成为各方关注的焦点。根据《最高人民法院关于刑事裁判涉财产部分执行的若干规定》第 13 条和《最高人民法院、最高人民检察院、公安部印发〈关于办理非法集资刑事案件若干问题的意见〉》第 9 条规定，破产企业同时涉嫌经济犯罪，不能清偿全部债务时，清偿顺位是：人身损害赔偿中的医疗费用→担保债权→退赔受害人的损失→其他民事债务→罚金等。如若按照该清偿顺序，受害人被纳入破产程序与债权人进行统一清偿时，受害

---

① 参见袁辉：《责令退赔空判现象实证研究——以 L 市两级法院刑事判决为中心的考察》，载《法律适用》2015 年第 1 期。

人的损失将优先于普通债权人的债权，笔者认为该清偿顺位缺乏事实和法律依据。具体理由如下：第一，涉众型经济犯罪的受害人损失主要是投入犯罪企业的非法集资款，该款项在性质上既不属于担保债权等优先债权，也不属于共益债务，更不属于职工、社保和税收债权，实质上就是受害人与企业之间签订的借贷合同项下的标的，依法应当认定为普通债权。第二，货币是种类物，一旦交付所有权即发生转移，基于“占有即所有”原则，受害人的损失即已交付的非法集资款难有破产法上取回权制度的适用空间。第三，如前所述，集资参与人的债权按照民间借贷标准予以认定，而非依据刑事标准仅认定本金，在破产程序中已经给予刑事受害人一定的倾斜保护。而往往集资参与人是贪图高额利息而与企业签订了借贷合同，在企业无力归还借款时，受害人本应为自身风险研判失误、贪图小便宜而付出代价，倘若在破产程序中将该类受害人的债权优先于普通债权人予以保护，这对因债务人的合法经营行为而形成债权的债权人而言将严重不公，从而造成刑事受害人和普通债权人之间利益保护的严重失衡。综上，“退赔优先”的刑事标准不应当适用于破产程序，笔者认为，根据《企业破产法》第 113 条和《全国法院破产审判工作会议纪要》第 28 条①的规定，将受害人纳入破产程序后的债权应当按照如下顺序清偿：人身损害赔偿中的医疗费用→担保债权→破产费用和共益债务→职工债权→社保和税收债权→普通破产债权(退赔受害人损失)→罚金等。刑事案件中的责令退赔受害人损失实质上是对受害人的一种民事救济，具有债的性质，受害人本质上也是债权人，故为平衡刑事受害人和普通债权人的利益，二者的债权在前文确定的债务人破产财产范围内统一作为普通破产债权，按照确认的债权金额同顺位、同比例进行清偿，更具合理性。

此外，若刑事受害人的债权尚有待刑事程序核查，管理人可以对受害人的债权进行临时确认，在破产财产分配时，依照临时确定的债权金额予

---

① 破产债权的清偿原则和顺序。对于法律没有明确规定清偿顺序的债权，人民法院可以按照人身损害赔偿债权优先于财产性债权、私法债权优先于公法债权、补偿性债权优先于惩罚性债权的原则合理确定清偿顺序。因债务人侵权行为造成的人身损害赔偿，可以参照《企业破产法》第 113 条第 1 款第 1 项规定的顺序清偿，但其中涉及的惩罚性赔偿除外。破产财产依照《企业破产法》第 113 条规定的顺序清偿后仍有剩余的，可依次用于清偿破产受理前产生的民事惩罚性赔偿金、行政罚款、刑事罚金等惩罚性债权。

以提存，待债权额最终确定时再进行分配。

结　　语

目前，我国法律对于破产程序与涉众型经济犯罪刑事程序交叉时的程序先后并无明确规定，司法实践中“先刑后民”和“刑民独立”各行其道。“先刑后民”缺乏法理依据，侵害了普通债权人的合法诉权，而破产程序中的债权审查、破产财产认定、财产查控环节等有赖于刑事程序的有效配合，故破产程序无法撇开刑事而径行推进。鉴于此，两种模式都不是处理破产案件中刑民交叉问题的最佳路径选择，笔者据此展开了“刑民协同”路径的可行性探索，认为在破产申请审查、债权审核、破产财产确定、财产分配等环节都有“刑民协同”的适用空间。当涉嫌经济犯罪的企业同时具备破产原因时，人民法院应当予以受理；在债权审核环节坚持同一性质债权同一审查标准，同为集资类债权人的债权均按照民间借贷标准计算本息；在确定破产财产环节，采用“特定化”标准区分债务人的违法所得和合法财产，违法所得能够通过刑事程序特定化的由受害人从管理人处取回，否则将归入破产财产由全体债权人清偿；在财产分配环节，将刑事受害人和普通债权人的债权共同作为普通破产债权，按照确认的债权金额同顺位同比例进行清偿。

从地方经验到中国特色：企业预重整中府院联动机制的探索

汤正旗　肖保国*

内容提要：将法庭外重组与法庭内重整相结合，赋予当事人自主协商产生的重组方案以强制执行力，这样一种制度被称为预重整。所谓府院联动机制，是指在党委统一领导下，人民法院和政府及各职能部门共同建立破产处置工作领导机构，把握破产审判工作法治化、市场化方向，规范人民法院和政府各职能部门各自职责，在具体分工、相互协助下，及时、高效地处置破产企业的制度。构建党委领导、政府牵头、法院主导、部门联动的“府院联动”机制，是探索适用预重整程序，释放企业最大价值的关键所在。目前，我国破产法全面修改已提到议事议程，在破产法修改的同时，应将在实践中行之有效的府院联动机制进行立法规定，将府院联动机制规范化、法治化。

缘起于美国1978年《破产法》第11章创立的企业重整制度，“如今已成为各国企业破产立法的主流模式”①，以破产为主题的国际条约与其他官方文件均对企业重整的价值表达了高度认可，预示着破产立法理念也从以变价分配为目标的清算主义逐渐过渡到以企业拯救为主要目标的再建主义。企业重整制度旨在最大可能地拯救公司或业务，同时使债权人获得比在清算程序中更高的清偿率。2006年《中华人民共和国企业破产法》（以下

* 汤正旗，湖北文理学院政法学院副教授；肖保国，襄阳市中级人民法院党组副书记，副院长。

① ［美］杰伊·劳伦斯·韦斯特布鲁克等：《商事破产：全球视野下的比较分析》，王之洲译，中国政法大学出版社2018年版，第102页。

简称《企业破产法》）亮点之一就是引进和吸收了企业重整制度，建立了现代企业拯救机制。但是，随着企业重整制度的普遍实施，重整制度的高成本、低效率、债务人“污名化”等劣势逐渐显现出来。在最早建立重整制度的美国，每年有近 50 万个企业关闭，有更多的企业遭遇经营或财务困难，不过，真正适用重整程序处理债务纠纷的企业只有 1 万个左右，而在适用美国《破产法》第 11 章进行重整的企业中，绝大多数是总资产在 10 万美元以下的企业，大企业重整的数量越来越少，相比 20 余年前，如今进入重整程序的企业只有当时的一半。① 于是，在美国现代破产审判实践中发展出来一种新的重整形态，即将法庭外重组与法庭内重整相结合，赋予当事人自主协商产生的重组方案以强制执行力，这种制度被称为预重整，国内有部分学者将其翻译为“预先包裹式重整”。② 如今，预重整制度越来越受到国际社会的推崇，甚至联合国国际贸易法委员会在《破产法立法指南》中直接建议各国在本国的破产法中规定类似的制度，③ 以作为帮助经济困境企业再建的重要手段。

近年来，从浙江、深圳等地预重整成功的案例来看，无论是采用哪种预重整模式，都是在府院联动机制主导下实施的。入选“2017 年度人民法院十大民事行政案件”的深圳市福昌电子技术有限公司（以下简称福昌电子）破产重整案件，就是在府院联动机制主导下典型的预重整成功案例。李曙光教授评点：“该案是预重整制度在国内进行的一次颇具中国特色探索的样本。……该案的中国特色在于，预重整是由法院预先指定管理人，提前进入债务企业摸查沟通，而后通过‘府院联动’机制进行。”④研究表明，福昌电子重整案充分发挥了府院联动机制的主导作用，政府与法院相互协调，集中和调动社会资源，各司其职，推动和保障预重整顺利地进入重整程序。从立案起不到一年时间里，福昌电子各表决组均通过《重整计

---

① 参见许德风：《破产法论——解释与功能比较的视角》，北京大学出版社 2015 年版，第 474 页。

② 参见董惠江：《我国企业重整制度的改良与预先包裹式重整》，载《现代法学》2009 年第 5 期。

③ 参见张艳丽：《破产重整有效运行的问题与出路》，载《法学杂志》2016 年第 6 期。

④ 《2017 年度人民法院十大民事行政案件》，载《人民法院报》2018 年 1 月 7 日第 4 版。

划草案》，并由深圳市中级人民法院裁定批准。

一、构建府院联动机制，是中国特色破产制度的重大创新

所谓府院联动机制，也称“府院协调工作机制”“府院联席机制”，是指在党委统一领导下，人民法院和政府及各职能部门共同建立破产处置工作领导机构，把握破产审判工作法治化、市场化方向，规范人民法院和政府及各职能部门各自职责，在具体分工、相互协助下，及时、高效地处置破产企业的制度。

自2015年党中央作出推进供给侧结构性改革的决策以来，在党中央统一部署下，最高人民法院在逐步完善我国企业破产制度，推进破产审判工作方面取得了前所未有的进步。2019年10月24日，世界银行发布的《2020年营商环境报告》显示，我国与去年相比上升10位。其中，考察现有破产法律制度充分性和完整性的“破产框架力度”指数得分为13.5，高于经济合作与发展组织高收入国家平均值，处于全球先进水平。[①] 但是，现行企业破产制度不能适应我国社会主义市场经济体制的需求，对于破产审判法律适用，也是严重供给不足。不完备的破产制度依然是加快完善我国社会主义市场经济体制的一个短板。在破产审判实践中，不完备的破产制度的短板就是缺乏成熟、配套、协调的制度机制。这些亟需解决的制度机制问题主要包括：①推动地方法院与政府建立协调机制；②完善破产管理人制度；③落实破产重整企业的识别机制；④推动建立破产费用保障制度。[②] 其中，最亟需解决的问题就是完善府院联动机制。这是因为现代市场基本机制是市场调整和政府作用的有机统一。党的十九届五中全会公报提出：“坚持和完善社会主义基本经济制度，充分发挥市场在资源配置中的决定性作用，更好发挥政府作用，推动有效市场和有为政府更好结

---

① 参见赖先进：《改善优化营商环境的举措、成效与展望——基于世界银行〈营商环境报告2020〉的分析》，载《宏观经济管理》2020年第4期。

② 参见刘贵祥：《优化企业破产法治环境、服务经济高质量发展》，中国法院网，http：//courtapp. chinacourt. org/fabu-xiangqing-83772. html，访问日期：2020年9月3日访问。

合。”有效的市场，需要一个与之匹配的有为的政府。作为现代市场的基本机制之一，市场化企业破产必然涉及很多的利益相关者，对社会整体经济的运行和社会秩序的维护产生重要影响。因此，政府必须行使国家政治、经济和社会公共事务的管理职能，实现利益平衡，防范金融风险，维护社会稳定。同时，破产法是一部社会外部性极强的实践性法律，在企业破产程序中会产生一系列需要政府履行职责解决的与破产相关的社会衍生问题，需要进行大量的社会协调工作。这就决定了破产审判工作尤其是重大破产案件的审判工作往往离不开地方党委与政府的支持和相关政策的支撑。① 实践证明，府院联动机制对提高破产审判工作质量和效率，发挥了极其重要的作用。“可以毫不夸张地说，在中国离开这一工作机制，破产审判工作寸步难行。”②

事实上，我国中央和地方政府在破产法实施中都兼具推动者、参与者和保障者的多重角色。首先，政府是破产法实施的推动者。2015 年以来，中央部署和推进供给侧结构改革，要求全国地方政府争取在三至五年内完成处置“僵尸企业”的任务。供给侧结构改革的核心是去产能，去产能的核心是处置僵尸企业，而处置僵尸企业的要点就是破产。实际上破产法是整个供给侧结构性改革的要点。③ 这是我国破产案件受理数量快速增长的重要原因。其次，政府是破产法实施的参与者。“僵尸企业”中有很大一部分是国有企业，政府是国有企业的出资者、监管者，这也就意味着在“僵尸企业”处置中，政府是置身其中的利益参与方。在破产案件中，许多案件是政府直接指派有关人员组成清算组，身体力行地参加到处置困境企业与僵尸企业的第一线。最后，政府是破产法实施的保障者。破产法实施过程中的很多工作与配套制度有赖于政府的支持与协调。下岗职工的安置、破产企业的税收减免、破产企业的注销、“三无企业”的破产启动、破产程序后的信用修复等，都已经超越司法的范畴，也是市场自身无法解决的问题，需要政府内部上下级之间的联动、不同部门之间的协调配合以

---

① 参见王欣新：《府院联动机制与破产案件审理》，载《人民法院报》2018 年 2 月 7 日第 7 版。

② 杜万华：《积极推进我国破产审判工作迈上新台阶》，载《人民法院报》2018 年 10 月 31 日第 5 版。

③ 参见李曙光：《破产法：整个供给侧结构性改革的“要点”》，载《社会科学报》2017 年第 1578 期第 3 版。

提供支持。①

府院联动机制是我国破产审判实践中新生的政府与法院统一协调处置企业破产的工作机制，实质上是行政权介入破产程序的一种制度性安排。在我国，最早建立破产审判府院联动机制的是温州市。2014 年 5 月，温州市人民政府和中级人民法院成立了企业破产处置工作领导小组，起草并出台《企业破产处置工作联席会议纪要》，率先建立了破产审判府院联席会议制度，形成了以府院联动主导破产审判的"温州经验"。2016 年 11 月 4 日，浙江省促进企业兼并重组工作部门联系会议办公室、浙江省高级人民法院、浙江省经济和信息化委员会联合出台《关于成立省级"僵尸企业"处置府院联动机制的通知》(浙并购办[2016]8 号)。同年 11 月 21 日，浙江省促进企业兼并重组工作部门联系会议办公室制定了《推进企业破产审判重点工作及任务分工方案》(浙并购办[2016]9 号)，标志着在省级层面上顶层设计了僵尸企业处置和破产审判实质性运作的府院联动机制。随后，全省多个市、县(市、区)建立破产审判府院联动机制，协调解决审判工作遇到的问题。截至目前，江苏省、甘肃省、陕西省、湖南省、北京市、重庆市、宁夏回族自治区、吉林省也专门发文在省级层面建立了府院联动机制，全国各地部分市、县或早或晚纷纷建立了企业破产处置中的府院联动机制，这大大提高了破产审判工作质量和效率，极大地推动了企业破产审判工作的发展。

在顶层设计方面，2016 年 5 月 6 日，最高人民法院《关于依法开展破产案件审理积极稳妥推进破产企业救济和清算工作的通知》要求各级法院切实建立健全破产案件审理四项工作机制，其中之一是要在地方党委领导下，积极与政府建立"府院企业破产工作统一协调机制"。协调机制要统筹企业破产重整和清算相关工作，妥善解决企业破产过程中出现的各种问题。2018 年 3 月 4 日，最高人民法院《全国法院破产审判工作会议纪要》要求进一步完善包含"政府与法院协调"在内的四项破产审判工作机制，"人民法院要与政府建立沟通协调机制，帮助管理人或债务人解决重整计划草案制定中的困难和问题"。2018 年 11 月 23 日，国家发展改革委、工

① 参见李曙光：《预重整制度在中国的探索式样本——评福昌电子破产重整案》，载《破产法评论(第 1 卷)》，法律出版社 2018 年版，第 507~508 页。

业和信息化部、财政部等 11 部委发布《关于进一步做好“僵尸企业”及去产能企业债务处置工作的通知》，强调“建立政府法院协调机制”。2018 年 11 月 14 日，中央全面深化改革委员会第五次会议审议通过了《加快完善市场主体退出制度改革方案》(以下简称《改革方案》)。2019 年 6 月 22 日，国家发展改革委、最高人民法院等 13 部委发布《加快完善市场主体退出制度改革方案》，在该方案第四部分“完善破产法律制度”中就特别强调“加强司法与行政协调配合，鼓励地方各级人民政府建立常态化的司法与行政协调机制”。2020 年 9 月 18 日，最高人民法院、国家发展改革委发布《关于完善企业破产配套制度保障管理人依法履职进一步优化营商环境的意见(征求意见稿)》，再一次强调“建立常态化协调机制”，鼓励地方人民政府建立常态化政府与法院协调机制，负责维护社会稳定、经费保障、信用修复、企业注销、企业税收等问题的政府有关部门应作为成员单位参加。2019 年 10 月 22 日，国务院公布的《优化营商环境条例》第 33 条第 2 款规定：“县级以上地方人民政府应当根据需要建立企业破产工作协调机制，协调解决企业破产过程中涉及的有关问题。”为建立企业破产审判府院联动机制提供了法规依据。因此，我们必须在充分总结实践经验的基础上进一步完善府院联动机制，真正建立起市场化、法治化的破产案件解决机制，政府和法院在破产过程中各司其职，才能保障破产程序高质高效运行。

二、府院联动机制主导下预重整“地方经验”

2016 年 6 月 23 日，由吴晓灵和李曙光牵头的课题组发布了《加强破产法实施、依法促进市场出清》研究报告及四个子报告。第三个子报告《企业破产中的政府协调机制研究》，是我国理论界最先对破产审判政府协调机制进行系统研究的文献。该报告以预重整制度为切入点，从比较法的角度，分析了我国政府协调机制与美英等发达国家的预重整制度存在的较大差异，结合我国政府协调机制实施实践，提出了“积极引入预重整制度，将政府协调机制规范化”的政策建议。该报告认为我国破产处置政府协调机制应对接预重整制度，“将现在实践中行之有效的政府前期协调机制进行立法规定，建立中国本土化的预重整机制，将协调机制规范化、法治化，减轻法院办案压力，提高破产效率”。①

近年来，各级法院和地方政府在预重整处置工作实践中大胆探索，尝试建立常态化、规范化的府院联动机制。部分地方法院在专门出台关于预重整的规范性文件中，直接或间接涉及“府院联动机制”。截至目前，全国已有18个地方政府和法院出台预重整制度相关规定或指引，其中，有5个规范性文件对府院联动机制作了专门规定(详见表一)。

表一　**地方预重整规范性文件规定府院联动机制一览表**

序号	规范性文件名称	府院联动机制
1	温州市人民政府企业金融风险处置工作府院联席会议纪要(2018年12月27日温政办函［2018］41号)	政府主导预重整机制：预重整程序由属地政府启动，并指定入选人民法院管理人名册的中介机构负责具体工作，管理人应向属地政府、债权人会议和法院报告预重整工作情况，接受监督与指导；债务人企业进入预重整程序应由属地政府发布书面文件予以确认；人民法院根据政府文件由立案部门立“引调”案号交破产审判业务庭；预重整阶段，政府应召集主要债权人成立债权人会议，并制定议事规则，由债权人会议对预重整阶段的相关工作行使表决权；如需引进战略投资人，属地政府、管理人、债务人等均应积极参与，聚集各方资源提高引进效率和成功率；预重整期间，应优先保障债务人的重整，由属地政府与相关法院协调，暂缓采取可能影响债务人重整的执行措施。破产审判业务庭负责预重整阶段的法律指导和监督。
2	南京市中级人民法院关于规范重整程序适用提升企业挽救效能的审判指引(2020年1月20日宁中法审委［2020］1号)	在预重整期间，债务人、债权人、管理人等应当积极取得当地政府的支持和帮助，落实企业破产处置协调联动机制有关文件要求，充分发挥政府在预重整中组织协调、维稳处置、招商引资、政策扶持等方面的职能作用。

① 参见吴晓灵、李曙光：《企业破产中的政府协调机制研究》(分报告3)，载清华五道口网，http：//www. pbcsf. tsinghua. edu. cn/portal/article/index/id/1525. html，访问日期：2018年7月20日。

续表

序号	规范性文件名称	府院联动机制
3	苏州市吴江区人民法院审理预重整案件的若干规定(2020年2月19日吴法[2020]15号)	预重整期间，债务人、临时管理人，应主动借力已建立的破产审判府院联动机制及银行业金融机构监管部门、税务管理部门等机构制定出台的关于鼓励、推动债务重组的意见规定，积极争取信贷支持、政策扶持，为预重整工作的顺利开展创造有利的外部条件。
4	江苏省宿迁市中级人民法院关于审理预重整案件的规定(试行)(2020年7月9日宿中法电[2020]172号)	预重整期间，债务人、临时管理人，应主动借力已建立的破产审判府院联动机制及相关机构制定出台的关于鼓励、推动债务重组的意见规定，积极争取配套政策、资金支持，为预重整工作的顺利开展创造有利的外部条件。
5	南华县人民法院审理破产预重整案件工作指引(试行)(2020年12月10日南华县人民法院审判委员会会议通过)	重整期间，债务人、临时管理人，应主动借力已建立的破产审判府院联动机制及相关机构制定出台的关于鼓励、推动债务重组的意见规定，积极争取配套政策、资金支持，为预重整工作的顺利开展创造有利的外部条件。

2019年11月，由中共浙江省湖州市德清县委、县人民政府主导，县人民法院牵头，相关23个职能部门共同建立了德清县企业破产预重整处置府院联动工作机制。① 目前，各级地方政府和法院专门以规范性文件方式建立预重整下府院联动机制的还不多见。但是，在预重整案件审理中，各级地方政府和法院不断探索府院联动机制新的模式或样式，提供了“地方方案”，展现了“地方智慧”(见表二)。

表二　**预重整典型案例府院联动机制创新一览表**

序号	案件名称	审理法院	机构设置	特色或创新
1	中国二重集团重整案	四川省德阳市中级人民法院	国务院国资委、银监会组织成立金融债权人委员会	在银监会的组织下，二重集团、二重重装与主要债权人金融机构进行了庭外重组谈判，并达成了框架性金融债务重组方案，实现庭外重组和司法重整的无缝对接。

① 参见《德清县人民政府办公室关于建立德清县企业破产预重整处置府院联动工作机制的通知》。

续表

序号	案件名称	审理法院	机构设置	特色或创新
2	深圳福昌电子重整案	深圳市中级人民法院	区委常委任组长的处置工作领导小组	通过“府院联动”机制进行。政府主导成立债委会；维护社会稳定，垫付工人工资，协调回复水电、厂房租赁；搭建利益方谈判平台，提供政策支持。
3	南通太平洋海工重整案	江苏省启东市人民法院	维稳工作领导小组，小组下设员工、供应商、金融机构等八个工作组	首创“多方联动，破中有产”新机制，形成“政府主导风险管控与事务协调，法院主导司法程序，管理人负债破产具体事务，企业负债生产经营”的破产案件一体化处理模式。
4	吉尔达公司预重整案	温州市中级人民法院	预重整工作领导小组，由温州市政府分管领导任组长，联系副秘书长任副组长，鹿城区政府、温州市处置办、市金融办、市人行、温州银监分局、温州中院、鹿城法院等多家单位参与，定期协调解决预重整工作中遇到的困难和问题	以政府为主导、府院良性互动的预重整机制的典型案例。该案中，温州中院提前介入预重整工作，充分发挥法院的审判职能，加强与市处置办及吉尔达公司管理人等部门、机构的协调工作，就预重整与司法重整程序衔接、战略投资人引进方式、重整计划草案预表决等重大事项进行深入探讨，提前预判研究，提出了专业意见和建议，有力推动吉尔达公司预重整工作。
5	浙江三工公司和解案	浙江省瑞安市人民法院	瑞安市处置办主导经甄选将其列为帮扶企业	首创“政府预重整+司法和解或重整”的企业帮扶模式。该案将预重整制度、府院联动机制、司法和解或重整制度三者有效结合，弥补单一制度的短板，形成行政权、司法权明确分工又相互协作的有效企业帮扶模式。

续表

序号	案件名称	审理法院	机构设置	特色或创新
6	淮北云天置业有限公司和解案	淮北市中级人民法院	市委成立“五·五专案组”，由市纪委调查组、市公安局调查组、资产审计组、信访稳定组、工程建设组、后勤保障组组成。成立管理人机构，由财政、信访、国土、城建、房管、工商、金融办、经信委、律师事务所、审计事务所等10多家单位的主要负责人组成	首创淮北模式：府院联动机制主导下预重整+和解模式，由市委、市纪委统一指挥，市政府配合，市中院主导司法程序，各职能部门共同参与，建立“五位一体”房企破产和解体系，受到了周强院长的称赞。

注：本表制作来源于以下文献：1. 黄晓云：《中国二重的双重整案：庭外重组和司法重整的无缝对接》，载《中国审判》2017年总第187期。2. 李曙光：《预重整制度在中国的探索式样本——评福昌电子破产重整案》，载《破产法评论》(第1卷)，法律出版社2018年版，第507~508页。3. 周继业主编：《人民法院破产审判——江苏实践与经验》，法律出版社2018年版，第376~381页。4. 潘光林、方飞潮、叶飞：《预重整制度的价值分析及温州实践——以温州吉尔达鞋业有限公司预重整案为视角》，载《法律适用》2019年第12期。5. 浙江省高级人民法院：《2017年浙江破产审判工作报告及十大破产审判典型案例》，浙江在线，http：//pol. zjol. com. cn/201804/t20180416_7034679. shtml。6. 侯斌：《淮北：破产和解新模式通梗阻》，载《安徽经济报》2018年4月24日第1版。7. 淮北市人大：《淮北中院运用破产和解模式救活负债28.7亿元房产烂尾项目》，http：//www. ahhbrd. gov. cn/content/detail/599feb8d45cb82300f000000. html。

府院联动机制主导下预重整“地方经验”中，按照政府或法院在预重整程序中的地位和作用，存在政府主持和法院主持两种模式。

(一)温州经验——政府主持企业预重整模式

政府主持预重整模式，以“温州经验”为代表。“温州经验”建立了以政府为主导、法院指导与监督、管理人具体参与的良性互动机制。① 其主要有以下特点：

一是建立了以市长担任组长，常务副市长、中级人民法院院长担任副组长的破产工作领导小组。2016 年出台的《中共温州市委专题会议纪要》明确了由市委对全市破产工作进行统一部署，这在全国是鲜见的。同时，成立企业破产处置工作领导小组，并将下设办公室与市处置办进行整合，温州市处置办由市政府金融办、经信委牵头，从温州中院、人行温州市中心支行、温州银监分局、市地税、市商务局、市住建委、市国土资源局、市公安局等部门抽调精干人员组成，形成法院与政府职能部门的联动，下设综合协调组、银企协调组、司法协调组等工作小组。以联席会议文件，规范各部门的主要职责，提高破产工作处置效率。重大案件还成立临时领导机构，定期"一事一议""一事一政策"，统筹协调预重整工作。例如，温州市首例预重整案——温州吉尔达鞋业有限公司重整案，温州市人民政府成立了由市人民政府分管领导任组长，联系副秘书长任副组长的预重整工作领导小组，加强对预重整工作的组织协调，定期解决预重整工作中遇到的困难和问题。

二是由处置办主导预重整程序。依照 2018 年 12 月 27 日温州市人民政府《企业金融风险处置工作府院联席会议纪要二》的规定，预重整程序由属地政府启动，人民法院根据政府文件进行立案；从入选人民法院管理人名册的中介机构中指定管理人负责具体工作；参与引进战略投资人。实践中，政府负责召集主要债权人成立债权人会议，并由该会议履行预重整阶段的重整计划草案等相关决议的表决权。

三是法院负责预重整阶段的法律指导和监督。人民法院根据政府文件立案后交破产审判业务庭；人民法院对管理人的相关工作进行指导和监督；决定管理人报酬；重整计划草案获得预表决通过；法院对符合受理条件的重整申请应及时裁定受理；预重整期间，应优先保障债务人的重整，由属地政府与相关法院协调，暂缓采取可能影响债务人重整的执行措施。

预重整制度虽兼具私力救济的性质，但基于政府的功能及对危机企业帮扶处置中所发挥的作用，特别是在预重整这样一个非司法程序工作中，

---

① 参见潘光林、方飞潮、叶飞：《预重整制度的价值分析及温州实践——以温州吉尔达鞋业有限公司预重整案为视角》，载《法律适用》2019 年第 12 期。

预重整若没有政府的牵头及参与，在我国现行状况下，可以说将难以有序推进，这是由我国政府管理职能和公信力、协调力所决定的。为此，各级政府应在预重整中起主导作用。①

（二）“深圳经验”——法院主持预重整模式

在我国，深圳市中级人民法院率先探索建立了预重整制度，2019 年 3 月颁布了《深圳市中级人民法院审理企业重整案件的工作指引（试行）》，在该指引第三章中对预重整程序进行了专门规定，为各地提供了可复制的经验。综览目前已出台的 18 件地方预重整规范性文件，除温州市《企业金融风险处置工作府院联席会议纪要》（温政办函〔2018〕41 号）的发布主体为温州市人民政府办公室，体现政府主持的预重整机制以外；其余 17 件规范性文件均为地方法院发布，体现法院主持下的预重整制度。

2020 年 10 月 11 日，中共中央办公厅、国务院办公厅印发《深圳建设中国特色社会主义先行示范区综合改革试点实施方案（2020—2025 年）》，决定在深圳市推进破产制度和机制的综合配套改革，试行破产预重整制度。2020 年 11 月 9 日，最高人民法院发布的《最高人民法院关于支持和保障深圳建设中国特色社会主义先行示范区的意见》（法发〔2020〕39 号）第 12 条提出，最高人民法院支持深圳市深化预重整制度改革，推动建立针对中小企业的重整机制，完善府院联动机制，支持深圳设立专门破产管理机构。法院主持预重整的深圳模式代表了预重整制度发展方向。

三、几点思考

打造党委领导、政府牵头、部门联动的“府院联动”机制，是探索适用预重整程序，最大释放企业价值的关键所在。近年来，温州、深圳等地在预重整案件审理中大胆探索，不断创新府院联动机制。府院联动机制就是人民法院与地方党委、政府在破产审判实践中创建出来的工作机制。建立常态化、法治化的府院联动机制将是完善我国预重整制度的重要方面。

① 参见潘光林、方飞潮、叶飞：《预重整制度的价值分析及温州实践——以温州吉尔达鞋业有限公司预重整案为视角》，载《法律适用》2019 年第 12 期。

（一）府院联动机制是中国特色破产审判工作的一种制度性安排

制度经济学代表人物之一、美国著名经济学家舒尔茨曾指出，任何制度都是对实际生活中已经存在需求的响应。① 府院联动机制是中国破产审判的一种经验，是中国特色的问题。实践中，我国部分法院尝试预重整程序中借助府院联动机制，对于提高企业重整质效、保障重整程序顺利进行了有益探索，取得了不少成功的经验。各级法院在出台有关预重整的规范性文件或者在各级法院有关预重整的工作总结报告中，府院联动机制都摆在重要位置，成为顺利审理预重整案件的一项基本经验。② 例如，南京市中级人民法院《关于规范重整程序适用　提升企业挽救效能的审判指引》第19条规定，受理重整申请前，对于具有重整原因的债务人，为提高程序内重整效率和成功率，经债务人同意预重整并获得政府、主管部门等支持意见后，由法院听证审查决定对债务人进行预重整。“庭外债务重组成功取决于其背后的强大支撑——要么是某一权威的政府机构，要么是高效的正式破产制度。还有一种可能，则是通过发展庭外债务重组实践，来强化负责实施与推进庭外重组工作的政府机构的权威。”③府院联动机制一头连接市场，另一头连接司法，能够消除我国破产工作“中梗阻”，打通“最后一公里”，妥善解决曾经一度无解的难题，实现多元共赢的良好局面。将来我国破产法修改应当回应府院联动机制这一制度性安排。

（二）在构建府院联动机制中，应当明确地方党委政府、法院的各自职能

在府院联动机制中，应当明确地方党委统一领导，政府及各部门和法院各司其职。在地方党委统筹布局破产工作下，政府及各部门主要提供公共服务，建立各利益方协商谈判的平台；法院主导司法程序，督导预重整程序。另外，在具体预重整案件审理中，要建立府院联席会议制度，做到

① 转引自吴正海：《准确把握供给侧结构性改革的深刻内涵》，载《西安日报》2016年5月9日第7版。

② 参见徐阳光主编：《中国破产审判的司法进路与裁判思维》，法律出版社2018年版。该书共收集了全国各地法院共39篇破产审判报告或白皮书。

③ ［美］杰伊·劳伦斯·韦斯特布鲁克等：《商事破产全球视野下的比较分析》，王之洲译，中国政法大学出版社2018年版，第147页。

“一案一议”和“一事一议”。

（三）在预重整程序中，应当明确管理人的定位与职责

“管理人是破产程序的主要推动者和破产事务的具体执行者”①，管理人是连接政府和法院的重要力量。府院联动是一种问题导向的协调解决机制。机制的启动与运作依赖具体问题的存在与发现。② 企业进入预重整程序后，在执行职务中，管理人要发现问题、识别问题和解决问题。对于涉及需要政府外部支持的问题，应当在征求法院同意的前提下，启动召开府院联席会议，制定解决问题的方案，并责成有关部门逐一落实。在政府主导庭外重组、法院主导庭内重整的衔接地带，管理人以其专业知识、执业能力能够有效对接政府与法院，保障预重整程序的合法性与公信力。

由于我国现行法律没有规定预重整制度，实践中构建府院联动机制是弥补制度短板最有效的途径。目前，我国破产法全面修改已提上议事议程，在破产法修改的同时，应将在实践中行之有效的预重整和府院联动机制进行立法规定，建立中国本土化的预重整机制，将府院联动机制规范化、法治化。

---

① 参见杜军：《管理人制度完善的路径与思考——〈全国法院破产审判工作会议纪要〉的解读（一）》，载《人民法院报》2018 年 3 月 21 日第 7 版。

② 参见虞伟庆：《管理人视角中的府院联动机制研究——以绍兴地区为样本的考察》，载《法制与经济》2019 年第 4 期。

浅析法院对破产管理人的监督

戴雄伟*

内容提要：由于法规自身的滞后性及破产案件本身的复杂性、专业性等特点，我国破产司法实践中，对破产管理人的监督存在诸多漏洞。对此，作为破产案件的重要推手之一，人民法院应该在此方面主动担责、积极作为。人民法院破产合议庭在对破产管理人监督方面处于主体地位，同时，也要尊重破产管理人在推进破产案件司法进程中的中心地位。法院对破产管理人的监督应遵循科学管理、放管结合、张弛有度、监管有力的原则，其监督内容主要体现在：督促程序选择的正当性与效率性；审查实体处置的合法性与合理性；指导破产管理人协调好与法院、政府的工作关系。

破产管理人作为破产事务最主要的处理者，是企业破产中不可或缺的重要角色，破产程序能否顺利有序地推进和终结，与破产管理人有着密切的关系，很大程度上系于破产管理人一身。因此，必须加强对破产管理人的监督管理，才能确保企业破产程序顺利展开。《中华人民共和国企业破产法》(以下简称《企业破产法》)赋予法院、债权人对破产管理人进行管理、监督的权利和义务，但相关规定过于抽象，欠缺实用性和可操作性，存在监管措施空泛、法律责任软化、监督机制运行不畅等诸多问题。“司法必须与社会现实相适应。”①在目前我国司法现实的大背景下，人民法院无疑是对破产管理人进行监管最有效、最主要的主体之一。法院如何对破产管理人进行科学的管理和监督，值得深入思考与探讨。

---

* 戴雄伟，仙桃市人民法院党组副书记、副院长。

① 马克斯·韦伯：《论经济与社会中的法律》，法律出版社 2009 年版，第 174 页。

一、我国目前破产管理人监督的现状

根据我国《企业破产法》第 23 条和第 27 条规定，破产管理人应当忠实勤勉地履行职务，接受法院、债权人会议或债权人委员会的监督。可见，对于破产管理人的监督，由自人民法院、债权人会议或债权人委员会的监督、破产管理人的自律监督、法律责任监督几个方面构成。对破产管理人的监督机制主要涉及三个层面：一是内部监督层面，即各类法规及相关司法解释规定了破产管理人的注意义务；二是外部监督层面，即法院和其他监督主体对破产管理人执业的监管；三是法律责任监督层面，不仅包括违反义务所应承担的民事法律责任，还包括造成严重后果应当承担的刑事责任。相比《企业破产法(试行)》，现行《企业破产法》对破产管理人的监督措施已有了长足的进步，监管机制得到了明显改善，但仍存在规定过于笼统、可操作性不强等弊端，加之各类现实因素，一定程度上制约了对破产管理人的监督效力。

(一)破产管理人监督机制不健全

对于破产管理人的外部监督，多数学者认为存在法院和债权人两方主体，分事前监督和事后监督两个方面。人民法院监督的主要内容是以听取管理人工作报告的形式，监督管理人职务行为的合法性；而债权人会议及债权人委员会主要针对管理人的职务执行情况进行监督，且债权人可以主动询问破产管理人相关事宜。① 我国《企业破产法》采取的是以人民法院为主导，债务人会议和债权人委员会为两翼的二元监督模式，但破产个案具体推进过程中，法院、债权人会议或者债权人委员会的监督并不能起到很好的实际作用。

第一，缺少专门的审理机构。由于我国现行司法制度中没有建立专门的破产法院，中、基层人民法院是企业破产案件的主要审理机构，且除少数省会城市及发达城市中级法院设有专门的破产审判庭外，其他中、基层法院大多没有设立专门的审判机构。然而，中、基层法院审判业务与日俱

① 参见齐明：《破产法学：基本原理与立法规范》，华中科技大学出版社 2013 年版，第 84~85 页。

增，工作压力大，任务相当繁重，法官深受“案多人少”之困扰，相当多的中、基层法院法官在审理破产案件时，还要承担其他民事案件审理，导致其没有充裕的时间和精力对破产管理人进行监督。笔者所工作法院民二庭法官在主审 5 至 10 件破产案件的同时，往往每年还要承担 150 件左右商事案件的审理任务。

第二，监督形式较为粗放。破产案件本身存在大量的、具体的法律事务和非法律事务，涉及的领域、内容众多，而法院目前的机构设置中，也仅限于合议庭成员对本次破产程序的监督跟进。这种情况下，最多三名法官的合议庭配置使得人民法院难以对破产管理人从事破产事务的全过程实施全面的、日常性的监督，只能在案件重大的关键时刻采取被动的方式进行监督。这种监督当然是有限的，难免“挂一漏万”。这也就意味着法院对破产管理人的监督形式只是粗放式的。

第三，债权人会议监督流于形式。债权人会议作为一种非常设性会议机构，召开债权人会议耗时耗资，而且债权人会议由人数众多、较为分散的成员临时组成，实践中有时很难达成统一意见，导致债权人会议监督缺乏合力。另外，由于破产案件往往涉及经济、管理、法律、金融等方面的专业知识，代表债权人会议行使监督权的委员不可能全面具备这些高度专业的业务知识和实施经验。加之，债权人委员会委员各自有日常工作，不可能实施日常性监督。有学者就指出：监督机制流于形式，债权人会议机构的临时性的特点和债权人参差不齐的专业水平等，都会导致无法高效地监督破产管理人职责的履行。①

第四，债权人监督易偏向。《企业破产法》第 64 条规定：“债权人会议决议，由出席会议的有表决权的债权人半数通过，并且其所代表的债权额占无财产担保债权总额的二分之一以上……债权人认为债权人会议的决议违反法律规定，损害其利益的，可以自债权人会议作出决议之日起十五天内，请求人民法院裁定撤销该决议，责令债权人会议依法重新作出决议。”从这一规定可以看出，债权人会议对破产管理人的监督并不是从所有债权人的利益角度出发考虑，而只是代表部分债权人的利益。由债权人会议决定设立的债权人委员会，因要对债权人会议负责而更加缺乏中立

---

① 参见田源：《破产管理人监管过程中的阻却因素与现实进路》，载《宜宾学院学报》2016 年第 7 期。

性，很容易忽视其他利害关系人(如债务人)的利益诉求。追逐部分债权人利益，为了某种利益的最大化必然存在监督的偏向和盲区。另一方面，有不同意见的债权人能以损害其利益为由，提起否定债权人会议的决议之请求，通过向人民法院起诉的方式来监督破产管理人的履职行为，这种监督的利益倾向是明显的。

第五，对由清算组担任的破产管理人监督乏力。在司法实践中，有不少破产案件是以政府部门工作人员为主组成的清算组作为破产管理人。政府部门作为权力部门，其工作人员被法院指定为管理人的同时，并没有脱离其政府的职位，而是身兼数职。同时，法院和政府之间的关系本来就不是监督与被监督的关系，要让破产合议庭来监督政府工作人员，本身就是"小曲好唱口难开"，很难有实质性的监督成果。当破产管理人(清算组)在履职过程中出现问题，法院能否站在中立的地位进行监督，以及能否保证监督力度，社会各界有不少人持怀疑态度。作为另一个监督主体的债权人会议，往往都是由普通公民组成的，在面对作为权力部门的政府时总会显得毫无底气，要让其监督由政府部门工作人员组成的破产管理人，当然更显得"苍白无力"，甚至"形同虚设"。

(二)破产管理人责任追究不完善

破产管理人违反法律规定的义务，因故意或严重过失给破产财产造成损害，或者损害债权人、债务人以及其他利害关系人利益的，应当承担法律责任。《企业破产法》对破产管理人法律责任的相关规定主要有第 130 条和 131 条。通过这两条可以看出破产管理人违反法定义务承担的责任，主要是来自民法、刑法和行政法上的责任。但在司法实践中，破产管理人责任追究表现出不完善的"窘境"：

其一，破产管理人民事责任难以追究。《企业破产法》第 130 条规定："管理人未依照本法规定勤勉尽责，忠实执行职务的，人民法院可以依法处以罚款；给债权人、债务人或者第三人造成损失的，依法承担赔偿责任。"这一条是《企业破产法》里规定管理人民事责任的条款。《破产法解释二》虽细化规定了管理人在执行具体职务时因过错导致的损害应当承担赔偿责任的情形，但由于仅仅是司法解释，仍然不能弥补我国管理人民事责任立法上的漏洞，其暴露出来的问题主要表现为：①未明确规定管理人需要承担民事责任，而是使用"罚款"和"赔偿"等字眼来代替，相较于在该部法律中其他条文中明显提到了“刑事责任”“行政责任”，令公众觉得管理人似乎不用承担民事责任；②责任形式单薄，仅规定了罚款和赔偿，而罚款又不属于民事责任。对民事责任的性质未作出规定，是侵权责任、违约责任，还是其他责任，不得而知。对于赔偿的数额和情形也未说明清楚，缺乏可操作性；③《企业破产法》第130条规定了破产管理人违反勤勉义务和忠实义务应当承担的责任，但未明确其承担民事责任的过错标准，是一般过失即可，还是要求重大过失。这极有可能导致司法实践中的不一致，难以统一裁判尺度。由于上述原因，导致破产管理人民事责任难以追究，所以，司法实践中鲜有破产管理人承担民事责任的案例。

其二，破产管理人行政责任承担形式过于单一。破产管理人的行政责任是指管理人从事破产业务过程中，由于疏忽、过失或故意而产生违法行为或者违规行为，由行政管理机关对其作出行政处罚。目前，我国破产管理人行政责任的承担方式只规定了罚款，没有区分违法行为的严重程度，没有依据不同的违法程度而采取警告、罚款、没收违法所得、暂停执业、吊销资格证书及撤销管理人机构等有针对性的行政处罚措施。这样导致责任承担方式不全面，不能保证破产管理人违反义务时及时受到制裁，影响了破产程序的高效进行。王欣新教授指出：“对于破产管理人民事责任的承担，《企业破产法》仅仅做出了‘忠实义务’‘勤勉义务’等原则性的规定，对归责原则、责任承担范围、负责事由等均疏于规定，导致人民法院认定和追究破产管理人责任缺少法律依据。”①

其三，破产管理人刑事责任承担无对应的刑法条文。根据《企业破产法》规定，破产管理人在破产程序进行过程中，违反破产法规定损害债权人利益，阻碍破产程序顺利进行，情节严重构成犯罪的，需要承担刑事责任。这一制度的落实，需要有相应的刑法条文予以支持，具体的破产犯罪应当由刑法作出具体的刑种和法定刑规定。目前为止，我国刑法还没有形成一套与破产犯罪相对应的法律条文体系。根据刑法的罪刑法定原则和罪责刑相适应原则，对于破产犯罪刑事责任的落实，离不开刑法中对于破产犯罪的刑罚规定。所以从某种程度来说，我国目前破产管理人的刑事责任是落空的。可以借鉴的是，域外国家在破产管理人刑事责任的规定比较具

---

① 参见王欣新：《破产法原理与案例教程》，中国人民大学出版社2014年版，第34页。

体，“关于刑事责任，主要有两种关于破产犯罪的规定，一是在破产法中特别规定破产犯罪，如美国和日本，二是在刑法典中规定破产犯罪，如《奥地利刑法典(1974)》和《瑞士刑法典(1971)》”①。因此，我国需要一套与破产法配套的刑法条文来落实破产管理人的刑事责任承担。

二、准确理解人民法院监督的主体地位

法院是破产程序的领导机关，破产合议庭是代表法院行使破产案件裁判权的审判组织；破产管理人是法院指定的，负责管理、处分、清算破产财产及处理相关破产事务的机构。《企业破产法》第23条规定：“管理人依照本法规定执行职务，向人民法院报告工作。”由此可见，破产合议庭与破产管理人是监管与被监管的关系。对于破产管理人的监督，法院居于主导地位，破产合议庭系监督的权力主体，这是两者之间产生工作关系的前提。另一方面，破产案件一旦立案后，法院指定的破产管理人依规独立行使执业权利，各项事务均由破产管理人发起并完成，破产管理人以超脱于任何一方当事人的身份介入破产事务。在破产合议庭监管与破产管理人履职的关系上，破产合议庭处于监管的主体地位，负责指导监督，裁判破产管理人的履职行为；破产管理人处于破产事务的中心地位，破产过程中的各类事项进行应以管理人为中心。处理好破产合议庭与破产管理人两者的关系十分关键，两者良好的关系影响到每个破产案件的有效推行。

(一)破产合议庭对破产管理人进行监督管理的主体地位

从对破产管理人监管强弱的角度分析，相较于债权人会议和债权人委员会对破产管理人的监督，法院破产合议庭对破产管理人的监管更为明确，且起的作用也最为明显。破产程序毕竟是司法程序，法院不但需要对破产程序中产生的纠纷进行裁决，而且要对破产程序中关键阶段的推进予以核准。在此意义上，破产合议庭在破产案件推进过程中，其主要职责是监督破产管理人履职，其地位处于监督主体，破产管理人应服从其监督与管理。

纵观各国破产法关于对破产管理人监督的相关规定，“《德国破产法》

① 参见李飞主编：《当代外国破产法》，中国法制出版社2006年版，第128页。

第 58 条第 1 款规定，破产管理人受破产法院监督，法院可随时要求其提供相关说明或案情及管理情况报告”①。又如，“《英国破产法》规定，法院对破产管理人做出予以确认、修改或否决等任何决定”②。再如，“《日本破产法》规定，破产管理人实施的 15 种行为必须得到法院的批准”③。由此可见，各国普遍将法院监督作为破产管理人监督机制的核心部分，赋予法院全面的控制权和否决权。在企业破产程序中，为了谋取自身利益的最大化，债务人和债权人的利益博弈不可避免，各方都希望监督方向自身倾斜。为了避免对各方权益的侵害，立法者当然会设计选定中立的第三方作为监督方。法院与破产程序双方均无利害关系，由法院监督破产管理人就会具有很高的公信力，能够确保破产程序的公正性和工作效率。公正性是我国破产立法的内在要求，也是其价值目标追求，从这个方面来看，坚持人民法院对破产管理人的监督与管理，是《企业破产法》的内在要求，也是当前我国法制体系和社会形势下的必然选择。④

我国《企业破产法》及相关司法解释也明确了人民法院对破产管理人监管的主体地位，其主要表现为：首先，在管理人选任上，法院指定管理人的选任；其次，管理人的职务执行要定期向法院汇报，接受法院的监督；最后，对于不积极履行职责的管理人，法院有权决定是否更换。⑤ 另外，对管理人制作的债权登记表，以及财产变现方案、分配方案等，债权人可以以个人名义向法院提起复议、起诉、信访等，法院通过处理这些投诉监督破产管理人。由此可见，法院合议庭对于破产管理人的监督贯穿整个破产程序的始终，通过加强对管理人执业过程的监管，使破产管理人在执业过程中少走“弯路”，进而推动整个破产审判程序的顺利进行。

---

① 李飞主编：《当代外国破产法》，中国法制出版社 2006 年版，第 32 页。

② 陈树茂：《对破产管理人的监督》，载《贵州警官职业学院学报》2008 年第 3 期。

③ ［日］石川明：《日本破产法》，中国法制出版社 2000 年版，第 164 页。

④ 参见徐喜霞：《浅论人民法院对破产管理人的监督作用》，载《法制博览》2017 年第 10 期(中)。

⑤ 参见宋洋：《营商环境下破产管理人监督的困境与出路》，载《绵阳师范学院学报》2020 年第 4 期。

(二)破产管理人在办理破产案件事务中的中心地位

破产程序是司法程序，许多环节理应由法院发起并执行，但破产法对此也作出了一些规定，将本应由法院执行的事务性工作授权破产管理人执行。但不能把管理人的角色与法官混淆起来,[①] 破产合议庭法官应从具体的破产事务性工作中解脱出来，由破产管理人完成具体事务。破产管理人在法律法规和法院的双重授权下，依法处理破产程序中的大量事务性工作，表现为破产程序中的破产管理人中心主义。

所谓破产管理人中心主义，是指破产程序的事务性工作通过破产管理人来进行，破产管理人在破产程序开始后依法对债权人的财产进行清理、保管、营运、处分，以更好地保护债权人的利益。《企业破产法》第 13 条、第 23 条和第 25 条关于破产管理人及其地位的规定，基本上反映了破产程序中的破产管理人中心主义。[②] 这样的安排是基于对破产案件的特殊性考量，可以有效地保障法院司法中立的特性，合理配置司法资源与社会资源以及提高程序效益。从《企业破产法》对破产管理人的一系列规定来看，破产管理人在破产程序中承担了全部的财产管理事务性工作；对债权的申报、审核、登记、分配等事务把好第一道关口；代表破产企业对外、对内行使权力。可见，《企业破产法》对破产管理人制度的设计，体现了破产管理人作为贯穿于破产程序始终的专门机构，在保持独立性的基础上依法履行职责的法律地位，具有专业性和社会性特征。[③]

破产管理人属于独立的非法人组织，有其独特的法律特征：首先，破产管理人的行为具有司法性。破产管理人职权的来源是法院的授权，属于国家司法权在破产程序中的体现和延伸，破产管理人在破产程序中的工作，系行使司法权力而非一般民事活动，具有一定的司法权威性。其次，破产管理人的职责具有法定性。破产管理人行使的权利、履行的义务，也是由法律进行明确规定的，破产管理人只能在法律规定的范围内行使权

---

① 参见张善斌主编：《破产法研究综述》，武汉大学出版社 2018 年版，第 427 页。

② 参见韩长印主编：《破产法学》(第二版)，中国政法大学出版社 2016 年版，第 74 页。

③ 参见郁琳：《破产程序中管理人职责履行的强化与监督完善——以管理人的法律地位和制度架构为视角》，载《法律适用》2017 年第 15 期。

利、履行义务，不能逾越法律的规定。最后，破产管理人的地位具有独立性。破产管理人在对破产企业债务人的财产进行管理、估价、分配、清理和其他必要的相关民事上的辅助事务等活动之时，在法律地位上具有相对独立性，一般不受其他主体的约束和干扰，这有利于破产管理人更好地完成破产事务。

（三）破产合议庭之主体地位与破产管理人之中心地位的法律辨析

破产程序是由各部分组成的有机整体，鉴于破产合议庭对破产管理人监督的主体地位，以及破产管理人在办理破产案件中的中心地位，使得破产合议庭与破产管理人在共同推进破产程序中联系密切。破产合议庭对破产管理人的监管，在将之作为一项审判职权的同时，更应将之作为一项法定职责。破产管理人应当在法院的主导下，协同和配合破产合议庭共同推进破产程序。破产合议庭作为监督的主体地位与破产管理人推进破产进程的中心地位，两者相得益彰，“谁也离不开谁”。在承认破产管理人独立法律地位的同时，法院与管理人在追求共同价值的过程中，因其相互间工作结构紧密，外部形象也具有高度一致性，即成功有效地处理破产案件，一荣俱荣。拖延受阻或发生负面事件，一损俱损。

破产合议庭与破产管理人应当在破产程序中找准角色定位，明确各自的职责界限。破产合议庭作为破产程序的主导者和裁判者，应当对每一个环节或程序进行司法审查和全程监督指导，既不能疏于对破产管理人的监督和管理，也不可忽视与政府及其他法院的沟通、协调和联动。破产管理人在日常管理及判断事务中享有决策权、对债权人会议的决议及法院的决定履行执行权，“对于破产程序中事务性工作，不论《企业破产法》有无具体规定应当由管理人负责，都应当解释为管理人的职责范围内的事务，这不是应当由法院认为或者决定的事情”。①

在管理人职责履行与法院监管的关系上，破产合议庭负责掌控破产程序的进程，并对相关事项作出裁决；而管理人则依法独立对债务人财产和营业行使全面的管理权并对债权登记、分配负具体责任。法院破产合议庭

---

① 戴晶莹：《论风险社会下司法权与行政权在破产机制中的协调》，载王欣新、郑志斌主编：《破产法论坛（第10辑）》，法律出版社2015年版，第403页。

应避免全面介入具体而繁琐的财产管理和清算事务，正确行使法律规定事项的决策权及对破产管理人的指导与监督权。但是，对于破产管理人因履行能力欠缺，确实需要法院予以协助的，破产合议庭应对破产管理人施以协助，为其履职打开“绿色通道”。具体破产事务中，破产合议庭要把握好对破产管理人的监管程度。一方面，要避免出现破产管理人行政色彩过浓，法院监督力度薄弱，破产管理人在处理重整事务时“先斩后奏”，脱离法院监管的情况；另一方面，也要防止破产管理人过于依赖法院，事无巨细都向法院请示批准的情况，甚至由合议庭越俎代庖处理事务。

三、人民法院监督管理的内容

法院对破产管理人的管理与监督，既不能事无巨细，也不能放任自行，应该掌握合理的度，做到管理科学、放管结合、张弛有度、监督有力。“放”是指充分尊重破产管理人的中心地位，发挥管理人的主观能动性；“管”是指法院对于破产管理人监督的有效落实，保证债权人、债务人和其余相关人的合法利益和破产审理案件有序展开。[①]《企业破产法》中关于法院监督破产管理人的规定主要包括以下内容：听取破产管理人执行职务的报告(第 213 条)；法院对破产管理人实施的对债权人利益有重大影响行为的许可(第 216 条、第 218 条、第 69 条)；法院对债权人会议更换破产管理人的请求作出裁决(第 22 条)等。综合上述立法的监督内容及“监管也是服务”理念，从司法实务角度出发，笔者认为：法院对破产管理人的监督管理应涉及以下三个方面。

(一)督促破产管理人程序选择的正当性与效率性

1. 督促破产管理人恰当选择程序。破产管理人在从事管理事务中，在其职权范围内可对一些程序进行选择和设置。例如，评估审计机构的选取，有的通过竞争方式产生；又如，招募重整投资方的方式，有点对点的定点招募程序，有广告告知后现场公开叫价招募程序，也有投标评标招募程序等。在评判破产管理人所选择和设置的程序是否具备正当性时，应从

① 参见余子寒：《论我国破产管理人监督机制的完善》，载《法制与社会》2019 年第 5 期(上)。

透明、中立、经济简约及可行性四个维度去衡量。只要有利于破产程序的推进，有利于保障大部分债权人权益，且兼顾债务人利益的保护，符合上述四个维度，那么破产管理人选择的程序就是恰当的。但是，针对破产管理人的消极行为，法院应责令破产管理人及时启动相关程序。例如，在恶劣天气来临前，要采取防范财物损失的措施；又如，对存在安全隐患的物品或鲜活物品的变价要及时处置。实务中，债权人会议的筹备工作也由破产管理人组织实施，有时会出现债权人提议某议题列入债权人会议议程，但破产管理人不同意的情形。对此，法院应予以协调推进，可以采取债权人委员会派驻工作人员列席破产管理人会议的方式，在一定程度上能保障债权人的知情权，保证程序的正当性。

2. 督促破产管理人高效推进程序。破产案件审理周期长，一直为社会各界所谈论。因此，提高破产案件办案效率历来是人民法院追求的目标。破产管理人要按破产各个程序的时间节点，主动及时向法院汇报进展情况，便于破产合议庭统筹安排。破产合议庭也应主动了解破产管理人完成事务的进展情况，督促破产管理人加快办事节奏，或帮助协调破产管理人处理阻碍程序进展的难点、疑点。实务中，分配方案或重整计划执行，以及第二次、第三次的分配等，需要破产合议庭重点关注并督促破产管理人予以落实。例如，重整计划由破产管理人督促债务人负责执行，有的债务人（也有投资人）不按计划执行，破产管理人监督不力或监管不到位，重整无效果，破产合议庭要督促破产管理人依法履职、大胆监督；债务人不能执行或不执行重整计划的，破产管理人要及时向法院提出申请，请求法院裁定终止重整计划的执行，并宣告债务人破产，避免拖而不整，形成重整“烂尾楼”。①

（二）审查破产管理人实体处置的合法性与合理性

1. 审查破产管理人审核债权是否合法。破产管理人在债权审核过程中，涉及债权额的确定、是否为担保债权、债权性质的认定等实体认定问题，相关法规虽规定了债权人享有异议权，使得债权人能够对破产管理人的债权确认行为进行监督。但是，如果破产管理人在审核过程中存在放水

---

① 参见张宏伟、朱淼蛟：《对破产管理人的管理与监督》，载《人民司法》2017年第25期。

式审核或虚假债权的不当确认等行为，个别债权人往往由于不知情或因受偿率低而对其债权受偿影响较小等原因未提出异议，法院合议庭即使有裁定确认债权的职责，但因工作量巨大而不可能逐笔审查。法院应从审核原则、主体、方法、标准等方面对破产管理人的行为予以规范，对有争议的法律适用问题作出指导，便于破产管理人审核债权，防止破产管理人由于怕担责而对有异议的债权一律不予确认，导致债权人提起债权确认之诉过多。法院在裁定债权时，重点审查破产管理人是否依债权审核规程行事，从而对债权人性质、金额等进行实体确认。

2. 审查破产管理人处置行为是否合理。破产管理人在开展管理事务时拥有很大的自由决定权，如单方合同解除权、决定债权人内部事务的管理权、对债务人财产的管理和处分权、重整计划草案的制定和提交权等。法院在监督破产管理人依法行使上述职权时，应督促破产管理人的行为更合理、更科学，审查破产管理人是否勤勉尽责，是否忠实执行职务，要求破产管理人不弄虚作假，不营私舞弊，不从事竞业，不谋取私利。例如，如果破产管理人轻率地决定履行或解除尚未履行完毕的合同，随意承认明显不符合法定条件的所谓的别除权、取回权、抵销权，即应认定管理人玩忽职守，其处置行为则不合理。衡量破产管理人的处置行为是否合理，还要看其所采取的措施是否公平、公正，是否遵循公序良俗，是否能够得到案件各方的认同。破产管理人在实施管理行为时，应兼顾实现债权人利益最大化的目的和相关利益主体(债务人、合同相对人、职工等)权益的保护，使相关利益方之间达成较好的清偿比例，促进社会稳定和谐。

(三)指导破产管理人协调好与法院、政府的工作关系

1. 指导破产管理人协调好与人民法院的关系。受理法院指定破产管理人后，破产事务应由破产管理人具体处置。但由于进入破产程序的企业大多“债务缠身”，法院立案前企业被起诉、财产被查封的情形大量存在，以及在破产程序推进过程中，衍生诉讼也会随之产生。破产程序具有排他性，法院受理破产案件后，对于债权人财产所采取的保全措施和执行程序都应当解除和中止。这些事务虽应由破产管理人独立作主应诉、起诉或申请解除，但因涉及其他法院及受理法院的其他审判组织或执行部门，仅凭破产管理人出面协调，有时很难见效。作为破产管理人的监督主体——法院破产合议庭，应主动出面帮助指导破产管理人。在破产审判实践中，受

到地方保护主义及部门保护主义的影响，原执行法院基于各种因素的考量有可能不裁定中止执行。此时，破产合议庭可以：一是向原执行法院发送函件，告知其债务人进入破产程序，应该中止原执行行为；二是如果原执行法院对其接收的函件置若罔闻，可以请求上级法院协调中止原执行行为；三是指导管理人可以依据《民事诉讼法》第 225 条向原执行法院提起执行异议和复议，要求中止原执行行为。① 我国《企业破产法》赋予了破产案件当事人通过诉讼方式来维护自己实体权益的权利，破产程序启动后，涉及债务人的债权确认纠纷、破产财产纠纷以及劳动合同纠纷、管理人责任纠纷、出资人责任纠纷等都不可避免地进入法院。对于这些案件的审理，司法实务中各法院做法不一，有的是由破产合议庭审理，有的是由相关审判庭审理。无论是否由破产合议庭审理，法院要加强对此类案件的诉讼监督，防止管理人在诉讼中产生懈怠，或为了尽早结案而滥用诉讼中的各项权利，比如起诉权、撤诉权和调解权等。通过对破产衍生案件的监督管理，以督促破产管理人恪尽职守、勤勉尽责。

2. 指导破产管理人协调好与政府之间的关系。协调好破产管理人与政府的关系也是府院联动机制的一部分。特别是在部分成功个案中，府院联动确实能够充分调动市场要素进行有效配置，妙手回春般地给予破产参与各方神来之笔、点睛之作。② 所以，法院应在协调破产管理人与政府关系方面主动作为。对于影响大、涉众的“僵尸企业”，在破产程序正式启动前，法院应当积极配合破产企业所在地政府，做好破产程序启动前调研，指导政府吸收有律师、会计师等专业人员参加的清算组提前介入，掌握破产企业的情况及相关行业政策，充分研判企业破产程序一旦正式启动后可能出现的各种维稳风险，提前制定应对预案及风险防控措施。一旦法院受理立案，可以指定清算组为破产管理人，为破产程序的顺利进行奠定良好的基础。在破产案件审理过程中，法院应当主动地就破产程序中涉及的职工权益保障、破产财产变现、税费减免、破产重整企业信用修复、战略投资人的引进等社会问题，通过召开法院、管理人、政府部门、银行联

① 参见张善斌主编：《破产法实务操作 105 问》，武汉大学出版社 2020 年版，第 38 页。

② 参见李曙光、郑志斌主编：《危困企业并购艺术（第 1 辑）》，法律出版社 2017 年版，第 1 页。

席会，与政府相关职能部门进行磋商、沟通，争取政府的全力支持与配合，协调政府及其相关职能部门解决职工安置、资金垫付、维护社会稳定等方面的难题，高效推进破产清算或重整工作。

破产审判工作是一项系统工程，事关经济发展、民生保障与社会和谐稳定。破产管理人作为破产审判中有机整体的组成部分，其重要性不言而喻，加强对破产管理人的监督管理显得十分重要。人民法院是指定破产管理人的权力机关，在加强破产管理人监管方面责无旁贷。只要理顺了破产合议庭与破产管理人的工作关系，两者相互配合，共同推进破产程序，我国的破产审判工作必将会有更灿烂的明天。

关联企业实质合并规则的适用

康　蕾*

内容提要：《全国法院破产审判工作会议纪要》首次正式提出了关联企业实质合并破产规则，但其并非法律，无法成为法院裁定合并破产的依据，并且它对于实质合并规则的规定也不完善。为了弥补立法空白，我国应当尽快在立法中明确实质合并破产规则。在适用标准方面，应当以人格高度混同和利益衡量标准为主要判断标准。在程序方面，应当明确实质合并的申请主体、管辖法院、审查与裁定、相关程序起算点的协调以及关联企业主体存续等问题。

一、问题的提出

在规模经济迅猛发展的背景下，企业对资本流动运转速度的要求也不断提高，催生了关联企业这一经济模式的产生和发展。关联企业凭借着灵活的资本运作能力，降低运营成本，提高运营管理协调性等优势，在国家经济体系中占据着越来越重要的地位。但资本逐利的天性也使得关联企业在发展过程中产生了不少问题：急于扩大经济规模，滥用关联关系，通过不正当的利益传送打破原有法律制度下的利益平衡结构。当关联企业进入破产程序后，因关联交易产生的矛盾将会更加凸显：首先，关联企业之间一般存在复杂、多重的控制关系，关联企业内部的资金转移和调度隐蔽且不规范，这为关联企业转移财产、逃避债务、欺诈破产提供了空间，而外部的债权人难以了解关联企业内部的资金流转情况，债权人的利益很容易

* 康蕾，武汉大学法学院2019级民商法硕士研究生。

因为这种信息不对称的状况而受到损害;[①] 其次，关联企业采取单独破产模式时，各企业之间相互的担保借贷、内部交易的不规范、资金的混同、投资关系的复杂，都迫使管理人耗费大量的时间、金钱来清理，法官也需要关注不同单体企业的破产程序，案件久拖不决，耗时耗力，浪费司法资源。鉴于此，原有的单一破产模式已经无法适应关联企业破产所带来的一系列问题，实质合并规则的引入成为必然选择。

实质合并规则主要是指法院将多个关联企业作为一个主体对待，合并计算破产的关联企业的资产和债务，并且忽略关联企业之间的债权债务关系，以合并后的破产财产向所有关联企业的债权人分配。[②] 实质合并规则诞生于美国破产法的司法实践，之后在各国破产法领域中得到广泛运用。虽然我国立法尚未就此作出明确规定，但合并破产在我国关联企业破产实践中的运用却也从不予适用逐渐转变为“审慎适用”，适用实质合并规则审理关联企业破产案件的裁判文书已从1件(2012年)增加到226件(2019年)。[③] 然而，立法的缺失终使法院的做法成为“于法无据，法官造法”，由此不仅在理论界产生了广泛争议，在实践中也给法官裁决带来了不少难题:

其一，我国缺乏关联企业实质合并的法律依据。尽管最高人民法院通过2018年3月公布的《全国法院破产审判工作会议纪要》(以下简称《破产审判会议纪要》)发表了对关联企业实质合并的支持态度和实施规则，但是《破产审判会议纪要》的效力层级较低，并不能作为法院裁判的依据。

其二，适用规则的裁判标准不统一。首先，尽管《破产审判会议纪要》中已经规定了在适用实质合并规则时应当综合考虑企业人格混同程度、区分资产耗费的费用以及债权人利益等因素审慎适用，然而很多法院在裁判时依然只将“人格高度混同”作为必要条件，这不免让人对实质合并规则与法人人格否认制度产生混淆。其次，法院之间对人格混同并没有统一的标准。有的法院在裁判时仅仅因为企业相互之间存在担保债务关系

---

① 参见王欣新、蔡文斌:《论关联企业破产之规制》，载《政治与法律》2008年第9期。

② 参见王欣新、周薇:《关联企业的合并破产重整启动研究》，载《政法论坛》2011年第6期。

③ 笔者以“破产”和“实质合并”为关键词在无讼网站上搜索的结果。

和自主管理决策权利就裁定实质合并，实为不妥。另外，在辅助标准的选择上，不同的法院也有不同的看法。

其三，规则适用的程序漏洞。首先，《破产审判会议纪要》规定，原则上关联企业实质合并案件应当由核心控制企业所在地的人民法院进行管辖，但由于各成员企业或多或少存在着债权债务纠纷，涉及的当事人较多，仅将核心控制企业作为管辖法院无法应对关联企业实质合并所面临的难题。① 其次，在早期司法实践中，关联企业进行实质合并破产可以由各个成员企业通过债权人会议表决来决定，但这种做法很难避免债权人出于私利而作出不公的决议，可能损害保护关联公司中经营较好、资产较多的关联公司的债权人和股东利益。② 最后，由于关联企业合并重组涉及的各方当事人众多，遇到的程序问题也较为复杂，各成员企业进入破产程序的时间不一样，债权申报的起止时间点确定为何时才能确保各方利益的最大化存在疑问。同时，由于成员企业进入破产程序后都确定了管理人，此时的破产工作如何顺利进行，这些管理人的工作任务如何分配，是否应当赋予管理人提出合并破产申请的权利，管理人间的争议如何解决，是否需要选定统一的管理人，这都是在司法实践中遇到的难题。③ 对于重整程序结束之后，企业的经营管理又将如何继续，理论界也颇有争议。

鉴于实践中出现的种种问题，有必要在立法层面细化实质合并规则，为司法实践提供指引。本文论证了实质合并的正当性与合理性，总结法院在适用实质合并规则时集中出现的一些问题，并就这些问题的解决提出自己的观点，试图为实质合并立法提供有效参考，以推动该制度在我国的确立与发展。

① 参见王欣新、周薇：《论中国关联企业合并破产重整制度之确立》，载《北京航空航天大学学报（社会科学版）》2012 年第 2 期。

② 参见王欣新：《〈全国法院破产审判工作会议纪要〉重点解读》，载《法治研究》2019 年第 5 期。

③ 参见邹海林：《破产法——程序理念与制度结构解析》，中国社会科学出版社 2016 年版，第 26 页。

二、实质合并规则的适用标准

(一)关于适用标准的争议

司法实践中，对于在审理关联企业破产案件时存在适用标准不一的问题，大多数法院以“人格高度混同”作为核心标准甚至唯一标准，在辅助标准的选择上不同的法院也有不同的看法。对于这个问题，学界也有不同的观点。有学者认为，以“法人人格高度混同”作为判断关联企业是否可以合并破产的唯一要件是不够完善的，其并未覆盖所有可以适用实质合并破产规则的情形，应当将“非法或不当的利益转移或分配”或“法人人格高度混同”存在与否作为实体评判的两大核心要素。① 有学者从行为要件和结果要件确定是否适用实质合并规则，要求证明在行为上关联企业出现法人人格高度混同，并且在结果上因关联企业法人人格高度混同而使债权人的利益受到严重损害。② 也有学者提出，关联企业是否适用实质合并规则，应该综合各种因素进行判断，其中，需要考量关联公司法人人格是否高度混同、混同资产的分离是否需要耗费大量的经济成本与时间成本等因素。③ 多元化的适用标准固然能够为审判实践提供方便可行的操作标准，但是也降低了裁判的可预期性。如何整合这些具体标准，规范其司法适用的限度，是我国进行相关立法必须解决的难题。

《破产审判会议纪要》中对适用实质合并破产的标准表述为：“关联企业成员之间存在法人人格高度混同、区分各关联企业成员财产的成本过高、严重损害债权人公平清偿利益。”除此之外，还可以综合考虑关联企业间的利益关系、各企业间资产的混同程度及其持续时间、增加企业重整的可能性、债权人整体清偿利益等因素。从上述规定来看，《破产审判会议纪要》并没有在法人人格混同概念之外明确设立其他独立的适用标准，

---

① 参见朱黎：《论实质合并破产规则的统一适用——兼对最高人民法院司法解释征求意见稿的思考》，载《政治与法律》2014 年第 3 期。

② 参见许一云：《实质合并破产重整司法实践探究》，载《人民法治》2019 年第 20 期。

③ 参见徐阳光：《论关联企业实质合并破产》，载《中外法学》2017 年第 3 期。

而仅仅是将其他因素作为对适用法人人格混同标准时的辅助性或补强性内容，这对充分利用实质合并法律手段解决关联企业实质合并破产问题而言还是有所不足的。笔者认为，实质合并规则适用的核心标准有二，满足其中之一即可：一是关联企业的混合程度；二是比较适用实质合并规则产生的利益与不利益，此处的利益主要是指债权人的清偿分配利益。① 至于其他因素，如重整需要、债权人合理期待等，不能单独作为适用实质合并规则的标准，只能作为补强标准使用。

（二）人格高度混同标准

不可否认，法人人格混同是司法实践普遍适用的标准，这里的法人人格混同虽然与公司法上法人人格否认的判断标准存在部分重合，但不能完全等同，不具有可替代性。人格混同的前提是成员企业首先必须具有独立的法人人格，较为直观的判断标准就是经工商登记依法成立，在此前提下，如果关联企业之间滥用关联关系，在经营、财务、人员、管理等方面存在高度混同，导致债权人混淆，误认为它们是一个整体，那么关联企业就有人格高度混同的嫌疑。对于关联企业法人人格高度混同这一适用标准的分析论证，美国的司法实践中主要是分析认定其资产和营业出现混同，以及存在明显的关联企业间内部担保或者违反公司规范的资产转移行为。在我国，相关的法律法规中暂无如何认定关联企业法人人格高度混同的明确规定，实践中具体案件的认定标准也各不相同，结合相关裁判文书分析，关联企业法人人格高度混同的认定主要从严重丧失法人意志独立性与财产独立性这两个方面展开。以山东金顺达集团有限公司申请破产重整案为例，该案法院从金顺达集团 24 家关联企业财务账簿和会计凭证难以区分、集团为各公司代为缴纳员工保险和企业费用、各公司之间资金受集团意志统一调拨、相互占用资金且未支付资金使用成本、相互担保、债权债务相互划转、实际出资公司不具备独立决策能力、固定资产相互混同这 8 个方面来认定 24 家关联公司严重丧失法人财产独立性；从实际控制人相同，业务不独立，董事、监事及高级管理人员交叉兼职情况较为普遍，各关联企业对其主要经营管理人员无人事任免权亦无职工劳动报酬决定权，

① 参见高小刚、陈萍：《论关联企业破产程序中实质合并原则的适用》，载《法律适用》2020 年第 12 期。

各关联企业无权决策投资、经营管理等重大事项，各关联企业无权自行制定经营管理制度等方面来认定24家关联公司严重丧失法人意志独立性。①

丧失法人意志独立性侧重于定性分析，主要表现在人员是否混同，组织机构是否混同，经营管理是否混同。② 人员的混同标准可以参照是否为“一套人马，两块牌子”，关联企业成员之间是否存在职工明显混用现象等，致使出现员工的职位混同，社保缴纳混同，劳动关系也发生了混同。组织机构的混同则表现为“一套机构，多个公司并用”。经营管理的混同标准可以是经营场所、业务活动、生产销售管理权限的混同，根据《中华人民共和国公司法》(以下简称《公司法》)的规定，公司应有自己独立的经营场所，关联企业的经营场所的混同可以主要办事机构、主要办公人员、主要经营办公活动场所为衡量的尺度。业务活动的混同可以参考关联企业的业务活动范围和交易是否由核心集团企业控制，关联企业成员之间因业务范围的异同出现同产品市场交易价格竞争、同种产品竞争等。生产销售管理权限的混同可以参考关联企业是否有生产销售的自主决策权，即是否由具有核心控制权的企业决定本年度生产销售的计划指标等重大决策事项，其他关联企业负责执行和实施该计划指标。

财产独立性的丧失可以从定性角度分析，也可以从定量角度分析。定性角度分析主要表现为财务管理，资产、资金管理，关联往来的混同等。而定量角度分析可以通过资产、负债、利润等因素计算，倒追分析混同的行为、原因、结果，并通过专项审计审核报告充分证明法人人格高度混同。关联企业的法人人格混同归根到底主要是资产和负债的财务混同，其直接导致无法真实体现各个关联企业成员的资产负债情况，各个关联企业资产负债表等报表也可能出现虚假的情形。判断资产负债的混同主要从会计六要素(即资产、负债、所有者权益、收入、费用和利润)角度出发，重点参考收入、成本费用和利润等因素分析混同的原因和其行为，而混同程度可以通过资产、负债和所有者权益等因素来衡量，其中资产和负债两

① 山东省淄博市临淄区人民法院(2016)鲁0305民破2号之二民事裁定书。

② 参见郭长星：《论我国实质合并破产的法律适用》，载《西部学刊》2020年第5期。

个因素对分析混同的程度起到重要作用。[①] 体现在财务报表上，可以通过利润表考察关联交易中的购销类交易是否为非公允价交易、该类交易的占比等；通过资产负债表考察资产转移占比、对价；通过或有负债的计算衡量对关联方的损益情况。[②] 因此，资产和负债的混同通过定量分析，可以反映出关联企业成员人格混同的原因、行为、结果，进而判断混同的严重程度。

(三)利益衡量标准

所谓“利益衡量”是部分债权人利益与所有债权人整体利益之间的衡量。具体而言，是指采用实质合并后给整体债权人带来的收益与部分债权人因合并而遭受的损失之间的比较。该部分受益主要来自以下两个方面：第一，因企业采用合并破产，免除了对各关联企业资产、负债的区分与清理成本降低了破产费用；第二，企业合并重整后，企业的整体价值会有所提升，能够吸引更多的优质投资者。这也能大大提升企业合并重整成功的概率。[③] 我国《企业破产法》宗旨是维护债权人获得公平清偿的利益。唯有实质合并后产生的利益大于损失的情形下，实质合并才有其存在的价值。理论和实务界针对利益衡量标准总结了两种情形：一是所有债权人受益；二是部分债权人受益，其余债权人受到的损失小于部分受益人获得的利益。[④] 即一种为绝对受益标准，一种为相对受益标准。对于前者，法官应当毫不犹豫地适用这一规则，这完全符合破产法的价值追求。对于后者，有学者认为其适用效果相较第一种情况较差，因此需要其他标准对其适用

---

① 参见左北平：《大型民营企业破产重整中的几个重要问题——以联盛集团破产重整案件为视角》，载王欣新、郑志斌主编《破产法论坛(第 13 辑)》，法律出版社 2018 年版，第 318 页。

② 参见阍晓林：《基于财务视角的关联企业实质合并破产审查标准研究》，载《中国注册会计师》2019 年第 7 期。

③ 参见王卫东、刘昌忠：《关联企业实质合并破产法律制度研究》，载《山东农业工程学院学报》2020 年第 7 期。

④ 参见[美]查尔斯 · J. 泰步：《美国破产法新论》(第三版)，韩长印、何欢、王之洲译，中国政法大学出版社 2019 年版，第 265 页。

效果进行补强,① 也有学者提出，通过债权人之间的协商，后者可以达到与前者相同的结果，即有利于所有债权人。他认为，在确定实质合并方案时，通过实质合并可以获得更高清偿数额的债权人甲可以让渡自己的部分债权额给不同意的债权人乙，以获得债权人乙的“同意”。这样一来，不仅甲获得了比实质合并之前更多的清偿额，乙也因为出售“同意权”而未受到大的损失。② 笔者认同后一种观点，在实质合并的不确定性下，如果能够通过债权人之间的协商，使每个债权人能够获得满意的清偿数额，那么实质合并规则适用就没有障碍。如果协商成功，相对受益标准和绝对受益的结果可以看作是相同的，法院可以直接裁定合并破产；但若协商失败，法院则不能适用相对收益标准来裁定实质合并，毕竟以部分债权人的利益损失为代价成全其他债权人的经济收益缺乏合理性，此时就需要综合考虑其他标准来判断是否合并破产。

(四)其他标准

如前所述，法人人格高度混同标准、利益衡量标准这两个标准都是法院在满足一定条件下能够独立适用的标准，除此之外，法官在判定是否适用实质合并破产时还需要考虑其他标准，但这些标准不能独立存在，属于补强标准。

1. 关联企业间资产的分离难度

很多学者认为应当将关联企业间资产的分离难度作为判断关联企业能否合并破产的独立标准，但是笔者认为，关联企业间资产的分离难度不应当作为适用实质合并原则的独立标准，而是应当在关联企业的混合程度以及利益损害比较中进行考察。关联企业人格混同将产生两种结果：一是当关联企业的混合程度达到“严重”程度，即构成“高度混同”时，符合实质合并标准，法院可以裁定进行合并破产；二是当关联企业的混合程度尚未

① 参见孟繁鑫:《关联企业实质合并破产标准的适用及构建》,载《成都理工大学学报(社会科学版)》2019 年第 4 期。

② 参见高小刚、陈萍:《论关联企业破产程序中实质合并原则的适用》,载《法律适用》2020 年第 12 期。

达到“严重”程度时，应当理清关联企业各自的资产和债务，进行单独破产。① 所谓“严重”，不仅包括区分关联企业之间资产、债务所花费的时间和人力成本过高的情形，还包括由于缺失合同、财务资料等表明企业生产经营状况的记载，导致无法还原企业资产与负债真实情况的情形。② 可见，资产分离难度是判断关联企业混合程度高低的一个重要考察因素。另外，因资产分离可能产生的成本费用由于会影响到债权人最后的清偿数额，可以在利益损害衡量中进行考察。因此，关联企业间资产的分离难度不宜作为一个独立的标准适用。

2. 债权人的合理期待

债权人对关联企业整体的合理期待，即债权人与成员企业进行交易或贷款是建立在对关联企业整体综合实力信赖的基础之上，基于此，其对关联企业整体清偿其债权具有合理的期待。③ 此时，为了保护债权人的这种信赖利益，应当适用实质合并破产规则。但是将债权人的合理期待作为独立标准却存在以下问题：其一，债权人的信赖利益是主观标准，当事人在举证时需要依靠各种客观事实证据证明自己的诉求，例如关联企业存在法人人格高度混同等事实。由此可见，这一标准无法独立存在，它需要依附于法人人格高度混同等标准，只是法院在作出判决时可以参照的依据。其二，关联企业一般存在数个债权人，当他们主张完全不同的利益信赖时，对适用实质合并破产规则的意见无法达到统一，这会使规则适用的标准判断更加复杂，影响法官作出公正的决断。并且需要质疑的是，债权人事前对企业的合理信赖似乎并不影响其在实质合并中会获得利益还是受到损失，因此难以将其作为适用实质合并规则的独立标准。此外，债权人的信赖主要适用于合同领域，排除了侵权和法定索赔人这两类债权人，因为他们不需要信赖就能成为债权人。据此，笔者认为，债权人信赖利益标准更

① 参见最高人民法院民事审判第二庭编著：《最高人民法院关于企业破产法司法解释理解与适用》，人民法院出版社 2013 年版，第 289 页。

② 参见孔维璜：《实质合并规则的理解和运用》，载《人民司法 · 应用》2016 年第 28 期。

③ 参见潘姚：《关联企业破产中实质合并规则的适用》，载《上海法学研究》2020 年第 7 卷。

适合作为个别债权人反对实质合并破产的抗辩理由而不是独立标准。①

3. 重整需要

企业再生目标贯穿于企业破产程序的全过程，为了保障关联企业重整挽救成功需要适用实质合并破产规则。从我国目前司法实践来看，大部分的关联企业采用了破产重整程序，这说明大部分的关联企业虽陷入困境但仍具有营运价值。关联企业具有高度经营一体化的特征，成员企业之间有较为明确的分工，每个独立的个体无法满足完整的市场经营体系，当他们独立进入破产重整，由于自身的资产和运营体系的不完整，重整工作耗时耗力，独立的成员企业运营效率较低，很难重整成功。② 采用实质合并重整的方式将成员企业的资源整合，司法操作也较为简便，能够有力保障企业挽救成功，从而大大提高债权人的清偿率。当然如果仅仅因为关联企业的重整需要而否定成员的独立人格是不妥的，破产法还需要尊重债权人的利益，因此它常常与利益衡量标准重合适用。

三、实质合并规则的程序构建

如前所述，关联企业实质合并破产制度的完善不仅需要规范其适用的标准，还必须明确其适用的程序。本文认为可以从以下几个方面入手：

（一）启动程序

1. 依申请启动

破产法为了使市场资源重新分配，允许经营不善的企业获得新生或有序退出市场，保障债权人在破产程序中合法权益的实现。根据《中华人民共和国企业破产法》（以下简称《企业破产法》）第 70 条规定，债权人、债务人可申请启动破产程序，在重整的情形下符合条件的出资人也可成为申

① 参见王欣新：《〈全国法院破产审判工作会议纪要〉重点解读》，载《法治研究》2019 年第 5 期。

② 参见孟繁鑫：《关联企业实质合并破产标准的适用及构建》，载《成都理工大学学报（社会科学版）》2019 年第 4 期。

请主体。在合并破产程序中，应允许若干债务人一同申请；或某一债务人申请破产后，与其存在关联关系的其他债务人再申请。有权申请的债权人，既包括符合破产条件的企业的债权人，也包括与该企业具有关联关系的其他企业的债权人。另外，由于债权人难以得知关联企业间的业务往来和资金流转状况，从而举证困难，因此可能会对其申请合并破产造成障碍；而合并破产会涉及对各债务人原有违法行为的认定，可能会产生法律责任问题，所以债务人和出资人申请合并破产的可能性较小，有必要扩大合并破产的申请主体。① 本文赞成王欣新教授的观点，认为管理人也应当被赋予合并破产申请的权利。管理人被指定后担负着清理破产企业资产及债权债务的重任，容易发现关联债务人的财产、账目或业务上的混同以及被转移的利益等，而且实施合并破产可以避免纷繁复杂的分离资产债务工作，这大大减少了管理人的工作量，有助于管理人把精力转向其他工作。这也是管理人具有申请合并破产的积极性的原因。因此管理人应当具有向受理案件的人民法院提出启动实体合并的权利。目前的司法实践中，管理人已经享有这种权利。在"分别破产，再行合并"的部分案件中，各成员企业在进入破产程序中已经被指定了各自的管理人，存在管理人相互协调的问题，实践中采取两种做法：第一，指定控制企业管理人作为管理人；第二，将各个成员企业管理人集合起来组成管理人团队。② 笔者认为应当提倡第二种方式，免除部分管理人的权限有失公允，关联企业破产案件情况复杂，管理人联合可以互帮互助，提高案件效率。

2. 依职权启动

根据我国《企业破产法》的规定，破产程序的启动采取严格的申请主义原则，换言之，就是"不告不理""不申请不理"的原则，人民法院只能依据当事人的申请启动破产程序，若没有当事人申请，严禁法院自行启动破产程序。因此，在法院是否可以作为依职权启动合并破产的主体的问题上，目前的法律是明文禁止的，但是在学术界尚存较大争议。笔者认为，

---

① 参见张少丽：《关联企业实质合并破产制度研究》，载《重庆第二师范学院学报》2014 年第 4 期。

② 参见王静、蒋伟：《实质合并破产制度适用实证研究——以企业破产法实施以来 76 件案例为样本》，载《法律适用》2019 年第 12 期。

这个问题仅仅在个别企业先进入破产程序，其他关联企业由法院依职权裁定并入破产程序的模式中存在，在"分别破产，再行合并"的模式中则不存在这个问题，因为那是对数个已经启动的破产程序的合并而已，并不是直接依职权启动破产程序。而且这种合并审理是通过充分考虑债权人意见和权衡破产效率后作出的，不存在违背私法自治的原则。而对于前者，由于其他企业尚未发生破产，只是被裁定与先进入破产程序的企业一起进入程序，就此而言，法院裁定其他企业一起进入破产程序则有违背私法自治之嫌。对于这种模式的合法性，有待于学术界的进一步研究。对此，笔者认为，法院应该行使释明权，向相关当事人释明合并破产制度的适用规则，保证其充分了解合并破产的制度价值，并鼓励当事人自己申请破产，如此一来，法院就可以规避自行启动破产程序之嫌，又可以保障当事人合法的知情权和处分权。

(二)管辖

根据《企业破产法》规定，破产案件由债务人住所地人民法院管辖。关联企业是成员企业的集合体，这些企业的住所地并不完全相同，当出现不同地域的法院受理了不同成员企业的破产申请后，实质合并破产案件由哪个法院管辖存在争议。《破产审判会议纪要》对此作了原则规定，即将核心控制企业住所地作为管辖法院，关联企业的核心控制企业对所有成员进行统一管理调配，往往集中了企业的主要资产和债务，控制着整个成员企业经营决策权，对各成员企业的情况也较为熟悉，这样的规定便于提高审理效率。① 对于关联企业核心控制企业的判断，需要充分考虑关联企业的经济事实，实质重于形式，将资产作为主要判断依据，同时考虑到债权人的需求，结合实际情况，选择适合的管辖地。

另外，关联企业重整启动模式多种多样，笔者认为在确定关联企业法院管辖时不应拘泥于一种形式，当出现"关联企业各自进入破产程序再申请实质合并以及关联企业先行合并再整体进入破产程序"情形时，基于效率和管辖恒定原则，可以由最先受理破产案件的法院作为管辖法院；部分集团企业规模较大，在当地声望很高，为了避免司法不公正现象，可以由

① 参见郁琳：《关联企业破产制度的规范与完善》，载《人民法院报》2018 年 4 月 11 日第 7 版。

上级人民法院指定其他没有利害关系的法院进行审理。对于一些跨区域的关联企业，《破产审判会议纪要》也规定了协调方式，由共同上级指定管辖。跨区域的关联企业需要异地调查，执行工作难度较大，上级法院确定时可指定两个地区法院一起管辖，相互协调配合，妥善解决跨地域沟通困难的问题。此外，笔者认为，随着破产案件数量逐步增多，又因破产程序复杂、专门性较强等因素，有必要逐步建立专门破产法院及专门的破产巡回法庭。

（三）审查与裁定

关于实质合并破产申请的审查形式，在《破产审判会议纪要》出台前，司法实践并不统一，主要有两种方式：一是采取债权人会议或债权人委员会表决等方式作为法院裁定合并的前提；二是采取公开听证的方式进行审查。① 笔者认为，第一种方式虽然保护了债权人的知情权和参与权，但对债权人委员会的职权范围有错误认识，债权人会议是债权人发表意见的自治性组织，具有独立的意思表示，债权人会议可以决定的事项仅限于债权人自治的范围，② 然而实质合并涉及对相关当事人实体权利义务的分配，是具有司法效力的裁判，因此决定适用实质合并破产不属于债权人会议的职权范畴，债权人会议可以向法院提起合并破产的建议以及决议重整计划，却不能作为法院裁定的必要前提，况且部分成员企业的债权人对实质合并破产持反对意见，也可能使破产程序难以进行。而由债权人参与听证，能够保障债权人程序权利，在这个过程中，各方主体都能表达自己的诉求，法院也更能准确掌握关联企业的相关情况，作出正确的司法裁定。

为了避免法院裁定对利害关系人的伤害，《破产审判会议纪要》还赋予债权人申请复议的权利，但根据法律规定，复议期间不停止执行，这很有可能给当事人的权益造成不可逆的损失。因此，笔者认为复议权并不能满足利害关系人的诉求，应当赋予债权人异议权，法院应当及时对当事人的异议予以回应，阐明裁判理由，只有这样才能让利益受损的当事人对司

---

① 参见王静、蒋伟：《实质合并破产制度适用实证研究——以企业破产法实施以来 76 件案例为样本》，载《法律适用》2019 年第 12 期。

② 参见王欣新：《关联企业的实质合并破产程序》，载《人民司法》2016 年第 28 期。

法裁判产生信赖，维护社会稳定，也有利于关联企业重整成功后的正常经营。① 此外，法院作出司法裁判之前应对独立破产的债务清偿率和合并破产的债务清偿率进行大致估算，着重估算关联企业内部资产和债务区分将耗费的资源，必要时可以聘请专业的评估机构出具相关报告，以作出符合债权人利益的公正裁判。

(四)法律后果

1. 相关程序起算点的协调

目前，法律没有明确规定合并重整的期限，根据《企业破产法》第79条规定，债务人或者管理人应当自人民法院裁定债务人重整之日起6个月内，同时向人民法院和债权人会议提交重整计划草案。有正当理由的，人民法院可以裁定延期3个月。理论和实务领域对合并重整后的期限有两种理解，一种观点认为，既然法律有明确规定，那么合并重整计划草案的提出也不宜超过9个月，否则会造成拖延，对债权人不利。因此，合并重整的期限应当从最先进入破产程序的公司的重整期限开始计算，总体不应超出9个月。另一种观点认为，进行实质合并重整程序的，合并后的各关联企业因重整主体发生重大变更，应自实质合并重整裁定作出之日起，统一重新起算重整期间。笔者赞同第二种观点，认为合并重整突破了法人人格独立限制，重整主体发生了重大变更，法院应当作出新的裁定和重新指定管理人。因此，重整期间应自实质合并重整裁定作出之日起重新起算。

另外，在“分别破产，再行合并”的情形下，成员企业进入破产的时间顺序并不相同，申报债权的止息时点、撤销权行使期间起算点不同，这对于债权人的利益分配也会有所不同，有学者主张应以关联企业成员最先进入破产程序之时作为债权确定时点，以各关联企业成员破产申请受理时作为各自撤销权可撤销期间起算点。② 笔者认为，破产法上的“合并”并不等同于公司法上的合并，关联企业合并破产是基于破产法遵循的价值考量作出的规定，法院在审理案件时，应当保留每一个成员企业进入破产程序

① 参见徐阳光：《论关联企业实质合并破产》，载《中外法学》2017年第3期。

② 参见王静、蒋伟：《实质合并破产制度适用实证研究——以企业破产法实施以来76件案例为样本》，载《法律适用》2019年第12期。

后的权利，此时它们依然是具有公司法意义上的独立个体，只是它们那些超越独立人格的行为应被依法纠正。因此，应当按照每个成员企业进入破产程序的时间来确定申报债权的止息点和撤销权行使期间起算点，这样才能真正保证债权人原有的利益。①

2. 主体存续问题

关联企业实质合并后，各企业的债权债务、资产等均被合并纳入同一资金池，在破产程序结束时，各企业何去何从？此时应当分别探讨清算、重整的情形。在清算情形下，关联企业之间的债权债务关系和担保关系归于消灭，各企业的债权人也按照共同的清算方案、以同一清偿比例受偿，随后各破产企业注销不复存在。而在重整情形的法律后果仍有待探讨。《破产审判会议纪要》中提道，适用实质合并规则进行和解或重整的，各关联企业原则上应当合并为一个企业，除非确有需要保持个别企业的独立。本文认为，《破产审判会议纪要》提到的将各关联企业原则上合并为一个企业，是未能将实质合并与公司法上的组织合并区分开。实质合并破产对各关联企业的独立人格的否定，在破产程序中不是真实消灭而是拟制消灭（当然产生真实消灭的效果）。② 如果全部企业均合并为一个企业则会产生许多现实问题，尤其是资质问题。各关联企业可能涉及不同行业，具有不同资质，如果若干企业合并为一个企业，则可能不符合取得经营资质的条件而无法继续经营。因此，实质合并制度对企业在破产程序以外的法人主体资格并不存在强制性、绝对化的影响，应当根据企业的经营状况及集团的经济发展计划决定各个主体法律资格的留存。

结　　语

实质合并制度起源于美国破产法司法实践，因其能够在关联企业破产过程中妥善协调从属企业债权人与控制企业债权人间的利益纠纷关系、促进公平清偿而得以迅速发展，并得到了各国破产法实践的青睐。但该制度

---

① 参见施天涛：《关联企业法律问题研究》，法律出版社 1998 年版，第 123 页。

② 参见祝丹萍：《关联企业合并破产法律问题探讨》，载《中国注册会计师》2019 年第 8 期。

在我国破产法立法领域中却是一片空白。现如今，我国关联企业数量不断增多，质量却参差不齐。尽管立法没有关于实质合并的规定，但其在处理关联企业破产问题方面的优势人尽皆知，法院也在不断探索着实质合并的适用。由于关联企业破产往往案情复杂，涉及金额庞大，某些具有经济地位的关联企业还会影响当地的经济、民生问题，牵涉范围极广。法院在缺乏立法指引前提下对实质合并进行探索出现了不少问题，完善《企业破产法》，将实质合并制度纳入立法迫在眉睫。因此，本文从司法困境、适用标准、程序构建等方面对实质合并制度进行阐述，发表笔者对这些问题的看法，期望本文能够为实质合并制度在我国的发展提供有价值的建议。

从“三维”至“一体”：破产审判“科技树”信息体系之构建

——以诺兰六阶段模型为分析视角

莫 然*

内容提要：破产审判信息化一直是司法实务努力推进的方向，现阶段已经完成了管理终端的统一，搭起了数据有效交换的桥梁，并形成了丰富的信息生态，这是破产审判信息化发展良好的征兆。但通过信息学中的诺兰模型观察，我们也清晰地看到破产信息化发展并不是一帆风顺，其中缺乏强有力的集约控制，各信息系统的关联存在阻滞，基础建设力度不一等问题还比较严重。故笔者提出，应引入“科技树”的体系对现行的信息化建设和发展进行合理的规划和控制，并将资源调配分为宏观统筹、中观调联、微观生态三个大方向予以整合，在此基础上，以司法机关为主导，引导行政部门协助，同时积极回复社会公众呼应，以求破产信息化系统良性发展。

在庭审中法院是通过观察当事人对抗而判定胜方的裁判者，在执行中法院是针对拒绝履行判决的人而行使强制权的终结者，但在破产案件中，当事人、法院之间不再存在对抗的矛盾，法院与当事人之间的关系转变为类似于战场上军官与士兵的关系，战斗的目标系通过破产程序完成企业的重生或出清，此时法院角色定位为领导者。由此可见，破产案件与传统的诉讼、执行案件有重大区别，其同时存在审判与执行、公权与私利、保密与公开相互交叉融合的多重特性，故在信息管理方面，应形成明显区别于传统案件的独有体系，但在中国现行信息管理体系中，破产审判被动地与

---

* 莫然，东莞市第一人民法院民五庭副庭长。

普通民事审判实行同质化对待，严重影响破产审判与信息技术的进一步融合，弱化了信息技术反馈司法活动的正面作用。本文以现阶段破产审判信息化特征为研究对象，借助诺兰六阶段模型①为分析工具，在剖析实践效果、运作规律和价值示范的基础上，建构起完善的破产审判信息化“科技树”体系，以期对中国现代化诉讼服务体系的完善与司法治理能力的提升有所裨益。

一、三个维度：破产审判信息化的检视

（一）宏观维度：管理终端大一统

由最高人民法院牵头组建的全国企业破产重整案件信息网（以下简称重整信息网），系破产审判信息化的一大重要举措。这个在2016年8月1日才建立的网站，通过近几年在功能、数据等方面的整合，基本结束了全国各级法院破产案件自立自审的“群雄割据”局面。根据最高人民法院《关于进一步做好全国企业破产重整案件信息网推广应用工作的办法》的要求，重整信息网对破产案件的覆盖率将达到100%。②

在重整信息网搭建适用之前，各审理法院都使用自己的案件管理平台，且由于开发公司的实力不一，功能往往差强人意，数据亦无法互通共享，不仅上级法院对下级法院案件进度无法进行实时了解，连同一合议庭的法官都无法及时对案件信息实时查询。通过重整信息网，从基层人民法院到最高人民法院均可以实现对各级法院辖区内案件的可视化管理，包括办案法院领导对本院破产案件的统筹管理，上级法院对下级法院办案措施与进度的监督，不同区域法院之间对破产案件信息的互通共享，都可以在

① 美国管理信息系统专家诺兰（Richard L. Nolan）通过对200多个公司、部门发展信息系统的实践和经验的总结，在1979年提出了著名的信息系统进化的阶段模型，即诺兰模型。

② 最高人民法院《关于进一步做好全国企业破产重整案件信息网推广应用工作的办法》第1条：“……办理破产案件的法院要严格按照《最高人民法院关于企业破产案件信息公开的规定（试行）》的要求，及时、准确、完整公开案件流程节点、各类公告、法律文书等相关信息。尤其对于法律文书、管理人招募公告、投资人招募公告、资产拍卖公告等公告信息，必须在作出同时通过破产重整案件信息网发布。”

重整信息网上以图表、网格、文字等形式实现。这打破了以往人民法院内部破产案件管理混乱、不同法院信息沟通不畅的格局，有利于最高人民法院第一时间掌握一线部门的办案情况，促成顶层决策机构能及时应变和反馈，有利于“搜集数据—发现问题—总结经验—形成对策—统一反馈”的统筹决策良好循环。

（二）中观维度：数据交换之桥梁

诉讼与执行的传统类型案件处理均是以法院为主导，由国家授权法院行使司法权和执行权，案件的处理呈线状推进，如诉讼案件呈“立案—审理—判决”，执行案件呈“立案—查控—变价—分配”单向线状发展。相对的，破产案件的参与方包括了法院、管理人、债权人、重整投资人等主体，处置中需要结合多方开会、谈判、走访等方式，各方有着信息接收、反馈输出的客观需求，故破产案件的处置更像多线性的全方位动态发展，法院在其中并没有绝对的主导权。这一特性反作用于破产审判信息化建设，提出了比传统案件更高的要求。

信息衔接可以分为纵向衔接和横向互通两个部分。其中，纵向衔接指的是法院内部信息板块的衔接，如执行与破产之间的信息互通，最高人民法院在《全国法院破产审判工作会议纪要》已经明确提出，要完善执行与破产工作的有序衔接，推动解决“执行难”，并为具体如何衔接提供了原则性的指导意见。① 现阶段重整信息网也基本实现了破产法官“准执行权”的赋予，法官可以通过重整信息网操作直接启动对企业财产的查控并有效得到相关部门的配合和反馈。

横向互通指的是人民法院与协助机关之间通过利用区块链等高新技术，真正实现社会主体、行政主体与司法主体的互联。如有法院利用管理人需要开设资金专用账户的契机，与开户银行展开合作，就重整信息网中未能满足需求的破产资金管理、管理人监督评价、区块链协同运作等角

① 最高人民法院《全国法院破产审判工作会议纪要》：“43. 破产审判部门与执行部门的信息共享。破产受理法院可以利用执行查控系统查控债务人财产，提高破产审判工作效率，执行部门应予以配合。各地法院要树立线上线下法律程序同步化的观念，逐步实现符合移送条件的执行案件网上移送，提升移送工作的透明度，提高案件移送、通知、送达、沟通协调等相关工作的效率。”

度，寻求补强性质的专门辅助系统，如广州市中级人民法院与平安银行开发的地区性破产审判智慧管理系统①、中信银行“银法通”破产案款管理平台②等。通过与破产资金管理开户银行的合作，保证破产审判信息的交换效率和质量。

（三）微观维度：信息生态之雏形

随着智能手机的发展，特别是以 ios 系统平台和安卓系统平台为代表的新一代智能手机面世，更多的应用和社交从 PC 端搬到了手机上，手机的核心应用成为 5G 时代互联网的新入口，智能手机在功能上已经逐渐取代传统 PC，并开始倒逼破产法官和管理人改革原有的办公模式，直接导致碎片办案理念的建立——智能手机办公“PC 化”。③ 近几年，借着对法院执行案件提供技术支持的东风，腾讯、阿里巴巴等网络公司也逐渐将其业务向破产审判进行渗透，在原有的通信基础上，就法院、管理人等案件参与人的需求，针对性地开发对应的辅助功能。如重整信息网单独开发了专用的手机 App 和微信小程序以方便债权人通过手机可以查看相关信息，微信、钉钉等 App 利用其在日常通信市场的高占有率开发出手机端的债权申报、债权人会议等破产程序专属功能，通过专门模块功能开发，在原有“一对一”“聊天群”联系的零散沟通基础上，在移动端形成了新型破产办案模式。只要在网络覆盖的地方，债权人就可以凭借手机申报债权、参加债权人会议、发表意见、提出异议，法官和管理人就可以就公告、决定、审核、批复形成沟通意见，进而形成电子文档附卷，强化了协同办案的即时沟通，极大地提高了信息处理效率，打破了以往主要依靠纸质文件审查的落后模式。法官使用手机即可得知破产案件的最新进展，并能通过互联网及时发出反馈，最终通过案件管理系统的汇合形成综合性、终局性

---

① 参见《全国首个破产案资金管理系统运行》，搜狐网，http：//www. sohu. com/a/233379630_381553，访问日期：2020 年 6 月 19 日。

② 参见《中信银行“银法通”破产案款管理平台助法院提升执行效率》，搜狐网，http：//www. sohu. com/a/322898938_356101，访问日期：2020 年 6 月 19 日。

③ PC 是 Personal Computer 的英文缩写，直译文义为个人电脑，一般指包含主机、显示器、外接键盘鼠标等部件且需要链接电源工作的台式电脑，缺点为笨重而不方便携带。本文所称的办公“PC 化”泛指以新一代移动通信工具如手机、平板电脑、笔记本电脑为载体替代台式电脑的工作模式。

的意见，这种普遍被律师界所接受的办公模式，笔者暂且称其为“碎片化办公”。尽管其是否符合正统司法理念尚存争议，但这种模式能够大幅度提高办案信息处理效率已经是不争的事实。

二、透视：基于诺兰六阶段模型对三个维度的剖析

诺兰模型理论认为，任何组织由手工信息系统向以计算机为基础的信息系统发展时，在技术进步、应用拓展、计划控制策略变化以及用户状况四个方面，存在着一定的客观发展规律。诺兰将计算机信息系统的发展道路划分为六个阶段，包括初装阶段、蔓延阶段、控制阶段、集成阶段、数据管理阶段和成熟阶段(如表1)：

表1　**诺兰六阶段特征**

阶段	特　征
初装阶段	计算机的作用被初步认识，多用来完成报表统计工作，作为办公设备使用，在这一阶段，使用计算机的人仍为少数
蔓延阶段	其余部门也开始应用计算机，应用需求也逐渐增多，软件开发投入增加，但此阶段的计算机使用效率仍不高，出现了数据冗余、不一致、难以共享等问题
控制阶段	出现了领导小组试图控制信息化服务的成本，对信息系统建设进行统筹规划，使用数据库技术进行数据管理，但此阶段还存在着信息孤岛问题，信息资源无法共享，信息系统呈现单点、分散的特点
集成阶段	信息化建设由单点、分散向体系发展，各类信息系统集成为统一的系统，基础数据库得以建立，数据处理发展进入控制时期
数据管理阶段	信息成为组织的重要资源，信息化建设进入数据处理阶段，统一的数据库平台得以建立，各系统实现资源整合和信息共享
成熟阶段	信息系统可以满足各管理层次的需求，实现了信息资源的整理和管理

诺兰阶段模型提出时间较早，其同时提出的一些理念可能随着时代发展需要修正，如它强调任何组织在实现以计算机为基础的信息系统时都必须从一个阶段发展到下一个阶段，模型中的各阶段不能跳越，但实践证明，集成阶段与数据管理阶段往往是同步进行而不能割裂分立。尽管如此，诺兰模型仍奠定了信息系统发展的理论基础、阶段经验和客观规律，

后续提出的许多信息系统成长模型多以诺兰模型为参照。诺兰模型作为信息系统成长的经典理论，在资源调配角度可以极大地减少抉择的盲目性，能够使组织者在决定发展方向时立足于清晰的定位，对信息化建设仍具有划时代的指导意义。

(一) 宏观“根基尚浅”：缺乏强有力的集约控制

虽然重整信息网这一全国性的大型平台已经建立，但全国各地法院在自用系统管理破产案件的方式并未根本终结，还有相当部分地区法院采取本院案件管理系统与重整信息网并行使用的方式。多重平台的使用，一方面会引起信息重复使用，增加信息录入人员的工作量，且极易造成不同管理平台之间数据差异；另一方面，对于债权人等公众当事人，由于没有唯一的权威信息发布平台，容易对破产审判公信力产生疑惑。

这是因为最高人民法院在推广重整信息网的过程中，过于侧重信息公开和数据归集，并在此立场制定相关规范，其系从宏观站位上进行统筹，系自顶层自上而下推进的信息化改革措施，故往往会先关注体系架构的确立，优先保障自身的信息与功能完善，对于未直接妨碍重整信息网推广的问题，并未纳入目前阶段性统筹建设的整改范围之内，最终导致重整信息网的推广过程并没有得到一线办案人员的积极反馈。而且因案件管理方式与地方法院的现行管理方法存在重大区别，很多地方法院的破产法官对原来的案件管理系统已经产生习惯性依赖。

另外，重整信息网中部分功能亦存在缺陷，资金管理、管理人考核甚至已有的债权人会议功能都亟需完善。上述原因给了一线办案法院继续留用原有系统甚至开发新系统的理由，如广州法院与平安银行共同开发的“智破”系统，就强调了地方管理人智能服务、地方破产审判动态监管平台、债权人评价监督、破产审判区块链协同等重整信息网不具备的功能。①

(二) 中观“融合不畅”：立体化关联尚存阻滞

不可否认，因为科学技术民用转化效率提高，现阶段的信息整合与管理在纯技术层面已经达到一个前所未有的高峰，但破产审判信息化始终未

① 参见李晓东、彭勇、苏喜平：《“智破系统 2.0 版”在穗上线系目前国内首个地区破产审判智慧管理系统》，载《南方法治报》2019 年 6 月 14 日第 3 版。

能攀升至诺兰模型中整合阶段和数据管理阶段的完美状态。重整信息网系面对多个群体的综合性系统，决定了其需要满足不同群体的需要，这应考虑到使用人员的年龄、学历、司法能力等因素并作区别对待，重整信息网虽然就信息整合作出了努力，但未从根本上解决主要信息特别是核心司法信息集中于法院一方的“信息烟囱”①局面。管理人、债权人、债务人、投资人仍可能囿于身份无法直接、有效地获取其所需信息，在一些关键节点(如债权审核、重整计划制定、发表异议等)上，仍需依靠传统的电话或面谈。②

而在重整信息网之外的互联网公司，因其系具有浓厚服务意识的商业主体，“消费者就是上帝”的态度根植于其经营理念，如目前与破产审判信息化相融合的拍卖流程已经做到相当优秀的人性化与便利化。但可能考虑到司法案件的保密属性等因素，重整信息网在开发过程中并未考虑引入服务意识一流的互联网公司参与建设，甚至在信息共享方面亦未能实现数据端口的直通。如在淘宝、京东平台上进行的破产财产拍卖，不能通过数据口对接获取最基本的必要信息；查封裁定、拍卖公告、指定管理人决定书等信息的录入往往还需人工获取和转移。其中可以感受到法院对此有着强烈的风险保护意识——或者说是自我隔离意识，也正是这一理念导致至今仍未形成破产审理部门与公众的良好互动，这一状况近几年能否有所改变并达到破产信息万众互联的“一盘棋”，尚需继续观察。

(三)微观“局部衰弱”：通往成熟阶段任重道远

诺兰六阶段模型中的成熟阶段指的是信息系统已经可以满足各个层次的需求，从简单的事务处理到高效管理均能满足决策需要，真正做到将组织内部、外部的资源充分整合和利用，从而提升执行力和生产力。但局部出现了诺兰模型各个阶段共存的问题，如初装阶段和蔓延阶段信息化基础设施不够完善，个人计算机水平有限，信息系统使用率偏低等情况，信息化主导单位未能充分发挥作用，专业人才保障力量不足都成为制约破产审

---

① 信息烟囱(英语：information silo)，又称信息孤岛(英语：information island)、孤岛式信息系统或者烟囱式信息系统，指的是一种不能与其他相关信息系统之间进行互操作或者说协调工作的信息系统。

② 虽然在重整信息网上有微信小程序的二维码和手机 App 的下载链接，但经笔者实测，微信小程序的二维码功能简陋，仅限于案件查询等基本功能，手机 App 链接显示无法下载，重整信息网最后访问时间 2020 年 6 月 20 日。

判信息化进一步提升的掣肘。当然，除信息系统本身原因外，使用者操作能力、使用习惯也是因素之一。

又如在诺兰模型的控制阶段，需要领导小组来控制信息化建设的成本，同时对信息系统的建设进行统筹规划，在法院破产审判信息化建设过程中，必然需要构成合理的技术保障团队推进信息化建设。但以笔者工作的D法院为例，负责信息化建设的人员隶属办公室管理，除了法院日常的诉讼执行案件管理系统维护，往往还兼顾设备维修、巡检甚至是公文处理工作，而随着控制阶段向集成阶段与数据管理阶段发展，法院信息化部门工作人员的工作量必然进一步加大。在处理多达10万宗案件的法院中，不足10人的信息化团队仅是杯水车薪，[①] 对日常系统的维护都已经捉襟见肘，更谈不上为推动破产案件信息化建设提供有效帮助。这不仅体现在人力上，财政支援的资金上亦然，在信息化建设中，法院财政更倾向于流向收案量大的诉讼和执行部门，破产审判部门基本上无法在信息化建设中获得有效资源，只能通过与外部单位的合作换取信息化技术支持。

诺兰模型的前三个阶段具有计算机时代的特征，后三个阶段具有信息时代的特征，其转折点处是进行信息资源规划的时机。结合笔者于上文所总结的现阶段破产审判信息化发展情况，对照诺兰模型可以得出一个相对清晰的反映，目前我国破产信息科技树体系整体已经越过初装阶段与蔓延阶段，处于控制阶段、集成阶段、数据管理阶段同时向成熟阶段并进的局面，具体如下（如表2）：

表2　**破产信息化三个维度在诺兰模型中的表现**

科技树的“三维”／诺兰六阶段模型	宏观统筹	中观调联	微观细化	备注
初装阶段	普及	普及	普及	尚有细节需要完善
蔓延阶段	普及	普及	普及	尚有细节需要完善

① 笔者所在的D法院，2019年收案99928宗。数据来源于D法院官网，http：//dyfy. dg. gov. cn/fygk/gywy. html，访问日期：2020年2月20日。

续表

诺兰六阶段模型 \ 科技树的“三维”	宏观统筹	中观调联	微观细化	备注
控制阶段	基本达成	基本达成但有缺陷	基本达成但有缺陷	
集成阶段	基本达成但有缺陷	未达成	未达成	
数据管理阶段	未达成	未达成	未达成	
成熟阶段	未达成	未达成	未达成	

三、摹形：破产审判信息化“科技树”体系的嵌入

（一）“科技树”体系建构之意义

“科技树”，源于电子游戏术语，指的是玩家在游戏过程中提升等级后，根据所获得的资源进行合理分配，以促成自身实力的增加，且这种增强会根据选择并形成独特的成长方向，因为其表现形式和选择方式往往是从少量到多数，从简单到复杂，从集约到分散，画面上往往以类似于“树”从线到面的网状形态呈现，故又称为“科技树”“天赋树”或“成长树”。虽然在《人民法院信息化建设五年发展规划(2019—2023)》中有出现类似的概念，但其仅仅系作为描绘人民法院信息系统的整体发展现状和期望，未能体现出破产审判信息化的具体成长方向，更未突出现阶段破产审判信息化管理的侧重点，毕竟这是最高级别司法机关对整体信息化建设的大致描述，无法再细化至某一类型案件的具体表现内容。

在破产审判信息化建设中使用“科技树”的意义在于：同一时段所获得的资源总是有限的，司法资源亦然，通过使用科技树模型，能够对资源的配置形成最科学的选择和管理。特别是在破产审判这一特别审判领域，其审理推进方式与传统的审判和执行案件存在根本区别，在为破产审理建立信息化的配套系统时，应采取有别于一般案件的信息管理流程，通过“科技树”体系的建立，为破产审判信息化这一分支提供更为详尽的参考

信息和可视化管理，为日后破产信息化的持续发展提供合理预判。

（二）“科技树”体系的“三维”要件

笔者将破产信息化的“科技树”体系构成主要划分为三个部分：“树根”“树干”及“树冠”，以对应宏观、中观、微观三个维度。

1.“树根”：宏观统筹要件

这是整个破产审判信息化“科技树”体系的核心要件。纵使破产案件有着各种各样的参与者和决策制度，如管理人制度、债权人会议制度、债权人委员会制度等，甚至有学者认为人民法院在破产案件审理中的角色定位仅仅系监督者或引导者，仅在必要时才通过一定司法行为适当介入，[①] 但这并不能动摇破产案件的司法案件根本属性，人民法院作为破产案件当然的管辖机关，必须牢牢掌握信息出口的话语权，这决定了破产审判信息化中人民法院的绝对控场角色定位，昭示了现阶段人民法院对破产案件信息建设的主导作用。在这一要件中，关键在于对破产案件信息进行宏观上的统筹，在终端上通过信息的处理把控全局。当然，统筹并不代表绝对的控制，而是通过适当的数据整合方式，将信息管理融合至具体的司法事务之中。

2.“树干”：中观调联要件

信息存在的意义在于流通与共享，否则其将一文不值。与传统审判或执行案件的信息传递模式不同，传统民事诉讼案件的信息传递建立在法律的明确规定基础上，有着相对充分的法律属性，即使是电子文书逐渐普及的今天，也只是导致传送司法活动信息的载体从纸质载体转化为电子载体，实物卷宗转化为电子卷宗，内容本身并没有发生根本性改变，传票依然是传票，判决依然是判决，传统的诉讼案件不会因为信息化而导致案件流程发生剧烈变动。但破产案件审理具有强烈的社会民主属性，推进过程中夹杂着大量非法律内容的信息交换，且这种交换主要为司法内部信息和公众外部信息的频繁交互和整合，这对破产审判信息化的建设提出截然不同的要求。在破产审理中搭建信息的桥梁，关键在于“调配”与“关联”，

① 参见郑伟华：《破产审判中法院的角色定位——基于典型案例的思考》，载《法律适用》2017 年第 22 期。

通过引入信息技术，将信息流通程度调整在破产法院可以接收的信息共享上限以下，在外部公众可以忍受的信息需求下限以上，达到相对平衡后，再施加动态手段予以调控，保证信息的有效流转，这是“科技树”体系的存续要件。

3.“树冠”：微观生态要件

破产案件的审理离不开信息的繁荣，而繁荣的前提为积极的信息生成、应用、更迭和留存，这是“科技树”体系的发展要件。该要件以中观调联要件为连接点，遍布于中观调联的各个层面，甚至贯穿最根本的宏观统筹层面。这一要件并不当然以司法活动为形成前提，因为破产案件中大量信息的产生仅仅系基于司法行为启动，遂通过商业行为繁荣，最终以经济活动体现。司法信息在破产微观信息生态系统上虽有着一定的占比，但仅仅靠司法行为不足以填充完整的破产微信息生态，还需要大量的社会商业活动信息作为破产信息微观生态重要的构成部分，再通过一个个关联点，将信息聚合，即形成了“科技树”体系的“树冠”——微观信息生态要件。

正是上述三个要件构成了现阶段破产信息化“科技树”一体化体系的1.0版(如图1)：

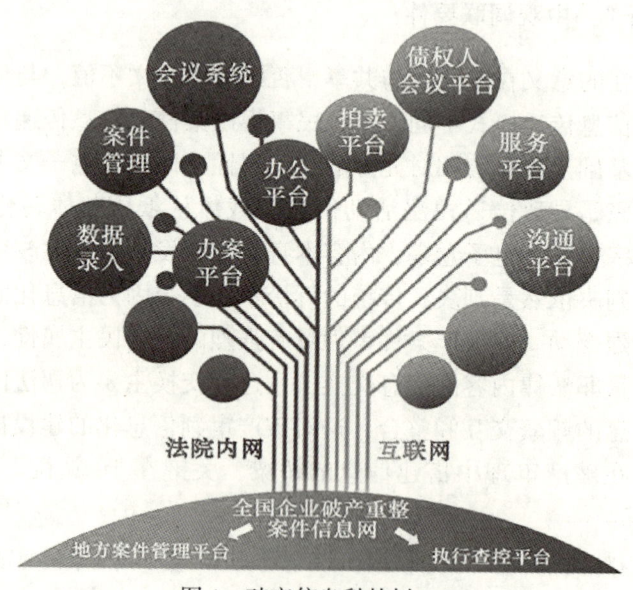

图1 破产信息科技树1.0

四、升级：科技树体系的“2.0版”

破产信息“科技树”的升级和发展，还需要通过横向与纵向两方面的挖潜进行巩固与加强。其中的纵向挖潜指的是坚持以司法机关——破产法院为中心的破产审理制度，以最高人民法院重整信息网的发展为契机，在破产审理程序内统筹各级人民法院的信息化推进，与管理人一并完善立体化的破产信息系统。横向挖潜，一方面是指合理统筹与行政机关之间的信息互通，充分发挥行政机关在社会管理方面的信息优势，作为破产信息立体化的重要补充；另一方面，则要对社会公众的高度关注作出适度回应，引入现成的高科技信息技术，满足商业主体的市场竞争需求，另辟蹊径，为破产审判信息化建设提供新的动力引擎。

通过以下一系列措施，最终将宏观、中观、微观这“三维”归于更高效的科技树2.0“一体”版本(如图2)：

图2　破产信息科技树2.0

(一)“固根”：积极主导司法机关响应

实践中，各级人民法院的数据集中管理平台的运行管理能力不足，数据集中范围参差不齐，数据质量不高。因此，必须继续深化司法公开，借助信息化提升司法公开的效率和质量，做到数据准确真实、互联互通、社会共享。① 具体到破产信息化体系建设中，笔者认为目前阶段在破产法院内部应以重整信息网建设为中心，从以下几个方面巩固成果：①落实数据管理专项系统使用。最高人民法院通过制度化(如通知、操作指引等)的方式，使用禁止性规定进一步强调以重整信息网作为全国处理破产案件的专用平台，系全国性的权威数据公示管理窗口，即使有地方法院自行寻求第三方协助使用个性化的地方平台，也应就重复功能部分予以祛除，将这种地方平台定位为辅助性平台。②对短板模块作针对性强化。就上文已经提到的重整信息网的不足，如管理人绩效评价、资金管理等短板方面加大投入，有效消除“木桶效应”，提高系统的使用下限以满足办案需要。当然，考虑到重整信息网系全国性的管理系统，就短板方面改进以“一刀切”的方式存在客观上的不能，如最高人民法院同期在推的人民法院执行案件流程信息管理系统，也未能有效解决执行代管资金管理与发放的问题，这时需要地方平台提供个性化服务予以解决。③促进数据信息有效使用。破产审判信息化过程形成并采集的信息数据，已经具备进行大数据分析的条件，如能有效使用，不仅能提升破产法院的审理质量，还可以为政策制定者提供决策依据。这对于了解地区乃至全国的企业破产情况具有重要参考价值。但目前，破产数据信息的应用还停留在各级法院的司法统计层面上，对于大数据的深度挖掘仍然不够，未反馈影响到司法政策的重大进展，更少见顶层决策者依靠破产信息大数据制定相关政策的事例。故应强化对破产信息数据的应用，进一步挖掘其价值，使其为司法政策乃至政治决策发挥更大作用。

(二)“强干”：良性引导行政部门适应

在破产审判中，不可避免需要获取行政部门管理职能内的信息，如破产企业的工商登记需要与市场监督管理部门对接，破产财产中的不动产登记需要与不动产登记管理部门对接，管理人的印章刻制与注销需要与公安部门对接等。虽然部分信息交互工作已经比较成熟，但实践中还有相当部

---

① 参见刘雁鹏、田禾：《司法大数据的建设、应用和展望》，载《法治蓝皮书：中国法院信息化发展报告 No. 1(2017)》，社会科学文献出版社 2017 年版，第 90 页。

分工作需要管理人、法院通过人工方式完成（如不动产的信息可以通过重整信息网使用“总对总”[①]网络查控系统获得，但大多数地方的查封措施还需要人工办理）。故打通人民法院与行政部门之间的信息桥梁，还需要依赖进一步的沟通协调，力求在不加重各自工作量的前提下取得信息互通的平衡。当然，在信息互享的过程中，行政权与司法权均需保持高度自觉，行政的归行政，司法的归司法，各就其位，各司其职，站在遵循破产法立法目的、法律规定本意的基础上，合力解决信息立体化的难题。

互动平衡的程序设计，体现在权力之引领、规制和审查，实现权利之充分、有序和合法行使。[②] 在国家层面上，已经明确要求推动政府与公共的信息数据互联共享。[③] 但这毕竟是国家政策层面上大方向的原则性表述，具体如何落实与行政部门之间的信息联动，还需落到有着现实迫切需求的一线办案法院身上。最高人民法院指出，在破产案件处理中应注意与当地政府建立起良好的协调机制，[④] 在部分地区已经有法院借助“府院联动”的模式进行探索，如广东惠州的《惠州市人民政府办公室关于建立惠州市企业破产处置工作司法与行政协调联动机制的通知》就明确：“以市场监督管理部门为例，需依法配合管理人调取债务人企业设立、变更、备

① 2014年，最高人民法院建立网络查控系统，加强与16个有关单位和金融机构合作，通过信息化、网络化、自动化手段，在全国范围内查控被执行人及其财产，该系统被称为“总对总”网络查控系统。参考《“总对总”网络查控系统》，中国法院网，https：//www.chinacourt.org/article/detail/2018/10/id/3540690.shtml，访问日期：2021年2月19日。

② 参见陆晓燕：《司法控制与当事人自治的制约与平衡——探寻破产管理人选任规则的完善路径》，载万鄂湘主编《探索社会主义司法规律与完善民商事法律制度研究》，人民法院出版社2011年版，第1353页。

③ 《国民经济和社会发展第十三个五年改革纲要2016—2020》第27章第1节：“依托政府数据统一共享交换平台，加快推进跨部门数据资源共享共用。加快建设国家政府数据统一开放平台，推动政府信息系统和公共数据互联开放共享。”

④ 最高人民法院《关于正确审理企业破产案件为维护市场经济秩序提供司法保障若干问题的意见》第4点：“……人民法院审理企业破产案件，一定要坚持在当地党委的领导下，充分发挥地方政府建立的风险预警机制、联动机制、资金保障机制等协调机制的作用，努力配合政府做好企业破产案件中的维稳工作。”

案，以及名下动产抵押或股权出质的登记信息等资料。”①在最高人民法院没有出台进一步的指导意见前，法院充分发挥主观能动性，化身信息“传话人”，不失为目前一种较好的做法。

（三）“茂冠”：理性回复社会公众呼应

我国目前已经处于市场经济时期，破产案件这一类商业属性强的案件大幅度增长，社会公众的关注度也日益增加。如淘宝、京东等拍卖平台相继推出破产财产拍卖模块，互联网公司参与网络债权人会议模块建设，银行与法院联姻推出破产资金管理系统等，都是社会公众表达其关注的实践形式。这一方面有着市场资本逐利特性的客观因素，另一方面，人民法院主动敞开怀抱迎接新技术的态度也有着不可忽视的作用。从社会经济发展的大趋势来看，利用社会公众力量推动司法改革的潮流不可逆转，上述的市场反应正是社会公众对于破产信息公开化、债权人利益最大化、破产审判流程便利化诉求的集中体现。

针对上述呼应，笔者认为需要从两个方面予以回复：一方面，应肯定社会公众力量对破产审判信息化的良性推动作用，管理人应开拓理念，在合法合规的基础上，勇于打破惯有思维模式，将信息化工具贯穿本职工作之中，法官作为案件的主导者，在办案之余可以积极与互联网公司沟通，尝试将先进技术嵌入破产审判工作，充分发挥信息化办案的科技优势，提高办案质量与效率。另一方面，无论是司法部门还是社会公众，均需要把握科技拓展的边界，毕竟破产案件其本质属性依然是司法案件，破产法院在办理案件过程中需要考虑对审判秘密的保护，在信息化过程中的涉密与公开之间设立起防火墙，严防审判秘密泄露。

具体做法方面，笔者建议：①可以在重整信息网或各地破产案件管理平台中，引入社会商业主体参与非审判核心的建设，实践已经证明，使用破产财产拍卖平台频率越高，越易吸引资金参与，有利于财产处置的价值最大化；②在资金管控发放方面，利用好“数据链”技术，打造适用具体案件处理的“破产信息链”，引入对于款项管理有专业知识与开发能力的

---

① 参见卢思莹、黄仲民：《惠州建立企业破产处置“府院联动机制”》，中国法院网，https：//www.chinacourt.org/article/detail/2019/10/id/4561082.shtml，访问日期：2021年2月19日。

金融机构，对敏感涉密内容等事项有效管控；③引入大型互联网公司为重整信息网开发专门的手机 App 或智能小程序，并根据法官、管理人、债权人的需求保持高频率更新，保持智能设备端的“碎片化”办公不会落伍于时代。

结　语

诺兰的六阶段模型系对信息化演变的抽象总结，揭示了行业信息化进程的客观规律。其作为 20 世纪提出的理论研究模型，可能无法在科技发展日新月异的环境下满足各方需求，有一定的时代局限性，但诺兰模型仍然是信息化研究学者优秀智慧成果的集合，依然是研究破产审判信息化渐进路径的优秀工具。《中国法院信息化发展报告 No. 3(2019)》指出，2018 年人民法院信息化建设取得新成效，智慧法院建设全面提速，人民法院信息化 3. 0 版的主体框架已经确立。[①] 在目前我国积极优化营商环境的宏观要求下，借助人民法院信息化高速推进的东风，破产审判信息化亦已经逐步进入诺兰模型的高级阶段，通过“科技树”理念体系的嵌入，从 1. 0 走向 2. 0 版的成熟阶段，甚至在 2. 0 版本上继续信息科技的发展向 3. 0 版迈进，完成诺兰六阶段模型的“大满贯”指日可待。

① 参见张昊、朱汉夫：《智慧法院初步形成信息化 3. 0 版主体框架已确立》，中国法院网，https：//www. chinacourt. org/article/detail/2018/02/id/3208123. shtml，访问日期：2021 年 2 月 20 日。

破产清算实务中清算所得税相关问题探析

尹爱国　李　偲*

内容提要： 企业所得税是我国第二大税种，在财政收入、社会经济宏观调控等方面具有重大影响，在当前破产清算企业数量的增加趋势下，破产清算中企业所得税问题越来越突出。顺应自 2019 年我国兴起的关于破产案件涉税问题新政改革热潮，面对当前我国破产清算实务中清算所得税的定性不明、申报及汇缴方式未确定、清算期起点未统一、计算方式尚存在争议等问题，本文结合实践及理论分析，建议将清算所得税参考新生税款视为破产费用或共益债务，在进入破产程序中，由破产管理人承担办理涉税事务的义务，除此以外，对清算期的起算点及计算方式中的债权损益计算展开粗浅的讨论。

一、提出问题

企业进入破产程序后至办理工商注销前，其作为纳税主体应当依法履行的纳税义务并未消亡，如果发生应税行为，仍应依法纳税。相对于破产受理前破产企业已欠付税款，我们称破产企业在破产申请受理后至破产程序终结前因新的应税行为对应的应缴税款为新生税款，实践中常涉及的税种一般包括增值税、企业所得税、城镇土地使用税、房产税、契税、土地增值税、印花税等。① 这里，我们将企业在破产清算期内应缴的所得税称

* 尹爱国，湖北维思德律师事务所，高级合伙人，破产与重组部部长；李偲，湖北维思德律师事务所，实习律师。

① 参见徐战成：《企业破产程序中新生税款应如何定性》，载《中国税务报》2018 年 10 月 17 日第 B3 版。

为清算所得税，其属于新生税款中的一种。据《中华人民共和国企业所得税法》(以下简称《企业所得税法)》规定可知，企业所得税是对我国境内的企业和其他取得收入的组织的生产经营所得和其他所得征收的一种所得税。[①] 此处的"清算期"不仅包含《中华人民共和国公司法》(以下简称《公司法》)规定企业在注销之前的清算期，还应包含企业因资不抵债进入破产以后的破产清算程序。

2007 年，我国颁布的《企业所得税法》规定了一般情形下企业所得税的计算方式及征管方式，首次提出清算期为独立纳税年度，将清算期内应缴的企业所得税进行一定区别。而后，2009 年 4 月 30 日，财政部、国家税务总局《关于企业清算业务企业所得税处理若干问题的通知》则对清算期的企业所得税的范围、清缴方式作了进一步说明;[②] 2009 年 12 月 4 日，国家税务总局颁布的《关于企业清算所得税有关问题的通知》(国税函[2009]684 号)对清算所得税的纳税年度及清缴时限再次予以明确。至此，我国《企业所得税法》及税务部门规范性文件构建起关于企业清算所得税的申报清缴体系。但《中华人民共和国企业破产法》(以下简称《企业破产法》)未提及新生税款的清缴义务及性质，不仅企业清算所得税的纳税要求在破产清算程序中受到了挑战，同时以企业正常清算注销为预设环境所构建的清算所得税纳税体系在破产清算程序中也出现明显的"水土不服"。

可以说，关于破产程序中的清算所得税乃至新生税款的申报清缴，我国的破产法与税法体系均未给出明确统一的操作方式，虽我国税务局有关政策规章及规范性文件提出了清算所得税的清缴要求，但在破产清算实践中仍存在清算期起算不明、计算方式不合理，缴纳时间及方式存在实践操作上的矛盾等问题，各学者及实务者对此也存在较大争议，故而，本文针对企业破产清算程序，试图从我国现行破产法及税法体系角度针对企业清算所得税的相关问题进行讨论。

① 参见《企业所得税法》第 1 条、第 5 条、第 22 条。

② 参见财政部、国家税务总局:《关于企业清算业务企业所得税处理若干问题的通知》，国家税务总局，http://www.chinatax.gov.cn/chinatax/n810341/n810765/n812166/200905/c1188910/content.html，访问日期：2021 年 1 月 15 日。

二、现行制度基础和问题

事实上，我国现行企业所得税法体系已构建了包括纳税义务人、征税对象、计税方式、纳税期间及方式等较为成熟的企业所得税征收征管制度。即我国境内除个人独资企业、合伙企业以外的企业和其他取得收入的组织，以按季度或按月申报预缴的方式，根据应纳税所得额及税率计算出的应纳税额，缴纳企业所得税。据我国现行企业所得税制度，企业于清算期内应缴的所得税仅在纳税年度计算方式上存在不同，其他基本内容诸如纳税义务人、征税对象、计税方式均应当适用一般企业所得税相关规定。将清算期单独计为纳税年度，对于企业所得税在企业正常清算注销程序中，根据企业的清算状态与正常营业状态的区分采取了不同的企业所得税清缴方法确实提高了效率且更为合理。但在企业因资产不足以清偿全部负债而进入的破产清算程序中，单单将清算期的纳税年度予以区别计算尚不足以与我国现行企业破产清算制度相衔接，企业破产实务中在破产清算企业的纳税义务、企业清算所得税应否预缴、关于“执转破”案件企业所得税清算期起点如何认定、破产清算所得税中负债清偿损益的计算困境等问题上仍有待探究。

近年来，随着中央供给侧结构性改革和“僵尸企业”处置工作的推进，企业破产案件数量急剧攀升，《企业破产法》的实施备受关注，破产程序中的税法问题逐渐暴露出来并引起广泛关注，引发了“府院联动”解决税务问题的热潮。2019 年 7 月 16 日，国家发展改革委、最高人民法院、国家税务总局等十三部委联合发布《加快完善市场主体退出制度改革方案》(发改财金〔2019〕1104 号)，明确要求税务部门在纳税信用修复、落实企业破产重整税收支持政策等问题上加强府院联动，提供税务支持。① 2019 年国家税务总局发布《国家税务总局关于税收征管若干事项的公告》(以下简称《第 48 号公告》)，确定了企业破产清算程序中的基本征管事项，进一步带动了关于破产案件涉税问题新政改革。

---

① 参见《关于印发〈加快完善市场主体退出制度改革方案〉的通知》，中华人民共和国国家发展和改革委员会，https：//www.ndrc.gov.cn/xxgk/zcfb/tz/201907/t20190716_962483.html，访问日期：2021 年 2 月 14 日。

越来越多的地区将破产程序税务处理问题归口于地方破产审判法院和税务局，并通过意见、会议纪要、指引、指南等方式对《第 48 号公告》的精神进行细化和落实。①

其中较为典型的如上海市高级人民法院、国家税务总局上海市税务局于 2020 年 4 月 4 日发布《关于优化企业破产程序中涉税事项办理的实施意见》，明确在“清算期间企业所得税处理”中，由管理人进行清算备案，同时规定清算期内不需要再进行企业所得税预缴申报；② 重庆市高级人民法院、国家税务总局重庆市税务局于 2020 年 2 月 25 日发布《关于企业破产程序涉税问题处理的实施意见》，对企业破产处置过程中的纳税申报处理进行了规定，明确清算期间管理人代表债务人办理全部涉税事宜的义务，同时确定“为债权人利益继续营业，或者在债务人财产的使用、处置破产财产过程中产生的应当由债务人或破产企业缴纳的税（费），属于破产费用，由管理人按期进行纳税申报，并依法由债务人的财产随时清偿”。此外，安徽省宣城市中级人民法院、国家税务总局宣城市税务局印发《关于优化企业破产程序中涉税事项办理的实施意见》的通知（宣中法〔2020〕77 号）中，关于“清算期间企业所得税处理”，更明确地规定清算所得税依法按照共益债务或者破产费用，由破产财产随时清偿。

可以看出，破产实务与税务的碰撞使得各地破产审判法院和税务局对于新生税款中清算所得税的清缴问题进行了讨论并达成了一定程度的共识，这对破产程序中税务问题的解决有着显著推动力。但是，即便对于“破产清算中的所得税处理问题”多地的解决政策大体一致，但尚无法在更大范围内全面推行，参考上述相关举措，本文将围绕几点有关企业清算所得税的问题进行讨论。

---

① 参见国家税务总局：《关于税收征管若干事项的公告》，国家税务总局，http://www.chinatax.gov.cn/chinatax/n810341/n810755/c5142107/content.html，访问日期：2021 年 2 月 14 日。

② 参见上海市高级人民法院、国家税务总局上海市税务局：《印发〈关于优化企业破产程序中涉税事项办理的实施意见〉的通知》，国家税务总局上海市税务局，http://shanghai.chinatax.gov.cn/tax/zcfw/zcfgk/zhsszc/202004/t453436.html，访问日期：2021 年 2 月 14 日。

三、企业破产清算所得税应认定为破产费用

在破产清算程序中，因破产企业的每一笔开支都牵涉着广大债权人的利益，因此《企业破产法》对每一笔应偿债务的性质及清偿规则都有着严格的规定。对企业清算所得税的定性进行讨论，实质上是解决破产程序中企业清算所得税应缴否、何时缴、如何缴问题的前提。前文说到，企业破产清算所得税在清算期内产生，无疑属于新生税款的一种，而关于新生税款定性问题的讨论，在学界及司法实务中均进行了充分的论证。目前，将企业破产程序中的新生税款界定为破产费用或共益债务已成大势所趋：

其一，部分新生税款与《企业破产法》规定的破产费用及共益债务实质内涵一致。① 破产审判实践中，绝大多数案件将新生税款当作破产费用或共益债务对待。如，广发银行佛山分行与佛山市南海广亿五金制品有限公司管理人纠纷案②，四川省安岳县地方税务局与四川省资阳绿康实业发展有限公司破产债权确认纠纷案③等，多数裁判文书指出新生税款是在破产财产的管理、变价和分配中产生的，也是为了全体债权人的共同利益，应认定为破产费用、共益债务而优先支付。破产程序中新生税款的支出是破产程序本身需要耗费的“成本”，主要目的旨在保障破产程序的顺利进行，在使用效果上可以增进所有债权人的利益，符合破产费用或共益债务的内涵。④ 例如，破产程序中处置破产财产新生的增值税、印花税等积极性质的税种，可以归为“变价和分配债务人财产的费用”；持续产生的房产税、城镇土地使用税等消极性质的税种，可以归为“管理债务人财产的费用”；继续履行破产申请受理前成立而债务人和对方当事人均未履行完毕的合同所产生的有关税费，可以归为“履行双方均未履行完毕的合同所

---

① 参见李慈强：《破产清算中税收优先权的类型化分析》，载《税务研究》2016年第3期。

② 广东省高级人民法院(2016)粤民终1942号民事判决书。

③ 安岳县人民法院(2018)川2021民初581号民事判决书。

④ 参见徐战成：《企业破产程序中新生税款应如何定性》，载《中国税务报》2018年10月17日第B3版。

产生的债务”。[①] 因此，将新生税款作为破产费用或共益债务清偿，存在《企业破产法》上的解释空间，亦存在司法实践上的应用实例。

其二，国外存在将破产程序中的新生税款作为类似破产费用或共益债务对待的立法例。在美国破产法中，破产程序期间形成的税款属于破产费用，位于无担保债权中的第一清偿顺位。[②] 日本破产法将破产程序开始时纳税期限尚未届满或者纳税期限经过未满 1 年的税收债权作为财团债权，大致对应我国法律上的破产费用。在英国破产法中，破产官员需要在向债权人分配财产之前，保留用以支付破产费用的款项，在英国具体的司法案例中，也进一步指出破产程序中产生的税费属于破产费用，并且优先于清算人报酬受偿。在德国破产程序中，担保债权人要向债务人的破产管理人支付占担保物变现所得 9%的确认费和变现费以及 13%~18%的增值税。[③] 因此，将新生税款作为破产费用或共益债务清偿亦存在可借鉴的国际经验。

其三，部分地区法院和税务机关通过会议纪要、通知等形式将新生税款归为破产费用或共益债务。如，重庆市高级人民法院、国家税务总局重庆市税务局发布的《关于企业破产程序涉税问题处理的实施意见》，安徽省宣城市中级人民法院、国家税务总局宣城市税务局印发的《关于优化企业破产程序中涉税事项办理的实施意见》等。可见，将新生税款纳入破产费用或共益债务在我国政策制度上已有尝试，且趋势越来越明显。

那么，破产清算所得税作为新生税款的一种，界定为破产费用或共益债务是否合理？有学者认为，根据财务部、国家税务总局《关于企业清算业务企业所得税处理若干问题的通知》的规定，企业全部资产按照清算费用、职工工资、社会保险费用和法定补偿金、清算所得税、以前年度欠税、企业债务的顺序分配，因此清算所得税不宜归入破产费用和共益债务。笔者认为，单以该份规范性文件规定的清算其清偿顺位即认定清算所得税不应认定为破产费用或共益债务不合理，实务中仍应将破产清算所得

---

① 参见李慈强：《破产清算中税收优先权的类型化分析》，载《税务研究》2016 年第 3 期。

② 参见[美]查尔斯·J. 泰步：《美国破产法新论》(第三版)，韩长印、何欢、王之洲译，中国政法大学出版社 2018 年版，第 747~748 页。

③ 参见许德风：《论担保物权的经济意义及我国破产法的缺失》，载《清华法学》2007 年第 3 期。

税认定为破产费用为宜。

理由有三：其一，该规范性文件所规定的清偿顺序，本意系对企业所有者分配企业全部资产变现价值的约束，广泛应用于正常情形下的企业清算，而在企业破产清算中，企业所有人不可能获得剩余资产的分配，因此关于破产清算程序的清偿顺位仍应以《企业破产法》为依据；其二，《企业破产法》规定破产费用随时产生随时清偿，本意在于为保障破产程序的顺利进行，并非强调只有在第一顺位获得清偿的债务才可作为破产费用。据国家税务总局《关于企业清算所得税有关问题的通知》可知，清算所得税应于清算结束后才申报结清，在破产清算程序中，清算结束即意味着债务人资产已全部变现、债务清偿完毕，换句话说，破产程序中的清算所得税产生于债务清偿以后，这并不影响其仍能作为破产费用提前预留，并在实际产生后随时获得清偿。其三，已有部分地区的法院及税务机关联合发文，将清算所得税认定为破产费用或共益债务处理，前述安徽省宣城市中级人民法院、国家税务总局宣城市税务局印发的《关于优化企业破产程序中涉税事项办理的实施意见》在“清算期间企业所得税处理”中明确规定“以整个清算期作为一个独立的纳税年度计算清算所得，期间不需要再进行企业所得税预缴申报，由管理人代表企业自清算结束之日起 15 日内完成清算申报，需缴纳税款的，依法按照共益债务或者破产费用，由破产财产随时清偿”，这在一定程度上代表了清算所得税在实践中认定为破产费用的可行。①

四、管理人应负破产企业清算所得税申报义务

在破产清算程序中，税务机关与破产企业的身份都是双重的：就历史欠税而言，税务机关是债权人，破产企业是债务人；就新生税款而言，税务机关是主管税务的行政机构，破产企业则是纳税人。但具体到破产清算程序的实践中，新生税款的纳税申报义务及未依法纳税申报的后果应如何

① 参见安徽省宣城市中级人民法院、国家税务总局宣城市税务局：《印发〈关于优化企业破产程序中涉税事项办理的实施意见〉的通知》，安徽省宣城市中级人民法院，http：//ahxczy. chinacourt. gov. cn/article/detail/2020/07/id/5363367. shtml，访问日期：2020 年 11 月 14 日。

处理尚不明晰。

首先，关于清算所得税有关涉税事务的办理人选。虽然《企业破产法》关于破产管理人的职责列举，除了第9项的兜底条款“人民法院认为管理人应当履行的其他职责”之外，并没有关于继受破产企业纳税申报义务的规定。但在破产清算实践中，新生税款的纳税申报是一项无法回避的事情，倘若破产管理人因《企业破产法》未明确赋予职责而置之不理，那么无论是破产审判还是后续税务处理，都会遇到诸多障碍。[①] 同时，企业进入破产程序后，仍负有纳税申报义务，但其财产、印章和账簿、文书等资料均已交由管理人接管，内部管理和营业事务也由管理人决定，破产企业在事实上已经失去了独立的行为能力，其新生税款的涉税事务交由破产管理人处理于程序上也更为合理；此外，已有多地出台文件规定由管理人作为企业清算所得税的涉税事务的办理人，如国家税务总局北京市税务局《关于进一步推进破产便利化　优化营商环境的公告》[②]上海市高级人民法院、国家税务总局上海市税务局《关于优化企业破产程序中涉税事项办理的实施意见》和重庆市高级人民法院、国家税务总局重庆市税务局《关于企业破产程序涉税问题处理的实施意见》等。可以说，无论是从各地的政策趋势，或是破产审判实务的实际操作角度考量，由破产管理人承担破产企业涉税事务的办理义务更为合理、科学。

其次，关于未依法履行涉税事务办理义务的后果。依据《中华人民共和国税收征管法》及其实施细则对纳税申报行为的规定，未按税法要求办理纳税申报的，构成行政违法行为，根据造成的不同结果，进行追缴税款、滞纳金和处罚。对此，税务机关可依据税法相关规定履行查处税收违法行为的职责。因此，如果企业在破产程序中未履行涉税事务办理义务，税务机关仍然有权作出处罚决定。

那么在破产程序中，由于管理人未按规定申报缴纳税款产生的滞纳金，应由谁来承担？按照税收征管法的立法精神，税款滞纳金在征缴时视

---

① 参见徐战成：《企业破产中的税收法律问题研究——以课税特区理论为指导》，法律出版社2018年版，第113页。

② 参见国家税务总局北京市税务局《关于进一步推进破产便利化　优化营商环境的公告》，北京市人民政府网，http://www.beijing.gov.cn/zhengce/gfxwj/sj/202004/t20200410_1799289.html，访问日期：2020年11月14日。

同税款管理。同时，《国家税务总局关于进一步加强欠税管理工作的通知》(国税发[2004]66号)第三要点第三项有关依法加收滞纳金的条款规定：“对2001年5月1日新修订的征管法实施后发生的欠税，税务机关应按照征管法的有关规定核算和加收滞纳金。纳税人缴纳欠税时，必须以配比的办法同时清缴税金和相应的滞纳金，不得将欠税和滞纳金分离处理。”因此，根据税法规定，未按规定申报缴纳税款产生的滞纳金应当视同新生税款由破产企业承担，按照破产费用从破产财产中支出。滞纳金随新生税款归入破产费用，将导致普通债权人的清偿率进一步下降，造成难以调和的利益冲突。因此，管理人应强化纳税申报意识，尽量避免因未按规定申报缴纳税款而产生滞纳金。

五、破产清算所得税的申报方式

(一)清算所得税不应预缴

依据《企业所得税法》《企业所得税法实施条例》规定，在正常状态下，企业所得税应按月或季预缴，年终再办理汇算清缴，结清应缴应退税款。那么，清算所得税应否预缴呢?

事实上，这一问题在近年各地出台的政策文件中已规定得越来越明朗，即清算所得税无需预缴。早在2017年11月，温州市人民政府办公室印发的《企业金融风险处置工作府院联席会议纪要》(温政办[2017]84号)规定，法院裁定受理债务人企业进入破产程序即表明该企业已经具备资不抵债的情形，其不动产、股权处置不应当预缴企业所得税，清算之后确有所得应当纳税的，由管理人依法申报。2017年12月浙江省人民政府办公厅印发的《关于加快处置“僵尸企业”的若干意见》(浙政办发[2017]136号)将温州经验推广适用于全省范围，规定法院受理破产申请后处置破产财产的，税务部门不预征企业所得税。① 此后至2019年，越来越多的地区法院与税务局联合发文明确“清算期间不需要再进行企业所得税预缴申

① 参见浙江省人民政府办公厅《关于加快处置“僵尸企业”的若干意见》，浙江省人民政府，http://www.zj.gov.cn/art/2017/12/11/art_32432_295609.html，访问日期：2020年11月14日。

报”，如上海市高级人民法院、国家税务总局上海市税务局《关于优化企业破产程序中涉税事项办理的实施意见》，国家税务总局深圳市税务局公布《企业破产涉税事项办理指南》，安徽省宣城市中级人民法院、国家税务总局宣城市税务局印发《关于优化企业破产程序中涉税事项办理的实施意见》的通知，等等。

笔者认为，之所以清算所得税相较一般企业所得税无需预缴，且适用特殊的纳税年度，其原因在于，清算期系因纳税人发生中止生产经营的情形所产生，在此期间内不同于正常的生产经营状态，将不会出现周期性或规律性的经营收入，而是终结性的一次性将纳税人财产做全面处置变现，一方面，其所得不再具有可预测性，且往往除去成本损益后，金额较低，基于利益平衡理论，不适宜大费周章，增加行政成本；另一方面，不同纳税人的清算周期都不尽相同，长者多达数年，短者仅需月余，此时正常情形下的企业所得税征收方式无法灵活适应不同纳税人的需求，还易造成程序的冗杂，行政资源的浪费。因此，出于优化企业所得税税收程序的考量，将整个清算期作为独立的纳税年度，于清算结束后一次办理企业所得税清算申报，从而无须办理预缴申报，既合理可行，亦提升了效率。

（二）关于清算期起点的认定

根据财政部、国家税务总局《关于企业清算业务企业所得税处理若干问题的通知》，企业应将整个清算期作为一个独立的纳税年度计算清算所得。国家税务总局颁布的《企业所得税汇算清缴管理办法》规定：“纳税人在年度中间发生解散、破产、撤销等终止生产经营情形，需进行企业所得税清算的，应在清算前报告主管税务机关，并自实际经营终止之日起60日内进行汇算清缴，结清应缴应退企业所得税款。”那么清算期的起点应当如何认定？此处“实际经营终止之日”与清算期有何联系？

在我国企业破产法体系中，破产清算期间的起算采取的是“宣告开始主义”。[①] 自人民法院宣告企业破产之日起，债务人按照破产清算的有关规定有序清偿债务。在实践中，已有个别地区已发文确定清算所得税的清算期起算同样以人民法院宣告企业破产之日起。例如，浙江省国家税务局

---

① 参见王欣新：《破产法》（第三版），中国人民大学出版社2011年版，第285页。

《关于发布〈企业清算所得税处理办法〉的公告》(浙江省国家税务局公告2012年第8号)，天津市国家税务局、天津市地方税务局《关于发布(企业清算环节所得税管理暂行办法)的公告》(天津市国家税务局、天津市地方税务局公告2016年第19号)均规定：人民法院依照《企业破产法》规定宣告债务人破产的，人民法院宣告之日为企业实际经营终止之日和企业开始清算之日。

但是，在企业破产申请被人民法院受理之前，债务人极有可能在事实上早已属于“实际经营终止”，在部分“执转破”案件中，债务人实际终止经营的状态甚至始于执行程序之前。那么在清算期依据“宣告开始主义”，将存在大量事实上的“实际经营终止”和法律上的“实际经营终止”不一致的案件，破产企业往往存在其于事实上已“实际经营终止”但在法律上还未“实际经营终止”的情形。① 此时，债务人不仅无法受到破产法的保护，亦无法享受“清算所得税”的特殊规定；在执转破这种新破产形式中，还易出现资产变现可能出现在执行阶段，债务清偿出现在破产阶段的特殊情况，此时债务人变现资产的所得仍应按照一般企业所得税征缴。

从另一个角度来看，财政部、国家税务总局《关于企业清算业务企业所得税处理若干问题的通知》第4条规定中，隐含着企业资产变现和债务清偿均发生在清算期内的逻辑，倘若拘泥于将税务清算期的起点认定在法院裁定宣告破产之日，显然不符合此逻辑。② 因此笔者认为，“实际经营终止”及清算期起点的认定应当综合考虑事实上的“实际经营终止”及破产程序中的清算期的宣告开始主义，建议以宣告破产之日为一般情形下的清算期起点，同时考虑到企业资产变现和债务清偿均发生在清算期内的逻辑，事实上的“实际经营终止”在宣告破产日之前且在“实际经营终止”之后，但宣告破产日之前已发生债务人财产处置的情形下，应将先行处置破产财产视为企业破产的前序准备阶段或企业破产清算期的前延，此时企业所得税清算期起点作为例外前移至资产处置时点，如此将可兼顾到我国税法及破产法对于清算期不同的内涵兼顾税法及破产法的立法目的，从而实

① 参见徐战成：《企业破产中的税收法律问题研究——以课税特区理论为指导》，法律出版社2018年版，第67页。

② 参见徐扬：《“执转破”案件企业所得税清算期起点的认定》，载微信公众号“破产重整那些事”，2020年10月23日。

现破产企业、广大债权人及国家三者之间的利益平衡。

六、清算所得税计算方式

根据《企业所得税法》的规定，企业的应纳税所得额乘以适用税率，减除税收优惠减免和抵免的税额后的余额，为应纳税额。① 因此，应纳税所得额和适用税率，是计算企业清算所得税的核心要素。根据我国现行《企业清算所得税申报表》的设计来看，清算期间企业所得税应统一适用25%的基本税率。因此，主要在于应纳税所得额的计算。

(一)应纳税所得额计算公式

根据《关于企业清算业务企业所得税处理若干问题的通知》的规定，应纳税所得额的计算公式为：清算所得=全部资产可变现价值或交易价格-资产的计税基础-清算费用-相关税费+债务清偿损益。② 根据《企业所得税法》第5条规定，此处“资产的计税基础”即按照税法规定可以抵扣的金额，包括不征税收入、免税收入、各项扣除以及弥补的以前年度亏损后的余额，即该项收入在最终处置时，允许作为成本或费用于税前扣除的金额。③

可以看出，企业破产清算环节，清算所得主要来源于清算环节资产变价中的增值收益和债务的清偿损益。

(二)关于债务的清偿损益计算

在企业清算所得税上，负债清偿损益指企业全部负债按计税基础减除其清偿金额后的余额。例如：若清算企业负债总额为1000万元，在清算期间债权人承诺豁免其500万元债务，这种情况下需要清偿的金额为500万元，其余500万元为负债清偿损益，应计入清算所得计算企业所得税。

---

① 参见《企业所得税法》第22条。

② 参见财政部、国家税务总局《关于企业清算业务企业所得税处理若干问题的通知》：“四、企业的全部资产可变现价值或交易价格，减除资产的计税基础、清算费用、相关税费，加上债务清偿损益。”

③ 参见《企业所得税法》第5条。

但在破产清算程序中，企业往往因资不抵债进入破产，资产本身即小于负债，肯定存在确实无法偿付的应付款项，是否仍需并入清算所得？

笔者认为，在破产清算程序中，破产企业因资不抵债而无法偿付的债务不应计作收入，也不应对其征缴企业所得税。理由主要有以下两点：

一方面，破产清算程序并不能产生“债务豁免”的法律效果，在破产清算程序中，虽然债权人的债权获得的仅是部分清偿，但该部分清偿是基于债务人的财产不足以清偿全部债务的客观状态所导致的部分清偿，并非债权人对债务人的让步，或与债务人就双方间债务条件的修改，并不能使未受清偿部分债权获得“债务豁免”的法律后果。这一点在《企业破产法》第 123 条有关追加分配请求权的规定有所体现，因此并不符合《中华人民共和国企业所得税法实施条例》（以下简称《企业所得税法实施条例》）第 12 条所规定的“债务豁免”，不应以“债务豁免”计入收入。

另一方面，破产企业因资不抵债而无法偿付的债务，也不应视为《企业所得税法实施条例》第 22 条规定的“无法偿付的应付款项”计入破产企业收入，该“确实无法偿付”应以“因债权人原因”为标准予以考量，而不能以债务人自身因资产不足以清偿全部债务导致不能清偿债务这一客观因素作为考量标准。① 并且，企业本就系因资不抵债而进入破产清算程序，若将破产企业等同于一般企业，将破产企业在破产清算程序中因资产不足以清偿全部债务而不能清偿的债务直接认定为“确实无法偿付的应付款项”，并将其计入破产企业收入而计算缴纳企业所得税，无疑将加重破产企业的税务负担，从而出现“国与民争利”的现象，有违我国税法与破产法的精神。对此，天津市国家税务局、天津市地方税务局《关于发布〈企业清算环节所得税管理暂行办法〉的公告》（天津市国家税务局、天津市地方税务局公告 2016 年第 19 号）完美地结合了我国《企业所得税法》和《企业破产法》的精神，明确了妥当的解决办法：企业清算期间确定的不需支付的应付款项，需并入清算所得征税；企业清算期间应支付但由于清算资产不足以偿还的未付款项，无须并入清算所得征税。

故而，在破产清算程序中，将破产企业因资产不足以清偿全部债务而不能清偿的债务作为破产企业的收入无法律依据，无需缴纳企业所得税。

---

① 参见众成清泰律师事务所：《破产清算程序中不再清偿的债权，无需缴纳企业所得税》，载微信公众号“众成清泰律师事务所”，2020 年 9 月 17 日。

结　语

近年来，随着中央供给侧结构性改革和“僵尸企业”处置工作的推进，企业破产案件数量急剧攀升，《企业破产法》的实施备受关注，破产程序中的税法问题逐渐暴露出来并引起广泛关注。破产法是事关企业生死大计之法，税法是事关治国理政根基之法，不同的法律承载了各自的使命。①对于企业破产而言，无论是破产受理前可能存在的欠缴税款，还是破产程序中的新生税款和纳税申报，又或是重整程序中的所得确认，以及最终破产清算终结后的税务注销登记，每一个环节都绕不开税务问题和税务机关。可以说，税收问题是破产程序中不可回避的一道坎。本文基于对破产清算程序中企业清算所得税相关问题的讨论仅为众多企业破产涉税论题中的一角，破产实务中尚有更多繁复的涉税问题亟待解决。

① 参见徐阳光：《破产程序中的税法问题研究》，载《中国法学》2018 年第 2 期。

论破产程序中税收优先权不及于滞纳金*

——以税法与破产法理念融合为视角

杨　方**

内容提要：税收优先权是否及于税收滞纳金的争论显示了税法与破产法的理念分歧，对于该问题的讨论应从二者理念融合的视角展开。在明确税收滞纳金性质是行政执行罚的基础上，引入课税特区理论，确定破产法可以对税法在实体和程序上进行适当的调适，衔接税法量能课税原则与破产法利益平衡原则，实现破产法与税法之间理念融合、规则互认。以理念融合为视阈，得出税收优先权不及于税收滞纳金的结论，进一步论证在具体的破产清偿顺位上，税收滞纳金应置于普通破产债权之后。

一、问题的提出

依据《中华人民共和国企业破产法》(以下简称《企业破产法》)第113条的规定，税收债权优于普通破产债权，① 但因未按照规定期限解缴税款

* 已发表于《安徽警官职业技术学院学报》2020年第2期。

** 杨方，陕西海普睿诚律师事务所律师。

① 《中华人民共和国企业破产法》第113条："破产财产在优先清偿破产费用和共益债务后，依照下列顺序清偿：(一)破产人所欠职工的工资和医疗、伤残补助、抚恤费用，所欠的应当划入职工个人账户的基本养老保险、基本医疗保险费用，以及法律、行政法规规定应当支付给职工的补偿金；(二)破产人欠缴的除前项规定以外的社会保险费用和破产人所欠税款；(三)普通破产债权。破产财产不足以清偿同一顺序的清偿要求的，按照比例分配。破产企业的董事、监事和高级管理人员的工资按照该企业职工的平均工资计算。"

而产生的滞纳金是否也优先于普通破产债权？我国《企业破产法》对于滞纳金的清偿顺序并未作出规定，与之相关的《中华人民共和国税收征收管理法》(以下简称《税收征管法》)等法律也未对此予以规定。法律上的空白导致实务中对滞纳金处理混乱，国家税务总局与最高人民法院亦围绕该问题出台了相应的行政文件和司法解释，基于不同的出发点，二者对此存在较大的分歧。

关于税收优先权是否及于滞纳金问题，国家税务总局从加强征税管理、保障国家财政收入的角度出发，出台国税函〔2000〕103 号①、国税函〔2008〕1084 号②等批复文件，其明确税收滞纳金的经济补偿属性，属于企业在滞纳期间占有应交税款而应负担的利息支出，是税款本金的法定孳息。很明显，国家税务总局将税收滞纳金在破产程序中的角色定位于税款本金的孳息，明显采“利息说”。最高人民法院对于税收滞纳金的处理意见则完全不同于国家税务总局,③ 其以破产案件受理为分界点，认为在人民法院受理破产案件之前产生的税收滞纳金属于普通破产债权，在破产案件之后的税收滞纳金属于“除斥债权”。从最高人民法院对于税收滞纳金的处理意见来看，其更多的是贯彻了破产法利益平衡原则，否认税收优先

① 国税函〔2000〕103 号：“深圳市地方税务局：你局《关于广信深圳公司破产案件有关法律问题的请示》收悉。经研究，现批复如下：……滞纳金是纳税人因占用税款而应对国家作出的补偿，属于税款被占用期间的法定孳息，与滞纳税款不可分割，你局应对广信深圳公司所欠税款及滞纳金一并征收。四、根据《破产法》第三十七条第二款的规定，‘破产企业所欠税款’不属于‘破产债权’，具有优先‘破产债权’受偿的地位。”

② 国税函〔2008〕1084 号：“广东省国家税务局：你局《关于税收优先权是否包括滞纳金的请示》(粤国税发〔2008〕225 号)收悉。现批复如下：……《税收征管法》第四十五条规定的税收优先权执行时包括税款及其滞纳金。”

③ 《最高人民法院关于审理企业破产案件若干问题的规定》(法释〔2002〕23 号)第 61 条规定“人民法院受理破产案件后债务人未支付应付款项的滞纳金，包括债务人未执行生效法律文书应当加倍支付的迟延利息和劳动保险金的滞纳金”不属于破产债权。《最高人民法院关于税务机关就破产企业欠缴税款产生的滞纳金提起的债权确认之诉应否受理问题的批复》(法释〔2012〕9 号)对此作了进一步细致的解释：“依照企业破产法、税收征收管理法的有关规定，破产企业在破产案件受理前因欠缴税款产生的滞纳金属于普通破产债权。对于破产案件受理后因欠缴税款产生的滞纳金，人民法院应当依照最高人民法院《关于审理企业破产案件若干问题的规定》第六十一条规定处理。”

权及于滞纳金，倾向于保护普通破产债权人利益。

由于破产法上税收滞纳金受偿规则的缺失，致使在司法实践中对于税收滞纳金的处理混乱不堪，破产法的利益平衡机制处于风险境地。税收滞纳金受偿顺序置于普通破产债权之前的明显弊端为牺牲了普通破产债权人的利益以换取国家税收利益的保障，此时破产法的利益调节机制处于失衡状态，更难言实现破产财产分配公平正义。准确界定税收滞纳金的受偿顺序，需要全新思维下的理论回应。

二、税收滞纳金性质辨析——行政强制执行罚证成

（一）税收滞纳金制度之检视

1. 欠缴税款原因行为区分

我国《税收征管法》第 32 条规定，未按规定期限缴纳或解缴税款的，加收滞纳金；第 52 条规定，若因税务机关导致未缴或少缴税款的，不加收滞纳金。纵观整部《税收征管法》，除前述规定外，并未对滞纳金征收的情形作出其他规定。申言之，现行《税收征管法》不考虑纳税义务人的主观心理状态、拖欠税款的原因。无论纳税人是故意不缴纳税款，还是因为某种意外情况，只要有拖欠税款的事实就必须加收滞纳金。这种对拖欠税款原因行为不加以区分的一刀切做法显然是不合适的。《税收征收管理法修订草案(征求意见稿)》(2015 年版)采纳了国家税务总局早先文件中关于税收滞纳金功能、性质的观点，用第 59 条、第 67 条把现行“税收滞纳金”拆分为“税收利息”和“滞纳金”两部分，并分别适用不同的规则。第 59 条规定：纳税人未按照规定期限缴纳税款的，扣缴义务人未按照规定期限解缴税款的，按日加计税收利息。税收利息的利率由国务院结合人民币贷款基准利率和市场借贷利率的合理水平综合确定。纳税人补缴税款时，应当连同税收利息一并缴纳。第 67 条规定：纳税人逾期不履行税务机关依法作出征收税款决定的，自期限届满之日起，按照税款的千分之五按日加收滞纳金。《税收征收管理法修订草案》以税务机关作出征收税款决定为界点，将现行《税收征管法》中的“税收滞纳金”分为税收利息与滞纳金的规定具有科学性与可执行性，前者规制纳税人超期占用税款而给国

家造成的利息损失，后者则是对于在税务机关作出征收税款决定后仍逾期缴纳税款的纳税人的惩罚。

2. 现行关于税收滞纳金的规定中缺少除外期间制度

《税收征管法》第 32 条规定，从滞纳之日征收滞纳金。《税收征管法实施细则》第 75 条规定，滞纳金征收从税款缴纳期限届满之次日起至实际缴纳之日止。可见，滞纳金的征收是连续的、不间断的。实践中，因为税务稽查产生天价滞纳金的情况时有发生，这无疑加重了企业财务负担。当困境企业启动破产程序后，未缴的滞纳金和普通债权一起参与分配将导致税务机关因职务原因产生的滞纳金转嫁给普通债权人。

3. 非正常户及发票问题

陷入困境的企业在破产期间，企业管理人可能会采取部分经营活动，如继续履行合同、出售存货或资产，但根据税收征管的相关规定，在补充申报、补缴税款、滞纳金、罚款等事项未办结前，不能解除其非正常户状态，自然不能使用发票。由于广义上的税收债权一般而言不会得到全额清偿，该问题在破产期间仍然存在。根据《税务登记管理办法》(国家税务总局令第 7 号)，已办理税务登记的纳税人未按照规定的期限申报纳税，在税务机关责令其限期改正后，逾期不改正的，税务机关应当派员实地检查，查无下落并且无法强制其履行纳税义务的，税务机关将其列为非正常户，并暂停其登记证件、发票的使用。《关于进一步完善税务登记管理有关问题的公告》(国家税务总局公告 2011 年第 21 号)规定，纳税人如有欠税，无可以强制执行的财物或虽有可以强制执行的财物但经采取强制执行措施仍无法使其履行纳税义务的，方可认定为非正常户。这里需要说明的是，纳税人欠缴的税款、滞纳金、罚款，并不因其被列为非正常户而免除。

目前，基层税务机关在处理破产企业的非正常户解除、发票开具等问题上难度较大。面对人民法院依法作出的裁定及企业的合法需求，为保障基层税务机关作出适当处理，有学者建议综合《企业破产法》的立法原则和司法解释，对《税务登记管理办法》增加以下内容：被列入非正常户的纳税人进入破产程序的，其管理人可持人民法院作出的破产宣告裁定等资料申请解除非正常户，其后正常领取发票。

(二)现行税收滞纳金性质辨析

关于税收滞纳金的性质问题，目前学界存在以下三种观点：税收滞纳金属于法定孳息，以欠缴的税款作为基数计算的利息额；税收滞纳金属于行政罚款；税收滞纳金兼具经济补偿性与惩罚性。如前所述，税务总局即认为税收滞纳金属于纳税人占用税款期间所产生的法定孳息。至于持滞纳金属于行政罚款观点的学者，一般通过税收滞纳金征收率与同期金融机构贷款利率差异作为支撑自己观点的重要论据。《税收征管法》第 32 条规定，纳税人未按期缴纳税款的，从滞纳税款之日起按照万分之五加收滞纳款，计算可得年利率为 18. 25%。而中国人民银行三年以内贷款基准利率基本不超过 8%，两者比较，明显税收滞纳金年利率远超银行贷款基准利率。部分学者据此认为税收滞纳金具有显著的惩罚性。大部分学者则认为税收滞纳金经济补偿性与惩罚性二者兼而有之。比如李刚教授认为，从实然的角度来说，税收滞纳金的性质取决于其制度规则所体现的功能。① 其通过独特的“利罚参照比较法”②对税收滞纳金的性质进行分析，通过对照我国台湾地区和大陆地区对于滞纳金的性质与功能差异，以利息与罚款作为坐标轴的横纵坐标，显性地展示滞纳金的性质偏向性，其最终得出的结论是税收滞纳金执行罚(惩罚性)兼具迟延给付款(利息补偿性)的性质。

如前所述，现行税收滞纳金年利率高达 18. 25%，远远高于常规银行贷款利率，惩罚性覆盖了孳息的经济收益属性，“利息说”存在明显的缺陷。至于行政罚款说，《税收征管法》第 68 条规定，对不缴或少缴税款的纳税主体除了加收滞纳金以外，还可以处以罚款。该条款将税收滞纳金与罚款置于并列的地位，彼此之间是并列关系，如果滞纳金属于行政罚款，彼此之间是包含与被包含的关系。《行政处罚法》第 24 条关于“一事不二罚”的原则更加能够证伪“行政罚款说”。若滞纳金属于行政罚款，《税收

---

① 李刚：《税收滞纳金的功能与性质的界定方法：利罚参照比较法——从海峡两岸比较的角度》，载《税务研究》2018 年第 5 期。

② 利罚参照比较法，指以利息和罚款作为比较的两端参照系，理由在于：一是三者的计算基数均为一定的具体金额，形式具有可比性；二是利息与罚款分别属于典型的补偿说和处罚说，以税收滞纳金在两者构成的两极之间的位置移动，能够较为直观地判断其性质偏向于何者。参见李刚：《税收滞纳金的功能与性质的界定方法：利罚参照比较法——从海峡两岸比较的角度》，载《税务研究》2018 年第 5 期。

征管法》第 68 条之规定显然是对当事人的同一个违法行为给予两次以上罚款的行政处罚。

滞纳金本质上是纳税机关对于不及时纳税的纳税义务人而实施的加重给付，在税收的征管程序上予以督促，明显具有行政强制性。就滞纳金制度的立法规定而言，我国《行政强制法》第 20 条第 1 款明确规定了滞纳金属于行政强制的方式之一。税收滞纳金的加收率远远高于利息率，惩罚性覆盖了经济收益性，但它又不是行政处罚中的罚金，因此，税收滞纳金在性质上属于行政强制执行罚。①

三、课税特区理论对破产程序中税收滞纳金的定位

课税特区理论是对课税禁区理论的修正，在讨论课税特区理论之前，应对课税禁区理论有着准确的理解。课税禁区理论以宪法和税法基本原则为支撑，简而言之，生存保障之需求是宪法赋予公民的基本权利，而量能课税又是税法的基本原则之一。课税禁区理论是课税正当的体现，即国家仅在人民的基本生存权得以保障，尚存余财的情况下才能征税。以人民生存所需的基本保障为界限，在此以下区间属于课税禁区。此后，课税禁区理论从基本生存权延伸至财产权，要求国家征税不仅要尊重纳税人的基本生存权，还应当保障纳税人的再生利益。法国经济学家萨伊提出政治经济学三分法，即生产、分配、消费。在萨伊看来，任何税收对于生产均是有害的，必然会妨害生产资料的原始积累，但税收又是不可避免的，最好的赋税即是最低的税率。在此理念的指导下，萨伊提出了“对再生产的妨碍达到最小程度”这一国家征税原则。② 课税禁区理论虽不要求对再生产的妨碍达到最小程度，但也明确国家课税应为纳税人的再生产发生留足必要的生存空间。总之，课税禁区是指在不违背税收发展规律的前提下，国家课税不能对纳税人的基本生存权和再生产权利带来损害，将课税的底线设

---

① 参见李琳、李宗龙：《破产程序中的税收滞纳金问题研究》，载《北方论丛》2018 年第 2 期。

② 参见[法]让·巴蒂斯特·萨伊：《政治经济学概论》，赵康英等译，商务印书馆 1982 年版，第 504 页。

置在维持纳税人的基本生存和再生产之上，在该底线之下不得课税。①

根据前述可知，课税禁区理论讨论的是征税权力禁止进入的范围问题，不能涵盖允许征税权力进入但又需要作特别调整的情形，课税特区理论便是为解决此种问题而生。破产程序是各方利益博弈的平台，各部门法律碰撞的场域。破产法因其调整法律关系的复杂性、程序的终极性，导致各类矛盾纠纷汇聚于一点，引发强烈的“坩埚”效应，不可避免地要求各部门法律法规予以适当的调试与整合。民事破产司法实务与一般民事纠纷的解决有明显的区别，破产审判是“办案与办事、开庭与开会、裁判与谈判”的复合体。② 破产程序中的税收问题，更加使得这种“坩埚”效应无限放大，在破产法中引入课税特区理论得以调和破产法与税法之间的理念冲突，是全新思维下对破产税收问题的理论回应。税法基于国家及社会公共利益的考虑，严格规范税收征管程序，保障国家财政收入及纳税人合法权益；破产法则要求协调各方利益，公平合理处置债务人企业财产，实现濒临破产企业的“重生”或规范失败企业退出秩序。二者各自立法理念的分歧、公法与私法分野、权力与权利的碰撞，致使税法与破产法在实践操作层面时常产生摩擦。破产法作为各种债权债务关系矛盾的集中点，基于利益衡量的考虑，可以且应当对其他部门法律规定作必要的调试，以图全面贯彻破产法的立法理念。具体到破产法中的税收问题，应该严格坚持“破产中的税收债权”的理念，而不是“税法中的税收债权”。之所以破产法可以对其他部门法律规定作出调试，在于破产法所调整对象的特殊性。类比国家进入紧急状态之时，相关的法律均要作特殊调整，以应对特殊的情形。对企业而言，当企业进入破产程序之后，便是处于生死存亡之际，命悬于一线之间，不可不谓之“紧急状态”。若是机械地适用原来各部门法律的规定，则难以发挥破产法促使濒临死亡企业涅槃重生或规范失败企业有序退场之功能。比如在破产重组或和解的过程中债务人和债权人之间达成的债务豁免，按照现行的税法和会计准则的规定，债权人若将债务豁免损失作为税前列支需要满足一定的条件，债务人债务豁免利得计入当期损益，申报企业所得税。从上可以看出，现行的税法规定在程序上或实体上

---

① 参见王婷婷：《课税禁区法律问题研究》，法律出版社 2017 年版，第 38 页。

② 参见徐阳光：《破产案件审判庭设置的正当性证成》，载《人民法院报》2016 年 5 月 25 日第 7 版。

对于挽救困难企业都产生了负面效果，致使本可避免破产清算的企业最终走向死亡的结局。① 在破产法领域内，以破产法立法理念约束原有的各部门法律，对其原有的规定作适当的限缩或扩张是非常有必要的。

课税特区理论具体表现在实体税法与程序税法两个层面：实体税法在原有可供普遍适用的税收优惠规定的基础上，应该进一步关注特殊领域的政策适用和权益平衡问题，给出更加有针对性的回应；程序税法应该针对特殊领域，在税收征管权力、税收程序规则等方面进行必要的调整和限缩。② 根据前面对税收滞纳金的性质分析，税收滞纳金属于执行罚，是税收征收程序上强制性的表现。结合课税特区理论，在税收征管权力及税收程序规则方面，破产法可对其作出必要的调整。考虑到企业已经进入“紧急状态”，若为企业涅槃重生，代表国家的征税机关让渡税收滞纳金显然会一定程度上给予企业重生的机会；若为企业规范退场，将税收滞纳金劣后于普通破产债权，则会为普通破产债权扩大存在空间的可能性。

四、课税特区理论与利益衡量原则的耦合

课税特区理论是对课税禁区理论的修正与改良，课税禁区理论借由量能课税原则得以落实，同理，量能课税原则亦是课税特区理论实践的显性表征。量能课税原则是税捐正义的要求，负税能力强者多缴税，负税能力弱者少缴税，无负税能力者不缴税。课税特区理论服务于破产程序，其在综合考虑各方利益平衡的基础上，力图实现破产责任财产分配的公平正义。

《税收征管法》第 1 条明确规定：“为了加强税收征收管理，规范税收征收和缴纳行为，保障国家税收收入……制定本法。”从该条文规定不难看出，其是将纳税人作为义务本位的。虽然《税收征管法》中也不乏纳税人权利方面的规定，但更多的是程序上的权利。课税特区理论借由量能课税原则实现了税法与破产法在滞纳金问题上的有效衔接，其实质要义是纳

① 参见徐阳光：《破产中的税法问题研究》，载《中国法学》2018 年第 2 期。

② 参见徐战成：《企业破产中的税收法律问题研究——以课税特区理论为指导》，法律出版社 2018 年版，第 173 页。

税人权利本位。① 从税收本质来说，税收是为公共产品而生的。为了实现纳税人享受公共产品的权利，国家不需要单个个体纳税人的同意而强制收取税金，征税机关的权力和纳税人的义务都是为了实现纳税人权利这一目的而设置。纳税人权利本位论认为国家并不是税款的所有者，国家仅是暂时替纳税人保管纳税款，纳税人委托国家使用纳税款进行公共建设，最后国家以享受公益福利权利的形式将纳税款返还于纳税人。纳税人权利本位在“纳税人缴纳税款—形成公共财产—国家代为行使—福利归于纳税人”路径下，设定纳税人程序性的法定权利之余，从其他征税制度上对纳税人的应有权利进行实质性的保护。② 企业作为社会最主要经济体之一，承担着重要的社会责任，企业破产牵涉债权人、企业职工、税务机关等诸多利益体。在企业进入破产程序之后，适当限缩税收征收范围，给企业“涅槃”留足必要的资金空间，挽救濒临破产企业的社会意义远大于税金的收取，有利于保护全体纳税人的实质权利。具体到税收滞纳金，在破产清算程序中将税收滞纳金受偿顺序劣后于普通破产债权，免予将破产企业滞交税金的过错转嫁给普通破产债权人，彰显了破产责任财产的分配正义，亦能间接保护纳税人实质权利。

我国的诸多法律包括税法是基于企业正常状态下进行的规则设计，较少关注企业处于非正常状态(如濒临破产)下的特殊规则。法律虽不能像自然人一样赋予企业“基本生存权”，但是企业本身承载着重要的社会功能，其社会性与公益性要求法律对于非正常状态下的企业适用特殊规则。对于陷入生存困境的企业，代表国家的征税机关应当在征税范围和征税程序上给予适当的优待，这既是破产企业重生所需的经济支持，也是维护社会经济稳定和巩固税源的要求。从税收妥当性角度出发，个案正义是税收妥当性存在的基础。在企业陷入无力支付的境地之时，作为执行罚性质的税收滞纳金显然已经无法达成督促之法律目的，此时征收税收滞纳金可能构成征税不当，导致个案不正义的情形。参照《德国税法通则》第 227 条规定：“依个别事件之状况，租税债务关系之请求权之收取为不妥当时，

① 参见杨大春、陈正义：《论破产程序中税收滞纳金的权利属性》，载《特区经济》2019 年第 10 期。

② 参见闫海：《税收征收管理的法理与制度》，法律出版社 2011 年版，第 16 页。

稽征机关得为全部或部分之免除；基于相同之要件，已征收之金额得退还或用以抵缴。”①企业处于破产的困境，可视为个别事件之状况。在破产法视阈下，综合衡量国家税金征收与救济处于困境企业之间的利益，国家让渡税收滞纳金是最优选择。

普通破产债权受偿顺位在担保债权、职工债权、税收债权之后，居于弱势的债权地位。从司法实践来看，在破产财产清偿担保债权、职工债权、税收债权等债权之后，普通破产债权可分配的破产财产很少或是没有。若税收优先权及于税收滞纳金明显会进一步加重普通破产债权清偿的困境。我国破产法理论多集中于优先债权的研究，忽视了对普通破产“生存空间”的关注。考虑到破产企业的偿债能力，税收滞纳金的征收挤占了普通破产债权的生存空间，不符合量能课税的征税原则。税收债权优于普通破产债权的原因在于税收债权的公益性，为公共利益之目的将税收债权置于普通破产债权之前是理所当然。随着税法私法化理论的兴起，许多学者将税收实体关系调整为国家与个人之间的债权债务关系，彼此处于平等关系，税法私法化理论对税收优先权的合理性产生极大的冲击。再者，有学者认为税收本身是对公民财产的合法“侵犯”，其发生之后无须公示，在一定程度上会对交易安全产生负面影响，对税收在破产程序中是否必然具有优先性产生强烈质疑。② 在世界范围内，税收优先权制度呈现弱化的趋势，如澳大利亚已经取消税收优先权制度，美国也在尽可能地降低税收优先权的受偿顺序。③ 当企业怠于按时缴纳税款或因其他原因未及时缴纳税款，就会产生税收滞纳金。若将税收滞纳金优先于普通破产债权，则是将企业或第三人的过错转嫁给普通破产债权人。税收滞纳金在税收优先权弱化的背景下，承认税收本金优先权符合国家公共利益高于个体普通破产债权人利益，国家让渡税收滞纳金利益给普通破产债权人则体现了利益平衡理念。借由利益衡量将税收滞纳金从“税收之债”中分离，税收滞纳金从作为本金的税收之债中抽离并置入劣后债权的位置，有利于充分保障普

---

① 参见陈清秀：《税法总论》，台湾元照出版公司 2012 年版，第 594 页。

② 参见熊伟：《中国税收优先权制度的存废之辩》，载《法学评论》2013 年第 2 期。

③ 参见侯作前：《我国税收优先权制度前瞻》，载《云南大学学报（法学版）》2003 年第 1 期。

通债权人的利益。

结　语

基于不同的出发点，最高人民法院与国家税务总局对于税收优先权是否及于税收滞纳金这一问题产生了极大的分歧，对于这一问题的学理回应绕不开税收滞纳金的性质辨析。通过理论分析，行政强制执行罚最能反映税收滞纳金的本质，罚款在破产程序中劣后于普通破产债权或属于除斥债权自不待言。从税法与破产法理念融合的角度，囿于课税禁区理论的局限性，引入课税特区理论从而确认“破产程序中的税收债权”这一理念，贯彻了破产法帮助困难企业涅槃重生或规范失败企业有序退出之功能。当企业陷入财务困境进入破产程序时，破产财产并不能使所有的债权人全额受偿。如果说将职工工资及税款等放在普通债权之前优先受偿是基于人权保障、公共利益的考量，而债务人因迟延缴纳税款产生的滞纳金若也被赋予优先权，则无疑是把债务人或第三方过错转嫁给普通债权人，这显然是不公平的。遵循破产法利益平衡原则，对破产重整程序中国家税收与企业缴税之间、破产清算程序中国家税收债权与普通破产债权之间的利益冲突，破产法利益平衡原则与课税特区理论在量能课税领域内实现耦合。综上，破产程序中税收优先权不应及于税收滞纳金，税收滞纳金在清偿顺序上应置于普通破产债权之后。

府、院、管联动在房企破产中的实务与经验

——以房地产企业S公司破产重整案为视角

舒　净　范文杰*

内容提要：搭建政府、法院与管理人共同参与的破产处置联动机制，对处理房地产企业破产案件具有全方位的促进作用。在S公司重整案中，面对还建任务重、维稳压力大、投资招募难、职工安置困难、债权种类复杂诸多问题，管理人作为破产案件的主要推动者，努力实现府、院、管三方的良性互动，共同化解疑难问题。该案重整成功表明，三方联动在提高破产案件审判效率、化解区域经济风险、减轻经济社会中的破产成本等诸多方面，均起着举足轻重的作用。

在推进国家治理现代化的总体进程中，改善营商环境对于坚持和完善中国特色社会主义行政体制具有重要作用。① 法治是最好的营商环境，搭建政府、法院与管理人共同参与的破产处置联动机制，对办理房地产企业破产案件具有全方位的促进作用。在S公司破产重整案中，管理人在区政府的大力支持下，在法院的监督指导下，在充分论证重整必要性的基础上，运用市场化、法治化手段克服重重阻碍完成了重整工作，实现了多方利益共赢的法律效果和社会效果。本文期望通过对债权审查处理、职工安置等疑难问题的应对与处置，探讨府、院、管三方良性联动对破产重整的巨大推动作用，以对类案提供可资借鉴的操作思路。

* 范文杰，湖北山河律师事务所合伙人；舒净，湖北山河律师事务所律师。

① 参见赖先进：《改善优化营商环境的举措、成效与展望——基于世界银行〈营商环境报告2020〉的分析》，载《宏观经济管理》2020年第4期。

一、S 公司重整案基本案情

（一）S 公司重整过程介绍

S 公司成立于 1999 年 1 月 19 日，注册资本 5080 万元，法定代表人张某，公司经营范围：房地产开发、商品房销售；承接室内外工程的设计、安装；商铺租赁。2012 年，S 公司完成了开发的 X 楼盘一期项目用地规划、征收、拆迁等相关手续。2013 年，X 楼盘项目一期 1、2、3 号楼同时开工。截至案件受理日，X 楼盘一期项目已全部竣工验收完毕。2014 年 8 月，区政府同意将某研究所一号楼及周边用地一并纳入开发地区 X 楼盘地块旧改范围，与 X 楼盘部分区域作为二期进行整体规划设计和实施。2017 年 9 月，区国土规划局与 S 公司签订《国有建设用地使用权出让合同》，约定将二期地块出让给 S 公司。后因未及时缴纳土地出让金被区国土规划局起诉解除协议。期间，S 公司为取得二期项目土地支付了大量成本，其中包括拆迁安置过渡费、前期开发成本、一期规划调整纳入面积等。至案件受理日尚未安置住户近 100 户。

因不能清偿到期债务、明显缺乏清偿能力，2018 年 6 月，法院裁定受理了申请人 S 公司的破产重整申请，其后依法指定 S 公司清算组为破产管理人。至 S 公司第一次债权人会议召开时，因区国土规划局诉 S 公司建设用地使用权合同纠纷案正在诉讼中，导致 X 楼盘二期土地使用权出让合同是否继续履行处于不确定状态，无法顺利开展重整投资人招募工作，由此引发业主办证、拆迁还建、税款缴纳、水电配套问题等系列矛盾激化。管理人根据债务人资产现状制作了初步的重整计划草案并提交法院和债权人。2019 年 5 月，X 楼盘二期土地纠纷案经法院审理，判决驳回了原告区国土规划局全部诉讼请求，土地出让合同得以继续履行。

2019 年 5 月至 11 月，管理人相继三次发布《S 公司重整投资人招募公告》，均未能成功招募投资人。最终在区政府大力协调下，某国有投资平台 G 公司向管理人递交了《投资意向书》，经协商谈判与管理人签订了正式的《重整投资协议》。2020 年初新冠肺炎疫情防控期间，管理人于疫情初步控制后第一时间复工。2020 年 4 月 S 公司召开第二次债权人会议对重整计划草案进行了表决。2020 年 6 月，法院裁定批准 S 公司重整计划草案，S 公司重整进入重整计划执行阶段。截至 2020 年 10 月，S 公司重整计划基本执行完毕。

(二)S 公司成功重整的效果

S 公司开发建设的 X 楼盘项目涉及众多债权人利益，更关系到广大拆迁户和购房户的切身利益，直接影响到该区整个旧城改造进程和城市整体形象。依托国有平台资源重整成功的 S 公司，妥善安置了全体职工，避免了破产清算带来的债权人利益巨额贬损，保障了全体还建业主的切身利益，有力维护了区域核心资产的稳步增值，维护了社会的和谐稳定。

二、案件难点及应对策略

(一)还建任务较重，民生压力大

X 楼盘一期项目开发的 1、2、3 号楼均已实现竣工验收，1、2 号楼为住宅楼，3 号楼为办公楼，底层为裙房商业。其中 1 号楼销售 210 户，还建 6 户；2 号楼销售 19 户，还建 222 户；3 号楼均为还建楼。管理人被指定后，就立刻面临诸多民生及维稳压力，诸如百余位业主尚需在二期还建，已还建一期业主无法办理房屋权属证书，等等。

管理人了解到，S 公司因资金链断裂，无力发放过渡费，距离一期业主房屋拆迁最长时间已近 8 年之久，还建户四处信访，群众矛盾极大。但 X 楼盘二期土地出让合同签订后，因未及时缴纳土地出让金，区国土规划局解除了二期土地出让合同并索赔巨额违约金。

管理人认为，X 楼盘项目地处该区域核心地段，地理位置优越，商业发展潜力大，若不能实现还建协议约定的就地还建将会使群众矛盾激化，直至不可调和。基于此，为妥善解决还建业主的生存问题，做好 S 公司的重整工作，在管理人建议下，政府、法院多次组织召开 X 楼盘项目专题协调会，针对拆迁还建引发的稳定问题确定如下应对举措：

第一，主动垫付还建业主过渡费，有力保障业主的生存利益。S 公司因严重资不抵债进入法院破产程序后，已有接近半年的时间未能发放过渡费，还建业主生存压力巨大。为保障还建业主的根本利益，经区政府协调，由区街道办先行垫付 X 楼盘业主的过渡费，有效缓解了还建业主租房经济压力，维护了社会的和谐稳定。

第二，开通绿色通道，解决还建业主办证问题。因历史遗留问题及手续不完善，X 楼盘还建业主始终无法办理不动产权证。经多方协调，确定在区街道办事处、区重点办、区房管局多部门间统一为 X 楼盘还建业主办证开通绿色通道，精简办证流程，有效解决了还建业主的办证需求，维护了广大还建业主的合法权益。

第三，妥善应对二期土地出让合同纠纷案，通过诉讼程序锁定 X 楼盘二期土地供应。区政府多次召开协调会综合研判二期土地供应的利与弊，组织当事人协商，最终本案经过一审、二审、发回重审，法院判决驳回规划局诉讼请求，二期土地出让合同得以继续履行，为 S 公司的重整成功奠定了坚实的基础。

第四，利用自有商铺租金收入，及时退还业主维修基金款项。S 公司进入破产程序前期，因资金短缺，擅自将业主缴纳的维修基金款项挪作他用，致使业主因故无法获取房屋维修资金发票而无法办理不动产权证，严重影响了业主的合法权益。重整期间，业主多次因此事向管理人及其他部门反映，要求 S 公司退还房屋维修基金。为确保购房业主利益，管理人在充分安抚业主情绪的前提下及时介入调查，对应退还房屋维修基金的业主名单进行了细致的核对和梳理，最终在报请法院、政府同意的前提下，利用 S 公司自有商铺租金收入对业主的房屋维修基金进行了先行退还。

（二）债务人法定代表人去世，重整难度陡增

在第一次债权人会议上，S 公司法定代表人提出了和解申请，表示愿意拿出个人资产参与公司清偿分配，以期通过和解的方式与全体债权人协商一致。在当时二期土地出让合同纠纷案尚未了结的情况下，S 公司是否具有重整基础并不确定。考虑到债务人如果能够与全体债权人达成和解，既能够避免破产清算的风险，又能够最大限度地提升债权人的清偿比例，并保证还建工作的继续完成，管理人对和解原则上予以认可，并要求在指定期限内完成。此后，尽管与部分债权人达成了和解协议，但债务人及其法定代表人并未在规定期限内提交切实可行的和解协议草案，也并未与全体债权人达成自行和解。2019 年 11 月，法定代表人突然因病去世，导致和解工作无法继续推进。因债务人推动和解工作拔高了债权人对清偿比例的预期，致使债权人对管理人的重整工作极不配合。为缓解重整工作的被

动局面，管理人在政府支持及法院指导下，采取了一系列措施：

第一，有条不紊地开展重整招募工作。自行和解具有不确定性，虽然债务人声称已与大部分债权人达成和解协议，但并不表示与全体债权人均能达成一致意见，况且S公司也并未如期提交切实可行的和解协议草案。若盲目信任等待债务人的自行和解成果，则会严重拖延重整的进度。本案中涉及广大拆迁还建业主，程序的拖延将导致过渡费的超额支付以及还建业主信访的压力。因此，在第一次债权人会议结束后，二期土地出让合同纠纷诉讼案件判决生效前，管理人即启动了重整预招募程序，在假定二期项目由S公司继续开发的前提下制作了重整招募方案，并在全国企业破产重整案件信息网及其他平台同步推送招募信息，为重整投资人正式招募抢占了时间。

第二，耐心解答疑问，缓解债权人困惑。在S公司自行和解的同时，部分债权人询问能否与法定代表人签订和解协议。管理人针对和解程序与重整程序在破产程序中的运行做了释明，建议债权人根据实际情况自行决定是否与债务人签订和解协议，并告知债权人管理人已启动重整招募程序，若S公司未如期提交切实可行的和解协议草案供债权人会议表决，或未与全体债权人均达成和解协议，并不会因此导致重整程序的停滞。

第三，和解失败后，多方沟通获取债权人支持。S公司重整投资人招募一波三折，最终在政府大力协调支持下，重整招募工作顺利完成。管理人根据投资协议并结合S公司的实际情况，制作了切实可行的重整计划草案，但因分配比例远低于债务人自行和解承诺的预期而遭到部分普通债权人的抵制。对此，管理人在政府和法院的协调支持下，多次组织普通债权人召开碰头会，解答债权人疑惑。针对部分债权人提出以自救方式招募投资人以提高清偿比例的意见，管理人以书面方式要求债权人在规定时间内自行募集资金，并提出切实可行的重整计划草案及后续还建方案，最终该部分债权人并未能如期提交。虽然该部分债权人在重整计划草案的两次表决中，均以各种理由投票反对，但会后有超过法定人数及债权金额的债权人自发向法院提交了请愿书，希望法院裁定批准重整计划草案，最终重整计划草案得以批准执行。

（三）职工年龄偏大，妥善安置困难

维护职工的合法权益，不仅是破产重整案件本身的要求，更是管理人

在案件中期望达到的目标。S公司共有职工20名，绝大部分为公司成立伊始即入职。在法定代表人因病去世、管理人重新招募投资人后，大部分职工表示不愿意继续在S公司工作，希望离职并获得货币补偿。为妥善安置职工，管理人在法院指导下采取了下列应对措施：

第一，根据实际需求确定留守人员，剩余员工安排待岗。管理人入场后，迅速接管了企业的员工花名册及劳动合同。考虑到S公司尚需继续经营的现状，管理人及时确定4名留守人员，并与其签订聘用合同，针对工作内容调整了薪资待遇。其他员工做待岗处理，按月发放生活费。该方案经公示，全体职工未提出异议。

第二，全面调查职工债权情况。为调查职工债权情况，了解职工的安置意愿，管理人专门制作了微信小程序针对全体职工的基本信息、社保购买情况、是否愿意继续履行劳动合同等展开了初步调查。结果显示，超90%的职工希望解除与S公司的劳动关系，获得货币补偿。管理人结合多次调查、了解的货币补偿标准及相关法律问题，对职工社保、经济补偿等多种情形进行全面分析，为依法制作职工安置方案奠定基础。

第三，依法制定职工安置补偿方案。在全面调查职工劳动债权的基础上，管理人与全体职工进行逐一谈判，针对补偿款中每一项金额的计算依据进行充分说明，最终管理人协调重整后的S公司与全体20名职工协商一致解除了劳动关系，依法确定经济补偿金，最终形成了切实可行的职工安置方案，全部职工均实现了妥善安置。

（四）债务种类复杂，认定阻力大

房地产企业破产案件债权人主体众多，包括购房人、还建户、工程承包方、材料供应方、金融机构、民间借贷方、房屋承租方等，所涉及的法律问题包括建设工程款优先权、不动产抵押、让与担保、购房行为与还建行为优先权问题等，直接关系到在破产程序中的债权性质、权利顺位、清偿比例，这将导致各类债权人因债权认定问题矛盾冲突激烈，管理人在审查过程中应始终坚持公平、公正原则以维护全体债权人的合法权益，努力实现利益平衡。本案中，管理人针对不同性质的债权分别予以审查认定：

第一，依法审查涉工程债权。建设工程价款优先受偿权是指承包人对于建设工程的价款就该工程折价或拍卖的价款享有优先受偿的权利。但是，鉴于建设工程承包人行使建设工程价款优先受偿权涉及其他债权人、抵押权人、商品房买受人等其他利害关系人的重大利益，为了平衡建设工程价款优先受偿权的非登记公示性，其权利的行使方式、行使期限应尽量明确、清晰，防止因权力滥用损害交易安全和其他利害关系人的合法权益。因此，承包人行使建设工程价款优先受偿权应当以向发包人履行催告程序并待合理期限届满，而发包人逾期不支付工程款为前提条件，并按照法定方式在六个月内行使。本案中，部分工程类债权人竣工验收及约定付款日在 2015 年左右，距离破产受理日已远超优先权认定期限，管理人依法认定该类债权人债权性质为普通债权，做到依法有据，公平公正。

第二，针对疑难债权，充分调查沟通，依法妥善化解债权审查困局。管理人在破产程序中居主导地位，是破产案件中众多矛盾的汇集区和消化站，管理人不仅是破产程序的推动者，同样也是被监督的对象。① 在履职过程中，应当始终坚持以事实为依据，以法律为准绳，通过扎实的理论及数据分析，有效沟通来使债权人认同审查结果，实现双方的预期。在债权审查过程中，除查看债权人提交的申报资料外，还应当通过深入调查、抽丝剥茧的方式，查明案件事实。

以一笔有财产担保债权为例，债权人申报有财产担保债权 5000 余万元，其中含本金 3400 万元，利息近 2000 万元，并附有生效法律判决。债权人主张对债务人名下 66 套房屋享有抵押担保优先受偿权。经管理人初步审查发现，该抵押权系通过委托抵押办理在第三方公司名下，且抵押权证记载被担保主债权数额仅为 1000 万元。针对抵押权范围存在的争议，管理人多次向债务人及其他债权人调查情况，努力还原债权的形成过程，查阅借款所有还款流水制作了资金流向表，并前往不动产登记中心查阅调取办理抵押手续的申请档案。在详细调查的基础上，管理人依法审核确认该债权人在登记抵押范围内的金额为有财产担保债权，其余金额为普通债权。经过多轮沟通，该债权人对此予以认可接受，避免了大额债权待定引发的诉累。

(五)历经波折，持续推进重整投资招募

重整制度旨在挽救陷入困境但仍有营运价值的企业，利用市场化竞争

---

① 参见傅忠彬、彭馥荣：《破产管理人需要处理好的八大关系》，载《法制博览》2019 年第 3 期(上)。

方式促成战略合作，而能否在法定期限内招募重整投资人，是决定企业能否涅槃重生的重中之重。S公司“脱困”可谓一波三折，最终在政府的大力支持和推动下，得以扭转困局。S公司进入破产程序初期，某债权人即积极接洽管理人，表现出浓厚的投资意向，并展开了相应的尽调工作和重组方案的研讨，但最终因其自身原因导致搁浅。随后管理人三次发布招募公告，均未能成功招募投资人。对此，管理人结合S公司资产和负债情况，分别提出了整体重整、清算式重整、破产清算三种方案，并以整体重整为优先，积极依靠党委政府推动破产重整投资招募工作。经区政府综合比较研判和多次组织协调，最终采取整体重整方式并协调国有投资平台公司投资，实现了重整的突破。

三、房企破产视角下府、院、管三方联动的经验与启示

破产案件中，政府、法院、管理人是重要的参与主体，三方联动在提高破产案件审判效率、化解区域经济风险、减轻经济社会中的破产成本等诸多方面，均起着举足轻重的作用。特别在部分成功个案中，管理人积极推进府院联动机制作用的发挥确实扮演了单骑救主的角色，能够充分调动市场要素进行有效配置，妙手回春般地给予破产参与各方神来之笔、点睛之作。① 房地产破产企业中，多方利益冲突交织共存，既涉及一般债权人的经济利益，又存在购房户、还建户、职工安置处理等重大敏感事项，社会矛盾突出，不稳定因素强烈。从府、院、管三方联动的角度出发，妥善处理房地产企业破产案件，对于化解风险矛盾，提升政府公信力均有非常积极的意义。在S公司破产重整案中，府、院、管三方联动机制的良性运作可得出如下启示：

第一，管理人应发挥能动作用着力推动并强化府、院、管三方协作。实现三方联动，对于更好履行人民法院破产审判职能、优化区域市场资源配置具有重要意义。“烂尾楼”中常见的系列问题体现在办证困难、税收减免、复工续建、职工安置、入学政策、招商引资等方面。在个案中，管

① 参见李曙光、郑志斌：《危困企业并购艺术》，法律出版社2017年版，第1页。

理人应及时向政府和法院报告，具体研判并加以落实。在日常工作中，管理人可推动建立常态化府院联动机制。例如 2020 年 12 月 15 日湖南省人民政府办公厅印发了《关于建立企业破产处置府院协调机制的通知》(湘政办函[2020]102 号文)，搭建了省级府院协调机制，畅通沟通渠道，全省范围内统筹解决企业破产中衍生的全方位疑难问题，为实施市场化破产程序提供了强有力的支持。政府和法院还可共同研究设置专门办事机构，长效化、日常化府院联动工作，通过政府、法院层面共同制定出台《关于房地产破产企业常见疑难问题办理指导意见》下发各职能部门贯彻落实，探索常态化解决矛盾新渠道，为稳控社会矛盾，提高法院审判效率，提升法制化政府形象聚力。

第二，及时监控风险，引导企业良性循环发展。房地产企业因开发周期长、资金回笼慢，往往在金融机构以外需要大量民间借贷支撑，随之而来的是不规范的管理导致的“高利贷”“利滚利”现象的出现，一旦资金链断裂将导致连锁反应，企业最终走向消亡。从分析房地产破产企业的处置经验中可以明确，许多企业并非一开始就不可挽救，问题的处理越及时，效果越好。政府职能部门在金融监管、劳动社保、工商税务等方面具有信息优势，掌握着大量企业运营数据和指标，如税务局、劳动监察大队实时监测企业征税欠薪情况，统计局定期通报资产负债率过高且连年亏损的企业，人民银行、银监局监控企业欠贷欠息、对外担保情况等。① 政府应定期监管辖区内房地产企业的运作情况，对于已经出现资金链问题的企业及时预警，从税收优惠、金融扶持、信用修复等方面综合协调，多渠道化解融资风险，严打非法“高利贷”行为，促进房地产企业融资行为的健康发展。

第三，利用信息技术助力招商引资，推动市场化竞争和优胜劣汰。为提高破产资产处置效率、实现债务人价值最大化，近年来，除通过政府发挥招商优势提供合适战略投资者信息、个人社交媒体推介等传统方式处理破产资产外，破产财产网络拍卖也发展迅猛。与传统媒介不同，通过网络拍卖方式处置破产财产，能够大幅度降低处置成本，减少企业负担。甚至

① 参见单卫东、张帆：《优化府院联动机制　合力推进破产审判——浙江绍兴中院关于破产审判府院联动机制的调研报告》，载《人民法院报》2018 年 5 月 31 日第 8 版。

因竞争关系存在，网络拍卖常常产生溢价的效果。网络司法拍卖作为一种价格确定机制，是“互联网+”思维的率先应用，其在市场交易的竞争方式、交易成本、法院规制等方面，具有天然的制度优势，但仍有改良之处。① 因缺少统一规范，各地操作差异较大。因此，建议对破产程序中财产网络拍卖进行规范管理，对于符合法律规定的司法拍卖网络服务平台，应当积极引导进驻，实现良性互动，通过线下、线上通力配合的方式为破产重整中招募投资人、资产处置探索市场化的道路。

第四，加强法制宣传，建立良性的破产法律文化。破产司法能力是世界银行评价各地营商环境的重要考量因素之一，近年来，虽然部分企业主体对通过破产程序清理债务已有一定程度的了解，但仍有很多人未能认识到破产程序对企业价值的保护及破产制度对市场资源的优化作用。政府、法院以及管理人机构作为破产案件的主要参与者，应通过多种形式和渠道加强破产法制宣传力度，转变公众对破产程序的传统观念。一方面，引导问题企业及时通过法院破产重整程序实现快速救济，另一方面，引导投资人及公众关注支持破产程序中的财产处置，为节约社会资源，稳定市场秩序，实现有效处置破产企业资产营造良好的氛围。

① 参见张元华：《论网络司法拍卖的制度优势与未来选择》，载《法律适用》2020年第3期。

第三部分：重整与预重整制度研究

非营利性民办学校破产重整实务探究

莫　然*

内容提要：民办学校具备破产能力并可以参照适用破产法进行破产清算，这已经成为破产实务界和学术界的共识，在非营利性民办学校这一特殊的主体中，是否可以参照适用破产重整制度，在实务中不仅罕见且理论上存在争议。笔者认为，非营利性民办学校虽然可以适用破产重整程序，但在破产重整过程中还会遇到重整准备工作困难、无法完全参照适用破产法的重整制度推进、无法解决重整计划实施与衔接等一系列实际困难，无不对破产法院及管理人提出新的挑战，这需要通过加速完善法律规制、协同共建府院联动制度、组建"破产共同体"等一系列措施来化解。

最高人民法院在 2010 年 12 月 16 日作出的《关于对因资不抵债无法继续办学被终止的民办学校如何组织清算问题的批复》，对民办学校是否可以适用破产清算程序已予以明确。但时至今日，自轰动一时的"中国民办教育破产第一案"——遵义中山中学破产案后，民办学校就极少出现适用破产程序退出市场的情况。笔者通过在最高人民法院破产重整信息平台以"学校"为关键词搜索，所获得的对应破产审查文书仅有 24 份，对内容进行甄别后，可知目前全国范围内受理学校破产的公开案件仅有 9 宗，与现时差不多 20 万所民办学校的庞大保有量对比极不正常，这是否符合正常的市场规律，抑或有其他因素导致此现象持续，笔者于本文通过系统的梳理及分析，结合现时的政策、法规和实务，就其中较为突出的非营利性民办学校破产重整相关问题提出粗浅见解，并尝试指出有效解决途径。本文所讨论的非营利性民办学校主要是指按《中华人民共和国民办教育促进

* 莫然，东莞市第一人民法院民五庭副庭长。

法》(以下简称《民办教育促进法》)规定开办的各类非营利性法人(不以营利为目的的九年义务教育制学校、高等教育学校、公办教育机构等)，根据《工商总局、教育部关于营利性民办学校名称登记管理有关工作的通知》(工商企注字〔2017〕156 号)第 1 条规定："民办学校应当按照《公司法》《民办教育促进法》有关规定，登记为有限责任公司或者股份有限公司。"故以公司企业名义开办的各类学校，以及形式上为营利性质的民办学校(如面向公众的非垄断性职业培训学校、学前教育机构等)，均不在本文所探讨的"非营利性民办学校"概念范围之内。本文所称"学校"，除非特别说明，均意指非营利性民办学校。

一、问题的提出——民办学校破产重整的疑惑

根据官方数据，2018 年全国共有各级各类民办学校 18.35 万所，比上年增加了 5815 所，占全国所有学校比重的 35.36%，其中民办幼儿园 16.58 万所，民办普通小学 6179 所，民办初中 5462 所，民办普通高中 3216 所，民办中等职业学校 1993 所，民办高校 750 所。① 而耐人寻味的是，如此庞大的民办教育系统下，无论是通过行政手段强制退出还是自行清算正常退出的民办学校数量都极少，而根据部分媒体的报道，民办学校中不求回报的捐资办学者比例仅为 4%左右，② 足以反映 90%以上的民办学校投资开办者存在商业动机——谋求通过办学方式获得回报，当然这种回报并不局限于金钱，也包含通过投资办学而获得不动产物权、争取税收优惠、获得学生生源等目的。既然是出于商业目的，属于市场经济规则调整的范围之内，就提供了让破产这一商事制度落地生根的土壤，即使其系非营利性民办学校也不例外，何况非营利性民办学校不得取得办学收益只是因法律规定仅具有原则上的警示意义，③ 并不代表非营利性民办学校举

① 《2018 年全国教育事业发展统计公报》，中华人民共和国教育部官网，http://www.moe.gov.cn/fbh/live/2019/50340/mtbd/201902/t20190227_371502.html，访问日期：2019 年 12 月 29 日。

② 参见董圣足：《依法支持营利性民办学校发展》，载《中国教育报》2019 年 5 月 21 日第 5 版。

③ 《中华人民共和国民办教育促进法》第 19 条第 2 款："非营利性民办学校的举办者不得取得办学收益，学校的办学结余全部用于办学。"

办者不能通过其他合法形式创造利润。一所运营良好、师资优秀的非营利性民办学校，其收入必定数倍于其基础运营成本，① 在扣除成本支出外的结余部分往往可通过添置设备、购买服务等“办学”方式进行支出，只要开办者具有商业战略眼光，可以通过正常的商业行为，由学校与关联企业之间形成运转良好的商业圈，以“办学”为名合法谋取利润。据此，笔者认为可以从将民办学校作为准企业法人的角度进行研究，并借此文就破产重整中可能出现的问题进行一一梳理。

（一）学校重整准备前的天然瑕疵

传统的企业法人破产前后，均有公司法与破产法相关规定予以对应，实务处理中衔接较为顺畅，基本不存在法律脱节的问题。但本文所探讨的学校为非营利性，其本质上系公益法人，其在参照适用《企业破产法》时，无论理论还是实务上均存在先天性的水土不服。

1. 学校内部管理监督机制极易失效

在绝大部分民办学校投资者根本目的是寻求回报的前提下，相对商业行为的复杂性，现行法律对于管理方式的有关规定显得捉襟见肘。《民办教育促进法》仅有第三章的第 20 条至第 27 条就学校的管理运营进行了原则性规定，无法理顺投资开办者与学校经营管理的关系。现行《中华人民共和国民办教育促进法实施条例》于 2004 年实施，其修订征求意见稿因为各种争议迟迟未能落地，旧规章已经远远跟不上日新月异的市场环境。在商业利益的驱动下，投资者不得不在灰色地带寻求折中的解决方法，实务中往往通过合作经营合同、股权代持合同等无名合同自创管理规则，甚至直接套用公司管理制度进行家族式管理。

如 S 学校破产案②，该学校被列为被执行人直至被申请破产时，学校

① 以北京为例，私立的九年义务教育制民办学校对每位学生收费区间在每学年 5 万元至 30 万元之间。参见《2019 年北京各区私立学校排名及学校介绍、学费汇总》，北京幼升小网，http：//www. ysxiao. cn/c/201903/25644. html，访问日期：2020 年 2 月 10 日。

② 参见《（2019）粤 1971 破 15-1 号东莞市南城尚城学校破产公告》，全国企业破产重整案件信息网，http：//pccz. court. gov. cn/pcajxxw/pcgg/ggxq? id = EA81D4FD3B255CD3A43DA0080C7D5482，访问日期：2020 年 2 月 10 日。

的董事会或理事会早已陷入瘫痪，学校一切事务的决定权均由法定代表人掌控，虽然该学校法定代表人早期是由学校开办投资人推荐，但因经营理念等原因产生矛盾后，名义上的学校举办者缺乏严谨的法律保护意识，被轻易地赶出学校决策权力圈，同时也让学校的实际控制人利用学校决策监督机构失灵的漏洞，将学校变成为其个人牟利的商业工具。

2. 学校债务形成原因复杂

虽然在担保法和物权法中已经明确规定民办学校不得作为保证人，亦不得以自身教育设施提供抵押担保。① 但在实践中，民办学校破产原因的产生，往往都是因为学校实际控制人以学校作为一项商业资源，通过保证等方式进行融资，随后资金链出现问题后波及而导致，特别在经济发达地区，公立教育资源紧缺已经是众所周知的事实，民办学校的存在虽然一定程度上缓解了教育需求的紧张程度，但完全靠慈善捐款办学的民办学校依然是少数，缺乏持续资金投入的民办学校根本无法立足目前已经高度市场化的经济大环境，在行政财政收入相对充裕的今天，不以盈利为目的的民办学校仅可能存续于部分经济欠发达地区，只能满足当地最基本的九年义务教育需要。如果学校管理团队不具备市场竞争意识，必然会被公办学校乃至同类型民办学校淘汰。生存需求激发了民办学校实际控制人的商业意识，可能引发其在学校这一优质资源上动心思，通过学校保证等方式融资，最终对学校形成非正常经营而产生的债务，虽然所获资金并非必然全部用于学校自身经营，但不可否认的是，整条利益经济链已经应运而生。如在上文提及的S学校破产重整案，债权人所申报的债权中绝大部分系因承担保证义务而产生的债权，占到全部申报普通债权的97.61%，虽然仅是个案，但至少可以反映出民办学校的债务并非完全由于学校自身经营原因所导致。债务的复杂不仅增大了管理人甄别债权有效与否的难度，也对破产重整的推进造成很大困扰（如管理人需要考虑根据《破产法解释三》第

---

① 《中华人民共和国担保法》第9条："学校、幼儿园、医院等以公益为目的的事业单位、社会团体不得为保证人。"《中华人民共和国物权法》第184条："下列财产不得抵押：……（三）学校、幼儿园、医院等以公益为目的的事业单位、社会团体的教育设施、医疗卫生设施和其他社会公益设施……"

7条规定①申请撤销生效文书等情形)。

(二)无法完全参照《企业破产法》规定推进重整程序

债权人会议作为破产程序的核心决策机构，赋予了债权人参与破产重整各项重大事项的权力，债权人的意志通过表决的方式可以直接决定破产重整的最终走向。但在学校的破产重整中，特别是需要保留学校运营资质的存续式重整中，还需要结合《民办教育促进法》的相关规定设置重整推进的各个环节，特别是在目前相关法律法规极度缺失的情况下，人民法院在审理时更是应该慎之又慎。

1. 重整投资人的选定规则

根据《民办教育促进法》第9条、第11条②可知，县级以上人民政府教育行政部门系民办学校的管理部门，且相关的人力资源、社会保障行政等有关部门也涉及一部分对学校的管理职能，这决定了人民法院在进行破产重整招募时必须考虑行政部门的意见。与传统企业破产重整中各方关注的焦点对比，传统企业的破产重整主要集中在对债务的清偿力度，这往往是决定破产重整计划能否得到表决通过或者得到法院强裁许可的绝对因素，但在学校的破产重整中，人民法院还需要考虑引进重整投资人的办学资质、教育质量、是否符合本地教育现状甚至维稳因素③等，而不能单纯考虑债务清偿情况。这一顾虑往往可以反映在管理人制定招募规则时所设定的特别条件，如何平衡好重整投资人的公平参与权，债权人的清偿权和

---

① 《最高人民法院关于适用〈中华人民共和国企业破产法〉若干问题的规定(三)》第7条："已经生效法律文书确定的债权，管理人应当予以确认。管理人认为债权人据以申报债权的生效法律文书确定的债权错误，或者有证据证明债权人与债务人恶意通过诉讼、仲裁或者公证机关赋予强制执行力公证文书的形式虚构债权债务的，应当依法通过审判监督程序向作出该判决、裁定、调解书的人民法院或者上一级人民法院申请撤销生效法律文书，或者向受理破产申请的人民法院申请撤销或者不予执行仲裁裁决、不予执行公证债权文书后，重新确定债权。"

② 《民办教育促进法》第8条："县级以上地方各级人民政府教育行政部门主管本行政区域内的民办教育工作。县级以上地方各级人民政府人力资源社会保障行政部门及其他有关部门在各自的职责范围内，分别负责有关的民办教育工作。"

③ 《民办教育促进法》第11条："设立民办学校应当符合当地教育发展的需求，具备教育法和其他有关法律、法规规定的条件。"

地方有关部门的行政管理权，可谓是破产重整启动前人民法院需要解决的首要问题，处理不慎极易引起各方的强烈质疑和反弹。

2. 重整计划草案表决的分组

《民办教育促进法》规定了民办学校终止后各类债权的清偿顺序，① 相比《企业破产法》中重整程序的债权分类，除了传统的别除权组、职工组、税款组、普通债权组外，增加了应退受教育者学杂费和其他费用的分类，考虑到受教育者与民办学校之间的信赖基础更为强烈，受教育者在付费入学时抱着能从法定就读期间顺利毕业的期待，学校也以尽一切可能使学生完成学业作为基本的给付标准，② 往往在实践中将这一类债权列作单独表决组。而且从公民受教育权平等原则出发，受教育者背后的家长不单单会考虑实际缴纳的学杂费金额，他们对学生受教育权的关注度更为强烈，特别是在学校尚处开展正常教育工作的破产重整中，受教育者不具备申报债权的事实基础，故人民法院需要研究突破破产法中重整表决的“人数—金额”双重标准规则，在该表决组中对受教育者债权组实施单纯“人数决”，方能集中反映这一特殊群体的整体意志。

针对职工组(在学校破产中主要表现为教师群体)，即使不存在拖欠教职工薪酬的情况，但考虑到重整方案往往与其教龄、职称、待遇等与生存相关的问题直接挂靠，也需要考虑突破破产法的规定，无论是否存在拖欠薪酬的情形，均需要赋予全体教职工充分的表决权，并参照上述受教育者的特殊性实施单纯人数决，而不再考虑教职工是否具备传统的债权人身份。当然人数决的方式是按照半数以上还是三分之二以上才达到通过条件，可以由人民法院根据具体案情自行把握。

---

① 《民办教育促进法》第 59 条：“对民办学校的财产按照下列顺序清偿：(一)应退受教育者学费、杂费和其他费用；(二)应发教职工的工资及应缴纳的社会保险费用；(三)偿还其他债务。非营利性民办学校清偿上述债务后的剩余财产继续用于其他非营利性学校办学；营利性民办学校清偿上述债务后的剩余财产，依照公司法的有关规定处理。”

② 参见任海涛、徐涛：《营利性民办学校终止的法律适用研究——以〈民促法〉与〈公司法〉〈破产法〉的比较为进路》，载《教育学报》2018 年第 4 期。

特别值得注意的是，参照《企业破产法》第 85 条①规定，本应设立相应的出资人组对相关事项进行表决，但与《企业破产法》使用“出资人”一词有所区别的是，《民办教育促进法》使用的是“举办者”②这一概念，两者之间的概念是否一致？是否可以在学校破产中参照适用？笔者认为，《企业破产法》中的“出资人”概念一脉相承于《公司法》，其对应的主体系公司股东，而《民办教育促进法》中的“举办者”则是在开办民办学校过程中对投资方的特定称呼（在民办学校的办学许可证上登记信息亦然），虽然从行为本身上看两个概念产生的前提都是基于投资行为，但由于后者系对学校这一特殊主体进行投资建设，故在立法中对后者使用了“举办者”这一名词。两部法律均是全国人民代表大会常务委员会制定的，效力层级一致，但在清偿顺序上，《企业破产法》与《民办教育促进法》的规定存在一定的差异，故在破产中一般认为，《民办教育促进法》属于特别法，《企业破产法》属于一般法，即在具体法律适用中，有特别规定时适用《民办教育促进法》，无特别规定时可以参照适用《企业破产法》。而在《民办教育促进法》中并未明确举办者在破产重整中的地位和作用，故可以基于出资人与举办者在投资行为上的相似性，在重整计划草案涉及调整举办者权益事项时赋予举办者表决权。如举办者存在多人时，可以首先由举办者内部确定各自所享有的表决权份额，如协商不成，可以由人民法院根据各举办者在学校开办时的实际投入进行换算后确定其表决权。

3. 学校内部决策机构的重组

传统破产企业一般具备《公司法》上所规定的股东会架构，且在重整计划通过后往往会对股东架构作出调整，包括股东人员和持股比例都可以根据重整计划的执行由人民法院要求工商行政部门协助办理变更登记。但在学校的破产重整中，并没有明确规定可以参照《公司法》认可举办者等

① 《企业破产法》第 85 条：“债务人的出资人代表可以列席讨论重整计划草案的债权人会议。重整计划草案涉及出资人权益调整事项的，应当设出资人组，对该事项进行表决。”

② 如《民办教育促进法》第 19 条：“民办学校的举办者可以自主选择设立非营利性或者营利性民办学校。但是，不得设立实施义务教育的营利性民办学校。非营利性民办学校的举办者不得取得办学收益，学校的办学结余全部用于办学……”

相关人员对学校享有投资性股权，在司法实践中也对学校股权一说持否定态度，① 故在学校的破产重整过程中，需要由重整投资人以向教育管理部门申请变更举办者的方式入局，再根据《民办教育促进法》第 20 条、第 21 条②以“重组内阁”的方式获得学校的经营管理权。但这种方式并不当然获得教育部门的认可，至少在行政审批环节容易增加重整投资人的额外顾虑。

（三）无法完全解决重整计划实施与衔接

即使重整计划草案能克服上述重重困难获得表决通过，也无法仅凭法院一家之力解决重整计划后续的问题，因为重整计划的实施涉及法律以外方方面面的问题：学生安置、教师去留、维稳协调、信用修复等。

1. 受教育者的安置

参照《民办教育促进法》第 57 条③规定，学校终止时在校学生需要得到妥善安置，该条规定同时也明确了审批机关应当协助学校安排学生继续就学。但该条规定只是明确了学校终止时的处理原则，并未明确如学校重整计划通过后的学生安置方法。在学校经历过破产重整后，学校的教学秩序受到重大调整，原学校品牌的公信力会因为破产重整受到重大影响，学生家长必然会根据具体情况判断并作出留校或转校的选择，这个问题难以通过法院、管理人甚至政府的说服工作完全化解，这就决定了须给予选择离校的学生以妥当的安置，解决其继续受教育的权利，而这又涉及当地教

---

① 有法官于判例中明确指出，出资人对于投入学校的财产已不具有法律上的财产权，出资人要求确认出资份额因缺乏法律权利基础而不能成为独立的诉讼请求。案号：(2015)沪二中民四(商)终字第 1161 号，《最高人民法院公报》2016 年第 9 期刊载。

② 《民办教育促进法》第 20 条：“民办学校应当设立学校理事会、董事会或者其他形式的决策机构并建立相应的监督机制。民办学校的举办者根据学校章程规定的权限和程序参与学校的办学和管理。”第 21 条：“学校理事会或者董事会由举办者或者其代表、校长、教职工代表等人员组成。其中三分之一以上的理事或者董事应当具有五年以上教育教学经验……”

③ 《民办教育促进法》第 20 条规定：“民办学校终止时，应当妥善安置在校学生。实施义务教育的民办学校终止时，审批机关应当协助学校安排学生继续就学。”

育部门对学籍、学位的行政管理权，人民法院只能通过开会协调的方式寻求相关部门的认可与帮助，否则极易引发学生家长上访的社会性事件，如上文提及的S学校破产案处理过程中就出现了家长因不同意学生分流方案而在公共场所聚集反映诉求的维稳事件。①

2. 教学秩序的重塑

与一般企业运营的生态链不同，学校运营产生收益的生态链相对更为特殊，学校与学生、学生家长之间存在委托、监护、服务等多重羁绊，暂将法律关系究竟如何搁置不表，不可否认的是，受教育者资源系学校破产重整中的一项极为重要的资源，能为学校产生收益的受教育者群体相对固定，这不仅反映在学生通过缴纳学杂费等费用为学校正常运转提供保证，也包括学生在读期间所取得的考试成绩对学校品牌带来的影响等非直接经济因素。所以在学校破产重整中评价学校价值的高低时，并不能按照普通企业的评估思维，只通过财务报表研究考查盈亏状态，更需要考虑破产受理前一定的合理期间内学校是否已经具备良好的教育环境，学校的经营对学生是否产生了长足的正面影响等非经济因素。故此，在学校重整中必然涉及教育团队资源的整合，新建立的教育秩序往往难以通过重整计划草案中的记载而细化，更不可能仿效传统企业仅仅通过“资金投入—设备整修—招募员工—生产恢复”四步就能相对顺利地重生，而必须在法院、管理人、行政主管部门共同努力下，稳步恢复学校教育品牌的公信力，重铸值得受教育者信任的教学秩序。但这项工作不可能在短时间内完成，其持续时间必定数以年计，在缺乏明确规范指引的情况下，如何在重整后在合理期限内消除入读学生及其家长的疑虑，重塑良好口碑的教育秩序，同时又能减少法院的协调维稳压力，减少管理人的监督期限，是审理法院所面对的必考命题。

二、原因解析：非营利性民办学校重整之路

随着《中华人民共和国民法典》出台，《民办教育促进法》的修正，对

① 参见陈启亮：《东莞南城尚城学校倒闭，在校师生如何安置？最新回应来了！》，http：//app. myzaker. com/news/article. php？ pk = 5ce3bfaa77ac641baf619988，访问日期：2021年2月5日。

“营利性”民办学校和“非营利性”民办学校进行了区分，并进一步明确“非营利性”民办学校不得取得办学收益，此举对之前向非营利性学校涌入的民间资本作出法律上的警示，以期相关部门能尽快通过行政甚至司法程序作出有效应对措施。

(一)基本共识：民办学校具有破产能力

本文讨论的是非营利性民办学校的破产重整适用，故应予以明确的前提条件系其具有破产能力。在《中华人民共和国民法总则》(以下简称《民法总则》)对法人区分“营利”与“非营利”之前，各界也已经基本对民办学校具有破产能力的观点予以认可，在《民办教育促进法》就民办学校作“非营利”与“营利”类型区分后，这一共识亦没有发生根本改变：首先，营利性学校与非营利性学校均系法人类型主体，均具有独立财产权和独立法人人格，根据《民法总则》第 73 条的规定：“法人被宣告破产的，依法进行破产清算并完成法人注销登记时，法人终止。”明确了法人类型主体的破产清算能力；其次，《最高人民法院关于对因资不抵债无法继续办学被终止的民办学校如何组织清算问题的批复》中明确了人民法院在组织民办学校因资不抵债无法继续办学进行的清算时，参照适用《企业破产法》规定的程序。纵使该批复出台时的《民办教育促进法》尚未作出对民办学校作出“营利”和“非营利”的区分，但在上述司法解释没有废止以及与现行法律法规没有明显冲突的时候，对营利性和非营利性民办学校破产仍均应可以适用上述司法解释，并根据《企业破产法》第 135 条规定①赋予其破产能力，适用破产程序；最后，即使《民办教育促进法》有进行修正，但条文中对破产清算方面的规定仅仅只有第 58 条和第 59 条，条文规定缺乏可操作性，而学校破产在破产程序适用问题上有着与企业破产的共通之处，故在不违反特别法相关规定的情况下参照适用《企业破产法》的实体法律规定，既符合立法精神，也体现了一般破产主义的破产法发展趋势。② 在成熟的企业破产程序下作有益探索，有利于公平高效地解决民办学校破产给

① 《企业破产法》第 135 条规定：“其他法律规定企业法人以外的组织的清算，属于破产清算的，参照适用本法规定的程序。”

② 参见霍敏主编：《破产审判前沿问题研究》，人民法院出版社 2011 年版，第 367~368 页。

社会带来的民生问题。

(二)解读纠正：启动学校破产程序的法律"障碍"

现行《民办教育促进法》第56条规定了在三种情形下应当终止：一是根据学校章程规定要求终止并经审批机关批准的；二是被吊销办学许可的；三是因资不抵债无法继续办学的。据此，有学者认为，结合《最高人民法院关于对因资不抵债无法继续办学被终止的民办学校如何组织清算问题的批复》的规定，民办学校的终止必须经审批机关批准，审批机关的终止决定是民办学校申请破产清算的前置程序。① 又有其他学者作出不同解读，认为民办学校终止不仅要符合以上情形，还需要完成前置程序，包括依法完成清算和依法注销登记。② 笔者认为，解读不能局限于该司法解释和《民办教育促进法》法规表面文义的理解，根据《民办教育促进法》第58条③可知，"终止"对民办学校所引发的法律后果系相关清算义务人(如由学校自行组织清算，由审批机关组织清算，由法院组织清算)开始启动清算程序，通过法院走破产程序只是"终止"所引发的其中数种可能后果之一，故"终止"不能当然理解为启动破产清算的必备条件，更不能理解为学校进入破产的唯一条件，而仅应作为学校进入某一法定状态的事实描述。《民办教育促进法》中民办学校的所谓"终止"更接近于《公司法》第180条规定④中的"解散"，在法定情形发生时，由相关清算义务人根据具体情形进行清理途径选择，可以是自行清算、行政清算或司法清算，而不得因此排除当事人参照《企业破产法》相关规定申请民办学校破产的权利。

---

① 参见吴兆祥、孙佑海、孙茜：《民办学校破产清算的程序》，载《解读最高人民法院司法解释之商事篇》，人民法院出版社2012年版，第235~236页。

② 参见余中根：《〈民法总则〉法人制度视野下民办学校退出的法律制度构建》，载《中国人民大学教育学刊》2018年第1期。

③ 《民办教育促进法》第58条规定："民办学校终止时，应当依法进行财务清算。民办学校自己要求终止的，由民办学校组织清算；被审批机关依法撤销的，由审批机关组织清算；因资不抵债无法继续办学而被终止的，由人民法院组织清算。"

④ 《公司法》第180条规定："公司因下列原因解散：(一)公司章程规定的营业期限届满或者公司章程规定的其他解散事由出现；(二)股东会或者股东大会决议解散；(三)因公司合并或者分立需要解散；(四)依法被吊销营业执照、责令关闭或者被撤销；(五)人民法院依照本法第一百八十二条的规定予以解散。"

当然，也不可从一个极端走向另一个极端，认为可以据此直接排除行政部门对“终止”的行政审批认定权利，人民法院应在审理过程中加强与相关行政部门的沟通，以求司法与行政对“终止”的事实判断达成统一意见。

（三）平复分歧：破产拯救机制的适用与否

在《民办教育促进法》修正前，实务界有人提出法院不能对民办学校启动破产重整与破产和解程序，认为对民办学校适用破产重整与破产和解程序违背了《民办教育促进法》规定由法院组织进行清算的立法目的与意图，也不符合启动破产重整与破产和解的前提条件，并容易与行政机关作出的终止决定形成冲突。① 学术界也有人提出相似观点，认为《民办教育促进法》没有赋予人民法院进行重整与和解的职能，且民办学校已经被行政机关终止办学，丧失民事主体地位，盲目启动破产预防程序亦不利于教育事业的稳定。② 但笔者认为，党的十八届五中全会提出要“更加注重运用市场机制、经济手段、法治办法化解产能过剩，加大政策引导力度，完善企业退出机制”。最高人民法院也提出，对于陷入经营困境和债务危机的企业，法院应充当起“生病企业”的医院，多破产重整，少破产清算。③ 现行法律对企业法人以外的其他组织能否适用破产重整或和解程序未作出禁止性规定，而破产重整制度对挽救陷入经营困境的企业、预防破产最为有效，能挽救其经济与社会价值，从而减轻社会损失，可以实现各方利害关系人利益的最大化和社会资源的有效配置。④ 且从破产法近年配套立法与实践的高速发展，已经有法院参照破产重整程序进行有益探索，如安徽

---

① 参见深圳市中级人民法院民七庭：《民办学校终止清算案件审理中存在的法律问题》，载《中国审判》2009 年第 2 期。

② 参见雷震、帅晓东：《民办学校破产清算法律适用问题研究》，载《人民司法》2009 年第 15 期。

③ 参见《最高法：处理“僵尸企业”多破产重整少破产清算》，中国法学网，http：//www. iolaw. org. cn/showNews. aspx？ id＝49122，访问日期：2020 年 2 月 10 日。

④ 参见王欣新：《破产法前沿问题思辨（上）》，法律出版社 2017 年版，第 212 页。

省广德县的广德兴华私立小学破产重整案①、浙江省金华市江南中学破产重整案②取得较好的社会实践效果。故笔者认为，破产预防拯救机制中的破产重整程序可适用于非营利性民办学校。

综上，非营利性民办学校适用破产重整程序的法律“障碍”应予以排除，对陷入困境的民办学校，人民法院可主动拓宽司法救济之路径，运用破产重整制度对仍有拯救价值的学校施以援手。另外，本着“举轻以明重”的法律适用原则，如非营利性民办学校能适用破产重整程序，营利性民办学校适用破产重整程序更不用说。

三、应对之良策——规制、联动与担当

面对学校破产重整这一新类型案件，仅靠法院和管理人已被证实不能作良好应对，面对上文提及的问题和矛盾，需要考虑通过各种方式合法、合情、合理地一一化解。

(一)法律规制的加速完善

2006 年 8 月通过的新《企业破产法》开始了市场经济体制下全新统一的破产法律制度的构建,③ 但法律存在滞后性，今时今日的民办学校增长速度与规模恐怕是当时难以预见的。破产法的立法目标是立法者基于社会发展的需要以及对破产程序固有属性和一般规律的认识，在立法中预先设计的关于破产程序的理想结果,④ 学校破产重整即使再特殊，本质上仍是一个破产案件，还是应该通过增补法律规定的方式填补空缺更为直接有效。且放大观察的角度，对于特殊主体如学校、医院这类具备公益属性的非企业法人如何适用破产程序也存在法律空白急需完善，正如美国著名大

① 参见《安徽省广德县兴华私立小学、广德兴华校业服务有限公司破产重整投资人招募公告》，中国破产资产网，http：//www.pczc.cn/hyproductsinfo/detail/5780.html，访问日期：2019 年 12 月 29 日。

② 详见浙江省金华市中级人民法院(2015)浙金破字第 2、3 号民事裁定书。

③ 参见李曙光、宋晓明主编：《〈中华人民共和国企业破产法〉制度设计与操作指引》，人民法院出版社 2006 年版，序言第 2 页。

④ 参见汤维建：《破产程序与破产立法研究》，人民法院出版社 2001 年版，第 44 页。

法官霍姆斯所言："法律的生命不在于逻辑，而在于经验。"①法律不仅仅是建立在理论上的一系列规则，更应该是扎根于现实生活中的灵魂。位于一线的办案法官应总结办案中好的经验，通过"尝试—梳理—总结—调研—反馈—立规"的模式，最终由权威部门形成相应的操作细则加以规制。在现阶段笔者建议，可以考虑通过最高人民法院颁布司法解释或由省级的高级人民法院颁布实施意见，对就学校破产重整中上文所总结的问题一一予以解答并细化。

（二）府院联动的协同共建

最高人民法院在《全国法院破产审判工作会议纪要》中已经多次提及与政府之间联动的重要性，② 上文所列举的问题亦已昭示，没有当地党委政府的支持，学校破产重整难以获得彻底成功，但如何落实到位，并没有得到法律层面上的进一步细化。具体到学校破产重整中，笔者认为需要从以下几个方面落实：

1. 树立政府法治边界意识

学校的破产重整，诚然需要行政资源的支持，但同时需要明确的是，行政权力的介入应保持高度自觉。在行政权参与司法案件审理时，相关行政单位保持对司法的敬畏与谦抑，行政的归行政，司法的归司法，各就其位，各司其职，在自身权力范围内履行好职责，站在遵循破产法立法目的、法律规定本意和基本原则的基础上，共同合力解决司法实践难题。当然，互动平衡的程序设计体现在权力之引领、规制和审查，实现权利之充

① ［美］小奥利弗·温德尔·霍姆斯：《普通法》，冉昊、姚中秋译，中国政法大学出版社2006年版，第5页。

② 《全国法院破产审判工作会议纪要》："三要健全破产审判工作机制，最大限度释放破产审判的价值。要进一步完善破产重整企业识别、政府与法院协调、案件信息沟通、合法有序的利益衡平四项破产审判工作机制……""16. 重整计划的制定及沟通协调。……人民法院要与政府建立沟通协调机制，帮助管理人或债务人解决重整计划草案制定中的困难和问题。""21. 重整后企业正常生产经营的保障。企业重整后，投资主体、股权结构、公司治理模式、经营方式等与原企业相比，往往发生了根本变化，人民法院要通过加强与政府的沟通协调，帮助重整企业修复信用记录，依法获取税收优惠，以利于重整企业恢复正常生产经营。"

分、有序和合法行使。① 在规则明朗之前，依然需要依赖人民法院对全局的观察与把控，及时对出现的问题进行解读、协调、谈判乃至平息，作为现行过渡之手段。

2. 法院主导成立专项协调工作组

通过成立与政府保持信息高度共享的专项工作组，吸纳有关部门人员进驻管理人工作组，让政府在自身职责范围内参与破产重整工作，有利于减轻法院在行政管理范围内的司法资源投入压力，可以将法院和管理人从繁重的维稳、说服等非本职工作中脱离出来。长远来看，逐渐将临时性的府院联动机制发展成持久性的破产事务常驻组织，至少在学校破产这一类涉及重大社会民生问题的敏感案件上避免“一案一协调”的非法治要素。其中，特别要提醒的是，法院在此过程中的角色应处于主导地位，在一些与政府处理意见相左的问题上，不能随波逐流而服从于明显不合法的行政建议，应立足法律规定提出处理意见，坚持“让审理者裁判，由裁判者负责”的原则不动摇。

3. 实现真正的“一盘棋”式联动

面对学校破产所产生债务清偿、登记变更等显性问题，需要对接教育管理部门及时解决，但同时就舆情宣传、社会维稳、信用修复等隐性问题，还需要得到对应的舆论媒体、公安机关、金融机构等大力协助，这需要通过专项工作联动平台及时向相关部门单位提出需求，令工作组在当地党委协助下开展整体工作，用“一盘棋”的思维做到劲往一处使，真正将疑难问题化解落到实处。

(三)“破产共同体”的勇于担当

破产案件实践中，已经逐步在破产参与人内部之间(包括法院、管理人、投资人等)建立起类似于“法律共同体”性质的“破产共同体”，在适用法规尚未明确的今天，除了上文的呼吁措施，还应树立起共同体意识，群

① 参见陆晓燕:《司法控制与当事人自治的制约与平衡——探寻破产管理人选任规则的完善路径》，载万鄂湘主编《探索社会主义司法规律与完善民商事法律制度研究》，人民法院出版社 2011 年版，第 1353 页。

策群力，利用集体智慧在现有框架下合法、合情、合理地解决各种新发现的问题。人民法院作为破产案件的第一手面对人和牵头者，不仅应保证破产法官的精英化和专业化，还应充分发挥主观能动性，避免法律的机械适用，克服客观不利因素，勇于担当，创新工作方法，统一破产共同体的整体意志，集中作用到推动学校破产重整的进程中去。笔者相信，只要在司法公平、公正、公开的前提下，本着为人民服务的司法精神，法官、管理人因创造规则、革新制度、果敢断决所担下的压力与误解，最终都会在案结事了的一刻得到历史的认可。

结　语

学校破产一直以来是地方政府、党委、法院所不愿意直面的难题死结，这从本文引言中所列举的学校破产案件数量上就足以看出各个部门面对这种社会性难题时的消极态度。战斗于一线的破产法官，无不时时面对着破产审判所遇到的各种疑难杂症，这要求破产法官自受命之日起，穿梭于裁判和谈判之间，纠缠于对话与协调之外，以公平正义的名义，兢兢业业打磨破产审判事业。正如习近平总书记在 2019 年 1 月中央政法工作会议中所说："政法系统要在更高起点上，推动改革取得新的突破性进展，加快构建优化协同高效的政法机构职能体系。要优化政法机关职权配置，构建各尽其职、配合有力、制约有效的工作体系……要全面落实司法责任制，让司法人员集中精力尽好责、办好案，提高司法质量、效率、公信力。"笔者相信，人民法院、管理人等破产共同体在各级党委的领导下，将法律思维总结升华为法律智慧，牢记站位，提高起点，力求在学校破产重整这一份考卷中，交出人民群众满意的答案。

预重整制度中政府的角色定位探讨

申丰熊　慎先进*

内容提要：预重整制度发展最为成熟的国家是英国、美国和日本。我国法律虽然没有规定预重整制度，但是在实践中已经有企业运用该制度实现了破产重整。与其他国家的预重整制度相比，我国的预重整制度具有强烈的行政主导特色。政府介入企业预重整是因为历史惯性的延续，也包括维护社会稳定和政绩的需要。政府介入企业的预重整将有利于维护社会的稳定，有利于企业的发展。但也会带来弊端，如不利于经济结构的转型，僵尸企业可能会对政府形成依赖，为权力寻租提供空间等。在当前经济转型发展的背景之下，政府介入企业的预重整程序具有一定的正当性，但需要进行一系列的制度设计，对政府的角色重新定位，使政府以市场主体的身份介入预重整程序。

一、问题的提出

2020年是极不平凡的一年，疫情来袭，国际形势动荡，逆全球化思潮涌现，给世界经济的复苏蒙上了一层阴影。在这样的大背景之下，不少企业濒临破产。2007年生效的《中华人民共和国企业破产法》(以下简称《企业破产法》)规定了破产清算、破产重整以及破产和解三种破产程序，而且在实践中有的企业为了自身的生存和发展，借鉴了英、美等国的预重整制度，在向法院提出破产重整的申请之前，就已经和相关的债权人达成

* 申丰熊，三峡大学法学与公共管理学院研究生；慎先进，三峡大学法学与公共管理学院副教授。

了重整计划。比如中国第二重型机械集团公司重整案、厦门市琪顺运输有限公司重整案以及温州的吉尔达鞋业重整案等。① 预重整制度作为一种新的企业拯救机制，能够融合庭外重组和破产重整制度的优势，将司法程序和非司法程序相结合，司法的强制干预与当事人的意思自治相结合，以相对较低的时间和成本，实现债务企业、债权人以及担保人各方利益的最大化，对于拯救陷入困境的企业具有重大的积极作用。尤其是在当今经济下行的背景之下，对于那些出现债务危机但是又具有拯救价值的企业进行预先重整，对推进我国的产业结构改革，实现经济的增长具有重大影响。虽然我国《企业破产法》并未规定预重整制度，但最高人民法院出台的《全国法院破产审判工作会议纪要》以及《全国法院民商事审判工作会议纪要》（以下简称《九民纪要》），浙江省人民政府发布的《关于加快处置“僵尸企业”的若干意见》等文件都涉及预重整制度相关的内容。② 国内有关学者也对国外的预重整制度进行了研究，提出了在我国建立预重整制度的路径。但大多数学者是从法院、债务人、债权人的角度去探索如何建立我国的预重整制度。而在我国预重整的实践中，政府所起的作用是不可忽视的，并且在大多数企业破产案件中，政府往往起到主导作用。这就使我们不得不去思考政府为何要介入企业的破产案件？政府介入企业破产案件是否具有内在的合理性？在企业预重整案件中政府应当扮演怎样的角色？笔者将围绕以上问题展开论述。

① 参见潘光林、方飞潮、叶飞：《预重整制度的价值分析及温州实践——以温州吉尔达鞋业有限公司预重整案为视角》，载《法律适用》2019 年第 12 期。

② 《全国法院破产审判工作会议纪要》第 22 条规定：“探索推行庭外重组与庭内重整制度的衔接。在企业进入重整程序之前，可以先由债权人与债务人、出资人等利害关系人通过庭外商业谈判，拟定重组方案。重整程序启动后，可以重组方案为依据拟定重整计划草案并提交人民法院依法审查批准。”《九民纪要》关于破产纠纷案件的审理中规定：“人民法院受理重整申请前，债务人和部分债权人已经达成的有关协议与重整程序中制定的重整计划草案内容一致的，有关债权人对该协议的同意视为对该重整计划表决的同意。”《关于加快处置“僵尸企业”的若干意见》明确提出探索建立预重整机制，在诉讼调解对接工作框架内开展预重整工作，对担保链复杂、社会影响大、符合实施破产重整的企业，可由有关地方政府会同相关债权人和破产案件管理人，对企业破产重整、和解方案进行预审和完善，缩短审理期限。

二、预重整制度模式及其在我国的实践

(一)预重整制度的模式

预重整制度又称为“预先包裹式重整”，联合国国际贸易法委员会在其制定的《破产法立法指南》中将该制度表述为：“因债务企业陷入危机而受到影响的债权人，在破产重整程序启动之前，自愿就债务企业的重组进行谈判并制定重整计划，并且为使该计划发生效力而启动的程序。”①预重整制度有三个核心特征：第一，在进入正式的破产程序之前，债权人和债务人已经就企业重组和债务偿还等事项制定了计划；第二，不同类型的债权人对达成的计划进行表决且获得多数债权人的同意；第三，经过法院的确认，达成的重组协议能够约束之前少数持反对意见的债权人。② 预重整制度实质上是将正式的破产重整制度中有关债务人信息披露、重整计划的制定、重整计划的表决通过等程序提前，由当事人自主协商洽谈，无需法院的介入和干预。同时，若重整计划得到法院的批准，则可以约束少数持反对意见的债权人，能够有效地减少债务重组带来的“钳制成本”。所以从程序设计来看，预重整制度是法庭外的债务重组与正式的司法破产重整制度的混合体。③ 因为预重整制度融合了债务重组和破产重整制度的优势，所以在商业实践中得到了广泛的运用，各国法律也对预重整制度进行了具体的规定，在英国、美国和日本，该制度发展得较为成熟。

英国所采用的预重整制度一般被称为“伦敦模式”。其程序为：首先，由一个主要的债权人或组建一个债权人委员会监督债务人的日常营业，确保债权人之间能够信息共享、共同合作，在英国一般是由英格兰银行承担这个任务。其次，在金融监管机构和主债权人的调停下，债权人暂停要求债务人偿还债务。再次，由债务人拟定企业的重整计划并经债权人表决通

① 联合国国际贸易法委员会：《破产法立法指南》，2006 年，第 212 条。

② 参见季奎明：《论企业预先重整制度》，载顾功耘主编《公司法律评论(2011年卷)》，上海人民出版社 2011 年版，第 161 页。

③ 参见董惠江：《我国企业重整制度的改良与预先包裹式重整》，载《现代法学》2009 年第 5 期。

过。最后，法院承认该重整协议的效力，并据此约束所有债权人。①

美国的预重整制度主要规定于《联邦破产法典》中，该法第 1125 条(b)款规定：债权人如果在提起破产重整之前已经表示同意或拒绝该重整计划的，那么在正式的破产程序中将被视为同意或拒绝该重整计划。② 美国模式的步骤为：首先，由债务人提出企业的破产重整计划，并向全体债权人全面充分地披露其信息。其次，提请债权人和股东对该重整计划进行表决。该重整计划如果被持有某类债权人数二分之一以上、债权总额三分之二以上的债权人接受，或该计划得到股权总额占三分之二以上股东的同意，则此类债权或股权通过该重整计划。再次，债务人应当向法院提起破产重整的申请并提交重整计划。最后，由法院举行听证，审查是否承认该重整协议的效力。

日本最具有代表性的预重整程序为事业再生 ADR。③ 事业再生 ADR 规定于日本经济产业省制定的《产业竞争力强化法》中，该法相当于我国的部门规章。事业再生 ADR 的一大特点是：整个破产重组程序是由司法部和经济产业省认定的专家团体主导的。该团体的构成人员主要有资深的律师、会计师、税务师和学者等，该团体负责制定重组计划并使其生效。事业再生 ADR 的基本流程为：第一，由债务人向事业再生专家协会提交启动事业再生 ADR 程序的申请，该专家协会有权决定是否受理该申请；第二，若专家团体通过调查债务企业的资产、负债等情况，认为该企业有挽救的可能，则将以该团体的名义向金融机构债权人发出暂停行使债权行为的通知，并拟定债务企业的重整计划草案。第三，两周之后举行债权人会议，由债务人向债权人介绍重整计划草案，并正式选任主导该事业再生程序的专家组成员。第四，再次举行债权人会议，由选定的专家团体对该重整方案进行说明。第五，举行第三次债权人会议，对该重整计划进行表决。全体债权人同意即为通过，若有人表示反对，则需要申请庭内重整程序。

---

① 参见《世界银行法庭外债务重组研究资料》，郑志斌、刘玥译，载王卫国、郑志斌主编《法庭外债务重组(第 1 辑)》，法律出版社 2017 年版，第 82 页。

② 参见李飞主编：《当代外国破产法》，中国法制出版社 2006 年版，第 661 页。

③ 参见金春、任一民、池伟宏：《预重整的制度框架分析和实践模式探索》，载王卫国、郑志斌主编《法庭外债务重组(第 1 辑)》，法律出版社 2017 年版，第 109 页。

(二)预重整制度在我国的实践

1. 中国二重预重整案

中国二重集团，全称为中国第二重型机械集团公司，成立于1958年，拥有职工7000余人，股东5万余位，是中央直管的骨干级央企，同时也是国家大型装备制造基地。二重集团位于四川省德阳市，曾经为解决德阳市的就业，促进德阳的经济发展作出过突出贡献，是德阳市的支柱企业。

但自2011年以来，受国家宏观调控、重型工业发展周期以及企业自身管理薄弱等多重因素的影响，二重集团主营业务收入下降，企业连年亏损，员工工资以及维持企业正常运转的资金都是向银行借贷才能得以维持。[①] 2014年年底，二重集团资金链断裂，对应支付给银行的到期本息全面违约。截至2015年9月，二重集团对外负债超过200亿元，严重资不抵债，在金融界引起了很大的震动。

随后，由国有资产监督管理委员会(以下简称国资委)和中国银行业监督管理委员会(以下简称银监会)牵头，以中国银行、中国农业银行、光大银行三大银行为主席行，组织30多家金融机构债权人成立了“债权人委员会”，在经过了长达九个多月的谈判后达成了重整协议，其具体内容为在短期内以“现金+留债+股票”的方式偿还全部计息的金融负债。其后，该重整计划得到了德阳市中级人民法院的认可，中国第二重型机械集团公司被德阳市中级人民法院裁定重整。

2. 余杭“怡丰成”公司预重整案

“怡丰成”公司是由东田控股集团有限公司、华鼎房地产开发有限公司和杭州三朋投资管理有限公司投资设立而成，位于杭州市余杭区，其主营业务为房地产开发。2015年3月，该公司开发的“东田·怡丰城”项目由于存在大量的债务纠纷而不得不停工。2015年8月，余杭区法院受理有关“东田·怡丰城”项目的案件多达80余件，该项目所涉及的民间借贷

① 参见张婷:《中国二重债务重组模式的启示》，载王卫国、郑志斌主编《法庭外债务重组(第1辑)》，法律出版社2017年版，第169页。

总额达 1.1 亿元，购房债权人达 1200 余户，债权总额为 18 亿元。① 为了维持社会稳定以及挽救该企业，余杭区政府成立了关于“东田·怡丰城”项目的临时协调小组，并向余杭区法院进行了破产预登记。在政府和法院等部门的相互配合下，各债权人停止了催债行为。其后，协调小组对企业的资产、负债等情况进行审计，按照破产重整的程序召开了债权人会议。由于该案中最大的债权人是一家银行，所以在政府的积极协调之下，以银行为主导，为该项目融资 2.1 亿元，使得“怡丰成”公司的重整计划能够在债权人会议中得以通过，并能够顺利地完成重整，挽救了“东田·怡丰城”项目。

对比英国、美国和日本的预重整制度，可以发现我国的预重整案件具有强烈的行政主导色彩。在英国，金融债权人在预重整案件中占主导地位，在美国模式中则为债务人主导，在日本则是由居于中立地位的事业再生专家团体主导整个预重整程序。而在上述的中国第二重型机械预重整案中，整个程序是由国资委和银监会牵头主导的，“东田·怡丰城”项目的重整也是由余杭区人民政府主导的。在我国，像上述两类案件那样由政府主导的破产重整案件不计其数，可以说若没有政府的干预，企业的预重整将无法进行。

三、政府介入企业预重整的利弊

(一)政府介入企业预重整的原因

1. 历史惯性的延续

20 世纪 90 年代，计划经济的产物和市场经济体制产生了激烈的碰撞，有很多国有企业不能适应市场经济的发展。而且当时《企业破产法》还没有颁布，缺乏必要的市场退出机制，这就使得众多国企不得不通过法庭外债务重组的方式来解决企业的困境。② 自 20 世纪 90 年代至 2007 年

① 参见曹文兵、朱程斌：《预重整制度的再认识及其规范重构——从余杭预重整案谈起》，载《法律适用》2019 年第 2 期。

② 参见胡利玲：《困境企业的法庭外债务重组》，载王卫国、郑志斌主编《法庭外债务重组(第 1 辑)》，法律出版社 2017 年版，第 153 页。

《企业破产法》颁布之前，我国企业的债务重组一共经历了三个阶段：

第一阶段为 1990 年至 1994 年，在这五年期间，国家通过清理三角债、银行销债以及财政注资的手段来解决国有企业的困境。清理三角债是由国家动用行政资源解决企业拖欠债务的一种方式。1990 年，国务院专门成立清理三角债的领导小组，由国家财政和银行投入大量的资金，以期解决企业之间的债务链。银行销债，则是通过银行的呆坏账准备免除企业的部分债务。财政注资，是由国家财政向企业注入资本，维持企业的正常运营。1994 年 7 月 1 日起，国家在部分城市实施《国有工业企业补充生产经营资金的办法》，该办法规定，企业在提取盈余公积金之前，要将税后利润的一部分留存用来补充生产经营资金，同时，财政部门将企业所缴纳税款的 15%返还，以助力企业的经营发展。

第二阶段为 1994 年至 1998 年，在这期间，政府主要采用优化资本结构的方式对企业进行兼并、破产。1994 年国务院发布了《关于在若干城市试行国有企业破产有关问题的通知》，决定在 18 个试点城市实行“实施企业破产必须提前安置好企业职工”的指导方针，在确保下岗职工再就业权利的前提下，运用企业破产的方式偿还历史债务。在实践中的具体操作方法是：将企业破产的财产以及企业土地变现所得的财产用于职工的安置，对于银行的损失，则由国家经贸委以及中国人民银行控制的“呆坏账”准备金予以核销。此后，中央政府颁布了一系列文件，对“优化资本结构”下的企业破产程序进行了更为具体的规定。

第三阶段为 1998 年至 2007 年，这一阶段的主要任务是设立四大国有金融资产管理公司来处理银行的不良资产。金融资产管理公司主要是通过债转股的方式对银行的不良资产进行处理。其具体的操作步骤为：选择具有发展前景，但是当前因债务危机陷入困境的企业，将其所欠银行债务转入金融资产管理公司，金融资产管理公司成为企业新的债权人。随后，金融资产管理公司将企业债权转换为股权，成为企业的股东，这样做的好处是有利于降低企业的当期财务费用。国家设立此项政策的目的是通过债转股的方式帮助一些重要的国企摆脱经营困境，促进国有企业改革，建立现代企业制度。这种方式在一定程度上化解了银行的金融风险，减轻了国有企业的财务负担，拉开了国有企业股份制改革的序幕。

综合分析在《企业破产法》颁布以前我国企业重组的各个阶段，发现企业重组都是由国家行政机关主导和推动的，在《企业破产法》颁布以后，这种“惯性”并没有停止，行政机关仍然在企业的预重整案件中扮演着重要的角色。

2. 社会稳定和政绩的需要

企业是市场经济的主体，一般来说，其经营活动属于私领域，行政机关无需干涉。但是破产案件则不同，因为案件的处理结果不仅关系企业自身的利益，而且对该企业的职工、债权人、股东以及当地经济的发展都有影响。以温州吉尔达鞋业有限公司预重整案为例，该公司拥有职工上千人，供应商数十家，曾是中国皮革工业协会的骨干型企业，是浙江省最佳经济效益单位，连续五年获得“中国真皮鞋王”的称号。2015 年和 2016 年，该公司年产值均在 10 亿元以上，纳税接近 2000 万元，是浙江省的利税大户。① 由于公司投资决策的失误，2017 年，吉尔达鞋业资金链断裂，账面负债 6.83 亿元，债权人涉及 12 家银行，担保企业 11 家。在这种情境下，企业自身难保，更是无暇顾及职工以及债权人的利益。但是如果不处理好职工和企业债权人的利益，则可能会出现大规模的上访事件，不利于社会的稳定，也会给当地政府造成巨大的压力。而且如果该企业破产而职工得不到妥善的安置，如此庞大的人群以及其背后的家庭应当如何生存？这也是一个很严重的民生问题。所以在企业的预重整阶段，政府都会以积极的姿态加入其中，并通过调动各种行政资源，如政府向企业补贴，说服金融机构向企业贷款等，维持企业的存续，确保不出现大规模的群体性事件，维护社会的稳定。在吉尔达鞋业预重整一案中，通过温州市政府的积极协调和努力，各债权人通过了重整计划，数千名职工的利益得到了保障，其消极情绪得到了缓解，有效地减少了当地政府的维稳压力。

在我国市场经济发展的前期，政府这双“有形之手”发挥了重要的作用。但是这也造成了政企不分的负面结果。有的地方政府将企业的发展壮大归功于自己的一手扶植。尤其是在资源聚集型行业，如煤炭行业、钢铁行业，经营这些行业的企业依靠政府的政策支持，多数已经成为当地的明星企业，是地方的纳税大户。但是随着我国产业结构改革，去产能等政策的实施，这些企业已成为明日黄花，有不少面临破产的风险。有的地方政

① 参见潘光林、方飞潮、叶飞：《预重整制度的价值分析及温州实践——以温州吉尔达鞋业有限公司预重整案为视角》，载《法律适用》2019 年第 12 期。

府为了维持政绩，保住自身的“面子”，不断介入企业的破产重组程序，利用地方财政向企业输血，让早就应该破产清算的企业仍然亏损经营。如在沧化破产重整案中，2017 年沧州市政府补贴其 109 万元，2010 年和 2012 年分别补贴其 1.69 亿和 1.08 亿元。① 政府这种不计成本的、动用公共资金资助企业的做法只是把企业的危机向后延展，只能是头痛医头，脚痛医脚，并没有使企业恢复竞争力。② 而且政府利用纳税人的钱参与重整，可能会滥用重整程序，破坏重整程序的公平和效率。

(二)政府介入企业预重整的利弊分析

1. 政府介入企业预重整所产生的积极影响

(1)有利于企业发展

政府介入预重整案件将会为企业带来以下积极影响：第一，有政府的公信力做背书，有利于重整程序迅速进行，能够使企业尽快地投入运营。在企业的预重整案件中，某些债权人的钳制将会使整个重整程序进展缓慢，时间拖得越久，则企业重整成功的可能性越小。但如果政府介入其中，运用行政资源协调各方利益，则能有效地减少钳制成本，使重整计划尽快通过，为企业正常运营争取时间。第二，政府能够运用行政手段为待重整企业提供资金。资金链断裂是企业走向破产的主要原因，此时若能获得充足的资金，则企业有很大的可能起死回生。但是在预重整案件中，债权人以及其他投资人很难相信企业有重新振作的可能，而且投资一个走向破产边缘的企业具有很大的风险，所以在一般情况下，企业的管理人说服债权人和投资人的可能性很小。此时就需要政府介入其中，通过公共财政向企业注入资金或协调金融机构向企业融资，使企业拥有充足的资金进行经营发展。

(2)有利于维护社会稳定

如上所述，企业的破产不仅关乎企业自身的利益，而且涉及企业职工、债权人、担保人以及其他利益相关者的利益。一个企业破产可能会引发连锁反应，对市场经济的发展和社会稳定造成严重影响。如 A 房地产

---

① 参见赵惠妙：《上市公司重整中政府角色的实证研究》，载《兰州学刊》2017 年第 12 期。

② 参见王佐发：《尚德重整需尊重市场和法律》，载《财经》2013 年 5 月。

公司因管理不当导致公司资金链断裂，经第三方社会机构清算，该企业对外负债12亿元，共有9家银行债权人，5家担保公司，3000户购房债权人，职工近千人。若A公司破产或A公司的实际控制人跑路，则近千名员工将面临失业，3000户购房债权人一辈子的心血可能付之东流，担保企业承担担保义务后可能从此陷入困境，企业发展受到影响。而且担保企业也有众多员工，这些员工背后都有需要抚养的家庭。所以企业破产看似仅关乎企业本身，其实背后涉及巨大的利益群体，如果处置不当，则可能造成大规模的上访，给政府造成巨大的维稳压力。因此，政府有必要介入企业的预重整程序，对职工的安置、债权人利益的协调作出安排，提前化解各种可能出现的风险。

2. 政府介入企业预重整所产生的消极影响

(1)不利于经济结构的转型发展

无数事实证明，市场是配置资源最有效的方式。近年来，我们国家有的行业出现了产能过剩的情形，这些行业大多为资源聚集型行业，如煤炭、光伏、钢铁、化工等行业。这些产能过剩的行业大多属于重工业领域，不仅不符合现代经济发展的要求，而且会对环境造成严重的污染。但这些企业在我国改革开放初期对经济的发展也作出过突出的贡献，很多已经发展成为当地的大型企业，对当地经济的发展起着中流砥柱的作用。随着国家对宏观经济的调控，这些企业的利润日益减少，有不少企业资金链面临断裂的风险。当地政府出于维护社会稳定、保护地方企业的目的，往往给这些企业财政注资，税收优惠，让本来就应当退出市场的企业仍然维持存续。而那些真正具有发展潜力、能够适应新形势下市场发展要求的企业却得不到政策的支持，这给我国经济结构的转型发展、去产能政策的实施带来了阻力。

(2)“僵尸企业”可能成为地方财政的吸血鬼

“僵尸企业”的概念最初是由美国波士顿大学的学者彼得·科伊提出来的，它是指那些没有复苏生机，只能靠金融和政府的财政支持得以存活的企业。① “僵尸企业”一般具有以下几个特征：第一，依赖非市场因素而

① 参见王欣新：《僵尸企业治理与破产法的实施》，载《人民司法》2016年第13期。

存活。企业自身具有营利能力是其作为市场主体的前提，也是其生存发展的必然要求。而僵尸企业之所以能够存活在市场中，不是因为其具有营利能力，而是因为依靠金融贷款和地方财政的支持。第二，丧失了市场生存能力。如果企业是因为管理不善或投资失误等原因而导致资金链断裂，但是其产品还具有竞争力，那么该企业就不属于僵尸企业，因为其在市场上还具有生存能力。僵尸企业一般在市场上没有竞争力。第三，僵尸企业具有特殊的社会危害性。僵尸企业往往以避免职工失业、维护社会稳定等为借口，以其巨大的沉没成本绑架银行和地方政府。僵尸企业以落后的产能占据并消耗着各种社会资源，降低资源的配置效率，拖欠银行欠款，给金融行业带来巨大的风险。如＊ST 石岘和＊ST 宝硕，在接受政府的补助改善其资产负债表之后，一旦政府停止资助，两三年之后这些企业又会发生亏损，面临退市风险。

此外，僵尸企业的存在也会给正常企业带来负面影响，反噬健康经济。这些有着落后产能的僵尸企业，因为其能拿到政府资助和银行贷款，就使得市场上产品的价格被压缩到了不合理的区间，这样就会使一些优质企业生产的产品没有利润空间，产生“劣币驱逐良币”的效应。国有企业中更容易出现僵尸企业，因为这类企业更容易拿到政府的财政补助和银行贷款，这些企业已经发展到“大而不能倒”的地步，容易对银行和政府产生利益绑架。

(3)不利于政企分开，为权力寻租提供了空间

“政企不分”是我国市场经济改革中面临的一个重要难题。在企业预重整程序中，政府因何种原因、以何种身份介入以及在程序中起何种作用、受何人监督，法律和政策都没有明确的规定，这就为权力的寻租提供了可能。首先，政府介入破产的原因不清晰。就实际情况来看，政府介入预重整程序的企业大多为上市公司、国企以及其他在地方上有影响力的企业，因政府自身所具有的优势，能够为企业带来更多的财政支持和银行借款，其参与的重整计划也更容易获得债权人的通过。就不排除有的企业为了获得政府部门介入所带来的优势，通过不正当的手段促使其介入，损害企业债权人的利益。

其次，政府以行政机关的身份介入会破坏利益平衡。在企业的破产重整中，清算组大多代表的是地方政府的利益。根据绝对优先原则，在重整

计划中企业的普通债权人得到清偿以前，处于低位阶的股东不能得到任何清偿。① 但是在具体的实践中，债权人的清偿比例往往很低，但出资人的利益并没有削减，如 * ST 帝贤 B 破产重整案。此外，政府在企业预重整中制定的重整计划若没有得到债权人的通过，还会请求法院强制裁定批准。宾夕法尼亚大学教授威福特和美国加州大学洛杉矶分校罗帕奇教授选取了资产超 1 亿美元，至少发行一类公开交易的证券并通过重整计划的公司作为样本，一共 43 个案件，强制批准的案件只有 4 个。② 但是在我国通过法院强制裁定的重整计划中，有 12 个就是由清算组作为管理人的。再以 * ST 帝贤 B 为例，政府主导制定的重整计划未获得担保债权组和普通债权组的通过，该重整计划仍然被法院强制裁定批准。法院的强制裁定行为违反了最低限度接受原则。该原则要求重整计划必须得到至少一组利益被削弱的债权人的同意。在该重整计划中，税款债权组和职工债权组的利益未得到削弱，只削弱了普通债权组和担保债权组的利益。所以，在企业的预重整程序中，政府的介入可能会损害债权人的利益，法院的强裁程序也可能会成为政府实现地方利益的手段。

最后，在政府介入预重整程序中，缺乏必要的监督手段，也可能为行政权力寻租创造机会。政府以行政主体的身份介入企业的预重整，相对其他债权人而言处于强势地位，如果不采取有效的手段对政府的行为进行监督，则债权人的利益很有可能受到损害。

四、政府介入企业预重整的实现路径

(一)设立第三方评估机构

政府不是万能的，政府官员不具备破产专业知识，而且往往不能摆脱本职工作的束缚，导致政府成员参与企业破产重整完全变成了一项政治任

① 参见丁燕：《上市公司重整中行政权的偏离与矫正——以 45 家破产重组之上市公司为研究样本》，载《法学论坛》2016 年第 2 期。

② 参见王佐发：《强裁的逻辑和实践》，载李曙光、郑志斌主编《公司重整法律评论(第 2 卷)》，法律出版社 2012 年版，第 209 页。

务，无法客观地评判企业的价值。[①] 预重整制度的目的是挽救那些因财务问题陷入困境，但是又具有一定市场竞争力的企业。这就需要在启动预重整程序前对企业的价值进行评估，衡量其是否有拯救的必要。如果有拯救的必要，则政府介入预重整程序进行协调；如果没有重整的必要，则进入破产清算程序。这样能够有效地利用公共资源，避免将地方财政耗费在没有价值的僵尸企业上。

具体实践可借鉴日本的事业再生 ADR 程序，建立第三方企业评估机构。因为政府往往会因为保护地方利益而无法准确地评估企业的价值，而第三方机构可以客观真实地反馈企业的现状。第三方机构的组成人员由律师事务所、会计师事务所以及有关学者组成，为避免上述人员受到地方势力的控制，可由国务院发展改革委员会、商务部、司法部等部门联合组建相关团体，建立破产重整专家评估智库。由该智库的专家出具评估意见，确定企业是否有预重整的必要。

(二)政府以市场主体的身份参与企业的预重整

在我国预重整的实践中，政府一般是以行政主体的角色介入企业的预重整程序，相比其他债权人而言，政府在谈判中处于强势地位，这一点在重整计划的制定中就可以体现出来。从重整计划制定的主体来看，一般是由政府主导的清算组成员制定的。从重整计划制定的结果来看，多数情况下债权人的受偿比例被极大地稀释，但是企业出资人的权益却没有相应地减少，这极大地损害了债权人的利益。

所以，政府应以市场主体的身份参与企业的预重整程序，这样才能和其他的谈判主体保持平等的地位，才能更好地协调各方的利益。在企业预重整程序中，最重要的就是重整计划的制定。要保证重整计划制定的公平性，就要做到以下几点：第一，吸收多方主体参与制定重整计划。重整计划的制定不能由政府一家独大，而是要吸收多方主体的意见，包括债权人、第三方评估机构专家的意见。这样既能调动每一方的积极性，又能保证制定的重整计划能体现各方利益。第二，规范法院行使强制裁定的权力。若重整计划得不到至少一组利益被削减的债权人的同意，则法院不得

---

① 参见赵旭东主编：《改革开放 40 年法律制度变迁(商法卷)》，厦门大学出版社 2019 年版，第 287 页。

强制裁定批准该计划。

（三）政府应发挥协调和兜底的作用

政府为公共利益介入企业的预重整程序，应当尊重债务企业和债权人在重整程序中的主导地位。政府的作用就是平衡各方利益，调动行政资源为企业的顺利重整提供条件，并且要积极处理在企业预重整阶段出现的各种上访事件，维护社会的稳定。

政府在预重整程序中应当发挥以下作用：第一，在第三方评估机构确定企业具有重整价值后，提供适当的资金帮助企业恢复运营。企业陷入困境一般是资金链出现了断裂，若此时能够补上资金缺口，则企业有很大的可能恢复生机。在这种情况下，政府应当根据第三方评估机构的意见，向企业注资成为股东或协调金融机构向企业贷款，帮助企业实现重整。第二，政府应当充当调节人的角色，协调好各方利益。在重整计划的谈判中，债务企业和债权人难免出现利益冲突，如果矛盾加剧，则企业的预重整程序可能会陷入停滞，使谈判面临双输的局面。此时，政府应当依靠其强大的公信力促使双方作出妥协，尽快达成对双方都有利的重整协议。第三，政府应当发挥兜底作用，设立专项基金承担企业破产可能存在的风险，维护社会的稳定。如果企业的重整计划没有通过，法院也没有强制裁定批准，则企业将面临破产清算的可能。所以，政府应当常设专项基金预备企业破产带来的社会风险。该项基金主要用于下岗职工的补助、培训以及再就业。通过此种方式，尽可能地减少企业破产对社会造成的负面影响。

（四）对政府的介入行为进行监督

对政府介入企业预重整程序的监督主要包括以下几个层面：第一，对政府是否干预第三方机构评估企业价值的行为进行监督；第二，对政府是否利用其强势地位制定不平等的重整计划的行为进行监督；第三，对政府是否干扰法院强制裁定的行为进行监督；第四，对政府是否违规向企业发放补助资金的行为进行监督；第五，对政府是否违规使用企业破产专项基金的行为进行监督；第六，对政府在介入企业预破产程序中的消极不作为行为进行监督。监督的主体可由第三方评估机构、债权人、债务企业、监委会的人员组成。只有通过强有力的监督，才能确保政府不越过规则的红线，积极地履行义务。

结　语

商业实践总是早于商业立法，在我国法律并没有规定预重整制度的情况下，实践中早已有企业运用该制度实现了破产重整。考察企业的破产重整制度，不能仅仅只参考法律规范，而是要深入实践当中。在我国破产重整的实践中，政府所起到的作用是不可忽视的，只有深入挖掘政府介入企业破产制度的原因，才能对预重整程序中政府的角色进行定位和规制，才能使企业的破产重整能够更顺利地进行，才能更有利于维护社会的稳定。此外，笔者建议建立专门的破产法院受理企业的破产案件，让我国企业的市场退出机制更加完善，破产制度更加规范。

实务与规则：破产管理人在重整计划执行期间的角色定位

张亚琼　黄　赢*

内容提要：管理人能否作为重整计划的执行主体，在理论和实践上均存在争议。从立法规定上看，我国当前采用以债务人为单一执行主体的立法模式，其在破产司法实践中运行并不通畅，甚至为重整实践带来了一定的矛盾和冲突。借鉴域外允许管理人参与重整计划执行的立法例，并结合我国司法实践，建议在未来破产法修改中，应当允许在特别法定情形或重整计划规定情形下由管理人作为重整计划的执行主体。同时，相应地完善重整计划执行监督主体制度。

一、问题的提出

W 公司的主要资产为一栋商业广场，为筹措资金，该公司实际控制人以公司的名义，通过租后返租、投资商铺、发售虚构基金等方式向社会公众募集资金。后该公司实际控制人因涉嫌非法吸收公众存款被公安机关立案侦查，导致企业经营受到严重影响，拖欠大量债务，牵涉投资受害人逾 600 人，无力退还本金 9000 余万元。2017 年，法院裁定受理 W 公司重整申请。重整期间，为提升债务人的营运价值，最大限度保护众多中小债权人的合法权益，最终在政府有关部门的大力协调下，由某国有投资平台 L 公司作为重整方进行重整投资。在 W 公司严重资不抵债的情况下，将

* 张亚琼，武汉市破产管理人协会会长，湖北山河律师事务所合伙人；黄赢，湖北山河律师事务所律师。

由重整方受让债务人 100%股权。在重整计划草案制作过程中，L 公司提出因其缺乏重组并购的经验以及执行重整计划的能力，要求以管理人为主体执行重整计划，负责处理债权清偿分配事务，而重整方仅负责执行经营方案。

由此产生了一个问题，管理人能否作为重整计划的执行主体？对此，存在以下几种不同的观点。

其一为“全面否定说”，即管理人在重整计划执行期间不能作为执行主体。根据《中华人民共和国企业破产法》(以下简称《企业破产法》)第 89 条规定，重整计划由且仅由债务人负责执行，管理人是重整计划的监督主体。如任由管理人参与重整计划执行，则势必导致“既是运动员又是裁判员”的尴尬局面。

其二为“全面肯定说”，即管理人可以作为重整计划的执行主体。理由是，在我国实务中，重整计划草案大多由管理人负责制定，对于其中的债权调整、债权清偿等关乎债权人利益的事项最为熟知，同时管理人多由中介机构担任，处于居中地位，由其负责执行相比债务人更能保护债权人在重整计划执行期间的合法权益。

其三为“例外说”，即管理人仅在例外情形下可以作为重整计划的执行主体。“即债务人作为第一顺位的重整计划执行人，在债务人执行过程中发生道德风险有不当或不慎行为难以继续执行时，可由管理人负责执行。”①

上述观点似乎都有其合理性。孰优孰劣，不仅仅是各方主体角色名分之争，更关乎债务人企业挽救和更生大计，值得深入探讨。

二、溯源：我国当前重整计划执行主体制度的基本规则

(一)基本规定

在破产重整制度中，重整计划执行是法院裁定终止重整程序后，由执行人具体落实重整计划规定内容的过程。重整计划执行主体及其执行的效

① 崔明亮：《破产重整计划执行法律问题研究》，载《中国政法大学学报》2018 年第 2 期。

果将直接影响债务人重整挽救的成败。

我国破产立法关于重整计划执行主体的规定曾有过一定的变化。2004年之前的《企业破产法》(草案)规定，在重整计划执行期间，破产案件仍未终结，重整计划由根据该计划确定的重整计划执行人负责执行，重整计划执行完毕时，重整执行人终止执行职务，并及时向人民法院提交执行报告。① 其后在《企业破产法》(草案)修改过程中，立法者逐渐开始关注和尊重债务人在重整计划执行阶段的地位，并从重整计划执行的效率和便利的角度考虑，最终采用了由债务人执行、管理人监督的基本架构。《企业破产法》第89条规定："重整计划由债务人负责执行。人民法院裁定批准重整计划后，已接管财产和营业事务的管理人应当向债务人移交财产和营业事务。"同时，为了避免债务人执行不力，法律又规定管理人作为重整计划执行的监督人，以督促债务人尽到相应的执行义务。对于这一规定，有学者曾给予了高度评价："表明起草者在重整计划执行问题上采取了对债务人较为信任的立场，这反映了我国市场经济走向成熟的现实和趋势，有利于提高重整效率和减低司法成本。"②

(二)现实分歧

可以看出，我国当前采用以债务人为单一执行主体的立法模式。如此设计尽管在立法价值上作出了一定的取舍衡量，但在破产司法实践中运行并不通畅，甚至为重整实践带来了一定的矛盾和冲突。

其一，绝对单一化执行主体模式未顾及债务人因主客观原因导致重整计划不能执行的现实情况，过于严苛。从企业继续营运的角度看，由债务人主导重整计划的执行比管理人等主体无疑更具合理性，有利于保持企业经营的连续性，或保持与债务人所在业务领域相适应的专业技能等。但是，在存续型重整的司法实践中，存在因债务人的实际经营管理人员不执行重整计划以及故意欺诈等严重损害债权人利益的违法行为。此时，即使重整计划具有可行性，但因执行主体不能更换，导致重整计划不能继续实施，进而影响企业挽救和复生。

① 参见丁燕：《上市公司重整计划执行制度的完善——基于我国上市公司的样本分析》，载《政治与法律》2014年第9期。

② 王卫国：《破产法精义》，法律出版社2007年版，第266页。

其二，未顾及破产重整实践中大多数案件均由管理人制作重整计划草案并管理债务人企业的事实。从现实来看，我国大部分重整案例中，重整计划均由管理人制定。即使在上市公司重整中，也在重整期间大多采用管理人管理模式，并由管理人制定重整计划草案。① 从逻辑体系上分析，重整计划的制定人如能与执行人保持一致，更能有利于方案条款的落地。相反，如果只能由债务人负责执行，“使得重整计划的制定人和执行人被人为地割裂开来，既不符合逻辑自洽性，也不符合各国通常所采取的制定人与执行人相统一的规制理念”②。

其三，仅由债务人作为执行主体，也未顾及其他主体更有利于重整计划执行的情形，未能充分考虑债权人在重整计划执行期间的利益保护。从功能的维度看，重整计划大致可分为债权清偿方案和企业经营方案两大部分。其中的债权清偿方案大多由管理人在与债务人、债权人协商谈判的基础上制定，其关系到债权人利益是否能够实现以及何时能实现的现实问题。因此在重整计划执行期间，债权人更为关注由谁更适合兑现在重整计划中确定的债权分配利益。至少在笔者所经历的多起重整案件中，多数债权人均要求“谁承诺，谁执行”，而债务人也乐意把债权分配及相关与债权人对接事宜交由管理人处理。

其四，在部分需要采用出售式重整的案件中，仅由债务人作为重整计划主体与司法实践严重脱节。出售式重整是指将债务人具有活力的营业事业之全部或主要部分出售让与他人，使其在新的企业中能够继续经营，而以转让所得对价及企业未转让遗留财产的清算所得清偿债权人的重整模式，其核心在于主要营业事业的存续，而并非债务人主体的保留。③ 与传统的存续式重整相比，出售式重整的本质特征是债务人核心营业资产出售，投资人通过受让营业资产使营业事业存续，而非债务人主体资格存续。在债务人作为经营实体即将被注销的情况下，由其作为重整计划的执行主体显然有悖情理，否则很可能对投资人及债权人的利益造成损害。从

---

① 根据较早阶段对 50 家上市公司的信息整理发现，重整期间采用债务人管理模式共计 12 家，占比 24%；采用管理人管理模式共计 38 家，占比 76%。参见刘延岭、赵坤成：《上市公司重整案例解析》，法律出版社 2017 年版，第 9 页。

② 丁燕：《上市公司重整计划执行制度的完善——基于我国上市公司的样本分析》，载《政治与法律》2014 年第 9 期。

③ 参见王欣新：《重整制度理论与实务新论》，载《法律适用》2012 年第 11 期。

当前的实践案例看，此类重整计划的制定及执行均通过管理人实施，而非债务人。可见，与传统的存续型重整不同，出售式重整计划由债务人执行会有诸多弊病，而由管理人执行则能提升效率并且与现代公司治理结构契合，从实务和理论上达成统一。①

三、解析：管理人是否可以参与重整计划执行

（一）域外制度参考

综观域外破产法相关制度，关于重整计划执行主体的立法例大致有三类：其一是以债务人执行为原则；其二是以管理人执行为原则；其三是债务人和管理人执行并行的模式。同时，各国基本存在例外规定，即在一定情况下允许变更执行主体。允许由管理人执行的，一般是从透明公平和安全角度考量，多适用上市公司、股份有限公司，或者是债务人可能存在欺诈、与债权人利益严重冲突的情况。允许由债务人执行的，一般是从高效稳定角度考量，例如美国破产法第12章或者第13章案件会将对债权人分配的职责分配给管理人，即支付代理。具体来看，管理人可以作为重整计划执行主体的主要立法例包括：

1. 原则上允许由管理人执行重整计划

在韩国，依据《统一倒产法》第257条的规定，在法院裁定批准重整计划时，管理人有执行重整计划的义务，明确规定了执行主体是管理人。

在法国，依据其《商法典》的规定，在法院选定重整人时由重整人、管理人负责重整计划的执行，在法院没有选定重整人时由债务人执行重整计划。排除未选定管理人的情况，法国原则上是由管理人执行重整计划，具有较强的国家管制倾向。

在日本，一般情况下股份有限公司的更生计划由管理人来执行，例外情况下也可以由更生公司决策机构或公司董事来执行。日本的更生程序必须选定管理人，主要适用于股份有限公司。依据《公司更生法》第209条

① 参见黄玉道：《出售式重整的运行模式》，载微信公众号“破产重组法务”，2019年3月16日。

的规定，法院批准更生计划后，一般情况下管理人会继续履行职责，负责执行更生计划，管理处分企业业务和财产。但第 247 条规定了特殊情形下公司董事有执行的权利，第 72 条规定允许更生计划或者法院授权原企业的决策机构执行，更生管理人仅负责监督。同时，日本也规定了民事再生程序，该程序一般适用于中小企业，原则上采用的是债务人自行管理模式。①

在俄罗斯，《破产法》规定的管理型重整，即“外部管理程序”，外部管理人负责执行重整计划，剥夺债务人对破产财产的处分和管理权利。同时，俄罗斯破产法还规定了监督型重整，即“财产恢复程序”，程序中债务人继续控制企业，且担任重整程序的执行机关。案件受理后，是适用外部管理程序或者财产恢复程序，由法院根据具体情况决定。②

在美国，《破产法》第 11 章规定的商事重整程序并不要求一定要指定管理人，甚至常规是债务人以经管债务人的身份继续活动，并承担管理人所负有的信义义务。在适用第 11 章案件中，一旦重整计划获得批准，则所有的财产都重归债务人所有，除非重整计划另有安排，重整计划也一般由债务人执行。但美国破产法也规定了三种须选定管理人的情形，包括现有管理层存在欺诈、缺乏诚信等特定事由，或者指定管理人符合利害关系人利益需求等。③

2. 允许管理人对清偿计划的付款代理职责

美国破产法第 12 章家庭农场主债务整理以及第 13 章个人债务整理的目的均在于实现清偿计划的完全履行而非财产清算，与重整程序类似。第 12 章家庭农场主债务整理案件，必须选定管理人，但债务人有提出清偿计划的专属权。第 13 章案件也必须选定管理人，债务人在一定期限内有提出清偿计划的专属权。在执行阶段，第 12 章和第 13 章案件管理人的主

① 参见肖治文：《破产重整计划执行的法律问题研究》，华中师范大学 2019 年硕士学位论文。

② 参见肖治文：《破产重整计划执行的法律问题研究》，华中师范大学 2019 年硕士学位论文。

③ 参见[美]查尔斯·J. 泰步：《美国破产法新论(下册)》，韩长印、何欢、王之洲译，中国政法大学出版社 2017 年版，第 1130~1444 页。

要职责均是付款代理，也就是债务人按照清偿计划所需支付款项的支付代理。①

从上述域外破产法律规定看，管理人至少在三种情形下可以作为重整计划的执行主体：其一是由法律或重整计划直接规定由管理人执行重整计划；其二是存在债务人欺诈、缺乏诚信等特定事由的例外情况下由管理人取代债务人作为执行主体；其三是由法律规定直接赋予管理人重整计划中的清偿款项分配职责。

（二）我国重整计划执行主体制度的完善

综合前文的分析，我国当前的破产法以债务人为单一执行主体的立法规定存在诸多不足，尚不能满足司法实践发展的需要。域外的有关立法例为制度改进和完善提供了一定的参考样本。结合我国破产实践的实际情况，至少在下列几种情形下应当允许管理人作为重整计划的执行主体。

1. 法律规定可由管理人执行重整计划的情形

重整计划一般包括债权清偿计划和企业经营计划。我国管理人多为专业中介机构，一般不具备商事经营的能力，由债务人执行经营计划、管理营业事务比较妥当，也与债务人重整后继续发挥企业运营价值的重整目的相符。但基于目前我国破产法的实施情况，应规定债务人执行的例外情况。建议可在下列情况下赋予管理人执行债权清偿计划的权力：

（1）债务人怠于履行清偿义务。重整后的债务人，一般由重整方主导，会有较高积极性来推进重整计划中的经营计划。但对主要内容为义务履行的清偿计划方案，有怠于履行或者拖延履行的风险，尤其在重整计划和投资协议未对迟延履行安排违约赔偿责任的情况下。此时，可由立法规定，若债务人怠于履行的，应当允许由管理人执行清偿计划，保护债权人权利。

（2）债务人存在欺诈行为。我国重整后的债务人，对企业拥有较大的控制力，重整后的债务人利用管控优势，可能出现转移债权分配资金、输送不正当利益等欺诈行为，此时可以赋予管理人执行清偿计划的权力。

（3）债权人或其他利害关系人的利益需要，须由管理人执行。比如，

① 参见[美]查尔斯·J. 泰步：《美国破产法新论（下册）》，韩长印、何欢、王之洲译，中国政法大学出版社 2017 年版，第 1130~1444 页。

若重整计划的债务清偿方案设计较为复杂，重整后的债务人不具备相应能力完成清偿计划的，也应当允许在重整计划中设计或者法院指定管理人执行的途径。虽然理论上不存在不具备执行清偿计划能力的债务人，至少债务人可以聘请委托专业的第三方机构执行，但是从债权人利益的角度保护出发，不宜机械分配债务人义务，增加债务人错误执行的风险。

2. 允许重整计划规定由管理人执行重整计划的情形

（1）允许重整计划规定在特殊情形下由管理人代替债务人执行。依据我国破产法有关规定，债务人应严格执行重整计划，但因出现国家政策调整、法律修改变化等特殊情况，导致原重整计划无法执行的，债务人或管理人可以申请变更重整计划一次，债权人会议决议同意并经法院批准的可以变更。实践中，有些重整案件可能出现重整方变更导致重整计划不能履行的情况，如果任由债务人继续执行则只能导致执行不能、重整失败，最终还是由债权人承担损失和风险。为防止此类不利后果出现，应允许在重整计划中约定由管理人继续招募投资人进而变更重整计划。

例如，在无锡西姆莱斯重整案中，投资人在重整计划获批后，迟迟不缴纳重整投资款项，导致重整计划无法执行。管理人根据重整计划中规定的“继续招募投资人”条款，重新引入投资人变更重整计划，并得到顺利执行，及时避免了重整失败。

（2）在出售式重整等采用特殊方式的案件中允许重整计划规定由管理人执行。前文已介绍，在出售式重整中，将债务人具有活力的营业事务的全部或主要部分出让后，债务人主体将不再存续，并不具备自行管理、处分财产和营业事务的能力，此时在重整计划中规定由管理人执行重整计划中的债权清偿方案，显然更加符合现实逻辑。如在淄博钜创纺织品有限公司重整案中，战略投资人收购承接与债务人主营业务有关的厂房、土地、设备等资产，管理人以出售价款向全体债权人清偿债务。再例如，南通恒亚房地产开发有限公司等企业实质合并重整案中，三企业资产整体打包出售，由新投资者运营原有营业事务，使得企业换壳再生，也是由管理人向全体债权人执行清偿分配。①

① 参见江苏高院：《2019 年江苏法院破产审判典型案例》，载微信公众号“江苏高院”，2020 年 2 月 27 日。

四、余论：重整计划执行监督制度的协同完善

确保重整计划顺利执行，除了设计安排合适的执行主体，还应构建合理完备的监督制度。我国破产法仅规定了管理人有监督的职责，与当前的执行主体过于单一的弊端相同，亦不能满足破产司法实践发展的需要。

最首要的，应构建多元的监督体系，以适应多元执行主体制度的变化。在允许管理人作为执行主体的模式下，若仅由管理人自行监督，则会导致其“既是裁判员，又是运动员”的尴尬局面，并可能引发道德风险。建议可以由债权人委员会监督，或考虑专设监督机构，监督管理人执行。同样，即使在债务人执行模式下，也可以由多元的执行监督主体发挥作用。多元执行监督的主要内容可作如下讨论：

其一，债务人全面执行重整计划时的执行监督。债务人执行重整计划时，应由管理人监督。若已设立债委会的，债委会主要对债务人财产分配的有关事项进行监督。如果债务人的经营行为严重影响债权分配的，则债委会应当有权监督。

其二，管理人执行重整计划时的执行监督。在管理人执行重整计划时，债务人公司的经营管理部分原则上还是应当由债务人自行执行，此时管理人可就债务人执行部分进行监督。管理人接受法院指定后，即对债务人财产进行了接管和调查，重整计划一般也由管理人拟定，过程中一直由全体债权人进行监督。据此，管理人执行重整计划部分也可由全体债权人监督。此外，可由已成立的债权人委员会进行监督，或者专设监督机构。

其三，关于债权人委员会是否适宜作为执行计划监督主体。《企业破产法》第 68 条规定了债权人委员会的职权，其中包括“监督债务人财产的管理和处分”以及“监督破产财产分配”。由此分析，重整计划中债权分配部分，债委会有权进行监督。同时，重整计划本质上是由债权人、债务人和相关利害关系人达成，并由人民法院裁定批准具有司法强制力的协议。如果执行主体不按重整计划的内容执行，很可能损害债权人利益，据此债委会监督重整计划执行具有合理性。

其四，法院是否应当列为重整计划的监督主体值得讨论。《企业破产法》第 90 条和第 91 条规定了管理人监督重整计划执行职责，且在监督期届满后，应当向法院提交监督报告，由此引发一个问题，法院作为监督主

体是否具有正当性？法院虽然在公正性和权威性方面具有天然优势，但是其作为司法职能部门，难以对重整计划中的经营事务进行积极监督，更多的是接收监督主体汇报的消极监督，故不适合作为监督主体。①

其五，关于监督内容，应当包括但不限于债务人主要人员安排和变动，重整计划执行人的财务管理、费用支出、对外担保或借款，债务人不动产的处分、价值较大的动产处分、权利的放弃等，重整计划的执行进度及延期部分原因，债务人经营状况等。② 在设立多元监督主体的情况下，多个主体的监督权力应根据不同情形区分不同主体的职责划分。例如，管理人执行模式下未选举债委会的情形，与债务人执行模式下选举产生债委会且设立了监督机构的情形，两种情形下监督主体应有所不同，其监督职责内容也应有所区分。实务中，可根据个案情况不同，确定不同条件下监督主体的职责，确保各司其职，避免监管冲突或漏洞。

① 参见黄飞：《企业破产法中重整计划执行制度的不足与完善》，载《第十一届中国破产法论坛论文集（第三册）》，第 547 页。

② 参见薛恒：《论重整计划监督期管理人监督职权设置》，载《第十一届中国破产法论坛论文集（第三册）》，第 555 页。

信托公司参与困境企业重整的问题及破解进路

梅晗钰*

内容提要：受2020年新冠肺炎疫情的影响，部分企业的运营进入困境，信托公司在融资额度受限的大背景下，部分开始转型寻求投资标的。《中华人民共和国企业破产法》关于重整企业的重整程序、操作方式具有灵活性的规定，《中华人民共和国信托法》及配套规定也给予了信托投资、交易结构设计所需的灵活度。市场上关于信托公司参与困境企业重整的案例比较少见，这有一定的市场原因，但同时也是信托投资困境企业重整存在较高风险、较大障碍所致。本文列举市场上的三个相关案例，总结三种信托公司参与困境企业重整的三种投资结构，并就投资阶段及交易结构设计中产生的常见法律问题作出分析，厘清法律关系，提供法律风险防范建议，旨在为信托公司参与企业重整提供思路及操作建议。

在经济供给侧改革的大背景下，资源错配概率增加，伴随2020年新冠肺炎疫情的蔓延，全球对外贸易受限，国内消费紧缩，企业面临流动性风险及运营压力，社会风险资产增长比例提高，帮助一些未来具有营利能力的困境企业完成重整具有现实意义。我国重整实务中，存在债权清偿率低、重整计划执行力低、重整规范不全面、困境企业持续经营能力不足等问题。鉴于目前的经济形势，寻找投资人困难也是重整烂尾原因之一，这对法院工作业绩也产生了不良影响。信托公司作为所有持牌类金融机构中经营范围横跨货币市场、资本市场和实业投资三大领域的金融机构，灵活性较高，在实务中可结合困境企业、债权人、其他投资人的资金需求及对

* 梅晗钰，武汉大学法学硕士，北京仁人德赛(上海)律师事务所律师。

困境企业本身的价值判断，灵活设计交易结构。

2020年，银监体系提出了压缩“融资性信托规模”的要求，各家信托公司均收到窗口指导，要求融资性信托规模不得净增长，部分信托公司被要求压降存量融资性信托产品的规模。根据2020年5月8日发布的《信托公司资金信托管理暂行办法(征求意见稿)》规定，限制投资非标债权资产的比例，明确全部集合资金信托投资于非标债权资产的合计金额在任何时点均不得超过全部集合资金信托合计实收信托的50%。同时也限制了非标债权集中度，全部集合资金信托投资于同一融资人及其关联方的非标债权资产的合计金额不得超过信托公司净资产的30%。在信托公司融资额度受限以及回归信托本源的大背景下，信托公司投资困境企业成为其可考虑以及可发展的业务方向之一。

一、信托投资困境企业重整的市场案例类型及常见问题

(一)信托投资困境企业重整的市场案例类型

我国现行的《中华人民共和国企业破产法》(以下简称《企业破产法》)和《中华人民共和国信托法》(以下简称《信托法》)及配套司法解释均无困境企业进入破产重整程序时引入信托、设立信托的相关规定，《企业破产法》只是从原则上要求进入破产重整程序的企业制定能实现整体债权人的最大利益，公平对待所有债权人的重整计划。① 根据《信托法》第47条的规定，除法律、行政法规以及信托文件有限制性规定外，信托受益权可以用于清偿债务，《信托法》并不禁止将信托受益权作为债权清偿的标的，亦未禁止信托设计其他结构帮助困境企业进行重整。当前，实践操作中，由于资金成本、信托投资风险、信托公司内核尺度、重整结果的不确定性等问题，市场上信托公司作为投资人参与破产重整的案例并不多见，对市场上典型的信托公司参与破产重整的案例进行分析，可以大致将其分为以下模式：

① 参见丁国峰：《试论我国破产重整计划制度之完善》，载《法治研究》2010年第1期。

1. 资金信托模式——以华瀚科技重整案为例

2020 年 7 月 20 日，经深圳市中级人民法院批准，大业信托通过设立大业信托 · 华瀚科技破产重整项目集合资金信托计划向华瀚科技发放首批重整资金 29. 8 亿元,① 以信托贷款的形式向融资人(即重整投资人)提供融资，进而由融资人向华瀚科技提供重整资金，以华瀚科技重整后的运营资金、担保措施的实现等作为信托最终的还款来源。

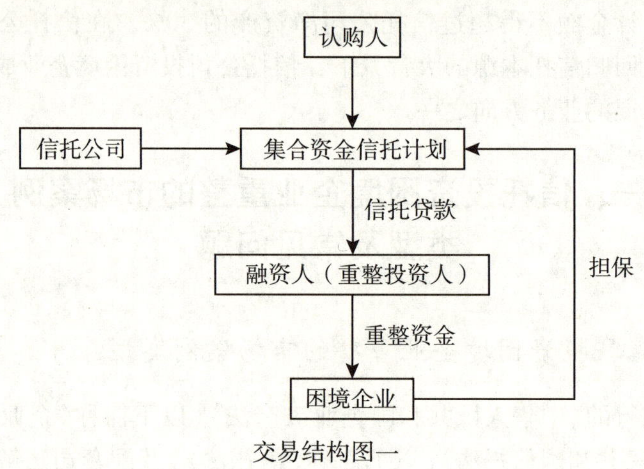

交易结构图一

虽然重整投资人为信托项目的融资人，但实质的风险判断仍在于重整企业的现金流回款情况以及运营情况，通过增加破产重整企业作为担保人、共同债务人或差额补足人，或由重整企业提供股权质押、资产抵押、章证共管、预留印鉴等方式进行增信。

2. 财产权信托模式——以渤海钢铁集团重整案为例

2015 年，国内钢铁行业陷入低迷，渤海钢铁集团(以下简称“渤钢系”)债务危机爆发。2019 年 1 月 30 日，渤钢系第二次债权人会议通过了《渤钢系企业重整计划(草案)》，并由天津市高级人民法院、天津市第二

① 《大业信托与东方资产联手助力实体民营企业纾困》，载微信公众号“大业信托资讯汇”，2020 年 8 月 14 日。

中级人民法院裁定批准。渤钢系企业采用“出售式重整”模式，重整后渤钢系企业将一分为二，分别重组为“钢铁资产平台(新渤钢)”和“非钢资产平台(老渤钢)”。公司对5家客户的债权均为普通债权，本次经裁定的重整计划中关于普通债权的受偿方案如下：每一家普通债权中50万元以下(含50万元)债权部分由钢铁资产平台(新渤钢)在重整计划获得法院裁定批准之日起6个月内以现金方式一次性全额清偿。普通债权超过50万元的债权部分将按照52∶48的比例分别在钢铁资产平台通过债转股予以清偿、在非钢资产平台通过信托收益权份额予以清偿。普通债权在非钢资产平台部分，将按照非钢资产平台实施的信托受益权进行清偿。①

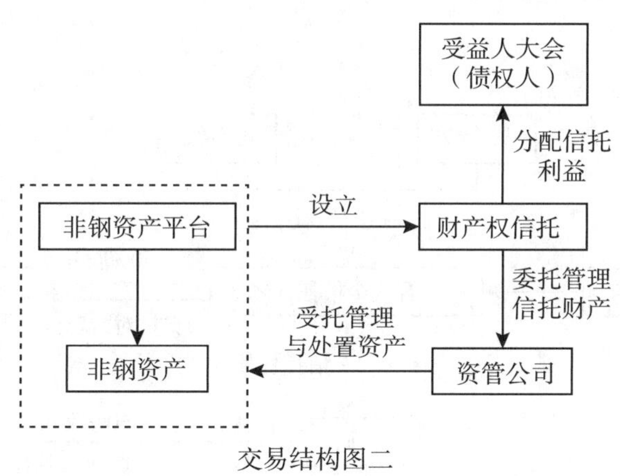

交易结构图二

经检索有限的公开资料，非钢资产平台承接未纳入钢铁资产平台的全部剩余资产，委托建信信托设立财产权他益信托，指定债权人作为信托受益人，财产权信托通过向债权人分配信托利益的方式实现债权清偿，并成功化解1000余亿元负债。

如渤钢系案例，在“出售式重整”模式中，将困境企业的资产分为核心经营资产和其他类具有经营价值的剥离性资产，针对剥离性资产，采取交付SPV(特殊目的载体)、委托第三方机构进行运营管理，委托信托公司设立财产权信托进行管理即遵循了这一思路。信托公司设立财产权信托

① 濮阳濮耐高温材料(集团)股份有限公司关于客户被申请破产重整的进展公告。

也符合信托本源——“受人之托、代人理财”。

3. 结构化信托模式——以广国投资产包重组案为例

1999 年 1 月 16 日，广东省高级人民法院依法裁定宣告广东省国际信托投资公司(以下简称“广国投”)破产。2017 年，万科集团通过其子公司广州市万溪企业管理有限公司(“广州万溪”)竞得困境企业的不良资产包。中信信托参与不良资产包的处置和存量债务的清理，由中信信托发行结构化信托，其中，优先级信托份额由资产管理公司认购，中信信托及万科方寻找合作方并认购劣后级信托份额。信托计划成立后，由信托计划向广州万溪发放信托贷款，并支付对价受让部分股权，公章共管、派驻董事、参与运营。

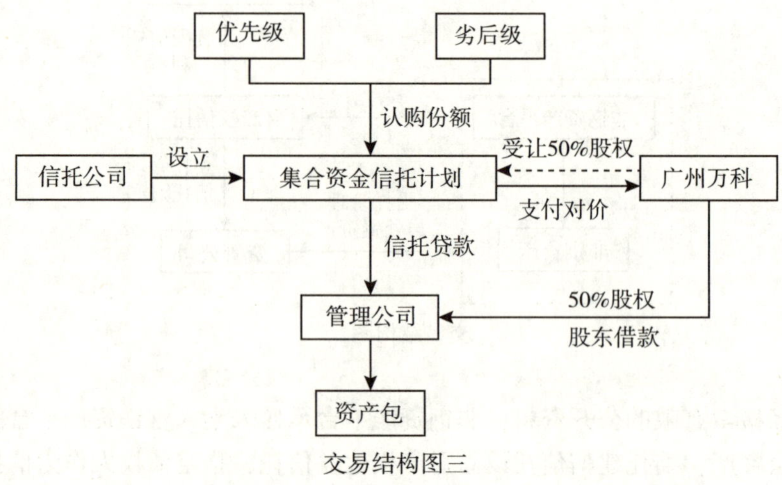

交易结构图三

(二)信托投资困境企业重整的常见问题及障碍

信托投资困境企业重整，收益可观，但由于市场、行业、重整程序、困境企业自身运营能力等方面带来的投资不确定性，以及信托投资困境企业重整需要依赖信托公司在破产重整领域的高专业度、强受托管理能力及合规风控能力、信托经理的强判断能力，信托作为常见受托管理类产品，投资困境企业风险较大，对信托公司的管理能力、运营能力提出非常高的要求。若投资失败，信托公司需要向投资人承担投资失败的风险。这使不少信托公司对困境企业的重整类投资望而却步，这也是导致目前市场鲜见信托投资困境企业重整产品的原因。

经与同业交流，本文罗列主要问题如下：

1. 若重整失败，信托公司是否需要向投资者承担赔偿责任？信托公司是否可以最大限度地降低此类风险？

2. 资金信托、财产权信托的模式有何不同？投资方到位、债权人的债权均明确的前提下，是否有必要再设立一层信托结构进行放款、投资？

3. 信托可通过发放信托贷款或受让困境企业股权以投资困境企业重整，进入破产清算程序时，两种模式下信托可获偿付的顺序是否有区别？

二、信托投资困境企业重整之法律关系厘清

（一）信托公司的受托管理责任

信托公司受托履职责任贯穿信托项目募集、投资、管理、退出的整个生命周期。以 2018 年发布的《关于规范金融机构资产管理业务的指导意见》（以下简称《资管新规》）和相应信托细则为代表的新规则体系出台开启了打破刚性兑付的时代。在打破刚性兑付的时代下，信托公司不仅在投资困境企业重整案例中，在其他的主动管理类，甚至是通道类案件中，都应认真履行受托管理的职责，为委托人、受益人的利益进行服务和管理。但我国《信托法》对受托人义务规定得较为模糊，信托公司需结合信托合同的约定以及业务类型，厘清责任界限，评估商业风险，避免投资失误。信托投资本身应作为一类风险投资产品，但投资者通常对信托产品抱有刚兑的预期，若信托因投资重整企业失败，投资者通常不愿承担此种风险，对于信托公司来说，自然会遭遇投资者的信任风险以及涉诉风险，甚至是赔偿风险。且不论现实案例中，信托公司是否会迫于考虑投资者利益或市场口碑而以自有资金进行刚兑，仅讨论信托公司在投资困境企业重整时，应考虑投资风险，审慎进行受托管理，尽可能地为自己降低后续赔偿的风险和可能性。

信托公司投资困境企业重整案例中，商务要素差异化较大，信托公司的受托管理职能范围与投资失败的因果关系及关联性程度如何判断，如何在投资者、监管机构、司法机关之间就信托公司“尽责”的边界等达成共

识显得至关重要。

1. 信托文件中对于受托管理的约定

《信托合同》及风险申明书系受托人向委托人阐述项目情况、投资方向、明晰受托管理范围与职责、揭示投资风险的文件，在法律无强制性规定的情况下，信托文件是受托人进行受托管理的行为准则。《信托法》中多处规定，“信托文件另有规定的除外”，以及中国信托业协会发布的《信托公司受托责任尽调指引》提及，信托文件应当载明法律、行政法规、部门规章及其他规范性文件规定的必备事项，并就信托当事人在尽职调查、信托设立、信托财产管理、运用和处分中的权利义务及风险责任承担作出明确约定。信托文件是确定信托当事人之间权利义务关系的书面文件。

信托公司的受托管理责任应结合信托文件的规定予以判断，如信托合同有明确约定的，在不违背法律、法规强制性规定的前提下，应依照信托合同的约定明确受托管理责任，但由于信托投资类业务，尤其是本文讨论的困境企业重整业务的不可预测性，以及不同被投资企业所处行业的不同特性，信托公司往往无法制定明确、囊括未来所有可能发生情况的信托文件，面对突发事件及未考虑到的事件发生时，信托公司的受托管理职能的确定无明确依据。

2. 投资失败原因的主观性、偶然性

信托公司是否承担受托管理信托财产而失败的责任，关键在于区分投资失败的原因是客观、不可改变的商业风险，还是因受托人的投资、管理失误。若是因商业风险、客观事实导致的必然损失且受托人并未失职，则受托人无需向投资者承担受托管理职能；反之，若受托人投资、管理失误（投资、管理失误是受托人违反信托文件的规定或管理信托财产、处理信托事务时存在故意或过失，人为地导致信托财产损失的行为，在此种情形下，基本可以认定信托受托人违反了基本的诚实、信用、谨慎、有效管理等义务，未履行勤勉谨慎职责）①，则遭遇赔偿损失的法律风险，中国信托业协会发布的《信托公司受托责任尽调指引》多处提及“卖者尽责，买者

---

① 孙德昌、李志刚：《信托受托人尽责标准之司法认定》，载《人民法院报》2014年12月24日第7版。

自负"的原则亦同理，类似于公司董事所享有的经营判断规则(business judgement rule)——损失有时是产生于不可避免的市场风险，不能由管理人承担。①

但重整阶段的特殊性和复杂性，往往无法分割地认定投资失败结果的原因是完全主观或完全客观的、必然的或偶然的，应尽可能地挑选项目，考虑困境企业主体情况、未来现金流及运营情况，做好前期尽职调查，以便后续投资决策。

3. 受托管理的行为是否以受益人的最大利益为原则

《信托法》《企业破产法》及配套司法解释未明确界定信托公司在投资困境企业重整业务中的受托管理职责的具体范围及义务要求，多依靠信托公司的商业判断及基于商业判断而在《信托合同》中自行框定的受托管理范围，如学者所述，对一项具体投资行为而言，受托人尽责标准之认定应以商业判断为主，法律判断为辅，因为受托人是否为委托人的最大利益处理信托事务，实际是在考虑受托人行为能力的基础上，将其已经采取的方案和可能为受益人带来"最大利益"的其他方案进行比较，即对受托人行为风险和收益进行综合商业评估。但，一方面，《信托合同》的公允性有待考证，另一方面，法律未明确红线及范围的情况下，商务要素的不确定性及因素影响的复杂性导致受托管理职责更为模糊，信托公司在进行责任抗辩时遭遇难题。

原则为第一要义。根据《信托法》第25条确定的原则，"受托人应当遵守信托文件的规定，为受益人的最大利益处理信托事务。受托人管理信托财产，必须恪尽职守，履行诚实、信用、谨慎、有效管理的义务"。同样，根据《信托公司受托责任尽调指引》的细化要求，信托设立后，信托公司原则上应当至少每季度收集一次相关资料及信息，但信托文件另有约定的，从其约定。信托公司应当依法保存信托财产管理、运用、处分的记录、账册、报表和其他相关资料。信托公司发现信托项目发生或可能发生风险的，应针对具体风险，按照相关文件的约定采取行使诉讼权利或者实施其他法律行为等化解风险手段；相关文件没有约定的，信托公司应当根

① 参见赵廉慧：《谜一样的信托受托人谨慎义务》，载微信公众号"InlawweTrust"2016年10月11日。

据具体情况，按照受益人利益最大化的原则采取合理应对措施。

可见，在法律没有规定及信托合同没有特殊约定的前提下，以受益人利益最大化的原则开展受托管理、进行投资决策是衡量受托人责任的标尺。

(二)资金信托、财产权信托的模式比较及信托在重整阶段的优势

1. 资金信托、财产权信托的模式比较

如上文所述的案例，信托公司为保障投资的安全性或某类投资者资金的优先偿还性，可寻找合作方或合适的资产管理公司、资金方或被投资企业的管理方作为劣后级进行投资，从而设立结构化信托。结构化信托业务，即信托公司根据投资者不同的风险偏好对信托受益权进行分层配置，按照分层配置中的优先与劣后安排进行收益分配，使具有不同风险承担能力和意愿的投资者通过投资不同层级的受益权来获取不同的收益，并承担相应风险的集合资金信托业务。信托端委托人的选择及劣后的风险承担问题，本文不作讨论。为更好地从交易结构上提出法律建议，首先需要厘清、对比、区分目前市场上信托投资困境重整企业的常见模式——资金信托和财产权信托。

其一，含义不同。资金信托，顾名思义，信托财产初始状态是资金，是指委托人基于对信托公司的信任，将自己合法拥有的资金委托给信托公司，由信托公司按委托人的意愿，以自己的名义，为受益人的利益或者特定目的管理、运用和处分的行为。而财产权信托是指权利信托，是以财产权为信托财产所设立的信托关系，包括股权信托、债权信托、收益权信托、有价证券信托、专利信托等。根据财产权利类型的不同，财产权信托又可进行二级分类，例如债权信托可以分为应收账款信托、银行信贷资产信托等。

其二，委托人及受益人的角色不同。资金信托与财产权信托的委托人角色不同。以信托投资困境企业重整为例，资金信托的委托人实质是困境企业的投资者，初始信托财产是投资者交付的认购资金，委托信托公司向困境企业发放信托贷款或受让重整方股权的方式进行投资；财产权信托的委托人是融资方，初始信托财产是融资方信托给信托公司的债权、股权或收益权等财产权，通常在信托公司投资困境企业重整案例中，财产权信托被设定为他益信托，重整方的债权人为信托受益人，根据运营情况向债权

人进行债权的偿付。

2. 信托在重整阶段的优势

(1)信托具有破产隔离的效果，可防止债权人二次受损

破产重整实务中，债权人遭受的债权清偿风险不仅仅是在重整债权的折价清偿，甚至还包括在重整计划失败后，债务人破产而导致债权进一步受损的清偿风险，如雅新电子集团(东莞)有限公司重整案例。而增加一层信托的模式，基于信托的破产隔离效果，可防止债权人的债权二次受损。

根据《信托法》第 15 条："信托财产与委托人未设立信托的其他财产相区别。设立信托后，委托人死亡或者依法解散、被依法撤销、被宣告破产时，委托人是唯一受益人的，信托终止，信托财产作为其遗产或者清算财产；委托人不是唯一受益人的，信托存续，信托财产不作为其遗产或者清算财产；但作为共同受益人的委托人死亡或者依法解散、被依法撤销、被宣告破产时，其信托受益权作为其遗产或者清算财产。"且结合《企业破产法》的相关规定，信托财产之所以具有破产隔离功能，根源在于信托财产具有独立性，信托一旦设立，信托财产即独立于受托人的固有财产，也与委托人、受益人的固有财产独立。《全国法院民商事审判工作会议纪要》第 95 条、《信托法》第 17 条均体现上述理念。① 因信托财产的独立性

---

① 《全国法院民商事审判工作会议纪要》第 95 条："【信托财产的诉讼保全】信托财产在信托存续期间独立于委托人、受托人、受益人各自的固有财产。委托人将其财产委托给受托人进行管理，在信托依法设立后，该信托财产即独立于委托人未设立信托的其他固有财产。受托人因承诺信托而取得的信托财产，以及通过对信托财产的管理、运用、处分等方式取得的财产，均独立于受托人的固有财产。受益人对信托财产享有的权利表现为信托受益权，信托财产并非受益人的责任财产。因此，当事人因其与委托人、受托人或者受益人之间的纠纷申请对存管银行或者信托公司专门账户中的信托资金采取保全措施的，除符合《信托法》第 17 条规定的情形外，人民法院不应当准许。已经采取保全措施的，存管银行或者信托公司能够提供证据证明该账户为信托账户的，应当立即解除保全措施。对信托公司管理的其他信托财产的保全，也应当根据前述规则办理。"

《信托法》第 17 条："除因下列情形之一外，对信托财产不得强制执行：(一)设立信托前债权人已对该信托财产享有优先受偿的权利，并依法行使该权利的；(二)受托人处理信托事务所产生债务，债权人要求清偿该债务的；(三)信托财产本身应担负的税款；(四)法律规定的其他情形。"

和破产隔离效果，在重整失败的情况下，信托受益人可就信托财产部分受偿。

世界上许多国家的重整法律制度都涉及优先权的授予问题。总体来看，一个共识性的优先权顺序是：担保债权人、无担保债权人、公司股东，当有新资金进入时，给予新投资人优先权，情况就开始变得复杂。① 但当信托受益人为债权人时，基于信托权利义务关系的相对性，信托设立后与重整企业交易的债权人无法参与信托财产的分配，还可以避免债权人因新加入的债权人争夺债务人财产的不利，对原债权人具有保障作用。

(2)信托方式有利于重整企业保全资产或处置资产

信托不仅仅是给重整企业筹集资金进行债务的清偿，重整企业亦能通过信托的渠道重新利用企业资产、运营企业资产或帮助资产处置，从而达到债权清偿的效果。重整企业的重新运营通常需要依赖其原有运营的资产，而重整企业在运营困难阶段所剩余的也是此类资产，拍卖、处置此类资产似乎与重新运营、重新盈利之间具有根本矛盾。重整企业若直接以拍卖、转让、处置资产的方式予以清偿债权或获取运营资金，重整企业将丧失对资产的所有权及使用权，但重整企业若将资产信托给信托公司，则资产只是形式上向信托公司进行了转让，实质上是委托管理，信托公司可将资产进行运营并根据信托文件的约定给予受益人信托收益，不仅可以以整体运营的方式保留企业资产完整的运营价值(所谓营运价值，是20世纪70年代以来国际上破产法改革提出的一个概念，它的基本含义是指企业作为营运实体的财产价值，或者说企业在持续营业状态下的价值。企业的"营运价值"往往会高于破产清算时的价值)，② 还能在信托终止时由重整企业以信托财产归属人的身份"取回"信托财产，或在信托文件中约定重整企业重整成功后就信托财产予以赎回的条件。

设立信托，信托公司需以受益人的利益为原则进行信托财产的受托管理及处置，且基于信托公司的资源优势，更有利于为重整企业的资产赢得处置条件、选择适合的处置时间和处置方式，有利于为处置资产寻找到合适的竞买人，从而使处置结果优化，为重整企业获得更多的有利条件，降

---

① 参见王龙岗：《救赎与博弈：公司重整融资的法律制度研究》，中国政法大学2011年博士学位论文。

② 参见王卫国：《破产法》，人民法院出版社1999年版，第232页。

低因时间仓促等原因使拍卖资产以远低于资产评估的价格被出售的发生概率。如三鹿集团股份有限公司破产案，在三鹿集团财产进行清算时，三鹿集团评估价值为15.61亿元的土地使用权、房屋建筑物及其设备等可持续经营的有效资产和三鹿集团所持有的投资收益被以6.17亿元的低价取得。①

(三)信托贷款、受让股权模式在破产情形下偿付顺序的不同

根据《企业破产法》第113条的规定："破产财产在优先清偿破产费用和共益债务后，依照下列顺序清偿：(一)破产人所欠职工的工资和医疗、伤残补助、抚恤费用，所欠的应当划入职工个人账户的基本养老保险、基本医疗保险费用，以及法律、行政法规规定应当支付给职工的补偿金；(二)破产人欠缴的除前项规定以外的社会保险费用和破产人所欠税款；(三)普通破产债权。"破产费用及共益债务具有优先受偿的权利。

信托贷款在法律性质上属于债权，即重整企业的融资性债务。根据破产相关的现行法律及司法解释，并无条文明确规定重整期间新产生的融资性债务属于共益债务的范畴，而司法实务中，重整期间为债务人继续营业而融资产生的债务，有可能被认定为《企业破产法》第42条规定的"为债务人继续营业而应支付的劳动报酬和社会保险费用以及由此产生的其他债务"类共益债务。建议信托公司在交易结构设计阶段与管理人、债权人、受理破产法院就此问题进行积极沟通，并在重整方案中对信托公司的出资构成共益债务的约定予以明确。

在信托受让股权的模式下，信托变更为重整企业的股东。《中华人民共和国公司法》确立了清算中"股权劣后于债权"的原则，即公司财产在分别支付清算费用、职工的工资、社会保险费用和法定补偿金，缴纳所欠税款，清偿公司债务后的剩余财产，有限责任公司按照股东的出资比例分配，股份有限公司按照股东持有的股份比例分配。

① 参见王欣新主编：《破产法原理与案例教程》(第二版)，中国人民大学出版社2015年版，第289~290页。

三、信托投资困境企业重整之法律风险防范

（一）完善信托文件的约定，从协议角度降低信托公司受托管理风险

如上所述，信托文件是信托公司进行受托管理的基本准则，是向投资者约定权利义务的重要文件。信托投资困境企业重整时，应尽可能根据尽职调查情况对信托文件的约定进行完善：

1. 向投资人充分揭示投资风险。结合对重整企业的运营情况、行业情况、负债情况以及重整程序的不确定性，向投资者充分揭示风险以及考虑未来可能发生的商业风险、法律风险、本金丧失等风险。

2. 将信托公司在信托文件中免除信托公司责任、不利于委托人利益的条款及风险揭示条款以清晰、符号标记等合理的方式提请委托人注意。

3. 信托项目的投后项目日常管理系涉诉风险较高的环节，在该环节，受托人需要持续落实信托文件中约定的资金用途、增信措施有效性、合同中约定的受托人应履行的义务等，系信托成立后跟踪监控、风险排查、风险缓释等一系列风险管理工作的总和。结合现实发生的受托管理纠纷案例，完善信托文件关于受托管理职责的约定。笔者检索信托公司涉诉的主要理由为：投后管理未能严格按照交易合同约定行使各项权利，并充分留痕，如投资人对受托履职过程提出异议的，未能积极回应并充分留痕；资金运用未按信托文件的约定；超越信托文件授权范围管理信托资金，应经受益人大会决议的事项，受托人未经决议程序擅自决定等。① 根据多次主观即是客观的理念，信托公司应充分检索受托管理案例，从已发生的涉诉案件中总结经验，完善文件。

4. 受托管理责任无法在信托文件中囊括所有可能发生的情况及对应的受托管理措施，建议信托公司在信托文件中进行兜底性约定，发生信托文件未约定受托人如何履行投资管理职责并如何决策的情形，且该情形将影响受益人利益时，应由受托人召开受益人大会进行决策，受托人根据受

① 参见《金融 · 看法 | 信托公司受托履职责任涉诉风险研究报告（三）》，载微信公众号“兰台律师事务所”2020 年 11 月 11 日。

益人大会的决策予以执行。

（二）投资标的的选择及尽职调查

信托投资困境企业重整，委托人的未来浮动收益以及受托人的浮动报酬的多少主要依赖被投资的困境企业重整后的未来营运能力，因信托投资时，企业已进入营运困境，投资风险及不确定性相较普通信托投资产品而言更大。因此，在投资标的的初期选择及尽职调查方面，信托公司的专业度、审慎度被赋予更高要求。

在投资标的的选择层面，不仅是信托投资，市场上的债券投资等更倾向于“大国企”“大城投”的概念，认为其具有国家、政府信用背书。但随着经济的震荡及 2020 年新冠肺炎疫情的影响，国企债券也出现了违约，对市场信心及市场信任度造成了影响。2020 年 10 月，华晨汽车集团未能按期足额兑付“17 华汽 05 私募债”；11 月，“20 永煤 SCP003”不能按期足额偿付本息，引起市场一阵热议。

相比国企、民营等企业性质的判断，更应结合企业所在地域、地区有关部门的支持力度、企业所处行业的未来发展、企业自身的管理能力及管理团队、企业资产负债情况等因素综合商业判断，并关注企业资金链断裂进入破产重整程序的原因为突发性还是运营过程的必然性。这些要素的综合考虑比简单地对大国企的推崇更为可靠及具有依据性，亦能为投资者进行投资标的的选择作出更好的解释，更具有说服力。

（三）信托重整资金进入困境企业前，法律上予以确权

在经济发展迅速、信托的灵活性以及金融结构的快速发展的背景下，破产法及其司法解释未能及时更新，且重整阶段及重整方案本身具有操作上的自主性和灵活性，在信托重整资金进入困境企业前，信托应协调管理人、法院将信托投资债权确认为共益债权，保证后续破产清偿顺序中的优先性，协调将相关资产向信托提供物权担保，办理完成抵押、质押登记措施，保障信托权利，并将上述权利的书面确认作为信托投资的前提条件之一。

（四）隐形债务问题

企业投资并购过程中的隐形债务问题，是投资人关注但却难以有效控

制的一个问题，除关注企业征信报告、审计报告外，还应就民间借贷部分进行协议上的约定，如约定若有未披露的债务，应由原转让方自行承担。

在重整程序中，《企业破产法》明确规定债权人应当在人民法院确定的债权申报期限内向管理人申报债权，包括未到期的债权，附条件、附期限的债权，未决债权以及担保债权，同时还规定，债权人未依照规定申报债权的，在重整计划执行期间不得行使权利；在重整计划执行完毕后，可以按照重整计划规定的同类债权的清偿条件行使权利。投资人要高度关注该问题并采取有效法律应对措施。信托投资前，应与管理人进行积极沟通，取得、复核管理人的管理报告和尽职调查报告，就隐形债务问题及后续处理方案进行沟通、落实。信托公司还可以根据实际情况要求管理人在重整计划草案中，规定未按期申报的债权以"预计债权"的形式预留该部分偿债资金，并约定若未按规定落实，则由管理人承担相应责任以赔偿信托损失。

（五）信托投资困境企业重整失败后的法律操作建议

若信托投资困境企业重整失败，信托公司可以采取何种措施最大限度地保障信托委托人利益也是信托公司关注的要点之一。一方面，信托公司作为受托管理人，应及时向信托受益人、委托人进行信息披露工作，积极履行受托管理职责，并拟订方案后召开受益人大会进行表决，同时将受益人大会的意见积极与破产管理人、法院进行有效的沟通，了解案件进度，并保留尽职调查、受托管理职责履行及后续项目跟进的工作底稿。另一方面，信托公司作为受托管理人，可在信托文件中根据原状分配条款，将届时的信托财产向受益人进行原状分配，由集合信托的投资者作为债权人进行债权申报。若信托公司作为债权人进行债权申报，则债权人仅为信托公司一人，且信托公司作为金融机构，相比普通投资者来说具有更多的社会责任；但若信托进行原状分配后由多个受益人进行债权申报，则债权人数量增多，由众多普通投资者作为债权人会给管理人及法院形成一定舆论压力。需要说明的是，不仅是对投资困境企业重整，信托贷款、信托投资普通企业遭遇标的企业破产的情况下，亦可适用上述操作建议。

论破产重整中担保债权延期清偿损失的公平补偿

蓝　伟*

内容提要：《企业破产法》关于重整计划强制批准时对担保债权延期清偿损失公平补偿的规定存在不明，在理论和实践中造成了分歧。延期损失当指利息减损，而对于利息补偿，比较法上的做法不尽一致，我国学者也存在不同观点。从反思破产止息规则、进行法律体系解释、考量担保债权和一般债权不同的风险收益偏好、分析担保债权和重整制度的固有矛盾等角度，可得出对担保债权的利息应予保护和限制的结论。在公平补偿的计算上，司法当本着保护与限制的原则，尊重债权人自治，对担保债权延期清偿的时间损失和风险溢价进行补偿，其中损失补偿以担保物价值为限，并附以时间限制，利率则在实践中根据个案确定。

一、问题的提出

《中华人民共和国企业破产法》(以下简称《企业破产法》)第 87 条第 2 款规定了破产重整计划强制批准制度，其中担保债权人组的条件为：按照重整计划草案，担保债权人就该特定财产将获得全额清偿，因其延期清偿所受的损失将获得公平补偿，并且其担保权未受到实质性损害，或者该表决组已经通过重整计划草案。该条规定较为简略，缺乏可操作性，本身亦存在合理性问题。其中，“因其延期清偿所受的损失将获得公平补偿”及“担保权未受到实质性损害”含义不明。而将“或者该表决组已经通过重整

* 蓝伟，武汉大学法学院 2019 级民商法硕士研究生。

计划草案”单独作为强制批准的条件的做法存在明显不足，正如学者分析，该条规定之谬误在于将“担保债权未受损害”与“表决组通过重整计划草案”两项条件规定为并列的选择关系。① 因为如果仅考虑文字含义，在相应表决组已经通过重整计划草案时，即使存在部分反对者，获得全额清偿、得到公平补偿及未受到实质性损害等条件也可以不再适用。② 而不能以表决通过来剥夺异议债权人的权利，已经成为共识。③ 所以问题的关键便是如何解释延期损失的公平补偿和担保权的实质性损害，而其中尤以延期损失的公平补偿问题争议较大。

二、延期清偿损失公平补偿的不同观点

担保债权因延期清偿所受的损失为利息损失已为学界共识，但第 87 条第 2 款的含义不明，再加上《企业破产法》第 46 条破产止息的规定，使得在审判实务中，就如何进行延期损失的公平补偿、是否应当支付破产重整中担保债权的利息等问题存在争议。在学理探讨上，就此种利息损失是否应当计算，更是存在不同的观点。

（一）完全不算

第一种观点认为，利息损失不应给予补偿。其理由如下：第一，根据《企业破产法》第 46 条第 2 款，附利息的债权自破产申请受理时停止计息，破产申请受理后债权不再有利息问题，在立法没有对担保债权作出例外规定的情况下，此款规定当然适用于担保债权。④ 第二，如果担保债权不适用第 46 条第 2 款，而需根据第 87 条第 2 款向担保债权人支付重整期间利息，对于无担保债权人不公平。第三，如果支持担保债权利息，并以担保物的剩余价值为限，则可能导致融资时债权人要求债务人提供超额担

① 参见李忠鲜：《担保债权受破产重整限制之法理与限度》，载《法学家》2018 年第 4 期。

② 参见张海征、王欣新：《论法院强制批准重整计划制度之完善》，载《首都师范大学学报(社会科学版)》2014 年第 4 期。

③ 参见王欣新：《破产法》(第三版)，中国人民大学出版社 2011 年版，第275页。

④ 参见王欣新、宋玉霞：《重整计划强制批准法律问题研究》，载《江汉论坛》2014 年第 10 期。

保以覆盖将来的利息，如此将影响债务人融资。第四，如果向担保债权人支付重整期间利息，则担保债权受偿范围几乎没有受到影响，在如此过于周全的保护下，担保债权人将没有动力参与重整计划的协商。① 第五，强制批准制度是在特定情形下运用的，确立的条件应当是债权人待遇的最低标准，支付利息会增加重整成本；并且，如果债权人对待遇不满意，可与债务人企业协商，实践中担保债权人一般为金融机构，其完全有能力通过协商争取自己想要的条件。②

（二）不完全算

第二种观点认为，应分期间考量是否支持利息损失。根据《企业破产法》第 87 条第 2 款，担保债权因延期清偿所受的损失将得到公平补偿，其中延期期间仅指重整草案中规定的重整计划批准后对债权清偿的延期期间，不包括破产重整申请受理后至重整计划批准前的延期清偿期间，而在重整计划强制批准前的期间则适用《企业破产法》46 条第 2 款的规定。③

（三）完全算

第三种观点认为，应当计算利息，而且破产重整申请受理后至重整计划批准前的担保债权延期清偿的期间，也属于《企业破产法》第 87 条第 2 款规定的延期期间，其中的损失均应得到公平补偿。该观点为较多学者所支持。④ 具体理由如下：第一，第 46 条第 2 款破产止息规则仅适用无物权的担保债权。第二，从无担保债权需要停止计息的角度分析，无担保债权需要等待集体破产清偿、不能立刻获得个别清偿，而为统一计算债权截止时点，于是规定破产申请受理时停止计息；除了在重整程序中其优先受偿权暂时中止外，担保债权同破产费用及共益债务一样可得随时、个别清

① 参见陈本寒、陈英：《破产重整中有担保债权行使问题之检讨》，载《甘肃政法学院学报》2011 年第 2 期。

② 参见杨姝玲：《论破产重整中对有财产担保债权的限制与保护》，载《河北法学》2015 年第 2 期。

③ 参见王欣新、宋玉霞：《重整计划强制批准法律问题研究》，载《江汉论坛》2014 年第 10 期。

④ 参见邹海林：《破产法——程序理念与制度结构解析》，中国社会科学出版社 2016 年版，第 349 页。

偿，因此无需停止计息。第三，从立法技术考量，《企业破产法》之所以未设明文统一将担保债权排除在停止计息范围之外，是因为在和解及清算程序中，担保债权人之优先受偿权可以不受限制地随时个别清偿；而在重整中优先受偿权暂停行使，于是立法规定担保债权因延期清偿损失须获得公平补偿；如此综合和解、清算及重整中的规定，事实上否定了破产止息规则适用于担保债权。第四，依《物权法》及《担保法》规定，担保范围包括主债权及利息、违约金、损害赔偿金和实现抵押权的费用，如此利息当不受破产程序限制而得优先受偿。①

（四）留待司法解释确定

第四种观点认为，在法理及实务就利息计算与否存有分歧的情况下，当由最高人民法院通过司法解释确定。具体说来，从法理角度讲，《企业破产法》第46条第2款的破产止息规则仅适用于无担保债权，物权担保债权利息计算不因重整申请受理中断。但在实务中，停止计息具有一定的实用性，一则破产清偿各有高低，停止担保债权计息而增加其他债权分配，有助于缓解清偿矛盾；二则享有优先受偿权之担保债权因停止计息的损失并不太大，比之无担保债权人其心理上更易承受。②

三、公平补偿考量的三个理论问题

分析破产重整中因延期清偿损失的公平补偿问题，就如何做到公平补偿，首先需明确涉及哪些利益主体之间的公平。在三种不同的观点中，完全清偿仅仅是从一般债务履行的角度得出来的公平，而统一受偿则更多的是从担保债权人和一般债权人之间得出的公平。纵观上述观点及理由，其争论焦点不外乎如下几个方面：第一，破产止息规则是否应一体适用于包括担保债权在内的所有债权，是否应贯通适用于包括重整在内的所有破产程序。第二，如何合理计算担保债权的利息，从而更加公平地对待一般债

① 参见王欣新、宋玉霞：《重整计划强制批准法律问题研究》，载《江汉论坛》2014年第10期。

② 参见王欣新、宋玉霞：《重整计划强制批准法律问题研究》，载《江汉论坛》2014年第10期。

权人和担保债权人。第三，如何处理破产重整和担保物权两者固有属性之间的对抗问题。

(一)历史遗留下的破产止息规则

首先，破产止息规则本身是否适宜就饱受质疑。关于破产止息的原因，从债务人和债权人之间关系的角度而言，一则债务人已经资不抵债，其现有财产本就不足以清偿全体债权人的所有债务，遑论利息；二则利息系属使用资金的对价，破产程序开始之后债务人就不再使用，要其向债权人支付利息是不公正的。从债权人之间关系角度而言，一则各个债权利息计算方式不一，以破产止息方式使得各个债权人权益计算止于破产程序启动之时，有利于实现各个债权人之间的公平；二则停止计算利息有助于提前确定各个债权的数额，从而确定各个债权人的表决权，以便提升破产程序的效率。我国破产法中有破产止息规定，从立法沿革来看，规则错配也是重要原因。[①] 自晚清第一部《破产律》以来，破产止息规则适用范围一直被限制在清算程序中，在整顿和解程序中没有明文规定，这就为法律解释及当事人协商自治留下了极大空间。而现行《企业破产法》的破产止息规则至少对于一般债权可适用全部破产程序，对于担保债权则存有争论。可以说破产债权利息问题的根源便在于破产止息规则。

但是，以上理由不无问题。第一，债务人已资不抵债，其现有财产不足以清偿全部债务这一背景假设未必总是成立，一是大多数情况下债权清偿率的确不高，然而申请破产原因未必是资不抵债；[②] 二是并未考虑重整及和解程序之适用，经由重整债务人资产或许不减反增。[③] 第二，虽然债

---

① 关于停止计息规则在中国法上的继受过程和规则错配的原因分析，参见贺丹：《企业拯救导向下债权破产止息规则的检讨》，载《法学》2017 年第 5 期。

② 参见《企业破产法》第 2 条："企业法人不能清偿到期债务，并且资产不足以清偿全部债务或者明显缺乏清偿能力的，依照本法规定清理债务。企业法人有前款规定情形，或者有明显丧失清偿能力可能的，可以依照本法规定进行重整。"

③ 如在广受瞩目的 S * ST 北亚破产重整案中，北亚持有的新华保险的 6849 万股股份在处置时拍出了 29 亿余元的高价，这一价款在扣除税费后，不仅使得公司能够全额清偿所有债权，还使公司获得了重大的资产处置收益，这使得债权人受偿比率从重整计划规定的 19%提高到 100%，而且股东和战略投资者大幅获利，但该案资产处置中并未包括重整程序启动后的债权利息。参见《北亚实业(集团)股份有限公司重整计划执行进展公告》，载《证券时报》2010 年 12 月 9 日 D15 版。

务人在破产之后确未使用资金，并不生占有利得，但债权人亦未收回对该资金的占有使用，对其难谓不生损失；此外，若是采取重整或和解程序，则债务人继续经营就依然在使用资金。第三，各个债权本就不同，利息计算亦是不同，对于各个破产债权人采取不同的利息计算方式系属当然，各得其所应得方是真公平。第四，以确定债权数额为理由本身也表明其显然是脱离价值判断的计算方便考量，如此，可参考公司股东大会，将其股权确认至大会召开前某几日，于债权人会议之前停止计息也好过于破产程序启动之时便早早停止。此外，《企业破产法》第 46 条的破产止息规则将因体系效应引发系列法律适用问题。所以无论是理论上还是实务上，都应该承认债权利息，同时再辅之以技术性设计进一步完善，如将其设定为劣后债权、不赋予表决权、统一计算标准及明确计算时点等。①

（二）担保债权和一般债权的法律适用及利益衡量

1.《企业破产法》第 46 条第 2 款与第 87 条第 2 款的体系解释

在现行法规定下，对担保债权延期清偿的利息减损进行公平补偿也是合理的。从法律体系解释的角度分析，就第 46 条第 2 款与第 87 条第 2 款的关系来看，诸多学者都认为两者之间是冲突的。可以明确的是，第 46 条第 2 款破产止息规则直接言明利息计算问题；而第 87 条第 2 款规定担保债权延期清偿损失的公平补偿问题，显然这种延期损失应是利息损失而不会是其他损失，固然担保债权以担保物为限进行优先受偿，因为延期可能导致担保物价值降低而给担保债权人带来损失，但此种损失应受“担保债权未受到实质性损害”规制。所以，破产止息和延期清偿公平补偿，讨论的都是金钱的时间价值问题。在这一前提下，第 46 条第 2 款针对的是未加限定的破产债权，而第 87 条第 2 款针对的是担保债权，前者为一般的规范，后者存在构成前者例外规范和补充规范的可能。

若视后者为例外规范，则破产止息规则不适用于重整中的担保债权。但也有学者认为，第 46 条第 2 款明文表述为破产债权自破产申请受理时

① 参见贺丹：《企业拯救导向下债权破产止息规则的检讨》，载《法学》2017 年第 5 期。

停止计息，本义规定的是破产债权的确定问题，[①] 至于破产债权停止计息后的利益规制问题，该条并未言明，从而其他法条补充规定以利息等形式在债权人之间进行利益分配并无不可。如此第 87 条第 2 款公平补偿延期损失正是对破产止息一般规范的补充规定。

第三种可能的解释是，根据第 46 条第 2 款规定的破产止息，因破产受理后停止个别受偿，留待统一受偿，债权的迟延受偿因为破产法特殊规定而消除；推之重整中的担保债权，担保债权固然原本可以随时个别优先受偿，但因为第 75 条自动中止规则，在重整计划批准前担保债权都不得行使，如此，在该期间担保债权的迟延受偿也因为破产法特殊规定而消除。因此，重整计划批准前的利息都不予计算，重整计划批准后的迟延利息可以计算。此种解释虽然巧妙，但在如此精细的设计下对于担保债权迟延清偿的公平补偿还有多少？即使是没有该公平补偿规定，根据民法一般规则在确定给付而迟延给付的情况下需要补偿也是理所当然的，如此第 87 条第 2 款的公平补偿规定成为几乎无实质意义的多余规则。

2. 对民法典担保部分第 22 条的解释

《最高人民法院关于适用〈中华人民共和国民法典〉有关担保制度解释》第 22 条明确将停止计息规则适用于担保人。[②] 该条文罔顾众多反对声音而轻率否定担保人利息责任，可以想象其出台将会带来多大的影响和争议。就担保问题，破产法多以民法一般规则的例外或对立面而彰显其存在意义，在破产法学界自身对担保利息争议激烈、破产立法保持沉默的情况下，作为民法典的司法解释对此作出规定并不合适，当然，在我国民商合一的立法体例下，破产法是作为一般法民法典的特殊法，民法典司法解释对破产时担保利息作出规定似乎并无不可。从该条文文义来看，担保人可主张停止计息，对于其中的担保人是未加限定的，无论是保证责任担保人还是担保物权担保人，也无论是债务人作为担保人还是第三人作为担保

① 参见许德风：《论破产债权的顺序》，载《当代法学》2013 年第 2 期。

② 《最高人民法院关于适用〈中华人民共和国民法典〉担保部分的解释》第 22 条："人民法院受理债务人破产案件后，债权人请求担保人承担担保责任，担保人主张担保责任从人民法院受理破产申请之日起停止计息的，人民法院对担保人的主张应予支持。"

人；在适用程序上也是未加限定的，清算、重整及和解程序都能适用。这样一概否定担保利息，将打破破产法对担保利息的沉默规定，从而将《企业破产法》第 87 条第 2 款的担保债权延期损失公平补偿规则架空。为减少该影响，维系担保债权延期损失公平补偿规定，必须对该司法解释进行解释。一种可行的路径是上文中的第三种解释方案，即将停止计息适用于重整计划批准之前，之后担保债权可行使，从而会存在延期问题，但从上文分析可知，此种解释意义不大。另一种解释方案则是，该条是对《企业破产法》第 46 条第 2 款的解释，即第 46 条第 2 款规定一般债权停止计息，即破产债务人不承担利息责任，而对作为第三人的保证人和担保物权担保人是否应承担未言明，即是否应当坚持担保的从属性将担保范围限于破产债务人所承担的责任内，在破产法上有解释的需要，该解释第 22 条即为该问题而设，该解释选择肯定第三人责任从属性。至于破产债务人以自身财产为债权人设定担保物权，债权人对破产债务人享有担保债权时，是否应同一般债权一样停止计息，第 46 条第 2 款无意调整，从而其解释也当然不适用。

3. 担保债权和一般债权的风险收益分析

利益之所在即风险之所在，担保债权在重整中是否能够以利息损失的形式得到公平补偿，从而获得优于一般债权的待遇，从风险收益的角度分析能够得到强力肯定。随着债务人进入破产程序，一般债权人将不能获得个别清偿，只能根据破产财产分配方案获得按比例清偿，并且在清偿顺序上不仅劣后于担保债权，还劣后于职工及税收债权，所以一般债权最终获得的清偿比例可能极低。① 而担保债权除了在重整程序中可以随时获得清偿，在清偿顺序上可就担保财产获得优先受偿，清偿数额系于担保财产从而清偿比例相对较高。如果重整成功，随着债务人企业财产的增加，一般债权能够从中获益，提高清偿比例；而担保债权依然是就担保财产优先受偿，担保债权的清偿情况并没有因重整获益。如果重整失败，一般债权依

① 参见韩长印、韩永强：《债权受偿顺位省思——基于破产法的考量》，载《中国社会科学》2010 年第 4 期。

然是如同未重整般获得劣后清偿，其境遇不会比清算更糟糕了；[①] 而担保债权却因重整而延后了将担保物变现清偿，其将面对延期清偿的损失和不确定风险，承担生产资料未及时流通而延误变现带来的隐形成本，[②] 如随着企业经营需要正常使用而导致担保物价值减损，或者担保物市场价值降低，这些无疑都会给担保债权人带来重大不利。总之，担保债权人和无担保债权人在重整与否的问题上是存在冲突的，可以说前者是既得利益者，后者是未来获益者。前者需要面对重整的风险却并没有获得重整的收益，后者无须面对重整的风险却可获得重整的收益。因此，担保债权面对有害无益的重整自然会趋利避害，对重整持消极态度。而无担保债权却可能选择放手一搏，以获取更大比例的清偿机会。[③] 从平衡不同利益和偏好机制的角度看，在重整规则设计上，对两者区别对待是有理由的。所以，对担保债权当不必与一般债权同步适用《企业破产法》第 46 条第 2 款破产止息规则，反而应根据第 87 条第 2 款，给与担保债权人因延期清偿的损失公平补偿。

（三）担保债权和破产重整的固有冲突

破产重整与担保债权是两项冲突剧烈的制度，两者功能和价值取向不同。重整“给予一个诚实但不幸的债务人以重新上岸的机会，而不是任其溺毙”[④]，强调企业拯救，使企业免于清算，经由重整恢复企业的经营能力，力求实现债权人、债务人企业、股东、企业职工及国家税收等相关利害方的多赢局面，从而维护社会整体利益。为实现该目的，一定程度上要求债权人对债务人企业做相应的让步，在债务清偿上强调集体、同时且按比例受偿。担保物权则是担保债权人在债务人不能履行到期债务时就担保

---

① 参见杨姝玲：《论破产重整中对有财产担保债权的限制与保护》，载《河北法学》2015 年第 2 期。

② 参见李曙光：《中国破产法实施的法律经济分析》，载《中国政法大学学报》2007 年第 1 期。

③ 参见李忠鲜：《担保债权受破产重整限制之法理与限度》，载《法学家》2018 年第 4 期。

④ Bankruptcy Abuse Prevention and Consumer Protection Act of 2001: Hearingon H. R. 333 Before the H. Comm. on the Judiciary, 107th Cong. 183(2001). 转引自张钦昱文：《论公平原则在重整计划强制批准中的适用》，载《法商研究》2018 年第 6 期。

财产优先受偿，且该受偿是将担保财产变现以及时地个别完全受偿。显然这两者之间天然地存在矛盾，固然重整制度追求的目的很美好，经济和社会意义重大，但担保制度亦有其不容忽视的价值。担保不仅仅是债权人确保债权实现防控风险的手段，也是债务人的重要融资工具，由此担保制度产生的经济利益由债权人和债务人共享，最终惠及社会整体。① 两者孰优孰劣、如何取舍，难以轻易断定。

现行破产法选择了在重整中改变破产法外的民商事担保债权制度，而不是破产重整向担保债权妥协。一般认为，重整程序中限制担保债权是出于以下考量：一是考虑到担保财产是破产企业经营的物质基础，尤其是在企业大部分重要财产都已经设定担保的情况下，如果不限制担保债权的行使，企业复兴将成为空中楼阁。二是源自重整制度最初的理论根据，营运价值论中关于营运价值高于清算价值的推论，因为营运价值不仅包含着资本组合的成本、无形资产及利益，而且能够有效避免因财产清算造成的损耗，② 尤其是在变现成本居高不下的情况下。三是担保债权会限制债务人企业处分担保物的能力，而债务人的经营质量会与担保债权人的干预程度成反比。③ 在这些理由下破产法对担保债权进行了限制，从限制担保债权的思路出发，现行破产法有诸多规定改变了担保债权规则。

在我国的破产实践中，担保债权人的保护也不太乐观。从现有的众多上市公司重整案件中可以看出担保债权甚至无法得到破产法所规定的受偿结果。④ 事实表明，由于适用重整程序的企业在当地一般具有较大的影响，出于维护稳定与招商引资等方面的考虑，地方政府往往具有较强的重整激励。⑤ 与之对应，承担着为当地经济保驾护航的重要任务的法院在批准重整计划草案时很难做到超然中立，“往往将企业重整成功作为主要目

① 参见许德风：《破产法论·解释与功能比较的视角》，北京大学出版社 2015 年版，第 298 页。

② 参见王卫国：《论重整制度》，载《法学研究》1996 年第 1 期。

③ 参见郁光华：《论物的担保之债的经济意义》，载《比较法研究》1997 年第 1 期。

④ 参见齐明、郭瑶：《破产重整计划强制批准制度的反思与完善——基于上市公司破产重整案件的实证分析》，载《广西大学学报(哲学社会科学版)》2018 年第 2 期。

⑤ 李曙光、王佐发：《中国〈破产法〉实施三年的实证分析——立法预期与司法实践的差距及其解决路径》，载《中国政法大学学报》2011 年第 2 期。

标，而在审查批准程序中不由自主地有所偏好”。① 而在比较法上，如重整制度的发源地美国，有充分保护原则对担保债权人进行有效保护。② 虽然一直以来我国学界关于破产重整中是对担保债权保护过多还是限制过多的争论不断，但已经有学者重新审视重整制度的私法性质，对破产中的担保债权处置规则进行反思，强调在对担保债权进行保护和限制的同时，对其限制也是有限度的。上述规则对担保债权过于不利，我国司法者也已经有所认识，在民商事审判会议纪要等司法文件中作出了一定程度的弥补，如自动中止的条件、恢复行使的条件等开始向担保债权保护倾斜，③ 试图对重整中的担保物权问题作出利益再平衡。但毕竟在现有规则之下，诚如学者所言，担保债权人所享有的由物权法确立的强势控制地位转而滑向对财产处分方案毫无诉求渠道的弱势境地。就此而言，破产法已经完全改变了担保债权在物权法律体系中的行使规则，基本形成了以财产处分为核心的强制性规则与以重整计划为核心的自治性规则相结合的规范体系。④ 可见在破产法中对重整问题侧重于对担保债权进行限制，实践中也不太注重

① 王建平、张达君：《破产重整计划批准制度及反思》，载《人民司法》2010 年第 23 期。

② 充分保护原则的内涵源于《美国破产法》第 362 条关于解除冻结条件的规定。实质上是为担保债权人提供担保财产变价之外的替代性补偿。美国《破产法》第 361 条规定了三种非排他性的充分保护方式。美国联邦第八巡回法庭在审理 Martin 一案进一步揭示了判断某种利益是否受到充分保护的基本步骤：一是确立担保物权人利益的价值；二是确定上述价值的风险；三是判断债务人的提议对上述价值的充分保护是否可以近似地抵消这种风险。在充分保护的判断中，居于核心的往往是担保财产的估值问题。参见徐阳光：《破产法视野中的担保物权问题》，载《中国人民大学学报》2017 年第 2 期。

③ 参见《全国法院民商事审判工作会议纪要》第 112 条：“重整程序中，要依法平衡保护担保物权人的合法权益和企业重整价值。重整申请受理后，管理人或者自行管理的债务人应当及时确定设定有担保物权的债务人财产是否为重整所必需……在担保物权暂停行使期间，担保物权人根据《企业破产法》第 75 条的规定向人民法院请求恢复行使担保物权的，人民法院应当自收到恢复行使担保物权申请之日起三十日内作出裁定。经审查，担保物权人的申请不符合第 75 条的规定，或者虽然符合该条规定但管理人或者自行管理的债务人有证据证明担保物是重整所必需，并且提供与减少价值相应担保或者补偿的，人民法院应当裁定不予批准恢复行使担保物权……”

④ 参见李忠鲜：《担保债权受破产重整限制之法理与限度》，载《法学家》2018 年第 4 期。

担保债权保护的情况下，一定程度上向担保债权保护回缚是有必要的，当然这不意味着全然抛弃限制。

四、延期损失公平补偿的计算

"决定担保债权延期清偿损失的诸多方法，已然不幸地沦落为彼此撞色、难辨真彩的束束烟火。"①《企业破产法》第 87 条规定担保债权人因延期清偿所受的损失将得到公平补偿，但未明确补偿具体的计算标准，司法实践中担保债权人关心的金钱的时间价值和风险溢价补偿无法体现。对于担保物被拍卖的金钱补偿，第 87 条并没有"不容置疑的等同性"那样的衡量标准，也导致了实践中担保债权人实际获得的清偿缩水的问题。因此，对于公正补偿有必要在司法解释中作进一步的细化，虽然细化规定无法给出确定的计算方式，但有些考量因素是不能忽视的。

（一）债权人自治

首先应考虑债权人自治。各债权人由于债权数额和清偿顺序不同，最终的清偿状况存在悬殊差异，无论是心理上还是对于重整计划的策略选择上，的确是有所不同。但为了重整计划能够更好地通过，首先应当允许债权人自治，对重整计划进行适当调整，在一定程度上突破法定的利益调整规则。如在相当大部分财产都已经设定担保的情况下，一般债权人能够受偿的数量极为有限，甚至可能无法获得任何受偿。此时，担保债权人为尽快推进重整计划的通过、缩短担保债权行使受限的时间，可以突破清偿顺序，让渡一部分权益给一般债权人。考虑债权人自治，无论是在企业价值判定还是利益补偿上都是对破产法私法精神的尊重，甚至是可能更为可行及高效的方法。② 在公平补偿的问题上，如何判断公平至为关键，而意思自治是评估公平和正义的便捷手段，只要反映参与者自由同意的行为即可

---

① In re Computer Optics，126 B. R. 644，671(Bankr. D. N. H. 1991)，转引自张钦昱：《论公平原则在重整计划强制批准中的适用》，载《法商研究》2018 年第 6 期。

② 参见李忠鲜：《担保债权受破产重整限制之法理与限度》，载《法学家》2018 年第 4 期；许德风：《论私法上财产的定价——以交易中的估值机制为中心》，载《中国法学》2009 年第 6 期。

视为公平，即公平是反映自愿的同意。①

（二）担保物价值

以担保物价值为限进行受偿，担保物担保范围之外的债权作为一般债权，相应地，该部分的利息计算是得不到受偿的。至于能否作为劣后债权得到承认，则有待于法律的修改。以担保物为限进行清偿，本身没有争议，争议较大的是担保物价值的评估时点和评估方式。②《企业破产法》第87条规定延期清偿的损失得到公平补偿，则评估时点应为认定延期清偿的起始点，在该时点之后，担保债权人未得到清偿则为延期。延期期间，因为经营使用及破产重整的原因，动产价值一般都会倾向于降低，如机器设备因为折旧、更新换代等原因价值下降，而不动产价值随着时间的迁延可能会上升。所以法条规定担保债权组强制批准的条件除公平补偿之外，尚有担保物权未受到实质性损害。从该条本意反推评估时点当为担保物权暂停行使之前。对于担保物权的一般规定中有担保物权的保全措施，而破产法主要规定了恢复行使，对于其他保全措施未作更多的规定。在不能恢复行使的情况下，担保物权受到一定程度上损害是不能避免的。问题在于，在破产重整中，多大程度的损害以及何种损害是可以被接受，或至少认为是合理的。争议较多的是因为使用导致的价值下降和因为市场原因导致的价值下降。对于使用价值下降应认为是需要补偿的损害，而市场价值下降则因过于缺乏确定性，当不赔偿。③ 在学者看来，如果仅因物价变动而影响评估价值，则不能视为对担保权的侵害。④ 虽然在比较法上并未明确排除此种单纯的价格波动，但基于对企业挽救目的及债务公平清偿的现

---

① 参见［美］詹姆斯·布坎南：《制度契约与自由——政治经济学的视角》，王金良译，中国社会科学出版社2013年版，第97页。

② 参见李忠鲜：《担保债权受破产重整限制之法理与限度》，载《法学家》2018年第4期。

③ 参见陈本寒、陈英：《破产重整中有担保债权行使问题之检讨》，载《甘肃政法学院学报》2011年第2期；王欣新、宋玉霞：《重整计划强制批准法律问题研究》，载《江汉论坛》2014年第10期；李忠鲜：《担保债权受破产重整限制之法理与限度》，载《法学家》2018年第4期。

④ 参见［日］我妻荣：《我妻荣民法讲义Ⅲ：新订担保物权法》，申振武译，中国法制出版社2008年版，第354页。

实考虑，倾向于将损害补偿范围严格限于物理损害，如德国通说即认为纯粹市场价值波动造成的价值贬损不予赔偿。①

（三）迟延的时间

在计算损失的时间上，没必要将延期期间割裂看待，不必区分重整计划批准之前还是之后，认为只有在重整计划批准之后才会陷入迟延是不足为道的。首先，虽然学界对自动中止规则是对实体性权利还是对程序性权利的限制存在根本分歧，但从自动中止规则目的考量，其为了重整程序可能推进，而暂停本可以随时个别清偿的担保债权行使，所谓“担保权暂停行使”，只是在程序权利即权利行使的时间上加以限制，而不能影响担保权的实体权利，即对债务人特定财产享有的优先受偿权。所以《企业破产法》第 87 条第 2 款第 1 项明确规定，即使在担保财产不变现时，担保权人的优先受偿权也不受影响，应确保实现。② 破产重整中的自动中止规则并不能消除破产债务人陷入迟延履行的事实，因此在担保债权已经到期而未能履行就是迟延，破产重整不能成为该民法基本规则的例外。至于破产法规定的加速到期规则，因为有扣除提前清偿的利息设计，并不会给破产债务人带来不利。其次，这样划分期间除了会使问题变得更加复杂外，没有任何意义。因为即使将补偿分为重整计划获得批准前后两个时期，后者的补偿按照重整计划确定的方式予以解决，在此，理论上应当区别对待物权担保债权延期支付的利息和按照重整计划延期支付的补偿二者之间的关系，但也认识到支付利息是物权担保债权延期补偿的主要方式，在实践中一般采取按照约定或法定的利率予以补偿。③ 但是，可以考虑对于延期期

---

① 参见《德国破产法》第 172 条、《强制拍卖与强制管理法》第 30e 条第 2 款。通说多将条文中的价值减损进行目的性限缩解释为因使用导致的价值减损，而市场波动则不在其列。参见许德风：《论担保物权在破产程序中的实现》，载《环球法律评论》2011 年第 3 期。

② 参见王欣新：《论破产程序中担保债权的行使与保障》，载《中国政法大学学报》2017 年第 3 期；徐阳光：《破产法视野中的担保物权问题》，载《中国人民大学学报》2017 年第 2 期。

③ 王欣新、宋玉霞：《重整计划强制批准法律问题研究》，载《江汉论坛》2014 年第 10 期。

间给予一定时间的限制，如日本将保护时间限定为 1 年①，德国法上让担保债权人自行承担 3 个月的利息损失②，这既是适度让步于企业生存，也是担保债权人作为企业重整程序利益共同体的体现。

(四)利率的选择

最为艰难的是利率的选择。如果从担保物权本系属个别清偿、不必待统一受偿来看，直接的方案是根据各个担保债权的合同利率确定，但显然问题并没有如此简单。有法官断言："对于担保债权人而言，精准确定尚未发生的补偿数额是从来都不存在的幻象，我们只能提供一种存有误差的估算建议。"③在美国第一起强裁案中，确定担保债权人合理补偿数额的正是合同利率。但是合同从生效到强裁案件的发生之间可能历经数月甚至数年，合同利率难以体现市场的变迁，法院还须结合抵押物状况、市场风险和贷款收益等指标作出调整。显然，经过个案调整后的利率不再等同于初始的合同利率。自从 1979 年美国法院在一起强裁案中否决适用合同利率后，各法院纷纷认为强裁补偿率应当体现市场利率。在体现市场利率上，涌现出可比借贷法和贷款成本法等做法。④ 有学者认同后者，认为公平补偿有必要在司法解释中作进一步的细化，其考量因素为金钱的时间价值和风险溢价，⑤ 认定的标准即第三人提供和担保物价值等额融资时会所取的补偿。⑥ 有学者认为，在强裁中考虑市场因素应当慎重对待；等量齐观地

---

① 参见《日本更生法》第 123 条第 1 款。

② 参见《德国破产法》第 169 条。

③ Bruce A. Markell, Fair Equivalents and Market Prices: Bankruptcy Cramdown Interest Rates, 33 Emory Bankruptcy Developments Journal, 104(2016-2017). 转引自张钦昱:《论公平原则在重整计划强制批准中的适用》，载《法商研究》2018 年第 6 期。

④ 可比借贷法假使担保债权人能够拍卖抵押物，并将全部收益以相同期限再借贷给具有同样风险的其他企业，其所获得的收益率可视为担保债权人的强裁补偿率。贷款成本法认为，担保债权人在强裁程序中被剥夺了出售担保物并利用回笼的资金继续投资获利的机会，倘若担保债权人难以等待漫长的重整程序结束，亟须资金回流而不得不向第三方融资，那么其为获得与抵押物所担保债权等价值资金的对价，即为贷款成本，第三方按照市价计息的贷款利率即为强裁补偿率。

⑤ 高丝敏:《重整计划强裁规则的误读与重释》，载《中外法学》2018 年第 1 期。

⑥ 参见尹正友、张兴祥:《中美破产法律制度比较研究》，法律出版社 2009 年版，第 182 页。

对待全部投资者有违个案公平，所以不应为固定数值而应逐案调整；补偿率应当有阈值；应选择程式法以无风险利率为基准，辅之以逐案确定的风险溢价率，其中，无风险利率一般是贷款基准利率或国债利率，风险溢价率由法院依据重整计划的实施前景、破产企业的现实处境等综合判断。① 由以上可知，即使是在重整制度极为发达的制度来源国，对于补偿数额的计算方式也在不断反复中，未能达至一个理想的方法和结果。尚且不论比较法上的经验是否可行，仅仅从我国重整实践中对担保债权延期损失公平补偿真正意义上适用不多考量，在该问题上留待实践中个案尝试也是更可行的，但可以确定不能忽视的因素依然是金钱的时间价值和溢价风险。

结　语

从延期清偿造成损失的原因和结果来看，在破产重整中，担保债权和一般无担保债权并无实质性区别，都是因为在重整计划批准前停止受偿，从而造成延期清偿的利息减损。二者的区别在于，一般债权在重整中完全根据重整计划中的分配方案统一受偿，而担保债权在重整期间开始后即可就担保财产优先受偿，若不符合自动中止的条件，或者符合恢复行使的条件还能随时请求优先受偿。从延期的时间角度看，可以说担保债权可能只是比一般债权没有延期得厉害。若不考虑破产重整的特殊性，完全遵从破产法外一般民法规则，则担保债权延期清偿的损失得到公平补偿，即是债权得到包括迟延利息在内的完全清偿，此时的公平即是债权人和债务人之间的公平。完全受偿固然契合债务履行的原则，是理想状况，但是考虑到破产重整是所有债权人之间的公平清偿，是所有债权人和债务人企业之间的公平，更是包括职工、股东、税收等在内的所有利益相关方之间的公平，因此此处的延期清偿的损失得到公平补偿需要在破产重整下重新解释。自然而然，对完全受偿进行适当削减甚至完全否认也就成为可能的考虑方案。讨论破产重整中担保债权延期清偿损失公平补偿，触及的是破产债权利息的存废、担保债权利息的优待及重整中担保债权利息的保护与限

① 张钦昱：《论公平原则在重整计划强制批准中的适用》，载《法商研究》2018年第6期。

制三个理论问题，面对的是担保物价值确定、迟延的时间及利率的选择等技术性问题，这些都要理论与实践的探索。但毋庸置疑，延期损失公平补偿要在保护与限制之间取得平衡。

预重整制度地方政策的前沿发展与争议

张炜颀　季园琴*

内容提要：全球范围内，目前因新冠肺炎疫情的影响，各国的经济都遭受严重的冲击，大量的企业正在或者已进入破产程序。为了加快完善市场主体退出机制，充分发挥破产重整制度拯救功能，构建庭外重组与庭内重整制度衔接机制，降低破产制度成本，提升破产审判质效，我国浙江、北京、广东、江苏、河北、四川等多地推出了预重整指引或者规定，相关规定在预重整程序的启动、主体资格、期限、管理人选任与续任、管理人与债务人的职责与义务、信息披露、预重整费用及管理人报酬的负担、预重整的终结与转换等几个方面都存在不一致的规定，甚至存在相当程度的矛盾与争议。

引　言

预重整作为结合了重整程序和庭外重组两种企业挽救制度而产生的新型企业挽救辅助模式，并不是重整必需的前置程序，它应该说是当事人自主协商和司法程序衔接的准备程序。① 目前，预重整制度已成为许多国家拯救困境企业的重要法律制度。② 预重整在狭义的法律制度中并无明确的

* 张炜颀，江西瀛竹律师事务所执行主任，湖南大学法律硕士；季园琴，江西君剑破产清算服务有限公司董事长。

① 参见王静：《主题演讲丨王静：我国预重整模式的实证分析》，搜狐网，https://www.sohu.com/a/429026158_689962，访问日期：2021年2月13日。

② 参见梁小惠、姚思好：《法治化营商环境下中国民营企业之重整纾困——以浙江金盾系破产重整案为例》，载《河北学刊》2020年第6期。

规定，预重整作为美国的舶来品，在我国仍在探索阶段。截至目前，根据公开可查询的资料显示，我国有 16 个省市区制定了预重整的指引或相关政策(详见表一①)，这些规范性文件的发布及实施对于预重整制度的发展起到了非常大的推动作用，但是同时也带来了极大的争议。特别是在 2020 年 10 月 24—25 日召开的第十一届中国破产法论坛中，王欣新教授发表了《预重整规则与实务辨析》演讲，其认为："之所以出现各种错误观点和做法的关键，是没有把握住两会纪要明确指出的，预重整是债权人与债务人、出资人等利害关系人自愿进行的商业庭外重组这一基本定性；没有理解预重整制度设置的目的是要在庭外重组与庭内重整之间建立一个以市场化谈判、法治化约束为基础、以债权人对重整计划草案表决效力向重整程序顺向延伸为手段的新型企业挽救模式，而不是要把重整程序的司法效力毫无法律依据的反向当事人的协商程序延伸，干预、扭曲乃至实质上灭活庭外重组的生命力。……目前急需解决的问题是，一些地方制定的预重整指引与规则内容中，存在有认识错误，迫切需要及早纠正，否则就可能在实践中逐步形成错误的观念与操作惯例，加之在不规范预重整中对既得部门权力和利益的维护惯性，可能对今后市场化、规范化、国际化的建立和实施预重整制度形成严重阻力，使之难以回归正确的方向。"②预重整制度在不断地发展，但是也在争议过程中不断前行。

表一　　　　**我国各地预重整制度地方政策**

序号	区域	预重整文件名称	位置	发布时间	简称
1	浙江省	浙江省高级人民法院关于企业破产案件简易审若干问题的纪要	第 7~10 条	2013 年 6 月 28 日	《浙江纪要》
2	浙江省温州市	企业金融风险处置工作府院联席会议纪要	第 2 条	2018 年 12 月 27 日	《温州纪要》
3	北京市	北京破产法庭破产重整案件办理规范(试行)	第三章	2019 年 12 月 30 日	《北京规范》

① 因个人搜索领域及部分文件尚未公开的原因，截至目前的预重整指引或相关政策可能远不止本文讨论的这些。

② 王欣新：《主题演讲 | 预重整规则与实务辨析》，搜狐网，https://www.sohu.com/a/427944758_689962，访问日期：2021 年 2 月 13 日。

续表

序号	区域	预重整文件名称	位置	发布时间	简称
4	广东省深圳市	深圳审理企业重整案件的工作指引(试行)	第三章	2019年3月14日	《深圳指引》
5	江苏省苏州市吴中区	苏州市吴中区人民法院关于审理预重整案件的实施意见(试行)	全文	2019年6月27日	《苏州市吴中区意见》
6	河北省	河北省企业破产管理人协会《管理人承办破产重整案件工作指引》	第三章	2019年9月23日	《河北协会指引》
7	江苏省南京市	南京市中级人民法院关于规范重整程序适用　提升企业挽救效能的审判指引	第三章	2020年1月20日	《南京指引》
8	江苏省苏州市吴江区	苏州市吴江区人民法院审理预重整案件的若干规定	全文	2020年2月19日	《苏州市吴江区规定》
9	江苏省苏州市苏州工业园区	苏州工业园区人民法院审理破产预重整案件的工作指引(试行)	全文	2020年4月20日	《苏州工业园区指引》
10	福建省厦门市	厦门市中级人民法院企业破产案件预重整工作指引	全文	2020年5月21日	《厦门指引》
11	四川省天府新区成都片区、四川自由贸易试验区	四川天府新区成都片区人民法院、四川自由贸易试验区人民法院预重整案件审理指引(试行)	全文	2020年5月22日	《四川天府、自由贸易区指引》
12	广东省广州市	广州市中级人民法院关于破产重整案件审理指引(试行)	第三章	2020年5月28日	《广州指引》
13	山东省淄博市	淄博市中级人民法院《关于审理预重整案件的工作指引(试行)》	全文	2020年6月30日	《淄博指引》
14	江苏省宿迁市	宿迁市中级人民法院关于审理预重整案件的规定(试行)	全文	2020年7月9日	《宿迁规定》
15	广西壮族自治区北海市	北海市法院破产重整案件审理操作指引(试行)	第三章	2020年7月31日	《北海指引》
16	四川省成都市	成都市中级人民法院破产案件预重整操作指引(试行)	全文	2020年8月24日	《成都指引》

一、“预重整”制度的发展

（一）我国预重整制度的主要依据

2018 年 3 月 4 日，《全国法院破产审判工作会议纪要》（法〔2018〕第 53 号）第 22 条规定：“探索推行庭外重组与庭内重整制度的衔接。在企业进入重整程序之前，可以先由债权人与债务人、出资人等利害关系人通过庭外商业谈判，拟定重组方案。重整程序启动后，可以重组方案为依据拟定重整计划草案提交人民法院依法审查批准。”2019 年 6 月 22 日，十四部委联合发布的《加强完善市场主体退出制度改革方案》中提出：“研究建立预重整和庭外重组制度，实现庭外重组制度、预重整制度与破产重整制度的有效衔接，强化庭外重组的公信力和约束力，明确预重整的法律地位和制度内容。”2019 年 11 月 8 日，最高人民法院发布的《全国法院民商事审判工作会议纪要》第 115 条规定了庭外重组协议效力在重整程序的延伸：“继续完善庭外重组与庭内重整的衔接机制，降低制度性成本，提高破产制度效率。人民法院受理重整申请前，债务人和部分债权人已经达成的有关协议与重整程序中制作的重整计划草案内容一致的，有关债权人对该协议的同意视为对该重整计划草案表决的同意。但重整计划草案对协议内容进行了修改并对有关债权人有不利影响，或者与有关债权人重大利益相关的，受到影响的债权人有权按照企业破产法的规定对重整计划草案重新进行表决。”

（二）预重整制度的概念和基本内涵

根据联合国《破产法立法指南》，预重整制度是指债务人（破产企业）在进入法院的重整程序之前，提前与债权人、重组方等利害关系人就债务清理、营业调整、管理层变更、投资人权益调整等共同拟定重整计划草案，然后再将形成的重组草案带入由法院主导的重整程序，由法院审查。《苏州市吴江区规定》第 1 条、《河北协会指引》第 18 条、《厦门指引》第 1 条、《四川天府、自由贸易区指引》第 1 条等相关条文对预重整进行了基本的定义。

根据上述地方性规定关于预重整定义的不同可以分析出他们的区别。

《苏州市吴江区规定》限定在立案审查破产重整申请后、受理破产重整申请前，而《河北协会指引》限定在人民法院裁定受理重整申请前，或者受理清算申请后、宣告债务人破产前，《厦门指引》则限定在申请破产重整前，《四川天府、自由贸易区指引》限定在以“破申”案号立案审查破产重整申请后、受理重整申请前。其实，诸多地方性规定，受理清算申请后、宣告债务人破产之前是不能适用预重整的，如《苏州工业园区指引》第2条明确规定“法院受理破产申请后，申请人申请预重整或者重整的，不适用本工作指引”，《广州指引》第20第2款亦明确限定“受理破产清算申请后、宣告债务人破产前申请重整的，不适用预重整程序”。笔者认为，受理破产清算申请后、宣告债务人破产前申请重整的，应该是不能适用预重整程序的，因为预重整程序系庭外商业谈判及重组程序，当进入破产清算程序之后再进入预重整程序系对预重整法律定性的违反，且不能与国际接轨。因为现行法律制度规定了由破产清算转换为破产重整的条件，在破产清算期间债权人、债务人或其出资人拟申请重整程序的，管理人可以开展引进投资人、组织各方协商拟定与重整有关的协议、准备重整申请文件等工作，无须自行进入单独的预重整程序。

二、预重整的基本内容和争议

（一）预重整程序的启动

1. 政府主动启动

《温州纪要》规定：“（三）预重整程序由属地政府启动，并指定入选人民法院管理人名册的中介机构负责具体工作；人民法院对相关工作进行指导和监督。（四）债务人企业进入预重整程序应由属地政府发布书面文件予以确认。发布文件的时间作为预重整程序正式启动的时间。”由此可知，预重整程序是当地政府主动启动的，且需要由当地政府发布书面的文件予以确认，无需当事人申请。

2. 依申请由法院启动

此种启动依据当事人的申请，然后由人民法院决定是否进入预重整程序，如果当事人申请撤回，则按撤回预重整申请处理，此种模式以《成都指引》为典型。《成都指引》同时要求债务人提交债务人股东(大)会决议同意的书面承诺书，此外，《成都指引》特别限定了申请人提出预重整申请的，应向人民法院预交10万~20万元的预重整启动费用，如果没有按期足额缴纳该启动费用，则以撤回预重整申请处理，该笔启动费用作为预重整程序中预重整管理人开展相关工作的费用和预重整管理人的报酬。此规定对于管理人来说有积极的意义，特别是对于资金链断裂且无可用流动资产的预重整企业而言，但是对于债权人申请预重整程序来说则是不公平的，因为破产企业债权人往往已是受害者，再因为申请预重整而需要缴纳高额的预重整申请启动费用，则可能会很大程度上打击债权人申请债务人进入预重整程序的积极性。

《北京规范》《深圳指引》《南京指引》《宿迁规定》等均规定申请人需要提出重整申请，但是并未规定要提出预重整申请，具体能否适用并启动预重整申请由人民法院决定。《北京规范》第29条明确规定："申请审查期间，债务人书面承诺接受预重整程序中临时管理人的调查和监督、履行预重整相关义务的，人民法院可以决定对债务人进行预重整。"绝大部分的文件均规定，法院审查后以"破申"案号立案，其中，《南京指引》《成都指引》还要求法院审查时组织听证。①

(二)预重整的主体资格

预重整作为一种挽救企业的新型手段和路径，目前各级人民政府和法院都在努力探索。但是，都有一个共同点，那就是不是什么类型的企业都能进入预重整程序，在目前已知的地方政策文件中，绝大部分限定了预重整的企业资格，只是有些地方作了宽散型的限定，如《温州纪要》《南京指引》《成都指引》规定的自由裁量权大，可操作性高；有些地方作了具体而明确的规定，如《深圳指引》；另外还有的并没有限定。实际上，预重整

---

① 《南京指引》第19条："【程序申请】受理重整申请前，对于具有重整原因的债务人，为提高程序内重整效率和成功率，经债务人同意预重整并获得政府、主管部门等支持意见后，由法院听证审查决定对债务人进行预重整。法院决定对债务人进行预重整的，债务人应当在预重整期间制作预重整方案，预重整方案应当包括《中华人民共和国企业破产法》第八十一条规定的主要内容。"

《成都指引》第3条："【预重整听证】决定预重整前，一般应当进行听证。"

作为一种积极探索的新制度，在无顶层设计层面的具体指引下，为了使实务部门操作和执行更加便利，应该将预重整制度的主体资格规定得相对具体而明确，经过对比分析，可以得出预重整主体资格的以下特征：①前提：具有重整原因、重整价值和重整的可能性；②特殊商事主体：上市公司的子公司、母公司及对上市公司影响较大的关联公司、保险公司、证券公司、融资担保公司、小额贷款公司、房地产开发公司；③需要职工安置人员较多的；④复杂的，对当地社会稳定及经济发展影响较大的；⑤其他人民法院认为可以适用预重整的主体。

表二　　预重整主体资格类别

类别	相关内容原文
宽散型的限定	《温州纪要》二、(二)　进入预重整程序的企业应为符合国家产业政策、行业前景较好、具有挽救价值的当地核心优质企业。 《苏州市吴江区规定》第一条(定义)　本规定所称“预重整”，是指在立案审查破产重整申请后、受理破产重整申请前，对于具有重整原因且非明显不具备重整价值和挽救可能的债务人……
具体而明确性的规定	《深圳指引》第二十八条　债务人符合下列情形之一的，可以进行预重整：(一)需要安置的职工超过五百人的；(二)债权人两百人以上的；(三)涉及超过一百家上下游产业链企业的；(四)直接受理重整申请可能对债务人生产经营产生负面影响或者产生重大社会不稳定因素的。受理破产清算申请后、宣告债务人破产前申请重整的，不适用预重整。 《南京指引》第二十条　【适用主体】债务人符合下列情形之一的，可以进行预重整：(一)债权人人数众多，债权债务关系复杂，或职工安置数量较大，影响社会稳定的大型企业；(二)产业规模庞大，占据行业龙头或重要地位，对地区经济发展和金融环境稳定有重大影响的大型企业；(三)上市公司以及对上市公司影响较大的关联企业；(四)其他直接受理重整申请可能对债务人生产经营产生负面影响或者产生重大社会不稳定因素的企业。 《苏州市吴中区意见》第三条、《广州指引》第二十二条、《宿迁指引》第三条、《成都指引》第一条等条款也都作了类似的相关规定。
未规定	《北京规范》《河北协会指引》《苏州工业园区指引》《厦门指引》《四川天府、自由贸易区指引》《宿迁规定》《北海指引》

(三)预重整的期限

《中华人民共和国企业破产法》(以下简称《企业破产法》)第 79 条第 1 款、第 2 款①规定了重整计划草案的提交期限，即为“6+3”共计 9 个月。期限对于实现预重整的价值与目的极为重要，不可能遥遥无期。预重整中临时管理人和债务人、投资人、股东都有大量的事务进行处理，期限不能限定得太短，但是也不能太长。纵观现有的预重整政策或者指引，预重整期限有如下几种：①6 个月加 3 个月，最多 9 个月，如《温州纪要》《苏州市吴中区意见》《南京指引》；②3 个月加 2 个月，最多 5 个月，如《成都指引》；③3 个月加 1 个月，最多 4 个月，如《深圳指引》《广州指引》《淄博指引》等 7 个地方都是规定的该期限；④并未明确规定预重整期限的，如《北京规范》《厦门指引》《北海指引》。

另外，针对预重整期间如何计算的问题，《温州纪要》《厦门指引》并未作明确的规定，其他地方政策文件均有详细规定，起算点并无太大争议，皆是从人民法院(合议庭)作出预重整决定之日；但是终止日却各有不一，有的地方以临时管理人提交预重整工作报告之日止，如《苏州市吴江区规定》《四川天府、自由贸易区指引》《广州指引》《宿迁规定》，有的地方以人民法院作出是否受理重整申请裁定之日止；有的地方以临时管理人提交预重整工作报告之日或人民法院决定终结预重整程序之日止，如《淄博指引》；有的地方并无明确规定，如《深圳指引》《苏州市吴中区意见》《深圳指引》。本文认为，预重整期限应该作出明确的规定，避免陷入预重整程序而停滞不前，以从人民法院(合议庭)作出预重整决定之日为起点，以临时管理人提交预重整工作报告之日或人民法院决定终结预重整程序之日为终点较为妥当。

---

① 《企业破产法》第 79 条：“债务人或者管理人应当自人民法院裁定债务人重整之日起六个月内，同时向人民法院和债权人会议提交重整计划草案。前款规定的期限届满，经债务人或者管理人请求，有正当理由的，人民法院可以裁定延期三个月。”

表三　　**预重整期限类**

类别(月)	相关内容原文
6+3	《温州纪要》(八)　预重整期间通常不超过六个月，如到期确有必要延长的，经债务人或者管理人请求，属地政府可以决定延长三个月。 《苏州市吴中区意见》第十九条　预重整期间不超过六个月，自本院发出预重整登记通知书之日起计算。确有必要延长的，经债务人或管理人申请，本院可以决定延长三个月。 《南京指引》第二十七条　【期限设定】预重整期间一般为六个月，自法院作出预重整决定之日起计算。有正当理由的，经管理人申请，可以延长，但一般不超过三个月。
3+2	《成都指引》第六条　【预重整期间】自作出预重整决定之日起至作出是否受理重整申请裁定之日止，为预重整期间。预重整期间为三个月。前款规定的期限届满，经预重整管理人提出书面申请，有正当理由的，本院可决定适当延长，但延期最长不超过两个月。
3+1	《深圳指引》第二十九条　预重整期间为三个月，自合议庭作出预重整决定之日起计算。有正当理由的，经管理人申请，可以延长一个月。 《苏州市吴江区规定》第三条　【预重整期间】自本院决定预重整之日起至临时管理人提交预重整工作报告之日止，为预重整期间。预重整期间不计入重整申请审查期限。预重整期间为三个月，有正当理由的，经临时管理人申请，可以延长一个月。 《苏州工业园区指引》第五条、《四川天府、自由贸易区指引》第四条、《广州指引》第二十六条、《淄博指引》第五条、《宿迁规定》第三条等条款也都作了类似的相关规定。
未规定	《北京规范》《厦门指引》《北海指引》《河北协会指引》 《北京规范》第三十三条　自人民法院决定预重整之日起至临时管理人提交预重整工作报告之日止，为预重整期间。预重整期间不计入重整申请审查期限。 《北海指引》第二十八条　自人民法院决定预重整之日起至临时管理人提交预重整工作报告之日止，为预重整期间。预重整期间不计入重整申请审查期限。

(四)预重整的管理人选任与续任

王欣新教授认为:“在预重整中不存在指定管理人的问题,即使称为临时管理人,也不能掩饰其与预重整作为当事人自行进行的庭外重组性质的本质冲突。”但是,综合各地的预重整政策性文件,在预重整程序中选任管理人基本上是通行做法,但是临时管理人的选任主体,因预重整启动的主体不同而不同,温州预重整中的临时管理人由当地人民政府指定,而其他地方基本上是由人民法院指定,指定的范围都是人民法院管理人名册中有资质的管理人。

1. 临时管理人的选任方式

根据政策文件的分析,并参照《最高人民法院关于审理企业破产案件指定管理人的规定》第 20 条、第 21 条①之规定,人民法院一般采取轮候、抽签、摇号等随机方式以及公开竞争方式公开指定管理人。但是,针对预重整制度的特殊性,管理人可以通过利害关系人的推荐并由人民法院确认而产生,典型的如《北京规范》第 35 条规定“在人民法院通过随机方式或竞争方式指定临时管理人前,债务人、主要债权人和重整投资人协商一致,推荐北京市企业破产案件管理人名册中的中介机构担任临时管理人,不违反企业破产法第二十四条的规定的,人民法院可以指定被推荐的中介机构担任临时管理人,企业破产法第一百三十四条第一款规定的金融机构重整案件中,国务院金融监督管理机构推荐临时管理人的,可以参照前款

① 《最高人民法院关于审理企业破产案件指定管理人的规定》第 20 条:“人民法院一般应当按照管理人名册所列名单采取轮候、抽签、摇号等随机方式公开指定管理人。”

第 21 条:“对于商业银行、证券公司、保险公司等金融机构或者在全国范围有重大影响、法律关系复杂、债务人财产分散的企业破产案件,人民法院可以采取公告的方式,邀请编入各地人民法院管理人名册中的社会中介机构参与竞争,从参与竞争的社会中介机构中指定管理人。参与竞争的社会中介机构不得少于三家。采取竞争方式指定管理人的,人民法院应当组成专门的评审委员会。评审委员会应当结合案件的特点,综合考量社会中介机构的专业水准、经验、机构规模、初步报价等因素,从参与竞争的社会中介机构中择优指定管理人。被指定为管理人的社会中介机构应经评审委员会成员二分之一以上通过。采取竞争方式指定管理人的,人民法院应当确定一至两名备选社会中介机构,作为需要更换管理人时的接替人选。”

规定处理”。又如，《深圳指引》第30条规定“合议庭决定进行预重整的，应当同时指定管理人。管理人一般通过摇珠方式在一级管理人中选定，也可以在债务人及其出资人、主要债权人共同推荐或者有关监管部门、机构推荐的已编入管理人名册的机构中指定”，推荐产生的主体可能不一致，《北京规范》限定的推荐主体是债务人、主要债权人和重整投资人协商一致，但是《深圳指引》限定的推荐主体是债务人及其出资人、主要债权人共同推荐或者有关监管部门、机构推荐。《温州纪要》强调政府依法指定管理人的时候，应该征求债务人和主要债权人的意见。《成都指引》相对其他地方，指定预重整临时管理人作了比较细致的区分：①编入本院管理人名册的一、二级管理人和会计师事务所自愿报名并随机摇号产生；②债务人、初步审查享有普通债权总额1/2以上的债权人和政府有关监管部门或主管机关可在本院管理人名册的一、二级管理人和会计师事务所中共同推荐产生；③特别重大的案件可以采取竞争选任方式产生。预重整管理人的指定工作应符合《成都市中级人民法院机构管理人、管理人负责人履职办法(试行)》的相关要求。

2. 预重整管理人的续任问题

对于预重整阶段完毕而真正进入破产重整阶段中，预重整临时管理人与重整案件管理人衔接的问题，《深圳指引》明确规定“应当续任”。①《温州纪要》《北京规范》《苏州市吴中区意见》《苏州工业园区指引》《厦门指引》《四川天府、自由贸易区指引》《宿迁规定》《北海指引》基本为可以续任，但违法违规或不能适任的除外，具体由法院决定。《南京指引》《苏州市吴江区规定》等地则根据预重整管理人履职表现由人民法院决定是否转为重整管理人。《河北协会指引》则比较特殊，续任需要债务人、债权人、债务人的出资人等各主要利益相关方以及临时管理人申请，当申请主体请求人民法院指定临时管理人为破产重整案件的管理人，人民法院才可以根据实际情况指定临时管理人为管理人。

成都的规定亦较为特殊，预重整的临时管理人能否续任，人民法院需要征询债权人的意见，当享有普通债权的已知债权人过半数同意且其所代

① 《深圳指引》第20条第2款：“受理重整申请后，应当指定预重整管理人为债务人管理人。”

表的债权额占普通债权总额 2/3 以上，以及对债务人特定财产享有担保权的已知债权人未提出异议的，才可以续任。①

（五）预重整中管理人与债务人的职责与义务

1. 预重整中管理人职责

根据各地的政策性文件进行分析，在预重整期间，临时管理人主要履行下列职责：①全面调查债务人的基本情况、资产负债情况、涉诉涉执情况；②执行案件移送破产重整审查的，应当及时通知所有已知执行法院中止对债务人财产的执行程序；③查明债务人是否具有重整价值和重整可能；④监督债务人履行相关规定的法律义务，并及时报告人民法院；⑤明确重整工作整体方向，组织债务人与其出资人、债权人、（意向）重整投资人等利害关系人协商拟定预重整方案；⑥根据需要指导和辅助债务人引进重整投资人；⑦根据情况向人民法院提交终结预重整程序的申请或预重整工作报告；⑧其他人民法院认为需要完成的工作。

2. 预重整中债务人的义务

根据各地的政策性文件进行分析，在预重整期间，债务人主要履行下列法律义务：①妥善保管财产、印章和账簿、文书等资料，配合人民法院采取相应法律措施；②继续经营的，妥善决定经营事务和内部管理事务；③配合临时管理人的调查，及时向临时管理人报告对财产可能产生重大影响的行为和事项，接受临时管理人的监督；④如实披露可能影响利害关系人就预重整方案作出决策的信息，就预重整方案作出说明并回答有关询问；⑤停止清偿债务，但清偿行为使债务人财产受益的，或经诉讼、仲裁、执行程序清偿的除外；⑥与出资人、债权人、（意向）重整投资人等利害关系人协商拟定预重整方案；⑦其他依法应当履行的义务。

---

① 《成都指引》第 17 条："【管理人衔接】本院裁定受理重整申请时，应当征询债权人对预重整管理人是否适合担任重整案件管理人的意见，在同时具备下列条件时，可以指定预重整管理人为重整案件管理人：（一）享有普通债权的已知债权人过半数同意且其所代表的债权额占普通债权总额 2/3 以上；（二）对债务人特定财产享有担保权的已知债权人未提出异议。"

(六)预重整的信息披露

信息是决策的前提与基础，如果不能保障相关权利人的知情权，则必然导致最终结果的失败与他人利益的损害。故此，在预重整程序中，必须限定相关责任人向权利人信息披露的法定义务。综合各个规范性文件的规定，信息披露的主体除了债务人外还应该有管理人。披露范围包括出资人、债权人、意向投资人等利害关系人，披露内容为包括导致破产重整的事由、生产经营状况、财务状况、资产状况、债务明细、涉诉涉执情况、重大不确定性诉讼、破产清算状态下的清偿率、意向投资人的投资计划、重整方案重大风险等信息，披露标准一般包括全面、真实、准确、合法，披露方式为一定范围内公开。如果披露的信息存在严重虚假、隐瞒等情形，误导债权人和出资人，那么预重整表决的法律效力将予以丧失，届时将不能延伸至破产重整程序。

(七)预重整的费用及管理人报酬的负担

1. 预重整费用

在预重整阶段，临时管理人履行职务必然花费一定的费用，比如聘请中介机构进行审计、评估而需要列支的费用，比如临时管理人差旅费、尽职调查费用、诉讼费用等，皆是预重整阶段产生的费用。对于该预重整费用的承担及处理问题，主要有如下几种方式处理。①未作规定，如《温州纪要》。②由债务人财产随时支付，若未及时支付的，在破产重整程序中列入破产费用，如《深圳指引》《南京指引》《宿迁规定》。③先由管理人与重整参与人协商负担；协商不成的，采取债务人财产随时支付，若未及时支付的，在破产重整程序中列入破产费用，如《北京规范》。④预重整启动费+列入破产费用，如《成都指引》，该指引规定如申请人提出预重整申请的，应向人民法院预交 10 万~20 万元的预重整启动费用，该指引第 11 条明确规定："预重整期间债务人的相关费用支出应遵循控制成本、必要性及有利于债务人财产价值保值、增值原则，在人民法院裁定受理重整申请后可列入破产费用，费用支出范围不得涉及债务人债务的履行。"

表四

预重整阶段中信息披露的规定

文件	披露主体	披露范围	披露内容	披露要求	披露方式	披露效果
《北京规范》	债务人、出资人	预重整参与人	可能影响利害关系人就预重整方案作出决策的信息	如实	说明并回答询问	其他参与人违反保密义务对外披露已披露信息，造成他人损失的，依法承担赔偿责任。预重整方案表决前债务人隐瞒重要信息、披露虚假信息，有可能影响权利人表决的，相应权利人有权对重整计划草案重新表决
《深圳指引》	债务人	出资人、债权人、意向投资人等利害关系人	表决所必要的全部信息	全面、准确、合法	无	无
《苏州市吴中区意见》	债务人、管理人	债权人、出资人、意向投资人	包括导致破产重整的事由、生产经营状况、财务状况、资产状况、债务明细、涉诉涉执情况、重大不确定性诉讼、破产清算状态下的清偿率、意向投资人的投资计划、重整方案重大风险等	全面、准确、合法	无	在信息披露充分的情况下，债权人、出资人已经同意重整方案或方案核心内容的，在重整阶段正式表决时仍然有效

续表

文件	披露主体	披露范围	披露内容	披露要求	披露方式	披露效果
《河北协会指引》	债务人	债权人	债权人决策前需要了解的必要信息	全面、准确、合理	无	无
《南京指引》	债务人	债权人、出资人、意向投资人等利害关系人	与重整有关的所有信息	充分、完整、真实、合法	无	协议达成或方案表决前债务人隐瞒重要信息、披露虚假信息，受到实质性影响的权利人有权对重整计划草案重新表决
《厦门指引》	债务人	债权人	企业的资产、负债和经营、财务等情况	如实、全面、准确	无	债务人在协商、拟定重整计划草案时披露的信息存在严重虚假、隐瞒等情形，误导债权人和出资人，对重整计划草案进行重新表决
《宿迁规定》	债务人	出资人、债权人、意向投资人等利害关系人	与重整有关的信息	无	说明并回答询问	预重整方案表决前债务人隐瞒重要信息、披露虚假信息，受到实质性影响的权利人有权对重整计划草案重新表决
《成都指引》	债务人	出资人、债权人、意向投资人等利害关系人	与重组有关的信息	全面如实	说明并回答询问	无

2. 临时管理人报酬

根据《企业破产法》的规定，管理人报酬属于破产费用毫无疑问，但是预重整管理人报酬金额如何确定，且根据情况的不同应该计算的管理人报酬金额亦不一致，因为有的时候司法程序中的管理人仍然是原预重整临时管理人，但是如果更换了管理人呢？抑或预重整程序终结后并未进入破产程序，管理人报酬又如何处理呢？据此，至少有三种情况需要确定临时管理人报酬。①续任管理人的。此情况下应该比较简单，预重整阶段中的临时管理人报酬被司法重整阶段中的管理人报酬吸收，届时该管理人报酬直接按照《最高人民法院关于审理企业破产案件确定管理人报酬的规定》执行而由人民法院最终确定，临时破产管理人报酬不再单独计取。②更换管理人的。③未进入破产重整阶段的。

上述②③情形其实本质上是一致的，即临时管理人报酬在预重整阶段如何单独计取的问题，针对预重整阶段是自治的商业谈判及重组的商业行为，该管理人报酬应该由临时管理人与债权人进行协议确定，协商不成的，则由人民法院予以确定。但是具体如何确定，或者确定管理人报酬是否有限额，各地法院的做法并不一致：

其一，双限制。典型的如《成都指引》，其第 12 条规定："本院裁定不予受理重整申请或裁定受理重整申请后未继续担任重整案件管理人的，预重整管理人报酬根据其工作进度、完成效果等因素，先行由预重整管理人与债务人协商，初步商定后报本院审查决定；协商不成的由本院决定。报酬总额不超过 50 万元。本院裁定受理重整申请且预重整管理人被指定为重整案件管理人的，预重整期间报酬不再单独计收。报酬计取的其他事项参照《成都市中级人民法院管理人报酬计取办法(试行)》的规定执行。"

其二，单限制。此单限制又分两种情况，第一种是管理人与债权人协商的管理人报酬进行了上额限制，但是法院在确定管理人报酬的时候无限制，如《深圳指引》《南京指引》认为协商的金额原则上不超过 50 万元；第二种是管理人与债权人协商的管理人报酬没有上额限制，但是法院在确定管理人报酬的时候进行了限制，如《苏州市吴江区规定》就规定法院决定金额不能超过 30 万元，又如《宿迁规定》："预重整报酬数额由临时管理人和债务人协商确定。协商不成的，由人民法院根据实际情况确定：履职表现一般的，不得超过参照《最高人民法院关于审理企业破产案件确定管理人报酬的规定》管理人所得报酬的20%；履职表现较好但因出现回避等客观情形无法继续履职的，不得超过参照《最高人民法院关于审理企业破产案件确定管理人报酬的规定》中管理人所得报酬的50%；临时管理人的预重整报酬和管理人报酬总额不得超过依照第一款标准计算所得的管理人报酬数额。”

其三，无限制。如《北京规范》《苏州工业园区指引》。

(八)预重整的终结与转换

1. 预重整的终结

预重整是在庭外重组和破产重整两种制度的基础上融合创新产生的一种企业挽救辅助性模式，其设置目的是要通过两种制度进行先后的有机衔接、补强组合，发挥各自优势，规避劣势，市场化、法治化地解决债务与经营困境企业的挽救再生。① 预重整阶段各方努力的结果，需要通过法庭内的重整程序予以最终的确认，这样才具有司法效力与公信力。因此，预重整程序必须有个终点，一般情况下，预重整的正常终结指的是，临时管理人在预重整工作完成后或预重整期间届满时向人民法院提交预重整工作报告，人民法院在收到预重整工作报告后，应当在法定期限内作出是否受理重整申请的裁定。

当然，预重整有正常的终结，但也有非正常的终止，比如在预重整阶段中，管理人发现债务人不具有重整原因、不具有重整价值、不具有重整可能，或债务人具有《企业破产法》第31条、第32条、第33条规定的情形，或者可能存在严重损害债权人利益的其他情形，或债务人拒不履行相应的法律义务致使预重整目的不能实现的，或债务人无法支付预重整的必要费用，且无人垫付。

2. 预重整的转换

首先，预重整草案作为重整计划草案。一般情况下，在重整申请受理后，债务人或者管理人应该以预重整方案为依据拟定破产重整计划草案，

---

① 参见王欣新：《主题演讲｜预重整规则与实务辨析》，搜狐网，https://www.sohu.com/a/427944758_689962，访问日期：2021年2月13日。

向人民法院和债权人会议予以提交。比如《北京规范》《深圳指引》《宿迁规定》《成都指引》及《淄博指引》都是采取此种方式，这样的规定也符合《全国法院民商事审判工作会议纪要》第 115 条庭外重组协议效力在重整程序上延伸的相关规定。

其次，预重整方案的延伸效力。绝大部分文件指出，预重整方案与重整程序中制定的重整计划草案内容是一致的，有关出资人、债权人对预重整方案的同意视为对该重整计划草案的表决同意。但是，有些地方对此规定了例外的情形：①重整计划草案对预重整方案的内容进行了修改，并对出资人、债权人有不利影响的；②重整计划草案对预重整方案的内容进行了修改，该修改与出资人、债权人重大利益相关的，受到影响的出资人、债权人有权对重整计划草案重新表决；③预重整方案征求意见前，债务人隐瞒重要信息、披露虚假信息，或者征求意见后出现重大变化，有可能影响出资人、债权人决策的，相关出资人、债权人有权对重整计划草案重新表决。

结　　语

阿尔伯特·爱因斯坦曾说：“一个人从未犯错是因为他不曾尝试新鲜事物。”预重整在我国的发展可以说是一个新鲜事物，其产生各种争议、冲突及矛盾是非常正常的，重要的是如何在争议及矛盾中不断地完善与发展。无论是针对前述预重整程序的启动、主体资格、期限、管理人选任与续任、管理人与债务人的职责与义务、信息披露、预重整费用及管理人报酬的负担、预重整的终结与转换等几个方面实务与实务、实务与理论的巨大争议甚至撕裂，还是针对预重整是否执行中止、是否财产保全、是否公告申报债权、是否停止计息、预重整期间能否行使担保物权、投资人招募机制、债权人委员会构建、府院联动机制的建设都是存在争议与分歧的。但是，我们相信，预重整制度在理论界、司法实务界等广大专家学者、践行者的努力奋斗下，必定有一个光明的未来。

我国预重整程序中引导人制度研究

钟　莉　代茹萍*

内容提要： 预重整制度是在重整制度的基础上发展起来的，为濒临破产、陷入困境的企业提供了新的拯救方案和路径。然而，预重整制度在实践中也存在很多问题，构建引导人制度有利于预重整制度发挥出更大的制度优势。本文首先对预重整制度、引导人制度进行概述，然后介绍了不同主体主导下的预重整模式在我国的司法实践并进行分析，基于国内预重整缺乏引导人制度的现实背景，分析了引导人制度的价值优势，对我国构建预重整引导人制度提出建议，以期对我国破产预重整制度的理论研究与司法实践有所裨益。

2020年12月25日，中南红文化集团股份有限公司第一次债权人会议暨出资人会议在江苏省无锡市中级人民法院大法庭顺利召开，会议高票通过了重整计划。此案自法院裁定受理重整至通过重整计划，整个程序总用时仅31天，也是国内审理时间最短、审理速度最快的上市公司重整案件，同时是国内首例涉及预重整引导人制度的案例，极大地推动了我国预重整制度的司法实践发展，也为多元纠纷化解机制在市场化破产领域中的运用塑造了成功样本。基于国内首例预重整引导人制度的成功实践，本文拟对我国破产预重整程序的引导人制度进行探讨与研究。

* 钟莉，湖北立丰律师事务所律师、高级合伙人；代茹萍，湖北立丰律师事务所实习律师。

一、预重整程序中引导人制度概述

(一)预重整制度概念

自20世纪90年代初期至今,学界基本上采用描述的方式阐述预重整制度的概念。① 联合国国际贸易法委员会在《破产法立法指南》中将"预重整"表述为"为使受到影响的债权人在程序启动之前的自愿重组谈判中谈判商定的计划发生效力而启动的程序"②。当前,我国尚未从立法层面对预重整的概念作出具体的规定,有人认为"预重整"是指部分或者全部债权人与债务人、战略投资人之间在正式向法院申请重整救济之前已经就重整事项进行谈判并达成重整方案(也可能没有达成完整的计划),然后在已经达成的谈判的条件下向法院正式申请重整。③ 也可以理解为"为使受到影响的债权人在启动程序之前的自愿重组谈判中商定的计划发生效力而启动的程序"④。预重整制度本质上是将重整程序中的债权审核、资产审计评估、重整计划制定、表决和通过等核心步骤前置,使其在司法程序之前进行并完成。与重整制度相比,预重整制度存在重整成功的可能性更大、重整计划能更快获得批准、对债务人企业继续营业的负面影响更小等优势。

(二)预重整程序下的引导人制度概念

根据预重整的概念,预重整程序的推进通常包括以下基本步骤:与债权人协商、提出重整计划草案、债权人对重整计划进行表决、提起重整申请、法院进行审查及裁定。这些基本步骤的进行对财会、法律专业素养要

① 参见胡利玲、张婷:《预重整制度理论与实践》,法律出版社2020年版,第2页。

② UNCITRAL Legislative Guide on Insolvency Law, Award of 25 June 2004, pt. 2, ch. 4, para. 76. https://uncitral.un.org/en/texts/insolvency/legislativeguides/insolvency_law, last visited on 20 March 2020.

③ 参见王佐发:《预重整制度的法律经济分析》,载《政法论坛》2009年第2期。

④ 参见联合国国际贸易法委员会编:《破产法立法指南》(2006年中文版),第212页。

求较高，从已有实践来看，通常由律师、会计师或二者结合的专家组承担推进预重整程序各项步骤的工作，因此，将参与前述工作、推进预重整程序的专家机构称为“引导人”。

由于预重整并非法定程序，在预重整程序中，由何种主体主导工作并没有法律的直接规定，我国当前并不存在引导人制度，在对预重整主导机构进行选择时，主要存在通过由人民法院指定、主要债权人推荐或者通过法院、政府、主要债权人代表甚至债务人代表来进行综合选择三种方式。例如，在法院主导的破产程序中，法院通过指定管理人来作为破产事务的执行主体，负责债权债务清理、投资人引进等方面的工作。

二、不同主体主导下破产预重整司法实践及分析

当前，国内很多地方法院在审判实务中都运用了预重整模式审理破产案件。实践中，根据不同的标准，可以将预重整模式进行不同的分类。基于预重整的发生时间，可分为如下三种模式：法院裁定受理企业重整前的庭外预重整、破产清算转重整程序期间的庭内预重整以及作为庭内重整前置程序的庭内预重整。基于不同主体主导下的预重整，则可分为由法院、政府机关主导的预重整模式和由债权人主导的预重整模式以及由专业引导人主导的预重整模式，下文将对不同主体主导下的预重整案例进行介绍和分析。

（一）法院主导的预重整模式

这种模式下，法院在接受债权人或债务人的重整申请后，会对债务人企业的破产原因、重整可能性等进行审查，同时指定管理人，由管理人作为引导人推动预重整工作的展开，包括调查债务人企业财产状况、梳理债务人企业的债权债务关系、调查资产负债情况并形成调查报告等，在管理人完成前期工作后，即拟定重整计划草案。随后，法院裁定受理该破产重整案，并指定预重整阶段的管理人成为庭内重整程序中的管理人，根据《中华人民共和国企业破产法》（以下简称《企业破产法》）的规定履行职责、开展工作、收取报酬。

1. 案例介绍

深圳市中级人民法院受理的深圳市福昌电子技术有限公司(以下简称“福昌公司”)重整案是法院主导的预重整模式下的典型案例。福昌公司于2015年10月8日宣布公司即日起因资金链断裂停止生产、放弃经营。深圳龙岗区政府为维护社会稳定、化解社会矛盾，预先成立工作领导小组。在龙岗区政府的建议和引导下，债权人于2015年11月12日向深圳市中级人民法院提出对福昌公司进行重整的申请。由于案件重大，涉及债权人众多、职工维稳压力较大、重整预期不明朗，为慎重起见，深圳市中级人民法院采用了预重整模式予以受理。经决定对福昌公司进行预重整并指定管理人展开工作后，重整计划经债权人会议表决通过，深圳市中级人民法院于2016年6月29日裁定福昌公司进行破产重整。福昌公司由预重整程序转入法定司法重整程序。后经管理人申请，深圳市中级人民法院于2017年4月18日裁定批准福昌公司的重整计划，并同时裁定终止重整程序。①

2. 案例分析

(1)法院主导预重整程序存在局限性

在深圳法院对重整申请预登记后，由预受理破产重整申请的法院主持并进行相应的债权债务清理、投资人引进等工作。在这一模式中，主要由管辖法院进行主导，并同时借助法院在破产审判中的主导地位，以推动预重整程序顺利进入重整程序。然因我国现有司法资源有限，法院破产审判庭正式受理的破产清算及破产重整的案件压力较大，该种法院主导的预重整制度模式暂未能获得较大的发展。而预重整最关键的环节在于谈判策略和谈判程序，由于司法的被动性及法院专业局限性，法院在主导预重整程序时难以全面解决实际工作中诸如招募投资人、制定重整方案等问题，仅仅依靠法院主导程序不利于重整工作的高效开展。

(2)临时债权人委员会缺乏制度规范

为充分保障债权人的合法权益，在福昌公司重整案中，在庭外先行成

① 参见《2017年度人民法院十大民事行政案件》，载《人民法院报》2018年1月8日第1版。

立了债权人委员会。根据本案客观情况及实际重整效果，该债权人委员会的成立及其运作虽然发挥了积极作用，但也存在局限性：作为庭外重组中的临时机构，机构成立与设置缺乏法律依据，因此该债权人委员会在发挥相应积极作用的同时，其权利行使及决策执行亦存在一定的法律障碍与效力风险。

(二)政府机关主导的预重整模式

1. 案例介绍

在中国第二重型机械集团公司与二重集团(德阳)重型装备股份有限公司重整案中，在国资委等部门的支持下，以农业银行、中国银行、光大银行为主席团，组织近30家金融债权人成立中国二重金融债权人委员会，与债务人及股东展开庭外重组谈判。随后在银监会的组织下，各方达成了框架性重组方案，并向法院提起破产重整申请。[①] 法院裁定受理后依法指定管理人，由管理人接受债权申报与审核等工作，并在框架性重组方案基础上制定重整计划草案。采取类似模式的还有北京理工中兴科技股份有限公司破产重整案等。

2. 案例分析

在这种模式之下，通常是在国家、地方存在较大影响力的企业面临困境，政府机关考虑到地方经济发展、就业及民生，以及维护社会稳定等问题，通常会在债务人企业进入破产程序之前，介入预重整程序，主导预重整程序开展。由相关政府机关组织债务人、出资人及主要债权人等进行协商，在各方达成重组方案、解决融资问题并就资金保障计划形成初步方案后向法院提起破产重整申请，并向其他债权人进行信息披露。此种预重整程序涉及政府相关部门的参与及推动，不具备普遍性和可推广性。

(三)债权人主导的预重整模式

在法院对重整申请预登记后，会选取一个主导债权人，由该债权人聘

① 参见黄晓云：《中国二重的双重整案：庭外重组与司法重整的无缝对接》，载《中国审判》2017年第33期。

请专业人士作为引导人，从而推进预重整程序。在这一模式下，预重整程序中的引导人受主导债权人聘请，费用由债权人承担，最终可作为破产债权在正式的重整程序中获得清偿。此种模式下的引导人不会当然成为重整程序中的管理人。

1. 案例介绍

杭州怡丰成房地产开发有限公司(以下简称“怡丰成公司”)预重整案是债权人主导的预重整模式下的典型案例。杭州市余杭区人民法院参考浙江省高级人民法院创设的上述预登记式预重整模式，指导怡丰成公司重整成功。“东田·怡丰城”项目位于杭州市余杭区，由华鼎房地产开发有限公司、东田控股集团有限公司、杭州三朋投资管理有限公司参股设立的怡丰成公司开发。2015 年 3 月，因股东间存在纠纷以及公司存在大量债务，“东田·怡丰城”项目被迫停工。2015 年 6 月 2 日，余杭区政府针对“东田·怡丰城”项目成立临时协调小组。6 月 16 日，在政府部门的协调下，怡丰成公司向余杭区人民法院申请破产重整预登记。

余杭区人民法院在预登记后，怡丰成公司最大的债权人某银行作为主召集人聘请浙江智仁律师事务所律师团队提供法律服务，开展预重整工作，对项目继续施工所需资金进行了估算，对怡丰成公司的债务进行审计，确定债务规模，参照重整期间债权人会议的程序，由最大债权人以主召集人身份向法院递交召集已知债权人会议的备案申请。法院备案后，参照重整工作机制，对债权人进行分组并召开了债权人会议，建立了已知债权人联络、协商机制，对预重整方案发表意见，并将债权人的表态形成书面承诺文件。怡丰成公司的预重整计划获得通过，并在重整期间达成重整计划，救活了“东田·怡丰城”项目。

2. 案例分析

浙江省高级人民法院对预重整程序的操作指引对于怡丰成公司重整案的顺利推进具有很重要的意义：余杭区人民法院依照纪要的相关内容实行破产重整预登记；在预登记期间，由最大债权人召集已知债权人召开债权人会议，并向法院提交会议备案申请；制定已知债权人联络及协商机制；在债权人会议召开中形成的方案以书面形式记录，在进入重整程序后，债权人的承诺不可撤回，对相对人仍具有约束力。

然而，债权人主导下的预重整也存在一定的不足：首先，这一模式主要由债权人主导，且该主导债权人将为此支付高额费用与时间成本，并且须承担预重整失败的风险。但在部分案件中，因难以找到具备资金能力、专业能力的主导债权人而导致此种模式的适用不能。其次，缺乏对于预重整程序的立法，诸如预重整与司法重整的程序及时间衔接、前后管理人选任等问题，如果没有配套的司法环境和法律制度，实践中很难达到预重整的目标。

(四)预重整引导人制度

1. 案例介绍

2020 年 5 月 25 日，无锡市中级人民法院立案受理了中南红文化集团股份有限公司(以下简称“中南文化公司”)的重整申请。在无锡市中级人民法院指导下，中南文化公司启动了预重整程序，由中南文化公司聘请法律顾问担任预重整引导人，于 2020 年 9 月召开了预重整债权人会议、出资人会议，高比例通过了重整预案。2020 年 11 月 24 日，无锡市中级人民法院经证监会、最高院批准，裁定受理中南文化公司重整，并于同日指定管理人。2020 年 11 月 25 日，无锡市中级人民法院批准中南文化公司在管理人监督下自行管理财产和营业事务并以重整预案为基础制作重整计划草案。2020 年 12 月 25 日，中南文化公司第一次债权人会议和出资人会议高票通过了中南文化公司的重整计划。

2. 案例分析

其一，充分运用预重整引导人的专业中介力量，在全国首次引用预重整引导人制度，由中南文化公司自主聘请专业的中介机构担任预重整引导人，运用专业力量推动预重整程序进展；同时引导债权人和出资人作出承诺，使债权人和出资人对重整预案的表决结果能够延伸至庭内重整，并最终转化为对重整计划草案的表决结果，债权申报审查、资产审计评估等也一并延伸，为进入庭内重整程序做好准备工作。

其二，充分衔接庭外预重整与庭内重整程序，节约庭内重整的司法资源。通过庭外预重整，将债权申报审查、资产审计评估、重整计划制定、各方协调沟通等庭内重整的工作前移，又通过债权人和出资人出具承诺的程序设计将相关工作成果延伸至庭内重整中使用，节约司法资源、提升效率，使得中南文化公司得以在重整受理后 31 日即高票通过重整计划，成为全国审理时间最短、审理速度最快的上市公司重整案件，为多元纠纷化解机制在市场化破产领域中的运用提供了成功样本。

三、我国预重整程序中引导人制度的现实需要

(一)国内预重整缺少专业引导人机制

在福昌公司预重整模式中，由管辖法院主导，借助法院在破产审判中的主导地位，推动预重整程序顺利进入重整程序。由于我国现有司法资源有限，法院破产审判庭正式受理的破产清算及破产重整的案件压力较大，这种法院主导的预重整制度模式并未获得较大的发展。中国二重重整案的预重整程序中，主要由国资委及银监会等行政机关进行主导，在为债务人提供足够的金融支持后再行推进重整程序，该种模式为重整程序的成功提供了较大的政府支持，缺乏普适性，也未发挥预重整制度在市场化方面的能动性。

我国对于这种类似管理人的引导人的选择，目前主要通过由法院指定、主要债权人推荐或者通过法院、政府、主要债权人代表、债务人代表来进行综合选择三种方式来确定。但是，需要注意的是，选择引导人时应考虑的最核心的因素应该是引导人的公信力，这是由困境企业的状态、各方利益主体的关系等多方面因素决定的。其一，困境企业是指那些尚未停止营业但经营存在非正常状态的企业；其二，重整是债权人、债务人、出资人等多方法律利益主体之间进行利益平衡与博弈的过程，而预重整制度系困境企业寻求自我脱困的一种方式，也是困境企业主动与债权人、股东、投资人等进行磋商并形成相应重整计划的过程。① 在这样一种状态之下，只有选择具有公信力和专业能力且中立的引导人，才能够平衡各方利益、为困境企业寻求最佳出路。而从目前我国的实践来看，国内预重整司法领域缺少“中立性、行业性、专业性、具有公信力”的引导人。

---

① 参见王欣新：《充分发挥预重整制度在企业挽救制度中的作用》，载《中国审判》2017 年第 33 期。

（二）引导人制度的价值优势

1. 有利于实现预重整程序的制度价值

在引导人的专业协助下，能够推进预重整程序的快速进行，实现减少时间和金钱成本的制度价值。在实践中，预重整之所以备受青睐的一个重要原因就在于其能够节省重整的时间成本，在预重整程序中，清理债权债务，确认债权清偿顺序、清偿比例等，都涉及对相关法律事实进行准确判断，对法律关系加以准确认定，对公司财务状况进行调查，对公司资产的评估关系到财务分配，影响着重整计划的公平性和通过比例。在引导人制度下，引导人能够凭借其在法律、财务等方面的专业能力，引导预重整工作有序进行，为预重整程序保驾护航，提高程序效率。

由于所聘请的引导人都是独立于债权人和债务人的第三方机构，具备相对独立的法律地位，能够保障预重整程序的公信力与合法性。重整程序在发挥拯救债务人企业的功能的同时，也兼具债务清偿等方面的作用，在实现企业复兴的同时，还必须保障财产在债权人之间的公平分配，在这样的制度价值之下，引导人作为独立的第三方机构，在主导预重整程序的同时，也可以对债务人企业加以监督，避免债务人企业滥用重整制度，虚构债务、转移资产以逃避清偿。同时，引导人对债务人企业资产与负债情况调查后进行合理的信息披露，也能够让债权人享有充分的知情权。

2. 降低破产从业人员执业风险

在完善预重整相关法律规定和进行设计时，明确引导人的法律地位和职责，建立引导人制度，有利于引导破产执业人员在职责范围内履职，降低因怠于履职或超越职权产生的执业风险。

从引导人报酬方面来看，通过法律的规定来明确预重整引导人报酬的性质及获得报酬的方式，能够为引导人获取报酬提供法律依据，保障其获取报酬的权利。《企业破产法》中规定破产费用的产生以破产程序开始为条件，由于预重整程序并非法定程序，在其作为重整程序的前置程序时，即使引导人是为了推进预重整程序顺利开展，进而推动重整程序顺利进行，但其在预重整制度下的报酬根据现有法律难以被认定为破产费用。而如果将引导人报酬认定为破产债权，则会受到清偿比例的限制，且引导人实际获取报酬的时间也推迟，很容易出现引导人在前期自行垫付大量费用而后期无法及时全额获得清偿的现象，影响破产执业人员参与预重整程序的积极性。因此，通过法律明确引导人报酬的性质和受偿方式等，能够保障引导人获取报酬的权利，降低执业风险。

四、我国预重整程序引导人制度构建建议

（一）参考日本 ADR 程序引入第三方专家

日本在 2007 年创设了事业再生 ADR，这一制度成为日本现代型、代表性法庭外债务重组程序。事业再生 ADR 是指由司法部和经济产业省公认的专家团体的专家主导整个程序，由其制定重整计划方案并使之生效。该专家团体的认定非常严格，只有具有从事企业重整丰富资历的会计师、律师和资深学者才能成为其会员。日本专门为庭外债务重组制定了《法庭外纠纷解决程序法》《产业竞争力强化法》，并依据该两部法律设置了事业再生实务家协会，会计师、税务师、律师等专家人员可以通过考核成为其会员，执业内容就是帮助困境企业进行法庭外债务重组，由第三方专家担任法庭外债务重组阶段的主导人，负责 ADR 程序的运行。

ADR 程序最重要的作用是引入第三方专家对庭外谈判环节进行规范化，笔者认为该程序对我国构建预重整制度具有参考价值：通过引入第三方主导专家，由在企业重整方面具有丰富资历的会计师、律师和资深学者等组成专家团体，引导困境企业进行法庭外债务重组，有利于更好地解决纠纷、化解矛盾冲突，对程序进行高效推进。

（二）设立专业的调解组织作为引导人

2018 年 4 月，全国工商联、司法部联合发布了《关于推进商会人民调解工作的意见》，强调“充分发挥工商联所属商会组织优势和人民调解基础性作用，预防化解非公有制经济领域矛盾纠纷”。2019 年 1 月，最高法联合全国工商联发布了《关于发挥商会调解优势　推进民营经济领域纠纷多元化机制建设的意见》，再一次强调“发挥商会调解优势，加强诉调对接工作，推进民营经济领域纠纷多元化解机制建设”。在这一背景下，可以考虑结合商会调解组织的能动性作用构建预重整引导人制度，发挥商会

人民调解委员会的司法效力。

目前，我国还未从立法上建立预重整制度，而现行预重整程序的实施主要由法院及行政机关进行主导，该种主导模式在实体上受到司法和行政资源的限制，亦受到了个案化、地区化的限制。这种由法院、行政机关主导的预重整模式在全国范围内还未能形成行之有效的、能够被大力推广的可行制度。① 鉴于当前各地在法院的监督和指导下分别成立了地方破产管理人协会，破产管理人协会作为破产业界的专家及事务执行者所建立起来的组织，在破产重整方面具有更为专业的经验，因此也可以参考商会调解组织的模式，通过破产管理人协会来设立专业的调解组织，从而更加专业、高效地推进预重整制度的实施。

结　　语

预重整作为挽救危困企业的一种模式，有独特的经济、社会价值，具有使企业资产、资本结构重新整合的商业价值，既可以挽救陷入困境的债务人，也可很好地平衡各方利害关系人的利益。在预重整程序中，构建引导人制度，由专业的引导人来主导预重整程序的进行，能够更充分地发挥预重整制度优势，同时也应建立起预重整引导人与重整管理人的衔接制度，处理好预重整程序与庭内重整程序的衔接，建立完善的预重整—重整体系。在当前供给侧结构性改革、优化营商环境的背景之下，我国破产预重整制度尚处于制度构建阶段，在理论和实践方面仍需继续探索，以期形成完善的破产预重整制度，以最小的成本实现拯救效果的最大化，帮助企业实现复兴。

---

① 参见林燕：《困境企业拯救的预重整机制初探》，载《法制与社会》2016 年第 2 期。

预重整方案在重整程序中的效力延伸

孙才华　王　杉*

内容提要：预重整方案的效力延伸至重整程序的方式有"破中表决"和"破前表决"之分。我国地方对此已有初步的实践和规范探索。效力延伸应当符合《企业破产法》的立法宗旨和基本原则，包含与重整计划草案一致的基本内容，并具有可行性。为了避免争议，在法律、司法解释没有对效力延伸问题作出明确规定的情况下，建议在预重整方案设置效力延伸条款，既明确效力延伸，也禁止反言。为了实现重整程序对预重整方案效力延伸的保障，建议规定在申请重整时可以一并提交重整计划草案、免予破中表决、明确表决规则和不利变更的救济问题。

预重整程序的关键在于债权人与债务人、出资人、重整投资人等利害关系人在企业正式进入破产程序前达成预重整方案，① 进而借助破产程序产生约束债务人和全体债权人的效力。最高人民法院在《全国法院破产审判工作会议纪要》②和《全国法院民商事审判工作会议纪要》(以下简称《九

* 孙才华，北京中伦(武汉)律师事务所合伙人；王杉，北京中伦(武汉)律师事务所律师。

① 本文所称预重整方案，是指债权人和与债务人、出资人、重整投资人等利害关系人在预重整阶段通过自愿商业谈判形成的有关债务人企业拯救和债务偿还的方案、计划或协议等有约束力的文件，或称重组方案、重整方案。

② 《全国法院破产审判工作会议纪要》第22条："探索推行庭外重组与庭内重整制度的衔接。企业在进入重整程序之前，可以先由债权人与债务人、出资人等利害关系人通过庭外商业谈判，拟定重组方案。重整程序启动后，可以重组方案为依据拟定重整计划草案提交人民法院依法审查批准。"

民会议纪要》)①肯定了庭外达成重组方案的效力可以延伸至重整程序。部分地方法院或地方政府陆续出台的审理预重整案件的工作指引、规范或会议纪要，也对此作出了初步探索。但是，由于缺乏法律或司法解释层面统一、系统化的规范，导致审判实践中对预重整方案效力在重整程序中延伸的条件、程序等问题存在较大争议。本文试对此进行探讨。

一、域外制度参考

预重整方案的效力，在重整程序中能否延伸，在不同的国家有不同的规定。其中，美国和韩国破产法规定有条件承认预重整方案在重整程序中的效力延伸，但德国破产法并不承认这一点。

(一)美国模式

预重整制度起源于美国，其核心条款是美国《联邦破产法典》第 1126 条(b)款以及相关的第 1125 条(a)款和《联邦破产程序规则》第 3018 条(b)款。根据美国《联邦破产法典》第 1126 条(b)款，如果符合法律规定的有关申请重整前信息披露要求，债权人或股东在提起重整申请前已经接受或反对重整计划的，在重整申请被受理后将被视为同意或者反对该重整计划。近年来，美国法院受理的预重整案件类型中，“预先商定”式重整和“预先打包”式重整案件占比高且案件数量增长迅速。“预先商定”式重整指在重整程序正式启动前，债务人与部分债权人进行实质性谈判，并就重组的核心条款达成共识，形成具有约束力的“锁定协议”。在“预先商定”中一般不会制定完整的重整计划，债权人可以承诺在进入正式重整程序后不得投反对票，但是表达的支持意见并不能视为对重整计划表决的同意票，而且不一定要达到重整计划通过所需的债权人人数或者债权额度的标

① 《九民会议纪要》第 115 条“庭外重组协议效力在重整程序中的延伸”提出：“继续完善庭外重组与庭内重整的衔接机制，降低制度性成本，提高破产制度效率。人民法院受理重整申请前，债务人和部分债权人已经达成的有关协议与重整程序中制作的重整计划草案内容一致的，有关债权人对该协议的同意视为对该重整计划草案表决的同意。但重整计划草案对协议内容进行了修改并对有关债权人有不利影响，或者与有关债权人重大利益相关的，受到影响的债权人有权按照企业破产法的规定对重整计划草案重新进行表决。”

准即可启动正式的破产程序。然而，“预先打包”式重整则是在破产重整申请之前，债权人与债务人已经协商制定了相对完整的重整计划，并且大部分债权人表决通过了该计划。债务人可以在提交破产申请书的同时提交重整计划和披露声明，法院可以决定在通知并听证后不再召开债权人会议，径直批准表决通过的重整计划。但是法院在经过通知和听证程序后，发现计划没有送达给同一类别组的全部债权人和股东，或者表决重整计划的期限太短而不合理，或者征集投票的程序存在问题时，债权人在申请破产前作出同意的意思表示无效。①

(二)德国模式

在德国，预先包装的破产计划可以在债务人申请破产时提交，并在破产程序中提交债权人会议表决。根据《德国破产法》第 218 条第 1 款第 2 句规定，债务人可以在申请启动破产程序的同时提出破产计划。② 换句话说，债务人可将提交计划与自行申请破产合并——最好在破产准备阶段，或许在与最重要的股东协商后(“预先包装的计划”)。③ 该条款给债务人在重整程序启动前，就破产计划的核心内容与利害关系人进行协商、谈判提供可能性，但是和美国预协商的重整一样，德国法上并不承认破产程序开始前债权人对预重整计划进行表决的效力，对破产计划进行表决的程序必须在破产程序中进行。④

(三)韩国模式

根据韩国《债务人重整及破产相关法律》第 223 条规定，韩国“预先提交重整计划草案”制度中，对债务人享有债权总额占二分之一以上的债权人或者取得该类债权人同意的债务人，可以在申请启动重整程序之后至法

---

① 参见[美]查尔斯·J. 泰步：《美国破产法新论》(第 3 版)，韩长印、何欢、王之洲译，中国政法大学出版社 2017 年版，第 1237~1238 页。

② 参见[德]莱因哈德·波克：《德国破产法导论》(第六版)，王艳柯译，北京大学出版社 2014 年版，第 178 页。

③ 参见[德]乌尔里希·福尔斯特：《德国破产法》(第七版)，张宇晖译，中国法制出版社 2020 年版，第 271 页。

④ 参见张婷、胡利玲编著：《预重整制度理论与实践》，法律出版社 2020 年版，第 59 页。

院正式受理重整程序时提交预先重整计划草案(即“事前计划”)。债权人提交预先重整计划草案或者对该预先重整计划草案表示同意的债权人，视为在关系人会议上表决同意预先重整计划草案。已经提交预先重整计划草案的，管理人经法院许可可以不提交重整计划，或者撤回已经提交的重整计划。但是，如果预先重整计划草案的内容被修改对债权人有不利影响或者发生显著变更或者其他重大事由的，在关系人会议召开的前一日，经法院批准，债权人可以撤回对重整计划草案同意的意思表示。①

总之，预重整的美国模式、德国模式、韩国模式允许同步提交重整申请和重整计划，极大缩短了重整审理的时间，充分发挥了预重整程序高效、快捷、低成本的作用，这对于我国建立预重整制度，高效促进市场主体积极拯救具有重要的借鉴意义。

二、我国的预重整实践

在我国的预重整实践中，预重整方案的效力延伸至破产程序的方式主要有两种：第一种是在预重整阶段制定预重整方案，待正式进入破产程序后以预重整方案为基础，制定重整计划草案并提交债权人会议表决；第二种是在预重整阶段制定预重整方案并提交临时债权人会议表决，表决的效力直接延伸至破产程序。第一种属于“破中表决”，第二种则属于“破前表决”。

(一)破中表决

中国二重重整案，是破中表决预重整方案的典型案例。中国第二重型机械集团公司(以下简称“二重集团”)及其控股子公司二重集团(德阳)重型装备股份有限公司(以下简称“德阳二重”)自 2011 年起，受整体行业发展形势、自身管理等多种因素的影响，持续多年亏损，严重资不抵债。在有关部门的支持下，二重集团、德阳二重与主要金融债权人进行了庭外重组谈判，各方于 2015 年 9 月 11 日达成框架性重组方案，其核心内容为在 2015 年内以“现金+留债+以股抵债”的方式清偿债务。2015 年 9 月 21 日，

① 参见张婷、胡利玲编著：《预重整制度理论与实践》，法律出版社 2020 年版，第 63~67 页。

德阳市中级人民法院分别裁定受理二重集团和德阳二重的重整。结合两家公司重整的实际情况，以达成的框架性重组方案的核心内容，按照符合《中华人民共和国企业破产法》(以下简称《企业破产法》)的要求制定重整计划草案，并提交债权人会议进行分组表决。2015 年 11 月 27 日，债权人会议和出资人会议召开，各表决组均通过了《重整计划(草案)》。11 月 30 日，德阳市中级人民法院裁定批准重整计划。①

中国二重的预重整由二重集团、德阳二重与主要债权人金融机构进行庭外重组谈判，并达成框架性金融债务重组方案。进入重整后，重组方案确定的原则得以维持并纳入重整计划，得到了金融债权人的认可。② 中国二重预重整方案的主要内容，在破产程序中被纳入重整计划草案，并通过债权人会议、出资人会议表决和法院裁定批准的方式产生法律效力。

(二)破前表决

厦门市琪顺运输有限公司(以下简称"琪顺公司")主要从事危险品物流运输，因无力偿还高额的民间借贷等原因于 2015 年底彻底陷入经营困境，其间多次发生债权人强行进入琪顺公司抢占油罐车、控制仓库等安全隐患事件。在琪顺公司正式受理破产重整申请前，琪顺公司与债权人进行协商，拟定重整计划草案，并通过书面会议的方式，分组对该重整计划草案进行初步表决。同时，债权人在表决时承诺，在法院受理琪顺公司破产重整申请后，如重整计划草案无重大修改，初步表决的意见视为已参加并表决重整计划，债权人无需再次进行表决；如重整计划草案修改涉及债权清偿和公司经营等重大事项的修改和变更的，债权人有权就修改部分进行表决。③ 2016 年 4 月 22 日，琪顺公司重整计划草案获债权人会议高票表决通过。

琪顺公司重整案在预重整阶段对预重组方案进行表决，并将表决的效力延续至重整程序，在很大程度上避免了债权人在重整程序后，就重整计

---

① 参见黄晓云：《中国二重的双重整案：庭外重组和司法重整的无缝对接》，载《中国审判》2017 年第 33 期。

② 参见李曙光：《重要的市场参考与典型的案例标本》，载《中国审判》2017 年第 33 期。

③ 参见张婷、胡利玲编著：《预重整制度理论与实践》，法律出版社 2020 年版，第 94~99 页。

划草案的非实质性修改而出现反言，降低了重整程序的制度成本，提高了重整表决结果的确定性。

中南红文化集团股份有限公司(以下简称“*ST中南”)因长期亏损且经营扭亏困难，明显缺乏清偿能力，向无锡市中级人民法院申请重整。《最高人民法院关于审理上市公司破产重整案件工作座谈会纪要》明确规定：“申请人申请上市公司破产重整的，除提交《企业破产法》第八条规定的材料外，还应当提交关于上市公司具有重整可行性的报告、上市公司住所地省级人民政府向证券监督管理部门的通报情况材料以及证券监督管理部门的意见、上市公司住所地人民政府出具的维稳预案等。上市公司自行申请破产重整的，还应当提交切实可行的职工安置方案。”为了更好地识别重整价值，制定切实可行的重整计划，无锡市中级人民法院启动了*ST中南的预重整。在预重整期间，*ST中南于2020年9月10日、9月11日召开了预重整债权人会议及出资人会议，高比例通过了重整预案。2020年11月24日，无锡市中级人民法院经证监会、最高人民法院批准，裁定受理*ST中南重整，并于次日批准*ST中南在管理人监督下自行管理财产和营业事务，并以重整预案为基础制定重整计划草案。2020年12月25日，*ST中南第一次债权人会议暨出资人会议召开，会上高票通过重整计划。重整预案和重整计划草案中明确，因重整计划草案并未对重整预案作出实质影响债权人或者出资人利益的调整，因此债权人或者出资人在预重整阶段对重整预案已经表决同意的，表决结果继续沿用至重整计划草案的表决，不再进行重复表决。债权人或者出资人对重整预案表决不同意或未表决的，在本次重整中又认可重整计划草案的，可在重整程序中重新表决。

*ST中南重整案从法院受理到重整计划草案通过仅仅历时31天，是全国审理时间最短、审理速度最快的上市公司重整案件。①*ST中南重整如此迅速、高效，得益于预重整期间完成了大量清产核资、招募投资人、债权债务谈判等工作，在此基础上制定各方相对满意的重整预案，并通过重整预案与重整计划草案的衔接，确保重整预案的表决结果延伸至重整程序，转化为对重整计划草案的表决结果的同意。

---

① 参见无锡市中级人民法院：《全国首推预重整引导人制度　无锡中院打造上市公司重整加速度》，载微信公众号“无锡市中级人民法院”，2020年12月25日。

从法院裁定受理破产重整程序到终止重整程序，二重集团、德阳二重重整案和琪顺公司重整案，特别是*ST中南重整案均历时较短，将债权人、债务人、出资人、投资人等利害关系人协商重组方案提前至破产程序受理之前，充分发挥了当事人意思自治的重要作用，节省了司法资源。预重整方案如何更好地转化为破产程序中具有约束力的方案，实现公平与效率相统一，这是我国建立预重整制度亟需解决的问题。

三、我国部分地方的规范探索

关于预重整方案在重整程序中的效力延伸问题，我国地方法院或地方政府已通过制定会议纪要、工作指引、办理规范等文件的形式展开探索。

2013年7月，浙江省高级人民法院制定并发布《关于企业破产案件简易审若干问题的纪要》，规定对符合一定条件的企业破产申请进行预登记。虽然该文件也并未直接适用“预重整”的相关概念，但肯定了预登记期间债务清偿方案在破产和解或重整程序中的效力延伸，① 对后期进一步明确预重整方案的效力延伸问题提供了有价值的参考规范。

2018年，温州市人民政府以《企业金融风险处置工作府院联席会议纪要》的形式出台有关预重整工作的指引，明确规定：“重整计划草案由债务人或管理人制定，并提交债权人会议进行预表决。同意重整计划草案的表决票效力可以带入重整程序。”

随后，深圳市中级人民法院、北京破产法庭、南京市中级人民法院、苏州市吴江区人民法院、苏州工业园区人民法院、四川天府新区成都片区人民法院(四川自由贸易试验区人民法院)、宿迁市中级人民法院、成都市中级人民法院、北海市中级人民法院、淄博市中级人民法院、重庆市第五中级人民法院等也相继发布了预重整工作指引或审理规范，对预重整方案的效力延伸进行了明确。一般规定，裁定受理重整申请前，债务人和部分债权人、出资人已经达成的有关协议或者预重整程序中已经拟定的预重整方案与重整程序中制作的重整计划草案内容一致的，有关债权人、出资

① 《浙江省高级人民法院关于企业破产案件简易审若干问题的纪要》第9条第2款规定：“债权人在预登记期间对债务清偿方案所做的不可翻悔的承诺，在债务人进入企业破产和解或重整程序后，相关承诺对承诺方仍然具有拘束力。”

人对该协议或方案的同意视为对该重整计划草案表决的同意。同时，对例外情形也进行了明确。一是重整计划草案对预重整方案的内容进行了修改并对有关权利人有不利影响的，受到影响的权利人有权对重整计划草案重新表决；二是预重整方案表决前债务人隐瞒重要信息、披露虚假信息，或者预重整方案表决后出现重大变化，有可能影响权利人表决的，相应权利人有权对重整计划草案重新表决。需要注意的是，深圳市中级人民法院等法院虽然规定预重整方案在重整程序中具有延伸效力，但坚持破中表决。重庆市第五中级人民法院更加尊重债权人、债务人、出资人等利害关系的意思自治行为，明确在申请重整前，通过自主谈判已经达成重组协议并表决通过的，债务人可以在申请重整的同时，直接请求人民法院裁定批准根据该重组协议形成的重整计划草案。

四、关于预重整方案之效力延伸的建议

预重整制度的核心在于预重整程序中的谈判成果可以通过重整程序得到确认进而约束更多的债权人和其他利害关系人，这也是预重整制度相较于庭外重组最大的优势。为了充分发挥预重整制度的这一优势，实现类案同判，应当统一规定预重整方案在重整程序中的效力延伸。结合预重整的规范和实践探索，参考借鉴国外预重整制度，建议从以下几个方面完善预重整方案的效力延伸制度。

（一）效力延伸应当具备的基本条件

在预重整期间，债务人需要征求出资人、债权人、重整投资人等利害关系人的意见制定预重整方案，预重整方案内容合理、合法、切实可行并作为制定重整计划草案的基础，是法院在破产程序中直接认可其效力的重要因素。具备延伸效力的预重整方案，应该具备以下基本条件。

1. 符合《企业破产法》的立法宗旨和基本原则

预重整方案应当合法，符合《企业破产法》的立法宗旨和基本原则。例如，预重整方案符合公平清理债权债务，保护债权人和债务人的合法权益，债务人资产财产价值最大化的立法宗旨和基本原则。预重整方案充分尊重当事人意思自治，但是不能突破《企业破产法》关于清偿顺位的规定，

不得对同一类型债权人进行差别清偿。

2. 包含与重整计划草案一致的基本内容

预重整方案应该包含与重整计划草案一致的基本内容。为保障破产重整程序的公正性、高效，以及债权人权益最大化，应确保最终的重整计划草案债权清偿方案与预重整方案不会发生实质性的改变。若该预重整方案通过后，在破产重整期间对重整计划草案再作大幅度的实质性修改将严重降低困境企业重整成功的可能性。[①] 因此，预重整方案要按照《企业破产法》规定的重整计划草案应当包含的内容对经营方案、清偿比例、偿债期限、出资人权益调整等问题予以约定，重整计划草案以这样的预重整方案为基础制定并保持基本内容上的一致，避免进入破产程序后被认定为构成实质性变更而需要重新提交表决。

3. 表决规则与重整计划草案一致

《企业破产法》第 84 条[②]对于重整计划草案的通过标准作出了远高于其他债权人会议决议的规定，主要原因在于重整计划草案将会对债权人的权益产生实质性的影响。为了充分保障不同类型债权人的权益，也为了预重整阶段表决程序和表决结果的合法性，对于预重整期间的表决，应当按照《企业破产法》的规定根据债权的性质进行分组，并且按照通过重整计划草案的表决规则计算预重整方案的表决结果。同时可以采用合理灵活的方式，给予参与表决的债权人、出资人充分的表决期限。

4. 具有可行性

预重整方案是否具有可行性，关系到重整计划草案能否顺利执行，债权人的债权能否得到清偿，债权人的权益能否得到根本保障。这也是据以制定的重整计划草案得以批准的基本条件之一。预重整方案的可行性不仅

---

① 参见陈唤忠：《预重整制度的实践与思考》，载《人民司法》2019 年第 22 期。

② 《企业破产法》第 84 条："人民法院应当自收到重整计划草案之日起三十日内召开债权人会议，对重整计划草案进行表决。出席会议的同一表决组的债权人过半数同意重整计划草案，并且其所代表的债权额占该组债权总额的三分之二以上的，即为该组通过重整计划草案。债务人或者管理人应当向债权人会议就重整计划草案作出说明，并回答询问。"

指经营方案的内容符合行业的发展方向，经营管理团队符合公司治理结构的要求，公司的运营管理模式符合市场的需求，而且债务清偿方案满足大部分债权人的心理预期且实现的可能性很大，同时预重整方案的执行方式不存在法律上或者事实上无法执行的障碍。

（二）预重整方案中的效力延伸条款

为了避免争议，在法律、司法解释没有对效力延伸问题作出明确规定的情况下，建议在预重整方案上设置效力延伸条款，既明确效力延伸，也禁止反言。

1. 明确效力延伸

针对预重整期间表决通过的预重整方案在破产程序中是否需要再次表决问题，部分观点认为对重整计划草案或者和解协议草案进行表决是破产程序中债权人会议行使的重要职权，也是使得预重整方案能产生约束全体债权人效力的关键，为了保证破产程序的合法性，在进入破产程序前不应对预重整方案进行表决。然而，部分观点认为预重整期间形成的决议，尤其是对预重整方案的表决效力直接延伸至破产程序，是预重整程序具有确定性和高效的最重要体现。在预重整阶段，债权人已经就符合破产法规定的预重整方案进行表决。在进入破产程序后，已经表决同意的债权人要重新进行投票，不仅会浪费资源，拖延破产程序的进程，而且有可能出现两次表决结果不一致的情形，使得重整计划草案或者和解协议草案的表决结果充满不确定性，加大了破产重整和破产和解工作的难度。

为了避免预重整方案在效力延伸方面存在的争议，在法律、司法解释没有明确规定的情况下，可以从提高重整效率的角度，在预重整方案中明确约定预重整方案在重整程序中的效力延伸问题，对重整程序中是否需要对以预重整方案为基础制定的重整计划草案进行表决等事项进行明确约定，即通过意思自治解决今后可能面临的效力和程序争议。

2. 禁止反言

预重整方案在进入重整程序前虽然并不具有约束不同意预重整方案的债权人的效力，但对于同意预重整方案的债权人和其他利害关系人则是具有约束力的。为了防止已经同意预重整方案的债权人或其他利害关系人在进入重整程序后反悔，导致预重整阶段形成的工作成果被浪费和“打折扣”，除非法律、司法解释已经作出明确规定，应当在预重整方案中设置禁止反言条款，即约定已经同意预重整方案的人在重整阶段不得提出反对意见，如果提出反对意见应为无效。同时，债权人对于预重整方案中信息充分披露的审计报告、评估报告、债权审核结论的认可，也不得在重整程序以相关结论作出的时间节点不一致为由，否认其此前对预重整方案的同意意见。

此外，对于在预重整阶段反对预重整方案的债权人，可以在重整阶段对重整计划草案进行表决并作出同意的意思表示，这不应视为“禁止反言”的例外，因为预重整方案对其并没有产生约束力。

(三)重整程序对预重整方案效力延伸的保障

为了实现预重整方案在重整程序中的效力延伸，除了需要在预重整阶段做好前述准备工作以外，还需要依靠重整程序中的配套制度来落实。

1. 在申请重整时一并提交重整计划草案

为了更好地发挥预重整制度高效、低成本的优势，我国建立预重整制度应该允许在向法院提交破产重整申请时，一并提交以预重整方案为基础制定的重整计划草案。

2. 免予破中表决

在预重整阶段通过自主谈判已经达成协议并表决通过预重整方案，如果内容合法、程序正当，符合重整计划通过标准和批准条件，允许债务人在申请重整的同时，可以直接请求人民法院裁定批准根据预重整方案制定的重整计划草案，不用在重整程序中再次提交债权人会议或出资人组表决。

3. 债权审核结论的认可

破产程序中债权的申报和确认以“人民法院受理破产申请时”为界限，然而在预重整期间的债权申报和确认不仅无法计算债权停止计算的时间节点，而且债权人有权利在预重整期间不申报债权。这可能导致预重整程序中统计的债务人负债总额与最终确认的债务人负债总额存在差异，造成债务的不确定性，甚至可能会影响预重整方案在后续破产重整程序中法院批准实施的公正性和执行效果。① 如果在预重整阶段无法确定债权人的债权性质和债权金额，则债权人的表决权将无法计算和统计，预重整方案的表决结果将处于不确定的状态，这在很大程度上造成破产程序的拖延，因此，建议在立法中明确表决权的行使规则和预重整方案通过的标准。

例如，允许管理人根据债务人提交的债权清册、财务资料、债权申报文件等证据材料，将审核、确认债权的工作前移至预重整阶段，秉持客观、真实原则审核、确认债权并制定债权登记表。在债权人表决预重整方案时，允许管理人以债权登记表记载的金额和性质向法院申请临时确定债权额，这样能够有效地计算表决结果，固定前期谈判的成果。

同时，在预重整阶段，债权人对审计报告、评估报告以及对债权审核结论的认可可以延伸至重整程序中，从而转化为重整程序中对管理人以此制作的债权表的认可。这样有利于尽快明确债权金额和性质，便于更好地维护债权人的合法权益，保证表决结果的公正、合法。

4. 不利变更的救济

如果预重整阶段达成的预重整方案与破产程序中提交的重整计划草案或者和解协议草案在内容上存在不一致，特别是对债权清偿、公司经营等重大事项进行修改和调整，且该变更将对已经表决同意的利害关系人产生实质性不利影响的，该利害关系人应有权按照《企业破产法》的规定对重整计划草案重新进行表决。因此，预重整制度或者预重整方案需要就利害关系人知晓权利遭受不利影响的途径、撤回同意意思表示的时间等权利救济方式予以明确地规定。在破产程序中如果对预重整方案进行了修改，那么在向法院提交变更后的重整计划草案或者和解协议草案时，应该也一并向全部利害关系人提交，以保障利害关系人的参与权、知情权和监督权。同时，为了提高破产程序的效率，如果利害关系人认为其权利受到侵害，应在 7 日内向法院提出异议，经法院审查确认利害关系人的权利受到实质性不利影响的，利害关系人可以撤回对预重整方案同意的意思表示。

---

① 参见陈唤忠：《预重整制度的实践与思考》，载《人民司法》2019 年第 22 期。

结　语

各地法院对预重整方案效力在重整程序中的延伸问题进行了积极的探索，很多预重整案件尊重了当事人意识自治，充分调动了债权人、债务人、出资人等利害关系人的能动性，取得了良好的社会效果，实现了多方共赢的局面。我国预重整的司法实践在吸收域外模式的基础上有所创新。这对于预重整制度在我国的建立来说，一方面奠定了理论和实践的基础，预重整的观念逐渐被大家接受；另一方面又提出了挑战，制定符合我国《企业破产法》和我国国情的预重整制度难度更大。但是，可以预见在供给侧结构性改革不断深入、营商环境不断优化的当下，我国建立统一、规范的预重整制度并不会很远。

第四部分：个人破产制度的构建

个人破产制度中自由财产制度之价值

胡　涛　丁文秀*

内容提要： 自由财产制度存在于个人破产制度中，在许多发达国家已经成为个人破产制度中的重要部分，发挥着不可替代的作用。与企业破产制度不同，个人破产制度必须保障债务人作为人的基本生存权利，而自由财产制度便是提供这一保障的基石。有了自由财产制度的存在，债务人才能在个人破产期间维持基本的生存，并取得发展的可能；债权人也能够得到相对公平的受偿。在我国尝试初步建立个人破产制度的当下，关注自由财产制度的价值，有利于推动个人破产制度的落地，缓解因债权债务问题而产生的大量社会矛盾。

引　言

近年来，随着民间企业和民间金融的发展，个人债务负担重、司法执行难、债权人空有债权而无实益的问题日益突出，在中国尽快确立个人破产制度已经成为迫在眉睫的议题。2019 年 6 月 22 日，包括国家发改委和最高人民法院在内的 13 个部门印发了《加快完善市场主体退出制度改革方案》，阶段性地提出了分步推进建立个人破产制度的建议。2019 年 10 月 23 日，温州市中级人民法院与平阳县人民法院联合发布公告，自然人蔡某个人债务集中清理一案的清理方案经债权人会议表决通过，这是全国首例具备个人破产实质功能和相当程序的个人债务集中清理案件。这一案

* 胡涛，北京市京师(武汉)律师事务所主任、多层次资本市场联盟主席；丁文秀，北京市京师(武汉)律师事务所律师。

件是全国范围内建立个人破产制度的重要标志，具有重大的参考价值。

“个人破产制度是以为债务人提供救济作为主要目标，相比较于保护债权人的利益而言，其更加侧重于使债务人向死而生。”①其中，自由财产制度是实现该救济目标的一项重要制度。自由财产制度，又称“豁免财产制度”，其目的在于保障破产债务人及其扶养家属的基本生活权益，亦为债务人的重新崛起提供物质条件与帮助。因此，该制度体现出对债务人与债权人利益的双重保护，是衡量一个国家破产法律现代化程度的重要因素之一，最终有利于维护社会的长治久安。然而，由于我国个人破产制度仍在探索阶段，仅有个别省市试行独立的个人债务清理的相关条例或工作指引，因此，面对实务中程序繁冗、问题复杂的个人破产程序工作，现行破产法律法规犹如杯水车薪，其立法工作亟待纳入法治轨道。

一、自由财产的概念与界定

（一）自由财产的概念

自由财产又称“豁免财产”，是个人破产制度中的一个重要概念，自由财产制度是围绕该定义所作出的一系列规定。因此，如何界定“自由财产”，对于认识自由财产制度的价值，有着极其重要的意义。迄今，有许多学者对自由财产进行了解释，其中最权威的有如下三种。

第一种来自南京大学范健教授，他认为自由财产是指：“在自然人破产案件中，不依破产程序分配而归自然人所有的特定财产。”②第二种来自厦门大学齐树洁教授，他解释认为：“自由财产是指不属于个人破产财产范围内的那部分财产。”③第三种来自中国社会科学院邹海林教授，他认为：“破产立法考虑到债务人及其家属的生计，有必要保障破产人最低限度的生活需求。以人道主义和社会公共福利政策为基础，兼顾社会伦理和公序良俗，特别允许破产人在被宣告破产时仍然保留法定的用于生存的财

① 沈达明、郑淑君：《比较破产法初论》，对外经济贸易大学出版社 2015 年版，第 104 页。

② 范健、王建文：《破产法》，法律出版社 2009 年版，第 128 页。

③ 齐树洁：《破产法研究》，厦门大学出版社 2004 年版，第 511 页。

产或者权利。这些被限定的财产称为自由财产。”①

按照以上三种定义的字面意思来理解，范健教授和齐树洁教授的解释虽然说法不同，但其大意基本一致；邹海林教授的解释则不同于前二者。第一个不同点在于自由财产确认的时间，他认为自由财产在个人被宣告破产后才得以确定，也就是说破产人在破产程序期间取得的财产不属于自由财产，而范健教授和齐树洁教授并没有持这种见解。第二个不同点在于自由财产的范围，他认为宣告破产时保留的财产或权利才属于自由财产，而程序终结后剩下的财产或程序终结后新取得的财产，不属于自由财产；但是按照范健教授的解释，破产程序终结后剩下的财产也属于自由财产；同时，按照齐树洁教授的解释，破产程序终结后剩下的或新取得的财产，都属于自由财产。

本文采用范健教授的观点，也就是第一种解释。究其原因，笔者认为范健教授的定义更具有准确性、包容性和灵活性。其一，从自由财产的认定时间上，范教授认为进入个人破产程序之时，自由财产就已经存在，这是符合个人破产立法保护债务人生存和发展权利的目的的。如果自由财产直到个人被宣告破产或者程序终结之时才存在，那么债务人在个人破产过程中的生存和发展就难以得到保障，不符合立法目的。其二，从自由财产的认定范围上，范教授认为自由财产的概念仅限于自然人破产案件的进程中，也就意味着，自由财产一定是与破产程序紧密联系在一起的。在破产程序终结后，除宣告个人破产的裁定书所规定的用于清偿债务的财产和自由财产，其他债务人个人获得的财产不属于破产法上的“自由财产”的范畴，而应当属于正常个人财产的范畴。这样就将“自由财产”定义与破产法的开始与结束紧密地结合起来，而没有无限制地扩展到未来取得的一切财产。据此，范教授的定义更具有准确性。

如若进一步研究，就能发现自由财产的认定时间与认定范围，并不是能够简单判断或者定义的。实际上，在破产过程中，自由财产开始存在的具体时间，以及债务人在此过程中取得的资产是否为自由财产，其判断很大程度上取决于某个国家或地区的立法原则。基于立法原则中的膨胀主义，虽然破产程序的开端并没有规定破产财产的范围，但破产财产的多少

① 邹海林：《破产程序与破产法实体制度比较研究》，法律出版社 1995 年版，第 265~266 页。

会随着破产程序的推进直至破产程序终结为止，持续变化。因此，破产财产的范围只能最终确定，而不能在破产程序的开端或者过程中进行判定。基于固定主义的立法原则，法院宣告债务人破产之时的财产即为破产财产，债务人此后取得的财产则不在此列。换言之，在以膨胀主义原则为核心的国家和地区，破产程序期间债务人取得的财产均不属于自由财产。但是，在采用固定主义原则的国家和地区，法院宣告债务人破产后，债务人取得的财产则可以属于自由财产的范畴。①

（二）自由财产与不可强制执行财产之辨析

在民事案件中，如果债务人成为被执行对象，其名下财产将由法院强制执行，但债务人可以基于其基本的生存需求向法院要求执行豁免，这部分被豁免的财产即被称为不可强制执行财产。② 例如，为了确保债务人及其亲属的基本日常生活，如债务人及其待扶养的亲属有且仅有一套房产，则法院不得强制执行房产以致债务人家庭流离失所。同样，自由财产的功能也是为了保障债务人能够获得最基础的物质生活条件，这与不可强制执行财产非常类似。甚至于在德国、日本，相关法律直接规定不可强制执行财产在个人破产中不得用于清算分配，即不可强制执行财产被包括在自由财产当中。尽管二者出发点相似，但在我国法律体系中，自由财产和不可强制执行财产这两个概念分别存在于不同的法律系统中，因此在以下三个方面有着明显的区别。

第一，应用场景不同。自由财产适用于个人破产制度，当申请破产时，债务人就已经失去了对债务的偿付能力，其自由财产不能简单地用于债务偿还。而不可强制执行财产则适用于判决生效后的执行程序，债务人此时未必丧失债务偿付能力。当债务人拒绝执行时，法院可以根据判决去强制执行涉案财产，仅需要保留一部分维持债务人基本生存的财产供其生活即可。

第二，财产范围不同。自由财产的范围，不仅包括债务人的基本生存

① 参见吕梅竹：《个人破产中自由财产的范围》，中国政法大学 2016 年硕士学位论文，第 5~6 页。

② 参见李宛笑：《论个人破产制度中的自由财产制度》，载《时代金融》2019 年第 20 期。

资料，还可能包括具有精神性价值或物质性价值较高的财产。是以，它在保障债务人基本生存的同时，也尝试为债务人未来的发展提供可能性。①而不可强制执行财产的范围较窄，只包含基本生存物质资料，主要用于保障债务人最基本的物质生活条件。

第三，担保权利能否实现不同。不可强制执行财产之上的担保，并不受该财产性质的影响，担保权利仍然可以得到实现，自由财产则不同。如果自由财产作为债权人的担保物，同时又不被债权人占有，则担保债权可能难以实现。我国目前虽无实例，但西方国家已有大量的相关案例可供参考。

二、自由财产制度的价值

在个人破产制度中，自由财产对债务人而言有着举足轻重的作用，其价值是否合理、类型是否多样，将对债务人今后的基本生存和发展产生直接影响。但是，债权人对破产程序的进程仍是具有主导性的。迫于这样的压力，为了保障债务人能够得到合法、公正、最低生存和发展的对待，自由财产制度便应运而生。如果个人破产制度中没有自由财产制度，那么债权人在清算债务人个人财产时便有了极大的支配空间，这样可供债务人支配的财产就难以得到良好的保障；如果债务人在个人破产期间没有任何可以支配的财产，其基本的生存都难以保障，遑论重获新生。债务人陷入困窘，无法通过自身能力或自身劳力获得收入，则债权人的利益就无法得到进一步的实现。更有甚者，在这样的困境中，债务人只能一心想着逃避债务，债权人的债权迟迟无法兑付，社会矛盾加剧，增加社会不安定因素。自由财产制度给债务人提供了一个喘息的空间，为其面对困境提供了可能。②

（一）明确个人破产制度中的自由财产范围

自由财产制度之所以有其必要性，首先就在于自由财产制度能够明确

① 参见殷慧芬：《个人破产立法的现实基础和基本理念》，载《法律适用》2019年第11期。

② 参见赵万一、高达：《论我国个人破产制度的构建》，载《法商研究》2014年第3期。

个人破产制度中的自由财产范围。只有自由财产的范围确定了，个人在破产期间才能顺利适用自由财产制度，得到基本的生存和发展空间。在个人破产制度中，无论是债务人还是债权人，对于自由财产的范围都会有极大的关注，毕竟范围的大小关系到债务人在个人破产期间能够使用的财产，以及债权人能够受偿的财产范围。此外，自由财产范围的明确能够让债务人清晰地了解自己的可得财产价值，经过多方权衡后，推动债务人更加主动地申请个人破产。因此，确定自由财产的范围，是自由财产制度能够顺利落地和予以贯彻的基石，也是自由财产制度之价值所在。

1. 自由财产范围的确定原则

一部法律的条文由其立法原则推演延伸，一部法律建立起来的制度也就在此原则上接受社会的考验。对自由财产范围的确定原则进行明确，就是建立起自由财产范围确定的基石。英美主要国家或者地区的法律虽然有着各自不同的特点，但是遵循着一些共同的原则，其中最主要的原则就是保障债务人的基本生存和发展。① 此外，自由财产范围的确认也应当遵循差异性原则。例如，高收入地区适当拓宽，低消费地区适当减少，还要更多考虑用多元化的保障方式，如代缴公积金、社保，“以工代赈”，限制消费等，从而减少给债权人带来的损失。值得一提的是，美国的自由财产制度还体现出了保障债务人精神生活的基本原则，因此，其自由财产的范围比其他几个国家明显要大很多。

笔者认为，中国个人破产的立法应至少遵循以下几个原则：其一，诚实信用原则，该原则是中国特色社会主义法治理念的重要表现形式之一，且遵循诚实信用原则有利于债务人、债权人与第三方的互谅互让、增加互信；其二，保障最低生存和发展原则，该原则体现了个人破产法的立法目的，也是能够推动更多债务人主动配合法院将法律法规落到实处的保障性原则；其三，地区差异化原则，即根据地域经济发展情况，合理确定自由财产的范围，而不盲目追求全国性的“一个标准”判断模式。

---

① 参见代策：《个人破产制度的构建——以中国香港个人破产制度为例》，载《中国经济报告》2018 年第 9 期。

2. 确定自由财产范围的方法

原则既已确立，就需要有具体的操作方法，以保证自由财产制度能够落地实行。确定自由财产范围的方法主要包括三种：第一种是对自由财产设定价值上限。这种方法是指在个人破产期间，债务人可以在自己所有的财产中挑选出自己需要的财产，但是挑选出来的财产总价值必须在设定的价值上限之内。这种方法给了债务人挑选财产的权利。第二种是采取列举的方式确定自由财产的范围。这种方法是指直接通过法律的明文规定明确自由财产的范围，前文提到的美国和英国都是采用的这种方法。该方法能够清晰地确定自由财产的范围，可以说是对债务人利益的兜底保障。第三种是采取概括的方式确定自由财产的范围。这种方法只对自由财产范围进行大致的规定，没有明确指出哪些属于自由财产，而且往往需要其他法律规定进行辅助才能够确定。日本就是采用这种方法。这三种方法各有优劣，具体选择都是依一个国家的立法价值取向和立法原则综合确定的。自由财产制度的选择，将反映一个国家的价值取向、社会生活理念与法治状态，这种反映最终也成为自有财产制度本身所具有的价值之一。

3. 自由财产范围的一般构成

有了确定自由财产范围的基本原则和方法以后，还需要确定自由财产范围的一般构成。首先，自由财产范围的一般构成与其所在社会的经济发展程度、社会传统和人民思维模式有着极大的关联。例如，美国遵循的基本原则包括保障债务人的基本生存和发展以及保障债务人精神生活，在方法上选择了列举的方法，也因此，美国自由财产范围的一般构成就包括了一定价值的居住不动产、机动车、家庭陈设物、生活必需品、珠宝饰物、职业必需品等。其中机动车和珠宝饰物，如果放在我国的法律框架下，就是难以被接受的部分。一方面，中国人口的居住密度较大，即使没有机动车，债务人也能够通过共享单车等交通工具获得基本的生存；另一方面，珠宝首饰在中国文化中通常属于奢侈和富贵的象征，不符合我国“基本生存条件”的理念。①

① 参见梁杰：《美国破产法改革与危机应对——兼论我国自然人破产制度的确立》，载《广西财经学院学报》2011 年第 3 期。

其次，基于自由财产制度的基本原则和方法的不同，自由财产范围的一般构成也会相应作出不同的调整。例如，英国遵循的基本原则只有保障债务人的基本生存和发展，因此，英国自由财产的一般构成为满足债务人最低生存和发展需要的生活物资与业务工具。此外，由于英国是典型的基督教国家，自由财产制度还特别规定了牧师破产时，主教可以允许其保留部分的薪金。[①] 与此相对应，美国的自由财产制度中确立了保障债务人精神生活的原则，因此，书籍、常用音乐器械、珠宝或单价不超过800美元总价不超过7500美元的其他物品，都可以被归入自由财产范畴。而美国移民众多、信仰繁杂，也没有特别的牧师薪金条款。[②] 这样一来，两个国家之间的立法原则就有了差异，英国自由财产范围的一般构成便和美国产生了不同。

(二)兼顾债权人和债务人的利益保护

自由财产制度之所以有其必要性，其次就在于自由财产制度能够兼顾债权人和债务人的利益保护。在只有企业破产制度的国家，没有自由财产制度，其破产制度几乎就是为了保护债权人的利益而存在的。例如，在我国现行的企业破产制度中，虽明确规定会保护债务人的利益，但在实务中，债权人才是破产清算中的真正主导者，债务人基本没有话语权。一旦债务人破产，整个破产程序都由债权人和管理人主导，债权人各自为政、争取己方利益最大化，管理人竭力平衡各债权人之间的关系以推动破产清算或重整的成功，债务人的发言权多数被极大地轻忽。然而，在自由财产制度的保护下，虽然债务人依然缺乏发言权，但债务人的个人利益主张有了明确的法律依据，其发声更具备合法性和合理性。[③] 该制度也敦促管理人在推动破产程序的同时，必须在自由财产部分听取债务人的意见，从而更好地在债权人与债务人之间作出平衡。一旦债务人能够得到继续发展的经济支持，那么债权清偿率就可能进一步提高。对于债权人来说，债权能够在一定程度上得到实现，甚至是得到较大程度的实现，这样，债权人和债务人的利益便能在一定程度上得到良好的平衡。

---

① 参见丁昌业：《英国破产法》，法律出版社2003年版，第276页。

② 《美国破产法》Title 11-Bankruptcy § 522. Exemptions sec. (d).

③ 参见魏学亮：《关于自然人破产的自由财产制度探究》，载《淮南职业技术学院学报》2010年第1期。

1. 保障债务人及其家人的基本生存和发展

自由财产制度在个人破产制度中对债务人及其家人起到了很好的保障作用。债务人一旦申请个人破产，其财产便会交由破产管理人接管，其本人及其家人的日常生活必然受到影响，因此需要为其提供最为基本的生活保障。自由财产制度为债务人提供了申请自由财产的权利，经债务人申请并经管理人或债委会同意的自由财产不会被用于破产清偿，全部可以由自己支配。这样一来，债务人及其家人日常的衣食住行能够在最低限度内得到满足，基本生存就得到了保障。

尽管债务人理应用自己的所有财产来清偿债务，但在个人破产制度中，债务人拥有基本的生存权利，个人破产法不会让债务人在无法生存的条件下偿还债务，更不会剥夺债务人继续生存的机会。自由财产制度为陷入困境中的债务人赢得喘息的时间，为其生存提供物质支持，保留希望和勇气。与此同时，自由财产制度亦通过自身的存在，在帮助债务人解决基本的生存问题后，鼓励债务人重新振作、自食其力，在解除债务重负后成为对社会发展有更多贡献的人。自由财产制度侧面反映了个人破产法的一种立法情怀，即不仅仅局限于帮助债务人走出破产的阴霾，更要助力其中有能力也有韧性的人去开始全新的生活，甚至再一次的创业。直接体现这一精神的是美国破产法典，为了帮助债务人破产之后的发展，美国的自由财产制度直接将自由财产的范围作了扩大解释，将有利于债务人发展的财产也纳入了自由财产范围。尽管其他国家对自由财产的范围相对缩限，但无论如何，自由财产制度为债务人及其家人的基本生存和发展提供了良好的保障。

2. 鼓励债务人主动提出个人破产申请

自由财产制度既然能够保障债务人及其家人的基本生存和发展，那么当债务人出现个人破产事由时，其愿意主动提出个人破产申请的意愿便会相对强烈。自由财产制度的存在让债务人了解到，即使申请了个人破产，个人的衣食住行也能够得到保障，其本人和家人的基本生存问题也能够得到解决，不至于流离失所。如果没有自由财产制度，那么保障债务人利益的自由财产也就无从说起。当债务人意识到自己破产期间的生存问题都无法解决时，便会更倾向于逃避债务，而不是主动寻求解决方案。同时，债权人提出破产申请的动力也会略显不足。对普通债权人来说，一旦债务人破产，自己便基本上丧失了债权得到全额清偿的机会。因为，破产程序一旦启动，其他债权人便会申报债权主张权利，基于公平受偿的理念，债权人想要得到全额清偿的可能性基本为零。相反，如果债务人不宣告破产，债权人未必不能通过其他手段来实现债权，有时甚至得到全额清偿。进一步讲，缺少了自由财产制度的个人破产法，其破产程序的启动将会变得无比艰难，不利于立法目的的实现。债权人和债务人为了各自的利益都不进行破产申请，二者之间的债权债务关系得不到根本解决，这对双方甚至社会都是一种危害。因此，设立自由财产制度，为债务人提出个人破产申请建立信心，能够更好地减轻债务人负担，可以在一定程度上缓解日渐加剧的社会矛盾。①

3. 保护债权人和债务人的双重利益

自由财产制度对于债务人利益的保护不遗余力，不仅为债务人提供了生存所需的基本物质条件，使其免于陷入绝境，还为债务人的继续发展提供了支撑。但是，这是否意味着自由财产制度仅仅保护债务人呢？显然不是。

首先，自由财产制度为债务人解决债务问题提供动力，从而保护债权人的债权得到较快实现。实务中，债务人因巨额债务无法偿还，一味逃避债务，拒接法院文书、拒接电话、失踪失联的情况屡见不鲜；债权人即使启动破产程序，债务人也从未现身配合资产清查，给破产程序的推进造成了极大的障碍。而建立自由财产制度后，债务人的基本生存问题得到了解决，债务人愿意进入破产程序以解除自身负累，这样一来，债权人的债权便能够得到部分清偿。

其次，自由财产制度让债务人有了继续发展的可能，从而在一定程度上提高了债权清偿率。一旦债务人能够在破产过后重新发展起来，那么债权人也有极大可能从中受益。如果在个人破产期间，债权人能牺牲自己的部分利益以帮助债务人维持基本的生活，并为债务人的发展提供可能，这一帮助并不仅仅是制度之下的强制手段，更是债权人对自身利益的主动放弃，有良知、有担当的债务人不会忘记这份情谊。一旦该债务人东山再起，法律不禁止其对已经免除的债务继续清偿，债权人不仅能够从中获得

① 参见邱柳：《浅析我国个人破产制度构建之自由财产制度》，载《学理论》2009年第16期。

债权的实现，更能够收获真挚的信任。因此，在自由财产制度的帮助下，债权人得到了一定的清偿，债务人也能东山再起，为双方实现共赢提供了良好的机会。

（三）保护社会整体的共同利益

自由财产制度之所以有其必要性，还在于能够对社会发展产生积极影响，保护社会整体的共同利益。债务人负担巨额债务后，其生理压力和精神压力都会急剧上升，难以作出理智或准确的决策；而债权人因担忧其债权不能实现，会增加对债务人行为的过度关注，其一影响债务人的工作节奏，其二影响债权人对债务人清偿能力的判断。一旦债权人因过多地关注而丧失对债务人的信任，如若债务人能及时清偿，那双方当然皆大欢喜；可如若债务人无法清偿债务，其他债权人可能同步要求债权加速到期，导致债务人的境遇雪上加霜。甚至，部分债权人可能为了债权的清偿而采取一些非常手段。近年来，因债务问题而引发的惨案数不胜数，这不仅是一个个家庭的悲剧，更是社会的损失。在个人破产法中凸显自由财产制度，相信类似境况能够有极大的改善。

1. 维护社会的稳定发展

社会能否保持稳定发展，与社会中的每一个个体息息相关。毫无疑问，债权人和债务人的行为也将对局部的社会环境产生影响。对债务人而言，如果申请个人破产将使其一无所有，那么破产程序就不再是他的第一选择，债务人可能采取相对温和的逃避、隐匿手段，也可能会采取一些极端行为。这些极端行为势必会增加社会混乱的可能性，甚至滋生各种犯罪，威胁社会的安全与稳定，影响社会的发展速度。同理，债权人如此也会产生社会矛盾。

因此，债务人能否在个人破产程序期间得到应有保障，债权人能否在破产进程中得到公平受偿，对整个社会的稳定发展影响重大。个人破产制度中的自由财产制度充分考虑破产债务人面临的问题，为债务人在个人破产期间提供了应有的保障，为限制债权人的债权清偿空间保留了相当稳固的法律依据。债务人得到生存保障，自然就不会作出极端行为，社会也自然不会因债务人的极端举动而产生混乱。社会稳定，发展的速度就能够相对较快。总之，自由财产制度间接地对社会的稳定发展起到了一定的作用。

2. 适应社会经济发展规律和文化特性

经济基础决定上层建筑，法律制度属于上层建筑的一种，那么其一定由对应的经济基础决定。从历史发展的规律来看，市场经济是决定自由财产制度存在的基石。从16世纪的西方开始，市场经济逐渐成为主流，竞争也随之产生。优胜劣汰、适者生存，企业破产逐步增多，从而促使各国相继出台了与企业破产相关的法律法规。但是，随着社会经济的发展，个人的经济活动变得越来越广泛，个人的经济权限也得到了大幅度的提升，个人破产情形频繁出现。企业破产后，通过清算程序注销即可将企业的存在抹去，意味着这个企业的死亡；而个人破产后，即使被法院正式宣告破产，破产的个人依然存在，并且需要继续生存。基于自然人破产的这一特殊性，不能将其与企业破产混为一谈，于是，一些在特定时代中经济发展靠前的国家便出台了与个人破产相关的法律法规。不难发现，随着社会经济的发展，新的法律制度不断出现，而自由财产制度就是在不断发展的市场经济中顺应社会经济发展规律而诞生的产物。

法律文化是当下社会文化的一部分，社会文化在潜移默化间会对法律制度产生影响。不管是哪个国家，文化也会随着时代的不同而产生变化。文化变化和经济变化一样，也会促使法律制度发生改变。自由财产制度当然也受到文化变化的影响。过去，民众对于破产的接受程度较低，认为破产是“丢了面子”的“不好的事情”，无论是否处于窘迫的困境，在思想上就无法接受，也不愿意接受破产制度。随着时代的变化，人们逐渐习惯了市场的准入和退出，了解到无论是企业退出还是个人退出，都只是社会发展中的一个阶段，思想逐渐转变，开始愿意尝试去理解破产制度。此时，自由财产制度便在个人破产制度诞生后的数年内被专家、学者和实务界人士陆续提出。因此，也可以说自由财产制度是在特定的文化背景下产生的。综上所述，自由财产制度是适应社会经济发展规律和文化特性的产物。①

---

① 参见刘萍：《个人破产：立法价值、国际比较及制度解构》，载《西南金融》2009年第6期。

3. 有利于国家对个人破产申请的控制

自由财产制度得到建立后，债务人虽依靠自由财产得到了基本的保障，但过分依赖自由财产制度而缺少改变当下生活的动力，亦不是个人破产制度所追求的目标。同时，也不乏部分债务人想滥用自由财产制度，从中窃取不当的利益。因此，国家应当对债务人的个人破产申请进行严格审查，防止恶意的债务人利用自由财产制度损害债权人的利益。

自由财产制度事实上是国家对个人破产申请数量进行控制的最好工具，起到杠杆的调节作用。国家可以通过调控自由财产范围，一定程度上抑制或激发债务人申请破产的积极性，从而控制个人破产申请的基本数量。一旦个人破产法因立法或实践中的漏洞，被债务人作为逃避债务、攫取利益的工具，那么通过对自由财产的不同解释，就可以一定程度上限制上述行为。

以美国为例。美国旧破产法相对现在的新法而言，自由财产范围规定得较窄。新破产法施行后，个人破产申请率显著高出新破产法施行之前的个人破产申请率；同时，新破产法施行后，个人破产案件占全部破产案件的比例也相当高。因此，建立自由财产制度，借助调整自由财产范围这一杠杆来控制个人破产申请的数量，具有可行性。综上所述，国家可以利用自由财产制度解决个人破产案件中的一些突出问题，并对个人破产申请进行有效控制。

结　　语

笔者曾于2020年年初向湖北省九三学社提出《关于建立并完善个人破产法制度的建议》，如今已被全国政协和湖北省人大采用。这说明，虽然个人破产制度在我国尚处于起步阶段，但是其社会需求是迫切而广泛的。随着个人破产制度的逐步推动和落地，关注自由财产制度的价值，以及如何确定自由财产的范围，将不可避免地成为中国法治建设的下一个热点。

个人破产制度下债务人财产的认定

郭丹阳*

内容提要：个人破产制度之构建是完善我国破产制度的必由之路，而个人破产制度下债务人财产的认定是立法中无法规避的核心问题。对于个人破产制度下债务人财产的认定，首先需要确定哪些财产是归属于债务人的，难点在于合理分割共有财产中的债务人财产，特别是对夫妻共同财产的分割，应当参考《民法典》婚姻家庭编对夫妻婚内分割共同财产请求权的规定，在个人破产立法中明确规定：在夫妻一方个人破产的情形下，另一方或债权人可以向受理破产案件的人民法院请求分割夫妻共同财产。其次，需要对破产财产的范围加以明确，我国个人破产立法应当选择以膨胀主义作为时间标准，同时应当明确破产撤销权等权利之行使情形。最后，应当选择列举式加概括式的立法模式，以适当保护债务人及其所供养亲属之生存权和发展权，以兼顾明确性与灵活性为原则，来确定合理的自由财产范围。

一、问题的提出

《深圳经济特区个人破产条例》作为我国首部个人破产法规于2020年8月审议通过，个人破产制度在深圳特区横空出世。《深圳经济特区个人破产条例》的颁布实施为全国个人破产之立法工作积累了经验，再次引起人们对个人破产制度的高度关注。破产是市场经济条件下市场竞争必然会引发的社会经济现象，随着我国社会和经济的时代演变、破产文明的发展

* 郭丹阳，武汉大学法学院2019年民商法硕士研究生。

蜕变，个人越来越多地参与市场经济活动，个人破产成为构筑破产制度的重要部分。在我国当今社会，个人破产制度的建立也具有现实必要性。我国社会提倡鼓励人才创新创业，但创业往往伴随失败的风险，机遇与危险共生，而个人破产制度的缺失导致创业的试错成本极高，不利于保护不幸失败的创业者。因此，推动个人破产制度的构建与完善，有利于化解个人负债无力清偿的困境，对于“诚实而不幸”的债务人来说，个人破产制度能够帮助其重新融入社会经济生活，鼓舞其创业热情，给予其财务性重生的机会；还有利于减少社会中的恶意逃废债现象，保障债权人债权的合理实现，调和债权人与债务人之间的利益冲突，促进市场经济和谐发展，维护社会秩序。

而在构建个人破产制度的过程中，债务人财产的认定是立法中无法规避的核心问题，对其进行讨论具有必要性。首先，个人破产需要确保“有产可破”，对债务人财产进行识别认定、明确何为个人的破产财产及其范围，是个人破产程序顺利进行的关键。其次，我国破产制度的价值取向从最大限度地保障债权人实现债权逐渐转变为致力于平衡债权人、债务人与社会整体的利益，个人破产制度的主要功能倾向于帮助债务人重生、协调社会各方利益、实现多重价值。① 而债务人财产的认定承载着个人破产制度的功能倾向与价值取向，破产财产范围的确定与债务人及债权人的权益密切相关，且自由财产等个人破产之特色制度的建立有助于实现个人破产制度的核心功用。最后，相较于企业法人破产制度下的债务人财产，个人破产制度下的债务人财产之构成更加复杂，如何合理认定个人破产制度下的债务人财产是亟待解决的难题。一方面，企业法人是单纯从事商事活动的纯法律上的民事主体，而生活中的自然人身处各种复杂的社会活动与人际交往关系之中，其涉及的财产更加复杂多样，自然人经济上关系的复杂程度远远超过企业法人，对个人私有财产的认定存在认识上的模糊。并且个人无法脱离家庭而存在，个人破产制度下债务人财产的认定还涉及个人财产与家庭财产的界分。另一方面，不同于经破产清算后最终民事主体资格消灭的企业法人，一个自然人在破产清算程序终结后仍然保留其民事主体资格；出于保障自然人未来生存权与发展权的考量，在确定个人破产财

---

① 参见张阳：《个人破产何以可能：溯源、证立与展望》，载《税务与经济》2019年第4期。

产的范围时需要为破产的债务人保留足够的财产以满足其与家人在破产后的最低生活需要，以及保留其继续工作而必需的各种工具及设备。① 此外，与其他国家之规定不同，我国破产法以破产宣告裁定为时间节点，对“债务人财产”和“破产财产”作了明确的区分。根据《中华人民共和国企业破产法》(以下简称《企业破产法》)第 107 条第 2 款之规定，在企业法人破产制度下，债务人被宣告破产后，债务人财产即被称为破产财产。那么在个人破产制度下，人民法院作出破产宣告裁定之后，用于破产清偿的财产部分为破产财产。并且如上所述，个人破产制度下债务人财产的认定还涉及为破产债务人保留自由财产的问题，则必须合理地区分债务人的自由财产和破产财产，在此基础上厘清对债务人财产的认识。

因此，只有厘清了对债务人财产的认识、解决了合理分割债务人财产的问题、确定破产财产与自由财产的范围，才能顺利推动个人破产程序的进行，形成完备的个人破产制度并发挥个人破产制度的功能，从而实现对我国破产制度的进一步完善。

二、个人破产制度下共有财产的分割

在个人破产制度下，由于自然人往往身处各种复杂的人身关系与财产关系之中，债务人的某项财产可能以与其他人共同享有所有权的形态存在。为了在个人破产程序有效进行的过程中避免损害其他共有人的合法利益，在认定债务人财产时，需要将该债务人的财产从共有关系中加以识别，明确共有财产中债务人自身的财产份额，并对共有财产进行合理分割。依据《中华人民共和国民法典》(以下简称《民法典》)物权编之相关规定，共有关系可分为共同共有与按份共有，共有人对共有财产或平等地享有权利和承担义务，或按各自的份额享有权利和承担义务。在按份共有关系下，按份共有人各自享有的权利份额大小是很明确的，当某个共有人申请破产，对共有财产进行分割后，该共有人享有的一定份额的财产即属于债务人财产的范围；而共同共有人依据共有关系共同对共有物平等地享有权利、承担义务，共同共有人彼此间的权利义务是没有明确份额的。且根

---

① 参见世界银行破产处理工作小组：《世界银行自然人破产问题处理报告》，殷慧芬、张达译，中国政法大学出版社 2016 年版，第 31 页。

据《民法典》第303条规定，在共有人约定不得分割共有财产以维持共有关系的情况下，应当按照约定不分割，但共有人有重大理由需要分割的情形除外；在共有人没有约定或者约定不明确的情况下，按份共有人可以随时请求分割，而共同共有人在共有的基础丧失或者有重大理由需要分割时可以请求分割。可见，一方共有人的破产应当属于"重大理由"，需要对共有财产进行分割以明确债务人财产的范围。在未来的个人破产立法中，对于共有财产中的债务人财产的分割，应当依据《民法典》相关规定，明确共有人一方申请破产的，共有人可以向受理破产案件的人民法院请求分割共同财产。

在共同共有的财产关系中，较为典型的就是夫妻共有财产关系。家庭是人们的基本生活单位，家庭中的婚姻关系直接影响着一个自然人的财产关系。依据《民法典》的相关规定，夫妻双方未就夫妻财产关系作出约定或约定无效时，法定夫妻财产制是婚后所得共同制，夫妻双方对婚姻关系存续期间取得的财产共同共有。夫妻共同财产正是建立在婚姻关系上的财产共有，是夫妻双方在同一屋檐下共同生活的物质基础。在夫妻一方个人破产的情形下，需要先将债务人的财产从夫妻共同财产中加以分割。对于夫妻共同财产的分割，一直以来，理论界与司法界的争议焦点在于在婚姻关系存续期间夫妻能否诉请分割共同财产。《中华人民共和国婚姻法》未对此作出明确规定，而依据2011年颁布的《最高人民法院关于适用〈中华人民共和国婚姻法〉若干问题的解释(三)》(以下简称《婚姻法司法解释(三)》)第4条，在婚姻关系存续期间，夫妻一方请求分割共同财产，人民法院在一般情况下不予支持，但在两种例外情况下可以准予分割：其一，一方有隐藏、转移、变卖、毁损、挥霍夫妻共同财产或者伪造夫妻共同债务等严重损害夫妻共同财产利益行为的；其二，一方负有法定扶养义务的人患重大疾病需要医治，另一方不同意支付相关医疗费用的。并且，在这两种例外情形下，法院准予分割夫妻共同财产，还需要满足不损害债权人之利益的前提条件。有学者认为，《婚姻法司法解释(三)》第4条解释了《中华人民共和国物权法》第99条所规定的"重大理由"在婚姻关系中的具体含义。①《民法典》第1066条在吸收《婚姻法司法解释(三)》之规定

① 参见薛宁兰、许莉：《我国夫妻财产制立法若干问题探讨》，载《法学论坛》2011年第2期。

的基础上，以法律的形式确定了在婚姻关系存续期间夫妻享有分割共同财产请求权，删除了原司法解释“婚姻关系存续期间，夫妻一方请求分割共同财产的，人民法院不予支持”的原则性规定以及“不损害债权人利益”的前提条件。可见，《民法典》的规定赋予了夫妻一方婚内分割共同财产的权利，进一步强调了对夫妻双方合法财产权益的保护，有利于夫妻婚内共同财产纠纷的解决，提升财产效用。①

虽然自2021年初起施行的《最高人民法院关于适用〈中华人民共和国民法典〉婚姻家庭编的解释(一)》第38条对夫妻一方婚内分割共同财产的权利作出了一定的限制，规定“婚姻关系存续期间，除民法典第一千零六十六条规定情形以外，夫妻一方请求分割共同财产的，人民法院不予支持”，但《民法典》第1066条对夫妻婚内分割共同财产请求权的规定依然能够为个人破产制度下夫妻共同财产的分割提供理论支持，夫妻一方因资不抵债而导致个人破产的情形应当属于《民法典》第1066条规定的“严重损害夫妻共同财产利益行为”。学者认为，在夫妻财产共有制之下，可能会存在夫妻对共有财产管理权的行使产生分歧的情形，赋予夫妻一方婚内分割夫妻共同财产请求权，能够在夫妻的财产管理权之行使发生冲突时发挥调和作用；此外，夫妻婚内共同财产在一些情形下的分割，还能够在保护夫妻财产共有权的同时实现对债权人之债权的适度保护。② 在婚姻关系确立之前，夫或妻可能背负着因个人生活或投资而导致的个人债务；在婚姻生活中，夫或妻一方也可能以其个人财产进行创业、开展具有失败风险的各类经营活动，而负担上与夫妻另一方生活完全无关的个人债务。在婚姻关系存续期间，当夫妻一方的个人财产不足以支付其承担的个人债务而申请个人破产时，夫妻对共同财产的管理权可能会产生冲突，且如果任由个人破产的一方用夫妻共同财产来清偿其个人债务，不仅不利于保护婚姻关系另一方当事人的合法财产权益，还可能影响夫妻共同财产将来对外承担责任的能力，不利于保护善意的第三人。③ 因此，为了保障婚姻关系的

① 参见王歌雅：《民法典婚姻家庭编的价值阐释与制度修为》，载《东方法学》2020年第4期。

② 参见薛宁兰、许莉：《我国夫妻财产制立法若干问题探讨》，载《法学论坛》2011年第2期。

③ 参见黄银斌：《婚内夫妻共同财产分割法律问题研究》，载《广西政法管理干部学院学报》2015年第4期。

和谐稳定、平衡债权人与婚姻关系另一方的合法权益，应该将夫妻一方因其财产不足以清偿个人债务而申请破产纳入婚内分割共同财产的适用情形。个人破产法应当对个人破产制度下夫妻共同财产的分割作出具体规定，明确在婚姻关系存续期间，夫妻一方申请个人破产的，另一方可以向受理破产案件的人民法院请求分割夫妻共同财产。对于如何分割夫妻共同财产的问题，可以借鉴我国夫妻离婚时对具体财产形式进行分割的实践方法，并且同样应当遵循我国婚姻法分割夫妻共同财产的五项基本原则——男女平等，保护妇女、儿童的合法权益，照顾无过错方，尊重当事人意愿，有利生产、方便生活，[①] 以实现对夫妻共同财产的公平分割，合理确定债务人财产之范围。此外，对于夫妻共有财产分割请求权人范围，外国立法例出于稳定婚姻生活、维护夫妻财产独立精神的目的，一般规定夫妻任何一方可以提起申请而其他第三人无此权利，但债权人是否应当享有请求权在理论上存在争议。有学者认为，夫妻共同财产对外承担着担保交易的功能，允许分割夫妻共同财产的立法目的就包括兼顾债权人利益、维护交易安全，面对我国社会征信体系尚未健全的现状，若不允许特定情况下的债权人向法院诉请分割夫妻共同财产，则对债权人不公平。[②] 当夫妻一方资不抵债、面临个人破产时，应当赋予债权人请求分割共同财产的权利。[③] 如上文指出，在个人破产制度下，破产程序的运行能够减少社会中的恶意逃废债现象、保障债权人债权的合理实现，而在认定债务人财产时赋予债权人向法院诉请分割债务人夫妻共同财产的权利，无疑有助于明确债务人财产范围、推动破产程序的顺利进行。因此，虽然《民法典》仅规定了符合法定情形中的婚姻当事人享有请求权，但在个人破产法中应当明确夫妻一方破产，债权人也可以向受理破产案件的人民法院请求分割夫妻共同财产。

---

① 参见王歌雅：《离婚财产清算的制度选择与价值追求》，载《法学论坛》2014年第4期。

② 参见黄银斌：《婚内夫妻共同财产分割法律问题研究》，载《广西政法管理干部学院学报》2015年第4期。

③ 参见余延满：《亲属法原论》，法律出版社2007年版，第254页。

三、破产财产范围的确定

依据《企业破产法》第 30 条与第 107 条之规定，我国破产法以破产宣告为时间节点，对“债务人财产”和“破产财产”进行了界分，表明债务人在破产程序中的不同阶段的法律地位不同。企业法人的破产财产应当是指“在破产宣告时至破产程序终结期间，归破产管理人占有、支配并用于破产分配的破产人的全部财产的总和”①。

依据我国破产法理论，破产财产是破产宣告后破产程序继续进行的基础，也是债权人能够通过破产程序得到债务清偿的物质保证。那么在个人破产制度下，为了破产程序的顺畅进行、实现对债权人受偿利益的保障，应当厘清个人的破产财产之范围。如前所述，个人破产的债务人财产的认定涉及为债务人保留自由财产的问题，自由财产之外的债务人财产才是能够用于分配的破产财产，并且破产财产的范围还受到不同时间标准以及撤销权等权利之行使的影响。自由财产制度将在后文进行讨论，下面将主要从时间标准以及破产撤销权的行使对破产财产的影响两方面，对个人破产制度下破产财产范围的确定进行探讨。

(一)时间标准

按照时间标准对破产财产的范围进行界定有助于在破产程序的进行过程中更加准确地认定债务人的破产财产，便于后续管理、分配工作的进行。概括来说，对于认定破产财产的时间标准问题，各国在理论上和立法上的争议在于采取固定主义还是膨胀主义，日本、德国等国家即采固定主义的立法方式，而英国、法国等国家的破产法则采用膨胀主义。事实上，固定主义与膨胀主义的核心区别在于破产财产是否包含破产宣告后至破产程序终结前新取得的财产，其倾斜保护的利益人不同。采取固定主义有利于促进破产程序的快速进行、帮助债务人尽快脱离债务的纠缠，同时有利于破产债务人在破产宣告后开始进行正常的经济活动，倾向于保护债务人；采取膨胀主义则能够增加可供分配的债务人财产数额，防止债务人进

① 参见邹海林：《破产程序和破产法实体制度比较研究》，法律出版社 1995 年版，第 247 页。

行债务欺诈、恶意拖欠等不公平现象的出现，督促债务人诚实地承担法律责任，有利于扩大每个债权人可受偿的债务比例，倾向于对债权人利益的保护。①

依据《企业破产法》的规定，在企业破产制度下，破产财产的时间标准采取的是膨胀主义。对于个人破产制度下的破产财产，我国个人破产法也应当采用膨胀主义，规定破产宣告后至破产程序终结前债务人取得的财产均属于破产财产。理由在于：一方面，基于我国现实国情，我国的社会征信体系建设尚不完善，存在许多债务欺诈、恶意逃废债的现象，在破产程序开始之前债权人的合法权益已经遭受侵害，则应当督促债务人尽可能依约偿债、帮助债权人实现债权；② 另一方面，对债务人的倾斜性保护可以通过个人破产之下特殊的自由财产制度来实现，在剔除自由财产的部分之后，余下可用于破产清偿的财产部分也许份额并不多，将破产宣告后债务人所取得的新财产囊括于破产财产的范围之内，可能不会对债务人之后的基本生活造成影响，但有利于尽快还清债务、解决债务纠纷。

此外，在个人破产制度下，我国立法还可以采取一种折中方案，即在免责制度中根据不同的清偿比例规定不同的免责期限来消除采取膨胀主义或固定主义产生的差异。对于认定破产财产的时间标准，个人破产立法采取更倾向于保护债权人受偿利益的膨胀主义，而这种情形下债务人的债务清偿比例较高，则可以适用较短的免责期限，破产人得以更早地向人民法院申请破产免责。如此能够实现债务人利益与债权人利益的平衡。

(二)破产撤销权对破产财产的影响

在临近破产宣告的一段时间内，债务人出于各种原因，可能会实施恶意处分其个人财产、逃避债务清偿的行为，而债务人此类处分财产的行为可能导致破产程序开始后陷入“无产可破”的困境，以致影响债权人之债权公平受偿。为了实现破产制度公平分配债务人财产、维护债权人合法权益的功能，许多国家的破产法中均设立了破产撤销权制度，规定管理人有权请求法院撤销债务人实施的恶意处分财产的行为，使被恶意处分的财产

① 参见王欣新：《破产法》(第三版)，中国人民大学出版社 2011 年版，第 110 页。

② 参见许德风：《论个人破产免责制度》，载《中外法学》2011 年第 4 期。

回归破产财产，以供后续进行破产分配。破产法上的撤销权和民法上的撤销权具有同源性，破产法上的撤销权是民法上债权人撤销权制度在破产程序中的延伸，但破产撤销权与民法上的债权人撤销权也存在许多不同之处。与民法上的主要由单个债权人行使的债权人撤销权相比，破产撤销权由管理人代表全体债权人提出，撤销的范围及于债务人所有可撤销的行为。且依据《企业破产法》的相关规定，撤销权的行使不要求任何主观善恶的要件，在破产程序开始前特定期限内的正常清偿行为也可以被撤销，相较于债权人撤销权，破产撤销权可为债权人提供更强的保护。① 在个人破产制度下，同样需要设定破产撤销权以更全面地维护债权人利益。

我国《企业破产法》采用列举的方式对破产可撤销行为加以罗列，理论上可以被分类为欺诈行为与偏袒性清偿行为。欺诈行为包括无偿转让财产、放弃债权、以明显不合理的价格进行交易的行为；偏袒性清偿行为指债务人在法定期间内，以提前清偿未到期债务、对没有财产担保的债务提供财产担保等方式，使特定债权人取得原没有的优先受偿地位或获得更多清偿的行为。② 但《企业破产法》采用的列举式立法模式存在不足之处，并未规定可撤销行为的一般构成要件，且列举的可撤销行为种类较少，司法实践中可能出现债务人的其他恶意行为损害了债权人利益的情形，而法官无法行使自由裁量权。并且，《民法典》第 538 条、第 539 条也在《中华人民共和国合同法》相关规定的基础上对债权人可行使撤销权的情形作出了新的规定，因此在个人破产法的立法过程中，对于破产撤销权行使情形的规定，除了可以借鉴国外立法例选择概括式与列举式相结合的立法模式，还应重新厘清破产可撤销行为的类型，与《民法典》相关规定进行衔接。

四、自由财产范围的确定

自由财产也称“豁免财产”，是指债务人财产中不纳入破产财产范围、

---

① 参见许德风：《论个人破产免责制度》，载《中外法学》2011 年第 4 期。

② 参见王欣新：《破产法》(第三版)，中国人民大学出版社 2011 年版，第 131~137 页。

不得查封和扣押、不用于清偿债务、由债务人自由支配的财产。① 自由财产制度是个人破产领域内的特殊制度，随着社会文明的进步，各个规定了个人破产制度的国家均设定了自由财产制度。设立自由财产制度的必要性在于，不同于在市场上优胜劣汰的企业法人，自然人不会随着破产清算程序的终结而失去其民事主体资格，为满足破产后债务人的基础生活需求、保障债务人的基本权利，必然需要在破产程序中为之保留一定的可供其支配的自由财产。自由财产制度是生存权和发展权在个人破产法中的具体化，本质上体现的是一种人文关怀和人文精神。并且，为债务人保留必需的自由财产，避免破产的自然人及其抚(扶)养的亲属陷入一无所有、生活无着的困境，有利于防止其成为扰乱社会秩序的不安定因素、维护社会的和谐稳定。② 但自由财产制度的设立会对债权人债权的实现造成限制，本质上是通过立法强行缩减了破产财产的范围、将社会对债务人的供养之风险转嫁至债权人身上。③ 因此，为了尽可能实现债权人、债务人以及社会整体利益之间的平衡，需要对债务人财产中自由财产范围的划定进行研究。

(一)确定自由财产范围的原则

自由财产范围的确定需要遵循一定的基本原则，以这些基本原则为选择何种立法方式、判断某些财产是否应属于自由财产之范围提供指引。

1. 适当保护债务人及其所供养亲属之生存权和发展权

如前述，在个人破产制度下，有必要设定自由财产制度以保障债务人及其所供养亲属的生存权和发展权。具体而言，为保障人之生存权，应当为债务人及由其抚(扶)养的家庭成员保留一定时期内的基本生活物质保障，使得债务人及其所供养的亲属不必因个人破产而使其生活水准降至贫困线之下；为保障发展权，应当为债务人在破产后继续工作提供必要的条

---

① 参见王欣新：《用市场经济的理念评价和指引个人破产法立法》，载《法律适用》2019 年第 11 期。

② 参见刘静：《个人破产制度研究：以中国的制度构建为中心》，中国检察出版社 2010 年版，第 211 页。

③ 参见胡利玲：《论个人破产中豁免财产的构成与限制》，载《东方论坛》2020 年第 3 期。

件，为其保留职业重新起步必需的财产和工具。① 但与此同时，对债务人及其所供养亲属之生存权和发展权的保障应当适度，坚持暂时性与有限性原则。如果给债务人保留的自由财产不足，可能会使破产债务人陷入更加困顿的生活境遇，影响其正常生活与发展。而如果对债务人的基本生活进行过度保障、为其保留过多可自由支配的财产，一方面会给债权人带来更多的经济损失、加重对债权人清偿利益的损害，从而加剧债权人与债务人之间的利益冲突，造成债务人与债权人间利益的失衡；另一方面也会使债务人以破产为由逃避债务，诱使更多背负债务的自然人申请破产，可能会加重司法负担，影响社会公平。②

2. 兼顾明确性与灵活性

一方面，为了实现有法可依，自由财产之范围应当具有一定的明确性，债务人与债权人在申请破产之前应该对自由财产之范围有所了解，使得其能够对破产后果、破产后的生活状况有一定的心理预期。另一方面，随着经济社会的不断发展，基本生活标准也在不断发生变化，在认定自由财产时需要考虑到财产价值的变化，自由财产的内容应该做到与时俱进、瞬时更新，避免脱离生活实际；且我国疆域辽阔、各地区的发展程度不均衡，自由财产范围的确定不能一概而论、等量齐观，可以仿照社会最低保障标准的确定标准来制定自由财产的规则，做到因地制宜。

(二)我国自由财产范围的立法选择

1. 立法模式

对于自由财产的立法模式，问题在于是选择列举式规定还是概括式规定。参考国外立法例，大多数国家选择了列举式，在破产法或者有关民事执行的法律中对自由财产的种类进行了详细的罗列。如 1978 年《美国破产法》第 522 条集中规定了破产债务人财产中的自由财产，详细列明了从破

---

① 参见胡利玲：《论个人破产中豁免财产范围的确定》，载《经贸法律评论》2019 年第 4 期。

② 参见刘静：《个人破产制度研究：以中国的制度构建为中心》，中国检察出版社 2010 年版，第 212 页。

产财产中排除的财产清单，包括作为债务人或其被扶养人住所的动产或不动产及在住宅合作社的财产与墓地、汽车、家具、生活用具、衣物、器具、书籍、动物、粮食或者乐器、珠宝、职业需要的工具以及生活所需的保险金、养老金等，并且对一些财产种类规定了一定的价值限制。①

概括式立法与列举式立法各有利弊。采用列举式的优势在于申请破产的债务人可以清晰地了解到自由财产的具体范围从而对其破产后的生活状态进行自我评估，且较为明确的自由财产范围有利于推动破产程序的顺利进行。但对自由财产具体种类的列举难免挂一漏万，并且随着社会的发展，自由财产的内容也会不停变化，而抽象概括的立法模式能够为法官留下自由裁量的空间，更加方便适用，可以做到具体问题具体分析。因此，基于我国目前法官对个人破产案件缺乏审判经验的现状，我国自由财产的立法模式应当采取列举加概括式，不仅要通过列举给予法官确定性指示、增强法条的可操作性，还要规定兜底性条款，使得法官能够享有一定程度的自由裁量权。②

2. 与强制执行相关法律法规的衔接

在许多国家，个人破产制度下的自由财产与民事诉讼中的不可执行财产这两个概念是通用的，都旨在保障基本人权，含有人道主义色彩。事实上，破产程序属于一般的、概括的强制执行程序，凡在个别的、具体的强制执行程序中不可执行、不得扣押的财产，在破产时当然亦属于不得用于清偿债务的财产。对于不可执行财产，我国《民事诉讼法》第 244 条较为概括地规定了应当“保留被执行人及其所扶养家属的生活必需品”，且最高人民法院在《关于人民法院民事执行中查封、扣押、冻结财产的规定》中详细地规定了民事执行过程中不得查封、扣押、冻结的被执行人的财产。这些规定虽然较为笼统，但与自由财产制度的内在精神相契合，在我国个人破产立法过程中，对自由财产范围的确定可以参考不可执行财产的范围，且应当规定《民事诉讼法》中不得强制执行的财产同样也适用于破

① 参见许德风：《论个人破产免责制度》，载《中外法学》2011 年第 4 期。

② 参见张阳：《个人破产何以可能：溯源、证立与展望》，载《税务与经济》2019 年第 4 期。

产法作为自由财产。① 同时，自由财产范围的界定还需要考虑到与未来民诉法中不可强制执行财产制度的有效衔接，避免在个人破产制度下由于自由财产制度对债务人的过分宽容而造成不公平的现象出现。

3. 规定自由财产之例外

为了更好地平衡债务人与债权人之利益、减少债务逃废等恶意现象的出现，在通过立法确定自由财产之范围时，也需要规定自由财产之例外来对自由财产的范围进行限缩。在一般的自由财产范围之内，有些特殊财产可能价值较高，若将其排除在破产财产的范围之外有违公平原则，则不应将其列入自由财产之列。例如，一般而言，对债务人有特定精神意义的财产属于不用于清偿债务的自由财产，但有学者认为并非所有具有精神寄托的财产都应当被排除在破产财产之外，若一件财产交换价值较高而精神价值较低或具有拍卖的公益性价值，如纪念章、邮票等，则应纳入破产财产。② 价值较大、不用以清偿债务明显违反公平原则的，人民法院可以不认定为自由财产。此外，鉴于我国房价高昂的特殊国情，对于债务人及其所抚养、赡养和扶养的家庭成员所必需的居住房屋，若其价值较高、不用于清偿债务将明显违反公平原则，则可以将其作为自由财产之例外而用来清偿债务。③

结　论

个人破产制度的构建是完善我国破产制度的必由之路，而债务人财产的认定既是个人破产程序顺利进行的关键，也承载着个人破产制度的功能倾向与价值取向，因此有必要对个人破产制度下债务人财产的认定进行研究。本文认为，对于如何认定个人破产制度下债务人财产的问题，首先需

① 参见胡利玲：《论个人破产中豁免财产的构成与限制》，载《东方论坛》2020年第3期。

② 参见胡玲：《债务人生存权益视角下的我国个人破产立法研究》，中国法制出版社2014年版，第86页。

③ 参见"中国个人破产立法研究"课题组：《个人破产法(学者建议稿)》，合肥市破产管理人协会网，http：//www. hfsaba. com/glrmc-71. html，访问日期：2020年11月10日。

要确定哪些财产是归属于债务人的，需要从共有财产中分割出债务人财产，最为典型的就是对夫妻共同财产的分割，应当在个人破产立法中明确规定：在夫妻一方个人破产的情形下，另一方或债权人可以向受理破产案件的人民法院请求分割夫妻共同财产。其次，对于如何确定破产财产之范围的问题，我国个人破产立法应当选择以膨胀主义作为时间标准，规定破产宣告后至破产程序终结前债务人取得的财产均属于破产财产，同时应明确破产撤销权等权利的行使情形。最后，对于自由财产的范围，我国应选择列举式加概括式的立法模式，以适当保护债务人及其所供养亲属之生存权和发展权，以兼顾明确性与灵活性为原则，来确定自由财产的具体内容。

个人破产失权制度的规范路径研究*

陈文姣**

内容提要：个人破产失权制度承载利益平衡与惩戒预防的功能价值，内化为破产免责的前置条件，外化为破产惩戒的权利限制。制度的立法工作尚处试点阶段，破产失权的理论研究尚待体系化构建。司法实践采取从民事执行体系构建个人债务集中清理程序的探索进路，试图实现规范层面个人破产制度的效果。比较不同规范文件，呈现出失权内容的性质等价和实现路径的形式差异，且与关联制度融贯的正当化基础未见明晰。相较程序规则，破产失权直接关涉自然人实体权利与行为自由的边界。厘清破产与失信的概念关联，是破产制度与社会信用体系衔接的前提。立于破产失权的制度独立性，应从规范设计上把握免责条件与失权内容的界分，确保概念语词与内涵要素的一致对应，消弭制度体系内的逻辑歧义。

一、失权制度必要性之证成

我国建立个人破产制度的学理之辩从起草《中华人民共和国企业破产法》(以下简称《企业破产法》)为序持续至今，反对者认为立法环境尚不成熟，信用体系建设、财产登记公示制度、破产道德风险等因素均会阻碍

---

* 基金项目：2020 年中南财经政法大学中央高校基本科研业务费专项资金资助(202010547)。

Supported by "the Fundamental Research Funds for the Central Universities", Zhongnan University of Economics and Law(Grant Number).

** 陈文姣，中南财经政法大学 2019 级民商法硕士研究生。

"免责式个人破产"的引入。① 支持者则提出，个人破产与配套制度是互利互助关系，破产将倒逼社会信用体系和财产制度发展。② 目前理论上基本达成对个人破产制度之必要性的一致意见，③ 可行性研究的内容尚未展开。

（一）破产失权的理论价值

广义上的破产失权包括自法院受理破产申请时至程序终结前，整个破产期间对破产人的限制与禁止。狭义上的破产失权仅指在破产宣告后，破产自然人在"失权期"内丧失特定实体权利、资格或承担某些义务的制度。④ 目前趋近一致的观点认为破产失权制度的价值在于调整破产人各项社会、经济权利和任职资格限制的阈值，减弱未获得完全清偿债权人的心理失衡，维系债权债务关系的整体对等性。失权制度是破产问责理念的具化，无论基于何种缘由，因清偿不能而陷入破产的自然人须为自己在经济生活中的"失败"负责。

（二）制度依托的基础薄弱

浙江台州、温州，江苏苏州吴江区和山东高青县等地方法院均发布规范文件，尝试以"个人债务集中清理程序"实现由执行向破产的个人债务清理进路转型。⑤ 各地法院债务清理规则对程序适用主体的条件性规定不

---

① 参见李帅：《论我国个人破产制度的立法进路——以对个人破产"条件不成熟论"的批判而展开》，载《商业研究》2016 年第 3 期；曹兴权：《雾里看花：自然人破产之争》，载《河北法学》2006 年第 4 期。

② 参见刘静：《个人破产制度研究：以中国的制度构建为中心》，中国检察出版社 2010 年版，第 112~118 页。

③ 参见许德风：《破产法论：解释与功能的比较视角》，北京大学出版社 2015 年版，第 469~471 页；王利明：《破产立法中的若干疑难问题探讨》，载《法学》2005 年第 3 期；齐明：《论我国构建自然人破产制度的必要性》，载《当代法学》2007 年第 4 期。

④ 参见毛琳：《个人破产程序中债务人权利的限制与恢复》，载《山东法官培训学院学报》2019 年第 4 期。

⑤ 规范性文件对个人债务集中清理的名称表述略有细微差异，"集中"一词能直接体现全体债权人共同参与的概括执行特征，本文统一使用"个人债务集中清理程序"这一术语表达相应制度。

一，台州市中级人民法院认为仅处于执行程序或经司法查控资不抵债的债务人方满足启动程序条件；① 温州市中级人民法院则对申请主体直接冠以被执行人的身份限定，并具体列举典型的破产原因类型；② 高青县人民法院限定债务人须为被企业破产连带的关联自然人，且须在企业破产被立案受理后才能申请启动；③ 苏州吴江区人民法院均承认企业破产关联债务人和生活困难的一般债务人的启动资质，并规定处于执行程序的债务人可优先启动。④ 除台州市中级人民法院确立以债务人未来收入为界分流债务重整和清算程序外，其他法院皆未采取重整与清算区分模式，而仅统一规定债权人会议表决个人债务清理方案或计划书的程序形式。个人债务集中清理程序的地域性差异，尽管为试点常态，但究其根本仍是个人破产制度的理论研究不能为具体实践直接提供范式指引所致。

(三)失权规则存在较多缺憾

继个人债务集中清理程序后，《深圳经济特区个人破产条例》(以下简称《深圳个人破产条例》)将制度立法进程推至地方性法规层级。⑤《深圳个人破产条例》对适用主体采取的立法模式相当具有前瞻性，但未对经营型债务人和消费型债务人加以区分，不免会引发公众对因超过一般水平消费却获得破产免责的质疑。另外，《深圳个人破产条例》未明确配偶一方破产对婚姻存续期间夫妻财产共同所有制的影响以及与婚内财产分割的联

① 《台州市中级人民法院执行程序转个人债务清理程序审理规程》第 2 条，载微信公众号"中国破产法论坛"，2021 年 1 月 10 日。

② 《温州市中级人民法院关于印发〈关于个人债务集中清理的实施意见(试行)〉的通知》第 6 条，北大法宝网，https：//www.pkulaw.com/lar/d4adfe18dd26567bc25f02bc60431595bdfb.html?，访问日期：2021 年 1 月 10 日。

③ 《高青县人民法院关于企业破产中对有关个人债务一并集中清理的意见(试行)》第 2 条、第 4 条，高青县人民法院网，http：//zbgqfy.sdcourt.gov.cn/zbgqfy/376544/376550/6008267/index.html，访问日期：2021 年 1 月 10 日。

④ 《苏州市吴江区人民法院关于个人债务清理的若干规定(试行)》第 4 条、第 5 条，山东省法学会企业破产与重组研究会网，http：//www.ebra.org.cn/news/detail/5968_1.html，访问日期：2021 年 1 月 10 日。

⑤ 《深圳经济特区个人破产条例》，深圳市人大常委会网，http：//www.szrd.gov.cn/szrd_zyfb/szrd_zyfb_cwhgb/202009/t20200901_19315925.htm，访问日期：2021 年 1 月 10 日。

动关系，域外有立法例将破产作为夫妻财产由共同所有制转为分别所有制的法定事由。① 已出台的《中华人民共和国民法典》(以下简称《民法典》)所规定的夫妻婚内财产分割的法定事由并不包括破产，在坚持夫妻法定共有制为原则的基础上，将破产列为法定分割事由有待实践和理论的回填。《深圳个人破产条例》也未统一失权规范，缺乏具有核心要素的破产失权条款。

二、失权制度正当性之检视

(一)历史必然性的回溯

回溯破产制度的历史脉络，对破产人的规制重心从惩戒主义到有罪主义再到免责主义，逐渐衍生出宽宥的破产免责制度。在奴隶社会和封建社会时期，无法清偿债务的自然人会遭受商主体资格被剥夺、丧失人身自由甚至沦为奴隶或付出生命的严峻后果。② 以残酷的人身惩戒刑罚保障私有财产神圣不可侵犯的自然权利，规定债权人享有对债务人生杀予夺的权利，使得破产人因为一次经济失败而陷入巨大的不幸。③ 人文主义精神的觉醒动摇了对债务人施以奴役、杀害惩戒的法理根基，纵然破产自然人对无力偿债的状态存在过错，其罪过也不宜与直接侵犯他人权利所致之刑罚程度相当。但此时保护债权人依然是破产制度的核心价值，具有浓厚道德惩戒色彩的拘禁债务人习俗被教会法吸收继承。④ 对破产人课以法律责任的动因在于，资不抵债的后果系由债务人控制的风险，法律应对此予以否定性评价。以破产有罪为要旨的法律制度随着文明社会建设的深入备受质疑，随之而来的是免责破产占据主导地位。破产制度重心的转移并不意味着破产惩戒性的消弭，以破产与免责的主次逻辑关系为元点，破产惩戒以

① 如《瑞士民法典》第 188 条，参见《瑞士民法典》，戴永盛译，中国政法大学 2016 年版，第 69~70 页；我国台湾地区“民法典”第 1009 条。

② McBryde, W. W., Flessner, A. and Kortmann, S. C. J. J. (eds.), Principles of European Insolvency Law, Kluwer Legal Publishers, 2003.

③ 参加徐国栋：《罗马破产法研究》，载《现代法学》2014 年第 1 期。

④ 参见胡玲：《债务人生存权益视角下的我国个人破产立法研究》，中国法制出版社 2014 年版，第 122~123 页。

更为缓和的人格减损、行为限制的方式取代人身剥夺和自由剥夺。[①]

(二)价值正当性的归入

破产失权制度的价值一方面体现为恢复因破产免责而导致债权人保护和债务人救济之间的利益失衡。债务人因无力偿债而陷入破产状态，可归咎于其行为存在超出一般理性经济人范畴。债务人以全部责任财产担保债权实现是民法之基本原理，实体规范确立债务人自始负有保证责任财产充足的义务。[②] 被宣告破产的债务人已违反此项实体义务，程序规范当然应在正义范畴内提供司法救济。法律正义的实现依赖于制度在权利义务分配、经济机会、社会生存和发展条件方面的利益均衡，[③] 让债务人负担特定权利限制或承受额外义务以补偿债权人的失衡利益，是破产失权制度内在正义价值的表现。破产失权制度的另一功能为惩戒不守信的债务人，预防恶意破产与反复破产。信用公平理论强调通过债务人信用度量调节债权人因认知失调而产生的不公平感，[④] 而破产失权的信息反馈又推动信用信息的完善。现代个人破产制度中基于“免责主义”对破产人予以债务宽宥福利具有双面性，倘若不设置门槛限制无疑会沦为恶意债务人的逃债手段。从他国个人破产制度的发展轨迹可预见，利益驱动下债务人将以压倒性趋势追求破产免责以终结债务纠纷，直接表现为个人破产案件的激增和制度的滥用。[⑤] 以破产失权为前置对价将免责制度的负面影响控制在可容忍范围内，不啻为预防制度滥用的内嵌机制。再者，破产失权的预防性可避免曾破产的自然人再度陷入破产的恶性循环。除偶发性因素导致资不抵债的，债务人破产基本均归因于经济交易中的乐观偏见心理。破产失权的惩戒效果会反射到自然人对债务风险的心理预判，继而破产人对未来负担债务的行为会报以更谨慎的态度，不断修正其经济行为向理性化发展。

---

① 参见欧元捷：《论个人破产建构的中国逻辑——以破产与免债的界分为起点》，载《山东社会科学》2020 年第 3 期。

② 参见谭秋桂：《论限制债务人高消费的法理基础及其制度完善》，载《时代法学》2011 年第 6 期。

③ 参见周旺生：《论法律正义的成因和实现》，载《法学评论》2004 年第 1 期。

④ 参见刘冰：《论我国个人破产制度的构建》，载《中国法学》2019 年第 4 期。

⑤ 参见许德风：《论个人破产免责制度》，载《中外法学》2011 年第 4 期；美国个人破产免责限制的宽严变化，直接影响申请个人破产的案件数量多少。

(三)现实有效性的预判

针对破解执行难僵局而创设的执行威慑机制，其在内容上包括与破产失权惩戒性内容直接关联的失信被执行人名单和限制高消费制度。以行为限制和信用减等作为不履行债务的法律后果，造成债务人巨大心理压力以迫使其自动履行。① 限制高消费制度的适用要以债务人存在主观恶意为前提，而失信被执行人名单制度则要求更高程度的行为恶意。现实中，面对大量消极不作为的被执行人，法院须得全面掌握其现有财产情况，还需对债务履行情况、清偿可能性、隐匿财产的性质、实际履行能力甚至是相关的品格行为等诸多因素予以审度。② 如此无疑会大量增加司法成本，同时，缺乏明确的裁判标准也会引起制度适用的混乱。囿于执行效益价值要求和恶意要件审查的障碍，法院鲜有在满足规范评价恶意的基础上深入审查客观存在的恶意。裁判中通常仅以“不履行”要件的满足为由而同时适用限制高消费制度和失信被执行人名单制度，③ 适用失信被执行人名单和限制高消费制度的主观要件被降格为规范评价的恶意。尽管破产债务人的失权惩戒并不要求行为直接恶意，但以结果归责作为评价尺度的破产失权，无疑与执行程序中的失信惩戒具有内在一致性。

三、破产失权之内容重构

(一)优化财产权利限制机制

限制破产债务人的财产权利是破产程序推进的应有之义，属于破产保

---

① 参见倪娜:《民事执行威慑机制基础理论分析》，载《福建法学》2015 年第 4 期。

② 北京市高级人民法院(2018)京执复 194 号执行裁定书；浙江省高级人民法院(2017)浙执复 75 号执行裁定书；广东省高级人民法院(2017)粤执复 339 号执行裁定书。

③ 浙江省东阳市人民法院申请终结(2019)浙 0783 执 5817 号执行裁定书；浙江省杭州市中级人民法院(2019)浙 01 执 364 号执行决定书；福建省高级人民法院(2019)闽执复 37 号执行裁定书；广东省广州市中级人民法院(2019)粤 01 执复 811 号执行决定书；广东省广州市中级人民法院(2019)粤 01 执复 144 号复议决定书；湖南省岳阳市中级人民法院(2019)湘 06 执复 32 号执行裁定书。

全措施，目的是避免在最终清算分配前破产财产的非正常减损。我国破产法对债务人财产的限制基于物权法上所有权“权能分离”理论，以目的性必要限制债务人的处分权能和管理权能，① 通过管理人接管财产实现权能剥离效果。但我国尚未设立类似英国破产法上的临时接管人，实践中管理人选任时间规定模糊。② 我国破产程序的启动采取受理主义，导致在法院受理破产和实际接管财产间存在不确定的时间差。以管理人接管规定吸收对债务人财产权限制，虽更符合实践操作性，但无疑暴露了制度理论设计上的不周延。因而在个人破产法规范上必须明确规定破产程序启动后对债务人财产权利的限制，即禁止申请破产的债务人在维持基本生活和工作所需之外处分其责任财产。后续破产清算、重整或和解程序的功能性差异会导致财产处分和管理权能的变动，即对权利限制的再限制。破产和解与破产重整本质上是旨在恢复债务人经济能力的双方合意程序，此时将对债务人的权利限制留待当事人意思自治无疑体现了公法对私人关系的尊重。破产财产是债务人责任财产在破产语境下的转化，具体范围构成存在固定主义和膨胀主义两种立法模式。《深圳个人破产条例》规定管理人对债务人在失权考察期内新增破产财产的接管分配职责，属于膨胀主义的模式。尽管多数国家个人破产财团的立法体例已逐渐由膨胀主义向固定主义转化，但我国以膨胀主义为起点仍具有实践意义。③ 责任财产作为财产消极功能的承载，以责任人所有权下的财产为限。④ 将未来一定期限内的收入规定为破产财产，是基于债务人以责任财产担保债权的民法原理。《企业破产法》确立了以撤销权为核心的债务人财产增量制度，学理上也提出了企业破产财产经营论。⑤ 自不待言，债务人对其申请破产时的初始财产和破产期间的增量财产所享有的权利均为破产失权所涵摄。

---

① 参见李仁玉、董彪：《所有权权能体系的反思与重构——以管理权能为中心》，载《法学杂志》2011 年第 7 期。

② 参见张永红：《英国个人破产案件的处理及启示》，载《人民司法(应用)》2020 年第 10 期。

③ 参见范健主编：《商法》，高等教育出版社 2011 年版，第 363~364 页。

④ 参见宋刚：《论财产责任下的责任财产》，载《法学评论》2014 年第 1 期。

⑤ 参见韦忠语：《破产财产经营论》，载《法商研究》2016 年第 2 期。

(二)落实人格破产与职业禁止措施

破产制度的评价功能通过人格破产实现，即否认破产人的主体资格或限制主体资格范围。人格破产系破产惩戒主义的现代化延续，且是债务人直观预见的破产成本。① 我国《企业破产法》确立了以消灭破产人主体资格为内容的法人人格破产，《公司法》等金融职业资格管理法规定了对破产具有归因性之责任人“准人格破产”的任职资格限制内容。② 人格在私法范畴的首要内涵为独立平等的主体资格，其次民事权利能力是法律人格的表达，③ 民事主体的构建以一般意义上的伦理人为核心。商事主体是民事主体在经济领域的特殊转化，通常还须考虑行为能力和组织形式要件等，商主体的特殊性源于以法律抽象的理性经济人为逻辑元点。④ 活跃的市场经济中存在责任独立型的商法人和责任非独立型的商个人、商合伙。⑤ 责任非独立型商主体虽具有权利能力和行为能力，但在责任负担上未切断与投资人的连带性，不具有完全的责任能力。商个人与商合伙是以形式隔离但实质混同的双重责任架构对外承担债务，换言之，其是基于组织形态的形式人格和投资人的实质人格的结合体。资不抵债的破产事实发生后，投资人则须对商主体承担无限连带责任，性质上相当于其对自身债务负担责任。此时，具有实质人格的投资自然人穿透责任架构而直接成为破产主体，形式人格就被实质人格吸收而自动消灭，最终商合伙与商个人需要剥离形式人格的外壳，由最终责任人进入破产程序。制度内在一致性原则要求个人破产失权制度应继受企业破产制度中的人格破产内容。法人人格破产在责任非独立型商主体破产情形中仅对应形式人格的消灭，而对破产具有归因型的“自然人”被破产主体吸收，准人格失权也得以被矫正为破产

---

① 参见洪玉：《略论建立我国个人破产制度的若干法律问题》，载《华东政法学院学报》2003 年第 5 期。

② 人格破产严格意义上应当仅限于具有破产能力的主体，在企业破产制度下，对破产企业负有责任的自然人不属于破产主体范围，因此以“准人格破产”指代具有相同内涵的自然人人格破产。

③ 参见王利明：《人格权法》，中国人民大学出版社 2016 年版，第 4 页。

④ 参见樊涛：《商事能力制度初探》，载《法学杂志》2010 年第 4 期。

⑤ 参见施天涛：《商法学》，法律出版社 2018 年版，第 39 页；商主体的划分存在多种标准，本文采用的是以组织结构形态为标准的主流观点。

主体的人格失权。

比较法上，自然人人格破产表现为对特定行业或岗位的准入禁止。英国规定在 1 年的破产期内，破产人不得担任公司发起人和董事、公共职务、公益团体或养老基金的受托人，违反限制规定的将导致刑事责任。① 澳大利亚规定公司发起人或经理等管理人员的人格减损内容。② 法国公司法规定破产人不得从事经营管理任何商业或手工业的活动。③ 日本在民法中规定了监护人、保佐人、监护监督人、遗嘱执行人的身份限制，以及股份有限公司的董事、监察委员的任职禁止，此外也在单行的职业资格管理法规中排除了破产人的职业资格。④ 我国台湾地区规定破产作为股东的法定退股事由，⑤ 基于公益情由对破产人之律师、会计师、公务员、企业管理人资格上确立了任职禁止规则。⑥ 我国香港地区也限制破产人从事部分对道德操守有着高标准要求的职业。⑦ 设置限制的困境在于职业管理是具有市场性和体系性的工程，无法通过有限的立法形式对社会全部职业进行事前资格准入。从破产失权制度的规范本旨而论，破产人职业资格的否定应限于特殊类型，即需要一定社会信用和经济能力的职位。有观点认为，可通过提取重要因素的类型化构建完成对职业限制的穷尽，如直接规定公务型、经营型和信誉型职业的破产人准入禁止。但抽象要素的分类标准在我国并没有对应的实践基础，且外延边界已远超过可控范围。而从类推适用的观点出发，人格破产与信用体系中失信人任职限制具有可比性。也有学者提出参考日本和我国台湾地区已有的职业禁止规定，修改相关的单行

---

① Company Directors Disqualification Act 1986，英国《公司董事失格法》第 2~6 条的规定。

② 参见张卫：《澳大利亚自然人破产法律制度研究》，载《海南大学学报(人文社会科学版)》2002 年第 2 期。

③ 参见金邦贵：《法国商法典》，中国法制出版社 2000 年版，第 353~354 页。

④ 参见[日]石川明：《日本破产法》，何勤华、周桂秋译，中国法制出版社 2000 年版，第 46 页；其他法令规定的身份限制包括公证人、律师、专利代理人和公认会计师等特殊社会职业的资格禁止。

⑤ 我国台湾地区"公司法"第 66 条。

⑥ 参见陈计男：《破产法论》，台湾三民书局 2009 年版，第 127 页。

⑦ 参见韩冰：《香港关于个人破产制度的法律规定》，载《人民法院报》2013 年 5 月 10 日。

法规，增加人格破产的职业禁止情形。① 目前《中华人民共和国公务员法》已明确对被列为失信联合惩戒对象的任职禁止，失信联合惩戒机制中任职资格禁止的范围也呈现不断扩张趋势，地方司法文件中亦规定了两类企业职务的限制。与其在诸多单项法规中以抽象职业类型描述构建人格破产的内容，更为理想的路径是建立破产失权与失信惩戒的互动关系，通过将破产人纳入既存的失信人任职限制范畴的方式实现人格破产的内容。

（三）完善失信惩戒制度

个人破产制度依托于个人信用体系的良性运作，破产失权实质上属于信用评价。② 目前，我国失信惩戒机制的主要内容是从执行威慑措施转化而来的，包括失信被执行人名单和限制高消费令制度。以司法解释确立的执行威慑措施虽取得成效，但制度的合理性并未得到充分论证，目前理论提出的质疑包括：限制人身自由的内容由司法解释规定违反法理，对被执行人权利侵害的正当性问题等。破产失权制度与执行威慑措施在限制内容上均具备惩戒性，但前者还须兼顾保障破产人生存与发展权。由此，破产失权的惩戒性应适当弱化，以不致摧毁债务人劳动力为限。《深圳个人破产条例》针对限制高消费内容就删去争议略大的“旅游消费”，细化对出行交通工具的限制，并规定延长失权考察期和不免责的法律后果。③ 个人债务集中清理规范或直接参照引用或稍有调整，④ 作为诚信承诺书或行为限制（保全）的一项。执行与破产同为债权债务最终实现的司法救济安排，二者并非能完全合致兼容，破产失权仍须坚持拯救债务人的宽宥理念。

鉴于限制高消费和失信被执行人名单制度兼具执行威慑与失信惩戒的

---

① 参见文秀峰：《个人破产法律制度研究：兼论我国个人破产制度的构建》，中国人民公安大学出版社 2006 年版，第 299 页。

② 参见陈育、赵海程、姚艳：《个人信用与个人破产制度法律关系的分析——兼论我国建立个人破产制度的现实意义》，载《财经科学》2009 年第 8 期。

③ 《深圳经济特区个人破产条例》第 23 条。

④ 高青县人民法院《关于企业破产中对有关个人债务一并集中清理的意见（试行）》第 5 条第 7 款；温州市中级人民法院《关于个人债务集中清理的实施意见（试行）》第 35 第 1 款。

双重身份,[①] 破产失权又与失信惩戒具备内在关联性，因而以信用体系为桥梁切入两种制度转化的融贯论证。现代信用已突破了传统道德评价范畴，转化为经济概念并衍生出评价义务遵守履行的规范内涵。[②] 就债务不履行事实的规范评价体系而言，破产属于失信概念的子集，对破产人的限制应不超过失信惩戒的程度。目前，我国失信惩戒机制主要包括对失信被执行人信息公告、市场准入和经济行为的惩戒、任职资格和参与评优的禁止、限制高消费。[③] 破产失权与失信惩戒内容的高度重叠性为制度兼容提供基础，进而需要判断构成失信惩戒机制的两类制度是否均可为破产失权所包含。在单一制度关系中，纳入失信被执行人名单是限制高消费的充分不必要条件，实践中以主观恶意程度的高低区分适用。司法解释修改前后，“被执行人有履行能力拒不履行”从一般性构成要件降为列举情形之一，导致制度适用的自由裁量空间陡增。[④] 在修正后的制度规范构成上，限制高消费与失信被执行人名单均以被执行人不履行生效给付义务为客观要件。司法实践的观点认为，落实限制高消费令需要相关机构的外部配合与广泛的社会监督，而失信被执行人名单制度则恰好补足短板。[⑤] 效果实现上，限制消费措施依赖于失信被执行人名单的信息公告机制形成外部监督。尽管个人破产框架下可由管理人实现对破产自然人的外部监督，但相较于通过信息公示机制形成的社会监督而言，前者无法全面覆盖整个失权期内破产人的社会行为。更何况与破产自然人相对应的管理人制度尚未建立，仅单一外部监督无疑是对破产失权制度的乐观偏见。

---

① 参见王伟：《失信惩戒的类型化规制研究——兼论社会信用法的规则设计》，载《中州学刊》2019 年第 5 期。

② 参见颜少君、陈文玲：《我国失信惩戒机制构建研究》，中国经济出版社 2013 年版，第 23~27 页。

③ 参见高山：《失信被执行人名单制度：理论透析、问题维度和改进路径》，载《法学论坛》2020 年第 2 期。

④ 参见上官俊峰：《失信被执行人信用惩戒制度的完善——以惩戒与保护的衡平为视角》，载《人民司法(应用)》2018 年第 28 期。

⑤ 参见刘贵祥、林莹：《〈关于修改《关于限制被执行人高消费的若干规定》的决定〉的理解与适用》，载《人民司法(应用)》2016 年第 1 期。

四、破产失权之规范表达

(一) 构建失权制度的一般条款

法律制度诉诸规范条款的表达，破产失权是独立的实体制度，个人破产法应设置集中的一般失权条款。

首先，失权条款的主体应当明确为进入破产清算程序的破产自然人。申请破产的债务人当且仅当被法院以裁定宣告破产时，其债权债务关系才不可逆转地进入最终的清算程序，破产失权才具有规范意义。《深圳个人破产条例》采取破产申请受理为起始时点的做法并非妥当之举，受理申请至宣告破产期间允许程序切换且此时管理人也将介入财产接管和调查，在此时限制债务人消费行为并无实质意义。抑或，在破产程序中对债务人行为、权利的限制并非严格意义上的破产失权，毋宁是确保程序推进的保全机制。至于和解与重整程序，债权人与债务人可通过谈判协商、意思表示达成对债务清偿的自治安排。债权人既已同意并信任债务人之后将合理行动，此时仅需确认双方合意安排的法律拘束力已足够。法律苛责债务人遵守与承诺无关的行为规则就必须说明上升为法定限制的充分理由，显然与重整和解的制度价值不符。破产失权并不排斥在破产和解与破产重整中当事人意思自治的选择适用，换言之，债权人可以“破产失权规则”为附加条件与债务人达成和解或重整合意。其次，破产失权的内容包括免责考察期内限制破产人新增财产的管理处分权，失权期内限制非基本生活和工作所需的消费行为、人格破产、破产信用记录等。若无法从正面穷尽，则可借鉴我国台湾地区的抽象性规定。① 破产失权内容的确立依据为马斯洛需求层次理论和利益平衡观点，设置自然人实现高层次需要的屏障，压缩社会生活空间以惩戒破产人，确保免责之利益与失权之成本的均衡。仅限制债务人超过一般人的消费行为，并不足以完全表达失权内在的经济惩戒，毕竟具有冒险性质的投资行为也自当受到限制。“不超过一般人普通生活

① 我国台湾地区“消费者债务清理条例”第 89 条第 1 款：“债务人申请清算后，其生活不得逾越一般人通常之程度，法院并得依利害关系人之申请或依职权予以限制。”

水平”的抽象标准更加贴近破产失权制度的规制核心，普适性指引管理人依据当地人均经济水平判断破产人行为是否异常。

再者，失权期的确定应与失权内容对应，兼顾承载价值的程度变动。不同失权内容承载的功能存在差异，惩戒性程度也会受到清算效果的弹性影响。个人破产条例并未直接确定失权期，转而通过免责考察期的形式间接回应。① 温州市中级人民法院确立的个人债务集中清理程序中规定了以负债额度、清偿比例和履行后观察期为标尺的梯度失权期间；② 台州市中级人民法院则径直规定了4~6年的行为保全期，以替代失权期。③ 尽管以失权内容作为破产免责的前置要件，但法定程序的免责不意味着失权效果的终结。将失权期等同于免责考察期无疑否定了失权制度独立存在的价值，忽略了失权惩戒与预防功能。因是，根据债务额度和清偿比例确定破产人在免责后不同梯度的失权期（复权等待期）并允许债权人会议调减，不啻确保失权惩戒功能的合理性。

最后，违反失权限制的责任规定应当保留法院的自由裁量权，包括延长失权期、不予免责和司法惩戒。破产失权本质上是对违反一般义务条款的惩戒规则，而再违反惩戒规则就应课以更严格的责任。但破产失权内容对应的惩戒程度并不相同，导致违反不同内容的后果在法律评价上也必须分层。《深圳个人破产条例》规定法院可选择以2年为限延长免责考察期或径直裁定不予免责，还可辅以程度相当的司法惩戒。

（二）保留失权制度的准用规范

以经济市场和社会需求为导向的职业类别无法通过类型化构建而有效穷尽，权利概念外延的弹性变动规律亦为破产失权须克服的自身障碍，而失权制度必然牵涉对破产人职业准入和权利的限制。正如前述，单一破产法规范并不足以涵盖全部的权利和资质限制规则，破产人身份的特殊性在其他法律体系中也并非当然劣于一般人地位。我国台湾地区“消费者债务清理条例”就已认识到失权制度的规范体系跨越性，自法院启动清算程序

① 《深圳经济特区个人破产条例》第100条、第101条。
② 温州市中级人民法院《关于个人债务集中清理的实施意见（试行）》第34条。
③ 台州市中级人民法院《执行程序转个人债务清理程序审理规程》第57条。

起其他法令对破产人的限制当然生效。[①]《深圳个人破产条例》虽将失权制度类型化，也同时设定了失权制度的边界，岂非造成对破产人限制的挂一漏万。应是在保留要件开放性和维持规范稳定性之间获得微妙平衡，通过间接适用的引致条款确定相关内容确有实然价值。除导向其他法令对破产人的限制规定外，对失权与信用体系的内在同质也需要予以明晰规范，破产信用记录系个人破产制度中自然人属性的必然延伸。从身份到契约的社会转型使得信用成为极其重要的个人社会标识，依托于信用体系实现对破产人的"失权"为多数发达国家所接受。美国破产法规定，申请破产的自然人应背负 10 年的破产记录，同时还须承受信用减等所对应的行为限制。[②] 温州市中级人民法院以信用限制规范间接确立了破产信用记录的内容。构建破产与失信的直接转化，以可持续综合评价的信用记录强化破产失权制度的预防功能。[③] 丰富的征信体系保障个人破产制度的稳健运行，个人破产制度的适用又自动更新信用体系，通过破产记录实现制度体系的深度融合。[④] 被宣告破产之自然人本质上属于失信人，被列入信用记录的破产事实会成为未来交易的影响因子，提醒潜在交易者注意债务风险，避免债务人再次发生破产。[⑤] 此外，破产信用记录还可作为判定异常交易的辅助要素。具有相对公示性和易获得性的信用记录内容可推定为交易对手方应知的信息，其他异常要素的程度标准则相应降低。在市场经济中，交易信息越全面细致，经济决策就越理性。破产人名单制度在发挥监督惩戒功能之余，还能反馈调节市场主体的行为模式，预防再度破产的恶性循环。

(三)确立失权的许可复权审查

制度内在关联的逻辑上，破产复权确保对破产自然人的权利和行为限

---

① 我国台湾地区"消费者债务清理条例"第 84 条。

② 参见赵新江:《国际上个人破产制度的模式》，载《理财》2019 年第 11 期。

③ 参见刘静:《建立我国个人破产制度若干问题研究》，载《人民司法》2020 年第 19 期。

④ 参见刘静:《信用缺失与立法偏好——中国个人破产立法难题解读》，载《社会科学家》2011 年第 2 期。

⑤ 参见刘冰:《〈民法总则〉视角下破产法的革新》，载《法商研究》2018 年第 5 期。

制不超过必要限度。复权是消极地恢复原权利，在破产失权已经明确失权期的前提下，仅需考虑恢复形式的程式规定。《企业破产法》中相关责任人的失权规范仅以限制期限为内容，比较法上存在许可复权和当然复权模式，区别在于是否需要法院介入。当然复权模式需要建立在成熟完备的社会信用体系之上，我国目前信用体系的建设尚处于初级阶段。破产免责理念对传统债权债务观念的冲击、仍在完善的财产登记管理制度和破产人监管体制缺位的现实法治土壤并不适合直接引入“当然复权”。以法院为主导的许可复权模式更适合作为我国初建个人破产制度的选择，由破产人申请，通过对复权条件的实质性审查，辅助参考管理人的报告进而作出司法决定。

结　语

个人破产是自然人在有生之年将对自身债务之无限责任转化为有限责任的唯一路径，与无限追索的执行制度相比，个人破产将债务实现不能的风险终局性地转嫁于全体债权人承受，重置实体法层面的利益风险分配规则。社会信用体系建设的初始阶段，破产失权制度自当为平衡实体利益与惩戒预防的主要机制。我国个人破产法的探索已拉开序幕，破产失权作为三大实体制度之一，牵涉诸多现存的法律体系。交错复杂的失权内容难以通过单一规范体系实现，通过破产制度与失信惩戒机制间的联动不失为妥当可行的路径。围绕破产失权规范的讨论无法周延冗杂浩繁的自然人权利体系，自然人人身权、人格权与破产失权制度的内在联系尚未涉及。构建完备的破产失权内容，不仅应考虑权利体系的完整性，还须顾及失权与失信在规范评价意义上的关系。面向未来个人破产制度的普适性立法工作，对破产失权与破产免责二者的牵连互动也需要进行更为谨慎的安排。

论我国个人破产立法中公职管理人制度构建

薛 恒 蒋红霞*

内容提要：个人破产程序对行政权力的依赖程度远甚于企业破产程序，现行破产法框架下的管理人制度不能适应将来个人破产的需求。我国个人破产立法有必要纳入公职管理人制度，将公职管理人定位为“个人破产事务管理机构”，其职能主要包括管理人资格授予、管理人名册制定、管理人选任与考核、破产行政事务协调、对管理人监督与惩戒等，由此从立法层面确立行政权在个人破产中的应然角色。

引 言

破产程序能否顺利进行，破产法律制度的各项目标价值能否最终得以实现，都与管理人密切相关。①《中华人民共和国企业破产法》(以下简称《企业破产法》)实施十余年以来，最高人民法院及地方各级法院出台了系列关于管理人选任、管理人报酬、管理人考核的相关规定，在企业破产实践中，管理人制度总体运行良好。2019 年 6 月，十三部门联合发布《加快完善市场主体退出制度改革方案》，提出要分步推进建立个人破产制度，浙江温州和台州地区、江苏苏州地区、山东淄博地区和广东东莞地区的部

---

* 薛恒，上海市协力(苏州)律师事务所专职律师；蒋红霞，上海市协力(苏州)律师事务所合伙人、破产业务部主任。

① 参见邹海林：《破产法——程序理念与制度结构解析》，中国社会科学出版社 2016 年版，第 137 页。

分法院开始有规划地进行个人债务清理的司法实践探索，深圳特区出台个人破产条例。① 基于我国庞大的人口基数，一旦个人破产广泛实施，人民法院势必无额外精力顾及管理人选任、管理人管理与考核、行政事务协调等管理性事务，与其期待“府院联动”协调机制，不如趁着个人破产立法之契机，直接将行政机关纳入个人破产法，以更好地发挥行政机关的管理和协调作用。

一、我国个人破产立法有必要纳入行政角色

我国破产法立法经历了从行政中心主义到管理人中心主义的变迁。② 根据 1986 年《企业破产法(试行)》第 24 条，③ 清算组多由行政机关的工作人员组成，虽然清算组可以包含专业人员，但实践中专业人员往往只起到技术性的辅助作用，清算主要还是政府主导。现行《企业破产法》施行后，管理人则主要由律师事务所、会计师事务所、破产清算事务所等社会中介机构及专职从业人员充任。④ 只有在部分案件中，政府有关部门可以担任管理人成员。⑤ 十余年的破产实践告诉我们，破产并非是仅关乎司法的事

① 参见徐阳光：《个人破产立法的英国经验与启示》，载《法学杂志》2020 年第 7 期。

② 参见李加胜：《法院与破产管理人的权责分配——管理人中心主义的回归》，载《东南司法评论》2011 年卷。

③ 《企业破产法(试行)》第 24 条第 2 款：“清算组成员由人民法院从企业上级主管部门、政府财政部门等有关部门和专业人员中指定。清算组可以聘任必要的工作人员。”

④ 《最高人民法院关于审理企业破产案件指定管理人的规定》第 2 条第 1 款：“高级人民法院应当根据本辖区律师事务所、会计师事务所、破产清算事务所等社会中介机构及专职从业人员数量和企业破产案件数量，确定由本院或者所辖中级人民法院编制管理人名册。”第 3 条：“符合企业破产法规定条件的社会中介机构及其具备相关专业知识并取得执业资格的人员，均可申请编入管理人名册。已被编入机构管理人名册的社会中介机构中，具备相关专业知识并取得执业资格的人员，可以申请编入个人管理人名册。”

⑤ 《最高人民法院关于审理企业破产案件指定管理人的规定》第 19 条：“清算组为管理人的，人民法院可以从政府有关部门、编入管理人名册的社会中介机构、金融资产管理公司中指定清算组成员，人民银行及金融监督管理机构可以按照有关法律和行政法规的规定派人参加清算组。”

务，亦是关乎行政的事务，破产法立法去行政化固然重要，行政权的协调亦是必不可少。早在 90 年前，破产法先贤吴传颐先生即提出“破产法为私法实体法、公法手续法之混合法”①。破产法公私法兼具的特征决定了破产需要司法职能和行政职能充分协调。

破产程序中行政权介入的本质是政府对经济的介入，② 从该角度看，政府介入破产乃是分内之事，破产法所需要考量的是政府应当如何介入的问题，而不是该不该介入的问题。《优化营商环境条例》提出“政府有关部门应当优化市场主体注销办理流程，精简申请材料、压缩办理时间、降低注销成本。对设立后未开展生产经营活动或者无债权债务的市场主体，可以按照简易程序办理注销。对有债权债务的市场主体，在债权债务依法解决后及时办理注销。县级以上地方人民政府应当根据需要建立企业破产工作协调机制，协调解决企业破产过程中涉及的有关问题”。③ 可见，关于政府在破产程序中的应然角色从行政法规层面已经有框架性的规划，但是，该规定仅仅强调“政府有关部门”的职责，乃是对政府相关部门固有职能的重申，没有作出有创见性的规定，而且这仅仅针对企业破产，还没有提及对将来个人破产的准用问题。十三部门联合发布的《加快完善市场主体退出制度改革方案》在确认“完善司法与行政协调机制”的基础上，④ 则进一步明确“政府部门破产行政管理职能”，虽然没有进一步细化具体

① 吴传颐编著：《比较破产法》，商务印书馆 2013 年版，第 13 页。

② 参见贺丹：《论个人破产中的行政介入》，载《经贸法律评论》2020 年第 5 期。

③ 《优化营商环境条例》第 33 条：“政府有关部门应当优化市场主体注销办理流程，精简申请材料、压缩办理时间、降低注销成本。对设立后未开展生产经营活动或者无债权债务的市场主体，可以按照简易程序办理注销。对有债权债务的市场主体，在债权债务依法解决后及时办理注销。县级以上地方人民政府应当根据需要建立企业破产工作协调机制，协调解决企业破产过程中涉及的有关问题。”

④ 《加快完善市场主体退出制度改革方案》第四章第三节：“完善司法与行政协调机制。地方各级人民政府应积极支持陷入财务困境、符合破产条件的企业进行重整或破产清算。鼓励地方各级人民政府建立常态化的司法与行政协调机制，依法发挥政府在企业破产程序中的作用，协调解决破产过程中维护社会稳定、经费保障、信用修复、企业注销等问题，同时避免对破产司法事务的不当干预。（各地方人民政府负责）明确政府部门破产行政管理职能。在总结完善司法与行政协调机制实践经验的基础上，进一步明确政府部门承担破产管理人监督管理、政府各相关部门协调、债权人利益保护、特殊破产案件清算以及防范恶意逃废债等破产行政管理职责。”

职能的内容，但是已经提出“破产行政管理职能”的概念，无疑具有方向性的指导意义。

毋庸讳言，在破产程序中提供公共服务是政府的法定职责，而企业破产中完全由人民法院代行了本应由行政机关负责的管理人资格确认、管理人名册制定、管理人选任、管理人监督以及行政事务协调等行政性职责。基于我国庞大的人口基数，一旦个人破产广泛实施开来，人民法院势必无暇应对行政管理和行政协调事务，所以，可以预见，个人破产对行政权的依赖远甚于企业破产。此外，个人破产与企业破产显著不同的特点是对特定人的控制程度非常之高，企业破产中虽也涉及具体的自然人，比如法定代表人、董事、监事、高管、股东等，但在个人破产中，毫不夸张地说，债务人甚至其家庭成员将赤裸裸地暴露在公众视角之下，迫使债务人直接面对全体债权人，对于债务人来说，其存在着较大的心理压力。管理人会反复就债务人的家庭生活、家庭财产等情况与债务人进行了解核实，也增加了债务人对个人破产的对抗情绪。比如在李某个人债务集中清理案件中，管理人在调查核实债务人家庭状况、家庭财产信息时无法自行履职，始终需要法院的配合才能工作。① 这体现个人破产与企业破产对行政权力的依赖程度是不同的，与企业破产相比，个人破产更为倚重行政权力的协调，尤其是在调查债务人信息方面，比如调查债务人户籍、居住信息，调查债务人工作情况、劳动关系、收入情况，调查债务人赡养、抚养、扶养情况，调查债务人子女情况、子女教育情况、医疗情况、行程情况、信用情况等，此外在实施信用修复和失信惩戒等方面也有赖行政权力的介入。而我国破产法中尚“缺乏一个配套的政府管理机构”②，仅由法院主导下的破产管理模式没有行政机构管理破产事务，司法权全面介入并监督破产程序显得勉为其难且难以奏效。③ 所以，个人破产立法更加不应忽视行政机关的协调作用，应妥善处理行政职能与司法职能的界分，贯彻司法审判权

① 参见蔡雄强、夏旭丽、郑拓、郑菲菲：《个人债务集中清理的实务难点与思考——以温州瓯海法院审结的李某个人债务集中清理案为视角》，载《人民司法》2020年第10期。

② 李曙光：《中国迫切需要建立破产管理局》，载《南方周末》2010年7月1日第F31版。

③ 参见吴先泉：《破产管理机构本土化构建路径——基于英美比较视野的研究》，载《经济法论丛》2019年第2期。

与行政管理权分离的体制，设立专司破产行政管理职能的机构。

二、我国个人破产实践中公职管理人制度的探索

2020 年 3 月 30 日，北京外国语大学个人破产法研究中心发布《个人破产法(学者建议稿)》(以下简称"学者建议稿")并公开征求意见,① 学者建议稿第 52 条、第 53 条首次提出"公职管理人"的概念，但是该建议稿除了规定公职管理人在特定情形下可以履行管理人职责②、担任临时管理人③外，没有对公职管理人的概念及职责加以明确。温州和深圳是我国两个对个人破产实践作出独特探索的城市，温州率先出台《关于个人债务集中清理的实施意见(试行)》④，深圳首推地方个人破产立法，而且这两个地区均对公职管理人制度作出有益尝试，其积累的制度经验具有重要的实践价值。

(一)公职管理人制度构建的温州经验

2020 年 4 月 2 日，温州市中级人民法院与温州市人民政府召开联席会议，就探索建立公职管理人制度开展讨论。2020 年 4 月 24 日，温州市人民政府办公厅发布《关于印发在个人债务集中清理工作中探索建立公职

---

① 参见"中国个人破产立法研究"课题组：《〈个人破产法(学者建议稿)〉全文首发并公开征求意见》，载微信公众号"中国破产法论坛"，2020 年 3 月 30 日。

② 《个人破产法(学者建议稿)》第 52 条："下列情形，经破产申请人申请人民法院批准后，或者由人民法院依照职权直接决定，由有权机关指定的公职管理人负责正常情况下应由管理人承担的相关工作：(一)人民法院同意减、免、缓缴破产申请费的案件；(二)预计因债务人的破产财产数量和价值过少而未来可能无法支付破产管理费用的；(三)人民法院认为应当指定公职管理人的其他情形。公职管理人的收费问题，由审理破产案件的人民法院决定。"

③ 《个人破产法(学者建议稿)》第 53 条："尚未指定管理人或者管理人不能正常履职又必须立即处理相关工作的，人民法院应当指定公职管理人为临时管理人。之后根据案件的具体情况，临时管理人将管理职务移交正式管理人或者被指定为正式管理人继续履职。"

④ 参见蔡雄强、夏旭丽、郑拓、郑菲菲：《个人债务集中清理的实务难点与思考——以温州瓯海法院审结的李某个人债务集中清理案为视角》，载《人民司法》2020 年第 10 期。

管理人制度的府院联动会议纪要的通知》(以下简称《温州府院联动会议纪要》)，标志着温州市在全国率先建立公职管理人制度。①

温州地区建立的公职管理人制度具有如下特征。其一，公职管理人由司法行政机关中具有从事法律职业资格和公职身份的人员担任，公职管理人名册由法院和司法局共同编制。其二，公职管理人具体职责为：在个人债务集中清理中履行管理人职责；调查债务人的信用信息、账户信息、违法犯罪信息等；及时出具法律意见书，向人民法院申请终结个人债务集中清理程序。其三，公职管理人不收取管理人报酬。其四，确定司法行政机关公共法律服务部门为公职管理人的管理机构，增挂公职管理人管理机构牌子，其主要职责为承担个人债务集中清理工作中行政性事务管理功能，履行对公职管理人工作的监督、管理、协调等职责，确保个人债务清理、债务人信用修复前的行为监督、案件档案保管等事务的落实。②

温州“公职管理人”除了其身份特殊外，从职能上看，与现行《企业破产法》中的管理人并无不同，只是以公职人员取代了社会人员(机构)，而公职管理人管理机构定位虽是专司破产行政事务的职能机构，但是从职责上看更像是专门针对公职管理人的管理和服务机构。

(二)公职管理人制度构建的深圳经验

2020年6月2日，深圳市人大常委会办公厅发布《深圳经济特区个人破产条例(征求意见稿)》向社会公开征求意见③，2020年8月26日深圳市第六届人大常委会第四十四次会议通过《深圳经济特区个人破产条例》(以下简称《深圳个人破产条例》)。《深圳个人破产条例》纳入了“破产事务管理部门”这一职能机构。

《深圳个人破产条例》第6条明确破产事务管理部门行使个人破产事

---

① 参见温州市中级人民法院：《温州府院联动开新篇　公职管理人制度创先河》，载微信公众号“温州市中级人民法院”，2020年5月6日。

② 参见温州破产法庭：《探索建立公职管理人制度的府院联席会议纪要》，载微信公众号“温州破产法庭”，2020年5月19日。

③ 参见深圳市人大常委会：《关于〈深圳经济特区个人破产条例(征求意见稿)〉公开征求意见的公告》，深圳市人大常委会官网，http://www.szrd.gov.cn/szrd_zyfb/szrd_zyfb_tzgg/202006/t20200602_19246539.html，访问日期：2021年3月3日。

务的行政管理职能①，第 21 条第 1 项②、第 22 条③赋予了破产事务管理部门调查询问权。第 99 条第 3 款④赋予破产事务管理部门对债务人财产变动情况及管理人履职行为检查监督权。第 155 条规定了破产事务管理部门的七项主要职责和一项兜底条款，这些职责主要为：确定管理人资质、建立管理人名册；提出管理人人选；管理、监督管理人履行职责；提供破产事务咨询和援助服务；协助调查破产欺诈和相关违法行为；实施破产信息登记和信息公开制度；建立完善政府各相关部门办理破产事务的协调机制；其他与《深圳个人破产条例》实施有关的职责。第 156 条⑤还赋予破产事务管理部门公开个人破产信息的职责。此外，值得一提的是，根据第 157 条第 2 款的规定，律师、注册会计师以及其他具有法律、会计、金融等专业资质的个人或者相关中介服务机构，经破产事务管理部门认可，可以担任管理人。而且第 170 条还授权破产事务管理部门在管理人怠于履行或不当履行职责时暂停或者取消其管理人任职资格的巨大权力。

可见《深圳个人破产条例》确定的“破产事务管理部门”主要职责侧重在管理人资格认定与考核、管理人推选、信息公开、监督管理人履职等行政管理方面。

（三）小结

温州的“公职管理人”更像是由政府公务员充当的“公益管理人”，只

---

① 《深圳个人破产条例》第 6 条规定：“个人破产事务的行政管理职能由市人民政府确定的工作部门或者机构（以下称破产事务管理部门）行使。”

② 《深圳个人破产条例》第 21 条：“自人民法院裁定受理破产申请之日起至依照本条例裁定免除债务人未清偿债务之日止，债务人应当承担下列义务：（一）按照人民法院、破产事务管理部门、管理人要求提交或者补充相关材料，并配合调查……”

③ 《深圳个人破产条例》第 22 条：“债务人的配偶、子女、共同生活的近亲属、财产管理人以及其他利害关系人，应当配合人民法院、破产事务管理部门和管理人调查，协助管理人进行财产清查、接管和分配。”

④ 《深圳个人破产条例》第 99 条第 3 款：“破产事务管理部门应当对债务人的收入、支出、财产等的变动情况以及管理人履行职责行为进行检查监督，并依法予以公开。”

⑤ 《深圳个人破产条例》第 156 条：“除依法不公开的信息外，破产事务管理部门应当及时登记并公开破产申请、行为限制决定、财产申报、债权申报、分配方案、重整计划、和解协议、免责考察等相关信息，供有关单位和个人依法查询。”

不过由这些政府人员取代了社会中介机构而直接担任管理人，除此之外，其与中介机构担任的管理人没有本质上的区别。“公职管理人管理机构”则是管理“公职管理人”的单独部门，其本身是为公益管理人提供服务的，能否为非公益管理人提供行政服务则有待于嗣后观察。《深圳个人破产条例》中“破产事务管理部门”的基本定位为“行使个人破产事务的行政管理职能”的部门，无疑为将来个人破产立法中纳入行政角色提供了本土化的立法蓝本。借鉴学者建议稿及《温州府院联动会议纪要》中“公职管理人”称谓，本文建议不妨将我国今后个人破产立法中的行政角色确认为“公职管理人”。

三、个人破产立法中公职管理人的比较法考察

从比较法看，美国的“联邦托管人（US Trustee）”模式和英国的“官方接管人（Official Receive Service）”模式对我国个人破产立法中引入公职管理人角色具有借鉴意义。

（一）美国联邦托管人：破产程序行政管理机构

在美国破产法上，管理人被称为托管人（Trustee），托管人按性质不同又区分为联邦托管人（US Trustee）和私人性质的破产托管人（Trustee in bankruptcy），[①] “用一个不太确切的比喻来形容，前者有些像法官，后者有些像律师，因为前者是政府任命的官员，主要任务是监督和管理后者的工作，而后者纯粹以私人身份为了取得报酬而替债权人提供专业服务”[②]。私人托管人即与我国破产法规定的管理人类似，而联邦托管人则是在破产程序中主要负责破产行政事务的机构。

美国在 1978 年通过的《破产法官、联邦托管人和家庭农场主破产法》确立了新的联邦政府机构即联邦托管人机构，除北卡罗来纳州和亚拉巴马州以外，联邦托管人负责履行与破产案件有关的行政性职责。[③] 联邦托管

① 参见胡冰、胡鸿高：《美国破产清算托管人职责制度及其启示》，载《法学》2010 年第 7 期。

② 潘琪：《美国破产法》，法律出版社 1999 年版，第 22 页。

③ 参见贺丹：《论个人破产中的行政介入》，载《经贸法律评论》2020 年第 5 期。

人隶属司法部，由美国司法部长任命和监督，独立保护破产相关各方利益而本身并无经济诉求。① 据介绍，目前美国联邦托管人机构共有职员 1000 人左右。全美各地联邦托管人的行动由联邦托管人执行办公室在办公室主任的领导下统筹协调。联邦托管人总体上负责保证破产程序的效率和完整性，包括向法庭推荐私人托管人、监督破产各方当事人和私人托管人行为、向法庭报告破产事务进展等职责。② 其具体职能包括：确定管理人名册，指定管理人，负责管理人的培训、监督或撤换；若为个案所需，召集和主持债权人会议，并由债权人来检查债务人的营业和财务状况；对债务人、债权人、破产执业者及其他专业人员的欺诈行为和违法行为进行调查和追诉；不同利益群体间政策冲突的监控；管理人和专业人员的报酬计算与发放的监督；自然人破产所涉相关信用咨询机构的资质的评定和授予；自然人破产申请适格性的监督、自然人破产免责的监督；破产案件所涉相关报告或资料提交的监督；更生性程序中重整计划或偿债计划的制定工作的监督；债权人委员会成员的指定与监督；破产案件进度的监督、必要的破产审计的实施等。③ 而且，根据美国破产法，个案管理人概由联邦托管人负责遴选和任命产生。④ 值得一提的是，联邦托管人自身不得作为重整案件中的管理人。⑤

（二）英国官方接管人：有着相对独立地位的特殊组织

“英国的破产管理体制有着深厚的历史渊源，1570 年建立了破产专员制度，1732 年确立了债权人任命受托人来管理破产事务的做法，1883 年

① 参见[美]查尔斯 · J. 泰步：《美国破产法新论》，韩长印、何欢、王之洲译，中国政法大学出版社 2017 年版，第 6 页。

② 参见张勇健、钱晓晨、杨以生：《美国破产法若干问题聚焦》，载《法律适用》2010 年第 9 期。

③ 参见[美]查尔斯 · J. 泰步：《美国破产法新论》，韩长印、何欢、王之洲译，中国政法大学出版社 2017 年版，第 6~7 页。

④ 参见叶名怡：《论美国破产托管人的选任及薪酬》，载《昆明理工大学学报（社科（法学）版）》2008 年第 1 期。

⑤ 参见[美]查尔斯 · J. 泰步：《美国破产法新论》，韩长印、何欢、王之洲译，中国政法大学出版社 2017 年版，第 7 页。

正式区分破产程序中的司法职能与管理职能，建立了公私结合的破产管理体制。”①在 1883 年的破产法中区分了对破产财产的管理和对管理的监督，将监督权给了行政机关贸易部。贸易部此后成立了进行监督的破产部门，便是如今破产服务局的前身。当前，英国的破产行政管理机构为设于商业能源产业战略部（Department for Business，Energy and Industrial Strategy）之下的破产服务局（Insolvency Service），破产服务局内设官方接管人部门（Official Receiver Service），该部门在全英国有 38 个办公室。②

根据英国现行破产法规定，官方接管人是指在个人破产清算程序、公司清算程序、个人自愿安排、债务纾缓程序等多个广义的破产程序中，依据《1986 年破产法》第 401 条的授权开展工作的人。官方接管人是英国破产服务局的组成部分，但又是一个有着相对独立地位的特殊组织。每一个官方接管人都应当根据内阁大臣的指令隶属于英国高等法院或者有破产案件管辖权的地方法院，并根据授权担任该法院管辖的破产案件的官方接管人。③

英国官方接管人由国务大臣任命，并且可以根据国务大臣的指示被辞退。官方接管人接受国务大臣的指派，到有管辖权的高等法院或者郡法院履行职责。而且国务大臣应当确保在所有时间至少有一名官方接管人指派于高等法院及至少一名指派于为特定目的的有管辖权的每一郡法院，国务大臣可以向两个或者以上的不同法院指派同一官方接管人。在具体职责上，官方接管人“除了需要履行破产法授予的职能外，还应履行国务大臣随时授予的其他职能”；从地位上看，官方接管人“在履行他的职能时，担任管理人的人应按国务大臣的一般指示行事，并且也应是他履行那些职能涉及的法院的官员”。④ 可见，官方接管人具有行政官员和法院官员的双重特征。从作用上说，官方接管人的重要作用在于“调查破产原因及破

---

① 徐阳光：《个人破产立法的英国经验与启示》，载《法学杂志》2020 年第 7 期。

② 参见贺丹：《论个人破产中的行政介入》，载《经贸法律评论》2020 年第 5 期。

③ 参见徐阳光：《个人破产立法的英国经验与启示》，载《法学杂志》2020 年第 7 期。

④ 丁日昌译：《英国破产法》，法律出版社 2003 年版，第 304~305 页。

产人的行为”①，其“所具有的破产调查职能是确保整个制度不被滥用的关键”②。

四、我国公职管理人制度构建进路

（一）公职管理人法律地位：个人破产事务行政管理机构

实践告诉我们，破产案件不是法院一家的事情，行政权力的协调必不可少。以往企业破产案件勉强依赖并不畅通的“府院联动”机制解决部分行政权缺位的事务性难题，而在将来个人破产中，如果行政权继续在破产规范中留白，则行政事务性难题必将让法院焦头烂额。本文将公职管理人定位为“专司个人破产行政事务管理职能的行政机构”，其代表的是行政权，与专司破产审判司法权的法院具有明确的角色区分。公职管理人扮演的是破产程序“看门人”角色，在破产程序中负责协调法院及政府各部门，专任管理人资格授予、名册管理、管理人选任与考核、破产行政事务协调、对管理人监督与惩戒等行政性事务，其设立目的是提高破产案件办理效率，维护破产案件程序的公平公正。在现有行政体制下，可以以司法行政部门为依托，在司法部下设中央层面的“公职管理人局”作为主管全国公职管理人的专门机构，地方则在各级司法行政部门中内设公职管理人作为本级“专司个人破产行政事务管理职能的行政机构”。

值得额外一提的是，公职管理人是否可以担任个人破产案件的管理人？在美国，联邦托管人自身不得作为重整案件中的管理人。③ 而在英国，在个人破产清算案件中，在任命破产从业者担任管理人之前，都由官方接管人负责管理，“无产可破”的案件也由官方接管人担任管理人。④ 鉴

① ［英］费奥娜·托米：《英国公司和个人破产法》（第二版），汤维建、刘静译，北京大学出版社2010年版，第203页。

② 张永红：《英国个人破产案件的处理及启示》，载《人民司法（应用）》2020年第10期。

③ 参见［美］查尔斯·J. 泰步：《美国破产法新论》，韩长印、何欢、王之洲译，中国政法大学出版社2017年版，第7页。

④ 参见徐阳光：《个人破产立法的英国经验与启示》，载《法学杂志》2020年第7期。

于行政机关与民事主体的地位不平等性，为防范行政倾轧，笔者对公职管理人担任个人破产案件管理人持否定态度。

(二)公职管理人的主要职责定位

1. 管理人资格授予

在英国，获得破产执业资格的前提是通过全国联合破产考试委员会组织的统一考试，个人申请破产执业需要经过相关审查后交国务大臣、授权团体授予执业资格，国务大臣、授权团体还负责监督破产执业者的工作，检视其胜任能力。① 担任管理人属于从事特定活动，对于管理人资格的授予应当纳入行政许可范畴，而当前，考察申请人是否具备管理人资格实际上系法院的职权(即由法院决定是否将其编入管理人名册)，显然法院有越俎代庖之嫌。我国目前还十分缺乏有经验的管理人队伍，将来个人破产立法中有必要由公职管理人负责管理人的教育和培训，对管理人进行资格审查、注册和授予职业执照，② 并且负责建立健全破产管理人资格认证、行业管理和执业市场的具体制度。③

2. 制定管理人名册

《最高人民法院关于审理企业破产案件指定管理人的规定》第 2 条第 1 款规定："高级人民法院应当根据本辖区律师事务所、会计师事务所、破产清算事务所等社会中介机构及专职从业人员数量和企业破产案件数量，确定由本院或者所辖中级人民法院编制管理人名册。"可见，目前高级人民法院和中级人民法院是编制管理人名册的主体。这种安排存在较大问题，法院在确定管理人名册时对社会机构本身缺乏了解，会导致入册决定不尽合理，而且，法院受限于人力、物力，客观上缺乏精力对入册机构进行有效管理和动态评价。如前述，既然管理人资格授予应当纳入行政许可

---

① 参见李曙光、贺丹：《破产法立法若干重大问题的比较法考察》，载《政法论坛》2004 年第 5 期。

② 参见余德厚、陈钉：《域外破产制度考察借鉴及经验启示》，载《企业合规论丛》2018 年第 1 辑。

③ 参见刘静：《个人破产制度研究——以中国的制度构建为中心》，中国检察出版社 2010 年版，第 132 页。

事项，那么编制管理人名册应当由作为行政机关的公职管理人负责。

3. 指定和考核管理人

《企业破产法》第22条第1款规定：“管理人由人民法院指定。”可见，我国目前将法院作为指定管理人的唯一主体。而在美国，联邦托管人总体上负责向法庭推荐私人托管人、监督破产各方当事人和私人托管人行为、向法庭报告破产事务进展等职责。[①] 而且，个案管理人概由联邦托管人负责遴选和任命产生。[②] 在我国将来个人破产立法中，可以考虑将公职管理人确定为指定管理人和考核管理人的主体。当然，有人认为由行政机关选任和考核管理人会产生权力寻租。实际上，如果选任程序本身得当，例如通过公开摇号选任，该种担心自是多余。至于考核寻租则亦可以防范，例如具体评分由承办法院负责，公职管理人负责评分统计和公开等程序性工作，并可将统计依据纳入政府信息公开的范围。

4. 个人破产行政事务协调

前已述，个人破产与企业破产对行政权力的依赖程度不同，与企业破产相比，个人破产更为倚重行政权力的协调，尤其是在调查债务人信息方面，比如调查债务人户籍、居住信息，调查债务人工作情况、劳动关系、收入情况，调查债务人赡养、抚养、扶养情况，调查债务人子女教育情况、医疗情况、行程情况、信用情况等，这些事务均涉及行政部门，而且通常还会跨部门甚至跨地域。公职管理人作为行政部门除了可以帮助管理人出具调查公函外，还可以与同级别的公职管理人协商解决相关行政事务。所以，公职管理人在个人破产行政事务的协调作用要比凡事靠法院出文书便利得多。从某种程度上讲，个人破产行政事务协调是公职管理人的核心职能。

5. 其他破产辅助事务

除了前述职责，个人破产中的以下事务也可以交由公职管理人负责：

---

① 参见张勇健、钱晓晨、杨以生：《美国破产法若干问题聚焦》，载《法律适用》2010年第9期。

② 参见叶名怡：《论美国破产托管人的选任及薪酬》，载《昆明理工大学学报(社科(法学)版)》2008年第1期。

协调不同利益群体间的冲突和化解信访危机，核算管理人和专业人员的报酬与发放，接受破产人对管理人不当行为的投诉和采取紧急措施，自然人破产所涉相关信用咨询机构资质的评定和授予，自然人破产申请适格性的监督以及自然人破产免责的监督，必要的破产审计的实施，监督管理人对破产人财产的使用和处分，对管理人的监督与惩戒，构建破产人信用恢复及失信惩戒制度等。

（三）对公职管理人的监督

有权必有责，用权受监督。英国破产法下，对官方接管人的监督方式主要为官方接管人直接领导，上一级领导直至行政长官提起三级投诉，还可以通过下院议员向议会监察员提出投诉。① 我国公职管理人为个人破产事务行政管理机构，那么对公职管理人的监督势必应当包括党的监督、行政机关内部监督、司法监督、公民监督、舆论监督等监督形式在内。破产法需要考量的监督方式主要包括行政诉讼、民事诉讼等司法方面的监督。

结　语

个人破产立法是一个系统性工程，公职管理人制度是这个系统工程的必要要素。我们的目光不应局限于要不要纳入该制度，而应着眼于如何构建这一制度才能充分发挥行政权在个人破产中的促进作用。考察我国地方个人破产的实践样本，借鉴美国联邦托管人制度及英国官方接管人制度的经验，宜将公职管理人确认为个人破产立法中的行政角色，然后对公职管理人的角色定位、职能设置、监督方式等加以明确。

---

① 参见吴先泉：《破产管理机构本土化构建路径——基于英美比较视野的研究》，载《经济法论丛》2019 年第 2 期。

保单现金价值能否归入债务人财产的两岸比较
——以台湾地区“最高法院”2019年台抗字第481号民事裁定为例

李奕恺[*]

内容提要：“林雪娥案”的争点是保单现金价值能否在个人破产程序中归入债务人财产。分析这一争点前必须审视保单现金价值能否强制执行的问题，因为它们共享一个分析逻辑。在保单现金价值能否强制执行的问题上，我国大陆以“肯定说”为优势说；我国台湾地区则呈现出“肯定说”与“否定说”分庭抗礼的态势。在保单现金价值能否归入破产财产的问题上，若否定保单现金价值具有可执行性，那么同样要否定保单现金价值归入债务人财产的可能性；反之亦然。据此，在“肯定说”占优的我国大陆，保单现金价值在个人破产程序中要归入债务人财产。但是，在应然层面上，不论从法理还是法律政策的角度来看，保单现金价值都不应被强制执行，也不应被归入债务人财产。

一、案情概要与问题的提出

“林雪娥案”是我国台湾地区极具争议的案件之一。该案历经五审后以申请人撤回破产宣告的申请告终，并被我国台湾地区“最高法院”选为

* 李奕恺，上海交通大学凯原法学院2019级法学硕士研究生。

“最高法院具参考价值裁判”。①

(一)案情概要②

林雪娥积欠台东企银新台币425万元的债务，后台东企银将该笔债权让与鸿汉公司，但欠款经强制执行仍无法收回。此外，林雪娥还有台湾银行等多个债权人。然而，目前林雪娥名下资产仅有国泰人寿的七张保单。鸿汉公司认为林雪娥资产与负债相抵后显然无法清偿债务，但其保险合同现金价值达1818685元新台币，足够清偿破产费用及相关费用、债务，有破产宣告实益，所以申请法院宣告林雪娥破产。③

林雪娥则以宣告破产并无实益为由抗辩。她认为：首先，虽然七张保单的投保人都是林雪娥，但其仅为其中一张保单(现金价值48.5906万元新台币)的被保险人，且林雪娥也并非这七张保单的受益人，受益人为其子女。所以，只有前述以林雪娥为被保险人的保单可以构成破产财产。其次，保费目前均由林雪娥子女缴纳，如果强行解除保险合同势必侵害他们的生存权及财产权——尽管他们并不是债务人。最后，破产案件审理期间所需的生活费和破产管理人的报酬至少需要36万元新台币，再加上其他因破产程序产生的费用，会使得债权人能分配的金额所剩无几。此外，破产程序还将消耗大量社会资源，显然不符合比例原则。

我国台湾地区“高雄地方法院”一审支持了林雪娥的抗辩。法院认为，按照我国台湾地区“保险法”第119条、第28条、第123条第1款后段的规定，以林雪娥为被保险人的保单仅有一张，故可以作为破产财产的现金

① 参见我国台湾地区“最高法院”：“2019年度7—8月民事具有参考价值之裁判要旨暨裁判全文”，https：//tps. judicial. gov. tw/tw/lp-932-011. html，访问日期：2021年1月14日。

② 参见我国台湾地区“最高法院”2019年台抗字第481号民事裁定。

③ 我国台湾地区“破产法”第148条规定：“破产宣告后，如破产财团之财产不敷清偿财团费用及财团债务时，法院因破产管理人之声请，应以裁定宣告破产终止。”根据此规定，欲经由破产程序清理债务者必须拥有一定数额的财产，以构成破产财团并用于清偿破产费用及共益债务。否则，台湾地区的法院便会以“无宣告破产之实益”为由裁定驳回破产申请。所以，“有宣告破产之实益”或者“无宣告破产之实益”往往会成为台湾地区破产案件当事人的争执焦点。

价值为 485906 元，无破产实益，驳回鸿汉公司的破产申请。①②

我国台湾地区“高等法院高雄分院”二审支持了一审法院的裁判。该院还认为，根据我国台湾地区“保险法”的规定，投保人破产时，破产管理人只能以投保人和被保险人为同一人的保险合同为标的行使解除权。而且，现金价值只是计算上的数值，不能视为被保险人享有的债权，故不能作为破产财产。③

我国台湾地区“最高法院”裁定将案件发回二审法院重审。该院认为，首先，依我国台湾地区“保险法”第 119 条第 1 款规定，投保人可以终止保险合同，且符合条件时还可以获得解约金(现金价值)。但是，投保人破产后，这些权利都由破产管理人继受。其次，就我国台湾地区“保险法”第 123 条第 1 项后段的规定而言，该规定仅表明寿险合同不因投保人破产而当然终止，并未限制破产管理人解除保险合同的权利。这是因为，现金价值本质上是投保人的储蓄，且破产财团同样享有对现金价值的利益，不能仅以保障受益人为由就剥夺投保人及破产财团的权利。总之，如果以林雪娥为投保人的七个保险合同均被解除，所能领回的现金价值是否能归入破产财产还有研究的必要，故将本案发回二审法院重审。④

本案被发回二审法院重审后，又再度被二审法院我国台湾地区“高等法院高雄分院”发回一审法院重审。理由如下：观察我国台湾地区“保险法”第 115 条、第 124 条的规定还可以发现，正是由于投保人有缴纳保险

---

① 我国台湾地区“保险法”第 119 条：“要保人终止保险契约，而保险费已付足一年以上者，保险人应于接到通知后一个月内偿付解约金；其金额不得少于要保人应得保单价值准备金之四分之三。偿付解约金之条件及金额，应载明于保险契约。”

我国台湾地区“保险法”第 28 条：“要保人破产时，保险契约仍为破产债权人之利益而存在，但破产管理人或保险人得于破产宣告三个月内终止契约。其终止后之保险费已交付者，应返还之。”

我国台湾地区“保险法”第 123 条：“保险人破产时，受益人对于保险人得请求之保险金额之债权，以其保单价值准备金按订约时之保险费率比例计算之。要保人破产时，保险契约订有受益人者，仍为受益人之利益而存在。投资型保险契约之投资资产，非各该投资型保险之受益人不得主张，亦不得请求扣押或行使其他权利。”

② 参见我国台湾地区“高雄地方法院”2017 年度破字第 15 号裁定。

③ 参见我国台湾地区“高等法院高雄分院”2017 年度破抗字第 14 号裁定。

④ 参见我国台湾地区“最高法院”2019 年台抗字第 481 号民事裁定。

费的义务，投保人才对现金价值享有实质权利。① 据此，本案还存在以下问题：第一，若保费不是由投保人缴纳，保险合同终止后现金价值能否由投保人取得？第二，代缴保费的林雪娥子女是否因此而取得现金价值的优先受偿权？这些问题仍有待研究，故将本案发回一审法院重审。②

案件被发回一审法院我国台湾地区“高雄地方法院”后，该院作出“2020 年度破更一字第 1 号判决”，但截至 2021 年 1 月 14 日，该文书并未上网。此外，请求法院宣告林雪娥破产的申请也被撤回，至此全案终结。③

（二）问题的提出

本案的问题是：保单现金价值能否被归入个人破产程序中的破产财产？这一问题也可表述为：保单现金价值能否被归类为个人破产程序中的自由财产？若一个法域内仅企业有破产能力，那么这个问题不会存在。首先，自由财产为个人破产制度特有，属于被豁免的债务人财产，具有一定的人格属性。企业的破产财产则不具有人格属性，故在破产程序中，破产企业的财产可被悉数安排、处分，没有适用自由财产制度的必要。其次，现金价值只存在于人身保险，特别是人寿保险中，企业法人自然无从享有或承担和保单现金价值有关的权利义务。所以，尽管目前我国大陆还没有出台法律层面的个人破产规范，但基于以下两个原因，这仍是值得探讨的问题：

第一，在我国大陆个人破产制度稳步建设的同时，保险产业也在迅猛发展。在这样的大背景下，无论是立法者或是裁判者，都将无可避免地遇到是否将现金价值归入破产财产的难题。在个人破产制度的建设方面，2020 年出台的《关于新时代加快完善社会主义市场经济体制的意见》就指

① 我国台湾地区“保险法”第 115 条：“利害关系人，均得代要保人交付保险费。”我国台湾地区“保险法”第 124 条：“人寿保险之要保人、被保险人、受益人，对于被保险人之保单价值准备金，有优先受偿之权。”参见台湾地区“最高法院”2016 年度台抗字第 157 号裁定。

② 参见我国台湾地区“高等法院高雄分院”2019 年度破抗更一字第 1 号裁定。

③ 根据我国台湾地区有关规定，裁判后撤回起诉或撤回申请的，仅发生不可再次起诉的效力，判决仍然存在。参见 http：//jirs. judicial. gov. tw/GNNWS/NNWSS002. asp？id=260913，访问日期：2021 年 1 月 14 日。

出要推动个人破产立法。在实践中，有关尝试也在如火如荼地进行。《深圳经济特区个人破产条例》业已出台；浙江、江苏、山东的一些法院也正在试点个人债务集中清理制度。在保险行业的发展方面，2014年《国务院关于加快发展现代保险服务业的若干意见》就提出了要建设保险强国的目标。不仅如此，早在2017年，我国就已经是世界第二大保险市场，还具有保费收入高、成长率高的特点。① 按照这样的势头，不久后我国在保费收入上将超越美国，成为名副其实的保险大国。②

第二，在保险法领域，保单现金价值能否被强制执行同样是争议极大的问题。"保单现金价值能否被强制执行"和"保单现金价值能否作为债务人财产"是有密切联系的两个问题。所以，为了维护法律体系的统一性和判决的一致性，避免"重复发明轮子"，破产法学界同样要重视保单现金价值强制执行的问题。

二、保单现金价值能否被强制执行？

由于我国大陆尚未建立全面的个人破产制度，保单现金价值能否作为债务人的破产财产看似是一个崭新的问题，但实际上并非如此。如前所述，与它有密切关系的保险法问题——保单现金价值能否被强制执行，已经在保险法学界和司法实务界产生争议，且暂时没有定论。尤其在我国台湾地区，两派学者和法官一直为此相持不下。

保单现金价值能否强制执行和本文论题有密切联系的原因如下：第一，破产程序本身就是一种执行程序。相对于民事强制执行的个别债务执行程序性质，破产程序则是一种总括清偿程序。第二，保险法学界已对保单现金价值能否执行的问题有过较多的讨论；司法实务上也已经积累了相对丰富的审判经验。在处理保单现金价值和破产财产的交叉问题时，应当注重保险法上已有的研究成果和审判经验，并在其基础上进行分析。据

① 2017年我国保费收入近4万亿元人民币；且2016年和2017年的成长率分别为36.51%和20.29%。

② 我国台湾地区"财团法人保险事业发展中心"：《2017年祖国大陆经济情势及保险市场概况》第21页，https://www.tii.org.tw/export/sites/tii/research/files/2017all.pdf，访问日期：2021年1月14日。

此，本段将围绕保单现金价值能否强制执行这一问题展开，并重点介绍我国大陆和台湾地区相关成果和争论。

（一）肯定说——保单现金价值可以被强制执行

1. 学理上的见解

在我国大陆，保险法学界的主流观点是肯定说。持肯定说的学者大多以这样的逻辑证成保单现金价值可被强制执行：首先，现金价值归属于投保人，所以现金价值为投保人对保险人享有的一种附条件债权。其次，保险合同解除后，投保人即对现金价值享有返还请求权或者是债权，而这种权利能够成为法院强制执行的标的。① 我国台湾地区的"保险法"学者则有以下看法：叶启洲教授认为保单现金价值不是附条件的债权，而是属于投保人的、确定的债权，故是可以强制执行的标的。② 卓俊雄教授认为，投保人解除保险合同的权利可以随投保人身份变更转让，所以并不具有人身专属性，故法院可以代投保人行使合同解除权，并强制执行合同解除后返还的现金价值。③

2. 司法实务界的观点

我国大陆持肯定说的法院一般有两种观点。第一种观点认为，保单现金价值是投保人（被执行人）的责任财产，所以法院有权直接冻结并划扣保险公司账户中的现金价值。举例来说，甘肃省高级人民法院在（2020）

① 参见王静：《保单现金价值强制执行若干问题研究》，载《法律适用》2017年第14期；何丽新、梁嘉诚：《保单现金价值强制执行的反思与重构》，载《保险研究》2019年第1期；李云滨、葛忠仁：《人寿保险合同现金价值强制执行的理论基础与进路选择》，全国法院第29届学术讨论会论文，2018年4月18日于西安，第664~665页；王飞、徐文文：《论人寿保险合同解除纠纷中的利益平衡》，载《法律适用》2013年第5期。

② 参见叶启洲：《债权人与人寿保险受益人之平衡保障——德国保险契约法上受益人介入权之借镜》，载《月旦法学杂志》2016年第8期。

③ 参见卓俊雄：《保单借款与强制执行相关法律问题之研究》，载《保险专刊》2015年第4期。值得注意的是，叶启洲教授在《保单价值准备金之权利归属及强制执行》一文第228页脚注26中表明，他认为卓俊雄教授的观点属于"否定说"。

甘执复82号执行裁定书中指出，保单现金价值并非不得查封、扣押、冻结的财产；且保单现金价值是归属于投保人的确定权益，故为可供执行的财产。第二种观点则认为，现金价值是保险合同解除后归属于投保人的财产，法院可以在保险人、投保人拒绝解除合同的情形下代位解除合同，继而强制执行现金价值。河北省高级人民法院在其作出的(2019)冀执复369号执行裁定书中就采用了这种做法。

在我国台湾地区，持肯定说的法院主要有三点论据。第一，法院有权依据强制执行相关"法律""代替"保险合同当事人作出解除保险合同的意思表示。要注意的是，这种"代替"并非解除权的代位行使。第二，保险合同上的给付利益不具有人身专属性，故完全可以作为强制执行的标的。第三，若禁止执行保险合同现金价值，可能助长运用保险产品逃债的行为。①

(二)否定说——保单现金价值不可以被强制执行

1. 学理上的见解

我国大陆主流学说中几乎没有支持否定说的见解。

我国台湾地区的学者中，张冠群教授在考察了本土学说和美国法后指出保单现金价值不可以被强制执行。他认为：首先，只要投保人并未选择解除保险合同，则不存在以现金价值为标的的债权。其次，强制执行现金价值缺乏我国台湾地区相关规定的支撑和法理上的基础。具体体现在：第一，法院必须强制解除保险合同才能产生强制执行的标的，然而这种手段严重干涉财产权和契约自由，且不符合比例原则。第二，我国台湾地区"保险法"第28条为有关保险利益的规定，但是定额保险中并没有保险利益的问题，所以该规定不适用于人身保险。第三，在保险合同解除前，投保人不享有对现金价值的权利，故债权人或者法院无权行使代位权。再次，衡量债权人利益与受益人利益时，应考量到现金价值是投保人对受益人的抚养、扶助，所以在权衡债权人与受益人利益时，不应全部倒向债权人。最后，他认为投保人会以欺诈手段运用保险实为"杞人忧天"，因为

① 参见张冠群：《从美国法观点论保险契约(保单现金价值)可否强制执行》，载《保险专刊》2016年第3期。

"保险法"赋予了保险人面对诈害行为时的合同解除权；且逻辑上不能从投保人实施诈害行为的前提中推导出现金价值可以被强制执行的结论。①

郭宏义律师则认为：第一，保险合同涉及投保人、保险人和受益人的利益，所以不应在未考虑其他当事人利益的情况下，只为了债务人的利益就解除保险合同。第二，债务人解除保险合同并取得现金价值的权利具有专属性，故不论是债权人或者法院都不得代为行使。尤其是法院代位解除保险合同并执行现金价值的做法，不仅因损害他人利益而欠缺法理基础，还不符合我国台湾地区有关财产权保障的规定。②

2. 法实务界的观点

我国大陆的一些法院认为，只有在投保人同意退保的情况下，法院才可以执行保单的现金价值。法院既不能强迫投保人退保，也不能代为解除保险合同。山西省高级人民法院赔偿委员会在(2019)晋委赔监 13 号驳回申诉通知书中就持此观点。广东省高级人民法院在《关于执行案件法律适用疑难问题的解答意见》(2016 年 3 月 3 日)中也指出，法院不可以为了执行现金价值而强迫投保人退保。③ 我国台湾地区的法院则有以下论据：第一，现金价值归属于保险人，而非投保人；第二，可强制执行的标的为保险金，而非保单现金价值；第三，保险合同不得被代位解除；第四，保单现金价值具有人身专属性。④

---

① 参见张冠群：《从美国法观点论保险契约(保单现金价值)可否强制执行》，载《保险专刊》2016 年第 3 期。

② 参见郭宏义：《人身保险要保人之何种权利得作为强制执行之目标——兼评目前实务对保单价值准备金、解约金强制执行之作法》，载《保险专刊》2016 年第 3 期。

③ 参见广东省高级人民法院《关于执行案件法律适用疑难问题的解答意见》(2016 年 3 月 3 日)"问题十一、被执行人的人身保险产品具有现金价值，法院能否强制执行?"，https：//www. pkulaw. com/lar/0a6e5684238220ea1a47e44662018dd6bdfb. html，访问日期：2021 年 1 月 13 日。

④ 参见张冠群：《从美国法观点论保险契约(保单现金价值)可否强制执行》，载《保险专刊》2016 年第 3 期；叶启洲：《保单价值准备金之权利归属及强制执行》，http：//jirs. judicial. gov. tw/judlib/EBookDownload. asp? pfid = 0000225037&showType = 1&lk = V%2C20180600%2C0001，访问日期：2021 年 1 月 13 日。

三、实然层面——现行法和优势学说对问题的解答

(一)相关规定

1. 我国大陆的规定

我国大陆尚未在全国范围内建立起个人破产法律规范。就地方性规范而言，目前有《深圳经济特区个人破产条例》、《浙江法院个人债务集中清理(类个人破产)工作指引(试行)》、苏州市吴江区人民法院《关于个人债务清理的若干规定(试行)》、温州市中级人民法院《关于个人债务集中清理的实施意见(试行)》、台州市中级人民法院《执行程序转个人债务清理程序审理规程(暂行)》、高青县人民法院《关于企业破产中对有关个人债务一并集中清理的意见(试行)》几部。

《深圳经济特区个人破产条例》第 32 条规定了债务人财产的范围。① 和《中华人民共和国企业破产法》(以下简称《企业破产法》)第 30 条一样，《深圳经济特区个人破产条例》第 32 条在债务人财产的范围上采取膨胀主义。换句话说，除法院裁定受理破产申请时债务人拥有的财产外，破产申请受理后至法院裁定债务人免责前取得的财产皆为债务人财产。该条例第 36 条第 1 款以列举性规定的形式确定了债务人豁免财产的范围。② 第 37 条和第 38 条则规定了豁免财产的确认程序：首先，债务人应当在法定期间内提交财产申报表和豁免财产清单。其次，由管理人审查债务人提供的

① 《深圳经济特区个人破产条例》第 32 条："人民法院裁定受理破产申请时属于债务人的财产和依照本条例裁定免除未清偿债务之前债务人所取得的财产，为债务人财产。"

② 《深圳经济特区个人破产条例》第 36 条第 1 款："为保障债务人及其所扶养人的基本生活及权利，依照本条例为其保留的财产为豁免财产。豁免财产范围如下：(一)债务人及其所扶养人生活、学习、医疗的必需品和合理费用；(二)因债务人职业发展需要必须保留的物品和合理费用；(三)对债务人有特殊纪念意义的物品；(四)没有现金价值的人身保险；(五)勋章或者其他表彰荣誉的物品；(六)专属于债务人的人身损害赔偿金、社会保险金以及最低生活保障金；(七)根据法律规定或者基于公序良俗不应当用于清偿债务的其他财产。"

清单并制作债务人财产报告。最后，由管理人将上述清单交债权人会议表决。豁免财产清单只有在未获得债权人会议通过的情况下才交由法院裁定。

和《深圳经济特区个人破产条例》第36条第1款类似，浙江省高级人民法院《浙江法院个人债务集中清理(类个人破产)工作指引(试行)》第22条以及吴江区人民法院《关于个人债务清理的若干规定(试行)》第22条都明文规定了自由财产的范围。温州市中级人民法院、台州市中级人民法院、高青县人民法院出台的文件则没有就债务人财产的范围作具体规定。值得注意的是，这些个人债务集中清理程序和正式的个人破产程序有较多差异，因而其性质更多的是一种“透过协商改变了清偿的方式或减免了部分利息及费用”①的协商程序。

2. 我国台湾地区的规定

我国台湾地区现行的个人破产制度法律渊源是“消费者债务清理条例”。除此之外，尚有2016年由台湾地区有关部门拟定的“债务清理法(草案)”可供参考。

我国台湾地区“消费者债务清理条例”规定了更生和清算两种并行的程序。在消费者更生程序中，债务人依然有权管理其财产，所以没有关于债务人财产的规定。② 该条例第98条和第99条分别规定了消费者清算程序中清算财团及自由财产的组成。③ 观察上述规定可以发现，我国台湾地区对债务人财产采取的规定也属于膨胀主义，但是范围和《深圳经济特区

---

① 武诗敏：《个人债务清理非正式程序研究》，载《月旦财经法杂志》2020年第5期。

② 参见张力毅：《个人破产法律规则的台湾生成》，载《厦门大学法律评论》2015年第1期。

③ 我国台湾地区“消费者债务清理条例”第98条：“下列财产为清算财团：一、法院裁定开始清算程序时，属于债务人之一切财产及将来行使之财产请求权。二、法院裁定开始清算程序后，程序终止或终结前，债务人因继承或无偿取得之财产。专属于债务人本身之权利及禁止扣押之财产，不属于清算财团。”

我国台湾地区“消费者债务清理条例”第99条：“法院于裁定开始清算程序后一个月内，得依债务人之声请或依职权，审酌债务人之生活状况、清算财团财产之种类及数额、债务人可预见之收入及其他情事，以裁定扩张不属于清算财团财产之范围。”

个人破产条例》并不相同。我国台湾地区的“膨胀”较为缓和，在清算程序中，仅债务人继承或无偿取得的财产会被列入债务人财产；而《深圳经济特区个人破产条例》则将程序进行中债务人的所有收入纳入债务人财产的范围。我国台湾地区“消费者债务清理条例”有关豁免财产的规定同样较为缓和，采概括式立法。除了“消费者债务清理条例”规定有人身专属性的财产和禁止扣押的财产之外，法院还能以自由裁量的方式扩大豁免财产的范围。《深圳经济特区个人破产条例》的立法则是列举式的，凡是不属于豁免财产范围的财产就是债务人财产，必须用于清偿债务。

根据我国台湾地区 2016 年“债务清理法(草案)”第 1 条的规定，该草案似乎适用于所有债务人的破产清算程序、破产重整程序及和解程序。① 但是，该草案第 220 条第 1 款前半句却规定“法人有不能清偿债务之虞，或因财务困难而暂停业务或有停业之虞者，在法院裁定开始债务清理程序前，得由法人或下列利害关系人向法院申请重整……”也就是说，“债务清理法(草案)”中的破产重整程序不适用于法人之外的主体。所以，债务人财产和自由财产的范围主要规定在“破产”一章。观察该草案第 157 条的规定，虽然用字遣词和“消费者债务清理条例”有所不同，但意义相同。② 换句话说，“债务清理法(草案)”在债务人财产范围上同样采用缓和的膨胀主义，有关自由财产范围的立法也同样是概括式的。

---

① 我国台湾地区 2016 年“债务清理法(草案)”第 1 条：“为使债务人得依本法所定程序清理其债务，以调整其与债权人及其他利害关系人之权利义务关系，保障债权人之公平受偿，谋求债务人事业之重建或经济生活之更生，及促进社会经济之健全发展，特制定本法。”参见 http://jirs.judicial.gov.tw/GNNWS/download.asp?sdMsgId=46318，访问日期：2021 年 1 月 14 日。

② 我国台湾地区 2016 年“债务清理法(草案)”第 157 条：“下列财产为破产财团：一、法院裁定开始破产程序时属于债务人之一切财产及将来行使之财产请求权。二、破产程序开始后，债务人于程序终止或终结前所取得之财产。债务人为自然人者，专属于债务人本身之权利、禁止扣押之财产，及破产程序开始后有偿取得之财产，不属于破产财团。债务人为自然人者，法院于裁定开始破产程序后一个月内，得依其声请或依职权，审酌其生活状况、可预见之收入，并破产财团财产之种类、数额及其他情事，以裁定扩张不属于破产财团财产之范围。前项裁定不得抗告，并应送达于管理人及债务人。”

(二)实然层面上问题的解决

1. 我国大陆的情况

根据我国大陆的优势学说和实践中的主流做法，保单现金价值可以归入自然人破产财产。尽管目前我国大陆没有法律层面的个人破产立法，但基于执行程序和破产程序的同质性，以及保险法学界和司法实务界对保单现金价值能否强制执行这一问题的深入探讨，现有理论基本能解决现金价值能否归入自然人破产财产的问题。首先，我国大陆保险学界主流学说认为，保单现金价值归属于投保人，所以投保人享有附条件的债权，而这种债权可以作为强制执行的标的。① 其次，根据《企业破产法》有关债务人财产的规定和理论，破产财产必须满足但不限于下列条件：第一，是财产或者财产性权利；第二，权属归于债务人；第三，在特定期间内为债务人所有；第四，可以被强制执行。② 主流学说认为，保单现金价值是一种归属于债务人的附条件债权，具有可执行性。所以，只要是满足破产财产时间要件的保单现金价值，原则上都可以被归入债务人财产。

若是适用《深圳经济特区个人破产条例》，或者是《浙江法院个人债务集中清理(类个人破产)工作指引(试行)》的规定，那么保单现金价值几乎可以毫无争议地归入债务人财产。以《深圳经济特区个人破产条例》为例，该条例第 39 条规定“除本条例第一百零九条规定的情形外，管理人应当接管债务人除豁免财产以外的全部财产”；第 36 条第 1 款第 4 项则规定没有现金价值的人身保险为豁免财产。言外之意即有现金价值的人身保险属于债务人财产，只有没有现金价值的人身保险才是豁免财产。《浙江法院个人债务集中清理(类个人破产)工作指引(试行)》第 22 条也采用了同样的表述，此处不再赘述。承前段，可以发现这些规定契合我国大陆有关保

---

① 参见王静：《保单现金价值强制执行若干问题研究》，载《法律适用》2017 年第 14 期；何丽新、梁嘉诚：《保单现金价值强制执行的反思与重构》，载《保险研究》2019 年第 1 期；王飞、徐文文：《论人寿保险合同解除纠纷中的利益平衡》，载《法律适用》2013 年第 5 期；李云滨、葛忠仁：《人寿保险合同现金价值强制执行的理论基础与进路选择》，全国法院第 29 届学术讨论会论文集，第 664~665 页。

② 参见韩长印主编：《破产法学》，中国政法大学出版社 2016 年版，第 99~101 页。

单现金价值的属性和可执行性的优势学说。

2. 我国台湾地区的状况

在我国台湾地区，这一问题目前还难以“一锤定音”。首先，如前所述，对于“保单现金价值是否可以被强制执行”的问题，不论在理论界或者实务界，持“肯定说”和“否定说”的都大有人在，且双方相持不下。甚至在台湾地区“高等法院”于 2016 年特意召开讨论会并得出实务上应采“否定说”的结论后，下级法院依然有不少“不服”者。① 其次，就“现金价值能否归入债务人财产”的问题，我国台湾地区各个法院的论证逻辑并不统一。举例来说，在我国台湾地区“高等法院台南分院”的一个判决中，法院认定债务人的保险合同可直接由管理人解除；现金价值自然可以直接归入债务人财产。② 相较于本文选取的、历经“五审”的案例，该案过度简单的逻辑似乎完全没有考虑到保险法上对类似问题的激烈争论。

尽管如此，对这个争论不休的问题依然能作出如下归纳：第一，持“肯定说——保单现金价值能被强制执行”者会认为保单现金价值可以归入债务人财产。第二，持“否定说——保单现金价值不能被强制执行”者则会认为保单现金价值不能归入债务人财产。这不仅是因为破产程序和强制执行程序之间的紧密联系，也是因为“肯定说”认为现金价值不具有人身专属性，而“否定说”认为现金价值具备人身专属性的缘故。

四、应然层面——保单现金价值不应被归入债务人财产

不论是基于保险法原理还是个人破产独特的制度设计，保单现金价值在应然层面上都不应当被归入债务人财产。

（一）有关保险法的思考

基于以下法理和法律政策的原因，保单现金价值不应被强制执行。

---

① 参见叶启洲：《保单价值准备金之权利归属及强制执行》，http：//jirs. judicial. gov. tw/judlib/EBookDownload. asp? pfid = 0000225037&showType = 1&lk = V%2C20180600%2C0001，第 209~226 页，访问日期：2021 年 1 月 13 日。

② 参见我国台湾地区“高等法院台南分院”2019 年破抗字第 5 号民事裁定。

第一，保险合同当事人、受益人在保险合同解除前不对保单现金价值享有债权。相反，保单现金价值在合同解除前归属于保险人。这是由保单现金价值数额的不确定性和货币的权属决定的。首先，“现金价值”本身是一种抽象的概念，其数额的计算方法有赖法律规定或者合同约定。其次，货币遵循“占有即所有”的规则，所以存款为银行所有，存款人仅享有债权。同理，保单现金价值也不为投保人或者缴纳保险费的人所有。但是，保单现金价值数额的抽象性使之和银行存款那样数额确定的债权存在本质区别。对于这种抽象的、不确定的数额，投保人或者代缴保费的人至多拥有期待权，而不是债权。

第二，保险合同解除后，应当依据合同约定退还现金价值，而退还的对象不一定是投保人。也就是说，投保人在合同解除后也不必然享有对现金价值的债权。《中华人民共和国保险法》第 47 条规定：“投保人解除合同的，保险人应当自收到解除合同通知之日起三十日内，按照合同约定退还保险单的现金价值。”可见，现金价值应按合同约定返还。申言之，只有等到保险合同解除，现金价值数额确定甚至特定化之后，保险合同约定的现金价值退还对象才能对现金价值享有债权。这实际上就是“无选择终止，无解约金请求权(no election-no debt)”的原则。①

第三，作为典型的公法主体，法院以缺少法理依据的代位方法解除保险合同并不合适。《中华人民共和国合同法》第 73 条规定的是债权人的代位权，而不是法院的代位权。法院的代位充其量只是没有法律依据的“双重代位”。

第四，《最高人民法院关于适用〈中华人民共和国保险法〉若干问题的解释(三)》第 17 条的规定中存在有类似于德国、日本的“介入权”制度。②在明明有维持保险合同效力机会的情况下，直接解除保险合同有违比例原则。

第五，具有现金价值的人身保险不仅仅是“保险”，它还有着其他重

---

① 张冠群：《从美国法观点论保险契约(保单现金价值)可否强制执行》，载《保险专刊》2016 年第 3 期。

② 《最高人民法院关于适用〈中华人民共和国保险法〉若干问题的解释(三)》第 17 条：“投保人解除保险合同，当事人以其解除合同未经被保险人或者受益人同意为由主张解除行为无效的，人民法院不予支持，但被保险人或者受益人已向投保人支付相当于保险单现金价值的款项并通知保险人的除外。”

要的功能和意义。从投保人、受益人的角度来看，人身保险可以作为财富传承的工具、履行抚养义务的工具。[①] 从保险人的角度来看，如果允许现金价值被执行，作为保险人责任准备金一部分的现金价值将处于不稳定的状态，这很可能会影响保险公司的偿付能力，引发比债权人得不到清偿还要糟糕的后果。[②] 总的来说，忽略保险的这些重要功能，不利于我国在保险渗透率等指标偏低、保险在国民经济中的作用不显著的情况下，完成“从保险大国到保险强国”的跨越。[③]

(二)有关破产法的考量

保单现金价值在投保人破产时不应被归入债务人财产，原因如下：

第一，破产程序和民事执行程序具有同质性。若保单现金价值不得被强制执行，那么不论在法理上或者是逻辑上，破产程序中的现金价值也不能被归入债务人财产。陈计男教授指出，专属于人身的权利和禁止扣押的财产不得归入破产财产。“盖破产既为一般的强制执行程序，则凡个别的强制执行时，尚不能加以扣押之财产，在破产时，当然亦不许加以查封扣押，故应置于破产财团之外。”[④]所以说，既然保单现金价值不可以被强制执行，那么自然不得归入债务人财产。不仅如此，保单现金价值不得被强制执行的原因之一是因为它具有“人身专属性”。具有人身专属性的财产不得成为责任财产，那么自然也不能被归入债务人财产。如此规定将有助于保险法、民事诉讼法、破产法的逻辑统一，维持法律规范体系的系统性。

第二，个人破产制度有解放破产者，使其重回社会并继续创造价值的重要立意，而自由财产制度便是这一理念的重要支撑。将现金价值归入自由财产，而非归入责任财产，有助于个人破产这一理念的实现。若个人破产制度中自由财产的范围过度狭隘，就会产生要把债务人“吃干抹尽”的

---

① 参见杨舸、闵晓平：《人寿保险需求探析》，载《金融理论与实践》2006 年第 11 期；张冠群：《从美国法观点论保险契约(保单现金价值)可否强制执行》，载《保险专刊》2016 年第 3 期。

② 参见常敏：《保单现金价值归属的法律逻辑解释》，载《环球法律评论》2018 年第 5 期。

③ 参见陈秉正：《从保险大国到保险强国》，载《保险研究》2018 年第 12 期。

④ 陈计男：《破产法论》，三民书局 2017 年版，第 147~148 页。

效果。从培育创业精神的角度看，这是一个不鼓励创新、不宽容失败的社会；从诚实而不幸的个人的角度来看，这是一个不给人机会的世界。① 若是将含有现金价值的保单保留给债务人，在将来甚至可能成为债务人再创业的资本。这有利于债务人继续为社会创造更多价值。

第三，保单现金价值免于归入债务人财产，可以帮助投保人尽到抚养义务，减少社会成本。在社会不能抚养每一位公民时，法律制度便优先安排私力抚养。② 若私力抚养再缺位，那么就难免破坏社会经济的安定，还会把成本转嫁到社会保障制度中。③ 此时，有现金价值的人身保单极为重要。这是因为，通过这类保单，投保人实际上是以保险的形式履行其抚养义务。尤其是死亡保险，这类保险甚至能在投保人身故后继续为其履行抚养义务、保障义务，继续维持被抚养人的生活。④ 对于不幸破产的债务人，如果还要分配其保单的现金价值，无异于对已经不宽裕的家庭“釜底抽薪”。不仅如此，还极有可能使债务人的被抚养人落入极其落魄的境地，增加社会救助体系的负担，变相增加社会成本。相反，若破产人得以保有含现金价值的人身保险，那么上述不幸发生的概率将会降低，有助于避免社会成本不当增加。

五、余　　论

在分析解决保单现金价值能否作为债务人财产的问题时，必须关注学理上和实践中对保单现金价值能否强制执行问题的处理。对于林雪娥一

① 参见徐阳光、陈科林：《论个人破产立法中的自由财产制度》，载《东方论坛——青岛大学学报(社会科学版)》2020 年第 3 期。

② 参见林秀雄：《亲属法讲义》，元照出版社 2014 年版，第 373 页；陈棋炎、黄宗乐、郭振恭：《民法亲属新论》，三民书局 2014 年版，第 495 页，转引自张冠群：《从美国法观点论保险契约(保单现金价值)可否强制执行》，载《保险专刊》2016 年第 3 期。

③ 参见郑有为：《破产法学的美丽新世界》，2008 年自版发行，第 114~115 页；徐阳光、陈科林：《论个人破产立法中的自由财产制度》，载《东方论坛——青岛大学学报(社会科学版)》2020 年第 3 期。

④ 参见张冠群：《从美国法观点论保险契约(保单现金价值)可否强制执行》，载《保险专刊》2016 年第 3 期。

案，由于理论及实践的巨大争议，我国台湾地区各级法院的判决多有反复，最后全案竟然在历经五审后以申请人撤回破产宣告申请的方式终结。尽管我国大陆目前没有法律层级的个人破产立法，但该案突显的问题仍值得关注。

在保单现金价值可否被执行这一问题存在争议的情况下，处理“保单现金价值能否作为债务人财产”这一问题时尤其要注意二者间逻辑的一致性。若否定保单现金价值的可执行性，则现金价值不能归入债务人财产；反之，若肯定保单现金价值的可执行性，那么现金价值即可以归入债务人财产。

还要注意的是，自由财产的范围不应当被法律法规过度限制。除了法律规定之外，破产程序中债务人拥有的某些财产到底应归入自由财产还是破产财产，仍然有赖于法官在个案中的具体判断。若自由财产范围过窄，尽管能提升债权人清偿率，却不利于培育人民的创新精神，还会增加社会保障的成本；反之，若自由财产范围过大，不仅债权人的权利得不到保障，还会破坏市场交易秩序。

以林雪娥一案为例，其持有的七张保单现金价值总共达到 181 万元新台币，占其所欠债务总额的 42%。根据《深圳经济特区个人破产条例》第 36 条、第 39 条的规定，现金价值应当归入债务人财产，法官没有任何裁量余地。如此或许和“有债必偿”的中华传统文化相契合，避免了人民群众抵制个人破产制度的严重后果；但是，若因此完全否定了这七张保单继续存在的可能性，并消除了现金价值归入自由财产的选项，很可能使得林雪娥丧失继续为社会创造价值的能力，并妨碍其履行抚养保障的义务，进而增加社会成本。所以，为了防止“一刀切”可能带来的问题，不仅要避免对债务人财产的范围作出过度僵化的规定，还应考虑赋予法官根据案情依法制造“例外”的权力。

第五部分：其　他

论存款债权在商业银行破产债权清偿中的顺序

翟晓雅*

内容提要： 基于存款合同的消费寄托性质以及存款债权在发生时可担保性不足的特性，并加之商业银行与存款人间信息不对称，存款人抗风险能力欠缺以及商业银行经营模式维系的公共政策考量，存款债权在商业银行破产债权清偿中应享有优先地位。在保持《企业破产法》关于破产债权清偿顺序规定的基础上，通过利益衡量，确定存款债权的具体清偿顺位。由于存款债权未完全清偿对于存款人生活经营的影响大于社会保险费用及税收未完全缴纳对于国家社保基金及国库收入的影响，存款债权应优先于社会保险费用和税收债权。基于对劳动者基本生存利益的保障，存款债权劣后于代表生存性价值的职工劳动债权。另外，从存款合同特性以及公共政策角度考量，应赋予单位存款人与个人存款人相同的存款债权优先清偿顺位，但为体现破产债权优先清偿的制度目的以及有效防范经营风险，参考《存款保险条例》规定，应排除同业存款、内部存款等特殊性质存款债权的优先清偿权利。

一、问题的提出

（一）一则新闻引发的思考

2020 年 6 月，在笔者家乡阳泉市，城市商业银行发生了部分储户集

* 翟晓雅，武汉大学法学院 2019 级民商法硕士研究生。

中提取存款事件。之所以发生挤兑风波，与时任董事长、行长等先后被调查有关。为平息事态，当地人民政府、地方人行、银保监分局以及商业银行均贴出公告，政府主要领导亦发表讲话，稳定群众。① 受历史政策影响，商业银行在我国一直以国家信用为担保，当其发生经营危机时，财政资金会及时充当“救火队员”保护存款人的存款利益。但在“2016 年陆家嘴论坛”中，时任中国人民银行副行长的张涛进行主旨演讲时表示“要建设市场退出配套机制。对于出现经营风险、经营失败的金融机构，要建立有序的处置和退出框架，允许金融机构有序破产”②。随着我国市场经济体制的全面构建完善，作为市场经济的重要主体，商业银行将逐渐融入市场洪流之中，相应的，遵循市场经济规律的退出机制亦当逐步构建。其中，与广大存款人利益关系最为密切的，即是商业银行破产中存款债权的处理问题，如何清偿存款债权，将严重影响存款人的存款信心乃至我国金融体系的稳定。

（二）问题延伸：立法与理论的双重不确定性

立法上，《中华人民共和国企业破产法》(以下简称《企业破产法》)、《中华人民共和国商业银行法》(以下简称《商业银行法》)以及《金融机构撤销条例》等法律规范对商业银行破产债权清偿问题作出了规定，但这些规定呈现分散性、落后性与模糊性的特征。《企业破产法》规定了企业破产财产的清偿顺序，并在附则中规定金融机构的破产实施办法可依据《企业破产法》以及其他相关法律制定，③ 即商业银行破产债权的清偿也可依据《企业破产法》进行，但该法并未特别提及存款债权的清偿顺位。《商业银行法》则明确规定了个人储蓄存款的本金和利息的清偿顺序在清算费

① 参见苏杰德：《山西金融系统地震：中小银行成了德御系提款机，多位官员密集落马》，载《中国新闻周刊》2020 年 9 月 7 日。

② 参见张涛：《允许经营出现风险的金融机构重组或倒闭》，网易财经，https：//money. 163. com/16/0612/10/BPBQ7IRD002557JT. html，访问日期：2020 年 11 月 19 日。

③ 《企业破产法》第 134 条第 2 款：“金融机构实施破产的，国务院可以依据本法和其他有关法律的规定制定实施办法。”

用、职工工资和劳动保险之后。[①] 但由于该法于1995年立法通过，且相关内容未进行修改，因此该条规定的用语，如“职工工资”“劳动保险”等表达，与现行《企业破产法》的表述存在用语不一致之处，使得个人储蓄存款的本金和利息的清偿顺位存在不同的解释。另外，该条规定享有优先权利的存款债权仅包括个人存款债权，其合理性上亦存在疑问——同为存款人，个人之外的其他存款主体为何不能享有优先权利，以及以商业银行高级管理人员为代表的特殊个人主体的存款是否亦应当享有优先权利也存在进一步讨论的空间。除上述两部法律外，由国务院制定并通过的《金融机构撤销条例》对撤销金融机构的财产分配顺序作出规定，该条例规定，清算财产应当先支付个人储蓄存款的本金和合法利息，而后清偿法人和其他组织的债务。[②] 此规定似乎说明，个人存款债权仅优先于普通破产债权清偿，但规定的内容同样不够完善明晰，缺乏条理性。

理论上，关于存款债权在商业银行破产债权清偿中的顺序，学者亦意见不一。有主张将存款债权置于社会保险债权与税收债权之间者；[③] 有主张将存款债权置于社会保险债权与劳动债权之间者；[④] 亦有学者主张将存款债权置于劳动债权之前；[⑤] 甚至还有主张存款债权应优先于各类债权清偿者；[⑥] 另有学者脱离《企业破产法》关于破产债权清偿顺序的基本规定，重构了包括商业银行在内的金融机构破产债权清偿顺序，将包括个人储蓄存款债权在内的金融稳定性债权的清偿顺位置于主要包括劳动者工资及其

---

① 《商业银行法》第71条：“商业银行破产清算时，在支付清算费用、所欠职工工资和劳动保险费用后，应当优先支付个人储蓄存款的本金和利息。”

② 《金融机构撤销条例》第24条：“被撤销的金融机构的清算财产支付个人储蓄存款的本金和合法利息后的剩余财产，应当清偿法人和其他组织的债务。”

③ 参见齐明、刘雯丽：《我国商业银行破产存款人权益优先保护问题研究》，载《社会科学战线》2019年第8期。

④ 参见杨丽、张锋、辛羽：《存款保险制度下银行破产债务清偿问题研究》，载《西部金融》2009年第9期。

⑤ 参见杨东勤：《中国商业银行破产法律制度构建研究》，对外经济贸易大学2016年博士学位论文。

⑥ 参见陈刚、宋献晖：《我国存款债权优先权制度存在的问题及完善建议》，载《金融会计》2014年第1期。

相关费用的生存性债权与担保性债权之间。① 而在存款债权内部，理论上对于存款人身份是否影响清偿顺位的问题亦存有争议，有学者主张取消单位与个人的区分，统一享有存款人的优先利益；② 也有学者主张应区分个人存款债权和单位存款债权。③

立法上法律规定的不严谨、不统一、不明确，理论上各执一词的学者观点，均使得存款债权在商业银行破产债权清偿中的顺序问题长期无法得到解决。如此，存款人始终无法对存款的受保护程度形成稳定的预期，导致一旦出现商业银行倒闭等负面消息，无论其真实性如何，存款人多会以最快的速度取出存款，从而使商业银行发生挤兑危机，这不仅影响存款人的权益保护，也不利于商业银行的长期稳健经营，更会使整个金融体系与实体经济产生连锁不良反应。本文试图通过对存款债权的性质特性与保护价值的分析，对比存款债权与其他债权，以利益衡量为研究方法，尝试明确存款债权在商业银行破产债权清偿中的合理顺序。

二、存款债权的优先性分析

破产立法的基本原则之一是债权人公平分配原则，对于这一分配原则的理解，学界有不同观点。有学者曾指出，公平分配就是平等分配，除非有充分理由实行另一种可选分配，④ 即原则上各类债权都应当得到平等清偿，例外情形下，有充分理由的债权可以获得优先清偿的权利；有学者则认为，同等债权同等保护的债权分层级保护才是实质平等的体现，⑤ 即若债权性质不同，则原则上应享有不同优先程度的保护。对于公平的理解向

---

① 参见胡大武：《破产金融机构债务清偿顺序研究——比较法视角》，载《经济体制改革》2007 年第 6 期。

② 参见齐明、刘雯丽：《我国商业银行破产存款人权益优先保护问题研究》，载《社会科学战线》2019 年第 8 期。

③ 参见杨东勤：《中国商业银行破产法律制度构建研究》，对外经济贸易大学 2016 年博士学位论文。

④ 参见[美]迈克尔·D. 贝勒斯：《法律的原则——一个规范的分析》，张文显译，中国大百科全书出版社 1996 年版，第 11~12 页。

⑤ 参见崔艳峰：《破产劳动债权优先保护研究》，吉林大学 2016 年博士学位论文。

来有多种观点，但不论选择何种理解方式，存款债权若想获得优先清偿的地位，均应解决两个问题：首先需厘清存款合同与普通的借款合同区别何在，以找到存款债权可以获得不同于普通破产债权清偿待遇的基础理由；其次，从公共政策的角度出发，论证存款债权获得优先清偿地位的合理性与价值。两项理由叠加使存款债权的优先清偿符合《企业破产法》“公平清理债权债务”的立法目的。接下来，笔者将从上述两个方面讨论存款债权在商业银行破产债权清偿中具优先性的合理理由。

（一）存款合同的消费寄托性与担保不足性

存款人对存款享有的是债权权利已基本被立法以及理论认可，如若存款人对存款享有物权权利，则探讨商业银行破产中存款的清偿顺位即无意义，存款人只需行使取回权即可。对于存款合同的性质，我国学界一般认为，“存款行为应该属于消费寄托”①。与一般保管合同不同的是，存款人将存款交予商业银行时，资金所有权即为转移，商业银行可处分该项资金，而相应的，存款人无需支付保管费，反而可从商业银行处获得利息收益；与一般保管合同类似的是，存款人可要求商业银行随时返还保管款项。存款行为是一种以让渡所有权为对价换取利息收益的特殊保管行为，与消费借贷不同的是，存款行为更体现存款人期望商业银行保管存款价值的合同目的，更关注寄托物即存款价值的返还，同时存款人得随时领取保管物即所存款项。存款人之所以可获得相应利息，只是因为其将保管物所有权进行了移转，但其余的权利义务安排仍处于保管合同的大框架内。另有学者提出，存款人与商业银行的关系是一种集民商法与经济法思想为一体的公私交融的综合法律关系，不再囿于传统的合同法领域。基于银行与金融、银行与社会等宏观背景的考量，存款人应受到更多的倾斜保护。②但不管从何种角度解读存款合同的性质，存款人对其存款的控制权强于贷款人对其借款的控制权，因此对于存款债权的处理不应与借款债权相同，对存款人的保护应强于贷款人。

从存款与借款的行为特征观察，亦可找到存款债权应与借款债权区分

---

① 参见李健男：《存款行为法律性质新论》，载《暨南学报（哲学社会科学版）》2006年第6期。

② 参见李子顺：《银行存款责任的裁判标准》，载《人民司法》2009年第5期。

而受到更强保护的合理性。存款行为发生的基础在于商业银行甚至是整个金融体系的企业信用，而普通的借款行为发生的基础除借款人的信用外，更重要的是借款人提供的担保、保证等信用的补强，特别是在非密切关系人间，主体自身信用的担保能力远低于其所提供的物保或人保的担保价值。与普通的借款相比，存款人将自己的金钱“借”与商业银行时，其并不能要求商业银行提供相应数额的担保或保证，而对于其他普通贷款人，其在借款当时自可要求借款人提供担保或保证。由此，当破产发生时，普通贷款人凭借担保物权享有对应破产财产的别除权，或凭借保证而得请求保证人偿付债务，普通贷款人可获得的债权保护措施及程度实高于存款人的权益保护。但若普通贷款人在出借之始放弃了其本可要求担保或保证的权利，那么在破产清偿时，法律也没有必要对其提供优先保护。因此，与普通的借款行为相比，存款行为在发生时担保性的不足由其在破产清偿时的优先受偿性补足，使得存款债权优先于普通破产债权获得清偿，亦符合实质公平的要求，是平衡存款人与贷款人利益保护的合理安排。

综上，存款合同的消费寄托性质以及其在发生时可担保性不足的特性，均使得存款债权不同于普通借贷债权，具备获得破产财产优先受偿权利的合理性基础。

（二）公共政策的考量

债权可获得优先清偿的原因，从内部角度观察，是债权人与债务人之间的权利义务安排所促成的；从外部角度观察，虽然债权关系具有相对性，但不可否认，某些特殊债权的权利义务安排需要当事人之外的另外调整，其实现亦会影响社会秩序以及多方利益主体，因而公共政策的考量亦可构成债权享有优先清偿权利的合理性基础。接下来，笔者将对存款债权优先清偿的公共政策基础作出阐释。

1. 存款人与商业银行的信息不对称

在普通借款中，贷款人可以对借款人的身份、经济状况、偿还能力等基本情况进行充分调查评估，以此判断是否实施借款行为。但在存款行为中，存款人与其他普通的贷款人不同，其并不具有充分的能力、资源了解商业银行的经营状况，而此种调查对于单个存款人而言亦是不必要的和不经济的。存款人作为整体才具有相当的能力与资源进行调查，但存款人实际是分散的、个体能力不同的，因而组成统一的调查主体亦缺乏可行性。因此，不管从个体还是整体角度观察，存款人都不能充分掌握商业银行的还款能力等实际经营状况，因而，存款债权需要法律的特别保护，以弥补存款人与商业银行间信息不对称所造成的存款人不利益。

2. 存款人抗风险能力的欠缺

统计数据显示，2019 年，我国的储蓄率高达 44.6%。① 虽然近年来，随着消费方式的改变与理财渠道的增加，我国储蓄率有下降趋势，但不可否认，储蓄仍然是个人及家庭存放资金的主要方式。对于多数普通个体或家庭而言，存款即是其未来正常生活以及应对危机的保障，而一旦商业银行发生破产危机，则存款人生活的保障将受到巨大威胁，严重影响存款人的生活水平。对于公司而言，法律亦要求其在商业银行开设账户，以进行日常资金的流通，② 商业银行破产带来的周转资金威胁，亦严重影响公司的正常经营。因此，无论个人还是单位，存款债权不完全清偿均影响巨大，存款人缺乏对抗此种风险的有效措施。

3. 商业银行经营模式的维系

商业银行的基本经营模式为通过借入货币而贷出货币，利用其中的存贷利息差获取收益。商业银行的资金主要来源于三个方面：股本、同业拆借以及存款，而存款正是商业银行经营资金的主要来源，决定着商业银行的经营规模、经营效益以及经营安全。③ 在商业银行正常经营中，最主要的资金来源是存款人的存款，而当商业银行进入破产程序后，最重要的债权人亦是存款人，存款人利益在破产程序中的优先保护正是商业银行经营模式所决定的。使存款债权在商业银行破产财产清偿中获得优先于普通破产债权的清偿地位，不仅是为了保护存款人的利益，更深远的意义在于保

---

① 参见 CEIC：《中国总储蓄率》，CEIC 数据库，https：//www.ceicdata.com/zh-hans/indicator/china/gross-savings-rate，访问日期：2020 年 11 月 18 日。

② 《人民币银行结算账户管理办法》第 33 条规定："基本存款账户是存款人的主办账户。存款人日常经营活动的资金收付及其工资、奖金和现金的支取，应通过该账户办理。"

③ 参见毛艳萍：《论储蓄合同的性质及其法律责任》，载《宁夏社会科学》2013 年第 3 期。

障商业银行经营模式的运转，从而促使其维持长期稳健的经营，以维护整体的金融环境与实体经济的发展。从本质上看，保护金融消费者的利益是为了维护整个金融业的信用，而信用是整个金融业存在和发展的基石。① 如若存款人对其存款利益的保护不能有长期满意的预期，则商业银行赖以存在的资金基础即面临重大威胁，商业银行的经营将成为空中楼阁。因此，保障存款债权的优先利益，维系着商业银行经营模式的正常运转，影响着金融安全生态环境。

综合以上分析，基于内部存款债权与借贷债权不同特性以及外部公共政策的考量，存款债权与普通破产债权相比在商业银行破产债权清偿中具有优先性。

（三）存款人性质对存款债权优先顺位的影响

1. 单位存款人亦应享有优先顺位

（1）学说观点

《商业银行法》仅对个人储蓄存款的清偿顺位进行了特别规定，即单位存款并不享有优先清偿顺位，只能与普通破产债权一并最后清偿。对于这一区分，理论上有不同的观点。

持赞成观点的学者从清偿结果的角度提出，相较于单位存款人而言，自然人存款人抗风险的能力相对较弱，如果将自然人存款和单位存款放在同一受偿顺位按比例清偿，将降低个人存款债权的清偿比例。②

持反对观点的学者则从商业银行的资金来源角度提出，近年来我国居民储蓄比例总体呈下降趋势，单位存款逐渐成为支撑商业银行负债业务的最稳定资金来源，在此背景下，单位存款人不享有优先清偿顺序，将不利于商业银行吸收稳定的大额存款资金，不符合商业银行的经营利益。③

（2）单位存款债权享有优先顺位的理论证成

---

① 参见杨东勤：《中国商业银行破产法律制度构建研究》，对外经济贸易大学2016年博士学位论文。

② 参见杨东勤：《中国商业银行破产法律制度构建研究》，对外经济贸易大学2016年博士学位论文。

③ 参见齐明、刘雯丽：《我国商业银行破产存款人权益优先保护问题研究》，载《社会科学战线》2019年第8期。

从存款行为的特殊性角度思考，前述论及的存款行为与借款行为的不同，并不因存款人为个人或单位而有所区别。在存款合同性质上，单位存款合同同样属于消费寄托合同；在存款行为特点上，单位存款同样具有担保性不足的特点，需要清偿时的优先性补足。不管对于债权公平原则持何种理解，“同等性质债权同等清偿”均是公平清偿的应有之义，存款人种类的不同并不影响存款债权的性质与特征，因此，单位存款与个人存款享有同等优先顺位在理论上不具质疑性。

从公共政策角度思考，单位存款同样具有受优先保护的合理性基础。从表面观察，单位的抗风险能力似乎高于自然人，单位受到的影响似乎也不会如自然人的生活水平被影响般严重。但深思未必可得出此种想当然的结论。单位存款用于单位的日常周转、工资发放等目的，如若单位存款受影响，于该单位而言，资金周转即面临风险，相应的经营危机不容忽视；于劳动者而言，工资福利的发放亦会受到影响，严重者，影响单位的正常经营亦不是不可能。单位是由个人组成的，单位利益的受损必然波及其中的个体，这些个体的利益与直接存款的个体相比，同样应受到保护。况且，个人存款人中有资金雄厚的主体，单位存款人中亦有资金脆弱的主体，从抗风险能力角度观察，个人存款人的利益未必当然应优于单位存款人保护。因此，不论从实体经济的发展还是个体利益的保护出发，单位存款均具有受到同等优先保护的资格。

另结合《存款保险条例》的规定①，存款保险的被保险存款并未区分个人或单位存款，而是对除特殊单位以及个人外的全部存款予以保障。若否认单位存款的优先受偿顺序，在存款保险制度下，保险人利益也会相应受损。存款保险的费率计算依据主要与投保机构的经营管理状况和风险状况等因素有关，② 因而平均计算，保险人就同一商业银行中的每笔相同数额的存款收取相同数额的保险费。当保险事故发生时，对于个人被保险存款，保险人在承担保险责任后可处于优先顺位；对于单位被保险存款，保

① 《存款保险条例》第 4 条：“被保险存款包括投保机构吸收的人民币存款和外币存款。但是，金融机构同业存款、投保机构的高级管理人员在本投保机构的存款以及存款保险基金管理机构规定不予保险的其他存款除外。”

② 《存款保险条例》第 9 条第 2 款：“各投保机构的适用费率，由存款保险基金管理机构根据投保机构的经营管理状况和风险状况等因素确定。”

险人在承担保险责任后只能与其他普通债权人一样居于劣后顺位。① 如此，会造成存款保险事实上的对价不平衡，不利于存款保险的健康经营，并进而影响存款保险的费率厘定，增加商业银行负担。

因此，从单位存款的性质以及公共政策角度来看，并结合《存款保险条例》规定，不论存款人是个人还是单位，存款债权均应处于优先位置。

2. 特殊主体存款债权优先性的否认

存款保险的保障范围虽然没有区分单位还是个人，但仍有部分特殊主体的存款未纳入存款保险的保险责任范围。究其原因，并非基于道德风险，设想这些主体为了获得存款保险的赔偿而故意制造保险事故即投保机构破产，未免过于得不偿失，不具操作性。真正阻止这些主体受到存款保险保护的原因在于，这些主体有能力保护自己，因而无需再对其存款利益另外予以保护。在破产清偿顺序中亦应有此方面的考虑，破产债权的优先清偿是对某些债权主体的特殊保护，因为这些主体或处于“弱者”地位，或影响社会公共利益。而同业存款以及内部存款的主体是最了解商业银行实际经营状况的一类群体，他们有充分的资源与能力获取这类信息，因而当风险来临时，其已可及时采取措施保护自己的存款，不保护这些群体有利于激励其审慎经营、勤勉尽责，提升商业银行的运行安全。② 存款保险制度与存款债权优先受偿都是对“弱势群体”的一种保护措施，在这两项制度运行过程中都需要兼顾利益保护与效率激励问题。因此，不属于存款保险保障范围内的存款，同样不应属于优先受偿的存款债权范围内，这样才能保证保护范围的一致性。

综上，笔者认为，无论存款人是单位还是个人，原则上其均应享有破产清偿中的优先顺位，同时为激励相关利益主体的风险防范意识，参照《存款保险条例》关于存款保险保障范围的规定，例外地对金融机构同业存款、商业银行的高级管理人员在本商业银行的存款以及存款保险基金管理机构规定不予保险的其他存款债权不予特别保护，这些存款债权与普通

---

① 《存款保险条例》第 5 条第 3 款：“存款保险基金管理机构偿付存款人的被保险存款后，即在偿付金额范围内取得该存款人对投保机构相同清偿顺序的债权。”

② 参见马莉：《中国存款保险制度运作模式与定价机制研究》，武汉大学 2018 年博士学位论文。

破产债权处于相同清偿顺位。

三、存款债权的优先顺位

《企业破产法》规定了破产财产的清偿顺序，在认可存款债权优先清偿具有合理性的前提下，即需探讨存款债权应处于哪一优先顺位。在商业银行破产中，有公共利益、存款人利益、职工利益、普通债权人利益等多种利益交织，各类债权人实际都是利益受损的一方，因而需要以利益衡量的方式寻求多种利益的总体平衡。接下来，笔者将通过存款债权与其他可优先清偿债权的对比，试定位存款债权在商业银行破产债权清偿中的合理顺序。

（一）存款债权与社会保险费用以及税收债权的优先顺位比较

1.《商业银行法》规定的解释——“劳动保险”的理解

《商业银行法》规定存款债权的清偿顺位劣于劳动保险，而“劳动保险”并非现行《企业破产法》所使用的概念，《企业破产法》采纳的是“社会保险”的表达，且《企业破产法》提到的社会保险又包括“应当划入职工个人账户的基本养老保险、基本医疗保险费用”以及“破产人欠缴的除前项规定以外的社会保险费用”两类不同顺位的费用。因此，为明确《商业银行法》的现实适用解释，首先需要厘清“劳动保险”的概念，进而判断《商业银行法》中“劳动保险”具体对应《企业破产法》中的哪类社会保险费用，从而明确《商业银行法》所规定的清偿顺序究竟如何安排。

《商业银行法》于1995年立法通过，而后虽然经2003年及2015年的修改，但其第71条却始终未进行修改，因此，理解“劳动保险”的本义应追溯至1995年立法时我国的社会保障背景。当时，《中华人民共和国社会保险法》尚未出台，社会保障领域仍然适用的是1953年立法通过的《劳动保险条例》。根据《劳动保险条例》的规定，劳动保险的各项费用，全部由企业负担。① 根据此规定可以发现，原劳动保险的资金全部来源于劳动者

① 《劳动保险法》第7条：“本条例所规定之劳动保险的各项费用，全部由实行劳动保险的企业行政方面或资方负担，其中一部分由企业行政方面或资方直接支付，另一部分由企业行政方面或资方缴纳劳动保险金，交工会组织办理。”

单位，并不存在属于劳动者个人的部分。1986年通过的《企业破产法（试行）》规定，破产企业所欠职工工资和劳动保险费用为同一顺位。① 因此，在原《企业破产法（试行）》背景下，存款债权劣后于职工工资和劳动保险费用而优于税收债权清偿。

我国社会保障制度自20世纪90年代开始改革，逐步建立起了社会保险法律体系。在基本养老保险与基本医疗保险发展过程中，为鼓励劳动者积极参保，使免费养老、医疗保障平稳过渡至缴费型社会保险阶段，我国建立了个人账户制度，个人账户中的资金来源于劳动者自己所缴纳的基本养老保险费与基本医疗保险费，② 另外还存在用人单位以及政府补贴形成的社会统筹账户。因此，从资金来源角度考量，《商业银行法》中提到的"劳动保险"应指《企业破产法》中的"破产人欠缴的除前项规定以外的社会保险费用"，也即综合《企业破产法》和《商业银行法》规定，商业银行破产顺位应是：劳动债权、社会保险费用（劳动保险）、个人存款债权、税收债权、普通债权。

2. 存款债权优先于社会保险费用以及税收债权

与《企业破产法（试行）》相比，现行的《企业破产法》使除个人账户之外的其他社会保险费用债权脱离职工劳动债权，而与税收债权置于同一顺位。社会保险之所以与税收债权同一顺位而劣后于职工债权，是因为社会保险并非仅为参保个人的基本生活保障，其更重要的目标在于为社会中所有参保群体提供共同保障以及对收入与风险的二次分配，与税收债权所代表的公共利益类似。社会保险的经办目标除提供惠及全民的基本社会保障外，还致力于收入与风险的再分配，既有从富人到穷人的交叉补贴，也有

① 《企业破产法（试行）》（已废止）第37条第2款："破产财产优先拨付破产费用后，按照下列顺序清偿：（一）破产企业所欠职工工资和劳动保险费用；（二）破产企业所欠税款；（三）破产债权。"

② 《社会保险法》第12条第2款："职工应当按照国家规定的本人工资的比例缴纳基本养老保险费，记入个人账户。"基本医疗保险个人账户制度也将进行相应的改革，《关于建立健全职工基本医疗保险门诊共济保障机制的指导意见（征求意见稿）》："在职职工个人账户由个人缴纳的基本医疗保险费计入。"

从低风险到高风险的交叉补贴,① 由此保证社会保险的长期稳定运行，并实现风险与收入在社会全体再分配下社会公平的公共政策目标。因此，与个人保障性相比，其具有的社会性价值更为凸显，因而其与代表公共利益的税收债权列于同一顺位，在劳动者个体基本生存利益与社会保障公共利益之间衡量，社会保险费用债权劣后于职工劳动债权。

而在存款债权与社会保险费用以及税收债权的清偿顺位比较中，相对于存款债权对于存款人个体生活以及经营的重要价值，一家破产商业银行所欠税款以及社会保险费对于整个税收收入以及社会保险金的重要性要低得多，社会保险费用与税收债权的不完全清偿并不会使国库收入以及社会保险的稳定运转受到严重威胁。因此，社会保险费用与税款所代表的公共利益应让位于存款人债权利益。

综上，存款债权与社会保险费用以及税收债权的清偿顺位应当为存款债权优先，同时，笔者建议修改《商业银行法》中“劳动保险”的表达，以与现行社会保障制度保持一致。

(二)存款债权与劳动债权的优先顺位比较

1. 学说观点

《商业银行法》将存款债权的清偿顺位列于劳动债权之后，但有学者对此顺序提出了不同的观点。反对的理由主要是从存款债权优先受偿对于金融体系的重要影响角度阐释。学者提出，商业银行破产法律具有行业特殊性，其首要宗旨并不是保护劳动者的合法权益，而是要减少商业银行破产给社会经济带来的冲击，维护社会金融体系安全和金融秩序稳定，其具体制度的设计也应当围绕这个目标展开。再加上银行职工的工资水平通常高于普通的劳动者，如果破产财产优先用于清偿职工的劳动债权，那么存款债权的清偿率会受到极大影响。如此，不利于存款人信心的建立，不利

① See Guy Carrin&Chris James, Social Health Insurance: Key Factors Affecting the Transition Towards Universal Coverage, International Social Security Review, Vol. 58(1), pp. 45-64(2005).

于金融恐慌和挤兑风潮的防范，也不符合商业银行破产的立法宗旨。① 另有学者论述了存款债权优先于劳动债权的激励价值，他认为，将自然人存款的清偿顺序置于劳动债权之前，如此一来既可以鼓励商业银行的职工勤勉敬业，又可以鼓励其积极地监督商业银行的经营状况，避免商业银行过度从事高风险活动，从源头化解商业银行的破产危机。②

2. 劳动债权优先于存款债权的理论证成

从公共政策角度观察，之所以劳动债权处于优先地位，是因为劳动者处于弱势地位且风险承受能力弱，而工资拖延却具有客观可能并且相应的风险防范手段先天性欠缺。③ 与劳动债权具有的生存性与脆弱性不同，一个理性的家庭并不会将家庭的全部收入存入银行，存款只是家庭日常生活开销之外的部分金钱。因此，虽然银行存款对于个人或家庭的生活而言意义重大，但从价值衡量角度出发，工资对于个人及家庭的生存性价值远大于存款。即使认可银行职工的工资水平高于普通劳动者，也不存在充分的合理性将普通职工的工资利益让位于存款人的存款利益，银行职工的工资对于其个人或家庭而言，也是生活的支柱与主要的支出来源。我们是社会主义社会，但绝不是平均主义社会，“劫富济贫”并不能成为保护弱者利益的合理方式。更何况，商业银行的广大基层职员未必就享有超越普通劳动者的工资利益。

至于鼓励职工勤勉敬业以及监督商业银行合法合规经营的目的，这对于商业银行的普通职工而言无疑为过分地施加负担。且该理由并不具有针对性，如若其合理性成立，则职工劳动债权的优先性地位将不复存在，其他类型的公司职工也应当尽到勤勉敬业、监督公司经营状况的义务，为何仅要求商业银行职工承担此项义务。真正对公司经营状况应尽特别勤勉义务并有能力监督公司经营状况的是公司的高级管理人员，而非普通职

① 参见李逸男、孙利：《商业银行破产财产分配顺序的实然性与应然性分析》，载《法制与社会》2010 年第 14 期。

② 参见杨东勤：《中国商业银行破产法律制度构建研究》，对外经济贸易大学 2016 年博士学位论文。

③ 参见韩长印：《破产优先权的公共政策基础》，载《中国法学》2002 年第 3 期。

工。[①] 真正有能力控制商业银行经营风险的也是这些主体，他们对于商业银行的投资方向、投资对象等有最终的决定权，也正是因为他们在工作中没有把控好商业银行的经营风险，才使得商业银行最终落入破产的境地。而他们也是真正享有远高于普通劳动者工资待遇水平的群体，因而，应予限制的是作为经营主体的高管群体的劳动债权，而非商业银行的普通职工的劳动债权。

关于存款债权劣后于劳动债权会动摇存款人的存款信心问题，笔者认为，存款信心的树立归根结底是要依靠商业银行信用基础的增强，否则存款债权即使优于劳动债权也不能达成学者所期待的效果，劳动债权之前还有破产费用、共益债务以及更优势地位的担保债权。商业银行破产中涉及多种交融的利益主体，每一债权人均是商业银行破产的受害者，一味提升存款债权的清偿顺位而忽略其他权利主体的合法利益，缺乏合理性。

域外实践中，有国家采取了存款债权优先受偿的安排，但这种安排是建立在该国对劳动者进行充分社会保障的基础之上。如德国，其建立了欠薪保障基金制度，在银行破产时，拖欠的职工工资由保障基金支付，这一制度有效保障了劳动债权的实现，从而也保障了存款债权的优先受偿顺序。[②] 回归我国国情，虽然社会保障水平在不断提升，但不可否认我国仍与发达国家存在一定差距，如前所述，商业银行多数的基层职员仍为一般的工薪阶层，劳动债权对于个人以及家庭正常生活均意义重大。因此，出于保障基本生存利益的立法价值取向，在劳动债权未得到完全保护的背景下，代表发展利益的存款债权保护应让位于劳动债权。

3. 劳动债权的优先范围

在商业银行破产债权清偿中，对董事、监事以及高级管理人员劳动债权的限制有一定的合理性与限制价值。一方面，商业银行收入差距极其明显，在基层柜员收入仅达十万元时，高管收入可能超百万元。[③] 这些高管

① 《公司法》第 147 条：“董事、监事、高级管理人员应当遵守法律、行政法规和公司章程，对公司负有忠实义务和勤勉义务。”

② 参见陈刚、宋献晖：《我国存款债权优先权制度存在的问题及完善建议》，载《金融会计》2014 年第 1 期。

③ 参见天蝎财经：《银行普通员工和高管的收入差距有多大?》，百度网，https：//baijiahao. baidu. com/s? id = 1667477561248654225&wfr = spider&for = pc，访问日期：2020 年 11 月 18 日。

劳动债权的清偿有影响存款债权清偿的可能性；另一方面，更重要的是，如前所述，商业银行破产危机的发生，往往与高管的错误、冒进、未尽职调查的决策相关，其对于商业银行破产的结局有难以推卸的责任。在这种情形下，若依旧允许商业银行的高管的极高的劳动债权优先受偿，不仅不利于保护包括存款人在内的其他债权人利益，亦不利于督促其履行勤勉义务。因此，未来在立法中，可以考虑对商业银行高管劳动债权的清偿予以一定程度的限制，如优先性、清偿范围等的限制，以符合公平与效率的平衡。

综上，笔者认为，存款债权与职工劳动债权的清偿顺位应当为，原则上职工劳动债权优先于存款债权，但有例外——对商业银行高管劳动债权的清偿可根据其在商业银行破产中具体的过错程度，予以相应地限制。

（三）存款债权与担保债权以及破产费用、共益债务的优先顺位比较

在确定存款债权劣后于职工劳动债权清偿后，按照《企业破产法》的规定，则没有必要继续探讨存款债权与担保债权以及破产费用、共益债务的清偿顺位问题。但鉴于多有学者提出，职工劳动债权应全部或部分优先于担保债权获得清偿，① 笔者将简要阐释担保债权以及破产费用、共益债务应获得优先清偿顺位，即保持现有清偿顺序的合理性。

1. 担保债权的优先性阐释

对于职工劳动债权应优先担保债权获得清偿的支持观点，前已提及，其多基于劳动者与公司的不平等性以及劳动债权对于职工基本生活的重要性而阐述。另有学者提出，劳动债权优先的安排有助于敦促债权人关注贷款企业的信用及劳动关系状况，如发现企业已欠薪或者已拖欠职工社会保险费，则选择慎重交易，规避风险，从而促进我国诚信经济的良性发

---

① “部分优先清偿”的观点，如彭真军、甘琪：《论企业职工劳动债权优先受偿制度的完善》，载《广东社会科学》2011 年第 6 期；“全部优先清偿”的观点，如丁亮：《劳动债权受偿优先性的经济法解读——从经济法之分配正义观谈起》，载《学术交流》2015 年第 10 期。

展。[①] 笔者认为，此种安排是对劳动者利益的表面保护，并不能达成规范目的。公司经营是一件持续高风险的事情，在经营过程中发生欠债不能偿、欠薪不能发的现象是较难避免的，此时并不意味着公司已经"无可救药"。相反，此时公司更需要新的资金注入，以重新恢复正常的经营。如若公司无法获得新的资金支持，则公司"必死无疑"，如此，劳动者的劳动债权即使获得完全清偿，其丧失的就业岗位及之后的工资收入应如何弥补却没有得到解决。于劳动者而言，暂时的工资收入与长期的工作岗位，孰轻孰重不言而喻。至于公司恶意欠薪，应当由相关执法主体予以监督处罚，不应当为防止少数公司的不诚信而阻断多数公司获得"重生"的机会。因此，《企业破产法》这一私法规范无法通过提升劳动债权顺位而实现所期待的促使公司诚信经营的制度目的。原中国人民银行行长周小川指出，如果破产法中职工债权的优先顺序普遍化，银行将会调整政策，限制公司从金融机构获得贷款的机会，这种调整将会给公司造成严重损害。[②]

公司破产债权的清偿是多种融合共生利益的平衡过程，各债权人均为受害者，过度关注某一类债权的保护，实会造成对它的"捧杀"。如果公司尚且不能得到充足的发展机会，劳动者利益即为无源之水、无本之木。《企业破产法》作为一部致力于保护所有债权人以及债务人利益的法律，劳动者利益的保护只是立法所考虑的一种利益，我们更需要的是通过社会保障法律制度与完备的社会保障体系解决劳动者的后顾之忧。

2. 破产费用与共益债务的优先性阐释

对于破产费用与共益债务的优先性，似乎不存在特别大的争议。这两项债权的优先价值在于维持破产程序的顺利进行及破产财产的保值增值，并继而能够最大限度地挽回债权人的损失，充盈债务人的破产财产。因此，不论从公平还是效率角度考量，破产费用与共益债务均拥有普遍认可的优先性。

综上，在这一顺位的比较中，仍应保持《企业破产法》的原有规定，包括存款债权在内的其他债权应劣后于担保债权、破产费用与共益债务清偿。

---

① 参见彭真军、甘琪：《论企业职工劳动债权优先受偿制度的完善》，载《广东社会科学》2011 年第 6 期。

② 参见周小川：《金融改革期待新〈破产法〉》，载《财经界》2005 年第 1 期。

结 语

各国在具体实践中还产生了脱离破产基本法律对于破产债权清偿顺位的一般规定，而对存款债权进行特别优先清偿的实践安排，如对个人债权设定全额赔偿的最高限额，限额以上的按照一定的比例偿付，① 优先对存款人和小额债权人进行完全偿付等。② 同一般的公司破产相比，商业银行破产的负面影响更大，波及范围更广泛，影响程度更深远，而社会整体以及社会中的每一个体都会或多或少地卷入其中，难以独善其身。因而，在确定商业银行破产债权清偿顺序的方案中，最具合理性的解决方式应是通过明晰各类债权的特性以及其背后隐藏的公共政策因素考量，坚持风险与收益平衡以及风险共担的原则，不能过分地强调某一主体的利益保障，也不能过于忽视某一主体的利益诉求。结合《企业破产法》的规定，存款债权应优先于社会保险费用和税收债权，劣后于劳动债权，同时对享有优先顺位的存款债权以及劳动债权的范围进行限制。

① 参见李曙光：《论建立金融机构破产机制》，载《财经》2004 年第 9 期。

② 参见[瑞士]艾娃·胡普凯斯：《比较视野中的银行破产法律制度》，季立刚译，法律出版社 2006 年版，第 19~20 页。

论房地产企业破产中购房消费者的权利保护

陈　洁*

内容提要：目前，房地产企业大多采取期房交易模式，一旦房企因为资金链断裂破产，在建工程很可能变成烂尾楼，大部分购房消费者在房企破产中处于弱势地位，可能面临人财两空的风险。本文通过分析房地产企业破产的现实影响和购房消费者权利保护的相对必要性，首先，将购房者与房企开发商所签订的房屋买卖合同类型化，针对不同类型提出不同的权益保护方式和建议；其次，通过比较各国房企破产后购房者权利保护的立法和实践经验，指出购房消费者权利保护的立法缺陷和权利冲突；最后，对我国购房消费者的权益保护提出需要法院和政府各部门相配合，立法和其他措施相结合等模式建议，以期更好地维护购房消费者的生存权和居住权。

一、购房消费者权利保护的必要性

2019 年，大约 330 多家房地产企业向法院申请破产，43 家房地产企业被宣告破产，56 家企业申请破产重整，其中 27 家重整计划获得批准。① 2020 年第一季度，受疫情影响，据人民法院公告网的资料显示，已经有 98 家房企宣告破产。② 在三四线城市，很多中小房企一般还是采用高杠杆

---

* 陈洁，湖北省阳新县人民法院法官助理。

① 参见同花顺财经：《330 家房企发破产文书　真正破产仅 43 家　背后有何原因》，载百家号，https：baijiahao. baidu. com/s？ id = 1653421985886914305&wfr = spider&for = pc，访问日期：2021 年 1 月 10 日。

② 人民法院公告网。http：//rmfygg.court.gov.cn/web/rmfypartal/noticeinfo？ content =%E6%88BF%E5%9C%Bo%E4%BA%A7，访问日期：2021 年 1 月 1 日。

的融资模式，其由于自身企业实力不够、规划手续不到位、拆迁遗留问题等原因导致资金链断裂，最终只能破产，有些房企法律意识淡薄，甚至不会到法院申请破产，房企老板直接跑路等现象屡见不鲜，不少在建工程变成烂尾楼。

房地产企业破产债权债务关系复杂，债务规模较大，涉及债权人众多，相比工程承建人、金融机构、担保机构、材料商、税务机关等利益主体，购房消费者处于弱势地位，若房地产企业破产，购房消费者面临钱房两空的危险，其居住权、生存权受到重大的威胁，容易造成购房消费者群体上访等事件。保护购房消费者的权利不仅是法院的职责，更是地方政府维稳的重大使命。

二、房地产企业破产程序中房屋买卖合同的处理类型

（一）购房人支付全部房款之情形

房地产企业破产以后，当购房消费者缴纳了全部房款，房屋已经建成但没有交付或没有办理产权证，这都属于单方未履行房屋买卖合同的情形。

几种情形具体处理如下：一是房屋已经建成且已经办理好产权登记但尚未实际交付房屋，这种情形下购房者已经对房屋享有所有权；二是房屋已建成且交付但没有办理产权登记，此时购房者尚未取得房屋的所有权，原则上不能行使取回权但可以要求管理人协助办理产权登记，如果由于开发商的原因不能办理或未能及时办理产权证的，购房者还是享有取回权；三是房屋已经建成但是没有交付，没有办理产权证但是办理了预告登记，购房者有权要求管理人交付房屋并协助办理产权证。

（二）购房人支付部分房款之情形

如果房屋没有建成、没有交付或没有办理产权证，购房者只支付了部分购房款，包括付首付办理银行分期付款的购房者，这表明双方均未完全履行购房合同。此时分以下几种情形处理：一是房地产企业进入破产清算程序后，如果采取普通债权说，管理人通常倾向于选择解除合同，根据《最高人民法院关于建设工程价款优先受偿权问题的批复》（以下简称《批复》），购房者购房款、工程价款优先于抵押权等其他债务。如果此时采

取共益债务说，管理人需从破产财产中支付大量费用用于合同的解除，而购房者人数众多，此笔费用相当庞大，房地产企业的财产很难承担，管理人会慎用合同解除权。二是房地产企业进入破产重整程序，管理人筹集到资金，让在建工程得以续建并能顺利将建好的房屋交付给购房者，并办理好产权手续，此时购房者也有义务付清剩余购房款。三是如果购房合同解除，购房者的债务作为共益债务来处理，但是在破产财产不足以清偿所有共益债务的情况下，购房者的权利得不到充分保障，此时购房款的优先顺位问题就尤为重要。

三、购房消费者与其他主体之间的利益冲突

现行《中华人民共和国企业破产法》(以下简称《企业破产法》)以及相关配套立法中关于购房消费者的权利保护条文少，相关法规位阶低，且存在相互冲突的情况，这不利于购房消费者保护自己的权利。购房消费者与管理人、建设工程承包人、在建工程抵押人等主体存在利益上的冲突。

(一)购房消费者与管理人的利益冲突

购房消费者的优先权与管理人的解除权相冲突。优先受偿权是基于保护弱者或者维护社会实质公平正义的目的，直接由法律规定特定的债权人可以优先于其他债权人甚至其他物权人受偿的权利。规定购房消费者的优先受偿权是为了保护购房消费者权利，维护购房者生存权和居住权，在房地产企业破产案件中，购房者可以享有优先于房地产开发商、工程承包人、建材供应商、国家税务机关、金融机构等多方主体受偿的权利。

然而，我国《企业破产法》第18条规定，管理人可自行决定解除尚未履行完毕的合同。[①] 在房屋买卖合同中如何界定“尚未履行完毕”？如果购房者已经支付100%的购房款或者已经支付首付并办理好银行按揭贷款属于合同已经履行完毕，那么管理人是不是可以解除已经支付50%购房款

① 《企业破产法》第18条：“自人民法院受理破产申请后，管理人对破产申请受理前成立而债务人和对方当事人均未履行完毕的合同有权决定解除或者继续履行，并通知对方当事人。管理人自破产申请受理之日起二个月内未通知对方当事人，或者自收到对方当事人催告之日起三十日内未答复的，视为解除合同。”

的购房合同呢？如果可以解除则将和《批复》中支付大部分购房款的购房者享有优先权的规定相冲突。

(二)购房消费者与建设工程承包人的利益冲突

前述《批复》第1条规定，建筑工程的承包人的优先受偿权优于抵押权和其他债权。第2条规定，消费者交付购买商品房的全部或者大部分款项后，承包人就该商品房享有的工程价款优先受偿权不得对抗买受人。此批复明确支付了全部或大部分款项的购房者的受偿权优先于工程承包人、抵押权和其他债权。但是还有两个问题：

一是最高人民法院以批复的形式对普通购房者的优先受偿权予以规定，突破了物权优于债权的规定。批复性质上属于司法解释，《中华人民共和国物权法》(以下简称《物权法》)第170条明确规定："担保物权人有优先受偿的权利，但法律另有规定的除外。"法律的层级高于司法解释，如果将条文中的"法律另有规定的除外"扩大到司法解释层面，显然不合法理。

二是批复中何为"支付大部分购房款"并不明确。虽然《最高人民法院关于人民法院办理执行异议和复议案件若干问题的规定》第29条第3款①有所涉及，但对"已支付的价款超过合同约定总价款的百分之五十"如何理解仍有疑惑。是在买房时必须先付50%的首付，还是付了首付办理好按揭每月按时还款的购房者也享有优先权尚不明确。

四、购房消费者权利保护的现实路径

(一)启动破产重整程序，续建烂尾楼工程

房地产企业破产涉及主体多、利益牵扯广、维稳任务重等问题，其烂

① 《最高人民法院关于人民法院办理执行异议和复议案件若干问题的规定》第29条第3款："金钱债权执行中，买受人对登记在被执行的房地产开发企业名下的商品房提出异议，符合下列情形且其权利能够排除执行的，人民法院应予支持：(一)在人民法院查封之前已签订合法有效的书面买卖合同；(二)所购商品房系用于居住且买受人名下无其他用于居住的房屋；(三)已支付的价款超过合同约定总价款的百分之五十。"

尾楼工程只有续建交付才能价值最大化，购房消费者的权益才能得到最大的保障。这要求多方主体合力，通过破产重整程序引入资金，并构建常态化的府院联动机制来解决重整中的疑难问题。

一是构建烂尾楼续建工程多元化融资模式。烂尾楼工程续建的首要问题是筹集资金，政府应当给予政策支持，可以考虑引入投资人、向债权人借款、从破产企业债务人处回收资金、政府垫资、向金融机构或第三方平台贷款或者组合融资的方式融资。让烂尾楼工程续建并成功交房，让广大购房消费者的权利得到最大保护。

二是构建常态化的府院联动机制，确保破产房地产企业的在建工程续建。房地产企业破产带来复杂的社会和维稳问题需要政府多部门协调、沟通、保障，法院只能解决其所牵涉的法律问题，故应建立常态化的府院联动机制。一方面，法院负责破产案件的审理，强化房地产破产企业烂尾楼续建的司法保障，做好购房消费者的权利保护等工作；另一方面，需要公安局、发展和改革局、经济和信息局、财政局、人力资源和社会保障局、自然资源和规划局、住宅和城乡建设局、税务局等部门解决诸如职工安置、社会稳定、税费减免、重整企业信用修复、破产财产处置、引进战略投资者等问题。

(二)理顺现有法律规范，明确效力层级

现行的法律规范对房地产企业破产中购房者权利保护有一些规定，但还存在法律位阶低、权利规定不明确等问题。这需要我们理顺现有法律规范，明确效力层级，解决各法律文件之间的冲突，① 通过对比各国破产法中关于购房消费者权利保护的条款和规则，加强《中华人民共和国民法典》(以下简称《民法典》)物权编和《企业破产法》等相关制度的衔接，使破产房地产企业中购房消费者保护体系化。

(三)将购房消费者的购房款认定为共益债务，限制管理人行使解除权

《企业破产法》为保护和平衡债务人和各方债权人的利益提供了一整

① 参见刘天利：《房地产企业破产制度的完善——从购房人权益保障视角来看》，载《人民论坛》2013 年第 17 期。

套制度，在设计房地产企业破产中保护购房消费者权利的各种制度时，首先应当最大限度利用《企业破产法》的制度资源。① 即按照《企业破产法》的一般原则处理购房消费者已经完全履行合同义务时的类型，一定情形下禁止管理人行使解除权，最后将购房消费者的购房款纳入《企业破产法》第42条1款所规定的共益债务之范围，② 那么购房消费者的购房款就和破产费用位于同一位阶，可以由债务人财产随时清偿。

(四)在破产权利体系中赋予购房者优先受偿权

对于没有作预告登记的购房消费者而言，其权利也应当得到保护，应该赋予已支付50%以上房款或付完首付且办理好按揭手续的购房消费者优先受偿权。

1. 优先受偿权的理论依据

苏力认为，社会权利的配置有两种基本的方式：一种是制度或规则的方式，另一种是衡平或个案的方式。③ 立法者确立权利位阶的过程就是价值判断和利益衡量的过程，确定破产债权清偿顺序的基本原则应当是公平正义原则。具体表现在：

一是当生存权与其他权利发生冲突时，生存权优先。生存权是在生命权基础之上发展的一项基本人权，是人生存最低应享有的衣、食、住、行等基本权利。居者有其屋是自古以来老百姓最朴素的愿望，居住权作为生存权的一种是确定房地产破产企业破产权利位阶首先要考虑的问题。

二是优先保护弱者权利。具体就房地产破产案件来说，相比房地产开发商、工程承包人、建材供应商、国家税务机关、金融机构等多方利益主体，购房消费者明显处于弱势地位，保护弱势群体权益是我国立法、司法活动中需考虑的重要因素。而且购房消费者人数众多，如果不优先保护其

① 参见金春：《论房地产企业破产中购房消费者的权利保护——消费者保护和债权人可预测性的平衡》，载《法学论坛》2013年第2期。

② 《企业破产法》第42条第1款："人民法院受理破产申请后发生的下列债务，为共益债务：(一)因管理人或者债务人请求对方当事人履行双方均未履行完毕的合同所产生的债务。"

③ 参见朱苏力：《〈秋菊打官司〉的官司、邱氏鼠药案和言论自由》，载《法学研究》1996年第3期。

利益，很容易造成集体上访等群众事件。

2. 优先受偿权的规范依据

《最高人民法院关于人民法院办理执行异议和复议案件若干问题的规定》第 29 条第 3 款规定："金钱债权执行中，买受人对登记在被执行的房地产开发企业名下的商品房提出异议，符合下列情形且其权利能够排除执行的，人民法院应予支持：……（三）已支付的价款超过合同约定总价款的百分之五十。"

（五）明确进行预告登记的购房消费者享有优先受偿权

对于已经在不动产相关部门进行预告登记的购房消费者而言，只有在《企业破产法》明确其享有优先受偿权，才能更好地保护购房消费者的权利。

预告登记是指在土地登记簿中进行公示的，具有一定物权效力的，对以物权变动为内容之请求权的担保。① 预告登记权属于准物权性质，不适用取回权。根据我国《民法典》第 221 条规定："当事人签订买卖房屋的协议或者签订其他不动产物权的协议，为保障将来实现物权，按照约定可以向登记机构申请预告登记。预告登记后，未经预告登记的权利人同意，处分该不动产的，不发生物权效力。"预告登记既具有物权性质，又具有债权性质，因为一方面，预告登记担保的对象属于债权请求权，所以具有债权性质；另一方面，预告登记通过公示程序赋予债权请求权物权对抗效力，预告登记的处分效力具有排他性和对抗性，较普通债权相比具有一定的优先性，故具有物权属性。从立法角度来看，预告登记是为了保障将来物权的实现，权利人取得物权仍需完成本登记，并且债权消灭或者超期而未进行本登记的，预告登记失效，可见预告登记后的购房人获得将来发生物权变动的请求权，即物权期待权。② 物权期待权是指因对将来实现物权

---

① 参见[德]鲍尔．施蒂尔纳：《德国物权法（上册）》，张双根译，法律出版社 2004 年版，第 444 页。

② 参见夏正芳、李荐：《房地产开发企业破产债权清偿顺序的理论与实务》，载周继业主编《人民法院破产审判——江苏实践与经验》，法律出版社 2018 年版，第 124 页。

权利具有足够期待所生的权利。预告登记是为保障将来不动产的物权不发生不利于登记者的变动，故具有物权公示效力。作出预告登记后的购房者获得了请求在将来进行房屋产权变动的期待权，能够阻却出卖人将不动产再出售给其他人，保障预期物权的实现。① 预告登记最重要的作用在于，将可能妨害或者损害履行所担保的请求权的处分视为违反预告登记的处分而使其无效。②

在德国法中，预告登记的物权性不仅体现在违反预告登记的处分无效上，还体现在预告登记具有排除破产和强制执行程序的效力上。③ 但是我国《物权法》和《企业破产法》都没有明确其在破产程序中具有优先效力。《德国民法典》除了专门有关于预告登记的规定，其在破产相关规定中对预告登记也有特别规定。《德国民法典》第 883 条第 2 款规定，在预告登记后就土地或权利所作出的处分，在它会妨害或侵害请求权的限度内不生效力，即使处分以强制执行或假扣押方式或由支付不能程序中的管理人为之。这是预告登记的对抗效力在破产程序中的体现，预告登记之债权具有对抗破产管理人处分的效力。④ 日本《不动产登记法》《日本破产法》规定，破产人在宣告破产后，对于破产财团的财产所为的法律行为，不得对抗破产债权人。就是表明基于预告登记而受保护的债权人，可以请求破产管理人继续履行合同。⑤

综上，应在《企业破产法》上明确预告登记的权利在破产程序中具有优先性，和《民法典》物权编相衔接，以更好地保护期房购房者的权利。具体而言，《企业破产法》应增加“预告登记债权人，可请求管理人协助办理本登记，管理人不得拒绝”。

---

① 参见王欣新、张思明：《房地产开发企业破产中的房屋产权界定与合同履行》，载《江汉论坛》2015 年第 10 期。

② 参见王利明：《物权法研究》，中国人民大学出版社 2002 年版，第 213 页。

③ 参见梅晗钰：《房地产企业破产之期房消费者的权利保护——以完善预告登记制度为主要路径》，载张善斌主编《破产法的“破”与“立”》，武汉大学出版社 2017 年版，第 480 页。

④ 参见吴春岐：《论预告登记之债权在破产程序中的法律地位和保障》，载《法学论坛》2012 年第 1 期。

⑤ 参见吴春岐：《论预告登记之债权在破产程序中的法律地位和保障》，载《法学论坛》2012 年第 1 期。

（六）加强其他措施的建设

一是期房购房者定金制度。在日本，期房买卖也非常频繁。为保护期房消费者的利益，日本原则上禁止房地产企业出售期房，但是，为了缓解房地产企业资金周转问题，购房者在和房地产企业签订房屋买卖合同时只支付全房款5%的定金或购房款，直到房屋建成、房地产企业顺利交房并且办理好产权手续后，购房消费者才支付剩余房款。这样不仅极大地保护了期房消费者的权利，也避免了一些实力不够雄厚的房地产企业进入房地产市场。

二是房地产企业的定金保全措施。房地产企业在和期房购房者签订期房合同前必须向金融机构或者指定的保证机构或保险企业签订定金等保证委托合同，设定买主定金的保证或保险。保证机构将保证或保险的保证书通过开发商出具给购房人后，才可以接收定金。

结　语

加强房地产企业破产中购房消费者的权利保护是一项系统性工程，除了启动破产重整程序，续建烂尾楼工程，还需要在破产权利体系中赋予预告登记债权以优先权，在《企业破产法》中将其认定为共益债务，并加强其他措施的建设。相信《企业破产法》和配套措施的共同配合能促进房地产企业规范化和健康发展，购房消费者的权利也能得到最大化的保护。

执破衔接中的以物抵债法律适用问题研究
——以房企破产案件为视角

黄　超*

内容提要：2017年2月6日，最高人民法院以法发(2017)2号文件颁布了《最高人民法院关于执行案件移送破产审查若干问题的指导意见》(以下简称《指导意见》)，将在执行程序中通过以物抵债方式偿还债务，且抵债裁定已送达债权人的抵债财产，认定为财产所有权已经发生变动，不属于破产企业的财产。但在司法实践中，由于对以物抵债协议和抵债裁定的性质认识不一，既有认为以物抵债协议为实践性合同的，也有认为是诺成性合同的，既有认为执行法院不宜根据以物抵债协议作出抵债裁定的，也有认为当事人合意抵债可以作出抵债裁定的，诸如此类，不一而足。在房地产企业的破产案件审理过程中，对于大量未建设完成的"烂尾楼"，涉及多个法院的执行查封，各类债权人与债务人的以房抵债协议与执行法院的强制执行交叉，如何在房企破产案件审理中厘清执行与破产衔接中以物抵债特别是不动产抵债产生的法律后果，成为破产案件审理法院面临的困惑。

一、问题的提出

龚某诉何某某、何某、某房地产开发有限公司民间借贷纠纷一案，A市人民法院于2015年12月3日作出民事调解书，确认双方达成的还款协议。该案进入执行环节后，双方达成以该房地产开发有限公司的13套在

---

* 黄超，仙桃市人民法院审判委员会委员、破产合议庭负责人。

建商品房抵偿债务及诉讼费用的执行和解协议，A 市人民法院遂于 2015 年 12 月 22 日作出执行裁定书，裁定将 13 套在建商品房作价 408 万余元抵偿龚某所有，并于 2016 年 1 月 12 日作出执行裁定书，以该案执结为由裁定终结执行。

某房地产开发有限公司主要经营开发位于 B 市沿河大道的"××豪庭"项目。由于资金链断裂等原因，该房产公司于 2014 年 6 月初停业，"××豪庭"项目成为烂尾楼。2017 年 6 月 5 日，B 市人民法院作出裁定，受理部分债权人对该房产公司的破产清算申请。

案件受理后，破产债权申报过程中，龚某持 B 市人民法院作出的以物抵债执行裁定书向管理人申报债权，主张拥有该 13 套在建商品房的所有权。管理人在组织债权人进行核查后，对龚某的申请不予确认，仅确认其拥有民间借贷债权，龚某不服管理人的确认意见，认为《指导意见》第 17 条明确规定，执行法院通过以物抵债偿还债务且抵债裁定已送达债权人的抵债财产，不属于被执行人的财产，不再移交，故该 13 套在建商品房不属于该房地产开发公司的破产财产，应属于龚某所有，不应由破产法院处置。

显然，在执行案件与破产案件的衔接中，对当事人合意达成以物抵债协议的抵债物，特别是标的为不动产时，如何定性和处理抵债物，成为"执转破"案件审理中的一大难点。

二、以物抵债的概念与法律性质分析

以物抵债在我国现行法上没有明文定义，但实体法上涉及担保物权实现时允许当事人以担保物协议折价消灭债务。建设工程中涉及施工人的工程价款优先权，《民法典》第 807 条同样也允许承发包双方可以将工程折价受偿。执行程序中的以物抵债，更有《最高人民法院关于适用〈中华人民共和国民事诉讼法〉若干问题的意见》第 301 条的明确规定："经申请人和被执行人同意，可以不经拍卖、变卖，直接将被执行人的财产作价交申请执行人抵偿债务。"《最高人民法院关于人民法院民事执行中拍卖、变卖财产的规定》第 19 条也对流拍情况下的以物抵债作了同样的规定。从上述规定来看，以物抵债是法律所允许的一种债权实现、债务消灭的方式。以物抵债是通俗的说法，如果从规范的角度不妨作上述定义。

在我国现行法中，以物抵债协议属无名合同(非典型合同)，法律并未对以物抵债协议的性质、类型、构成要件加以规定。在过去很长的一段时间里，学界和实务界的通说认为，以物抵债协议属实践合同(要物合同)，须完成抵债物的交付，以物抵债协议始得发生效力。基于此，诸多裁判对于虽然签订了以物抵债协议，但并未实际交付抵债物的情形均倾向于认定以物抵债协议未发生效力。

例如，载于《最高人民法院公报》的最高人民法院(2011)民提字第210号案，即成都市国土资源局武侯分局与招商(蛇口)成都房地产开发有限责任公司、成都港招实业开发有限责任公司等债权人代位权纠纷案中，最高人民法院认为，“依据民法基本原理，代物清偿作为清偿债务的方法之一，是以他种给付代替原定给付的清偿，以债权人等有受领权的人现实地受领给付为生效条件，在新债务未履行前，原债务并不消灭，当新债务履行后，原债务同时消灭”，并据此认定成都港招公司与招商局公司虽然签订了《债权债务清算协议书》，约定“以地抵债”的代物清偿方式了结双方债务，但由于该代物清偿协议并未实际履行，因此双方原来3481.55万元的金钱债务并未消灭，招商局公司仍对成都港招公司负有3481.55万元的金钱债务。①

又如，《江苏省高级人民法院审判委员会会议纪要》([2014]2号)中，江苏省高级人民法院认为：“债务清偿期届满后当事人达成以物抵债协议，在尚未办理物权转移手续前，债务人反悔不履行抵债协议，债权人要求继续履行抵债协议或要求确认所抵之物的所有权归自己的，人民法院应驳回其诉讼请求。但经释明，当事人要求继续履行原债权债务合同的，人民法院应当继续审理。”

但最近几年，随着意思主义越来越被重视，越来越多的学者和法官开始反思以法理上的观点一概否定当事人达成的以物抵债合同的诺成性，是否会过度破坏意思自治原则和诚实信用原则，不利于维护交易安全。因此，近年来在有的判例中，法院开始倾向于承认以物抵债协议，特别是商事领域的以物抵债协议的诺成性。

例如，在最高人民法院(2015)民一终字第180号案(指导案例72号)中，当事人在债权到期后订立了将金钱债务转化为购房款的房屋买卖合

① 参见最高人民法院(2011)民提字第210号民事判决书。

同，但房屋尚未实际过户，最高人民法院对合同的效力予以认可。虽然该案判决书中并未明示以物抵债协议的诺成性，但分析判词背后的逻辑，确能得出法院认可该案中以物抵债协议诺成性的结论。①

但截至目前，理论界和司法界对于以物抵债协议是实践合同还是诺成合同，仍然存在尖锐的分歧，各级法院的裁判莫衷一是。

三、"以物抵债"调解书的效力

针对当事人在诉讼过程中达成的以物抵债协议，法院能否作出民事调解书予以确认，司法实践中存有不同意见：一是在审查双方属于自愿，不存在重大误解或显失公平或损害其他债权人利益或者规避公共管理政策的情形下，可以作出民事调解书予以确认，其依据来源于 2016 年 11 月 30 日最高人民法院公布的《第八次全国法院民事商事审判工作会议(民事部分)纪要》中关于以房抵债问题的处理意见："当事人达成以房抵债协议，并要求制作调解书的，人民法院应当严格审查协议是否在平等自愿基础上达成；对存在重大误解或显失公平的，应当予以释明；对利用协议损害其他债权人利益或者规避公共管理政策的，不能制作调解书；对当事人行为构成虚假诉讼的，严格按照民事诉讼法第一百一十二条和《最高人民法院关于适用〈中华人民共和国民事诉讼法〉的解释》第一百九十条、第一百九十一条的规定处理；涉嫌犯罪的，移送刑事侦查机关处理。"另一种观点认为，不宜对当事人自愿达成的以物抵债协议作出调解书予以确认。从当事人真实的意图来看，以物抵债虽然表现形式主要有两种，一种是为了债的担保，另一种是为了债的履行。一般来说，在债务履行期届满前的以物抵债具有债的担保性质，因此如果当事人没有约定在债务到期后需要对所抵之物进行估价清算的，那么有可能会出现所抵之物的价值随着市场行情的变化而超出债权额的情况，所以这种情况与《民法典》物权编中所禁止的流质抵押或质押相类似，因此法律上不予认可这种以物抵债的效力，即使已经转移了房地产所有权的，法律上也不予支持。而债务清偿期届满后的以物抵债，其目的是清偿债务，但这种清偿行为本质上具有实践性法律行为的特征，只有在履行了物权转移手续后才能成立，所以当事人可以自

① 参见最高人民法院(2015)民一终字第 180 号民事判决书。

行进行物权转让，但人民法院不介入。而有的当事人则是通过以物抵债实现非法目的，有的是为了转移责任财产、逃避债务承担，有的是为了规避国家房产限购政策或非法转让车牌号码，有的是通过以物抵债将仅有的财产抵给某个债权人，致其他债权人权利落空。在诉讼中，当事人自行达成以物抵债协议而要求人民法院制作调解书予以确认的，人民法院可建议当事人申请撤诉，当事人不申请撤诉的，人民法院也不予制作调解书。因为人民法院一旦出具调解书便具有强制执行的效力，而人民法院不能代替当事人表达物权转移的意愿、完成物权转移的行为，是否进行物权转移应由当事人自行为之。

"以物抵债"民事调解书能否直接引起不动产权属变动的问题，在理论和实践中存在不小争议，主要有肯定和否定两种意见：

肯定意见认为，此民事调解书能够引起不动产所有权的转移。理由是：第一，《中华人民共和国民事诉讼法》明确规定，民事调解书生效后即发生与民事判决书同样的效力；第二，《民法典》第 229 条规定："因人民法院、仲裁委员会的法律文书或者人民政府的征收决定等，导致物权设立、变更、转让或者消灭的，自法律文书或者人民政府的征收决定等生效时发生效力。"

否定意见认为，民事调解书不能直接引起不动产所有权的变动。理由包括：第一，民事调解协议是当事人意思自治的产物，其本质上属于协议的范畴，并不必然导致物权变动；第二，能够引起物权变动的法律文书应仅限于法院作出的形成判决，调解书并无形成判决的形成力；第三，以物抵债协议仅是双方的意思表示，其协议内容也明确要办理过户登记手续，故其未办相应的登记过户手续，该所有权并未发生转移。

对于"以物抵债"的民事调解书是否能够直接引起不动产权属变动问题，最高人民法院研究室认为，《民法典》第 229 条规定的"人民法院的法律文书"应当包括判决书、裁定书和调解书。但其重点在于强调说明物权变动的时间以法律文书生效时为准，而并非旨在规定所有的生效法律文书都能引起物权变动，对于能够引起物权变动的法律文书也要根据案件的具体情况作出判断。就调解书而言，首要必备的条件就是要具有直接发生物权变动的内容。但以物抵债调解书内容只是以物抵债，而物权变动仍要进行登记和交付，即此调解书并不具有直接导致物权变动的内容。人民法院也仅是对当事人之间的以物抵债协议的内容是否合法作出判断，公权力的介入体现在确认协议的合法性上，由于此调解协议并不具有直接导致物权变动的内容，也就不存在与登记或交付具有相同公示作用的问题。鉴于民事调解书的本质在于对调解协议的确认，而以物抵债调解协议作为协议的一种，其本质属于债的范畴，此协议所产生的直接后果是一方当事人取得要求移转抵债物所有权的请求权，另一方当事人则负有移转此抵债物所有权的义务，即要将动产的抵债物进行交付，将不动产办理过户登记。这时创设物权仍要按照依法律行为导致物权变动的规则进行。在调解书生效后，仍要当事人持调解书办理交付和过户登记，抵债物方发生物权变动。负有履行义务一方的当事人未履行交付或登记过户的义务，另一方当事人可以申请法院强制执行。①

四、执行中以物抵债裁定书的法律效力

执行程序中的以物抵债分为两种情况，一种是流拍后的以物抵债，另一种是当事人合意以物抵债。前者争议较少，对于后者则存在不同看法。有人认为后者属于执行和解的一种特殊形式，应当适用执行和解的规定，执行法院不应介入。也有人认为，执行程序中当事人合意的以物抵债，不同于执行和解协议，是一种特殊的执行方式。经审查不损害第三人利益及社会公共利益时，法院可以出具以物抵债裁定书。在《最高人民法院关于适用〈中华人民共和国民事诉讼法〉若干问题的意见》相关条文的基础上，《最高人民法院关于适用〈中华人民共和国民事诉讼法〉的解释》第 491 条与第 492 条对上述两种以物抵债作了规定。

但 2018 年 2 月 23 日颁布的《最高人民法院关于执行和解若干问题的规定》中第 6 条规定："当事人达成以物抵债执行和解协议的，人民法院不得依据该协议作出以物抵债裁定。"明确禁止对前述当事人合意以物抵债作出裁定。从该规定中可以看出，最高人民法院认为双方当事人自行达成以物抵债的执行和解协议是一种和解执行方式，并不是法定的执行措施。既然是双方当事人之间自行达成的和解协议，双方自行前往房管登记部门办理所有权转移的登记手续即可，法院直接作出裁定的做法无疑会造

① 参见石少红：《当事人利用法律文书规避执行问题的司法应对——以物抵债民事调解书能否直接引起不动产物权变动》，载《山东审判》2012 年第 1 期。

成物权变动，存在侵害第三人利益的可能性。此次司法解释，无疑解决了司法适用中逻辑不清、适用混乱的情况，维护了司法公信力。但对于该规定颁布实施前的以物抵债执行裁定应如何处置，司法解释仍没有作出具体规定。

五、房企破产案件中的以房抵债

在房企破产案件审理过程中，房企的破产财产主要包括已建成的商品房、在建房屋和土地使用权。在实践中，围绕在建房屋，债权人申报的破产债权存在各种形式，主要有拆迁还建债权、消费购房债权、建设工程款债权、抵押债权等形式，特别对于执行法院已经作出以房抵债裁定和办理了房屋买卖预告登记的在建房屋，其法律性质十分复杂。

《最高人民法院关于审理企业破产案件若干问题的规定》第 68 条规定："债务人的财产被采取民事诉讼执行措施的，在受理破产案件后尚未执行的或者未执行完毕的剩余部分，在该企业被宣告破产后列入破产财产。"《最高人民法院关于如何理解〈最高人民法院关于破产法司法解释〉第六十八条的请示的答复》（[2003]民二他字第 52 号）认为："人民法院受理破产案件前，针对债务人的财产，已经启动了执行程序，但该执行程序在人民法院受理破产案件后仅作出了执行裁定，尚未将财产交付给申请人的，不属于司法解释指的执行完毕的情形，该财产在债务人被宣告破产后应列入破产财产。但应注意以下情况：（1）正在进行的执行程序不仅作出了生效的执行裁定，而且就被执行财产的处理履行了必要的评估程序，相关人已支付了对价，此时虽未办理变更登记手续，且非该相关人的过错，应视为执行财产已向申请人交付，该执行已完毕，该财产不应列入破产财产。（2）人民法院针对被执行财产采取了相应执行措施，该财产已脱离债务人实际控制，视为已向权利人交付，该执行已完毕，该财产不应被列入破产财产。"

但《指导意见》第 17 条明确指出："执行法院收到受移送法院受理裁定时，已通过拍卖程序处置且成交裁定已送达买受人的拍卖财产，通过以物抵债偿还债务且抵债裁定已送达债权人的抵债财产，已完成转账、汇款、现金交付的执行款，因财产所有权已经发生变动，不属于被执行人的财产，不再移交。"

按照《民法典》第 229 条和上述规定中“新法优于旧法”的原则，抵债裁定会带来物权的变动，而房企破产时的在建房屋，本身不具备交房条件，抵债裁定能否必然带来在建房屋的物权权属变更，值得商榷。通过分析研究上述法律规定可知，目前关于这个问题的规定尚缺乏统一的认定标准。

关于房企开发建设的在建房屋，我国规定了商品房买卖预告登记与商品房买卖合同备案登记制度。商品房预售合同备案登记制度是一种行政管理制度，而预告登记是不动产登记制度，二者的法律效力完全不同。《民法典》第 221 条规定：“当事人签订买卖房屋的协议或者签订其他不动产物权的协议，为保障将来实现物权，按照约定可以向登记机构申请预告登记。预告登记后，未经预告登记的权利人同意，处分该不动产的，不发生物权效力。”依此规定，经预告登记的不动产买卖合同买受人的债权已经添附了预期物权，债权人可以享有产权已过户后的部分权利，包括可以对抗前手抵押权人行使抵押权，司法机关也不能将已预告登记的不动产当作出卖方的财产施以强制执行。从在建房屋抵债裁定的性质来看，其法律效力类似于商品房买卖预告登记。在房企破产时，经过预告登记的房屋买卖合同对购房者具有物权保障效力，并阻断他人就该房屋上相关权利的行使。那么能否认定抵债房屋权利人就自然拥有购房者的权利，享有别除权呢？笔者认为，还应从当事人之间原有法律关系的性质去分析。在实务中，还大量存在名为购房、实则借款并作出预告登记的房屋买卖合同，及构成形式上的后让与担保合同，在此种情形下，双方除签有正式的房屋买卖合同之外，通常还订有借款合同。此时签订的商品房买卖合同和预告登记实际上是一种非典型担保行为，其真正的法律关系应为借款关系，管理人在审查此类债权时，应提请撤销房屋买卖合同或抵债裁定，该债权人仅能作为普通破产债权人参与分配。将不符合条件的预告登记权利人隔离在破产优先权保护之外，才能更公平地保障破产债权人整体利益的实现。①

① 参见王欣新、张思明：《房地产开发企业破产中的房屋产权界定与合同履行》，载《人民司法》2016 年第 7 期。

结　论

在执行案件和破产案件的衔接中，对于执行法院作出的以物抵债裁定，一定要从抵债物的权属性质来分析，特别是房企开发的在建房屋，由于在建房屋在物权上的不完善，抵债裁定不一定能必然导致其权属的变更。管理人要根据不同的债权性质，从当事人原始法律关系来对申报的债权定性。但管理人不宜自行否定抵债裁定的效力，而应积极向执行法院提出执行异议，申请撤销抵债裁定。

破产清算案件中债权人对管理人监督问题探析

李光胜　汪　晶*

内容提要：管理人执行职务结果会直接影响债权人的利益，为了维护债权人的合法权益，应当赋予债权人对管理人履职行为的监督权。在我国破产管理人监督机制中，债权人对管理人的监督权是以集体形式行使的，债权人一般通过债权人会议或设立债权人委员会对管理人执行职务进行监督。仅以集体形式行使监督权，存在侵害个体债权人权益的可能。完善债权人对管理人履职的监督机制，可以考虑适当增加单个债权人监督权，但在增设单个债权人监督权时，应当注意明确权利范围，注重效益原则，避免在保障债权人权益的同时滋生个别债权人对权利滥用的现象，阻碍破产程序的正常推进，使原本权利保障沦为程序“路障”。

一、问题的提出：权利保障还是程序“路障”？

在我国管理人监督机制中，债权人一般通过债权人会议或债权人委员会对管理人履职进行监督，也即债权人监督权是通过集体形式行使的。在《最高人民法院关于适用〈中华人民共和国企业破产法〉若干问题的规定(三)》(以下简称《企业破产法司法解释三》)答记者问中，最高人民法院指出，《中华人民共和国企业破产法》(以下简称《企业破产法》)及相关司法解释更多的是从债权人集体行使权利的角度对管理人履职提出要求，因而在《企业破产法司法解释三》中设置了单个债权人的知情权，以期更好

* 李光胜，法律硕士，湖北忠三律师事务所高级合伙人；汪晶，湖北忠三律师事务所律师。

地保障债权人权益。[①] 知情权是基础，监督权是保障。[②] 知情权旨在解决破产中的信息不对称问题，行使知情权本身不是债权人的目的，而是为债权人行使表决权等其他权利提供基础。[③] 根据《企业破产法司法解释三》第10条列举的单个债权人有权申请查阅的资料可知，[④] 单个债权人对知情权的行使，实质上也是在对管理人履行职务的监督。在知情权与监督权这两个权利的行使主体上，该条都在一定程度上有所突破。

在破产案件数量激增的当下，民众对破产程序的认知程度参差不齐，对破产程序的接受度仍亟待提升。在司法实践中，债权人在债权人会议、管理人办公场所、法院、政府等地，以弱者的身份，打着“维权”的旗号，行“破闹”“缠诉”之实，造成不良社会影响，使得许多破产案件推进困难，让法院及管理人头疼不已。《企业破产法司法解释三》规定了单个债权人的知情权，本意是解决破产程序中，债权人作为决策主体，在处于信息弱势状态下，其参与破产相关事项表决的决策成本及决策效率的问题，但因条文在表达上采用列举与兜底相结合的方式，对于何为“参与破产程序所必须”，哪些属于“债务人财务和经营资料”，均不明确，导致在前述条文

---

① 最高人民法院指出：“……企业破产法及相关司法解释更多是从债权人集体行使权利的角度，从管理人履职要求的方面，规定管理人应向债权人会议报告有关情况，列席债权人会议并接受询问，这种保障是比较完备的，司法实践中也给予了程序性的安排。但是，有的单个债权人有需求，在破产程序中需要更充分的了解债务人企业财务、经营方面的信息，以便于为行使表决权、监督权做充分的准备，这样的话，单个的债权人根据自己的需求去查询有关资料，对单个债权人来说就很重要了……”参见《推进破产审判制度机制建设提升民商事审判工作质效——最高法民二庭负责人就两个优化营商环境司法解释回答记者提问》，中国破产保护法律网，http：//pochan. w165. mc-test. com/show. aspx？info_lb = 33&flag = 2&info_id = 4480，访问日期：2021年3月1日。

② 参见最高人民法院民事审判第二庭主编：《最高人民法院关于企业破产法司法解释三理解与适用》，人民法院出版社2019年版，第13页。

③ 参见最高人民法院民事审判第二庭主编：《最高人民法院关于企业破产法司法解释三理解与适用》，人民法院出版社2019年版，第98页。

④ 《最高人民法院关于适用〈中华人民共和国企业破产法〉若干问题的规定（三）》第10条第1款：“单个债权人有权查阅债务人财产状况报告、债权人会议决议、债权人委员会决议、管理人监督报告等参与破产程序所必需的债务人财务和经营信息资料。管理人无正当理由不予提供的，债权人可以请求人民法院作出决定；人民法院应当在五日内作出决定。”

内容的理解上，部分债权人对条文含义无限扩张，并强行要求管理人配合其“依法”行使权利。原本是用来保障债权人权益的规则，转眼间从债权人的“铠甲”变为债权人的“利剑”，成为债权人妨碍破产程序、无理纠缠的“合法”依仗，使权利保障沦为程序“路障”。

因企业资不抵债，债权人往往是以受害者的形象出现在破产程序之中，对债权人合法权益的保护是破产法关键的立法宗旨之一。管理人执行职务结果由债权人直接承受，对管理人执行职务行为的监督是对债权人合法权益实现的保障，为了维护债权人权益，亦应当赋予债权人对管理人履职行为的监督权。因而，对我国破产法体系中债权人对管理人履行职务的监督机制的研究十分重要。《企业破产法司法解释三》对单个债权人知情权的设置在司法实践中造成正反两面的影响，因此在对破产体系中的债权人监督权机制设置上应当考虑权利保障与程序运转的平衡，这引发笔者对我国债权人对管理人监督权完善的思考。

因重整程序中对管理人执行职务监督范围会涉及管理人对企业营业事务的管理等,① 对管理人该项履职的监督往往受企业经营范围、重整计划的约定等因素影响，在司法实践中较为复杂，受文章篇幅限制，不将其列入本文的讨论范围。笔者认为，不论破产清算程序还是重整程序，对管理人履职监督的关键都是管理人对债务人财产的管理以及债权人合法权益的保障。破产清算需要对债务人财产进行全面清算与处置，研究破产清算程序中债权人对管理人履职的监督问题，亦能较大程度反映破产程序中债权人对管理人履职监督的基本问题，满足研究的需要。因而，本文主要研究破产清算程序中债权人对管理人履职的监督。

二、立足当下：债权人对管理人履职监督的规范现状与问题分析

（一）规范现状：针对债权人对管理人履职监督相关法律规范的梳理

根据我国现行《企业破产法》及其司法解释与相关规定，结合破产案

① 《企业破产法》第 74 条：“管理人负责管理财产和营业事务的，可以聘任债务人的经营管理人员负责营业事务。”

件办理的司法实践，从监督主体出发可以将对管理人的监督划分成两个方面，即内部监督和外部监督。其中，内部监督是指管理人自身的注意义务。外部监督是指外部主体对管理人履职的监督。学者普遍认为，我国破产法体系下，对管理人的外部监督主体主要有三方，分别为法院、债权人会议或债权人委员会以及行业协会。①

笔者认为，随着各地破产管理人协会的设立，行业协会对已有法律规范中涉及债权人对管理人履职的监督作出细化或引导性规定，成为债权人对管理人监督的强有力补充，但因为不同地方的管理人协会的成熟度不同，以及在债权人对管理人监督的规范力度、引导方式等问题上采取的做法等不尽相同，难以就行业协会规定中涉及债权人对管理人履职监督作出的规范进行统一的分析和评价。《企业破产法》及其司法解释与相关规定列明的债权人对管理人的监督，应当是债权人能够享有的对管理人履职最有强制力的监督权。综上，笔者对《企业破产法》及其司法解释与相关规定中与债权人对管理人履行职务监督相关的法律规定进行梳理，并绘制如下表格：

<table>
<tr><th>监督主体</th><th>监督内容</th><th>对应条文</th></tr>
<tr><td rowspan="7">债权人会议</td><td rowspan="3">更换管理人</td><td>《企业破产法》第 22 条</td></tr>
<tr><td>《最高人民法院关于审理企业破产案件指定管理人的规定》</td></tr>
<tr><td>《企业破产法》第 28 条</td></tr>
<tr><td>管理人报酬异议权</td><td>《最高人民法院关于审理企业破产案件确定管理人报酬的规定》</td></tr>
<tr><td rowspan="3">知情权</td><td>《企业破产法》第 23 条</td></tr>
<tr><td>《企业破产法》第 57 条</td></tr>
<tr><td>《最高人民法院关于审理企业破产案件若干问题的规定》第 52 条</td></tr>
</table>

① 参见宋洋：《营商环境下破产管理人监督的困境与出路》，载《绵阳师范学院学报》2020 年第 4 期。

续表

监督主体	监督内容	对应条文
债权人会议	广义监督权	《企业破产法》第 23 条
		《企业破产法》第 61 条
	行为实施监督权	《企业破产法》第 58 条
		《企业破产法》第 114 条
		《企业破产法》第 115 条
		《企业破产法司法解释三》第 2 条
		《企业破产法司法解释三》第 15 条
		《全国法院破产审判会议纪要》第 11 条
		《全国法院破产审判会议纪要》第 26 条
债权人委员会	行为实施监督权	《企业破产法》第 69 条
		《企业破产法司法解释二》第 25 条
	广义监督权	《企业破产法》第 23 条
		《企业破产法》第 68 条
		《企业破产法司法解释三》第 13 条
单个债权人	知情权	《企业破产法司法解释三》第 10 条
	赔偿请求权	《企业破产法》第 130 条

(二)问题分析：债权人对管理人履职监督的关键问题在于规则的落实

1. 我国债权人监督权机制的特点：覆盖广泛，侧重明显

根据上述规范梳理可以看出，我国现有的债权人对管理人的监督规范的主要特点是“覆盖广泛，侧重明显”。具体而言，一方面，在现行管理人的监督框架下，现有债权人监督权几乎能够涵盖整个破产程序，满足债权人对管理人履职的监督需要。首先，在制度设计上，立法者明确了债权人行使监督权的方式、内容等。在债权人会议、债权人委员会对管理人履职监督范围上采用要求管理人强制报告、列席会议、回答询问等方式，给

予债权人会议及债权人委员会广泛的监督权，以保障破产程序的公开透明。也即债权人可以采用参与债权人会议询问管理人的方式行使知情权与监督权，[①] 明确了行使监督权的渠道，也没有限制债权人询问管理人的范围。其次，针对破产程序的不同阶段与方面，根据已有法律规定，债权人对管理人更换、履职行为、报酬收取等事项，均通过法律明文规定的方式确定了债权人监督权。另一方面，因通常情况下破产程序具有时间长、管理人履职内容广泛琐碎等特点，在管理人执行职务的具体事项中，现有债权人监督机制主要对涉及债务人财产的重大处置行为以及可能对债权人权益造成重大影响的职务行为作出明确规定，对相关事项要求管理人须经许可执行或设置报告前置程序，以实现债权人对管理人履行职务行为的监督。

2. 我国债权人监督权机制的问题：表述宽泛，难以执行

结合司法实践，我国现有的有关债权人对管理人的监督规范的主要问题是“表述宽泛，难以执行”。许多学者在研究我国债权人对管理人的监督机制时，普遍诟病我国债权人监督权机制存在条文表述空而泛的问题，认为在规则设置上虽然对管理人履职监督的内容规定较为广泛，但已有规定不够具体化，且可操作性低，难以在实质上起到保障债权人权益、约束管理人履职的效果。[②] 从司法实践反映的问题来看，债权人对破产程序的参与度低，很多债权人在破产程序中仅参与申报债权、参加债权人会议、领取分配款，此外便对整个破产程序一无所知。《企业破产法司法解释三》增设单个债权人的知情权，其目的之一就是减少债权人在对债务人一无所知的情况下参与债权人会议表决的情形，否则无法实现破产法规定债权人会议决议的真正目的，体现债权人的真实意愿。

我国的管理人监督机制以法院监督为主、债权人监督为辅，因而管理人监督机制中的一些问题也会影响或投射到债权人对管理人的监督问题

① 《企业破产法》第 23 条：“管理人依照本法规定执行职务，向人民法院报告工作，并接受债权人会议和债权人委员会的监督。管理人应当列席债权人会议，向债权人会议报告职务执行情况，并回答询问”；第 61 条第 3 项：“债权人会议行使下列职权：……(三)监督管理人；……”

② 参见颜鸿艺：《破产重点中债权人利益保护案例分析研究》，贵州大学 2016 年硕士学位论文。

上。例如，对管理人是否勤勉尽责的判断标准，① 管理人民事、行政及刑事责任承担②等问题上，在实际案件办理中缺乏统一的判断标准。如管理人对债权人会议询问回答是否符合管理人履职要求也没有一个评判的依据。虽然较之于其他对管理人监督权的规则而言，管理人列席会议、汇报工作、回答询问一定程度上具有可操作性，是较为有保障的监督途径，但并非管理人列席了债权人会议即是履职，管理人回答了询问便符合法律规定。在相同事务的处理、文书的撰写等问题上，也会因管理人的不同而呈现不一样的履职方式和处理效果，如何帮助债权人判断管理人是否依法勤勉履职以及是否侵害自身权益需要通过进一步的规范指引，以便债权人在行使监督权时能够做到有的放矢。许多法院、管理人协会也意识到了上述实务问题，并积极采取行动以加强对管理人履职的监督。例如 2020 年 10 月 26 日，武汉市中级人民法院发布《破产案件管理人动态管理办法》，采用对管理人的工作实行日常动态评价管理和年度考核末位淘汰管理两种方式，以激励和约束管理人依法、勤勉、忠实履职。

结合我国有关债权人对管理人监管的立法情况，笔者认为在具体的规则设置上，我国债权人在对管理人的监督问题上，除条文规范上仍需进一步具体化外，还存在以下几个问题：

(1)债权人行使监督权的时间限制问题

债权人会议系非常设机构，债权人行使监督权存在时间限制。债权人通过债权人会议行使监督权，只能在会议召开期间进行。虽然《企业破产法》第 62 条规定占债权总额四分之一以上的债权人有权向债权人会议主席提议召开债权人会议，但这仅仅规定了部分债权人的会议召集权。债权人会议的召开需要成本，法律在程序制定上采取的会议召开原则是有必要时方召开会议。因此，法律规定的债权人会议召开的次数很少，那么在债权人会议结束之后，债权人难以对管理人进行有效监督。

(2)仅以集体形式行使监督权，存在侵害个别债权人权益的可能

仅以集体形式行使监督权，可能会导致权利在债权人内部失衡的情形，使部分债权人权益存在被侵害的可能。债权人会议成员由依法申报债

---

① 参见最高人民法院(2017)最高法民申 1753 号民事判决书；最高人民法院(2014)最高法民申字第 827 号民事判决书等。

② 参见云南省高级人民法院(2016)云刑终 198 号刑事判决书等。

权或法院给予临时表决权的债权人、企业职工、工会代表等组成。由于债权受偿率不同、受偿顺序不同，不同债权人具有不同的利益诉求。此外，不同债权人的文化背景、法律认知等自身因素也不尽相同。在司法实践中，债权人会议往往成了"大嗓门"的"演讲台"，成为极少数"破闹"债权人扰乱程序正常进行、干扰其他债权人正常依法行使权利的"机会"，影响其他债权人依法行使权利。与此同时，很多债权人原本对破产程序及法院与管理人的工作是十分配合的，但债权人会议作为破产程序的关键节点，个别债权人在会议中的"破闹"，容易在债权人中引发羊群效应，不利于债权人形成共同意志，从而阻碍了程序推进。

(3)债权人委员会行使监督权的有效性与专业性问题

经债权人会议决定、经人民法院书面决定认可，破产案件中可以设立债权人委员会。债权人委员会是接受债权人会议的委托，代表债权人会议行使权利的组织，《企业破产法》仅简要规定了债权人委员会的设立程序以及成员身份与数量要求，① 但是对于债权人委员会能否执行监督职责缺乏判断的标准。破产程序时间漫长、事项繁杂，债权人委员会监督职责的履行没有任何报酬，开销支出只能自己承担，这样偏公益性的组织很难激发出成员的积极性，充分发挥出债权人委员会对管理人履职的有效监督。在司法实践中，债权人委员会一般仅在债权人人数众多的破产案件中设立，由于《企业破产法》规定的债权人委员会的职权在条文阐述上过于空泛，② 债权人委员会主要起到在债权人与管理人之间进行信息传导的工作，债权人很难通过债权人委员会实现对管理人履职的有效监督。

---

① 《企业破产法》第 67 条："债权人会议可以决定设立债权人委员会。债权人委员会由债权人会议选任的债权人代表和一名债务人的职工代表或者工会代表组成。债权人委员会成员不得超过九人。债权人委员会成员应当经人民法院书面决定认可。"

② 《企业破产法》第 68 条："债权人委员会行使下列职权：(一)监督债务人财产的管理和处分；(二)监督破产财产分配；(三)提议召开债权人会议；(四)债权人会议委托的其他职权。债权人委员会执行职务时，有权要求管理人、债务人的有关人员对其职权范围内的事务作出说明或者提供有关文件。"

三、思则有备：对我国债权人监督机制的完善与思考

(一) 域外法对债权人监督机制的设置

对域外立法例进行研究，可以为我国债权人对管理人监督的机制呈现的问题提供解决思路。笔者分别对大陆法系与英美法系国家中较为典型与完善的破产法体系进行研究，并对德国、日本、英国、美国四个国家的债权人监督权机制设立方式进行了分析。经过整理前述四国对管理人监督机制的构建框架，可以发现其在债权人监督权的规则设置上既有共性特征，也存在特有的监督模式。

1. 对债权人监督权设置的共性特征：倾向于通过集体方式行使监督权

不论是大陆法系还是英美法系国家，在破产法体系中，在管理人履职的监督问题上都倾向于采用集体行使权利的方式规定债权人监督权。同时，在监督机制的构建上，债权人对管理人的监管都只是其他监管模式的辅助，要么侧重于管理人自我监督(如德国善良管理人注意义务)，要么强调独立专业机构的监管(如美国联邦托管人监管制度)，要么赋予法院绝对主导的监管(如英国法院对管理人的 Overal Control 职权)。基于债权人在破产程序中的角色，赋予债权人一定监督权是规则设置的必然要求。债权人会议是债权人自治组织①，债权人的法律素养良莠不齐，通过具有专业优势的机构对管理人履职进行监管，不论是管理人自律、独立机构监管还是法院主导监管，都将更有利于程序的高效与依法推进。

2. 个性特征：或强化全流程监管，或平衡权利保护与程序效益

(1) 以英国为例：强化全流程监管，将债权人委员会作为常设机构

与我国管理人监督机制不同的是，英国破产体系中，债权人委员会是常设机构，在债权人会议闭会期间行使监督权。在债权人监督权机制的设置上，英国破产法通过债权人会议与债权人委员会协同行使债权人监督

① 参见《最高人民法院对〈关于审理企业破产案件若干问题的规定〉第 38 条、第 44 条第 2 款的理解与适用的请示的答复》。

权。在债务人接管程序中，债权人会议授权组建债权人委员会。召开债权人会议时，债权人可以通过债权人会议就破产事务向管理人下达具体履职要求，且管理人必须执行。而债权人委员会可以在合理期限内通知管理人参加债权人会议，并在会议上提交相关破产事务执行状况，向与会债权人汇报。

(2)以德日为例：平衡权利保护与程序效益，增设特殊债权人监督主体

根据《德国支付不能法》第67条，德国破产程序中的债权人委员会包括享有别除权的债权人、最高金额债权的支付不能债权人、小额债权人以及职工代表。[①] 在德国破产体系中，债权人委员会不是必设组织，但对债权人委员会组成成员的身份作出更加明确的规定，尽量保障不同利益诉求的债权人参与债权人委员会行使监督权，这在平衡不同类型债权人利益与破产效益原则上，具有一定的进步意义。在日本破产法系统中，债权人委员会除需要经法院许可外，还需经半数以上债权人的同意。同时，增设了利害关系人作为监督主体，完善了对管理人履职的监督。

(二)对我国债权人监督机制的思考

通过梳理我国管理人监督机制以及对域外法进行比较研究，笔者认为，在我国破产体系下，解决债权人对管理人履职的监督机制存在的问题的关键在于债权人监督权的有效实施。

不管是债权人监督机制在规范表述上反映出的规范空洞、缺乏可操作性的问题，还是已有规则设置上体现出的债权人行使监督权的时间限制、个别债权人监督权存在被侵害的可能以及债权人委员会难以起到监督作用等问题，这些问题的本质都在于如何使法律赋予债权人对管理人履职的监督能够有效执行，让债权人作为破产程序结果的最终承受者，能够在程序中切实维护自身权益。

域外法采取的各种做法在一定程度上完善了债权人监督权机制，努力在更大程度上使债权人能够在需要的时候可以行使对管理人履职的监督权。英国破产法解决了债权人行使监督权的时间限制；德国破产法强制更

① 参见杜景林、卢谌译：《德国支付不能法》，法律出版社2002年版，第36页。

多债权性质的债权人加入监管程序，保障更多债权人的权益；日本破产法在债权人委员会成员的选任上亦是以大多数债权人的意志为标准。

债权人对管理人履职的监督权是管理人监督机制中不可或缺的一部分，完善债权人监督权机制，需要将现有规范进一步具体化，提升可操作化与可落实度。司法实务反映出的制度缺失应及时增设补充，如债权人委员会成员的选任与更换、债权人会议及债权人委员会的监督方式等。在债权人监督机制的完善上，存在很多具体问题，笔者无法一一提出解决的建议与方法。但是在对债权人监督权完善的思路和方向上，本文能够通过对问题的研究获得一些启示。

笔者认为，在我国破产体系中，债权人监督权以集体的形式行使，符合破产程序的规则逻辑以及需求。以债权人会议或债权人委员会为主体行使监督权，有利于集中反映大多数债权人的监督诉求，体现债权人的共同意志。在程序设计上，要求以债权人会议或债权人委员会作为行使监督权的主体，能够较为强制性地在债权人群体中汇集债权人的监督诉求，避免破产程序囿于个体债权人的私益而阻碍程序的整体进程。例如，对于大多数债权人认为管理人应当报告的事项、提供的履职证明等，体现的是债权人的共同意志，对这些问题的解决与否直接关系到“公平共识”的达成，能够实现对管理人履职行为更有效的监督。根据《企业破产法司法解释三》第 11 条①，以及 2020 年 4 月 15 日出台的《关于推进破产案件依法高效审理的意见》，债权人会议除现场表决外可以采用书面、传真、短信、电子邮件、即时通信、通信群组等非现场方式进行表决。在通信设备几乎全面普及并且日渐精良的当下，债权人达成共同意志，通过集体的形式行使权利，在操作上变得更加可行与简便，降低了集体行权造成的程序负担。结合上述研究与分析，笔者提出以下两个完善我国债权人监督权机制的方向：

---

① 《企业破产法司法解释三》第 11 条：“债权人会议的决议除现场表决外，可以由管理人事先将相关决议事项告知债权人，采取通信、网络投票等非现场方式进行表决。采取非现场方式进行表决的，管理人应当在债权人会议召开后的三日内，以信函、电子邮件、公告等方式将表决结果告知参与表决的债权人。”

1. 以集体行使权利为主要路径，增加救济途径完善债权人监督机制

公平是“使每个人获得其应得的东西的人类精神意向”①，公平本身是一个抽象的概念，它需要依靠具体的制度去实现，让使用或适用制度的人能够获得公平的体验。《企业破产法》的立法宗旨之一是公平清理债权债务，② 破产程序牵涉的利益主体众多，如债务人、债权人、利害关系人、企业职工、管理人等，不同利益主体基于不同的利益诉求产生利益冲突在所难免。破产程序中的公平是一种理想的状态，破产程序是要让不同的利益主体能够在程序中达成“获得公平清偿”的“共识”，因而最终实现的公平往往都是经过利益平衡后的结果，这一点从破产程序的表决规则设计上可以得到充分的体现。虽然债务清偿是破产程序的核心，债权作为一项民事权利，应当尊重当事人的意思自治，但因为破产程序牵涉债权人人数众多，只要大多数债权人达成一个“公平的共识”，管理人就应当依法执行。③

笔者认为，尽管管理人执行职务的结果由债权人直接承受，为了维护债权人权益，应当赋予债权人对管理人履职行为的监督权，但在破产程序中，对债权的处分尚且是以大多数债权人的共同意志为依据，对债权人监督权的行使，应当遵循《企业破产法》的立法宗旨，不应泛化债权人监督权，给予每一债权人行使监督权的权利，应当主要通过债权人会议或债权人委员会的途径集中行使债权人监督权。虽然根据《企业破产法》第 130 条④，管理人未依法勤勉履职，单个债权人享有损害赔偿请求权，这为单

---

① ［美］博登海默：《法理学——法哲学及其方法论》，邓正来、姬敬武译，华夏出版社 1987 年版，第 253 页。

② 《企业破产法》第 1 条：“为规范企业破产程序，公平清理债权债务，保护债权人和债务人的合法权益，维护社会主义市场经济秩序，制定本法。”

③ 《企业破产法》第 64 条第 1 款：“债权人会议的决议，由出席会议的有表决权的债权人过半数通过，并且其所代表的债权额占无财产担保债权总额的二分之一以上。但是，本法另有规定的除外”；第 111 条、第 112 条、第 114 条、第 115 条、第 116 条等有关破产财产变价方案及破产财产分配方案的确定与执行。

④ 《企业破产法》第 130 条：“管理人未依照本法规定勤勉尽责，忠实执行职务的，人民法院可以依法处以罚款；给债权人、债务人或者第三人造成损失的，依法承担赔偿责任。”

个债权人提供了权利救济的途径，但是该条适用的情形是管理人的不当履职已经导致损害后果。可以适当考虑在已有的管理人监督机制下，在破产程序中增加单个债权人的救济途径，例如可以参照《企业破产法》对表决规则的程序设计，进一步完善债权人监督机制。①

2. 增设个体债权人监督权必须充分注重程序特点及效益原则

为保障债权人监督权，在债权人监督权的完善中，适当强化个体债权人权益具有一定必要性。这样的制度设计能够弥补集体行使权利的不足，避免"多数人的暴政"局面的出现，减少在集体行使权利的程序中侵害少数债权人权益的情形。如要增设个体债权人监督权以保护单个债权人合法权益时，一定要注意贴合破产程序的特点与现实要求，避免权利滥用现象的涌现阻碍程序的正常运行。

从程序特点上而言，如上所述，破产程序需要的是大多数债权人达成共识。破产程序是一个对债权债务公平清偿的程序，不是一个用以解决个人矛盾纠纷的程序。为集中解决债权债务清理的核心问题，在程序制度设计上应强调债权本身，并依照债权性质对债权人进行划分，弱化债权人与债务人之间的矛盾，着力于程序的关键。对单个债权人权益的保护，会打破以债权划分债权人的规则，使单个债权人在权利保护下具有独立性。因而，在保障个体债权人监督权时，要注意程序设计的必要性。对个别债权人监督权的保护是对集体行权规则的一个补充与救济，只有在个别债权人监督权受到侵害而导致严重侵害债权人或利害关系主体的权益时，或影响破产程序时，才应考虑是否有必要设置个别债权人监督权。

① 《企业破产法》第 64 条第 2 款："债权人认为债权人会议的决议违反法律规定，损害其利益的，可以自债权人会议作出决议之日起十五日内，请求人民法院裁定撤销该决议，责令债权人会议依法重新作出决议。"《最高人民法院关于适用〈中华人民共和国企业破产法〉若干问题的规定（三）》第 12 条："债权人会议的决议具有以下情形之一，损害债权人利益，债权人申请撤销的，人民法院应予支持：（一）债权人会议的召开违反法定程序；（二）债权人会议的表决违反法定程序；（三）债权人会议的决议内容违法；（四）债权人会议的决议超出债权人会议的职权范围。人民法院可以裁定撤销全部或者部分事项决议，责令债权人会议依法重新作出决议。债权人申请撤销债权人会议决议的，应当提出书面申请。债权人会议采取通信、网络投票等非现场方式进行表决的，债权人申请撤销的期限自债权人收到通知之日起算。"

就现实要求而言，《全国法院民商事审判工作会议纪要》指出，在破产案件的办理上，要推进不符合国家产业政策、丧失经营价值的企业主体尽快从市场退出，简化破产清算程序流程，注重提升破产制度实施的经济效益，降低破产程序运行的时间和成本。营造稳定、公平、透明、可预期的营商环境以及推动高质量发展、深化供给侧结构性改革对破产案件的办理提出了更高要求。面对数量急剧增多的破产案件，法院和管理人在破产程序推进以及案件办理中，需要更加注重效益原则。效益最大化是通过优化资源配置，以有限的资源满足最大程度的需求。注重破产程序的效益原则要在保护债权人利益的基础上降低破产案件办理成本。债权人大多是普通民众，对法律的认知以及对破产程序的理解存在不足与差异，债权人对债务人享有债权的原因、债权人与债务人的矛盾程度也各不相同。因而，在程序设计上要注意条文表述的准确明了以及规则执行的简便，不宜出现《企业破产法司法解释三》第 10 条中具有类型界定性质的兜底条文，这种兜底条文使得在实务中需要法院或管理人对债权人进行释明与引导或限缩解释，这样的规范设计既不利于债权人明确自己的权利范围，又容易激化债权人与法院、债权人与管理人之间的矛盾，既无法实现原本的立法意图，又增添了司法实践中的程序推进的阻碍。

四、结语：对管理人的履职，既要有力保障也要有效监督

在破产案件的办理中，笔者的身份是一名管理人。基于自身角色，就债权人对管理人履职监督问题，笔者起初在认知上存在一定情感倾向。通过对该问题的研究，笔者发现，对债权人监督权的完善，不仅能够更好地保护债权人的权益，实现破产程序的目的，也能使破产程序更易起到良好的社会效果，提升普通民众对破产程序的接受程度。不同管理人在办理破产案件的经验、专业水平、能力素养上也存在高低优劣，强化对管理人履职的监督，能提升管理人队伍的门槛，激励管理人群体提升自身专业水平，强化管理人队伍建设，对破产案件的办理起到良性的推动作用。同时，在完善债权人监督权的方向以及方式上，应当对司法实务中部分法律规定已经引发的负面效应引以为戒，在完善债权人监督权时，既要考虑权利增设的必要性，又要考虑规范设置上的科学合理。提升对债权人权益的

保障，旨在更好地实现破产程序的目的。赋予债权人权利应当适度，不能因噎废食，背离破产程序本身的特点与运行逻辑。破产程序本质上是由法院主导的法律程序，纵然基于债权人的角色，依法应当赋予其监督权，但也是基于债权人缺乏专业性、利益诉求不同、群体数量大等特点，包括我国在内的多个国家在设置管理人监督机制时，均选择以法院监督为主、债权人监督为辅，并注重在对债权人权益进行保障的同时，也注意对债权人的管理。

《企业破产法司法解释三》第 10 条在设置单个债权人知情权的范围时，一方面列举了债权人有权查阅的资料内容，即债务人财产状况报告、债权人会议决议、债权人委员会决议、管理人监督报告；另一方面考虑到列举的不尽之处，将具有“参与破产程序所必需的债务人财务和经营信息资料”特征的内容均包含在单个债权人有权行使知情权的范围之内。一个企业的财务和经营信息几乎能够涵盖企业的全部信息资料。就财务资料而言，财务凭证、明细账、银行日记账、现金日记账及其他账簿、财务报表、核算信息、纳税申报、汇算清缴报告、审计报告等均属于企业财务资料。就经营资料而言，经营本身就是将企业人、财、物有效结合，企业近乎全部的市场行为都是经营活动，人事、设备、物资、生产、技术、质量管理、销售等行为涉及的资料信息均可纳入经营信息资料的范畴。这样一来，单个债权人只要认为债务人的某一信息与参与破产程序相关，便可以依照该条申请查阅。债务人经营不善导致企业破产，致使债权人的债权无法得到全额清偿，进入破产程序之后，很多债权人对债务人已经处于极度不信任与仇恨状态，债权人与债务人之间矛盾激烈。司法实践中，不乏债权人认为债务人破产是为了逃废债，或者想对债务人由盛转衰的过程一探究竟，并认为前述两疑问是自己参与破产程序的关键与必需，因而向管理人提出查阅债务人全部账册、银行流水等全部财务与经营资料的申请。债权人看似在“依法”维权，实则是在对破产程序存在严重误解，这给法院与管理人带来很大困扰，提出了新难题。

《最高人民法院关于企业破产法司法解释(三)理解与适用》指出：“审判实践中，无论是管理人，抑或人民法院，需要注意把握债权人知情权保障与破产程序效率之间的平衡，对债权人也需要加强释明和引导。主要理由在于，当单个债权人知情权保障过度时，会损害破产程序的推进效率，进而损害对全体债权人公平、及时清偿利益。”司法解释本是用以补充明确破产法不尽或不明之处。《企业破产法司法解释三》第 10 条在适用时，要求法院、管理人对债权人进一步释明和引导，法院、管理人极可能在释明和引导的过程中，又一次成为债权人眼中“依法”维权的“拦路虎”，又一次成为“程序恶人”。这既更易激化债权人与管理人、法院之间的矛盾，增加债权人对法院、管理人的不信任感，造成负面社会效果与评价，也增加了法院、管理人在司法实践中的工作难度和破产程序的推进进度。

《企业破产法司法解释三》第 10 条在司法实践中引发的问题发人深思。有信心、有能力的管理人队伍不会惧怕任何主体的依法监督，但在司法实践中，缺乏科学性、背离程序逻辑的规范设计有时可能会让管理人队伍在办理案件过程中束手无策、无能为力。不让权利的保障沦为程序的“路障”，司法实务需要的永远都是科学完善的规范机制，从而更好地发挥法律力量。权利的保障应当既为债权人保驾护航，也为管理人工作指明方向。

破产程序中普通债权异议规则之研究

张秋香*

内容提要： 破产程序中，管理人须对债权人申报的债权进行审查并编制债权表。管理人编制的债权表应当提交债权人会议核查，由法院对无异议债权进行裁定确认。债务人、债权人有权对债权表记载的债权提出异议，但需说明理由和法律依据，管理人应当依法予以解释或调整。异议人不服管理人的解释或调整，或者管理人不予解释或调整的，异议人有权提起破产债权确认之诉。异议人的异议对象、异议权的行使、债权异议和债权确认之诉的衔接存在法律规定的不明确之处。债权人应当有权对债权是否存在，债权的数额、性质、受偿顺位等提出异议，经管理人复核后，其仍有异议或者管理人不予复核，异议债权人有权在合理期限内向受理破产的法院提起破产债权确认之诉，债权人会议核查不是必经程序。未在合理期限内起诉，则应当视为其对债权无异议。

《中华人民共和国企业破产法》(以下简称《企业破产法》)第 56 条规定："债权人未依照本法规定申报债权的，不得依照本法规定的程序行使权利。"即债权人参加破产程序的前置条件是进行债权申报。

债权人申报债权的目的是获得债权清偿，而债权清偿的前提为其得到确认。依据《企业破产法》第 58 条，破产债权的确认须经过管理人审查、债权人会议核查和法院裁定确认。对于经管理人审查、债权人会议核查的债权表，债权人享有异议权，有权向人民法院提起债权确认之诉。

* 张秋香，湖北山河律师事务所实习律师。

一、异议债权处理规则的现行规定

根据《企业破产法》第 58 条规定，管理人编制的债权表应当提交第一次债权人会议核查；债务人、债权人对债权表记载的债权无异议的，由人民法院裁定确认；对债权表记载的债权有异议的，可以向受理破产申请的人民法院提起诉讼。

（一）地方法院对异议债权处理的探索

2017 年，重庆市高级人民法院规定，异议人未在管理人指定的期限内提出异议的或者逾期未起诉的，视为无异议。“管理人编制的债权表应当提交第一次债权人会议核查。债务人、债权人对债权表记载的债权有异议的，可以在管理人指定的期限内（根据案件实际情况确定不少于十五日的期限）提出异议。”①债务人、债权人在指定期限内提出异议，经管理人解释或调整后仍有异议的，应在被告知异议审查结果之日起 15 日内向受理破产案件的人民法院提起债权确认之诉。

江苏省高级人民法院规定：“债权表经债权人会议核查，债权人对他人债权有异议的，可以在管理人确定的合理期限内向管理人提出异议，由管理人予以复核，异议成立的，应予采纳，异议不成立的，债权人可以自收到书面复核通知书之日起十五日内提起债权确认诉讼，债权人也可不经复核程序，自收到债权表之日起十五日内，以债务人及该他人为被告提起债权确认诉讼。”②

2018 年，江西省高级人民法院规定：“债务人、债权人对债权表记载的债权有异议的，应当说明理由和法律依据。”③异议人经管理人解释或者调整后仍有异议的，可以在核查债权的债权人会议结束后 15 日内提起债权确认诉讼，逾期未起诉则该债权确定。

---

① 《重庆市高级人民法院关于审理破产案件法律适用问题的解答》问答 9。

② 《江苏省高级人民法院破产案件审理指南（修订版）》第六部分。

③ 《江西省高级人民法院企业破产案件审理规程（试行）》第 95 条。

（二）《破产法解释三》对债权异议规则的细化

《最高人民法院关于适用〈中华人民共和国破产法〉若干问题的规定（三）》（以下简称《破产法解释三》）明确了债权异议的程序和异议人提起债权确认之诉的条件。

《破产法解释三》第 8 条规定："债务人、债权人对债权表记载的债权有异议的，应当说明理由和法律依据。经管理人解释或调整后，异议人仍不服的，或者管理人不予解释或调整的，异议人应当在核查结束后十五日内向人民法院提起债权确认的诉讼。当事人之间在破产申请受理前订立有仲裁条款或仲裁协议的，应当向选定的仲裁机构申请确认债权债务关系。"

《破产法解释三》出台后，山东省高级人民法院、广东省高级人民法院、重庆破产法庭、北京破产法庭等法院、破产法庭依照《破产法解释三》第 8 条的精神对异议债权的处理予以明确。山东省高级人民法院、广东省高级人民法院明确，异议人不服管理人解释或调整的，应当在债权人会议核查结束后 15 日内提起债权确认之诉。① 重庆破产法庭明确，异议人经管理人解释或调整仍不服的，应当在债权人会议核查结束后 15 日内提起债权确认之诉，逾期未起诉则该笔债权按管理人审查结果确认。②"15 日"为起诉期间，因管理人无法在规定期限内给出复议结果等正当理由导致超期的，可以根据《中华人民共和国民事诉讼法》第 83 条的规定申请延期。北京破产法庭规定，异议人经管理人复核后仍有异议的，管理人应当告知异议人在收到管理人复核通知之日起 15 日内向人民法院提起债权确认诉讼，并应当将相应情况及时报告人民法院。③

上述法律规定和地方法院关于债权异议的探索并不能完全解决实务中的问题。如债权人会议核查是否为异议人提起债权确认之诉的前置条件，如何理解"债权人会议核查结束"，④ 15 日内未起诉会产生什么样的法律

① 参见《山东高院企业破产案件审理规范指引（试行）》第 111 条、《广东省高级人民法院关于审理企业破产案件若干问题的指引》第 78 条。

② 参见《重庆破产法庭企业破产案件审理指南（试行）》第 82 条。

③ 参见《北京破产法庭破产案件管理人工作指引（试行）》第 76 条。

④ 参见胡彬：《〈破产法司法解释三〉第八条的疑问》，载微信公众号"学法无止境"，2019 年 10 月 24 日。

后果等,[①] 这些问题仍需要进一步解答。

二、破产实务中对有异议债权的处理

《破产法立法指南》建议第 180 条载明："破产法应允许利益方在所申报的任何债权获得确认之前或之后对该债权提出争议，并允许其请求法院复核该债权。"[②]有权提出债权异议的主体范围、异议人主张异议的对象、异议权的行使以及确认之诉的提起等都是异议债权处理需要明确的问题。

(一)有权提出债权异议的主体

债务人、依法进行了债权申报的债权人均可以对债权表记载的债权提出异议。

1. 债务人有权对债权表记载的债权提出异议

(1)赋予债务人异议权的原因

首先，破产程序期间，债务人的法律人格没有消灭，其法人机关的意思表示能力受限但并非没有意思表示能力。债权表是管理人在审查债权申报材料的基础上编制的，对申报的债权通过核对企业账册、合同、原始单据等相关资料加以甄别，并在债权登记表上进行说明。[③] 前述行为属于管理人的行为，不代表债务人的意思。债务人有权对涉及的每笔债权发表意见、对债权表记载的债权提出异议。

其次，债务人了解其以往经营情况有助于指出虚假或者无效的债权。管理人对于债权人申报的债权的真实性、合法性作出的承认或否认的表示有可能导致债务人有关人员承担破产责任，所以债务人有对申报的债权加以否认的动因，债务人应当有权寻求法律救济。

最后，在和解、重整程序中，债务人有再生的可能，准确认定债权有

① 参见张善斌主编：《破产法实务操作 105 问》，武汉大学出版社 2020 年版，第 201 页。

② 联合国贸易法委员会编著：《破产法立法指南》第二部分，第 235 页。

③ 参见最高人民法院民事审判第二庭编著：《最高人民法院关于企业破产司法解释(三)理解与适用》，人民法院出版社 2019 年版，第 164 页。

利于债务人的拯救，也有利于保护一般债权人的利益。

(2)谁代表债务人行使异议权

一般而言，债务人异议应当由其原法定代表人作出意思表示。[①] 有学者认为，债务人的异议可以由债务人的法定代表人或者持有代表授权的其他人员提出，也可以由代表债务人财产的管理人提出。[②]

北京市高级人民法院和江西省高级人民法院认为债务人异议的意思表示应当由其原法定代表人作出，如果原法定代表人没有参加债权人会议且未委托代理人参加债权人会议的，视为债务人无异议。[③] 四川省高级人民法院则认为，除原法定代表人外，其他利害关系人也有权以自己的名义代表债务人提起破产债权确认诉讼，如债务人的股东、出资人、董事、监事等，胜诉利益归属于债务人。[④]

台州市中级人民法院在浙江勤丰海运有限公司、上海强炼实业有限公司普通破产债权确认纠纷案中认为，[⑤] 破产债权确认关系到破产企业的切身利益，其享有对债权表记载的债权提出异议的权利，可以对异议债权提起破产债权确认诉讼。但是，企业在进入破产程序后，对外诉讼通常由管理人代表企业提起，而在破产债权确认诉讼中，破产企业是针对管理人审查的债权提出异议，由管理人继续代表破产企业进行诉讼，存在利益冲突，无法真实反映破产企业的真实诉求。而破产企业的内部机构在破产程序中处于非正常状态，通常会出现无法代表破产企业正常行使权利，提起破产债权确认诉讼的情形，此时，公司股东采取股东代表诉讼的模式提起诉讼，符合法律规定。

因此，实务界人士呼吁为平等保护各方当事人的利益，应当允许债务

---

① 参见胡彬：《谁来代表债务人对债权表记载的债权提出异议？——企业破产法第五十八条第三款》，载微信公众号“学法无止境”，2018 年 11 月 29 日。

② 参见王卫国：《破产法精义》(第二版)，法律出版社 2020 年版，第 197 页。

③ 参见《北京市高级人民法院关于印发〈北京市高级人民法院企业破产案件审理规程〉的通知》第 173 条、《江西省高级人民法院关于印发企业破产案件审理规程(试行)的通知》第 94 条。

④ 参见《四川高院关于审理破产案件若干问题的解答》(川高法〔2019〕90 号)第四部分。

⑤ 台州市中级人民法院(2020)浙 10 民终 754 号民事裁定书。

人的实际控制人、股东、董事、监事、经理等高管人员代表债务人提起诉讼。①

2. 债权人有权对债权表记载的债权提出异议

债权人提出异议有两种情形，一是对自己的债权提出异议，二是对他人的债权提出异议。

债权人对自己的债权提出异议完全符合《民事诉讼法》的规定。债权人对他人的债权提出异议的理由在于，破产程序属于集体清偿程序。债权的实现与债务人资产状况，已申报债权的数额、性质及受偿顺位密切相关，因此，债权人对他人债权有诉的利益，符合《民事诉讼法》规定的起诉条件。

有学者认为，其他债权人的异议在债权人会议表决中未被采纳，可以在事后对被异议的债权人提起诉讼。未出席债权人会议或者在债权人会议上未曾提出异议的其他债权人，也可以在债权人会议之后通过诉讼提出异议。②

（二）异议人的异议对象

《企业破产法》第58条虽规定债权人、债务人可以对债权表记载的债权提出异议，但是没有明确异议的具体内容。对此，《破产法立法指南》认为："不管是对它的价值、优先权或依据提出异议，破产法宜规定哪些当事方有权提出此种质疑。"③

《破产法解释三》规定管理人审查、编制债权表是应当关注"债权的性质、数额、担保财产、是否超过诉讼时效期间、是否超过强制执行期间等情况"。④ 据此，是否可以认为异议人可以对债权的性质、数额、担保状况以及是否超过诉讼时效期间或强制执行期间等提出异议呢？又是否可以认为《企业破产法》没有明确债权人异议的对象范围，因此根据法无禁止

① 参见张亮亮：《破产债权确认诉讼中的若干问题刍议——以破产法司法解释三实施后新的争议焦点为视角》，载《第十一届中国破产法论坛论文集（第二册）》。

② 参见王卫国：《破产法精义》（第二版），法律出版社2020年版，第198页。

③ 联合国贸易法委员会编著：《破产法立法指南》第二部分，第231页。

④ 参见《最高人民法院关于适用〈中华人民共和国破产法〉若干问题的规定（三）》第6条。

即自由的法理认定债权人异议的对象没有范围限制呢?

中国长城资产管理股份有限公司广西壮族自治区分公司(以下简称“长城公司”)因与广西基础勘察工程有限责任公司及桂林金穗投资有限公司(以下简称“金穗公司”)破产债权确认纠纷一案,不服广西壮族自治区高级人民法院(2019)桂民终1149号民事裁定,向最高人民法院申请再审。① 长城公司认为在破产案件中,债权人对他人债权的异议不应仅限于债权数额,还应包括债权性质,即债权人有权对债权表记载的债权性质提出异议,而并无法律、司法解释限制债权人对他人债权异议的范围。因此,原裁定法律适用错误。金穗公司述称,长城公司具有对他人债权提出异议和诉讼的权利,异议和诉讼的范围包括债权表记载的债权性质。最高人民法院再审认为,债权人对债权表记载的他人债权有异议的情形,应包括对他人债权是否存在、是否合法有效、债权数额、有无财产担保等事实的异议。②

最高人民法院在长城公司、广西建工集团第四建筑工程有限责任公司破产债权确认纠纷一案中重申,债权人对他人债权主张异议包括他人债权是否存在、是否合法有效,债权数额以及有无财产担保等事实的异议。

因此,笔者认为异议人有权就债权是否存在、是否合法有效,债权数额以及有无财产担保等事实提出异议。

(三)债权人异议权的行使

1. 异议人应当说明理由和法律依据

债权人异议可以根据个案中的异议规则填写债权异议表格,写明异议事项、异议理由并提交异议证据。以笔者经历的某破产案件为例,部分供应商债权人、借款类债权人对管理人初步确认金额提出异议,其应当向管理人提交债权异议表,写明异议事项和异议理由,并提交证据。供应商债权人异议时需提交其与债务人所有往来交易中债务人采购订单、双方签订的供货合同等证明债权发生的证据、债权人送货单和债务人入库单等证明债权人履约的证据。借款类债权人则需提交借款合同、打款记录、银行流水等证明借款事实和债权人履约的证据。对管理人认定的违约金或利息有

① 最高人民法院(2020)最高法民再293号民事裁定书。

② 最高人民法院(2020)最高法民再294号民事裁定书。

异议的债权人，则须举证证明双方约定了或者现行法律规定了债务人应当支付利息、违约金及计算标准。

2. 管理人应依法予以解释并作出调整或者不调整

债权人于人民法院确定的债权申报期内向管理人进行债权申报并提交相应证据。管理人在债权审查过程中，适时要求债权人或债务人补充提交证据资料。因此，管理人对债权人与债务人的债权债务关系有一定了解。

但是，从债权人提交完整证据到债权人会议核查债权的时间有限，要求管理人根据现有证据核实每一笔债权往往不太现实。不同债权的繁杂程度不同，加之债务人与债权人的业务往来并不特别严谨，因此，短期内要求管理人确认全部债权确有难度。

如果债权人提出异议并提交相应证据材料，管理人根据新证据发现债权额或者债权性质确需调整的，应当及时调整，并将调整结果及时告知异议人。

3. 不服管理人的解释或调整的异议人可以提起债权确认诉讼

异议人经管理人解释或调整仍不服或者管理人不解释调整的，应当在规定期限内向法院起诉，如在破产申请受理前订立有仲裁条款或仲裁协议，则应向选定的仲裁机构申请确认债权债务关系。

一旦异议债权人提起债权确认之诉，则其债权成为待定债权，这将会影响债权人表决权等的行使。对债权人而言，最好的结果是法院判决确认其债权额。但是，一方面，即使债权人的债权获得生效法律文书的确认，其也要根据集体清偿程序按照比例获得清偿；另一方面，诉讼周期较长会影响债权人在破产程序中的权利行使和最终实现的债权数额。

三、债权异议与债权确认之诉的衔接

"债权人因异议而提起的债权确认之诉是就债权是否成立、是否有效、是否超过诉讼时效、债权数额多少、债权性质及清偿顺位等存在争议而产生的诉讼"①，不具有给付内容。

① 湖南省高级人民法院(2020)湘民终1147号民事裁定书。

根据《最高人民法院关于审理企业破产案件若干问题的规定》第 63 条规定，异议债权人对清算组的处理仍有异议的，可以向人民法院提出。《企业破产法》《破产法解释三》明确破产债权须经债权人会议核查，那么，随之产生的问题是：异议人在管理人复核后是否可以不经债权人会议核查而直接提起债权确认之诉？未在债权人会议核查结束后 15 日内起诉会产生何种后果？

(一)管理人复核后未经债权人会议核查是否可以提起债权确认之诉

债权人会议核查是否为债权确认之诉提起的前置条件，不同法院有不同的规定和案例。

1. 异议人提起债权确认之诉前置条件三种模式

第一种模式，异议人可以不经复核程序直接向法院提起债权确认之诉。

江苏省高级人民法院规定："债权人可以自收到书面复核通知书之日起 15 日内提起债权确认诉讼，也可不经复核程序自收到管理人不予确认债权通知书之日起 15 日内提起债权确认诉讼。"①上海市高级人民法院规定："债权人和债务人对债权表有异议的，应当在管理人确定的合理期限(一般不低于 30 日)以书面方式向管理人提出异议，要求复核。也可以就债权异议直接向法院起诉。管理人认为异议不成立的，应当将反馈意见以书面形式及时通知异议人，并在通知中再次确定合理期限(一般不低于 15 日)，敦促异议人就债权异议提起相关诉讼。债权人未在该合理期限内提起诉讼的，视为同意。"②

第二种模式，异议人提起债权确认之诉须经管理人复核。

重庆市高级人民法院规定："异议人经管理人解释或调整后仍有异议的，应在管理人告知其异议审查结果之日起 15 日内向受理破产案件的人民法院提起破产债权确认诉讼。逾期未起诉的，视为无异议。"③江西省高

① 《江苏高院民二庭破产案件审理指南(修订版)》。

② 《上海高院破产审判工作规范指引(试行)》第六部分。

③ 《重庆市高级人民法院关于审理破产案件法律适用问题的解答》。

级人民法院规定，经管理人解释或者调整后，仍有异议的，“可以在核查债权之债权人会议结束后十五日内，向受理破产案件的人民法院提起债权确认诉讼。逾期未起诉的，该债权确定”。① 北京破产法庭规定：“经管理人复核后，异议人仍有异议的，管理人应当告知异议人在收到管理人复核通知之日起十五日内向人民法院提起债权确认诉讼，并应当将相应情况及时向人民法院报告。”②重庆破产法庭规定，经管理人解释或调整后，异议人仍然不服的，“应当在债权人会议核查结束后十五日内向人民法院提起债权确认的诉讼。逾期未起诉的，该债权按管理人审查结果确定。债权人未向管理人申请复核直接起诉的，人民法院不予受理”。③

第三种模式，异议人提起债权确认之诉须经债权人会议核查。

广东省高级人民法院规定：“经管理人解释或调整后，异议人不服的，应当在债权人会议核查结束后 15 日内提起债权确认之诉或按照当事人约定申请仲裁。”④

在胡某、六安市某某置业有限公司破产债权确认纠纷二审民事裁定书中，六安市中级人民法院认为，上诉人胡某向某某公司管理人申报债权后，某某公司管理人虽然于 2019 年 4 月 8 日向胡某发出债权确认通知，但由于该债权确认未经债权人会议核查，因此尚不具备法律规定的起诉条件，裁定驳回胡某的起诉。⑤

2. 异议人确认之诉的提起应以管理人复核而非债权人会议核查为前提

第一种模式中异议人不经任何复核程序直接提起确认之诉无疑会导致大量诉讼涌入法院，导致诉讼成本增加；第二种模式符合《破产法解释三》的规定，通过管理人与异议人的充分沟通，能够快速确认债权、有效减少诉讼案件；第三种模式看似符合法律规定，但可能成本较高。

“债权人会议是作为债权人在破产程序中的代表，对外表达全体债权人的共同意志、统一维护和满足各个债权人的合法权益。”⑥《企业破产

---

① 《江西省高级人民法院企业破产案件审理规程(试行)》第 95 条。

② 《北京破产法庭破产案件管理人工作指引(试行)》第 76 条。

③ 《重庆破产法庭企业破产案件审理指南(试行)》第 82 条。

④ 《广东省高级人民法院关于审理企业破产案件若干问题的指引》第 78 条。

⑤ 六安市中级人民法院(2019)皖 15 民终 1742 号民事裁定书。

⑥ 张善斌主编：《破产法研究综述》，武汉大学出版社 2018 年版，第 469 页。

法》第61条规定了债权人会议行使核查债权的职责，第62条规定了第一次债权人会议由人民法院召集，以后的债权人会议在人民法院认为有必要，或者管理人、债权人委员会、占债权总额四分之一以上的债权人向债权人会议主席提议时召开。因此，债权人会议非常设机构要求异议债权人须在债权人会议核查管理人复核意见后才能提起债权确认之诉，可能会导致破产成本增加和破产程序的延后。

一方面，召开债权人会议的成本较高，如果仅是为了核查部分异议债权的复核情况则得不偿失，也有为部分债权人利益牺牲全体债权人利益之嫌。另一方面，经过管理人审查、异议人异议、管理人复核，异议债权人与管理人已就其债权进行了充分的沟通，若仍有异议则向法院提起债权确认之诉方能定纷止争。

综上，以管理人复核而非债权人会议核查为异议债权人提起债权确认之诉的前提，既能有效沟通债权情况又能减少诉讼，又能快速推进破产程序，降低破产成本。

(二)未在债权人会议核查结束后15日内起诉的法律后果

1. 实务中对15日的期限存在较大争论

第一种观点认为《破产法解释三》第8条规定的15日为除斥期间。[①] 根据《企业破产法》第59条的规定，债权人参加债权人会议且行使表决权的前提条件是其债权已经确定，而“债权已经确定”应当理解为按照《企业破产法》第58条规定的核查程序和裁定确认债权表两个程序确定。笔者从体系解释推测，本条应当倾向于承认债权表确认裁定的既判力，不允许异议债权人在起诉期限届满之后行使异议诉权。

《深圳市中级人民法院破产案件债权审核认定指引》第30条、《北京市高级人民法院企业破产案件审理规程》第174条第1款、《江西省高级人民法院企业破产案件审理规程(试行)》第95条、《重庆破产法庭企业破产案件审理指南(试行)》第82条认为，异议人逾期不行使诉权则按照其对债权无异议处理。《上海市高级人民法院破产审判工作规范指引(试

---

① 参见池伟宏、冷帅达:《破产法司法解释(三)全面解读与分析(程序篇)——以债权人利益保护为视角》，载微信公众号“天同诉讼圈”，2019年4月25日。

行)》第 6 条第 3 款、《重庆市高级人民法院关于审理破产案件法律适用问题的解答》第 9 点则规定，异议人逾期起诉的，人民法院不予受理。结合上述规范性意见，可以分为两种模式：第一，逾期起诉按无异议处理；第二，逾期起诉不予受理。两种模式的共同点是异议人逾期起诉则丧失异议权。

第二种观点认为《破产法解释三》第 8 条规定的 15 日为诉讼时效期间。《破产法解释三》第 8 条第 1 款“在债权人会议核查结束后十五日内”的起诉期限性质，应为债权确认诉讼的诉讼时效期间，即规定了期限较短的诉讼时效，有利于破产程序的快速推进。① 最高人民法院认为该 15 日期限属于诉讼法意义上的期间，而非实体法意义的期间。② 该期间的耽误发生失去某种诉讼权利的不利后果，但是存在法律规定的正当理由的则允许申请顺延期间。当事人顺延期限的申请，必须在障碍消除后的 10 日内提出，逾期则会失去申请顺延的权利。

第三种观点认为《破产法解释三》第 8 条规定的 15 日为附不利后果的引导性规定。③ 提起债权确认诉讼只是对债权申报权利的延续行使，逾期申报债权者立法都未剥夺其权利，司法解释更无权规定剥夺债权人提起债权确认诉讼权利的特别时效。对《破产法解释三》第 8 条规定的异议人提起债权确认诉讼的 15 日期限，不能理解为诉讼时效或除斥期间，而应当且只能是与破产法债权申报期限相同性质的附不利后果承担的引导性规定，否则既不合法理，也不符合法律规定可能合理存在的本意，且会损害异议人的法定权利。

2. 对前述观点的评述

除斥期间和诉讼时效都会导致异议人丧失债权确认诉权，因此主张 15 日为除斥期间或诉讼时效期间的观点略有偏颇。除斥期间为法定权利

① 参见李宾宾：《〈最高人民法院关于适用〈中华人民共和国企业破产法〉若干问题的规定(三)〉逐条解读》，载微信公众号“破产法实务”，2019 年 3 月 29 日。

② 参见最高人民法院民事审判第二庭编著：《最高人民法院关于企业破产法司法解释(三)理解与适用》，人民法院出版社 2019 年版，第 169 页。

③ 参见王欣新：《〈破产法司法解释三〉第八条之解读》，《人民法院报》2019 年 8 月 15 日第 7 版。

的存续期间，因该期间经过而发生权利消灭的法律后果。① 但是，异议人超过 15 日未起诉并不会导致其债权实体性消灭。诉讼时效是当事人向人民法院主张权利的期限，“自权利人知道或者应当知道权利受到损害以及义务人之日起计算”，且有中止与中断制度。诉讼时效期间经过丧失的是胜诉权。

异议债权人 15 日起诉期限是当事人在破产程序中对其申报债权未得到管理人确认时，向人民法院提起债权确认之诉的期限，而不是诉讼时效期间。宣城市中级人民法院在远扬控股集团有限公司、绩溪县佳园房地产开发有限公司建设工程价款优先受偿权纠纷一案中认为：“债权人若对此处理结果有异议，应当在法定期限内提起诉讼，在法定十五日内未起诉的，即应视为对管理人处理结果的无异议；且该十五日期限也非诉讼时效性质，否则不符合立法本意。”②逾期起诉的后果是按无异议处理或者法院不予受理，与诉讼时效期间经过的法律后果不同。

认为 15 日期限为附不利后果的引导性规定的观点似乎也有不妥。首先，《破产法解释三》与其他司法解释一样，都是由最高人民法院审判委员会经过讨论通过后制定的，是具有约束力的司法解释。其次，在该司法解释出台之前，最高人民法院制定了《关于民事诉讼证据规则》，该证据规则明确了当事人须在一定的期限内举证，否则应承担不利的法律后果。以上两个司法解释都是最高人民法院制定的，且都是对当事人行使诉讼权利和履行诉讼义务期限作出规范，具有高度相似性。③

（三）如何理解“债权人会议核查结束”

如何理解“债权人会议核查结束”是一个需要讨论的问题。

第一种观点认为，债权人会议核查结束之日为法院对无异议债权作出裁定之日。在李必会、怀化北辰房地产开发有限公司破产债权确认纠纷案中，一审法院认为，“债权人会议核查债权的结束时间为人民法院对无异议债权作出确认裁定之日。现北辰公司债权人会议核查债权尚未结束，李

---

① 参见梁慧星：《民法总论》，法律出版社 2011 年版，第 246 页。

② 宣城市中级人民法院(2020)皖 18 民终 585 号民事裁定书。

③ 参见董善阔：《异议债权人 15 天的起诉期限的性质——〈破产法司法解释三〉第八条之解读》，载微信公众号“国浩律师事务所”，2020 年 10 月 14 日。

必会提起诉讼属于《中华人民共和国民事诉讼法》第一百二十四条第六项规定依照法律规定，‘在一定期限内不得起诉’的情形，根据《最高人民法院关于适用〈中华人民共和国民事诉讼法〉的解释》第二百零八条第三款的规定，应当驳回李必会的起诉”。①

第二种观点认为，鉴于破产实践的复杂性和司法解释已有规定，建议对“债权人会议核查结束”作变通理解。如探讨将管理人出具债权复核意见书作为债权人会议核查结束的时间。②

笔者赞同第二种观点，对“债权人会议核查结束”作变通理解，异议债权人及早提起债权确认之诉显然更有利于异议债权人权利的保护，也有利于破产程序的快速推进。但是，此种做法可能导致异议债权人恶意诉讼。

理性的债权人在权衡利弊之后会接受对其最有利的安排。管理人或者法院应当在债权核查过程中告知异议债权人诉讼风险。虽然债权确认之诉可能使其债权获得确认，但是诉讼成本高、周期长，其债权也会因此而成为待定债权，影响其在破产程序中一系列后续权利的行使。

四、债权异议规则的完善

合理的债权异议规则有助于更好地维护全体债权人和债务人的利益，不能因个别债权人怠于行使权利而牺牲其他债权人的利益。《企业破产法》正值修改完善之时，以立法明确异议债权的处理规则，将化解实践中的诸多难题。

笔者认为，完善破产程序中普通债权异议规则应当注意以下几点：

1. 管理人应勤勉尽责，认真复核债权

《企业破产法》修改时应当明确管理人须对异议人提出的异议予以复核并出具复核结果。对于异议显然不成立或者虽提出异议但未能举证证明的债权人，如因已过诉讼时效提出异议，管理人也应当及时出具复核意见。

① 湖南省高级人民法院(2020)湘民终1147号民事裁定书。

② 参见胡彬：《〈破产法司法解释三〉第八条的疑问》，载微信公众号“学法无止境”，2019年10月24日。

破产法对管理人勤勉履职的要求必然包括了审慎审核债权，严谨对待债权人提出的异议并及时回复，及时调整确需调整的债权。实践中，债权人因风险意识不同、举证能力不同导致其无法证明其申报的债权是否存在，债权数额多少以及是否未过诉讼时效。管理人对债权的审核认定应当遵守民事诉讼法律法规关于举证的要求，但是根据个案，管理人可以在向法院汇报后适当放宽证据标准。

2. 债权人会议核查不应当作为提起债权确认之诉的前置条件

《企业破产法》修改时应当明确债权人会议核查不是异议债权人提起债权确认之诉的前置条件。“经管理人解释或调整后，异议人仍然不服的，或者管理人不予解释或调整的”，异议债权人应当直接向法院起诉，无须等待债权人会议核查。

此时，如涉及债权人会议表决事项，则其债权作为待定债权，除法院赋予其临时表决权外，待定债权的债权人不享有表决权。一方面，立法应当肯定管理人在债权人会议核查之前向债权人发送债权确认函件、异议债权回复函件的效力。通过管理人与债权人的沟通、释疑，债权人在债权人会议召开前对其债权予以确认，有助于债权人权利的保护，提高债权人会议的效率，减轻法院讼累，避免司法资源的浪费。另一方面，组成债权人会议的各位债权人并非法律专家，债权人会议核查后的破产债权仍需法院裁定方得确定，即是如此，异议债权人不服管理人的解释或调整，及早提起确认之诉则其债权能够及早确定。

3. 债权人应在异议期内积极行使异议权

应当明确异议债权人未在15日内提起债权确认之诉则意味着其对债权审核结果或复核结果无异议，逾期则不可再起诉。鉴于《企业破产法》《破产法解释三》没有明确规定15日异议期的法律性质，实践中，有债权人在异议期经过后仍向法院提起债权确认之诉。法律不保护躺在权利上睡觉的人，破产程序是效率与公平的博弈。债权人应当积极维护自身权利，当其对管理人审查、债权人会议核查的债权有异议时，应当及早提起债权确认之诉。从效率与公正的角度看，异议债权人无正当理由未在合理期限内提起债权确认之诉属于对自身诉讼权利的处分，应当遵守禁止反言规则，避免造成破产程序的拖延，损害全体债权人的利益。

共益债务异议诉讼的规范路径展开

肖 昕*

内容提要：基于《企业破产法》第58条第3款的解释论，共益债务不属于该款所称“债权表记载的债权”，不适用该款关于破产债权确认之诉的规定。司法实践中直接依该款之规定对共益债务异议作出处理，存在法律适用错误的情况。依法教义学分析，共益债务异议救济可依现行破产法路径或债法路径展开，但均受到构成要件上的限制。因共益债务具有随时清偿的特殊性，现行法对共益债务支出的监督和救济并不足以贯彻破产程序公平清偿的原则，仍有必要加强单个债权人对管理人行为的监督，为共益债务异议寻求诉讼上的独立路径。考察共益债务异议诉讼和破产债权确认之诉在法评价上的类似性，在程序上类推适用破产债权确认之诉相关规定当为可行。

司法实践中，涉及共益债务异议的诉讼不在少数，部分法院依据《中华人民共和国企业破产法》(以下简称《企业破产法》)第58条第3款裁定驳回起诉，① 部分法院却不加分析地直接适用该款进行审理，② 导致无论是案由确定还是判决依据均存在裁判分歧，③ 如何进行法律适用方为正

* 肖昕，中南财经政法大学2019级民商法学硕士研究生。

① 参见最高人民法院(2016)最高法民申567号民事裁定书；浙江省温岭市人民法院(2018)浙1081民初13674号之三民事裁定书。

② 参见湖北省高级人民法院(2019)鄂民终742号民事判决书；湖北省十堰市中级人民法院(2019)鄂03民初75号民事判决书；浙江省舟山市定海区人民法院(2019)浙0902民初542号民事判决书。

③ 部分法院将该类案件案由确定为“破产债权确认诉讼”，参见最高人民法院(2015)民申字第2358号民事裁定书；杭州经济技术开发区人民法院(2017)浙0191民初769号民事判决书；岳阳市中级人民法院(2016)湘06民终1544号民事判决书；陕西省高级人民法院(2015)陕民三终字第00022号民事判决书；广东省高级人民法院(2014)粤高法民二破终字第2号民事判决书。部分法院确定为“与破产有关的纠纷”，参见大连市中级人民法院(2017)辽02民初472号民事判决书。

确，有待探究。前款规定在债权人会议核查债权外赋予个别债权人就单笔债权异议提起诉讼的权利。该款将异议对象限定为“债权表记载的债权”，却未明确是否包括共益债权。[①] 故对该款进行解释论分析为明确共益债务异议诉讼路径的前提。

破产程序的一项重要政策是实现债务人财产价值最大化，为债权人保留尽可能多的财产，以维护普通无担保债权人的利益，[②] 此即意味着应当将各类费用和开支控制在最低水平。[③] 而共益债务作为破产程序的必要开支，在破产程序中随时清偿并致使债务人财产直接发生损益，因此，为避免共益债务的支出过分偏离破产法公平清偿的原则，为共益债务异议明晰诉讼路径，有目的论上的必要性。本文的分析进路即以《企业破产法》第58条第3款的解释论为起始，寻求共益债务异议诉讼在规范上的路径展开。

一、《企业破产法》第58条第3款路径之可行性

对《企业破产法》第58条第3款的解释，焦点为对“债权表记载的债权”这一字段的理解。对此，需分别从体例关系、文义分析两个方面开展解释论，考察共益债务异议诉讼是否可依该路径进行。

(一)《企业破产法》第58条第3款之解释论

1. 体例关系：共益债务不适用第六章所规定的债权确认程序

《企业破产法》第六章规定了完整的“债权人申报—管理人登记与审查—管理人编制债权表—债权人会议核查债权表—法院裁定确认”债权确认程序，考察共益债务和第六章的关系，无非是探究共益债务是否适用该债权确认程序的问题。

首先，共益债务不属于需申报的债权。《企业破产法》第六章专章规

① 共益债权为共益债务的对称，两个概念系同一含义，下文亦同。

② 参见[美]查尔斯·J. 泰步：《美国破产法新论》，韩长印、何欢、王之洲译，中国政法大学出版社2017年版，第748页。

③ See Otte v. United States, 419 U. S. 43, 53, 95(1974).

定“债权申报”，而在第 44 条即指明“法院受理破产申请时对债务人享有债权的债权人，依照本法规定的程序行使权利”。① 可以认为，第 44 条为总领性的规定，即第六章规定的债权申报程序仅适用于“法院受理破产申请时对债务人享有债权的债权人”。关于共益债务的定义，立法上已较为明晰。②《企业破产法》第 42 条将共益债务限定为“法院受理破产申请后发生的债务”，并以穷尽列举方式列举了六种类型。以法院受理破产申请为时间界限，在此之前享有的债权为《企业破产法》第六章规定的债权申报程序中的“债权”，而在此之后发生的债务——共益债务，并不包括在内。

但是，学理上对共益债务的定义存在争议，③ 司法实践中不乏将法院受理破产申请前的债务同样纳入共益债务的情形。④ 就实质而言，《企业破产法》规定的时间界限并不使得共益债务认定产生泾渭清渭的效果，共益债务六种类型的外延也具有模糊性。⑤ 但是，在对规范进行对比解释时，仍应以规范本身含义为界，在可能的词义范围内作解释分析，⑥ 以遵循立法者的体系逻辑。对共益债务突破时间界限的实质认定，无疑已经超越了“法院受理破产申请后”的可能词义界限。《企业破产法》对共益债务和第 44 条中“债权”的规定正好以法院受理破产申请为界，“同一规整中

① 有学者认为《企业破产法》第 44 条对破产债权人下了定义。参见许德风：《破产法论：解释与功能比较的视角》，北京大学出版社 2015 年版，第 172 页。

② 参见安建主编：《中华人民共和国企业破产法释义》，法律出版社 2006 年版，第 69 页。

③ 学界基本认同共益债务应当发生于破产程序中，且应当具有为全体债权人共同利益的属性。参见王卫国：《破产法精义》，法律出版社 2007 年版，第 122 页；韩长印主编：《破产法学》，中国政法大学出版社 2016 年版，第 183 页；邹海林：《破产法——程序理念与制度结构解析》，中国社会科学出版社 2016 年版，第 300 页。

④ 大部分司法裁判在裁判理由中明确共益债务应发生于法院受理破产申请后，参见广东省深圳市中级人民法院(2019)粤 03 民终 7508 号判决书、湖北省高级人民法院(2019)鄂民终 229 号判决书、大连市中级人民法院(2017)辽 02 民初 472 号判决书。但也有少部分司法裁判认定发生于法院受理破产申请前但为全体债权人利益而产生的债务也属于共益债务，参见浙江省杭州市江干区人民法院(2016)浙 0104 民初 5948 号判决书、山东省淄博市中级人民法院(2018)鲁 03 民初 207 号判决书。

⑤ 参见洪燕：《共益债务的理论重构及其实践》，载《四川理工学院学报(社会科学版)》2019 年第 3 期。

⑥ 参见[德]卡尔·拉伦茨：《法学方法论》，陈爱娥译，商务印书馆 2003 年版，第 219 页。

的不同规范，其彼此在事理上应相互一致，因此在有疑义时，应选择能维持一致性的解释方式"①，故此，共益债权并不包含在第 44 条所称的"债权"之内。

其次，共益债务的发生不受债权申报期限限制。债权人应当在债权申报期限内申报债权，此系为尽快确定债权人人数及债权数额，以便召开债权人会议，推进破产程序及时、顺利进行。②《企业破产法》所确定的债权申报期限仅为法院受理破产申请公告之日起 30 日至 3 个月，即便可延至破产财产分配前补充申报，但补充申报人应当承担为审查和确认补充申报债权的费用，且其受偿范围限于尚未分配完毕的破产财产。而共益债务可在法院受理破产申请后至破产程序终结前随时发生，以破产重整程序为例，债务人或管理人提交重整计划草案的时间为法院裁定债务人重整之日起 6 个月，最长可延至 9 个月，远远超过债权申报的最长期限 3 个月，而在债权申报期限届满后，为债务人的继续营业而产生的债务仍属于共益债务，由债务人财产随时清偿，可见，共益债务的性质决定其不受债权申报期限限制。③

最后，共益债务无需等待集中清偿。因共益债务具有"共益"的属性，为保障破产程序的顺利进行和实现全体债权人的利益最大化，④ 共益债务的清偿在时间和顺序上都优于其他破产债权，其清偿无须等待清算分配的到来。⑤ 而依第 56 条，第六章所规定的债权的清偿有待破产财产的分配程序。⑥ 基于此，共益债务不适用第六章所规定的债权清偿程序。

---

① [德]卡尔·拉伦茨：《法学方法论》，陈爱娥译，商务印书馆 2003 年版，第 220 页。

② 参见王卫国：《破产法精义》，法律出版社 2007 年版，第 133 页。

③ 参见王欣新：《破产程序中的共益债权的受偿无需申报——兼与欧海鸥先生商榷》，载王欣新主编《破产法理论与实务疑难问题研究》，中国法制出版社 2011 年版，第 287 页。

④ 参见安建主编：《中华人民共和国企业破产法释义》，法律出版社 2006 年版，第 71 页。

⑤ 参见王卫国：《破产法精义》，法律出版社 2007 年版，第 126 页。

⑥ 由于只有在清算程序中才会出现"破产财产最后分配"，从字面来看，本条似乎只适用于清算程序，但是，立法本意应是普遍适用于清算、重整、和解三个程序。参见郑志斌、张婷：《公司重整：角色与规则》，北京大学出版社 2013 年版，第 252 页。

2. 文义分析：共益债务不包括于“债权表记载的债权”

债务人进入破产程序后，除重整程序中的债务人自行管理模式外，①均由管理人接管债务人财产。管理人应当对债权人申报的债权予以登记，并将审查予以确认的债权和审查不予确认的债权编入债权表中。② 结合前述分析，共益债务无需申报，既不遵循申报程序，更不必谈编入债权表的问题。虽依《企业破产法》第 61 条，债权人会议享有核查债权、审查管理人费用和报酬的职权，但由此也不能看出管理人应当将共益债务编入债权表中以供核查。依据管理人的忠诚勤勉义务，管理人似乎应当对共益债务的支出予以披露，但可以明确的是，《企业破产法》并未使管理人负担将共益债务编入债权表的义务。

有学者主张，实务中管理人应将相应债权列入债权表，共益债权人可以此提起破产债权确认诉讼。③ 但是，一方面，这种做法与《企业破产法》所规定的债权经申报且管理人审查后编入债权表的程序并不相符；另一方面，因《企业破产法》并未明确管理人负担此种义务，管理人在无法定义务的情况下一般也不会给自身增添负担。故此，无论是考察实证法或依实务，共益债务均不属于《企业破产法》第 58 条第 3 款所称的“债权表记载的债权”。

（二）案由适用的相关问题

依据《最高人民法院关于印发修改后的〈民事案件案由规定〉的通知》，法院基于当事人诉争法律关系的性质确定案由时，应当从第四级案由开始

---

① 我国立法采取以管理人管理为原则、债务人自行管理为例外的破产重整模式，且债务人自行管理模式下债务人的法律地位准予管理人地位，故对债务人自行管理模式不另作分析，下文亦同。参见金春：《破产法视角下的仲裁：实体与程序》，载《当代法学》2018 年第 5 期；池伟宏：《论重整计划的制定》，载《交大法学》2017 年第 3 期。

② 参见邹海林：《破产法——程序理念与制度结构解析》，中国社会科学出版社 2016 年版，第 109~110 页。

③ 参见樊星：《共益债务与破产法司法解释三的法律适用——基于北京京西峪鑫物资有限公司申请北京京西国利信机电设备有限公司破产清算案的分析》，载《法律适用》2019 年第 12 期。

依序检索，第四级、第三级案由中没有规定的，适用相应的第二级案由。而“与破产有关的纠纷”属于第二级案由，其项下有“破产债权确认诉讼”作为第三级案由，但并无独立的“共益债务异议诉讼”案由。共益债务异议纠纷并非属于以《企业破产法》第 58 条第 3 款为基础的“破产债权确认纠纷”的一种，故此，对共益债务异议的诉讼应当适用第二级案由“与破产有关的纠纷”。司法实践中，部分法院将有关共益债务异议诉请的案由确定为“破产债权确认诉讼”，属于案由适用错误。

二、现行破产法路径与债法路径之局限性

有学者认为，共益债务异议可以一律通过破产衍生诉讼解决，[①] 但并未明确具体的法律依据。也有学者认为，依《企业破产法》第 21 条，任何利害关系人对债务人财产有争议，均可以向受理破产申请的法院提起确认和返还财产的诉讼，[②] 但该条仅为破产程序开始后有关债务人诉讼案件的管辖规定，[③] 并未意图赋予所有利害关系人诉请确认和返还财产的权利，即便该条可以作为诉请依据，其也为对破产衍生诉讼的简单规定，无法为共益债务的诉讼提供具体展开的依据。

共益债务作为破产法上特有的概念，其范围、性质和认定均依破产法规定，故为其寻求破产法上的救济途径，自无疑义。但也应当考虑到，共益债务基于债权人与债务人之间的债之基础关系而生，[④] 对于债之基础关系，也可在债法的基本原理中寻得相应的救济途径。[⑤] 对于破产法路径与

---

① 参见王欣新：《破产程序中的共益债权的受偿无需申报——兼与欧海鸥先生商榷》，载王欣新主编《破产法理论与实务疑难问题研究》，中国法制出版社 2011 年版，第 287 页。

② 参见邹海林：《破产法——程序理念与制度结构解析》，中国社会科学出版社 2016 年版，第 284 页。

③ 参见安建主编：《中华人民共和国企业破产法释义》，法律出版社 2006 年版，第 37 页。

④ 根据《企业破产法》第 42 条，共益债务的发生基于合同、无因管理、不当得利、侵权等基础关系。

⑤ 参见娄爱华：《〈破产法〉第 42 条涉不当得利解释论》，载《社会科学》2013 年第 4 期。

债法路径的关系，有学者认为，破产法以尊重非破产法规范为基本原则。[①] 此即意味着，应当在适用破产法规范之前，澄清非破产法规范下的法律关系，若非基于特殊的政策考量，不应对非破产法规范有所变动。[②] 故此，在为共益债务异议寻求诉讼路径时，应当基于破产相关人利益保护的考量，寻求破产法上的可行路径，但也当与债法路径的法理协调相一致。

（一）破产法路径的展开

1. 请求确认债务人行为无效

因共益债务"随时清偿"的特殊性，若共益债务认定有误，其支出则构成破产法所禁止的个别清偿。因此，其他债权人对共益债务支出有异议，即可依《企业破产法》第16条请求确认该随时清偿行为无效。[③] 虽然该条文义上将禁止对象限于"债务人"的行为，有学者主张要构成该条所禁止的个别清偿，其清偿实施主体须为债务人。[④] 但应当明确的是，其立法意旨在于保障债权的公平、集中清偿，而非旨在对债务人行为作出限制。[⑤] 虽然共益债务的支出由管理人决定，但共益债务系由债务人财产支出，从实质上看仍属于债务人的清偿。

基于尊重非破产法规范的原则，该条所规定的债务清偿行为"无效"应当与民事法律行为的"无效"含义相一致，[⑥] 即法律行为的当事人或与法律行为无效具有利害关系的人均有权诉请法院确认该行为无效。[⑦] 但因管理人负有追回债务人财产的职责，司法实践中，请求确认债务人个别清偿

---

① See William E. BUTNER, Petitioner, V. UNITED STATES et al. 440U. S. 48, 55, 59(1979)；参见许德风：《破产法论：解释与功能比较的视角》，北京大学出版社2015年版，第77页。

② 参见许德风：《破产法基本原则再认识》，载《法学》2009年第8期。

③ 参见天津市第一中级人民法院(2018)津01民终5060号民事判决书。

④ 参见王卫国：《破产法精义》，法律出版社2007年版，第46页。

⑤ 参见安建主编：《中华人民共和国企业破产法释义》，法律出版社2006年版，第32页。

⑥ 参见王卫国：《破产法精义》，法律出版社2007年版，第46页。

⑦ 参见朱庆育：《民法总论》，北京大学出版社2016年版，第309~310页。

行为无效的诉请主体通常为管理人或由管理人作为诉讼代表人的债务人，[①] 债权人能否诉请确认行为无效存在争议。

2. 管理人责任

就管理人行为致人损害责任的构成要件而言，《最高人民法院关于适用〈中华人民共和国企业破产法〉若干问题的规定(二)》(以下简称《破产法解释(二)》)第33条可作为债权人、债务人或第三人因管理人行为受损而主张损害赔偿的请求权基础。但是，对于债务人对管理人认定的共益债务异议而言，因债务人所主张的管理人应当承担的损害赔偿之债将作为共益债务由债务人财产随时清偿，故债务人无法再依《破产法解释(二)》第33条主张共益债务的承担，虽债务人可依《企业破产法》第130条之规定直接向管理人请求损害赔偿，但因破产法规定由管理人代表债务人诉讼，此时当事人应当如何列明亦不甚明晰。

在共益债务异议缺乏破产法上的单独诉讼路径的前提下，主张管理人行为致损的损害赔偿责任是可行的路径，但不可否认的是该种损害赔偿责任以构成要件的满足为前提。从《破产法解释(二)》第33条来看，管理人需具备故意或重大过失的主观要件，一方面，这种主观要件由权利人承担证明责任，无疑给权利人造成一定的负担；另一方面，也使得该条在管理人不存在故意或重大过失而权利人对共益债务支出存在异议的情形中难以发挥作用。由此看来，对基于共益债务异议的诉讼，《企业破产法》第130条和《破产法解释(二)》第33条发挥作用的情形有限。

(二)债法路径展开

在共益债务的基础法律关系中，就其他债权人提出的共益债务异议而言，共益债权人即为其他债权人与债务人之间债之基础关系的第三人，因共益债务由债务人财产支出，直接影响其他债权人的清偿，危及其他债权人的债权实现，故其他债权人可适用债的保全制度，请求法院撤销债务人

① 参见浙江省宁波市中级人民法院(2019)浙02民终2700号民事判决书；四川省攀枝花市中级人民法院(2018)川04民初43号民事判决书；天津市第一中级人民法院(2018)津01民终5060号民事判决书。

所为的危害债权的行为。[①] 但债权人撤销权的成立要求债务人所为行为须为无偿处分财产权益或者恶意延长其到期债权的履行期限等行为，[②] 或符合其他准用撤销权的情形。[③] 而在破产程序中，共益债务支出可能仅在数额认定上存在错误，而没有以上几种情形，因破产程序的特殊性，仅不当的个别清偿本身就具有可归责性，因此债法上的债权人撤销权亦不能覆盖共益债务异议的情形，仅在特定构成要件满足之下方可适用。

对于基础关系的生效裁判结果能否直接适用于破产程序，《破产法解释(三)》明确规定管理人应当确认已经生效法律文书确定的债权。学界通说亦认为有名债权的执行效力可自然延续至破产程序中，无须经过债权确认程序可直接受偿。[④] 但破产程序仍有其特殊的政策考量，[⑤] 在破产程序中对有名债权的具体清偿应依据破产法的特别规定对该生效裁判的债权内容作必要调整，如破产申请受理后停止计算债权利息等。[⑥] 也即，基础关系的生效裁判结果固然有其既判力，但以生效裁判为基础的共益债务在破产程序中的具体认定仍要结合破产法的特别规定，实质上，若对共益债务的异议不涉及对生效裁判的异议，仅围绕管理人依破产法对共益债务所作的特殊调整产生争议，仅凭债法无法完全解决争议问题。

三、共益债务异议诉讼的独立路径

(一)独立路径之必要性基础

传统观点认为，破产法以债权人整体利益最大化为基本原则之一，[⑦]

① 参见魏振瀛主编：《民法》，北京大学出版社 2017 年版，第 386 页。

② 《中华人民共和国民法典》第 538 条、第 539 条。

③ 参见王洪亮：《债法总论》，北京大学出版社 2016 年版，第 150 页。

④ 若认为基础关系的生效裁判错误而对债权有异议，应通过审判监督程序解决，不能在破产程序中予以否定。参见李永军、王欣新、邹海林、徐阳光：《破产法》(第二版)，中国政法大学出版社 2017 年版，第 183 页。

⑤ 参见[美]查尔斯·J. 泰步：《美国破产法新论》，韩长印、何欢、王之洲译，中国政法大学出版社 2017 年版，第 705 页。

⑥ 参见李永军、王欣新、邹海林、徐阳光：《破产法》(第二版)，中国政法大学出版社 2017 年版，第 183~184 页。

⑦ 参见齐明：《中国破产法原理与适用》，法律出版社 2017 年版，第 30~31 页。

最大限度地、不偏颇地保护债权人利益为破产法应运而生的第一目的。[①] 也有学者有新的见解，认为随着社会化和经济全球化，不特定人利益都可能会受到破产程序中某一主体行为的负外部性影响，[②] 破产程序应当同时对中小股东、公司雇员、消费者、供应商等可能在破产程序中受到不同程度的(消极)影响的破产相关人都给予关注和相应地保护。[③] 故此，从目的论的视角来看，应当在对平等保护债权人利益予以考量的同时，考察为共益债务异议诉讼寻求独立路径的必要性，避免因路径设计而横生枝节，反而延滞本应尽快完成的破产程序，对破产程序所涉及的他方利益产生不利影响。概以观之，是否有必要为共益债务异议诉讼寻求独立路径，应当首先考察现有关于共益债务的规定在制度设计上及在实务中是否达到足以平等保护债权人利益的目的，并结合破产债权异议的独立诉讼路径予以分析。

1. 共益债务的认定程序及其监督不足

(1)共益债务的认定程序

《企业破产法》及其司法解释均未对共益债务的认定程序作出规定。结合共益债务的性质，共益债务的支出可区分为“日常支出和其他必要支出”和“重大财产处分行为”两种，而管理人承担“决定债务人的日常开支和其他必要开支”及“管理和处分债务人财产”的职责。故可以从这两个方面来考察共益债务的认定程序。

对于属于“日常支出和其他必要支出”的共益债务支出，若财产管理方案中授权管理人对债务人企业进行日常管理，债权人会议表决通过该方案后，管理人即有权决定与日常管理相关的“日常支出和其他必要支出”。

对于属于重大财产处分行为的共益债务的支出，在第一次债权人会议召开之前，管理人作出重大财产处分行为需经法院许可；债务人财产管理方案提交债权人会议表决通过后，管理人在具体执行和落实过程中作出重

① 参见韩长印主编：《破产法学》，中国政法大学出版社 2016 年版，第 13～14 页。

② 参见刘冰：《论仲裁程序与破产程序之冲突与协调》，《法学杂志》2018 年第 3 期。

③ 参见许德风：《破产法论：解释与功能比较的视角》，北京大学出版社 2015 年版，第 30 页。

大财产处分行为，仅需提前十日向法院或债权人委员会履行报告程序。债权人委员会有权要求纠正其不当处分行为并请求法院作出决定，法院有权责令其停止该行为。

对于财产管理方案的内容，《企业破产法》未作明确规定。实务中一般认为其应当包括财产管理、维护措施和费用预算，债务人继续营业的计划和费用预算，财产清收的计划安排和费用预算等，① 包括对一般财产进行日常管理②、债务人日常支出和其他必要支出的预算。

对于管理人提交报告的具体内容，《企业破产法》及其司法解释未作细致的规定，仅最高人民法院在《管理人破产程序工作文书样式(试行)》中公布了管理人“关于破产费用、共益债务清偿情况的报告”的代表性文书格式，依照文书格式内容，管理人需在报告中明确共益债务的发生种类、各项发生金额及明细，附共益债务发生与清偿情况明细表，并将该报告提请债权人会议审查。但该文件同时明确，实践中涉及新情况、新问题，可根据具体情况对文书样式变通适用。③

(2)共益债务的监督不足

共益债务的发生由于债务人在破产期间的活动而呈现出不确定的开放性，④ 并非如破产费用的发生具有必然性，尤其是在破产重整程序之中，对共益债务的支出予以事前预测的可行性不大，而财产管理方案不能就所有事务作出详细安排，只能作出原则性和概括性规定，故财产管理方案通常不包含各项重大财产处分明细，⑤ 债权人会议亦不会就各项具体的重大财产处分行为进行单独表决。此外，债权人会议不属于常设机构，无法实

---

① 《上海法院企业破产案件管理人工作职责指引》第 23 条、《江苏省律师协会律师担任破产管理人业务操作指引》第 61 条。

② 参见徐根才：《破产法实践指南》，法律出版社 2018 年版，第 145 页。

③ 破产实践中，以《北京市高级人民法院企业破产案件审理规程》为例，其中第 145 条规定，管理人应将共益债务清偿的项目、时间、数额等列清单记明，并定期向人民法院通报。

④ 参见余慧娟：《共益债务的理论研究》，载程品方主编《人民法院企业破产审判实务疑难问题解析》，法律出版社 2016 年版，第 53 页。

⑤ 参见郁琳：《破产程序中管理人职责履行的强化与监督完善——以管理人的法律地位和制度架构为视角》，载《法律适用》2017 年第 15 期。

施日常监督，[①]且其作为会议体机构系通过决议来行使权利，而共益债务的支出并非决议事项范围。虽然债权人委员会的监督作用较强，但债权人委员会并非必设机构，是否设立债权人委员会由债权人会议视情形作出决议，并且债权人委员会在组成人员上具有分散性，议事方式也有局限，开展日常监督的可行性也不大。[②]故此，对于管理人重大财产处分行为，债权人会议、债权人委员会的监督作用有限，监督主要来自法院。结合现行破产法框架，法院的主要职责是对破产程序进行整体指挥和监督，其角色定位趋向于消极被动。[③]法院对重大财产处分行为仅通过管理人的"报告"义务进行监督。

就"报告"义务而言，《企业破产法》对管理人的授权过于宽泛，可能损害债权人利益，也不符合国际破产立法惯例。[④]考察比较法之规定，《日本破产法》规定管理人进行重大财产处分行为须经法院批准；[⑤]《德国支付不能法》规定管理人实施重大财产处分行为应当取得债权人委员会或债权人会议的同意；[⑥]《美国破产法》规定托管人实施常规业务范围外的行为应当通知债权人和其他利益相关人，并在其要求下举行听审或取得法院批准。[⑦]而我国《企业破产法》未明确管理人作出的"报告"的含义和性质。

---

① 参见许德风：《破产法论：解释与功能比较的视角》，北京大学出版社 2015 年版，第 285 页。

② 参见梁闵海、陈长灿：《论破产衍生诉讼的审判方式——以适度强化的职权主义审判方式为视角》，载《法学》2011 年第 2 期。

③ 参见纪红勇：《浅谈法官在破产重整程序中的角色——由"五谷道场"破产重整案引发的思考》，载《法治论坛》2010 年第 4 期；蒋馨叶：《管理人在破产重整中的角色定位及其规制完善》，载《法律适用》2009 年第 10 期。

④ 参见王欣新、郭丁铭：《论我国破产管理人职责的完善》，载《政治与法律》2010 年第 9 期。

⑤ 参见[日]谷口安平主编：《日本倒产法概述》，[日]佐藤孝弘等译，中国政法大学出版社 2017 年版，第 59 页、第 189 页。

⑥ 参见杜景林、卢谌译：《德国支付不能法》，法律出版社 2002 年版，第 86~87 页。

⑦ 参见[美]大卫·G. 爱泼斯坦等：《美国破产法》，韩长印、何欢、王之洲译，中国政法大学出版社 2003 年版，第 173~174 页；[美]查尔斯·J. 泰步：《美国破产法新论》，韩长印、何欢、王之洲译，中国政法大学出版社 2017 年版，第 487 页；[美]布赖恩·A. 布卢姆：《破产法与债务人/债权人》，中信出版社 2004 年版，第 336 页。

考察我国破产理论与实践，大多认为管理人此时仅负有向法院“报告”清偿情况的义务，① 而“报告”≠“审查”，即便实务中存在要求管理人提交法院审查的规定，② 在破产法庭尚未普遍设立的现状下，法院对每一笔重大支出作出商业判断也缺乏专业性。此外，破产程序中共益债务的认定不在少数，而法院仅是程序的督导者和推动者，非事务的具体操作者，即便管理人定期向法院报告共益债务清偿明细，鲜有法院有能力对每一笔共益债务的支出予以细察。③

实质上，共益债务的认定和支出，即便有债权人会议、债权人委员会和法院的监督，仍然由管理人发挥决定作用。由于共益债务的随时清偿直接影响债务人财产，管理人理应对共益债务支出负高度注意义务，④ 但《企业破产法》第 69 条对管理人处分财产行为的宽泛授权，极可能导致管理人的权利行使失控，⑤ 何况实践中，共益债务认定标准亦存在争议，⑥ 使得管理人在对共益债务进行认定时的可操作空间极大，可能存在损害债务人财产和债权人利益的情形。基于该现状，现行法不为单个债权人对共益债务支出的异议提供破产法上的独立诉讼途径，不免存在利益衡量的失衡。

---

① 学理上，可见王欣新、郭丁铭：《论我国破产管理人职责的完善》，载《政治与法律》2010 年第 9 期。也有学者认为，法院应当对报告内容进行审查并决定，参见郁琳：《破产程序中管理人职责履行的强化与监督完善——以管理人的法律地位和制度架构为视角》，载《法律适用》2017 年第 15 期。实务上，可见《江苏省律师协会律师担任破产管理人业务操作指引》第 62 条、《北京市高级人民法院企业破产案件审理规程》第 199 条。

② 《深圳市中级人民法院破产案件管理人工作规范》第 29 条。

③ 参见唐艳：《论共益债务制度——兼评〈企业破产法〉第 42 条》，西南政法大学 2014 年硕士学位论文。

④ 参见付翠英：《论破产费用和共益债务》，载《政治与法律》2010 年第 9 期。

⑤ 参见王欣新、郭丁铭：《论我国破产管理人职责的完善》，载《政治与法律》2010 年第 9 期。

⑥ 参见陈伟：《共益债务的认定——从“绝对程序标准”到“双重标准”》，载《南京航空航天大学学报（社会科学版）》2017 年第 1 期；唐艳：《论共益债务制度——兼评〈企业破产法〉第 42 条》，西南政法大学 2014 年硕士学位论文。

2. 债权的核查及确认程序之充分性

债权人会议的法定职权之一为核查债权。之所以赋予债权人核查债权的权利，是因为债权由债务人财产集体清偿，每笔债权是否存在、债权额多少直接影响债权人的利益，但债权人对其他债权人债权申报及审查情况往往不知情。① 故此，债权人通过集中的债权人会议对对方所申报债权的真实性相互展开质询和辩驳、相互监督，这种核查方式有助于债权真实性及债权额的确定。②

依法申报的债权经债权人会议核查后，仍有待确认。《企业破产法》规定两种债权确认路径，一种是由法院裁定确认，另一种是诉讼确认。按照破产程序的一般规则，法院不过多参与具体事务的管理。法院裁定确认债权仅具有程序意义，并非实体性裁判，不能够确保每笔债权的真实性与合法性。③ 而在破产程序中，可供债权人分配的财产非常有限，某一债权人申报债权的真实性，尤其是一些大债权人或者有财产担保的债权人所申报债权的真实性必然会影响其他债权人在破产程序中的可得利益，④ 因此立法仍允许个别债权人通过诉讼路径解决争议。

破产程序的公平清偿是对债权人利益的平等保护，而破产程序的迅速进行也意味着对企业价值的最大维护和对破产相关人利益的更大保护。⑤ 破产债权确认之诉制度的设置，实质上是立法在破产程序的效率要求与债权人利益公平保护之间所作的权衡选择，这种制度安排能够反映出立法在利益衡量上的用意，也能为共益债务诉讼路径的寻求提供可类比的必要性

① 参见郑志斌、张婷：《公司重整：角色与规则》，北京大学出版社 2013 年版，第 275 页。

② 参见安建主编：《中华人民共和国企业破产法释义》，法律出版社 2006 年版，第 89 页；郑志斌、张婷：《公司重整：角色与规则》，北京大学出版社 2013 年版，第 275 页。

③ 参见王欣新：《论破产债权的确认程序》，载《法律适用》2018 年第 1 期；纪红勇：《浅谈法官在破产重整程序中的角色——由“五谷道场”破产重整案引发的思考》，载《法治论坛》2010 年第 4 期。

④ 参见郑志斌、张婷：《公司重整：角色与规则》，北京大学出版社 2013 年版，第 275 页。

⑤ 参见贺丹：《有争议破产债权的确认——兼论我国新〈企业破产法〉的完善》，载《甘肃政法学院学报》2008 年第 5 期。

基础。

3. 共益债务异议诉讼的独立路径展开有其必要性

对于随时清偿的共益债务，破产法上未规定独立的诉讼路径。对于集中清偿的破产债权，破产法反而提供了破产债权确认之诉作为救济途径。基于破产相关人利益保护的考量，为共益债务寻求异议诉讼的独立路径仍有必要性。①

法律程序的价值之一在于赋予权利人在遭遇权利实现障碍时一定的救济途径，以便其为实现自身合法权益而再进行一定意义上的努力和争取，破产程序也不例外。② 破产程序中的债权审查确认，其实质就是简易的债权审查确认之诉，当债权通过简易审查程序遭到质疑之时，回归到正常的诉讼程序符合《民事诉讼法》的相关规定。③ 共益债务本就基于债权人和债务人之间的债之基础关系而生，在破产程序中对共益债务的认定出现异议时，也应当遵循一般法理回归诉讼程序。

(二)程序上类推适用破产债权异议诉讼

结合前文所论证的共益债务异议诉讼的必要性，对共益债务异议在破产法上的独立诉讼路径须进行相应的漏洞填补。在漏洞填补方法中，类推适用是填补开放的漏洞的典型方法之一，其核心在于"在与法律评价有关的要素上的"类似性的认定。④

结合前文对共益债务认定程序与破产债权确认程序的分析，共益债务异议诉讼与破产债权异议诉讼诉有以下五个具有法意义的类似性：第一，二者的异议对象——共益债务和破产债权均为债务人所负担之债务，均由债务人财产清偿；第二，二者的类型化区分一致，均涉及三方利益主体构

① 在日本破产法上，对财团债权存在与否及数额多少的争议，即可通过债权确认之诉解决。参见[日]谷口安平主编：《日本倒产法概述》，[日]佐藤孝弘等译，中国政法大学出版社 2017 年版，第 85 页。

② 参见余俊福主编：《中国破产管理人实务》，法律出版社 2015 年版，第 108~109 页。

③ 参见齐明：《中国破产法原理与适用》，法律出版社 2017 年版，第 125 页。

④ 参见[德]卡尔·拉伦茨：《法学方法论》，陈爱娥译，商务印书馆 2003 年版，第 258 页。

造：债权人、债务人及其他债权人；第三，二者均基于对债权存在与否、性质如何、金额如何的争议；第四，诉讼目的一致，二者的提起均为实现个别债权人对管理人的监督权，为权利人提供诉讼上的救济途径；第五，法理展开一致，共益债务和破产债权均基于债之基础关系而产生，在争议时均应回归诉讼程序。基于以上类似性认定，本文认为，对于共益债务异议诉讼，可类推适用破产债权异议诉讼的部分规定。以诉讼前置程序为例，为尽量使争议解决于诉讼之前，《破产法解释（三）》第 8 条为债权确认诉讼设置前置条件，异议人对“管理人解释或调整后”仍不服或管理人“不予解释或调整”时，异议人方可提起诉讼。① 因共益债务的支出并不经过债权人会议表决，债权人对共益债务的支出明细通常不知情，为防止权利人在未与管理人沟通前径直提起诉讼，增加破产企业讼累，阻滞破产程序效率，应当为基于共益债务异议的诉讼设置诉讼前置程序。故基于目的论的考量，对共益债务异议而提起的诉讼应当类推适用《破产法解释（三）》第 8 条规定，管理人向法院提交的共益债务清偿报告属于参与破产程序所必需的债务人财务资料，债权人在诉讼前可依法行使其知情权。

（三）须单独评价的具体问题

结合前文的解释论，共益债务与破产债权仍有以下重要区别：第一，破产债权发生于破产程序开始前，共益债务发生于破产程序开始后；第二，破产债权集中清偿，共益债务随时清偿。该区别会产生对某些具体问题须作单独评价的影响。

1. 当事人适格

《破产法解释（三）》明确了以债务人为破产衍生诉讼适格当事人的实务导向。但管理人接管债务人财产后，债务人的日常开支和其他必要开支不再由债务人决定，而属于管理人的职责范围。与破产债权发生于破产程序前的特点相比，共益债务发生于破产程序后且由管理人决定支出，此种区别使得应当由债务人还是管理人作为共益债务异议诉讼的适格当事人成为需要解决的重要程序问题。

---

① 参见王欣新：《〈破产法司法解释三〉第八条之解读》，载《人民法院报》2019 年 8 月 15 日第 7 版。

结合《企业破产法》的规定对管理人的法律地位予以探讨，通说认为，我国《企业破产法》第22条对管理人法律地位采用的是法定机构说，即管理人是破产法在破产程序中特别设立的执行职务的专门机构。① 依法定机构说，有学者认为，管理人接管债务人财产后，承继债务人的诉讼地位，作为有关债务人财产诉讼的一方当事人，以独立地位继续诉讼。② 就此，有学者基于民事诉讼法学界主流观点进行分析，认为对他人的权利关系享有管理处分权的第三人基于法定权限或诉讼政策等特殊理由能够以诉讼担当人的身份获得当事人适格，故管理人能以诉讼担当人或实体权利关系的主体获得当事人适格。③

就破产程序而言，破产法之于民事诉讼法相当于特别法之于一般法的关系，故对破产衍生诉讼的程序问题应当首先就破产法相关规定予以分析。即便是基于法定机构说认为管理人能够以诉讼担当人的身份获得当事人适格，也必须得基于法定权限或诉讼政策上的特殊理由，而从现行破产法中无法推知使债务人丧失当事人适格，使管理人取得当事人适格的特殊理由。

基于现行破产法对管理人职责的规定，管理人有权“代表”债务人参加诉讼、仲裁或其他程序，可见，破产法并未因债务人进入破产程序而剥夺债务人的当事人适格。并且共益债务系为债务人财产的维系和保值而支出的必要债务，其损益归属于债务人财产，其诉讼结果也由债务人财产承担。故此，债务人可作为共益债务异议诉讼的适格当事人，在债务人为当事人时，以管理人为诉讼代表人。

---

① 学界主要有以下几种争议：债权人代理说、债务人代理说、破产财团代表说、法定机构说、受托人说。参见王卫国：《破产法精义》，法律出版社2007年版，第36页、第61页；韩长印：《破产法学》，中国政法大学出版社2016年版，第73页；邹海林：《破产法——程序理念与制度结构解析》，中国社会科学出版社2016年版，第140页、第146页；许德风：《破产法论：解释与功能比较的视角》，北京大学出版社2015年版，第257~260页。

② 参见邹海林：《破产法——程序理念与制度结构解析》，中国社会科学出版社2016年版，第284页。

③ 参见金春：《破产法视角下的仲裁：实体与程序》，载《当代法学》2018年第5期。

2. 确认之诉或给付之诉

法院受理债务人破产申请后，债务人不得再对个别债权人进行清偿，故对于《企业破产法》第 58 条第 3 款所规定的债权异议诉讼性质，一般认为属于确认之诉而非给付之诉。① 但共益债务因其维系破产程序顺利进行的必要性而具有随时清偿的特点，此点使得共益债务异议诉讼能否为给付之诉成为需要探讨的问题。

给付之诉相对于确认之诉的一个显著特点就是其可执行性。而破产程序的特殊性在于，有关债务人财产的执行程序在破产程序开始后中止，且法律没有规定例外。因破产程序代表的是全体债权人的集体清偿利益，应当优于个别债权人利益予以保护，故破产程序相对于民事执行程序处于优先地位。② 虽然共益债务清偿实质上也属于对个别债权人的优先清偿，但其系为全体债权人利益所为之支出，基于破产程序的优先地位，对于共益债务也应当通过破产程序而非民事执行程序予以清偿。故此，共益债务异议诉讼在性质上仍应属于确认之诉。

结　　语

本文为共益债务异议诉讼寻求独立诉讼路径，系为保护全体债权人利益，出于破产程序控制成本、降低费用的考虑。《全国法院破产审判工作会议纪要》第 8 条明确应当合理划分法院和管理人的职能范围，法院在破产程序中的角色越发呈现谦抑性。现行破产法以债权人自治为原则之一，实务趋势也倾向于逐渐加强债权人对破产程序的监督，尤其在债权人会议和债权人委员会作为整体监督尚不完备的现状下，加强单个债权人对管理人行为的监督未必不是可行路径。

---

① 参见王欣新：《破产债权争议诉讼的性质与收费标准》，载《人民法院报》2014 年 7 月 16 日第 7 版。

② 参见王卫国：《破产法精义》，法律出版社 2007 年版，第 55 页。

论公司破产时董事对债权人的法律责任

王倩莹*

内容提要：随着公司权力结构向董事会中心主义转变，董事成为公司的主要经营管理者，公司濒临或已经破产而董事不当履职导致公司债权人利益受损的现象越来越多。据此，信义义务理论、风险理论、利益相关者理论和公司财务理论都认为：在公司破产时，应当将董事对公司的信义义务扩展至公司债权人，建立董事对债权人的法律责任制度。目前，我国现行法律并未确立董事个人责任制度，不利于债权人利益保护。在分析我国现行法和借鉴域外典型立法的基础上，本文认为我国应当采取全程规制模式，约束董事事前、事中和事后的不当履职行为，并确立适当的董事强制破产申请义务。在董事对债权人责任制度具体构建上，应明确董事对债权人之侵权责任形式、过错推定原则、直接诉讼方式及补充责任等内容。

一、问题的提出

目前，我国企业破产审判实践中的一个重点问题就是破产企业所负债务远高于偿债资产，这致使普通债权清偿比例极低，普通债权人的利益极大受损。大量企业在濒临破产或符合事实破产条件时仍继续不当经营，使得原本相对充足的偿债资产在最终破产清算时所剩无几。而在公司独立人格制度和股东有限责任制度的庇护下，董事可以有限责任来对抗普通债权人的求偿权，董事不当履职的经营风险实际转嫁给了债权人，债权人仅能以剩余的公司资产为限按比例得到偿还，这显然对债权人甚为不公。另

* 王倩莹，武汉大学法学院 2019 级民商法硕士研究生。

外，破产审判实践中的一个突出特点就是由债务人申请企业破产的案件极少。迟延申请破产不仅导致普通债权清偿率低，还致使通过破产程序清退的僵尸企业很少，破产制度成为企业拖延或减少债务履行的避风港。针对上述问题，相关明知或应知公司已经陷入长期支付不能或资不抵债却依旧放任公司继续进行高风险经营的董事却无需对此承担个人法律责任，导致原本旨在保护债权人的破产法律制度在实践中并不能起到很好的实施效果。

据此，许多国家和地区建立了破产公司董事对债权人的个人责任制度，通过对公司董事施加个人责任，倒逼其在公司陷入破产危机时的履职充分考虑对债权人的影响，发挥了对债权人的事前保护功能。与此相对，《中华人民共和国公司法》(以下简称《公司法》)、《中华人民共和国企业破产法》(以下简称《企业破产法》)和《中华人民共和国民法典》(以下简称《民法典》)等法律中却无相关具体的法律制度，债权人也难以通过《民法典》中相关规定对董事个人提起侵权诉讼。因此，有必要探讨公司在濒临破产或事实破产时相关董事对债权人的个人法律责任，以充分发挥破产法保护债权人的功能。

二、公司破产时董事对债权人责任之理论突破

董事是否对债权人承担个人责任，关键在于董事处于何种法律地位以及董事与债权人之间存在何种法律关系。一般认为，董事与公司(公司股东)存在直接的法律关系，与债权人之间则存在通过公司建立起来的间接关系，所以探讨董事对债权人的个人责任的前提在于厘清公司(公司股东)、董事、债权人三者之间的关系，探析董事的经营行为对债权人的影响程度。目前，学界主要有以下几种理论在正当化董事对债权人的个人责任上作出了努力：

(一)信义义务理论：破产时董事的信义义务扩展至债权人

现代意义上的信义义务理论主要来源于英美法系的信托原理。该理论将公司(公司股东)认定为信托人，董事认定为受托人，董事对公司负有受托义务，需要为公司及股东利益忠实审慎地经营。具体而言，董事的信义义务包括两个方面：一是忠实义务，即董事须竭尽忠诚地以最大化公司

利益为履职目标，将公司利益置于自己利益之上，① 不得损公肥私；二是注意义务，即董事应遵守诚信原则，以一个合理谨慎人和善良管理人的标准，结合董事应有的业务能力下所应表现的谨慎、努力和专业，为实现公司利益最大化而行事。② 根据上述理论，董事履职以公司及股东的利益为核心，除非存在契约或侵权行为，董事对公司债权人不负任何义务。在正常经营情况下，公司(公司股东)和债权人的利益是一致的，公司的偿债资产相对充足，债权人可据合同向公司主张利益，即使公司从事高风险经营行为对债权人利益的影响也不大。但在公司濒临或已经破产时，前述正常经营情况下的分析显然未必成立，董事是否应只坚持对公司及股东负责值得质疑。经实践，如美国众多州法院已在判例中对信义内容进行修正，即要求董事在公司破产时不能忽视债权人的利益。

(二)风险理论：破产时债权人是公司经营风险的主要承担者

风险理论基于市场运行的经济规律，认为风险负担的高低与收益的多少成正比。在公司正常经营时，财务状况正常，偿债风险较低，董事主要利用股东投入的资本进行经营，而公司盈利直接影响公司利润即股东分红，此时股东是公司经营风险的主要承担者，董事履职应首先考虑公司股东的利益；在公司濒临或已经破产时，公司财务状况恶化，具有机会主义倾向，股东和董事都存在高风险投资的冲动，而结果往往加重公司债务，减损公司资产，影响债权人受偿，此时债权人是公司经营风险的主要承担者，董事应着重关注债权人的利益。

(三)利益相关者理论：债权人是董事决策时应考虑的利益相关者

利益相关者理论起源于股东“恶意收购”对公司的其他利益相关者所造成的实际损害，其从诞生的源头就与企业的社会责任联系在一起，③ 要

① 参见施天涛：《公司法论》(第三版)，法律出版社 2014 年版，第 393 页。

② 参见李建伟：《公司法学》，中国人民法学出版社 2008 年版，第 442 页。

③ 事实上，我国《公司法》第 5 条早已体现了该理念，要求公司从事经营活动须承担社会责任，但实践操作并没有取得实质突破。就我国而言，这种考虑利益相关者利益的理论建设仍是空中楼阁，但探讨公司破产情况下董事对债权人的个人责任不失为一个突破口。

求董事在经营过程中追求公司(公司股东)利益最大化的同时兼顾其他利益相关者的权益。该理论认为，公司是一种效率性契约组织，是各生产要素所有者为了各自的目的通过契约连接起来的关系网络，公司经营与权力配置结构包含股东、债权人、员工等所有利害关系者在内，他们都应当参与公司治理。① 目前，利益相关者的定义尚无一致定论,② 但不论如何，广义和狭义的定义都将债权人归属于利益相关者，要求董事在作出经营决策时，必须考虑债权人的利益。具体到公司破产的场合，如果董事所作商业决策的预期收益低于公司进入破产程序后债权人所获清偿数额，则这一决策行为是值得商榷的。

(四)公司财务理论：董事应对同为投资人的债权人承担受托义务

公司财务理论的基点在于公司资本的构成。该理论从经济学的角度观察公司股东和公司债权人对公司的经济贡献，认为公司资本分为股东投入的“自有资本”和债权人投入的“债务资本”两部分,③ 股东与债权人在本质上都是通过对公司进行投资而获益的人,④ 因而两者对公司的贡献和意义是相同的。⑤ 在此意义上，公司董事应当同时对股东和债权人承担受托义务。⑥ 董事在进行经营决策时，应当考虑债权人的利益，而非片面地追

---

① 参见张民安:《公司债权人的法律保护》，法律出版社 2000 年版，第 269 页。

② 如广义的定义为，凡能被公司活动影响或影响公司活动者都是利益相关者，包括公司内部的股东、董事会、高管和雇员以及公司外部的债权人、客户、消费者、供应商、政府等。还有学者在前述定义的前提下，排除了政府部门、社会组织等相关组织。狭义的定义为，只有向公司投入了资产的主体才是利益相关者。参见赵万一:《商法基本问题研究》，法律出版社 2013 年版，第 70 页。

③ 参见理查德·波斯纳:《法律的经济分析(下册)》，蒋兆康译，中国大百科全书版社 1997 年版，第 398 页。

④ 参见张民安:《公司法上的利益平衡》，北京大学出版社 2003 年版，第 113 页。

⑤ 参见张民安:《公司法上的利益平衡》，北京大学出版社 2003 年版，第 113 页。

⑥ A. H. Barkey, The Financial Articulation of Fiduciary Duty to Bondholders with Fiduciary Duties to Stockholders of the Corporation, (1986) Creighton Law Review. 转引自张民安:《公司法上的利益平衡》，北京大学出版社 2003 年版，第 113 页。

求公司股东利益最大化。

三、我国公司破产时董事对债权人责任之规则缺位

(一) 董事对债权人责任之一般规定

《民法典》关于公司权利义务的规定主要在《民法典》总则编第三章第一节中，其中并没有关于公司董事对债权人责任的一般规定。从法律发展脉络来看，从《民法通则》到《民法典》，我国对公司一以贯之地采用了法人机关理论。《民法通则》第 43 条规定，企业法人对其法定代表人和工作人员的经营活动承担民事责任。根据《民法典》总则编第 57 条、第 61 条，法人是独立享有民事权利、承担民事义务的组织，承担由其法定代表人以法人名义进行民事活动的法律后果。因此，至少在现阶段，我国民法认为在对外关系上，董事的机关成员身份被公司所吸收，其以公司名义履职造成的损害由公司承担，董事没有独立对外承担法律责任的能力。

虽然我国《公司法》在总则部分明确规定公司应当考虑公司债权人的利益，但具体法条的运用却无法真正贯彻这一立法价值取向。依据《公司法》第 46 条，董事的职权包括决定公司的经营计划和投资方案，即便在公司濒临破产或事实破产时，此项职权亦不变，董事是公司经营的实质最高决策者。虽然《公司法》第 147 条和第 149 条都对董事的权利作出了一定的限制，但在公司濒临或已然破产而董事侵害债权人利益的问题上仍无能为力。第 147 条明确规定了董事对公司负有忠实义务和勤勉义务，但仍遵循了传统公司法理论，认为该义务规则的受益者为公司，与公司债权人无关；第 149 条明确指出董事应对损害公司的行为予以赔偿，前提是违反法律、行政法规或公司章程，但董事投资高风险高收益项目以竭力解决公司财务危机并拖延公司破产的行为通常不会违反前述规定，反而与股东的需求相契合。因此，我国《公司法》主要规制的是董事损害公司内部利益相关者行为的责任，而缺乏董事对公司债权人责任的规则。

目前，我国法律关于公司董事、监事及高管对债权人责任的明确规定主要存在于《证券法》中。《证券法》第 85 条明确规定了董事对债权人承担责任的具体事由、承担责任的方式、主观要件等。但《证券法》规制的对象主要是上市公司，对于非上市公司的债权人的利益保护则无能为力，对

本文所探讨的董事个人责任规制有限。

（二）破产情形董事对债权人之责任

1. 董事导致公司破产时对债权人之责任

《企业破产法》第 125 条规定，董事、监事及高管违反忠实义务和勤勉义务致使企业破产的，须承担民事责任。对该条文所包含的责任对象范围，大部分学者认为，该条的责任对象为公司本身；① 小部分学者则认为，该条的责任对象包括公司股东、债权人和第三人，② 其理由在于：如果将董事责任限于公司内部，破产法再次规定则有立法重复之嫌。③ 本文认为，该条的责任对象仅指企业本身。从文义解释的角度来看，该条规制的责任主体是董事、监事及高管，责任对象是公司本身，责任原因在于高管违反忠实义务和勤勉义务导致公司破产，实质表述的仍然是传统公司法中董事对公司的信义义务，因而很难直接得出董事的信义义务对象包括债权人的结论。从体系解释的角度来看，《企业破产法》第 125 条更像是对《公司法》第 147 条董事的忠实义务和勤勉义务的重申，并未创设新的法律内涵。

2. 董事破产申请义务

《企业破产法》第 7 条规定，债务人可以向人民法院提出重整、和解或者破产清算申请。“可以”一词意味着破产申请是债务人的一项权利而非义务，并且该条款也未赋予董事破产申请的权利。而如前所述，股东往往怠于启动破产程序，不愿失去对股东出资和公司的控制。但关于董事的破产申请义务，这在我国法上是没有明确规定的，至于董事迟延申请破产的责任，我国法更无直接规定，虽然有学者认为进行较为宽泛的解释，

---

① 参见安建主编：《中华人民共和国企业破产法释义》，法律出版社 2006 年版，第 175 页。

② 参见付翠英：《简论破产民事责任》，载《浙江工商大学学报》2008 年第 1 期。

③ 参见郭丁铭：《公司破产与董事对债权人的义务和责任》，载《上海财经大学学报》2014 年第 2 期。

《公司法》第 150 条可以成为债权人寻求救济的依据，[①] 但该条损害赔偿之诉的要件是否具备却不是容易证明的。

3. 破产时董事对债权人之忠实与勤勉义务

《企业破产法》第 128 条规定，对于债务人实施的偏颇清偿和狭义的破产欺诈行为，债权人有权予以撤销。本文认为，该条规定与董事对债权人的个人责任并无直接联系。从救济目标来看，破产撤销权寻求的是全体债权人的公平受偿，而董事对债权人的个人责任在于债权人的利益受到损害时，能从董事处得到赔偿；从救济方式来看，破产撤销权是一种事后救济手段，在于恢复债务人财产的完整性，而董事对债权人的个人责任可以贯穿董事作出经营决策的全过程。另外，该条规定的仅仅是债务人的特定行为，但如对个别债权人进行清偿的行为却并不违反董事对债权人的信义义务，因此两者虽有交叉，但整体上应当是两个独立的法律制度。

另外，《公司法》司法解释的相关规定也与《企业破产法》存在规则理念上的冲突。依据《最高人民法院关于适用〈中华人民共和国公司法〉若干问题的规定(三)》(以下简称《公司法司法解释三》)第 13 条、第 14 条，未充分履行出资义务的股东和对股东抽逃出资负有责任的董事，须向债权人承担连带赔偿责任。而在公司进入破产清算程序后，股东因未履行出资义务形成的债权属于公司的责任财产，如果允许董事对个别债权人进行清偿，则对其他债权人有失公允。虽然《企业破产法》第 31 条明确规定了禁止个别清偿规则，但对于经过诉讼、仲裁、执行程序的个别清偿不予撤销，因此在实践中，公司债权人往往通过《公司法司法解释三》的上述规定来得到有限清偿，这意味着公司正常经营期间的公司资本与公司濒临或事实破产的责任财产缺乏清晰的衔接规则。

总体来说，在公司破产时，董事对债权人的信义义务仍然存在空白。

(三)董事致损时的侵权责任救济

在无法运用《企业破产法》《公司法》对相关债权人进行救济的情况下，是否可以适用《民法典》侵权责任编的相关内容也存在疑问。《民法典》第

① 参见许德风：《破产法论——解释与功能比较的视角》，北京大学出版社 2015 年版，第 113～120 页。

1165 条第 1 款规定，行为人对因过错侵害他人民事权益造成的损害，依法承担侵权责任。问题就在于很难认定董事客观上损害债权人利益的行为具有主观恶意。在公司破产时，董事不停止经营甚至激进地进行高风险经营的行为往往是为了公司股东的利益，尤其在股东有限责任制度和公司独立人格制度的“保驾护航”下，这种行为往往成为一种必然，也就不可避免地增加了债权人能实际受偿的风险。而由于难以认定董事的主观恶意，公司债权人也难以援引《民法典》侵权责任编的相关规定从董事处得到赔偿。

四、公司破产时董事对债权人责任规制之模式选择

(一)公司破产时董事对债权人责任规制之实践模式

为了保护在破产中处于弱势地位的公司债权人，西方多数国家和地区都规定了董事对债权人负有特定的义务或责任。大陆法系以德国、日本为典型，英美法系则以英国、美国为典型。

1. 德国：破产申请与防止破产财产减少义务

德国关于董事对债权人的义务主要有破产申请和防止破产财产减少两种。关于破产申请义务，德国破产法规定，法人支付不能或债务超过时，代表机关的成员或清算人有义务立即提出破产申请，至迟应当在支付不能或债务超过发生后 3 周内提出。[①] 董事必须履行上述强制性法定义务，公司章程不得对此作出限制，董事也不因股东、债权人等的同意而免责，其中 3 周期限是法定期限，不得延长。董事违反此项义务需要以其个人财产承担相应责任，拖延破产申请还须补偿或自行支付债权人的程序费用预付款。[②] 关于防止破产财产减少义务，德国法上规定了有限公司的法定代表机关(地位相当于董事会)就支付不能或债务超过确定后进行的支付对公司承担赔偿责任。[③] 该义务事实上属于传统公司法中的忠实与勤勉义务，

---

① 参见《德国破产法》第 15a 条。

② 参见《德国民法典》第 823 条第 2 款，《德国破产法》第 26 条第 3 款、第 4 款。

③ 参见《德国有限公司法》第 64 条和《德国股份法》第 93 条。

其目的在于保护破产财产以供债权人分配。该义务要求董事的支付行为应当是在全面搜集相关信息后审慎作出的决策，如果该支付不存在过错，则董事不需要承担赔偿责任。但是，虽然违反该项义务的损害赔偿请求权由破产管理人行使，但本质上仍属于公司而非股东。

2. 日本：董事对债权人承担法定责任

日本法着重规制董事在破产程序前的相关行为，而且有条款明确规定了董事、执行官等高级管理人员的责任事由和主观条件。① 如此规定的理论基础在于：公司债权人之所以与公司签订债权债务合同，是基于对公司经营者即董事的信任，因此董事需要对债权人承担相关责任。虽然有少数学者认为这是董事对第三人的侵权责任，但日本学界的通说认为这是法定责任，区别于侵权责任。只要董事等高管对职务履行存在主观恶意或重大过失，即便其就第三人的权利侵害没有故意或过失，未满足一般侵权行为责任的要件，也须承担赔偿责任。② 并且，只要董事的故意、重大过失行为给债权人的利益造成损害，无论属于直接损害还是间接损害，董事都必须承担相应责任。

3. 英国：不当交易型责任

英国法律中有关破产公司董事对债权人责任的规定主要存在于英国1986年《破产法》中。该法第213条规定了欺诈性交易，如果管理人发现公司在破产之前进行了故意欺诈债权人的欺骗性“不诚实”的经营行为，那么与公司相关的利益者如债权人、出资人等有权利向法院申请相关董事承担无限清偿责任。③ 该法第214条规定了不当交易条款，如果董事明知公司最终将会进入破产程序，仍然继续经营而不及时申报破产，那么在公司进入破产清算程序时，法院可以根据破产相关人员的申请，判令董事对公司的损失进行赔偿，间接弥补债权人的损失。在“不当交易型”责任的举

① 参见《日本公司法》第429条。

② 参见郭丁铭：《公司破产与董事对债权人的义务和责任》，载《上海财经大学学报》2014年第2期。

③ 参见[英]费奥纳·托米：《英国公司和个人破产法》，汤维建、刘静译，北京大学出版社2010年版，第365页。

证责任上，清算人需要证明在破产程序开始前，董事已经明知或应知公司最终将进入破产程序的可能性，而董事则可以自己穷尽了一切合理措施以保障债权人利益来抗辩。另外，英国实务中没有专门的“不当交易型诉讼”，该责任的诉权由破产清算人享有，与德国模式相同，这意味着公司债权人仅仅是最终的受益方而非法律上的权利者。有学者认为，“不当交易型”责任加重了公司董事的责任，可能会导致本可以避免的不必要的破产，因而不能明确引导董事挽救公司，反而在诉讼中加重法院的负累。①

4. 美国：忠实勤勉义务和破产申请义务

美国各州在司法实践中确定了董事对债权人的忠实勤勉义务和破产申请义务，与德国规制公司破产后董事的行为不同，美国所规定的义务贯穿公司破产前后的全过程。长期以来，美国基于信托原理，认为在公司破产时，董事的受托义务对象由公司股东转化为公司债权人，董事对股东和债权人都负有忠实注意义务，债权人甚至可以基于该义务直接起诉不当履职的董事。但自 2004 年 Production Resources Group，L. L. C. v. NCT Group，Inc 案起，实务中的主流观点逐渐演变为不认可董事对债权人负有直接的信义义务，而是通过对公司的信义义务间接地对债权人进行保护②，债权人则有权对违反公司信义义务的董事提起派生诉讼。这种诉讼类似于股东对董事提起的派生诉讼，须以公司的名义进行，即该项诉讼权属于公司，所获赔款属于公司财产，由全体债权人按比例受偿，而不能直接对个别债权人进行清偿。该案在认可董事对债权人义务的前提下还对董事责任作出了限制，认为债权人必须能够证明董事存在严重过失，才能认定董事违反了信义义务。美国破产法并未明确规定强制债务人申请破产的义务，而是在司法判例中通过确立加深破产原则倒逼董事主动申请破产。根据加深破产原则，如果在公司濒临破产时，董事没有及时申请破产，而是继续不当地进行经营来加深公司的破产程度，债权人可以据此追究其赔偿责任，因

① 参见李飞：《反常诱因与不法交易模式归责：比较法观察与中国大陆地区破产法的完善方向》，载《澳门法学》2013 年第 4 期。

② 该案认为，董事对公司负有信义义务，当公司支付不能或资不抵债时，公司剩余资产的权利人由公司股东转变为公司债权人，债权人有权对违反公司信义义务的董事提起派生诉讼。参见郭丁铭：《公司破产与董事对债权人的义务和责任》，载《上海财经大学学报》2014 年第 2 期。

而可以间接视作董事具有申请破产的义务。[①] 总体来说，美国在立法价值上更倾向于保护债务人的权益，对于董事责任的态度较为保守。

(二)我国公司破产时董事对债权人责任规制模式之选择

1. 以全程规制模式完善公司破产时董事对债权人责任

我国公司董事对债权人责任规则是完全缺失的，由于现行法将董事责任局限于公司及股东内部，即使是如忠实义务及勤勉义务等本来具有弹性的规定，也无法为因董事不当行为而受到损害的外部债权人提供救济。从两大法系关于公司破产时董事对债权人责任规制之实践模式可以发现，各国在解决该问题时各有侧重，如日本采取的是典型的前端模式，明定董事在公司破产前实施的行为导致公司破产必须对债权人负赔偿责任；而同为大陆法系的德国却采取截然相反的模式，即着眼于后端，规定公司破产后董事对债权人的破产申请义务和破产财产减少防止义务；而商事创新极为活跃的美国采取的则是全程模式，对于破产前后的董事义务两不偏废，既关注破产后董事对债权人的破产申请义务、忠实义务和审慎义务，也关注破产前的忠实义务和审慎义务。而我国现行法既无关于董事对债权人义务与责任一般规定，也无关于公司破产前后董事对债权人责任特殊规定，更难以为债权人提供直接的侵权救济。在比较上述域外典型的董事责任制度以后，本文认为应当兼采各家之长，以美国的全程规制模式为主，同时考虑借鉴德国法上的董事破产申请义务，即在公司濒临破产时要求董事审慎经营，规范董事的不当履职行为；在公司已无挽救可能时，董事必须立即向法院申请破产；在董事违反上述义务情况下必须承担相应责任。

2. 赋予董事公司破产申请义务

如上文分析，我国《企业破产法》仅规定债务人享有破产申请的权利，而无破产申请的强制性法定义务，也未明确规定可以代表债务人提出破产申请的主体。根据《公司法》关于股东大会和董事会职权的规定，债务人

① 参见冯果、柴瑞娟：《论董事对公司债权人的责任》，载《国家检察官学院学报》2007 年第 1 期。

的破产申请应经过董事会决议并取得公司股东大会的认可，而董事会和股东大会并不存在决议公司破产的积极性。① 在公司濒临或已经破产时，董事是否应只坚持对公司及股东负责值得置疑。首先，企业在濒临或事实破产时，其资产的实质所有者为公司债权人。除去破产费用、共益债务、职工工资、欠缴税款等，公司剩余资产才由各债权人按比例受偿，最终获偿数额远低于当初合同约定的利益。此时公司的利益已经转化为债权人的利益，董事信义义务规则的受益者应当发生转变。其次，当公司出现严重经营困难时，公司股东和债权人的风险偏好及利益需求也截然相反。公司发生财务危机，亏损的首先是股东投入公司的资本，因此股东往往不计后果地寻求摆脱困境的方法，更倾向于选择高风险高收益的项目，欲“置之死地而后生”，即使失败，失去的也仅是早已不属于自己而投入公司的资本。而债权人的收益由合同固定，投资收益的多寡与债权人无直接联系，但若投资失败损害到公司资产，则会最终损及债权人的利益，因此债权人更青睐于保守保值的投资项目。再者，股东和债权人对于破产程序的态度也完全不同。由于破产程序启动后股东会丧失对公司资产的控制权，股东一般不愿意主动申请破产；而债权人则更希望公司能尽快进入破产程序，把公司现有资产固定下来，防止资产进一步散失，降低债权实现的风险。② 另外，由于信息的不对称，股东受到信息优势的不当激励，往往通过直接隐匿、转移财产的方式攫取公司财产，债权人地位更为弱势。在这种情况下，有必要规定董事对债务人的义务，以平衡董事、公司(公司股东)、债权人三者之间的利益。实践中，美国众多州法院已经在判例中对董事的信义义务内容进行了修正，③ 要求董事在公司破产时应考虑债权人的利益，履职目标由实现公司资产增加转为公司资产保值以供债权人最终

---

① 参见张亚楠：《完善我国破产保护制度的若干思考》，载《政治与法律》2015年第2期。

② 参见郭丁铭：《公司破产与董事对债权人的义务和责任》，载《上海财经大学学报》2014年第2期。

③ 如1824年Wood v. Dummer案，斯托里法官认为：“董事信义义务的对象，是董事所受托管理的信托基金的真正所有权人。当公司总资产少于公司总负债时，在没有合理理由相信公司在较长时间内扭亏为盈的情况下，公司的资产不再属于股东而实质转化为债权人交与董事管理的信托基金。”参见朱圆：《论美国公司法中董事对债权人的信义义务》，载《法学》2011年第10期。

分配。最后，不能忽视该义务的性质应与德国法的规定相同，即是一项法定义务，公司章程不得作出限制性规定，也不得经股东、董事、债权人等主体的认可而免除。

3. 确立董事对债权人责任具体制度

无论是董事破产前的忠实义务、审慎义务，还是破产后的申请义务、忠实义务、审慎义务，当董事违反时都应有明晰的具体责任，如此前述规制模式方能发挥实效。而探讨董事对债权人责任虽然直接关注的是两方当事人的法律关系，但由于涉及公司治理、公司法人独立及股东有限责任等诸多内容，涉及多方利益相关者，因此其责任制度的建立就显得更加特殊和复杂。后文将讨论在董事对债权人责任制度具体构建中，董事对债权人责任性质、归责原则、诉讼方式及责任形式等学理上争议较大的问题。

五、董事对债权人责任制度具体构建

（一）董事对债权人责任之性质：侵权责任

董事责任的性质是董事对债权人责任制度的先决性内容，性质界定的不同意味着归责原则、举证责任甚至免责事由的不同。

我国大多数学者持法定责任说的观点①，认为董事与债权人之间没有直接的法律关系，应当将董事对债权人的责任视为由特定的法律事实所引起的法律责任。② 传统民法上的责任包括合同责任、缔约过失责任和侵权责任三种，由于董事与债权人之间不存在合同关系，更没有缔结合同的意愿，因而不能为前两种责任所囊括；由于董事和债权人之间不存在直接的法律关系，难以证明侵权行为与损害结果之间的因果关系，故也难以寻求侵权责任法的保护。这时，运用国家立法权直接让董事对债权人承担责

① 参见王保树：《股份有限公司的董事与董事会》，载《外国法译评》1994 年第 1 期；刘俊海：《股份有限公司股东权的保护》，法律出版社 1997 年版，第 265 页。

② 参见任自力、曹文泽：《论公司董事责任的限制》，载《法学家》2007 年第 5 期。

任，无疑最省时省力，也体现了国家管控经济运行的职能。但这种学说粗暴地回避了公司运行过程中错综复杂的社会关系，未能理解董事与债权人之间法律关系的实质，对法律责任性质的深入研究无益。

另有职业责任说认为，董事是公司的实质经营者和管理者，债权人基于对公司经营管理者专业能力的信任才与其进行交易，债权人可基于此种对专家的信任对董事的不当履职行为所导致的损害要求赔偿。① 至于董事的信义义务仅针对公司内部，与公司外部的债权人无直接联系，因而债权人无法援用。持这种观点的学者认为，职业责任说很好地解决了侵权责任说中因果关系举证困难问题，更有利于保护债权人的权利。但本文认为，这种理论出现的原因很大程度上是为了回避侵权责任中因果关系的举证论证问题，但其忽略了侵权责任中的举证责任倒置规则，如果将举证责任倒置为董事承担，则能够基本解决持该学说者所担心的问题。另外，职业责任说非三种基本民事责任中的任一种，虽然具有一定的理论价值，而且似乎从经营者对企业破产的责任是企业法或者公司法关于经营者义务在破产法上的延伸看来，② 职业责任说也说得通，但在既有法律制度能解决现有问题的前提下，创设另外一种独立的责任制度完全没有必要，且浪费司法资源。

本文赞成世界各国和地区所普遍所采取的侵权责任说。③ 该说对董事责任符合侵权责任的四要件进行了证成：第一，侵权行为。该说认为，董事实施的积极行为，如藏匿转移公司资产、投资高风险项目，以及消极的不作为，如不及时向法院提出破产申请，都属于侵权行为。第二，损害事实。在企业濒临或已经破产时，董事从事上述行为，都会影响公司剩余资产，进而影响到债权人的利益，如果董事在进行经营决策时未考虑债权人的利益最终使债权人受偿数额贬损的，明显损害了债权人的财产权益。第三，因果关系。如前所述，公司在破产临界点时，董事的信义义务受益对象已经转化为债权人，因此董事的不当履职行为与债权人的利益贬损存在

① 参见龙芜琼：《公司濒临破产时董事对债权人的信义义务研究》，华中师范大学 2018 年硕士学位论文。

② 参见韩长印：《经营者个人对企业破产的责任》，载《法学评论》2003 年第 1 期。

③ 参见张士君：《破产企业高管对债权人损害赔偿的个人责任研究》，载《中国政法大学学报》2019 年第 5 期。

因果关系。第四，主观过错。该说认为，董事作为公司的主要经营者和管理者，应当具有一个专业的商业决策者所应有的专业素养和业务能力，理应审慎决策，如果其明知或应知该决策行为最终会损害债权人的利益，则其存在主观恶意。另外，从侵权责任本身的特点来说，其不存在合同责任中责任双方须为合同相对人的限制，且其对于财产损害的赔偿方式一般是补足填平受害者的损失，更有利于保护对债权清偿具有强烈意愿的公司债权人。从商法本身的特点来说，其具有普世性、国际性，采取侵权责任说与世界商法潮流相契合，也有更多的例子可供借鉴学习。

(二)董事对债权人责任之归责原则：过错推定

理论上对于董事违反对债权人的信义义务之责任的归责原则主要有以下四种：一是认为应当采取无过错原则。该理论认为无论董事的不当履职行为是否存在过错，只要该行为最终导致债权人利益受损，就应该承担赔偿责任。该观点的主要论据在于：严格的无过错原则可以迫使董事在进行经营决策时充分考虑到债权人的利益，提供决策的警惕性，最大限度地避免债权人利益受损情况的发生。由于这种归责原则过为严苛，而董事本身也只是能力和经验有限的自然人，受限于当时的职业水平，出现错误的经营决策不可避免，因而支持者极少。二是认为应当采取过错责任原则。该说认为，只要董事具备一个商业决策者的职业素养，在充分收集信息并考虑债权人利益的情况下作出决策，即便最后结果导致债权人利益受损，只要其不存在过错就不应承担赔偿责任。三是认为应当采取过错推定原则。该说在诉讼程序中把原本应让债权人承担的举证责任倒置给董事承担，除非董事有充分的证据证明自己在作出经营决策时已充分考虑债权人的利益，否则只要债权人的利益受损，董事就被推定为存在过错，即违反了对债权人的信义义务，需要承担赔偿责任。该说充分考虑到了公司董事和债权人之间的信息不对称的情况，相较于过错责任原则，更有利于保护债权人的利益。四是公平责任原则。该说认为，董事对债权人的责任属于公平责任，如果客观上确因董事的履职行为导致债权人利益的损失，而这时董事不承担部分责任有违公平的话，就需要承担相应责任。

本文认可采取过错推定原则。虽然目前各国基本上都将过错作为董事对公司债权人责任的构成要件，但国外渐渐有采取过错推定责任原则的趋势。[1] 这种原则的优点很明显，其既考虑到董事享有信息优势的客观情况，也认识到董事的职业能力有限，能更好地平衡董事、公司(公司股东)、债权人三者之间的利益。至于其他原则都有令人弃之不取的缺点，其中无过错责任原则对董事过于严苛，过分干扰了商业活动，如果采用这种归责原则，可能导致董事在商业决策上畏首畏尾，倾向于保守稳定的投资项目，对公司资产的增长无益，也与公司建立最初的目的背道而驰，甚至导致无人愿担任董事的职责。就过错责任原则而言，其忽略了债权人作为公司外部人员难以及时获取到公司真实财务信息的客观情况，对债权人的保护程度有限。公平责任原则作为一种特殊的归责原则，在我国的适用一直存在严格的限制：仅适用于无行为能力人和限制行为能力人之人身损害以及紧急避险的情形。[2] 在法律无明确规定的情况下，任意扩大公平责任的适用原则并不合理。

(三)董事对债权人责任之诉讼方式：直接诉讼

理论界和实务界对于董事不当履职行为损害债权人利益时，债权人是否可以作为原告直接对董事提起侵权损害赔偿诉讼持不同的观点，主要存在以下两类：

一是采取派生诉讼模式。在这种模式下，原始诉讼权的所有人是公司而非债权人，债权人是以公司的名义代表公司进行诉讼，最终的裁判结果由公司承担。这也是大多数国家和地区所采取的诉讼模式。采取这种模式的理由在于：公司是董事不当履职行为的直接受害者，根据公司法和侵权责任法的相关规定，公司拥有原始诉权。采取这种模式还有利于其他利益相关者督促公司董事的履职行为。值得一提的是，与我国的股东派生诉讼制度类似，部分国家和地区还规定了债权人派生诉讼制度的前置程序——穷尽公司内部救济，即在以公司名义向董事提起诉讼前，债权人必须先请求公司董事会、监事会等机关要求相关董事承担责任，只有在上述机关拒

---

① 如《日本公司法》第 429 条第 2 款、《德国股份法》第 93 条第 2 款等。参见王长华：《论董事对公司债权人责任的适用条件》，载《公司法律评论》2016 年卷。

② 参见甘培忠、赵文贵：《论破产法上债务人高管人员民事责任的追究》，载《政法论坛》2008 年第 2 期。

绝或逾期不予回复时，债权人才可以向相关董事提起诉讼。①

二是直接诉讼模式。该模式基于信托理论和董事的信义义务理论，认为在公司处于破产临界时，公司剩余资产的实际所有人为公司债权人，因此债权人在自己的财产受到损害时，有权直接向作出违法行为的董事提起诉讼。在破产程序中，明确在管理人不代表债权人提起诉讼的情况下，应赋予个别债权人起诉的权利。②

本文认可直接诉讼模式。采取派生诉讼模式的学者反对直接诉讼模式的主要理由在于：董事的不当履职行为与债权人的利益受损没有直接关系。这种观点在信托理论和董事信义义务理论下已不攻自破。更重要的是，由于董事是公司的主要决策者，让公司要求董事承担责任以维护债权人利益的可能性不大，派生诉讼的前置模式并无实际意义，反而拖累了诉讼的进程。

（四）董事对债权人责任之形式：补充责任

根据《民法典》侵权责任编的相关规定，因董事不当履职行为造成债权人利益受损的责任承担方式主要有两种：一是停止侵害；二是损害赔偿。学界有争议的在于后者，主要有连带责任与补充责任之争。根据连带责任说，债权人可同时或单独要求公司和董事承担损害赔偿责任，董事不享有先诉抗辩权，这也是目前大多数国家和地区所采纳的观点。③ 根据补充责任说，债权人只有在已经要求公司承担损害赔偿责任，且公司拒绝或客观上无法足额赔偿时，债权人才可以向董事要求承担相应责任，董事享有先诉抗辩权。

本文认为，采取补充责任说更符合我国实际情况。一方面，就董事来说，连带责任对董事过分苛责。董事作为公司的主要经营管理人员，专业素养和职业能力有限，在作出商业决策时本身就承担了很大的风险，如果要求董事承担连带责任，其结果与采取无过错责任原则无异。就算是对采

---

① 参见胡晓静：《公司破产时董事对债权人责任制度的构建——以德国法为借鉴》，载《社会科学战线》2017年第11期。

② 参见金春：《破产企业董事对债权人责任的制度构建》，载《法律适用》2020年第17期。

③ 参见冯果、柴瑞娟：《论董事对公司债权人的责任》，载《国家检察官学院学报》2007年第1期。

取了连带责任说的英美法系国家来说，其也建立起了完善的董事责任限制制度、保险制度等，以避免董事负担过重的责任；另一方面，对债权人来说，债权人也更倾向于选择偿债能力更佳的公司来获得清偿。

论出租人破产时待履行租赁合同的处理规则

杨晓洋*

内容提要：《企业破产法》规定管理人对待履行合同享有解除权，但未限制其对特殊合同的适用。《民法典》对租赁合同的特殊保护与破产法追求最大限度保护债权人公平受偿的目的存在冲突，此时对管理人的合同解除权应当给予一定限制。鉴于不同租赁目的中承租人利益存在较大差别，在限制管理人行使解除权时，也应当根据租赁目的进行适当区分。在管理人解除合同后，承租人对债务人同时享有恢复原状请求权和损害赔偿请求权，但二者的处理规则不同，在破产程序中清偿的顺序也有差异。另外，在管理人对租赁物进行拍卖变现时，基于破产财产最大化的考虑，承租人优先购买权应受到严格限制。

"买卖不破租赁"的规则由来已久，且为大多数国家的民事立法所认可。在我国，其相关规定可见于《中华人民共和国民法典》(以下简称《民法典》)第725条，即"租赁物在承租人按照租赁合同占有期限内发生所有权变动的，不影响租赁合同的效力"。然而，这一规则并未在《中华人民共和国企业破产法》(以下简称《企业破产法》)中得到体现，尤其是《企业破产法》第18条赋予管理人对待履行合同享有解除或继续履行的选择权，这使得在租赁过程中，一旦出租人陷入破产，待履行的租赁合同便因管理人依《企业破产法》享有的强大选择权而面临落空的现实风险。在破产程序中，虽然管理人被赋予待履行合同解除权的正当性毋庸置疑，但我国《企业破产法》第18条的条文内容却过于简单，由此便导致了实践与《民

* 杨晓洋，武汉大学法学院2019级民商法硕士研究生。

法典》相关规定的冲突，条文的背后折射出我国一般民事活动与破产程序中倾向保护的利益主体有所不同。

一、破产程序中待履行租赁合同处置的利益冲突

(一)民事活动中倾向于保护承租人利益

在租赁关系中，承租人一般处于相对弱势地位，租赁关系是否稳定也对社会生产、生活有着重要影响，对此，我国《民法典》(包括原《合同法》)在租赁合同规定中一直强调保护承租人的利益。承租人利益可能涵盖生存、生活、生产等多个维度，根据租赁目的的不同，租赁关系可分为商业租赁与非商业租赁。其中，非商业租赁是指承租人租赁房屋用以居住、生活。对于非商业租赁的承租人而言，其租赁利益主要为生活安宁和免于产生搬家、高额租金等额外支出等。除居住用途外的租赁都可归为商业租赁，对商业租赁的承租人而言，其租赁利益主要为投资和生产经营利益，若租赁合同被提前解除，其对租赁物的装饰装修投资，以及因生产经营已经产生的位置、辨识利益和可得利益都可能受到损失。所以，租赁关系中的承租人一般更倾向于维持长期、稳定的租赁关系。

因此，为了保护承租人利益，尽可能维护租赁关系稳定，《民法典》对租赁物所有权的转让设置了限制条件。一是《民法典》第 725 条规定的“买卖不破租赁”规则，该规则保护承租人在租赁期内免于因租赁物所有权变动而丧失对租赁物的合法占有，避免遭受既有利益损失和产生不必要的支出。但同时，这一规则也将对租赁物的流转产生不利影响，包括影响出售速度和变现价值等。二是《民法典》第 726 条第 1 款规定的承租人优先购买权规则，该规则赋予承租人在同等条件下优先买受租赁物的权利，但其同时也限制了出租人选择租赁物买受人的权利。

(二)破产程序中倾向于保护全体债权人的利益

针对待履行合同，《企业破产法》赋予管理人合同解除权旨在通过管理人的理性判断和解除权的行使，让债务人破产财产最大化并减少负债，整体提高债权人的清偿比例，并尽可能让全体债权人公平受偿。依据《企业破产法》第 18 条，管理人对尚在合法租赁期内的租赁物可以有两种处

置路径：一是先解除租赁合同，清除租赁物上的租赁权，以完整的租赁物所有权进行变现出售，同时，承租人可以以解除合同的损害赔偿请求权申报债权。二是管理人选择继续履行租赁合同，租赁物将附带租赁权一同变现出售。相比第一种路径，第二种路径中债务人的破产财产将增加租赁物变现前的租金收入，破产债权也不会因此增加。但在实践中，对于设有租赁权的租赁物，其变现可能变得十分困难或其市场价值严重降低，① 所以，上述第一种处置路径更符合破产财产快速处置和实现价值最大化的目标。为了寻求破产财产最大化并整体提高债权清偿比例，管理人在实践中更倾向于解除原有租赁合同再出售租赁物。

一个高效的破产法应当与整个民法体系价值观保持相对一致，减少破产程序对既有经济、法律秩序的冲击。② 在待履行租赁合同的破产处置中，保护承租人生活、生产利益的目标与公平保护全体债权人得到最大程度清偿的目标之间存在冲突，无论是承租人的利益抑或是其他债权人的利益，我国立法都应予以兼顾衡量。

二、管理人对待履行租赁合同解除权的限制适用

为在出租人的破产程序中兼顾承租人的利益与全体债权人的利益，域外多限制管理人的解除权，我国学界对此问题则存在争论。

（一）待履行租赁合同解除权的比较法考察

多个国家的破产法对管理人待履行合同解除权或拒绝履行权给予特殊限制，谨以德国、美国、日本为例进行说明：

德国《支付不能法》第 108 条规定：“债务人关于房屋的使用租赁关系和收益租赁关系，以对支付不能财团具有效力的方式存在。”同时，该法第 111 条也规定：“破产管理人将债务人出租的不动产或房屋出售，买受

① 参见浙江省瑞安市人民法院(2017)浙 0381 民初 8400 号一审民事判决书：厂房是破产企业主要财产，若不解除租赁合同，破产财产变现难度加大，一旦破产财产不能变现，会损害到其他债权人利益，这显然违背了《企业破产法》关于“公平清理债权债务”的宗旨。

② 参见王欣新：《破产法理论与实务疑难问题研究》，中国法制出版社 2011 年版，179 页。

人取代债务人在租赁关系中的地位。"[①]由此可见，德国认为"买卖不破租赁"规则应当在破产程序中正常适用，管理人对租赁物的破产处置不应影响承租人的租赁权，换言之，管理人的合同解除权应让步于民法对于承租人利益的保护。

美国《破产法典》第365(h)条规定："管理人有权拒绝履行债务人是出租人的未到期的不动产租约，承租人可以选择以拒绝履行为由终止租约，从而搬出该不动产，并就其因租约被拒绝所遭受的损失主张债权；也可以选择保留其依据租约享有的权利继续占有并使用不动产。"这一规定表明，当出租人破产时，美国实际上把待履行租赁合同的解除权转授于承租人，承租人可以通过是否搬出租赁物而自主决定拒绝履行或继续履行，管理人的合同解除权因此受到极大限制。

日本《破产法》第53条和第56条也规定，管理人对于双方均未履行完各自义务的合同有解除合同、代为履行和请求对方继续履行的选择权，但在设定租赁权或其他使用收益权的合同的相对方已对其权利进行登记、登录，或有其他对抗第三人要件的情形下，管理人的上述选择权不适用。由此可看出，日本立法也认为出租人的破产不应影响租赁关系，管理人对待履行租赁合同的解除权受到限制，而且租赁将构成破产财产。[②]

(二)待履行租赁合同解除权限制适用的争论

目前法律及司法解释并未对《民法典》第725条与《企业破产法》第18条在实践中出现冲突时应当如何适用作出明确规制，关于管理人对待履行租赁合同解除权是否应当限制适用，学界存在一定争议。归纳起来，学界对此问题的观点可大致分为以下四种：

1. 管理人的合同解除权应让步于"买卖不破租赁"规则

支持该观点的学者认为，首先，租赁合同是在破产程序开始前签订的，破产规则尽管是一个相对独立的规则体系，但不应当对民法等其他规

---

① 参见李永军：《破产法——理论与规范研究》，中国政法大学出版社2013年版，第126页。

② 参见李永军：《破产法——理论与规范研究》，中国政法大学出版社2013年版，第126页。

则体系有过多的冲击和突破。其次，租赁物上所负担的租赁权不必然导致破产财产减少，租赁合同本身具有一定价值，也会持续产生租金收益。最后，合同的解除往往意味着承租人利益受到较大损害，这种损害是承租人不可预计、不应当承受的，为了保护对全体债权人相对较小的利益而侵害承租人的较大利益，有违利益平衡原则。①

2. 限制管理人单方强制解除租赁合同的权利

支持该观点的学者认为，在破产程序中，管理人对租赁合同的解除权应受到限制，其限制在于排除其单方面强制解除合同的权利，同时须尽可能适用“买卖不破租赁”规则。当出租人破产时，管理人可以与承租人协商并提出解除不动产租赁合同的提议，但若承租人不同意解除而选择继续履行时，管理人只能选择继续履行，无权单方面解除合同。但为了避免承租人滥用继续履行权或因继续履行造成较大经济损失，立法也应当对一些特殊情形给予例外规定，如因某个商铺承租人选择继续履行，导致商铺所在的整体不可分的租赁物变现受到严重影响，此时，管理人的合同解除权可不受限制。② 其理由为：第一，尊重合同法对租赁关系中承租人利益的保护，确保承租人对不动产的有效利用，这是出于我国鼓励长期投资、稳定收益预期的政策考量；第二，租赁合同继续履行可以使出租人获得租金收益，增加破产财产；第三，租赁合同的存续不会影响租赁物的转让，因此，处置租赁物时无需牺牲承租人的利益来赋予出租人合同解除权。③

3. 非涉及居住权保障或社会公共利益，破产管理人解除权不受限制

支持该观点的学者认为，当出租人破产时，只有涉及公民居住权保障或其他社会公共利益时，管理人的合同解除权才需要让步于民法对承租人的特别保护规则，除此以外，管理人的合同解除权不应受到限制。其理由如下：第一，基于社会公共政策与社会利益的考量，公民居住权作为一项

① 参见贺小电：《破产法原理与适用》，人民法院出版社 2012 年版，第 311 页。

② 参见王欣新、乔博娟：《论破产程序中未到期不动产租赁合同的处理方式》，载《法学杂志》2015 年第 3 期。

③ 参见兰晓为：《破产法上的待履行合同研究》，人民法院出版社 2012 年版，第 37 页。

基本人权应当得到优先保障，破产债权人的利益应让步于公民生存、生活利益；第二，在以营利为目的的商业租赁中，承租人的承租权作为一种商事债权实际上与其他破产债权并无本质上的区别，不应优先保护。①

4. 管理人的解除权应完全不受限制

持该观点的学者认为，在破产程序中，管理人对待履行租赁合同的解除权应正常行使，不受限制，合同法上的“买卖不破租赁”规则应当被限制适用。其理由为：第一，依据“上位法优于下位法，特别法优于普通法”的法律适用原则，破产法相对于合同法而言属于特别法，在具体规则发生冲突后，应当优先适用破产法的规则。第二，如果坚持适用“买卖不破租赁”规则，可能产生清偿不公平的风险。在众多破产债权人中，对于享有承租权的债权人而言，其利益将得到完全保护和清偿，但其他债权人的利益也许将受到进一步损害，这对其他债权人而言不公平。第三，承租人对租赁物的占有可能会阻碍租赁物的变现，从而导致破产程序推进困难。②

（三）管理人对待履行租赁合同解除权限制适用之厘定

诚然，合同自由与诚实信用都是民法上的原则，租赁合同一旦生效，合同当事人均需要依照双方自愿约定的合同事项及当事人权利义务履行合同，除法定或当事人明确约定的事由外，合同不得被随意解除。即便是在租赁期内租赁物的所有权发生变更，租赁合同的效力原则上亦不受影响。然而，在破产程序中，基于其追求社会利益的价值取向，若一项合同的履行抑或解除不仅涉及合同双方当事人的利益，还涉及其他多数人的利益时，从一定程度上对该合同予以突破也就被立法者所接受和允许，因而如前文所述，众多国家均通过破产法赋予了破产管理人对待履行合同的选择权。

---

① 参见陈本寒、陈超然：《破产管理人合同解除权限制问题研究》，载《烟台大学学报(哲学社会科学版)》2018 年第 3 期。

② 参见张华欣、关振刚：《浅析“买卖不破租赁”原则在破产案件中的适用——以某电力公司破产案为例》，载《第十二届“中部崛起法治论坛”论文汇编集》。

平衡和保护各方当事人的利益是我国民事立法的宗旨和价值尺度，①破产法旨在维护当事人之间利益的均衡。② 当前社会，商业行为在全社会已随处可见，租赁物用来保障承租人的生存、生活需要的传统特征已经被逐渐弱化，通过租赁标的物进行商业投资的行为已是常态。从租赁目的进行比较，通过租赁进行商业投资显然与通过租赁以满足生存、生活需要的债权之间存在着本质差别，前者是一种普通的商事债权，而后者则关系到承租人的生存与发展。因此，笔者赞同当出租人陷入破产时管理人对待履行租赁合同的处理应当区分商业租赁和非商业租赁而采取不同的做法的观点。具体而言，对于非商业租赁，承租人的利益主要为生存、生活利益，此类承租人绝大部分处于真正弱势地位，生存、生活利益与债权利益相比更为重要，我国立法应当对其进行倾斜保护。因此，我国应当限制管理人对非商业租赁的合同解除权。

在具体限制形式上，笔者认为可以参考前文所述美国破产法的规定，将解除合同的决定权转移至承租人，此时管理人行使待履行合同解除权应当以承租人同意解除该合同为前提，否则便不能解除合同，以尽可能与《民法典》中的"买卖不破租赁"规则相适应。应当指出的是，对于商业租赁，从用途本质上看，承租人租赁标的物的行为属于商业投资，此时承租权与普通商事债权并无区别。若对此类承租权给予优先保护，那么基于租赁而发生的商事债权能得到最大程度保护，该债权人的利益基本没有损失，但其他破产债权人的利益将受到严重影响，这一保护有悖于破产法的公平清偿原则。因此，对于商业租赁，管理人的合同解除权不应受到限制。

三、待履行租赁合同解除后承租人的救济方式

管理人解除待履行租赁合同后，根据《民法典》第 566 条规定，承租人有权请求出租人恢复原状，并有权请求赔偿损失。虽然恢复原状和赔偿损失都是对承租人利益损失的救济，但两者法律性质不同，以致其处理的

---

① 参见孟勤国：《物权二元结构论——中国物权制度的理论重构》，人民法院出版社 2002 年版，第 132 页。

② 参见吴传颐：《比较破产法》，商务印书馆 2013 年版，第 7 页。

法律规则也存在差异。前者是因合同解除产生的财产返还义务，如出租人返还承租人预付的租金以及可以分离的装饰装修添附；而后者是因合同被提前终止而产生的损害赔偿，如承租人改造装修租赁物的损失等。对于这两种损失的赔偿方式和处理规则，我国法律和司法解释都尚未对此进行规制，学界对此也存在较大争议。

(一)恢复原状请求权

承租人所享有的恢复原状请求权究竟归普通债权抑或是共益债权处理，学界对此存在争论。部分学者认为，恢复原状请求权应为共益债权，并提出以下几种解释路径：第一种解释路径认为，依据原《合同法》立法前后的主流观点，合同解除后双方当事人的相互返还系属不当得利的返还，又根据《企业破产法》第 42 条第 3 项规定，① 破产受理后发生的不当得利属于共益债务。② 因此，承租人恢复原状请求权属于共益债权。第二种解释路径认为，依据最新的主流观点，合同解除权行使后已经履行的债务并未消灭，而是转化为返还义务，此时合同双方的返还义务应当同时履行。据此，合同双方对己方的返还义务享有同时履行抗辩权，若出租人即债务人的返还义务不能及时履行，那么管理人解除该合同的目的则不能达成。因此，为了达到合同解除的效果，必须把承租人的恢复原状请求权作共益债权处理，在破产财产中优先清偿。③ 第三种解释路径认为，《企业破产法》第 18 条赋予管理人特殊的合同解除权，使债务人能免于履行对其不利的合同以及解除原合同来寻求订立更有利的合同，因此，对于被解除合同的承租人，必须给予其恢复原状请求权以共益债权的待遇。这与管理人决定继续履行合同时，将履行合同所产生债权作为共益债权处理是同样道理。④

在实践中，把剩余租期租金等财产返还作为共益债务处理是司法实务中的主流观点。最高人民法院在答复湖南省高级人民法院的复函中表明：

---

① 《企业破产法》第 42 条第 3 项：“人民法院受理破产申请后发生的下列债务，为共益债务：因债务人不当得利所产生的债务。”

② 参见许德风：《论破产中尚未履行完毕的合同》，载《法学家》2009 年第 6 期。

③ 参见李永军：《论破产管理人合同解除权的限制》，载《中国政法大学学报》2012 年第 6 期。

④ 参见刘颖：《反思〈破产法〉对合同的处理》，载《现代法学》2016 年第 3 期。

"租赁合同如判解除，则预付租金构成不当得利应依法返还，根据《企业破产法》第42条第3项的规定，该不当得利返还债务应作为共益债务，由破产企业财产中随时返还。"①在"文普华诉株洲千姿置业有限公司房屋租赁合同纠纷再审案"中②，湖南省高级人民法院也采纳最高人民法院上述观点，即认为"合同解除后，多收的剩余租期租金即构成不当得利，根据权利义务对等原则，出租人应予以返还。承租人不当得利的返还请求权有别于《企业破产法》第53条规定的损害赔偿请求权，不应当作普通债权对待"。

然而，另一部分学者认为，恢复原状请求权与共益债权的条件和目的不符，只能归于普通债权处理。首先，从共益债权的成立条件来看，依据《企业破产法》第42条第1项规定，③ 共益债权成立的时间条件为破产申请受理后，而出租人返还财产之债务显然不符合该条件。因为租赁合同已在破产申请前订立，出租人接受承租人预付租金等财产也在破产申请前，因此，出租人返还财产之债实质上已于破产申请前形成，与法律规定不符。从目的上看，继续履行的共益债权与解除合同所发生的返还债务并无相似之处。继续履行合同可以为债务人增加收益并且维持经营之必须，但解除合同的财产返还并非维持经营之需，并且又使得管理人返还债务人已受领的给付，这反而减少了债务人的财产。④ 所以，恢复原状义务并不能有益于全体债权人。合同相对人即承租人的恢复原状请求权只能作为普通债权处理。

笔者认为，承租人的返还财产请求权即恢复原状请求权应作为共益债权处理。首先，从产生原因来看，承租人的返还财产请求权没有违反共益债权成立的条件。虽然承租人请求返还的财产已于破产申请受理前交付，

---

① 参见《最高人民法院(2016)最高法民他93号答复函〈关于破产企业签订的未履行完毕的租赁合同纠纷法律适用问题的请示〉的答复意见》。

② 参见湖南省高级人民法院(2017)湘民再461号民事判决书。相似案件参考湖南省高级人民法院(2016)湘民终412号民事判决书；苍南县人民法院(2019)浙0327民初5276号民事判决书。

③ 《企业破产法》第42条第1项："人民法院受理破产申请后发生的下列债务，为共益债务：因管理人或者债务人请求对方当事人履行双方均未履行完毕的合同所产生的债务。"

④ 参见庄加园、段磊：《待履行合同解除权之反思》，载《清华法学》2019年第5期。

但其返还请求权系产生于管理人行使合同解除权后，即破产申请受理后。若管理人未选择解除合同，那么该请求权也不会产生，因此，该请求权符合共益债权的时间成立条件。其次，基于破产财产处置效率的考虑，把恢复原状请求权作为共益债权处理有利于推进破产财产清理。合同解除后，承租人与出租人互相负有恢复原状的义务，包括承租人须腾空和返还租赁物，出租人须返还预收租金等义务，当事人双方可享有同时履行抗辩权。若出租人须返还的财产不能及时予以清偿，那么承租人可同时拒绝腾空租赁物，这将使管理人解除合同的目的难以达成。因此，基于实际考虑，承租人的恢复原状请求权应作共益债权处理。

(二)损害赔偿请求权

根据《企业破产法》第 53 条①，解除合同所产生的损害赔偿请求权作为普通破产债权处理，在破产财产清偿顺序中处于最后顺位。但对于损害赔偿的数额如何确定，学界有不同见解。首先，当合同约定了违约金条款时，合同相对人能否以违约金作为请求损害赔偿的数额，我国大部分学者持否定观点。其理由在于合同约定的违约金与实际损害通常不一致，违约金的支付也不以当事人受到实际损害为条件，若把违约金作为损害赔偿的请求数额，则与其他普通债权的认定标准存在差别，也可能损害其他债权人的利益。再者，管理人解除待履行合同是基于法定的合同解除权，并非违约，因此不应当承担合同约定的违约责任，即不应支付违约金。②

其次，对于合同相对人请求损害赔偿的范围以实际损失还是可得利益损失为准，有学者认为损害赔偿的范围应当限于实际损失，③ 理由如下：一是依据原《合同法》第 97 条(即《民法典》第 566 条)，“赔偿损失”的范围是指实际损失；二是破产法赋予管理人解除权意在减轻债务人的负担，

---

① 《企业破产法》第 53 条：“管理人或者债务人依照本法规定解除合同的，对方当事人以因合同解除所产生的损害赔偿请求权申报债权。”

② 参见李永军：《论破产管理人合同解除权的限制》，载《中国政法大学学报》2012 年第 6 期。但关于管理人享有的合同解除权是否属于法定解除权，学界对此仍有争议。

③ 参见王欣新：《破产法》(第四版)，中国人民大学出版社 2019 年版，第 223 页；李永军：《破产法——理论与规范研究》，中国政法大学出版社 2013 年版，第 119 页。

如果允许合同相对人以合同利益损失作为损害赔偿的范围，那么解除合同与履行合同没有实质区别。① 也有学者认为损害赔偿的范围应当以履行利益为准，即以可得利益损失为准。其理由如下：一是合同法规定的因债务不履行产生的损害赔偿与破产法规定的因解除待履行合同而产生的损害赔偿存在显著差异，前者的请求权人为解除权人，而后者恰恰相反。在破产程序中，承租人被解除合同，其已然处于极其被动的地位，如果再严格限制其损害赔偿的请求范围，那么这对承租人而言过于残酷。二是我国立法已经规定该损害赔偿请求权作普通破产债权处理，而继续履行合同的债权将作为共益债权处理，因此，解除合同与继续履行不会产生实质相同的后果。②

笔者认为，当出租人破产时，承租人请求损害赔偿的范围应以可得利益损失为限。首先，区分租赁目的而对管理人的合同解除权作出不同限制，这对商业租赁的承租人而言较为不利，因此，在解除合同后的损害赔偿申报中应对承租人进行适当保护。其次，就商业租赁而言，在实践中承租人的实际损失与可得利益损失相差较大，如果以实际损失为限申报破产债权，则对商业承租人较为不公。对于非商业承租的承租人而言，在实践中其解除合同后的实际损失与可得利益损失一般相差不大，即使以可得利益损失申报破产债权，对其他债权人的影响也较小。综上，笔者认为应当允许承租人以可得利益损失作为损害赔偿数额申报破产债权。

四、破产程序中承租人优先购买权的适用限制

（一）承租人优先购买权规则与拍卖规则的冲突

依据《民法典》第 726 条，当出租人出卖租赁房屋时，承租人对出售的租赁房屋享有同等条件下优先购买的权利。然而，《企业破产法》第 112 条规定，变价出售破产财产原则上应通过拍卖进行。拍卖是特殊的买卖方式，其以公开竞价的形式，将待售物转让给最高应价者。显然，承租人优

① 参见李国光：《新企业破产法条文释义》，人民法院出版社 2006 年版，第 307 页。

② 参见刘颖：《反思〈破产法〉对合同的处理》，载《现代法学》2016 年第 3 期。

先购买权规则和拍卖规则在具体适用方式和制度目的上都存在着根本矛盾。从适用方式上看，拍卖是通过不断竞价来寻求最高出价，在拍卖场合中不会出现同等价格，所以，在拍卖场合中不会产生“同等条件”，但“同等条件”却恰恰是承租人优先购买权行使的前提条件。从制度目的上看，拍卖旨在让拍卖物以最高价格出售，使债权人或物的所有人的利益最大化。而优先购买权制度的目的是尽可能保护承租人对租赁物的占有，增强物的利用效率，保护承租人的利益。在拍卖中，如果适用承租人优先购买权规则，承租人可以以其他竞买者的最高出价为条件买受拍卖物，但实质上此时拍卖物的最高竞价尚未出现，债权人或物的所有人的利益没有实现最大化，其利益受到了损害。相反，如果适用拍卖规则，承租人必须以最高出价才能买受拍卖物，那么承租人就丧失了其最高竞价与次高竞价之间差额的经济利益。

(二)承租人优先购买权在拍卖场合中适用的争论

当租赁物进行拍卖时，对于承租人能否在拍卖中行使其优先购买权，理论界曾有两种观点。第一种观点为否定说，该观点认为优先购买权仅适用于自主交易场合，拍卖是特殊的有一定限制的交易，不存在优先购买权。其理由如下：第一，优先购买权行使的“同等条件”与拍卖规则中的“价高者得”目标存在根本矛盾，在拍卖场合中，不可能产生“同等条件”。第二，如果优先购买权人以拍卖所得最高价买受拍卖物，即排除了最高价竞买人的买受，实际上损害了最高价竞买人的利益，同时也会造成交易成本的浪费。[①] 第三，假如优先购买权在拍卖场合中得以行使，其他竞买人基于对优先购买权强大权能的顾虑，其竞买热情将受到影响，拍卖竞价难免偏低，不利于债权人或物的所有人，同时，也难以避免造成偏惠于优先购买权人的结果，有损拍卖的效力。[②]

第二种观点为肯定说，该观点认为，承租人的优先购买权是一种法定权利，尽管拍卖是一种特殊的交易方式，但究其本质，仍然属于买卖，立

---

① 参见陈小明：《强制拍卖中承租人的优先购买权》，载《人民司法》2007 年第 15 期。

② 参见王泽鉴：《民法学说和判例研究(第 3 册)》，中国政法大学出版社 1998 年版，第 511 页。

法不能随意剥夺该法定权利。虽然租赁权为债权，但近代民法中的租赁权逐渐呈现物权化的趋势，若为了实现债权人的债权而在根本上否定承租人的优先购买权，那么该做法显然有失公平。① 另外，优先购买权适用所需的“同等条件”与拍卖“价高者得”规则并非完全不相容，在拍卖场合中，拍卖的最高竞价恰恰是承租人有效行使优先购买权的前提条件。②

从现有法律规定来看，我国立法者目前采肯定说观点。《民法典》第727条规定：“出租人委托拍卖人拍卖房屋的，应当在拍卖五日前通知承租人，承租人未参加拍卖的，视为放弃优先购买权。”这表明我国《民法典》在拍卖场合中认可承租人的优先购买权，但尚未进一步规定该优先购买权的行使方式以及应否受到限制。对此，最高人民法院在2004年公布了《最高人民法院关于人民法院民事执行中拍卖、变卖财产的规定》(以下简称《拍卖规定》)，其第16条规定：“拍卖过程中，有最高应价时，优先购买权人可以表示以该最高价买受，如无更高应价，则拍归优先购买权人；如有更高应价，而优先购买权人不作表示的，则拍归该应价最高的竞买人。顺序相同的多个优先购买权人同时表示买受的，以抽签方式决定买受人。”显然，最高人民法院采纳了以拍卖中最高竞价作为承租人行使优先购买权的同等条件的观点，在承租人、出卖人与债权人的利益中优先选择保护承租人的利益。

(三)承租人优先购买权在破产变现中的适用应予以严格限制

诚然，当破产程序需要实现的目标与其他民法规则需要实现的目标发生冲突时，立法者应当对二者进行谨慎的利益衡量与取舍。在破产程序中，上述拍卖规则实际上对承租人利益给予了过度保护，并忽视了其他破产债权人的利益，其在破产财产变现中适用有失偏颇。尽管承租人优先购买权制度已在我国适用了相当长一段时间，但其赖以存续的秩序价值和效率价值正逐渐失去意义。③ 从立法史上看，我国引入承租人优先购买权制

① 参见陈小明：《强制拍卖中承租人的优先购买权》，载《人民司法》2007年第15期。

② 参见王丽莎：《出租房屋拍卖中承租人优先购买权探讨》，载《民商法争鸣》2011年第1期。

③ 参见徐丽雯：《论房屋承租人优先购买权的限制性保护》，载《首都经济贸易大学学报》2010年第6期。

度的背景是改革开放初期，市场上可供出售和出租的房屋都很少，房屋资源较为紧缺。为了稳定房屋居住关系，我国立法在一定程度上对出租人自由选择买受人的权利予以限制。但是，随着商品经济的迅速发展，现在不动产买卖、租赁市场都非常活跃，承租人另外寻求替代租赁物的困难不大，市场价格也相对稳定。设立该优先购买权的背景条件正逐渐消失，现在的承租人也很难说是经济上的弱者。而且，由于该优先权限制了出租人的缔约自由，有悖于民法中的意思自治原则，且有可能损害交易安全，其在法理上的正当性也受到了质疑。因此，有学者提出限制甚至废除对承租人优先购买权的保护。① 再者，保护租赁物占有、使用关系稳定的目的可以通过其他规则实现。在破产程序中，限制管理人行使合同解除权和适用“买卖不破租赁”规则已经是对租赁物占有、使用利益的保护。

从承租人与债权人可能受到的实际利益影响上看，承租人优先购买权只是一个优先缔约权，而非交易条件上的实质性优惠，也不必然转化为经济利益。相反，拍卖规则能否完全适用将影响破产财产的变现价值，进而必然影响债权人的利益。拍卖追求以最高价出售的目的恰好符合管理人处置破产财产的最终目标，即让破产财产最大化和提高债权的清偿比例。两者相比，争取最大程度提高破产财产变现价值以保护全体债权人的利益显得更为重要。因此，在租赁物进行破产变现时，应当最大程度优先保护拍卖规则的适用，限制承租人行使优先购买权。在具体限制形式上，笔者认为，应直接排除承租人以同等条件买受的优先缔约权，即承租人须与其他竞买人依据“价高者得”规则进行竞买，但管理人仍需依法在拍卖前向承租人履行通知义务。

结　语

在破产程序中，管理人依法享有对待履行合同的选择权，如果履行合同能够使破产债务人的财产得到积极增加，管理人自有权选择履行合同以最大限度维护众多破产债权人的利益。而如果履行合同可能对众多破产债权人的利益造成不利影响，此时管理人便可依法对待履行合同行使解除

① 参见戴孟勇：《论〈民法典合同编(草案)〉中法定优先购买权的取舍》，载《东方法学》2018 年第 4 期。

权。然而，管理人的选择权并非适用于任何情况，在出租人陷入破产的租赁情形，囿于民法上“买卖不破租赁”规则以及承租人优先购买权规则的存在，此时单方面强调破产法规则抑或是民法规则，无疑都将会引起法律适用上的冲突。鉴于此，我国立法应当就管理人选择权在特殊情形下的限制适用作出明确厘定，并就可能导致的法律后果提供救济制度供给，以合理平衡各方当事人之间的利益。